Kulturanthropologie

MARVIN HARRIS ist Professor für Anthropologie an der Universität von Florida; Verfasser zahlreicher Bücher, u.a. *Cows, Pigs, Wars, and Witches* (1974); *Culture, People, Nature* (1980).

Marvin Harris

Kultur-
anthropologie

Ein Lehrbuch

Aus dem Amerikanischen von
Sylvia M. Schomburg-Scherff

Campus Verlag
Frankfurt/New York

Die amerikanische Ausgabe erschien unter dem Titel *Cultural Anthropology*, Second Edition, 1987, bei Harper & Row, Publishers, Inc.
© 1987 Harper & Row, Publishers, Inc., New York
Published by arrangement with Harper & Row, Publishers, Inc., New York, N.Y., USA

CIP-Titelaufnahme der Deutschen Bibliothek

Harris, Marvin:
Kulturanthropologie : e. Lehrbuch / Marvin Harris. Aus d. Amerikan. von Sylvia M. Schomburg-Scherff. — Fankfurt/Main; New York : Campus Verlag, 1989
   Einheitssacht.: Cultural anthropology <dt.>
   ISBN 3-593-33976-5

Copyright © 1989 Campus Verlag GmbH, Frankfurt/Main
Umschlaggestaltung: Atelier Warminski, Büdingen, unter Verwendung einer Zeichnung von Moke Becker.
Satz: Norbert Czermak, Geisenhausen
Druck und Bindung: Fuldaer Verlagsanstalt GmbH, Fulda
Printed in Germany

Inhalt

8 Verwandtschaft, Deszendenz und Residenz 174

9 Recht, Ordnung und Krieg in egalitären Gesellschaften 201

10 Die politische Ökonomie des Staates 227

11 Geschichtete Gruppen: Klassen, Kasten, Minderheiten, Ethnizität 251

1 Anthropologie und Kulturforschung

Dieses Kapitel erläutert, worum es in der Anthropologie geht, wie Anthropologen ihren Lebensunterhalt verdienen und wozu Anthropologie gut ist. Außerdem liefert es eine Definition der Kultur und zeigt bestimmte allgemeine Kulturzüge auf, die in diesem Buch zur Beschreibung und Erklärung kultureller Unterschiede und Übereinstimmungen dienen.

Anthropologie ist die Wissenschaft von Menschen, d.h. sie erforscht sowohl den prähistorischen wie den modernen Menschen samt seiner Lebensweise. Da dieses Forschungsgebiet groß und komplex ist, konzentrieren sich verschiedene Zweige der Anthropologie auf verschiedene Aspekte oder Dimensionen menschlicher Lebenspraxis. Einige Anthropologen erforschen, wie unsere wissenschaftlich als *Homo sapiens* bezeichnete Spezies sich aus früheren Arten entwickelt hat. Andere Anthropologen untersuchen, wie *Homo sapiens* in den Besitz der spezifisch menschlichen Sprachfähigkeit kam, wie sich verschiedene Sprachen entwickelten und wie moderne Sprachen den Erfordernissen menschlicher Kommunikation gerecht werden. Wieder andere konzentrieren sich auf die erlernten Traditionen menschlichen Denkens und Verhaltens, die sogenannten *Kulturen*. Sie untersuchen, wie frühe Kulturen entstanden sind und sich verändert haben und wie und warum moderne Kulturen Wandlungen unterworfen sind oder gleich bleiben.

An den großen Universitäten der Vereinigten Staaten sind die verschiedenen Orientierungen des Fachbereichs Anthropologie gewöhnlich durch vier Studiengebiete vertreten: Ethnologie (Kultur- oder Sozialanthropologie)*,

---

* Die amerikanische *Cultural Anthropology* entspricht, grob gesprochen, der deutschen *Ethnologie* (zur Begründung s. Justin Stagl, »Einleitung des Herausgebers«, in: Frank Robert Vivelo, *Handbuch der Kulturanthropologie*, Stuttgart 1981, S. 13−21). Ihren eigentlichen Forschungsgegenstand bilden die sogenannten »primitiven«, schriftlosen, traditionellen oder »naturvölkischen« Gesellschaften. Ihr Anspruch ist jedoch, Basis- und Integrativwissenschaft aller Humanwissenschaften zu sein − ein Anspruch, den die deutsche Ethnologie langsam zu teilen beginnt.

Archäologie, Ethnolinguistik und physische Anthropologie (Fried 1972; Goldschmidt 1979).* Die verschiedenen Zweige dieser Studiengebiete sind in Kasten 1.1 aufgeführt.

Die *Ethnologie* befaßt sich mit der Beschreibung und Analyse von Kulturen, d.h. sozial erlernten Traditionen, in Vergangenheit und Gegenwart. Sie umfaßt eine Unterdisziplin, die *Ethnographie,* deren Aufgabe es ist, Kulturen unserer Zeit systematisch zu beschreiben. Der Kulturvergleich liefert die Grundlage für Hypothesen und Theorien über die Ursachen menschlicher Lebensformen. Obwohl dieses Buch hauptsächlich von ethnologischen Forschungsergebnissen handelt, sind auch die Erkenntnisse der anderen anthropologischen Studiengebiete für viele der zur Diskussion stehenden Themen relevant.

Die *Archäologie* fügt der Arbeit der Ethnologen eine wichtige Dimension hinzu. Indem Archäologen die Überreste von Kulturen vergangener Zeiten ausgraben, können sie lange Abfolgen sozialer und kultureller Entwicklungen unter verschiedenen natürlichen und kulturellen Bedingungen studieren. Deshalb ist der Beitrag, den Archäologen zum Verständnis heutiger Merkmale menschlicher Existenz und zur Überprüfung von historischen Verursachungstheorien leisten, außerordentlich wichtig.

Die *Ethnolinguistik* liefert eine weitere unentbehrliche Perspektive: die Erforschung der großen Vielzahl menschlicher Sprachen. Ethnolinguisten versuchen die Geschichte dieser Sprachen und ganzer Sprachfamilien zu verfolgen. Sie beschäftigen sich mit der Frage, wie Sprache andere Aspekte menschlichen Lebens beeinflußt und von diesen beeinflußt wird, mit dem Zusammenhang von Sprachentwicklung und Entwicklung des *Homo sapiens* sowie mit der Beziehung zwischen der Entstehung verschiedener Sprachen und verschiedener Kulturen.

Die *Physische Anthropologie* führt die anderen anthropologischen Disziplinen in die biologisch determinierte Natur des Menschen ein. Physische Anthropologen versuchen durch die Erforschung fossiler Funde den Verlauf menschlicher Entwicklung zu rekonstruieren. Darüber hinaus versuchen physische Anthropologen die Verteilung ererbter Variationen unter heutigen Bevölkerungsgruppen zu beschreiben sowie den jeweiligen Beitrag zu bestimmen und zu messen, den Vererbung, Umwelt und Kultur zum menschlichen Leben leisten.

---

* Um diesen Anspruch bereits im Titel auch der deutschen Ausgabe kenntlich zu machen, trägt das Buch den Titel *Kulturanthropologie,* nicht »Ethnologie«. Im Text wird aber die im Deutschen übliche Terminologie verwendet: z.B. Ethnologie, angewandte Ethnologie, Städteethnologie, Entwicklungsthnologie, Aktionsethnologie, Ethnolinguistik usw. (A.d.Ü.)
Zur Erklärung der in diesem Buch verwandten Zitierweise s. S. 452.

Kasten 1.1 Zweige der Anthropologie

Anthropologen identifizieren sich oft mit einem oder mehr Zweigen der vier Hauptgebiete der Anthropologie. Die folgende Aufzählung erhebt keinen Anspruch auf Vollständigkeit.

Ethnologie

Angewandte Ethnologie: Erforschung praktischer Probleme, Vorschläge zur Lösung dieser Probleme, Evaluierung der Ergebnisse.
Medizinethnologie: Erforschung biologischer und kultureller Faktoren der Gesundheit und Krankheit sowie der Krankenbehandlung.
Stadtethnologie: Erforschung des Stadtlebens.
Entwicklungsethnologie: Erforschung der Ursachen der Unterentwicklung und der Entwicklung in den weniger entwickelten Ländern.

Archäologie

Historische Archäologie: Erforschung von Kulturen der jüngsten Vergangenheit anhand von schriftlichen Quellen und archäologischen Ausgrabungen.
Industriearchäologie: Erforschung von Fabriken und anderen Industrieeinrichtungen mit Hilfe der Techniken der historischen Archäologie.
»Rettungs«-Archäologie: Durchführung archäologischer Untersuchungen zur Feststellung von Umwelteinflüssen, denen historische Stätten ausgesetzt sind, und zum Schutz dieser Stätten.

Ethnolinguistik

Historische Linguistik: Rekonstruktion der Ursprünge spezifischer Sprachen und Sprachfamilien.
Deskriptive Linguistik: Erforschung der Grammatik und der Syntax von Sprachen.
Soziolinguistik: Erforschung des tatsächlichen Gebrauchs von Sprache im alltäglichen kommunikativen Verhalten.

Physische (biologische) Anthropologie

Primatologie: Erforschung des Soziallebens und der Biologie von Affen, Menschenaffen und anderen Primaten.
Humanpaläontologie: Suche nach fossilen Überresten früher menschlicher Spezies und Erforschung dieser Funde.
Forensische Anthropologie: Identifizieizierung von Mord- und Unfallopfern.
Bevölkerungsgenetik: Erforschung der unterschiedlichen Erbanlagen verschiedener menschlicher Bevölkerungsgruppen.

Warum Anthropologie?

Außer der Anthropologie befassen sich noch viele andere Disziplinen mit der Erforschung des Menschen. Unsere biologische Natur wird intensiv von Biologen, Genetikern und Physiologen erforscht. Allein in der Medizin untersuchen weitere Hunderte von Spezialisten den menschlichen Körper; und ein Heer von Psychiatern und Psychologen versucht, den menschlichen Geist und die menschliche Seele zu ergründen. Wieder andere Disziplinen untersuchen unser kulturelles, intellektuelles und ästhetisches Verhalten. Zu ihnen gehören die Soziologie, Humangeographie, Sozialpsychologie, Geschichte, Politikwissenschaft, Ökonomie, Linguistik, Theologie, Philosophie, Musik- Kunst- und Literaturwissenschaft sowie die Architektur. Außerdem gibt es zahlreiche »regionale Spezialisten«, die Sprachen und Lebensformen spezieller Völker, Nationen und Regionen studieren: »Lateinamerikanisten«, »Indianisten«, »Sinologen« usw. Was ist nun für die Anthropologie kennzeichnend?

Von anderen Humanwissenschaften unterscheidet sich die Anthropologie durch ihren globalen Geltungsbereich und ihre vergleichende Perspektive. Andere Wissenschaften, deren Forschungsgegenstand der Mensch ist, untersuchen lediglich einen speziellen Bereich menschlicher Lebenspraxis oder eine bestimmte Zeit bzw. Phase unserer kulturellen oder biologischen Entwicklung. Die Ergebnisse der Anthropologie dagegen beruhen niemals auf der Erforschung nur einer einzigen Bevölkerung, einer Rasse, eines Stammes, einer Klasse oder Nation zu einer bestimmten Zeit und an einem bestimmten Ort. Anthropologen bestehen nachdrücklich darauf, daß Schlußfolgerungen, die auf der Erforschung einer speziellen menschlichen Gruppe oder Zivilisation basieren, anhand der von anderen Gruppen oder Zivilisationen vorliegenden Forschungsergebnisse überprüft werden müssen. Auf diese Weise transzendieren die Ergebnisse der Anthropologie die Interessen eines bestimmten Stammes, einer bestimmten Rasse, Nation oder Kultur. Aus anthropologischer Perspektive sind deshalb alle Völker und Kulturen gleich wert, untersucht zu werden. Daher ist die Anthropologie unvereinbar mit der Auffassung, man selbst repräsentiere die Menschheit, stehe an der Spitze des Fortschritts, sei von Gott oder der Geschichte ausgewählt, die Welt nach dem eigenen Bilde zu formen. Vielmehr sind Anthropologen davon überzeugt, daß man über die Menschheit nur dann ein solides Wissen gewinnen kann, wenn man ferne wie nahe gelegene Lande und vergangene wie moderne Zeiten erforscht. Betrachten wir die Totalität menschlicher Lebenspraxis aus dieser globalen Perspektive, so können wir uns vielleicht von den durch unsere eigenen Lebensformen bedingten Scheuklappen befreien und uns so sehen, wie wir wirklich sind.

Infolge ihrer biologischen, archäologischen, linguistischen, kulturellen, vergleichenden und globalen Perspektive ist die Anthropologie in der Lage, viele grundsätzliche Fragen zu beantworten. Anthropologen haben maßgeblich zum Verständnis des biologischen Erbes der Menschen und daher zur Definition des spezifisch Menschlichen der menschlichen Natur beigetragen. Die Anthropologie ist besonders dafür ausgerüstet, die Bedeutung der Rasse in der Entwicklung der Kulturen und im heutigen Leben zu erforschen. Auch macht sie es möglich, die Ursprünge sozialer Ungleichheit in Form von Rassismus, Sexismus, Ausbeutung, Armut und internationaler Unterentwicklung zu verstehen.

Warum Anthropologie studieren?

Die meisten Anthropologen verdienen ihren Lebensunterhalt, indem sie an Universitäten und Colleges unterrichten und wissenschaftliche Forschung betreiben. Doch findet eine nicht unwesentliche und immer größer werdende Zahl von Anthropologen ein Tätigkeitsfeld außerhalb der Universität. Zum Beispiel haben vor allem naturkundliche, archäologische, völkerkundliche und volkskundlicher Museen schon lange auf die Sachkenntnis von Anthropologen vertraut. Darüber hinaus konnten Anthropologen in den letzten Jahren eine Vielzahl von Stellen im öffentlichen Bereich besetzen: z.B. in Institutionen, die mit Wohlfahrt, Drogenmißbrauch, psychischer Gesundheit, Umwelteinflüssen, Wohnungsbeschaffung, Erziehung, Auslandshilfe und landwirtschaftlicher Entwicklung betraut sind. Im privaten Sektor fanden sie Anstellung als Personalberater, Berater für ethnische Beziehungen, Betriebsberater für multinationale Firmen, oder sie wurden Mitarbeiter in Krankenhäusern und Stiftungen.

Als Reaktion auf die steigende Bedeutung außeruniversitärer Berufe für Anthropologen haben viele anthropologische Fachbereiche an den Universitäten begonnen, Kurse für *angewandte Ethnologie* (s. Kap. 15) anzubieten bzw. auszubauen. Diese Kurse ergänzen die traditionellen anthropologischen Studienfächer durch eine Ausbildung in Statistik, Computersprachen und anderen Fertigkeiten, die bei der Lösung praktischer Probleme des menschlichen Zusammenlebens unter verschiedenartigen natürlichen und kulturellen Bedingungen hilfreich sind.

Trotz der zahlreicher werdenden Berufsmöglichkeiten auf dem Gebiet angewandter Ethnologie ist das Anthropologiestudium nicht so sehr wegen der beruflichen Aussichten, die es eröffnet, sondern wegen seines Beitrages zum grundlegenden Verständnis menschlicher Beziehungen und Verhaltensvariationen sinnvoll. Wie die meisten Mathematikstudenten nicht-wissenschaftlich arbeitende Mathematiker werden, werden die meisten Anthropologiestudenten nicht-wissenschaftlich arbeitende Anthropologen. Für Bereiche zwischenmenschlicher Beziehungen wie Recht, Medizin, Krankenpflege, Volks- und Betriebswirtschaft spielt die Anthropologie eine ebenso grundlegende Rolle wie die Mathematik. Nur wenn man eine Sensibilität für die kulturellen Dimensionen menschlicher Existenz entwickelt und mit ihnen umgehen lernt, besteht die Möglichkeit, wirklich effizient in diesen Bereichen zu arbeiten.

In Frederica De Lagunas Worten: »Die Anthropologie ist die einzige Disziplin, die ein konzeptuelles Schema für den ganzen Kontext menschlicher Lebenspraxis bietet … Sie ist einem Traggestell vergleichbar, auf das man die verschiedenen Fächer einer allgemeinbildenden Erziehung packen kann. Verteilt man die Last gut, so wird sie handlicher und läßt sich leichter tragen« (1968: 475).

Definition der Kultur

Kultur beeinhaltet die erlernten, sozial angeeigneten Traditionen und Lebensformen der Mitglieder einer Gesellschaft einschließlich ihrer strukturierten, gleichbleibenden Weisen des Denkens, Empfindens und Handelns (d.h. des Verhaltens). Diese Definition folgt derjenigen von Sir Edward Burnett Tylor, dem Begründer der wissenschaftlichen Ethnologie in der Englisch sprechenden Welt und Autor des ersten ethnologischen Lehrbuchs:

> »Kultur – im weiten ethnographischen Sinne des Wortes – … ist jenes komplexe Ganze, das Wissen, Glauben, Kunst, Moral, Recht, Sitte, Brauch und alle anderen Fähigkeiten und Gewohnheiten umfaßt, die der Mensch als Mitglied einer Gesellschaft erworben hat. Die Art der Kultur verschiedener menschlicher Gesellschaften ist, wenn sie nach allgemeinen Prinzipien untersucht wird, ein Gegenstand, der die Erforschung der Gesetze menschlichen Denkens und Handelns ermöglicht« (1871:1).

Einige Ethnologen schränken jedoch die Bedeutung des Begriffs Kultur auf die für die Mitglieder einer bestimmten Gesellschaft geltenden Regeln des Handelns und Sprechens ein und fassen diese Regeln als eine Art Verhaltensgrammatik auf. Deshalb halten sie Handlungen eher für »soziale« als für »kulturelle« Phänomene. Auf diese Unterscheidung wollen einige Ethnologen hinaus, wenn sie von Sozialanthropologie im Unterschied zu Kulturanthropologie sprechen (Goodenough 1970). Doch kann die in diesem Buch gebrauchte umfassendere Definition keine Verwirrrung stiften, wenn jeweils klar darauf hingewiesen wird, ob die kulturell determinierten Vorstellungen in den Köpfen der Menschen oder die kulturell determinierten tatsächlichen Verhaltensweisen der Menschen gemeint sind.

Es gibt aber noch eine weitere, recht gebräuchliche Unterscheidung zwischen »sozial« und »kulturell«. Manche Soziologen und Ethnologen verwenden den Ausdruck »sozial«, um damit die Beziehungen zwischen Gruppen in einer Gesellschaft zu bezeichnen. Für diese Sozialwissenschaftler besteht Kultur aus den Lebensweisen der Mitglieder einer Gesellschaft im Unterschied zur Gruppenstruktur der Gesellschaft. Im vorliegenden Buch werden soziale Gruppen und die Beziehungen zwischen sozialen Gruppen als Aspekte von Kultur − der geistigen und verhaltensbestimmenden Kultur − betrachtet. So ist die Familie beispielsweise eine soziale Gruppe, die sich der bestehenden Kultur familiären Lebens einer bestimmten Gesellschaft sowohl fügt als auch diese entfaltet.

Wie lautet nun die Definition der Gesellschaft? Eine *Gesellschaft* ist eine Gruppe von Menschen, die einen gemeinsamen Lebensraum bewohnen und in ihrer Existenz wie in ihrem Wohlergehen aufeinander angewiesen sind.

Aufgrund der Tatsache, daß viele große Gesellschaften aus sozialen Klassen, ethnischen und regionalen Gruppen und anderen wichtigen Untergruppen bestehen, ist es oft sinnvoll, auf *Subkulturen* Bezug zu nehmen und diese zu erforschen. Man kann sich beispielsweise mit der Subkultur der amerikanischen Schwarzen, der Subkultur der Vorstädte oder der Subkultur der Bauern Brasiliens beschäftigen.

Enkulturation und Kulturrelativismus

Viele Aspekte der Kultur einer Gesellschaft bleiben von einer Generation zur nächsten nahezu unverändert. Diese Kontinuität der Lebensformen geht zum Teil auf den als *Enkulturation* bezeichneten Prozeß zurück. Enkulturation ist das Ergebnis eines teils bewußten, teils unbewußten Lernprozesses, durch den die ältere die jüngere Generation mit oder ohne Zwang dazu bringt, traditionelle Denk- und Verhaltensweisen zu übernehmen. Chinesische Kinder etwa benutzen Stäbchen statt Gabeln beim Essen, sprechen eine tonale Sprache und mögen keine Milch, weil sie die chinesische Kultur und nicht die der Vereinigten Staaten erlernt haben. Enkulturation basiert hauptsächlich auf der Kontrolle, die die ältere Generation mit Hilfe von Belohnungen und Strafen über Kinder ausübt. Jede Generation wird nicht allein dazu erzogen, das Verhalten der vorangehenden Generation nachzuahmen, sondern auch Verhalten, das mit den Traditionen der eigenen Enkulturation übereinstimmt, zu belohnen und solches, das diesen Traditionen nicht entspricht, zu bestrafen oder zumindest nicht zu belohnen.

Der Begriff Enkulturation ist (trotz der weiter unten behandelten Einschränkungen) für die spezifische Perspektive der modernen Ethnologie von zentraler Bedeutung. Mangelnde Einsicht in die Rolle, die die Enkulturation bei der Erhaltung gruppenspezifischer Verhaltens- und Denktraditionen spielt, bildet den Kern des als *Ethnozentrismus* bekannten Phänomens. Ethnozentrismus bezeichnet den Glauben, daß die eigenen Verhaltensmuster immer normal, natürlich, gut, schön oder wichtig sind, das Verhalten Fremder aber, soweit sie ein anderes Leben führen, wild, unmenschlich, ekelhaft oder irrational ist. Menschen, die kulturellen Unterschieden gegenüber intolerant sind, ignorieren gewöhnlich folgenden Sachverhalt: Hätten sie die kulturellen Überlieferungen einer anderen Gruppe erlernt, so wären alle diese vermeintlich wilden, unmenschlichen, ekelhaften und irrationalen ihre eigenen Lebensformen.

Alle Ethnologen tolerieren kulturelle Unterschiede und interessieren sich gerade für diese. Einige gehen aber weiter und vertreten die als *Kulturrelativismus* bekannte Position, nach der jede kulturelle Tradition die gleiche Achtung wie alle anderen verdient. Obwohl der Kulturrelativismus einen wissenschaftlich akzeptierten Blickwinkel zur Betrachtung kultureller Unterschiede darstellt, ist er nicht die einzige wissenschaftlich zulässige Haltung. Wie alle Menschen fällen auch Ethnologen ethische Urteile über den Wert verschiedener Traditionen. Man muß Kannibalismus, Kriegszüge, Menschenopfer und Armut nicht als wertvolle kulturelle Leistungen betrachten, um dieses Phänomen auf objektive Weise zu erforschen. Noch ist irgend etwas falsch daran, bestimmte kulturelle Verhaltensweisen zu untersuchen, weil man sie verändern will. Wissenschaftliche Objektivität ist nicht das Ergebnis von Vorurteilsfreiheit — jeder Mensch hat Vorurteile —, sondern ergibt sich aus dem Bemühen, die eigenen Vorurteile keinen Einfluß auf das Ergebnis des Forschungsprozesses nehmen zu lassen (s. Jorgensen 1971).

Grenzen des Enkulturationskonzepts

Wenn man sich die heutige Welt ansieht, braucht man keine besonderen Kenntnisse um festzustellen, daß Enkulturation nicht zur Erklärung aller Lebensformen der existierenden Sozialgruppen herangezogen werden kann. Es liegt auf der Hand, daß die Übernahme kultureller Traditionen durch nachfolgende Generationen niemals vollständig ist. Alte Verhaltensmuster werden von späteren Generationen keineswegs immer genau kopiert, sondern es kommen ständig neue hinzu. Für Erwachsene, die in Erwartung Generationen überdauernder kultureller Kontinuität erzogen wurden, hat die Geschwindigkeit, mit der sich in den Industriegesellschaften Innovation und neue Verhaltensmuster entwickeln, in letzter Zeit alarmierende Ausmaße angenommen. Dieses Phänomen wurde als *Generationskonflikt* bezeichnet, den Margaret Mead folgendermaßen erklärt:

»Heute gibt es auf der ganzen Welt keine Älteren, die wissen, was die Kinder wissen, auch wenn die Kinder in noch so abgelegenen, noch so einfachen Gesellschaften leben. Früher hatten immer einige Ältere allen Kindern die Erfahrung voraus, innerhalb eines Kultursystems bereits aufgewachsen zu sein; und in dieser Beziehung wußten sie mehr als alle Kinder. Damit ist es heute vorbei. Nicht nur, daß die Eltern keine Vorbilder mehr sind – es gibt überhaupt keine Mentoren mehr, weder daheim noch im Ausland. Keiner von den Älteren weiß das, was die in den vergangenen zwanzig Jahren aufgewachsene Generation über die Welt weiß, in die sie hineingeboren wurde« (1971: 110–111).

Selbstverständlich kann das Enkulturationskonzept den Generationskonflikt nicht erklären. Vielmehr muß man annehmen, daß die Enkulturation versagt hat und daß es immer mehr Erwachsenen nicht gelungen ist, ihre Kinder dazu zu bringen, die eigenen Denk- und Verhaltensweisen zu übernehmen. Enkulturation erklärt deshalb nur die Kontinuität der Kultur, nicht dagegen die Kulturentwicklung.

Aber selbst was Kontinuität betrifft, hat das Enkulturationskonzept seine Grenzen. Gleichbleibende Verhaltensmuster müssen nicht darauf zurückzuführen sein, daß eine Generation von der anderen programmiert wird. Viele sind das Ergebnis der Reaktion mehrerer Generationen auf ähnliche Lebensbedingungen. Die erhaltene Programmierung kann sich sogar von den tatsächlichen Verhaltensweisen unterscheiden. Mit anderen Worten: Menschen können kulturell lernen, sich auf eine bestimmte Weise zu verhalten, durch unkontrollierbare Umstände aber gezwungen sein, sich auf eine andere Weise zu verhalten. Zum Beispiel ist Enkulturation für die Übernahme des mit dem Autofahren zusammenhängenden Verhaltens verantwortlich. Ein anderes überliefertes Verhaltensmuster ist der Verkehrsstau. Sind nun Autofahrer dazu programmiert, einen Verkehrsstau zu erzeugen? Ganz im Gegenteil, sie haben gelernt, in Bewegung zu bleiben und um Hindernisse herumzufahren. Verkehrsstauungen sind aber dennoch ein kulturell determiniertes Phänomen.

Wie wir in einem späteren Kapitel sehen werden, erfordert das Problem der Armut eine ähnliche Analyse. Viele arme Leute reproduzieren die Subkultur ihrer Eltern, indem sie in bestimmten Häusern leben, bestimmte Speisen essen, einer bestimmten Arbeit nachgehen und eine bestimmte Zahl von Kindern großziehen nicht etwa, weil ihre Eltern wollten, daß sie diesem Muster folgen, sondern weil sie mit ähnlichen politischen und ökonomischen Verhältnissen konfrontiert sind (s. Kap. 11).

Diffusion

Während Enkulturation sich auf die Tradierung kultureller Verhaltensweisen von einer Generation zur nächsten bezieht, bezeichnet *Diffusion* die Übertragung kultureller Verhaltensweisen von einer Kultur und Gesellschaft auf eine andere. Übertragungsprozesse kommen derartig häufig vor, daß die meisten in einer Gesellschaft anzutreffenden Kulturzüge ursprünglich aus einer anderen Gesellschaft stammen. Man kann beispielsweise sagen, daß Regierungsform, Religion, Recht, Ernährungsweise und Sprache der Vereinigten Staaten zum großen Teil von anderen Kulturen »entlehnt« wurden. Die jüdischchristliche Religion etwa kommt aus dem Mittleren Osten; die parlamentarische Demokratie stammt aus Westeuropa; das Getreide in unserer Nahrung — Reis, Weizen, Mais — ist von antiken und fernen Zivilisationen übernommen; und die englische Sprache ist eine Mischung aus mehreren, ganz verschiedenen europäischen Sprachen.

Anfang dieses Jahrhunderts (s.S. 441) sahen viele Ethnologen in der Diffusion von Kulturzügen die beste Erklärung für soziokulturelle Unterschiede und Übereinstimmungen. Auswirkungen dieses Ansatzes lassen sich noch in populären Versuchen erkennen, die Übereinstimmungen zwischen den Hauptzivilisationen mit ihrer Abstammung voneinander zu erklären — Polynesien von Peru oder umgekehrt; Tiefland-Mesoamerika* von Hochland-Mesoamerika; China von Europa oder umgekehrt; die Neue Welt (Nord-und Südamerika) von der Alten Welt usw. In den letzten Jahren hat die Diffusionstheorie jedoch an Erklärungskraft verloren. Im allgemeinen ist es zwar richtig, daß die kulturellen Übereinstimmungen um so größer sind, je näher zwei Gesellschaften beieinander liegen. Derartige Übereinstimmungen können aber nicht einfach auf irgendeine automatische Tendenz zur Diffusion von Kulturzügen zurückgeführt werden. Vielmehr muß man sich vor Augen halten, daß Gesellschaften, die sich räumlich nah beieinander befinden, wahrscheinlich in ähnlichen Umwelten leben; die Übereinstimmungen zwischen ihnen können deshalb von ähnlichen Umweltbedingungen herrühren

---

* Mesoamerika ist Mexiko plus Zentralamerika.

(Harner 1970). Außerdem gibt es zahlreiche, jahrhundertelang in engem Kontakt lebende Gesellschaften, die grundsätzlich verschiedene Lebensformen beibehalten. Die Inka in Peru beispielsweise hatten eine zentrale Reichsregierung, während ihre im Wald lebenden Nachbargruppen keinerlei zentralisierte Führungsgewalt kannten. Andere bekannte Beispiele sind die Ituri, eine Wildbeutergruppe, und ihre agrarischen Bantu-Nachbarn in Afrika sowie die Pueblo-Indianer mit ihren mehrstöckigen »Reihenhäusern« und ihre nomadisierenden Apachen-Nachbarn im Südwesten der USA. Widerstand gegenüber Diffusionsprozessen ist mit anderen Worten ebenso häufig wie die Übernahme von Kulturzügen. Wenn dem nicht so wäre, gäbe es in Nordirland keinen Kampf zwischen Katholiken und Protestanten; Mexikaner sprächen Englisch (oder Nordamerikaner Spanisch), und Juden akzeptierten Jesus Christus als den Sohn Gottes. Außerdem, selbst wenn man Diffusion als Erklärung akzeptiert, bleibt immer noch die Frage, warum ein sich ausbreitender Kulturzug überhaupt entstanden ist. Schließlich kann das Diffusionskonzept nicht die vielen bemerkenswerten Fälle erklären, in denen Menschen, von denen man weiß, daß sie niemals in Kontakt miteinander standen, ähnliche Werkzeuge und Techniken erfanden und übereinstimmende Eheformen und religiöse Überzeugungen entwickelten.

Zusammenfassend ist das Diffusionskonzept als Erklärung für übereinstimmende Kulturzüge genauso unbefriedigend wie das Enkulturationskonzept. Gäbe es nur Diffusion und Enkulturation, müßten alle Kulturen gleich sein und gleich bleiben. Und das ist eindeutig nicht der Fall.

Man darf hieraus aber nicht den voreiligen Schluß ziehen, in der soziokulturellen Entwicklung habe Diffusion überhaupt keine Rolle gespielt. Räumliche Nähe zu einer anderen Kultur beeinflußt zum einen oft das Maß und die Richtung von Veränderungen, zum anderen, wenn nicht die Form allgemeiner Züge beider Kulturen, so doch die Form spezifischer kultureller Details. Zum Beispiel entstand der Brauch, Tabak zu rauchen, bei den Völkern der westlichen Hemissphäre, verbreitete sich nach 1492 aber bis in die fernsten Regionen des Globus. Das hätte nicht geschehen können, wenn Nord- und Südamerika von den anderen Kontinenten isoliert geblieben wäre. Doch kann Kontakt allein nicht ausschlaggebend gewesen sein, da Hunderte anderer indianischer Lebensgewohnheiten wie das Leben in Wigwams oder das Jagen mit Pfeil und Bogen von den in enger Nachbarschaft mit den Ureinwohnern Amerikas lebenden Kolonisatoren nicht aufgegriffen wurden.

Ordnungs- und Verhaltensaspekte der Kultur

Indem Ethnologen sich mit Menschen unterhalten, lernen sie eine reiche geistige Innenwelt des Denkens und Empfindens kennen. Diese innere Welt existiert auf verschiedenen Bewußtseinsebenen. Erstens gibt es Verhaltensmuster, die weit unterhalb des Bewußtseins angesiedelt, also völlig unbewußt sind. Die Regeln der Grammatik liefern ein Beispiel für derartige »Tiefenstrukturen«. Zweitens gibt es Verhaltensregeln, die näher am Bewußtsein liegen und die auf entsprechende Fragen leicht formuliert werden können. Gewöhnlich lassen sich zum Beispiel für das Entwöhnen eines Säuglings, das Umwerben einer geliebten Person, das Wählen eines Führers, das Zuordnen eines Verwandten, den Gottesdienst und tausend andere alltägliche Tätigkeiten Werte, Normen und Verhaltensregeln nennen, auch wenn sie nicht formalisiert und nicht stets voll bewußt sind. Ebenso zahlreich sind drittens die voll bewußten, expliziten und formalisierten Verhaltensregeln und Aussagen über Werte, Pläne, Ziele und Ambitionen, die im Verlauf eines Gesprächs diskutiert, in Gesetzbüchern niedergeschrieben oder auf öffentlichen Versammlungen verkündet werden können (z.B. Regeln, wie man Abfall beseitigt, Bankeinzahlungen vornimmt, Fußball spielt oder sein Eigentum schützt). Schließlich — um die Dinge noch komplizierter zu machen — bringen Kulturen nicht nur Verhaltensregeln hervor, sondern auch Regeln, wie man sich über Verhaltensregeln hinwegsetzt — zum Beispiel wenn man sein Auto vor einem Parkverbotsschild abstellt und darauf spekuliert, keinen Strafzettel zu bekommen.

Das Wissen von Ethnologen über eine Kultur stammt aber nicht nur aus Gesprächen. Sie beobachten auch, messen, photografieren und zeichnen auf, welchen Tätigkeiten eine Gruppe im Verlauf eines Tages, einer Woche oder eines Jahres nachgeht. Sie beobachten beispielsweise eine Niederkunft, gehen zu Begräbnissen, nehmen an Jagdexpeditionen, Hochzeitszeremonien und tausend anderen tatsächlich stattfindenden Ereignissen und Tätigkeiten teil. Derartige tatsächliche Ereignisse und Tätigkeiten machen den Verhaltensaspekt einer Kultur aus.

Emische und etische Aspekte der Kultur

Das Problem, was eine adäquate Beschreibung einer Kultur als Ganzes ausmacht, wird nicht durch die Unterscheidung von Verhaltensregeln und tatsächlichem Verhalten gelöst. Das Problem besteht vielmehr darin, daß sowohl die Vorstellungen als auch das Verhalten von Menschen aus zwei verschiedenen Perspektiven betrachtet werden können: aus der Perspektive der Betroffenen selbst und aus der Perspektive des Beobachters. In beiden Fällen sind wissenschaftliche und objektive Darstellungen des Ordnungs- wie des Verhaltenssystems möglich. Im ersten Falle bedienen sich die Beobachter der Konzepte und Unterscheidungen, die für die Beobachteten sinnvoll und angemessen sind; im zweiten Falle verwenden sie Konzepte und Unterscheidungen, die für sie selbst, die Beobachter, sinnvoll und angemessen erscheinen. Die erste Art und Weise, Kultur zu erforschen, nennt man den *emischen,* die zweite den *etischen* Ansatz (s. S. 64 zur Herleitung dieses Begriffspaares von *Phonemik* und *Phonetik).* Emische Beschreibungen und Analysen sind dann adäquat, wenn sie die Weltsicht der Beobachteten so wiedergeben, wie diese selbst sie als real, sinnvoll und angemessen empfinden. Mit Hilfe des emischen Ansatzes versuchen Ethnologen, die Kategorien und Regeln zu erforschen, die man kennen muß, wenn man wie ein Angehöriger der entsprechenden Kultur denken und handeln will. Sie versuchen zum Beispiel herauszufinden, welche Regeln bei den Tonga der Verwendung der gleichen Verwandtschaftsbezeichnung für Mutter und Schwester der Mutter zugrundeliegen, wann es bei den Kwakiutl angemessen ist, Gäste des Hauses zu beschämen, oder wann für US-amerikanische Teenager der Zeitpunkt gekommen ist, mit einem Jungen oder einem Mädchen auszugehen.

Etische Beschreibungen und Analysen sind einfach dann adäquat, wenn sie helfen, wissenschaftliche Theorien über die Ursachen kultureller Unterschiede und Übereinstimmungen zu entwickeln. Anstatt sich der Konzepte zu bedienen, die aus der Sicht der Angehörigen einer fremden Kultur real, sinnvoll und angemessen sind, benutzt der Ethnologe Kategorien und Regeln, die der Wissenschaftssprache entstammen und den Angehörigen fremder Kulturen oft nicht vertraut sind. Studien, die sich eine etische Betrachtungsweise zu eigen machen, erfordern häufig ein Messen und Vergleichen von Tätigkeiten und Ereignissen, das Informanten der untersuchten Kultur unangemessen und sinnlos erscheint.

Emik, Etik und das Geschlechtsverhältnis bei Rindern

Das folgende Beispiel zeigt, wie wichtig die Unterscheidung zwischen einer emischen und einer etischen Betrachtungsweise im Zusammenhang mit nichtlinguistischen Aspekten der Kultur sein kann. Im Trivandrum-Distrikt des südindischen Bundesstaates Kerala behaupten die Bauern, sie würden niemals absichtlich das Leben ihrer Rinder verkürzen — sie etwa töten oder verhungern lassen —, und bekräftigen damit das allgemein geltende hinduistische Verbot, Rinder zu schlachten. Dennoch ist bei den Bauern in Kerala die Sterblichkeitsrate der männlichen Kälber beinahe doppelt so hoch wie die der weiblichen. Tatsächlich beträgt das Verhältnis von männlichen und weiblichen Kälbern im Alter von null bis einem Jahr 67:100. Die Bauern selbst wissen natürlich, daß männliche Kälber häufiger als weibliche Kälber sterben, erklären diesen Unterschied aber mit der relativen »Schwäche« der männlichen Tiere. »Die männlichen Kälber werden häufiger krank«, sagen sie. Fragt man sie, warum männliche Kälber häufiger krank werden, so erklären das einige Bauern damit, daß die männlichen Tiere weniger als die weiblichen fräßen. Einige wenige Bauern geben schließlich sogar zu, daß männliche Kälber weniger fressen, weil man sie nur ein paar Sekunden an den Zitzen des Muttertieres saugen läßt. Aber keiner könnte sagen, daß männliche Rinder als minderwertig aussortiert und weibliche Rinder aufgezogen werden, weil es in Kerala nur einen geringen Bedarf an Zugtieren gibt. Eine emische Analyse dieser Situation führt zu dem Ergebnis, daß niemand willentlich das Leben eines Kalbes verkürzt. Immer wieder bekräftigen die Bauern, daß jedes Kalb, unabhängig von seinem Geschlecht, »das Recht zu leben« hat. Eine etische Analyse aber ergibt, daß das Geschlechtsverhältnis der Rinder systematisch den Erfordernissen der lokalen Ökologie und Ökonomie angepaßt wird, indem man die männlichen Kälber tötet. Zwar schlachtet man die unerwünschten Tiere nicht, doch viele läßt man mehr oder weniger verhungern. In anderen Teilen Indiens mit anderen ökologischen und ökonomischen Bedingungen praktiziert man die »Rindertötung« (aus etischer Perspektive) eher an weiblichen als an männlichen Kälbern, was in einigen Staaten dazu führt, daß bei ausgewachsenen Rindern 200 Ochsen auf 100 Kühe kommen (s. Kap. 12, in dem die emischen und etischen Aspekte der Rinderhaltung in Indien ausführlich behandelt werden).

Das universelle Strukturmuster

Um eine Kultur mit einer anderen vergleichen zu können, muß der Ethnologe kulturelle Daten sammeln und systematisieren, welche die in allen Kulturen wiederkehrenden Aspekte oder Teile des sozialen und kulturellen Ganzen widerspiegeln. Die Struktur dieser wiederkehrenden Aspekte oder Teile bezeichnet man als *universelles Strukturmuster*.

Die meisten Ethnologen sind sich wohl einig, daß jede menschliche Gesellschaft die Sicherung des Lebensunterhalts, die Kinderaufzucht, den Austausch von Gütern und Arbeit, das Leben in Familiengruppen und größeren Gemeinschaften sowie die kreativen, expressiven, spielerischen, ästhetischen, moralischen und intellektuellen Aspekte des menschlichen Lebens kulturell ermöglichen muß. Doch herrscht weder Übereinstimmung darüber, wie viele Teilbereiche dieser Kategorien berücksichtigt, noch welche Priorität ihnen bei der Erforschung eingeräumt werden sollen.

Dieses Buch bedient sich eines universellen Strukturmusters, das aus den drei Hauptbestandteilen Infrastruktur, Struktur und Superstruktur besteht.

1. Die *Infrastruktur* umfaßt, aus etischer Perspektive, alles Verhalten, durch das eine Gesellschaft minimale Subsistenzbedürfnisse befriedigt — die *Produktionsweise* — und durch das eine Gesellschaft das Bevölkerungswachstum regelt — die *Reproduktionsweise*.

2. Die *Struktur* umfaßt, aus etischer Perspektive, alles ökonomische und politische Verhalten, durch das sich eine Gesellschaft in Gruppen organisiert, die die Verteilung und den Austausch von Gütern und Arbeit regeln. Je nachdem, ob sich die Organisation auf Familiengruppen oder auf die internen und externen Beziehungen der ganzen Gesellschaft konzentriert, kann man als universelle Komponenten auf der Strukturebene von *Hauswirtschaft* oder *Volkswirtschaft* sprechen.

3. Die *Superstruktur* umfaßt alles Verhalten und Denken, das auf künstlerische, spielerische, religiöse und intellektuelle Ziele gerichtet ist sowie alle geistigen und emischen Aspekte sowohl der Infrastruktur wie der Struktur einer Kultur.

Die Vielfalt ethnologischer Theorien

Zwar betonen alle Ethnologen, wie wichtig ein vieldimensionaler, weiter, vergleichender und umfassender Ansatz ist, doch herrscht keine Einigkeit darüber, wie sich die menschlichen Lebensbedingungen am besten erklären und verstehen lassen. Einige sind der Meinung, daß man kulturelle Phänomene nicht auf die gleiche Weise erforschen könne, wie Naturwissenschaftler natürliche Phänomene erforschen. Andere sind dagegen der Auffassung, daß die Ethnologie genauso kausale Verursachungsprozesse aufdecken könne, wie Biologen die Ursachen der biologischen Evolution oder Metereologen die Ursachen des Wetters bestimmen können. Doch herrscht selbst unter Ethnologen, die davon überzeugt sind, daß es definitive Ursachen für Institutionen und Lebensstile gibt, keine Einigkeit darüber, was diese Ursachen sind.

Welche Art von Forschung Ethnologen durchführen und zu welchen Schlußfolgerungen sie kommen, ist wesentlich davon abhängig, was sie als Ursachen der Kulturentwicklung annehmen. Diese Grundannahmen, von denen verschiedene Theorieansätze ausgehen, bezeichnet man als *Forschungsstrategien*.

Kein Lehrbuch kann alle Forschungsstrategien völlig vorurteilsfrei und gleichzeitig behandeln. Der Autor hat sich in den folgenden Kapiteln bewußt darum bemüht, zu kontrovers diskutierten Themen alternative Perspektiven aufzuzeigen. Doch wird die Darstellung zwangsläufig von seiner eigenen Forschungsstrategie beherrscht. Die in diesem Buch verfolgte Forschungsstrategie betont die Infrastruktur als Ursache der Struktur wie der Superstruktur und wird als Kulturmaterialismus bezeichnet. Im Anhang findet sich eine Beschreibung der Grundprinzipien des Kulturmaterialismus und anderer ethnologischer Forschungsstrategien.

Zusammenfassung

Anthropologie ist die Wissenschaft vom Menschen. Sie gliedert sich in vier Hauptzweige auf: Ethnologie, Ethnolinguistik, physische Anthropologie und Archäologie. Von anderen Humanwissenschaften unterscheidet sie sich durch ihre globale, vergleichende und vieldimensionale Perspektive. Obwohl die meisten Ethnologen an Universitäten beschäftigt sind, engagieren sie sich in zunehmender Zahl auch auf dem Gebiet der angewandten Ethnologie, d.h. auf den vielfältigen Gebieten menschlichen Verhaltens und menschlicher Beziehungen. Das Studium der Ethnologie ist für jeden sinnvoll, der eine berufliche Laufbahn in einem durch die kulturelle Dimension menschlicher Existenz beeinflußten Bereich anstrebt.

Eine Kultur besteht aus den von den Mitgliedern einer bestimmten Gesellschaft sozial erlernten Weisen des Denkens, Empfindens und Handelns. Mit Hilfe des Enkulturationsprozesses bewahren Kulturen ihre Kontinuität. Bei der Erforschung kultureller Unterschiede ist es wichtig, sich gegen die als Ethnozentrismus bezeichnete Denkgewohnheit zu wappnen, die auf der Unkenntnis der weitreichenden Auswirkungen der Enkulturation auf das menschliche Leben beruht. Enkulturation kann jedoch nicht erklären, wie und warum sich Kulturen ändern. Außerdem sind nicht alle, über mehrere Generationen gleichbleibenden kulturellen Verhaltensmuster das Ergebnis von Enkulturation. Einige sind das Ergebnis der Reaktion auf ähnliche Bedingungen und Situationen.

Während Enkulturation den Prozeß bezeichnet, durch den eine Kultur von einer Generation zur nächsten tradiert wird, bezeichnet Diffusion den Prozeß, durch den eine Kultur von einer Gesellschaft auf die andere übertragen wird. Diffusion ist (ebenso wie Enkulturation) kein automatischer Vorgang und reicht allein als Erklärung nicht aus. Nachbargesellschaften können sowohl sehr ähnliche als auch sehr verschiedene Kulturen aufweisen.

Kultur, wie in diesem Buch definiert, besteht sowohl aus Ereignissen, die in den Köpfen der Menschen stattfinden, als auch aus Verhalten, das man von außen beobachten kann. Menschen können ihre Gedanken und ihr Verhalten aus ihrer eigenen Perspektive beschreiben. Wenn man daher menschliche Kulturen erforscht, muß man klarmachen, welchen Blickwinkel man wählt: den des Mitglieds einer Kultur oder den des Beobachters. Das eine ist die emische, das andere die etische Perspektive. Zwar ist das Begriffspaar emisch-etisch der Linguistik entlehnt, die Unterscheidung zwischen einer emischen und einer etischen Perspektive ist aber auch für nichtlinguistische Aspekte der Kultur von Bedeutung. Wie die Unterscheidung zwischen Phonen und Phonemen zeigt, ist es wichtig, auch zwischen emischen und etischen Aspekten kultureller Phänomene zu unterscheiden. Aus der emischen und etischen Perspektive kann man sowohl Ordnungs- als auch Verhaltensaspekte einer Kultur betrachten. Emische und etische Versionen der Realität weichen oft beträchtlich voneinander ab, obwohl gewöhnlich zwischen ihnen ein gewisses Maß an Übereinstimmung herrscht.

Zusätzlich zu den emischen, etischen, Ordnungs-und Verhaltensaspekten weisen alle Kulturen ein universelles Strukturmuster auf. Das in diesem Buch verwandte universelle Strukturmuster besteht aus den drei Hauptkomponenten Infrastruktur, Struktur und Superstruktur. Die erste umfaßt die Produktions- und Reproduktionsweise, die zweite die Haus- und Volkswirtschaft, die dritte die kreativen, expressiven, ästhetischen und intellektuellen Aspekte des menschlichen Lebens. Die Definition dieser Kategorien ist für die Forschungsorganisation von wesentlicher Bedeutung.

Ethnologen verfolgen verschiedene Forschungsstrategien. Die hier angewandte betont die Vorrangigkeit der Infrastruktur und wird als Kulturmaterialismus bezeichnet.

2 Gene, Evolution und Kultur

Dieses Kapitel behandelt das Verhältnis von biologischen Evolutionsprozessen und dem für den Menschen typischen kulturellen Entwicklungssprung. Es wird gezeigt, daß Kultur nicht in den Genen, den Bausteinen des biologischen Erbes, sondern im Gehirn verschlüsselt ist. Die Theorien der Anhänger einer wissenschaftlichen Schöpfungslehre werden untersucht und ihre Angriffe gegen den Evolutionismus in Biologie und Anthropologie zurückgewiesen.

Die menschliche Kulturfähigkeit ist eine Folge des biologischen Evolutionsprozesses. Den stärksten Evolutionsprozeß bezeichnet man als *natürliche Auslese*. Natürliche Auslese ist das Ergebnis der potentiell unendlichen Reproduktionsfähigkeit des Lebens und der faktischen Endlichkeit von Raum und Energie, von denen das Leben abhängig ist. Durch die Erhöhung oder Verminderung der Häufigkeit genetischer Varianten beeinflußt die natürliche Auslese die in den Fortpflanzungszellen eines jeden Organismus lokalisierten Erbinformationsträger, die *Gene*. Genetische Varianten entstehen hauptsächlich durch *Mutationen* — »Fehler«, die während des Neubildungsprozesses der Gene auftreten. Einige genetische Varianten erhöhen die biologische Tauglichkeit der Individuen, andere vermindern sie. *Tauglichkeit* (fitness) bezieht sich hier allein auf die Zahl der Nachkommen aufeinanderfolgender Generationen, in denen die genetische Variante auftaucht. Gene, die zu einer höheren Tauglichkeit führen, werden, so sagt man, »ausgelesen«; Gene, die zu einer verminderten Tauglichkeit führen, werden »ausgemerzt«.

Tauglichkeit kann sehr unterschiedliche Fähigkeiten bezeichnen: die Fähigkeit eines Organismus, Krankheiten zu widerstehen, die Fähigkeit, Raum zu erobern und zu behaupten, oder die Fähigkeit, sich größere oder sichere Energiemengen zu beschaffen. Sie kann sich aber auch auf die größere Wirksamkeit und Verläßlichkeit einiger Aspekte des Reproduktionsprozesses selbst beziehen.

Durch unterschiedliche Reproduktionserfolge kann natürliche Auslese nach einigen Dutzend Generationen die Häufigkeit von *Genotypen* (d.h. von

Genarten) drastisch verändern. Ein Beispiel dafür, wie erfolgreich natürliche Auslese sein kann, wenn es darum geht, die Häufigkeit eines seltenen Gens zu erhöhen, ist die Entstehung von penizillin-resistenten Bakterienarten. Zwar gibt es resistent machende Gene in normalen Bakterienpopulationen, doch nur bei einer geringen Prozentzahl von Individuen. Aufgrund des unterschiedlichen Reproduktionserfolgs dieser Individuen wird die resistente Bakterienart aber bald zum häufigsten Genotyp.

Natürliche Auslese und der Kampf ums Überleben

Im 19. Jahrhundert sahen Sozialdarwinisten in dem von Malthus postulierten »Kampf ums Überleben« die Haupttriebfeder sowohl der biologischen als auch der kulturellen Evolution (s. Anhang, S. 438). Fälschlicherweise hielt man natürliche Auslese für den direkten Kampf von Individuen um knappe Ressourcen und Fortpflanzungspartner und, was ein noch größerer Irrtum war, für die gegenseitige Ausbeutung und Zerstörung von Organismen derselben Spezies. Obwohl innerartliches Töten und innerartliche Konkurrenz in der biologischen Evolution manchmal eine Rolle spielen, beziehen sich die unterschiedliche Reproduktionserfolge bewirkenden Faktoren im allgemeinen nicht auf die Fähigkeit eines Organismus, andere Mitglieder der eigenen Population zu zerstören oder ihnen Nahrung, Raum und Fortpflanzungspartner streitig zu machen.

Heutzutage sind Biologen der Auffassung, daß Kooperation und Altruismus ebenso häufig wie Konkurrenz innerhalb einer Spezies durch natürliche Auslese begünstigt werden. Bei sozial lebenden Spezies hängt die Erhaltung der Gene eines Individuums oft genauso stark vom Reproduktionserfolg seiner nahen Verwandten wie von seiner eigenen Überlebens- und Reproduktionsfähigkeit ab.

Natürliche Auslese und Verhalten

Natürliche Auslese beeinflußt nicht nur Anatomie und Physiologie der Organismen, sondern zum Teil auch ihre Verhaltensweisen. Bestimmte Gene sind beispielsweise dafür verantwortlich, ob Fruchtfliegen nach oben oder nach unten fliegen, wenn sie von einem Feind bedroht werden; daß eine Wespe ihre Eier in eine bestimmte Raupenart legt; für das Paarungsverhalten von Fischen; für den Netzbau der Spinne; das spezialisierte Verhalten von Insektenkasten und zahllose andere Triebe und Instinkte, die für Tierarten typisch sind.

Wichtig ist zu verstehen, wie sich derartige Verhaltensweisen durchsetzen. Organismen begehen »Fehler« in ihrem Verhalten, die »Fehlern« in ihren Genen entsprechen. Auf den Galapagos gibt es beispielsweise Leguanarten, die in der Meeresbrandung schwimmen und nach Nahrung tauchen. Diese Eidechsen stammen von Arten ab, die genetisch auf Landjagd »programmiert« sind. In ihrem Programm entstanden jedoch »Fehler«, die es einigen Individuen ermöglichten, sich näher ans Meer heranzuwagen. Wahrscheinlich ergab sich dann infolge der größeren Nahrungsressourcen, die den sich ins Meer trauenden Leguanen zur Verfügung standen, eine Selektion der abweichenden Gene. Indem diese Leguane so über viele Generationen ausgelesen wurden, wurden sie genetisch von der Landjagd auf Schwimmen und Tauchen umprogrammiert. Diese Abfolge läßt sich schematisch so darstellen:

Alter Genotyp → genetischer »Fehler«
              → Verhaltensabweichung
              → Auslese
              → neuer Genotyp

Die Evolution des Lernens

Obwohl es für Organismen sehr nützlich ist, in ihren Genen mit einem artenspezifischen Programm der Verhaltensreaktionen ausgestattet zu sein, gibt es einen anderen Verhaltenstyp, der gewisse Vorteile gegenüber der genetischen Programmierung besitzt — nämlich Verhalten, das durch Lernen programmiert ist. Lernen ermöglicht den Organismen, sich besser an vielfältige Situationen anzupassen, mehr Vorteile aus ihnen zu ziehen und so einen größeren Reproduktionserfolg zu erzielen, als durch genetische Programmierung möglich ist. Zum Beispiel wäre eine Seemöwe, die wenig Lernfähigkeit besäße und nur auf Nahrungssuche an der Küste programmiert wäre, nicht imstande, andere Nahrungsquellen zu nutzen. Da Seemöwen aber nicht nur lernen, Fischerboote zu erkennen und ihnen zu folgen, sondern auch Schnellimbiß-Lokale, städtische Müllkippen und andere Abfallquellen zu lokalisieren, verbessern sie ihre Tauglichkeit enorm, *ohne ihren Genotyp zu verändern*, wie das folgende Sequenzschema zeigt:

Alter Genotyp → erlernte Reaktionen
              → Auslese
              → alter Genotyp

Tatsächlich könnte man sagen, daß es für die Tauglichkeit der Seemöwe gerade wichtig ist, daß die Aneignung neuer Verhaltensreaktionen *nicht* an eine Veränderung des Genotyps gebunden ist. Eine Seemöwe, die genetisch darauf programmiert wäre, an der Küste zu bleiben, könnte solche Gelegenheiten, wie Fischerbooten aufs Meer zu folgen, nicht nutzen.

Bei vielen höheren Tierarten hat gerade deshalb eine Auslese der Lernfähigkeit stattgefunden, weil Lernen eine flexiblere und schnellere Methode als die genetische Evolution ist, Reproduktionserfolge zu erzielen. Das Lernen ermöglicht es einer Population, sich in einer einzigen Generation an neue Situationen anzupassen und Vorteile aus ihnen zu ziehen, ohne auf genetische Mutationen und ihre Verbreitung warten zu müssen.

Nichtmenschliche Kultur

Die Auslese zu größerer Lernfähigkeit war eine Voraussetzung für die Entstehung von Kultur im Sinne *erlernter Verhaltensrepertoires* (d.h. gewohnheitsmäßiger Verhaltensmuster, die bei entsprechenden Gelegenheiten aktiviert werden können). Diese Lernfähigkeit hat eine neurologische Basis, denn sie ist von der Entstehung größerer und komplexerer Gehirne und von »intelligenteren« Arten abhängig.

Viele nichtmenschliche Arten sind intelligent genug, um rudimentäre Verhaltenstraditionen zu entwickeln. Singvögel verfügen beispielsweise über traditionelle Lieder, die sich innerhalb ein und derselben Singvogelart von Population zu Population unterscheiden; viele Tiere benutzen immer dieselben, seit Generationen festgelegten Pfade, um Wasserlöcher oder Futterplätze zu erreichen; andere begeben sich immer wieder zu denselben traditionellen Nistplätzen.

Kaum überraschend ist, daß man bei Affen und Menschenaffen, den Tieren also, die unserer Spezies am nächsten verwandt sind, die entwickeltste nichtmenschliche Kultur gefunden hat.

Primatologen des Instituts für Primatenforschung an der Universität Kyoto etwa entdeckten, daß lokale Affenhorden ganz unterschiedliche Verhaltenstraditionen entwickelt haben. Beispielsweise lösen sich die männlichen Tiere einer Horde bei der Beaufsichtigung der Affenkinder ab, solange die Muttertiere ihre Kinder füttern. Diese Art der Kinderbeaufsichtigung ist aber nur für die Affenhorde von Takasaki-yama oder Takahoshi charakteristisch. Doch hat man noch weitere kulturelle Unterschiede beobachtet. Wenn die Affen von Takasaki-yama Früchte des muku-Baumes verzehren, werfen sie entweder den harten Stein im Innern der Frucht weg oder schlucken ihn ganz herunter und scheiden ihn später wieder aus. Die Affen von Arishi-yama aber knacken den Stein mit den Zähnen auf und fressen die weiche und saftige

Innenmasse. Des weiteren verzehren einige Horden Muscheln, andere nicht. Kulturelle Unterschiede wurden auch sowohl im Hinblick auf die charakteristische Distanz, die Affen beim Füttern untereinander wahren, als auch im Hinblick auf die Gangordnung von männlichen, weiblichen und jugendlichen Tieren beim Durchqueren des Waldes festgestellt.

Außerdem ist es den Wissenschaftlern vom Institut für Primatenforschung gelungen zu beobachten, auf welche Weise Verhaltensinnovationen von einem Individuum zum nächsten weitergegeben werden. Um die Affen zur leichteren Beobachtung an den Strand zu locken, legte man dort Süßkartoffeln aus. Eines Tages begann eine junge Äffin, den Sand von den Süßkartoffeln abzuwaschen, indem sie diese in einen über den Strand fließenden Bach tauchte. Dieses Waschverhalten breitete sich in der Gruppe aus und ersetzte allmählich das früher angewandte Reiben. Neun Jahre später wuschen 80 bis 90 Prozent der Tiere ihre Süßkartoffeln entweder im Bach oder im Meer. Als man dazu überging, Weizen am Strand auszustreuen, fiel es den Affen von Koshima zunächst schwer, die Körner vom Sand zu trennen. Bald jedoch erfand dieselbe junge Äffin ein Verfahren, Weizen und Sand voneinander zu trennen, das von den anderen Affen übernommen wurde. Es bestand darin, die Weizen-Sandmischung ins Wasser zu tauchen: Die Weizenkörner schwimmen an der Oberfläche, während der Sand sich auf dem Grund absetzt (Itani 1961; Miyadi 1967; Itani und Nishimura 1973; Miyadi 1967).

Rudimentäre Kulturen bei Menschenaffen

Jane van Lawick-Goodall und ihre Mitarbeiter haben im Gombe Nationalpark in Tansania über viele Jahre das Verhalten einer frei lebenden Schimpansen-Population erforscht. Eine ihrer interessantesten Entdeckungen war, daß Schimpansen nach Ameisen und Termiten »angeln«. Zum »Termitenangeln« muß zunächst ein kleiner Zweig oder eine Ranke abgebrochen, von Blättern und Seitenzweigen befreit und schließlich ein geeignetes Termitennest gefunden werden. Ein solches Nest ist hart wie Beton und bis auf die nur dünn verschlossenen Tunneleingänge undurchdringlich. Der Schimpanse kratzt deshalb die dünne Schicht über dem Eingang ab und steckt das Stöckchen hinein. Die Termiten beißen sich am Stockende fest, der Schimpanse zieht das Stöckchen heraus und leckt die an ihm hängenden Termiten ab. Besonders eindrucksvoll ist die Tatsache, daß die Schimpansen das Stöckchen zuerst präparieren, es dann in ihrem Maul von Nest zu Nest tragen und nach einem geeigneten Tunneleingang suchen (van Lawick-Goodall 1968). Eine interessante Variante des beschriebenen Vorgangs stellt das »Ameisenangeln« dar.

Die Schimpansen im Gombe Nationalpark »angeln« eine aggressive Wander-
ameisenart, deren Biß sehr schmerzhaft ist. Wenn ein Schimpanse ein tempo-
räres unterirdisches Nest dieser Ameisen gefunden hat, stellt er aus einem grünen Ästchen sein Werkzeug her und steckt es in den Nesteingang. Sofort
schwärmen hunderte von kämpferischen Ameisen das Ästchen hinauf, um
den Eindringling in die Flucht zu schlagen:

»Der Schimpanse beobachtet den Vormarsch der Ameisen genau, und wenn sie
seine Hand beinahe erreicht haben, zieht er sein Werkzeug blitzschnell heraus. Im
Bruchteil einer Sekunde streift er mit der anderen Hand an dem Stöckchen entlang ...
und fängt die Masse der durcheinandergewürfelten Ameisen zwischen Daumen und
Zeigefinger ein. Dann schiebt er sie flink ins bereits geöffnete Maul und kaut schnell
heftig darauf herum« (McGrew 1977: 279).

Schimpansen stellen auch »Schwämme« her, um damit Wasser aus einem
hohlen Baum aufzunehmen. Sie streifen von einem Ast eine Handvoll Blätter
ab, stecken sie ins Maul, kauen kurz darauf herum, legen die zerkaute Blatt-
masse ins Wasser, warten, bis sie vollgesogen ist, stecken die Blätter ins Maul
und saugen das Wasser aus. Einen ähnlichen Schwamm benutzen sie, um ihr
Fell abzutrocknen, klebrige Substanzen abzuwaschen und den Po ihrer
Babies zu säubern. Die Schimpansen im Gombe Nationalpark benutzen
Stöcke außerdem sowohl als Hebel, um Ameisennester von den Bäumen
abzumachen, wie auch als Grabstock, um den Eingang eines unterirdischen
Bienenstocks zu erweitern.

Andere Beobachter haben Schimpansen an anderen Orten in ihrem natürlichen Lebensraum dabei beobachtet, wie sie hartschalige Früchte, Samen-
körner und Nüsse mit Stöcken und Steinen zerstießen oder aufklopften. Ein
Schimpanse im Budongo-Wald in Uganda benutzte einen Ast mit einem
Blatt sogar als Fliegenwedel (Sugiyama 1969).

Schimpansen scheinen im Gebrauch von Waffen und Wurfgeschossen
weiter zu gehen als andere Primaten. Sie werfen Steine, Fäzes und Stöcke mit
beachtlicher Genauigkeit. Unter halbkontrollierten Bedingungen hat man sie
lange Keulen mit tödlicher Treffsicherheit schwingen sehen. Ein Forscher
(Kortlant 1967) konstruierte einen ausgestopften Leoparden, dessen Kopf
und Schwanz automatisch bewegt werden konnten, stellte ihn in offenem,
von Schimpansen bewohntem Gelände auf und setzte, als die Schimpansen
in Sicht kamen, die beweglichen Teile des Leoparden in Gang. Die Schimpansen griffen hierauf den Leoparden mit schweren Stöcken an, rissen ihn
auseinander und zerrten die Überbleibsel in den Busch.

Für das Fangen von Termiten und Ameisen sowie die anderen oben
erwähnten Verhaltensweisen der Schimpansen sind anscheinend keine

besonderen Gene verantwortlich. Selbstverständlich muß ein junger Schimpanse, damit er ein solches Verhalten überhaupt entwickeln kann, über genetisch determinierte Fähigkeiten verfügen, z.B. über die Fähigkeit zu lernen, Gegenstände zu manipulieren und Allesfresser zu sein. Das Fangen von Termiten und Ameisen kann man aber nicht mit diesen allgemeinen biologischen Fähigkeiten und Anlagen erklären. Gäbe es nur Gruppen junger Schimpansen, Stöckchen und Termiten- bzw. Ameisennester, würden die jungen Schimpansen kaum die Technik des Termiten- bzw. Ameisenfangs entwickeln. Die in den Gehirnen der erwachsenen Schimpansen gespeicherte Information über diese Technik muß noch hinzukommen.

Bei den im Gombe Nationalpark lebenden Schimpansen beginnen die Jungen erst im Alter von 18 bis 22 Monaten mit dem Termitenfangen. Ihre Versuche sind zunächst ungeschickt und wenig erfolgreich. Erst im Alter von etwa drei Jahren haben sie genügend Erfahrung gewonnen. Van Lawick-Goodall konnte in zahlreichen Fällen beobachten, wie Schimpansenkinder den Erwachsenen aufmerksam beim Termitenfangen zusahen, sich häufig weggeworfene Stöckchen holten und es selbst versuchten. Wegen des Risikos, gebissen zu werden, ist das Ameisenfangen schwerer zu erlernen. Der jüngste Schimpanse, der diese Technik beherrschte, war ungefähr vier Jahre alt (McGrew 1977: 282). Die Schlußfolgerung, daß es sich beim Ameisenfangen um kulturelles Verhalten handelt, wird durch die Tatsache erhärtet, daß in anderen Gegenden Afrikas lebende Schimpansen Wanderameisen nicht fressen, obwohl diese Ameisenart in Afrika weit verbreitet ist. Andererseits fangen andere Schimpansengruppen andere Ameisenarten auf andere Art. So stecken etwa Schimpansen, die im 170 Kilometer südlich von Gombe gelegenen Mahali-Gebirge leben, Stöckchen und Rinde in die Nester der auf Bäumen lebenden Ameisen, die von den Gombe-Schimpansen verschmäht werden (Nishida 1973).

Warum ist Kultur bei Tieren nur rudimentär entwickelt?

Die Ausbildung von Traditionen der Werkzeugherstellung und des Werkzeuggebrauchs wäre für jede intelligente Spezies von großem Nutzen. Warum sind dann aber derartige Traditionen bei allen Tierarten mit Ausnahme unserer unmittelbaren tierischen Vorfahren so rudimentär geblieben? Die Antwort lautet, daß außer einer fortgeschrittenen Intelligenz eine geeignete Form der Gliedmaßen, Finger und Daumen notwendig ist.

Obwohl Primaten zur Herstellung und zum Gebrauch von Werkzeugen »intelligent« genug sind, hindern ihre Anatomie und Lebensweise sie daran, umfangreiche Traditionen des Werkzeuggebrauchs zu entwickeln. Der Einsatz der Hand zum Gebrauch von Werkzeugen ist bei Affen und Menschenaffen dadurch eingeschränkt, daß sie ihre vorderen Gliedmaßen zum Laufen und Klettern benötigen. Das ist wahrscheinlich der Grund dafür, daß ihr häufigster Werkzeuggebrauch darin besteht, Eindringlinge mit Nüssen, Kiefernzapfen, Zweigen, Früchten, Fäzes oder Steinen zu bewerfen und so in die Flucht zu schlagen. Das Werfen solcher Dinge setzt nämlich nur vorübergehend die Fähigkeit außer Kraft, bei Gefahr wegzulaufen oder auf Bäume zu klettern.

Am Anfang war der Fuß

Wahrscheinlich trennte sich vor acht bis 24 Millionen Jahren die zum Menschen führende Entwicklungslinie von derjenigen, die zu den heutigen Menschenaffen führte (Kay 1981: 150). Zumindest gab es bereits vor drei Millionen Jahren zwei Arten von *Hominiden* (Mitgliedern der menschlichen Familie), den *Australopithicus,* der ausstarb, und den *Homo habilis,* ein ferner Vorfahre unserer Spezies. Interessanterweise hatten beide frühen Hominidenarten Gehirne, die nicht größer als die von Schimpansen waren. Wir wissen aber, daß es sich um Hominide gehandelt hat, weil ihre Gliedmaßen und ihr Körper bereits völlig an das aufrechte Gehen angepaßt waren — drei Millionen Jahre alte Fußabdrücke liefern den Beweis! Hominiden wurden anfänglich nicht wegen ihrer Intelligenz, sondern wegen ihres besonderen aufrechten Ganges ausgelesen. Warum sich dieser als *Bipedalismus* bezeichnete Gang durchsetzte, wird noch kontrovers diskutiert. Es leuchtet aber ein, daß ab dem Moment, in dem die Hände nicht mehr zum Gehen oder Laufen gebraucht wurden, der Werkzeuggebrauch weit über das für Affen und Menschenaffen charakteristische Niveau hinaus entwickelt werden konnte. Von nun an konnten Werkzeuge wie Keulen, Grabstöcke, Steinhämmer und Messer in der Hand getragen werden, ohne daß dadurch das Explorier- und Fluchtverhalten eingeschränkt war. Herstellung und Gebrauch dieser Werkzeuge konnten dann von den gemeinsamen Erfahrungen vieler Individuen profitieren.

Als der Werkzeuggebrauch immer wichtiger wurde, begünstigte die natürliche Auslese intelligentere Individuen, die Verhaltenstraditionen besser verschlüsseln und übermitteln konnten. Das führte wiederum zur Herstellung größerer Mengen und besserer Werkzeuge und dazu, daß Enkulturation immer mehr zur Tradierung erlernten Verhaltens genutzt wurde. Dies wiederum führte zu noch intelligenteren Hominidenarten.

Auf diese Weise waren die Entwicklung der Kultur und die Entwicklung des menschlichen Gehirns und Körpers zu einer immer effizienteren Lernmaschine Teil eines einzigen, mehrere Millionen Jahre währenden Evolutionsprozesses. Die Steinwerkzeuge der frühesten Hominiden, deren Gehirnschale nicht größer als die eines Affen war, wurden immer komplexer, kunstvoller und spezialisierter (Schneide-, Grab- und Wurfwerkzeuge), als *Homo habilis* vor zwei Millionen Jahren von *Homo erectus* und dieser vor ungefähr 100 000 Jahren von *Homo sapiens* abgelöst wurde.

Der kulturelle Entwicklungssprung

Mit der Entstehung des *Homo sapiens* veränderte sich das Verhältnis von kultureller und biologischer Entwicklung grundlegend. In den letzten 100 000 Jahren ist das menschliche Gehirn im Durchschnitt nicht größer geworden (es ist sogar ein wenig geschrumpft!). Doch die Komplexität menschlicher soziokultureller Systeme sowie die Geschwindigkeit ihrer Veränderung sind um ein Vielfaches angestiegen. Dieser Sachverhalt macht deutlich, daß man, wenn man die letzten 100 000 Jahre der Kulturentwicklung verstehen will, das Hauptgewicht auf kulturspezifische Entwicklungsprozesse legen muß. Natürliche Auslese und organische Evolution bilden zwar die Grundlage der Kulturentwicklung; sobald aber die Kulturfähigkeit voll entwickelt war, konnten — völlig unabhängig von Veränderungen des Genotyps — eine Vielzahl kultureller Unterschiede und Übereinstimmungen sowohl entstehen als auch vergehen.

Sprache und der kulturelle Entwicklungssprung

Eng verknüpft mit dem kulturellen Entwicklungssprung ist die spezifisch menschliche Fähigkeit, Sprache und an Sprache gebundene Denksysteme zu entwickeln. Andere Primaten bedienen sich in ihrem Sozialleben zwar komplexer Signalsysteme, doch unterscheiden sich menschliche Sprachen qualitativ von allen tierischen Kommunikationssystemen. Zweifellos entstanden die spezifischen Merkmale menschlicher Sprachen aus genetischen Veränderungen, die sich aus der immer stärker werdenden Abhängigkeit der frühen Hominiden von Traditionen des Werkzeuggebrauchs und anderen, durch den Austausch und das Sammeln von Informationen ermöglichten, sozialen Verhaltensweisen ergaben.

Zusammenfassend läßt sich die spezifische Eigentümlichkeit und Leistungsfähigkeit menschlicher Sprache als »semantische Universalität« (Greenberg, 1968) bezeichnen. Ein Kommunikationssystem, das *semantische Universalität* besitzt, kann Informationen über tatsächliche oder mögliche, reale oder vorgestellte, naheliegende oder entfernte Aspekte, Gebiete, Eigenschaften, Orte oder Ereignisse der Vergangenheit, Gegenwart und Zukunft übermitteln.

Das gleiche drückt man aus, wenn man sagt, menschliche Sprache sei semantisch unendlich *produktiv* (Hockett und Ascher 1964). Das heißt, daß wir jeder Botschaft, die wir übermitteln, immer eine weitere hinzufügen können, deren Bedeutung sich nicht aus den Informationen der vorausgehenden Botschaft vorhersagen läßt, und daß wir solche Botschaften ohne einen Verlust an Effizienz bei der Kodierung der Informationen ständig erweitern können. Kapitel 3 behandelt die Bestandteile semantischer Universalität etwas eingehender.

In den letzten Jahren hat eine Reihe revolutionärer Experimente den Nachweis erbringen können, daß die Kluft zwischen der Sprachfähigkeit von Menschenaffen und Menschen keineswegs so groß ist, wie man früher angenommen hat. Doch haben dieselben Experimente auch gezeigt, daß angeborene artenspezifische Faktoren die Überbrückung dieser Kluft verhindern. So hat man beispielsweise viele vergebliche Versuche unternommen, Schimpansen das Sprechen beizubringen. Nach sechs Jahren intensiven Trainings konnte der Schimpanse Viki aber nur »Mama«, »Papa« und »cup« (Tasse) sagen. Man fand heraus, daß es den Menschenaffen aufgrund ihres Vokalsystems anatomisch unmöglich ist, die für die menschliche Sprache notwendigen Laute zu bilden. Danach verlagerten sich die Bemühungen auf Versuche, Menschenaffen den Gebrauch von Zeichensprachen sowie Lesen und Schreiben beizubringen. Die Schimpansin Washoe lernte 160 verschiedene Standardzeichen der amerikanischen Zeichensprache (Ameslan). Washoe konnte mit diesen Zeichen produktiv umgehen. Zuerst lernte sie das Zeichen für »öffnen« am Beispiel einer bestimmten Tür, dehnte es später aber über den anfänglichen Lernzusammenhang hinaus spontan zunächst auf alle geschlossenen Türen, dann geschlossene Behälter wie Kühlschränke, Schränke, Schubladen, Aktentaschen, Kästen und Gefäße aus. Wenn Susan, eine Forschungsassistentin, auf Washoes Puppe trat, konnte Washoe ihr auf vielfältige Weise sagen, was sie dachte: »Hoch Susan; Susan hoch; mir bitte hoch; gib mir Baby; bitte Schuh; mehr mir; hoch bitte; bitte hoch; mehr hoch; Baby unten; Schuh hoch; Baby hoch; bitte geh hoch« (Gardner und Gardner 1971, 1975).

David Premack (1971, 1976) benutzte einen Satz Plastiksteine, um einer Schimpansin namens Sarah die Bedeutung von 130 Symbolen beizubringen, mit deren Hilfe sie miteinander kommunizieren konnten. Premack konnte Sarah relativ abstrakte Fragen stellen wie: »Ein Apfel ist das gleiche wie . . .?« Und Sarah konnte darauf antworten, indem sie die Plastiksteine auswählte, die für »rot«, »rund«, »Stiel« und »weniger angenehm als Weintrauben« standen. Premack konzentrierte sich besonders darauf, gewisse grammatikalische Grundregeln in seine Mensch-Affe-Sprache einzubauen. Sarah reagierte schließlich richtig auf die Plastikstein-Aufforderung: »Sarah, leg die Banane in den Eimer und den Apfel auf den Teller«. Sie selbst richtete jedoch keine derartig komplexen Aufforderungen an Premack.

Bei anderen Experimenten mit einer dreieinhalbjährigen Schimpansin namens Lana wurden ein von einem Computer überwachtes Tastenfeld und eine als Yerkish bezeichnete Schriftsprache verwandt. Lana lernte das Lesen und Schreiben von Sätzen wie: »Bitte, Maschine, öffne das Fenster« und konnte Sätze unterscheiden, die richtig bzw. falsch anfingen und die erlaubte bzw. nicht erlaubte Kombinationen von Yerkish-Worten in erlaubten bzw. nicht erlaubten Wortfolgen enthielten (Rambaugh 1977).

Sowohl Washoe als auch Lucy, eine von Roger Fout aufgezogene Schimpansin, lernten, von dem Zeichen für »Fäzes« auf das Zeichen für »schmutzig« zu generalisieren. Lucy wandte es sogar auf Fout an, als dieser ihr Bitten abschlug! Lucy erfand auch die Wortkombination »weinen wehtun Nahrung« für Radieschen und »Bonbon Frucht« für Wassermelone. Koko, ein von Francis Patterson trainiertes Gorillaweibchen, hält bisher den Rekord über 300 Meslan-Worte. Sie bezeichnete einen Ring als »Finger-Armband«, ein Zebra als »weißen Tiger«, eine Maske als »Augen-Hut«. Außerdem hat sie angefangen, über ihre Gefühle zu sprechen, in dem sie Glück, Traurigkeit, Furcht und Scham signalisierte (Hill 1979: 98—99). Bemerkenswertes Ergebnis dieser Studien ist der Nachweis, daß Schimpansen ohne menschliche Vermittlung ihre erlernte Fähigkeit, Zeichen zu benutzen, anderen Schimpansen beibringen können. Loulis, ein zehn Monate alter Schimpanse, wurde Washoe vorgestellt, die den Kleinen adoptierte und sogleich mit ihm in der Zeichensprache redete. Nach 36 Monaten benutzte Loulis 28 Zeichen, die er von Washoe gelernt hatte. Nach fünfjährigem Zeichenspracheunterricht bei Washoe und zwei weiteren Schimpansen konnte Loulis ohne menschliches Zutun 55 Zeichen anwenden.

Noch bemerkenswerter ist, daß Washoe, Loulis und andere Schimpansen, die die Zeichensprache beherrschten, diese regelmäßig zur Kommunikation untereinander benutzten, auch wenn keine Menschen dabei waren. Derartige »Unterhaltungen« wurden, wie Videoaufnahmen ergaben, 118 bis 649 mal im Monat geführt (Fouts und Fouts 1985).

Dennoch bleibt die große Kluft zwischen der Sprachverwendung von Menschen und der von Menschenaffen bestehen. Trotz aller Bemühungen, Menschenaffen das Kommunizieren beizubringen, hat kein einziger das Sprachvermögen erreicht, das für ein dreijähriges Kind selbstverständlich ist (Terrace 1979). Eines jedoch haben alle diese Experimente gezeigt: Es spricht alles dafür, daß die natürliche Auslese die menschliche Fähigkeit zu semantischer Universalität entstehen ließ, indem intellektuelle Fähigkeiten ausgelesen wurden, die bereits bei unseren affenähnlichen hominiden Vorfahren in rudimentärer Form vorhanden waren (Parker 1985: 622).

Wissenschaftliche Rassenkunde

In diesem Buch wird der Standpunkt vertreten, daß für soziokulturelle Übereinstimmungen und Unterschiede vor allem kulturelle, nicht biologische Faktoren verantwortlich sind. Es wird sich zeigen, daß plausible und überprüfbare Kulturtheorien konstruiert werden können, die viele der allgemeinen und besonderen Aspekte des menschlichen Soziallebens erklären helfen.

Im 19. Jahrhundert waren beinahe alle gebildeten Europäer und Amerikaner überzeugte Anhänger der Lehren der wissenschaftlichen Rassenkunde. Sie glaubten, Asiaten, Afrikaner und Indianer könnten die industrielle Zivilisationsstufe nur sehr langsam und unvollkommen erreichen. Die Wissenschaftler des 19. Jahrhunderts meinten, wissenschaftliche Beweise dafür zu haben, daß die weiße Rasse allen anderen intellektuell überlegen sei und eine unüberwindbare Kluft sie vom Rest der Menschheit trenne (Haller 1971). Sie räumten zwar die Möglichkeit ein, daß auch unter Indianern, Asiaten und Afrikanern gelegentlich ein »Genie« auftreten könne, doch behaupteten sie, die durchschnittlichen Erbanlagen der Rassen seien extrem verschieden. Diese Rassentheorien stützten sich auf die Tatsache, daß es den Europäern im 19. Jahrhundert mit Waffengewalt, List und Tücke oder durch Handel gelungen war, beinahe die ganze Menschheit ihrer Kontrolle zu unterwerfen. Die scheinbare Unfähigkeit der Asiaten, Afrikaner und der Ureinwohner Amerikas, dem Vordringen europäischer Armeen, Geschäftsleute, Missionare und Verwaltungsbeamte Einhalt zu gebieten, wurde als schlagender Beweis für die biologische Überlegenheit der Europäer gewertet.

Indem man die politische Dominanz der Europäer mit ihrer rassischen Überlegenheit erklärte, hatte man eine bequeme Entschuldigung sowohl für den Kolonialismus wie für die Ausbeutung und Versklavung der Menschen gefunden, die sich nicht gegen die technisch überlegenen europäischen Waffen zur Wehr setzen konnten. Heute würde wohl kaum ein ernstzunehmender Wissenschaftler die vorübergehende Überlegenheit der Europäer und Nordamerikaner auf technischem Gebiet genetischen Faktoren zuschreiben. Denn die Europäer verfügten keineswegs immer über die fortgeschrittenste Technologie. Während verschiedener Phasen der Kulturentwicklung waren sowohl Asiaten als auch Afrikaner zeitweilig führend. Nach dem Zusammenbruch der großen Kolonialreiche wäre es außerdem geradezu tollkühn, glaubten die fortgeschrittenen Industrienationen, ihr genetisches Erbe werde sie vor der stärker werdenden politischen und ökonomischen Macht der Dritten Welt schützen.

Der Aufstieg Japans zu einer Großbritannien und Deutschland vergleichbaren Wirtschaftsmacht dürfte wohl jeden entmutigen, der glaubt, die Entwicklung einer fortgeschrittenen Technologie könne auf Gene zurückgeführt werden, die bei der einen Rasse häufiger vorkommen als bei einer anderen. Genetische Interpretationen für historische und kulturelle Entwicklungsprozesse sind insofern problematisch, als sie das Auf und Ab in der Entwicklung verschiedener Regionen und bei verschiedenen Rassen nicht erklären können, es sei denn, sie addieren oder subtrahieren jeweils hypothetische Gene für dieses oder jenes.

Oder ein anderes Beispiel: Im 19. Jahrhundert glaubten die Briten, die Iren wären eine inferiore »Rasse«. Wollte ein Rassist den ökonomischen Erfolg der Iren in der Neuen Welt erklären, so müßte er entweder annehmen, daß sich ihre Gene plötzlich verändert haben oder daß die Emigranten besondere Gene besitzen. Derartige Erklärungen sind wissenschaftlich nicht akzeptabel, weil sie vom Vorhandensein bzw. Nichtvorhandensein besonderer, für den wirtschaftlichen Erfolg verantwortlich gemachter Gene ausgehen, die bisher aber niemand identifizieren konnte und die es wahrscheinlich gar nicht gibt. Kulturelle Erklärungen für das Auf und Ab im Leben menschlicher Gruppen sind rassischen Erklärungen deshalb vorzuziehen, weil sie von Faktoren wie Regenmenge, Bodenbedingungen und Bevölkerungsdichte ausgehen, die sehr viel konkreter und faßbarer sind als für technologische Erfindungen und wirtschaftliche Erfolge verantwortlich gemachte hypothetische Gene. Die Erklärung für den Aufstieg Japans zur großen Industriemacht wird *unnötig* kompliziert — und wäre deshalb wissenschaftlich nicht akzeptabel — wenn man zusätzlich zu den kulturellen und ökologischen Faktoren ein plötzliches Auftauchen japanischer Gene annehmen müßte, die für den Bau von Transistoren und Stahlwerken verantwortlich sein sollen.

Ähnliche Einwände sprechen auch gegen den Versuch der genetischen Erklärung von Kulturzügen wie Matrilinearität, Patrilinearität und ambilineare Filiation; Kernfamilie oder polygame Familien; Redistribution; Feudalismus; Kapitalismus; und all der anderen in diesem Buch behandelten unterschiedlichen Kulturzüge.

Die Annahme, es gäbe für alle diese kulturellen Verhaltensweisen bestimmte Gene, wird durch tatsächlich belegbare Enkulturations- und Diffusionsprozesse widerlegt. Wir wissen zum Beispiel, daß adoptierte Kinder, die in einer anderen Kultur als der ihrer Eltern aufwachsen, die Kultur ihrer Adoptiveltern übernehmen. Und wir wissen, daß in einer Kultur entstandene Verhaltensweisen sich in einer Geschwindigkeit über die ganze Welt ausbreiten können, die viel zu schnell ist, als daß bereits eine genetische Veränderung hätte stattfinden können. Kinder, die nicht von ihren Eltern aufgezogen werden, übernehmen die Kultur ihrer Pflegeeltern. Kinder von Englisch sprechenden weißen Amerikanern, die bei chinesischen Eltern aufwachsen, sprechen, wenn sie älter geworden sind, perfekt Chinesisch. Sie können mühelos mit Stäbchen essen und verspüren keinen Appetit auf Hamburger. Umgekehrt sprechen chinesische Kinder, die in einer weißen amerikanischen Familie aufwachsen, den Dialekt ihrer Pflegeeltern, können nicht mit Stäbchen umgehen und sehnen sich nicht nach Vogelnestsuppe oder Pekingente. Darüber hinaus haben viele Gruppen wiederholt demonstriert, daß sie sich jeden denkbaren Aspekt kulturellen Verhaltens aneignen können. Indianer, die in Brasilien aufwuchsen, nahmen komplexe afrikanische Rhythmen in ihre religiöse Musik auf; amerikanische Schwarze, die die entsprechenden Schulen besuchten, wurden zu Stars der klassischen europäischen Oper. Juden, die in Deutschland groß werden, bevorzugen die deutsche Küche; Juden, die im Jemen leben, bevorzugen die im Mittleren Osten üblichen Speisen. Unter dem Einfluß fundamentalistischer christlicher Missionare begannen die sexuell freizügigen Polynesier ihre Frauen in lange Röcke zu kleiden und das Gebot absoluter vorehelicher Keuschheit zu befolgen. Australische Ureinwohner, die in Sydney aufwachsen, gehen nicht mehr auf Känguruhjagd oder nehmen keine Genitaloperationen mehr vor; auch fühlen sie nicht mehr den heftigen Drang, Lieder über Witchetty-Raupen und Emu-Ahnen anzustimmen (s. S. 294). Die Mohawk-Indianer im US-Bundesstaat New York spezialisierten sich auf das Baugewerbe und halfen, die Stahlträger der Wolkenkratzer zu errichten. Als sie in einer Höhe von 80 Stockwerken über dem Boden auf schmalen Tragbalken standen, überkam sie nicht das Bedürfnis, Wigwams statt Bürogebäude zu bauen.

Die Tatsache, daß sich auf jedem Kontinent, bei jeder Rasse und jeder kleinen ethnischen Gruppe Enkulturations- und Diffusionsprozesse beobachten lassen, zeigt, daß der größte Teil des Verhaltensrepertoires einer menschlichen Gruppe von jeder anderen Gruppe allein aufgrund von Lernprozessen, also ohne den geringsten Austausch oder die Mutation von Genen erworben werden kann. (Zur weiteren Darstellung der wissenschaftlichen Rassenkunde im Rahmen der Geschichte der Kulturtheorien s. Anhang.)

Soziobiologie

Die *Soziobiologie* ist eine Forschungsstrategie, die den Versuch unternimmt, gewisse soziokulturelle Unterschiede und Übereinstimmungen mit Hilfe der natürlichen Auslese zu erklären. Sie bedient sich dabei eines verfeinerten Ausleseprinzips, des sogenannten Prinzips der *inklusiven Tauglichkeit*. Dieses Prinzip besagt, daß die natürliche Auslese solche Verhaltensweisen begünstigt, die die Gene eines Individuums nicht nur durch die Vergrößerung der Zahl der eigenen Nachkommen verbreiten, sondern auch durch die Vergrößerung der Nachkommenzahl naher Verwandter, der Geschwister etwa, die Träger vieler der gleichen Gene sind. Was die biologische Evolution demnach beherrscht, ist die Vergrößerung der inklusiven Gesamtzahl an Genen eines Individuums in aufeinanderfolgenden Generationen und nicht nur die Zahl der eigenen Nachkommenschaft.

Das Prinzip der inklusiven Tauglichkeit wurde zur Erklärung bestimmter subhumaner sozialer Verhaltensweisen herangezogen, die mit herkömmlichen Versionen des Prinzips der natürlichen Auslese nicht erklärt werden konnten. Zum Beispiel ist es bei sozial lebenden Insekten wie Bienen und Ameisen für die Entwicklung steriler Kasten verantwortlich. Es läßt sich nämlich zeigen, daß die inklusive Tauglichkeit eines jeden sterilen Individuums dadurch erhöht wird, daß es zwar keine eigenen Nachkommen hat, doch seine fruchtbaren Geschwister füttert und versorgt. Auf diese Weise können auch andere »altruistische« Verhaltensweisen sozial lebender Arten erklärt werden (Barash 1977; Wilson 1975).

Obwohl die Soziobiologie die Bedeutung genetischer Faktoren als Determinanten des menschlichen Soziallebens betont, akzeptieren ihre Verfechter nicht unbedingt Theorien, nach denen die Angehörigen von Rassen und sozialen Klassen sich in ihren intellektuellen Fähigkeiten unterscheiden, weil sie verschiedene Genotypen aufweisen. Die meisten Soziobiologen heben vielmehr die Einheit des menschlichen *Biogramms* hervor, des grundlegenden genetischen Erbes also, das die menschliche Natur definiert. Bisher haben sie keinerlei Interesse an der Erforschung der Möglichkeit gezeigt, daß jede Rasse über ein eigenes Biogramm verfügen könnte. Man darf daher Soziobiologen nicht mit wissenschaftlichen Rassenkundlern und politischen Rassisten in einen Topf werfen.

Soziobiologen leugnen auch nicht, daß der größte Teil menschlichen Sozialverhaltens erlernt ist und deshalb nicht unmittelbar genetischer Kontrolle unterliegt. Der Soziobiologe E.O. Wilson (1977: 133) etwa schreibt: »Es spricht vieles dafür, daß beinahe alle, aber wahrscheinlich nicht alle Unterschiede zwischen den Kulturen auf Lernen und Sozialisation und nicht auf dem Einfluß von Genen beruhen«. Auch der Soziobiologe Richard Alexander (1976: 6) bekennt: »Ich nehme an, daß man irgendwann einmal feststellen wird, daß die meisten kulturellen Unterschiede der heute lebenden Menschen praktisch nichts mit genetischen Unterschieden zu tun haben«. Wenn überhaupt, sind nur wenige Soziobiologen daran interessiert, Unterschiede im menschlichen Sozialverhalten auf unterschiedlich häufig vorkommende Gene bei verschiedenen menschlichen Gruppen zurückzuführen.

Selbstverständlich kann der Versuch der Soziobiologen, die Konstanten der menschlichen Natur zu erforschen, dazu beitragen, die äußere »Hülle« — eine von E.O. Wilson (Harris und Wilson 1978) benutzte Metapher — zu verstehen, in die die kulturelle Entwicklung bisher eingeschlossen war. Praktisch alle Ethnologen geben zu, daß es eine menschliche Natur gibt, die dem genetischen Erbe des *Homo sapiens* entspricht. Aber im Unterschied zu Soziobiologen halten die meisten Ethnologen kulturelles Verhalten wie Kriegszüge oder männliche Suprematie nicht für einen unmittelbaren Ausdruck der menschlichen Natur. Außerdem kann die menschliche Natur nur für kulturelle Universalien, nicht aber für die zu jedem Zeitpunkt der Geschichte bestehende enorme Variationsbreite kulturellen Verhaltens verantwortlich gemacht werden.

Als unsere Spezies semantische Universalität erreichte und die entscheidende Schwelle der Kulturentwicklung überschritt, vollzog sich ein Übergang, der genauso folgenschwer war wie die Entstehung der Materie aus Energie oder des Lebens aus Materie. Der *Homo sapiens* ist kein Tier, das man wie Ameisen oder Biber erforschen könnte; wir sind das einzige Tier auf der Erde (und auch im Umkreis von vielen Lichtjahren im All), dessen Entwicklung neuer Methoden zur Bewältigung von Existenz- und Reproduktionsproblemen in der Hauptsache von der kulturellen, nicht von der natürlichen Auslese abhängig ist. Kultur ist nicht in den Genen, sondern im Gehirn verschlüsselt. Deshalb können kulturelle Unterschiede und Übereinstimmungen nicht mit Hilfe des Prinzips der inklusiven Tauglichkeit erklärt werden.

Wissenschaftliche Schöpfungslehre

Die Evolutionstheorie ist dem Angriff religiöser Fundamentalisten ausgesetzt, die sich selbst Anhänger einer »wissenschaftlichen Schöpfungslehre« nennen. Sie üben Druck auf das öffentliche Schulwesen aus, damit in der Schule gelehrt wird, daß die Bibel eine wissenschaftlich anerkannte Alternative zu evolutionären Theorien enthalte. Sie versuchen, die Evolutionstheorie in Mißkredit zu bringen, die auf die Evolution des Universums, der Galaxien und Planeten, auf die Evolution der Erde, ihrer Mineralien, Ozeane und Kontinente, auf die Evolution des Lebens, der Pflanzen und Tiere, auf die Evolution der menschlichen Spezies und schließlich die Entwicklung der Kultur einschließlich der Technologie, Sprache, häuslichen und politischen Organisation, Religion und der Wissenschaft selbst Anwendung findet.

Da es die Verfassung der Vereinigten Staaten nicht zuläßt, die Bibel (oder irgendein anderes heiliges Buch) in öffentlichen Schulen als *Religion* zu lehren, versuchen die Anhänger der Schöpfungslehre, die Trennung von Kirche und Staat dadurch zu umgehen, daß sie die Mythen, Legenden und Allegorien der biblischen Schöpfungsgeschichte zu wissenschaftlichen Theorien erklären. Sie wollen, daß die Bibel als *Wissenschaft* gelehrt wird. In fast allen gesetzgebenden Körperschaften der amerikanischen Bundesstaaten sind Gesetzesanträge gestellt worden, die gleiche Zeit für die »wissenschaftliche« Schöpfungslehre im naturwissenschaftlichen Unterricht fordern. (Einige dieser Gesetzesanträge wurden als verfassungswidrig abgelehnt.) Unabhängig davon, ob die Anhänger der Schöpfungslehre Erfolg mit ihren Gesetzeseingaben haben werden oder nicht, hat sich ihre Einflußnahme auf Abgeordnete bereits dämpfend auf Schulbuchverlage und Schulbehörden ausgewirkt, die äußerst empfindlich auf solche Interessengruppen reagieren, denen es nur um ein einziges Thema geht.

Die Anhänger einer wissenschaftlichen Schöpfungslehre wollen ihr Ziel der Gleichbehandlung des biblischen Schöpfungsberichts im Schulunterricht mit dem Argument erreichen, daß der Evolutionismus eine »Theorie, keine Tatsache« sei. Wenn der Evolutionismus bloß eine »Theorie« ist, warum sollten dann im Unterricht nicht auch andere Theorien behandelt werden? Teilweise haben sie damit recht. Alle wissenschaftlichen »Tatsachen«, »Theorien« und »Gesetze« gelten immer nur vorläufig und können durch neue Erkenntnisse umgestoßen werden. Es stimmt deshalb, daß der Evolutionismus eine »Theorie, keine Tatsache« ist. Von Wissenschaftlern vertretene Theorien haben sich aber in strengen Prüfverfahren bewährt und werden von erheblichem Tatsachenmaterial gestützt. Die Schöpfungslehre kann aber deshalb nicht als Wissenschaft akzeptiert werden, weil sie keinen strengen Prüfverfahren standgehalten hat und sie im Widerspruch zu vielen Tatsachen steht. Kein Student sollte davon abgehalten werden, wissenschaftlich fragwürdige Theorien zu lesen. Doch sollte kein Lehrer dazu gezwungen sein, jede Theorie, die in Mißkredit geraten ist, im Unterricht zu behandeln. (Es gibt immer noch Menschen, die glauben, die Erde sei flach. Aber sollte ihrer Auffassung deshalb ebensoviel Zeit im Astronomieunterricht gewidmet werden?)

Wie sehen die Theorien aus, die die Anhänger der biblischen Schöpfungslehre im Schulunterricht als Alternative zum Evolutionismus behandelt sehen wollen? Erstens behaupten sie, daß das gesamte Universum — einschließlich aller Galaxien, Sterne, Planeten, Mineralien, Pflanzen und Tiere — in sechs Tagen von je 24 Stunden Länge erschaffen wurde. Diese sechs Schöpfungstage sollen nicht mehr als 10 000 Jahre zurückliegen. Diese Theorien behaupten auch, daß die modernen Menschentypen und alle ausgestorbenen Tierarten wie die Dinosaurier einmal gleichzeitig lebten. Nach der Schöpfungslehre ernährten sich früher alle Tierarten von Pflanzen und lebten ewig. Selbst Wölfe und Tiger mußten damals Vegetarier sein, da alle Tiere unsterblich waren. Außerdem behaupten die Anhänger der Schöpfungslehre, daß die Erde vor 8 000 Jahren innerhalb von 40 Tagen bis zu einer Höhe von ungefähr 5 200 m überflutet wurde. Nach Ablauf eines Jahres floß das ganze Wasser in Meeresbecken ab, die es vorher nicht gegeben hatte. Alle heutigen Landtiere wurden vor dieser Sintflut gerettet, indem sie an Bord eines Holzbootes genommen wurden, das allein die gewaltigen Winde und Wellen überlebte, die über die gesamte Erde hinwegfegten (Godfrey 1981; MacKim o.J.; Morris 1974 a, 1974 b).

Die Anhänger der Schöpfungslehre haben jedoch keine Beweise, die diese Theorien stützen könnten. Ist das Universum beispielsweise nur 10 000 Jahre alt? Das ist eine Frage, die sich prüfen läßt, doch verfügen die Anhänger der Schöpfungslehre weder über neue Instrumente, noch über neue systematische mathematische oder empirische Methoden, um ein solches Datum zu berechnen. Hätten sie solche neuen Instrumente oder Methoden, wären Geologen, Astronomen, Biologen und Anthropologen überall auf der Welt sofort bereit, sie anstelle ihrer wissenschaftlichen Instrumente und Methoden zu verwenden. Diese liefern übereinstimmende Chronologien, die Millionen und Milliarden von Jahren umfassen. Da sie keine eigenen Methoden haben, versuchen die Anhänger der Schöpfungslehre, die durch Uranium/Blei-, Kalium/Argon-, Rubidium/Strontium- und Karbon[14]/Karbon[12]-Strahlungsmeßverfahren gewonnenen Daten in Zweifel zu ziehen. Selbst wenn die Genauigkeit dieser Messungen, die täglich in Hunderten von Laboratorien überall auf der Welt vorgenommen werden, einen Fehlerfaktor von 10 aufwiesen, wäre das Universum immer noch nicht 10 000, sondern Millionen von Jahren alt.

Eines der stärksten Argumente für das hohe Alter des Universums ist seine immense Ausdehnung. Seitdem die Lichtgeschwindigkeit experimentell bestimmt worden ist und die Entfernung von Sternen und Galaxien mit Hilfe von Formeln, die Helligkeit mit Entfernung in Beziehung setzen, berechnet werden kann, ist klar, daß das von sehr weit entfernten Gebilden ausgehende Licht vor mehr als 10 000 Jahren begonnen haben muß, sich in Richtung Erde zu bewegen. Tatsächlich muß das von den am weitesten entfernten Gebilden ausgehende Licht, das heute auf die Erde fällt, seine Reise vor Milliarden von Jahren begonnen haben. Um diesen Beweis zu entkräften, behaupten die Anhänger der Schöpfungslehre, daß die Lichtgeschwindigkeit nicht richtig gemessen wurde. Doch haben sie keinerlei eigene Experimente durchgeführt, um die zahlreichen, von Physikern zur Bestimmung der Lichtgeschwindigkeit ersonnenen Experimente zu widerlegen. Andere stellen die Behauptung auf, das Universum sei aus Photonen erschaffen worden, die sich bereits von stellaren Gebilden auf dem Weg zur Erde befanden. Auf diese Weise hat Gott uns zu der falschen Annahme verführt, einige Lichtstrahlen seien bereits Milliarden von Jahren unterwegs, obwohl es vor 10 000 Jahren in Wirklichkeit noch kein Licht gab. Diese Behauptung zieht alle Theorien der Physik und Astronomie in Zweifel. Doch im Gegensatz zu diesen Theorien ist sie nicht nur ungeprüft, sondern auch unüberprüfbar. (Wenn es keine Beziehung zwischen Licht, Raum oder Zeit gibt, kann auch kein Beweis, der das Messen von Licht, Raum oder Zeit erfordert, zur Widerlegung der Theorie benutzt werden!)

Nach Aussage des Institute for Creationist Research existierten zur Zeit der Schöpfung die Ozeanbecken noch nicht, und das Land lag tiefer und war ausgedehnter als heute. Angeblich befand sich das meiste Wasser der Erde in einem Dunst-»Schirm« in der oberen Atmosphäre sowie in unterirdischen Reservoirs. Die Sintflut wurde durch den vulkanischen Ausbruch der unterirdischen Wassermengen ausgelöst, der einen Sturm in der Atmosphäre verursachte und den »Wasserdunstschirm bersten ließ«. Fast alle Landtiere fanden den Tod. Die von der Flut getöteten Kreaturen wurden in tiefere Lagen gespült, unter Gesteinsschichten begraben und versteinerten. Die Tiere, die zuerst begraben und zu Fossilien wurden, waren die Tiere, die auf dem Meeresboden lebten: Muscheln und anderes wirbelloses Getier. Dann kamen die Fische, dann die Amphibien und Reptilien (weil sie in »höheren Regionen« lebten), schließlich die Säugetiere und Vögel (»wegen ihrer größeren Mobilität«). Als letzte fanden die Menschen den Tod, die aber selten unter Gesteinsschichten begraben wurden, sondern auf dem Erdboden lagen, wo ihre Körper nicht versteinerten, sondern verwesten. Das ist der Grund dafür, daß es unter den tierischen Fossilien so wenig versteinerte Menschenknochen gibt. Überdies erlagen überall die kleineren und leichteren Tiere der Sintflut zuerst und wurden am tiefsten begraben, während stärkere und größere Tiere angeblich in höheren Lagen begraben wurden. Die Sintflut war so für die allgemeine Anordnung der Fossilien in den geologischen Schichten verantwortlich: zuunterst die einfachen und kleinen, darüber die komplexen und großen und zuoberst die menschlichen Überreste. Nach Auffassung der Anhänger der Schöpfungslehre hat die etablierte Wissenschaft diese schichtenweise Anordnung fälschlicherweise als Beweis für die Evolution angesehen. Das Sintflutdrama endet mit dem Abfluß der Wassermassen in neu gebildete Meeresbecken, und die Erde bevölkert sich wieder mit Pflanzen, Landtieren und Menschen, die an Bord der Arche Noah überlebten.

Dieses ganze Szenarium ist unter Mißachtung physikalischer und biologischer Gesetze sowie elementarer Regeln der Logik entwickelt worden. Es gibt keinen einzigen physikalischen Beweis für den vorsintflutlichen Wasserdunstschirm, keinen geophysikalischen Grund dafür, weshalb die angeblichen unterirdischen Wasserreservoirs überall auf der Erde plötzlich gleichzeitig hätten aufbrechen sollen, und keine geophysikalischen Prozesse, die die plötzliche Bildung der Meeresbecken erklären könnten, in die die Wassermassen nach Ablauf genau eines Jahres bequemerweise abflossen. Darüber hinaus enthalten die geologischen Schichten zahlreiche Formationen, die unmöglich von einer tobenden Flut geschaffen worden sein können: z.B. Wüstensandgestein mit Salzrückständen, die nicht auf eine Überschwemmung, sondern auf eine Verdunstung ehemaliger Seen schließen lassen; stufenförmig angeordnete Schichten intakter Korallenriffe, von denen jede einzelne Schicht Tausende von Jahren klaren, ruhigen Wassers benötigt hätte, um sich entwickeln zu können; und ganze Wälder versteinerter Bäume, die aufrecht stehen geblieben sind, weil sie nicht unter einer tobenden Flut, sondern Schicht für Schicht unter aufeinander folgenden Vulkanascheablagerungen begraben wurden. Diese Einwände verblassen aber angesichts des umwerfenden Versuchs, eine einleuchtende Erklärung für die Tatsache zu finden, daß die tiefsten Schichten die einfachsten Lebensformen enthalten, daß fossile Wirbeltiere im allgemeinen über fossilen wirbellosen Tieren, Amphibien über Fischen, Reptilien über Amphibien, Säugetiere über Reptilien usw. liegen. Warum hätten Landsäuger den vierzigtägigen Regen und die Sintflut besser überleben sollen als Haie, deren fossile Überreste weit unter denen der Säuger gefunden wurden? Dieselbe Frage gilt für fossile Reptilien einschließlich der im Wasser lebenden Dinosaurier, Riesenkrokodile und -schildkröten. Wie konnten die Landsäuger, die sich steile Gebirgshänge hinaufschleppten und gegen Ströme heißen Salzwassers ankämpften, überleben, während die Haie, Dinosaurier und Krokodile ertranken, auf den Grund absanken und begraben wurden? Der Evolutionstheorie bereitet es selbstverständlich keine Schwierigkeiten zu erklären, wie die stufenweise Lage der wirbellosen Tiere, der Fische, Reptilien, Säuger und Menschen in den geologischen Schichten der Erde zustande gekommen ist — sie entspricht der Abfolge der Evolution.

Was können die Anhänger einer wissenschaftlichen Schöpfungslehre als Beweis für die angebliche Koexistenz moderner Menschentypen mit seit langem ausgestorbenen Tierarten wie Dinosauriern anführen? Sie haben Filme gemacht und Bücher geschrieben über die sogenannten »menschlichen Abdrücke« und »menschlichen Fußspuren«, die im Paluxy River in der Nähe von Glen Rose, Texas, gefunden wurden (Morris 1980; Taylor 1973). Diese menschlichen Abdrücke und Fußspuren sind das phantasievolle Ergebnis ihres Wunschdenkens (s. Kasten 2.1). Im Anschluß an die von einem Anthropologenteam (Godfrey und Cole 1985) durchgeführten Untersuchungen vor Ort ist der von Anhängern der Schöpfungslehre weit verbreitete Film »Fußabdrücke in Stein« aus dem Verleih genommen worden (Taylor 1985), und man hat zugegeben, daß »bestimmte, einmal als menschlich bezeichnete Abdrücke nun einen völlig anderen Charakter erhalten haben« — nämlich den von Dinosaurierfußabdrücken (Morris 1985: ii).

Außerdem ist die Frage ungeklärt, wie alle Landtierarten, die jemals die Erde bevölkerten, auf einem Holzboot Platz finden und ein Jahr lang gefüttert und versorgt werden konnten, während orkanartige Stürme und riesige Flutwellen gnadenlos über die Erde hinwegfegten und allen anderen Lebewesen den Tod brachten. Selbstverständlich kann es keine natürliche Erklärung für den Plan, die Konstruktion und die Ausführung der Arche Noah geben, doch fordert die Zoologie der Schöpfungsanhänger, daß Millionen von irdischen Lebewesen die Flut irgendwie überlebten, damit sie die Erde wieder bevölkern konnten. Es liegt deshalb auf der Hand, daß unabhängig davon, wie es den Schöpfungsanhängern gelingt, die Sintflutfossilien mit geologischen Zeitaltern in Einklang zu bringen, sie zur Erklärung des Überlebens der Landtiere auf ein Wunder zurückgreifen müssen. Dasselbe gilt für die Erklärung des Einsetzens der Sintflut wie für die des Abflusses der Wassermassen in speziell zu diesem Zweck geschaffene Meeresbecken. Theorien aber, die zur Erklärung eines Phänomens auf Wunder zurückgreifen müssen, können nicht überprüft werden und sind deshalb als wissenschaftliche Theorien nicht akzeptabel.

Das gleiche gilt für die »Theorie« der Anhänger der Schöpfungslehre, daß Menschen, die vorher dieselbe Sprache gesprochen hatten, ab einem bestimmten Augenblick plötzlich in einander unverständlichen Sprachen zu

Kasten 2.1 Die Fußabdrücke aus dem Paluxy River

Seit den 30er Jahren haben Wissenschaftler die Gegend um den Paluxy River in der Nähe von Glen Rose, Texas, erforscht und Hunderte von Dinosaurierabdrücken gefunden. Geologie und Paläontologie des Gebietes sind gut bekannt. Anhänger der Schöpfungslehre behaupten, unter den Spuren der Dinosaurier befänden sich menschliche Spuren. Träfe das zu, wären die Interpretationen der Evolutionisten hinfällig. Im Gegensatz zu Fernseh- und Comicdarstellungen, die »Höhlenmenschen« zusammen mit Dinosauriern zeigen, entwickelt sich der Mensch erst, als die Dinosaurier bereits seit Millionen von Jahren ausgestorben waren. Überreste von Dinosauriern und Menschen finden sich niemals an derselben Stelle.

Wie steht es dann mit den »menschlichen Fußspuren« im Paluxy River? In einigen der »menschlichen Fußspuren«, die in Büchern der Anhänger der Schöpfungslehre abgebildet sind, lassen sich schwache Spuren von Seitenzehen erkennen, die darauf hinweisen, daß diese Fußabdrücke in Wirklichkeit bloß erodierte Dinosaurierfußspuren sind. Diese Spuren weisen Krallenabdrücke an der »Ferse« des »menschlichen« Abdrucks auf, ein weiterer Hinweis dafür, daß die Fußspur ein falsch interpretierter Dinosaurierabdruck ist. Außerdem wechseln zumindest in einer Fußabdrucksequenz Dinosaurierfußspuren und menschliche Fußabdrücke einander ab. Entweder entwickelten sich die Menschen äußerst schnell aus Dinosauriern, oder die »menschlichen« Fußspuren sind lediglich undeutliche Dinosaurierfußspuren!

Die Dinosaurierabdrücke entsprechen nicht der Anatomie menschlicher Fußabdrücke, obwohl einige Anhänger der Schöpfungslehre behaupten, in den erodierten Löchern des Flußufers »große Zehen«, »Ballen« und »Fußgewölbe« ausmachen zu können. Untersucht man jedoch das ganze Ufer, so kann man sehen, daß es Hunderte von Erosionslöchern und ausgewaschenen Stellen gibt. Die unregelmäßigen Formen ähneln Tintenklecks-Tests: man kann alle möglichen Figuren erkennen. Die »menschlichen« Fußabdrücke, die man in diesen Erosionsgebilden erkennt, sind sorgfältig ausgewählte Beispiele, die sich am besten als Wunschprojektionen der Anhänger einer wissenschaftlichen Schöpfungslehre beschreiben lassen, die einfach das sehen, was sie sehen wollen.

sprechen begannen. Und die Schöpfungsanhänger behaupten weiter, daß diese Sprachverschiedenheit die Menschen bewog, ihre Heimat zu verlassen und in fernste Erdteile zu ziehen. Es gibt aber nichts, was ein solches Ereignis belegen würde, vielmehr steht es zu allem, was über die Geschichte der Sprachen bekannt ist, in eklatantem Widerspruch. Wie wir noch sehen werden (S. 77) hat die historische Linguistik geduldig die Urformen der Hauptsprachfamilien rekonstruiert. Aus diesen frühen Protosprachen entwickelten sich ganz allmählich die heutigen Sprachen. Dieser Entwicklungsprozeß vollzog sich sehr langsam und umfaßte verschiedene Lautverschiebungen und grammatikalische Umstrukturierungen, die Folge geographischer Aufsplitterung und Isolation waren. Dieser Prozeß ist mit Hilfe schriftlichen Materials sorgfältig erforscht und dokumentiert worden.

Die Anhänger der Schöpfungslehre behaupten außerdem, die Altsteinzeit habe nicht zwei Millionen Jahre (oder mehr) gedauert, wie die Archäologen geltend machen, sondern nur 3 000 Jahre — und zwar von der durch den Turmbau zu Babel verursachten Aufsplitterung bis zur Entstehung von Hochkulturen jenseits der Grenzen des Vorderen Orients. Für diese Theorie wird jedoch keinerlei Beweis angeboten. Stattdessen argumentieren die Anhänger der Schöpfungslehre, daß die Erdbevölkerung sehr viel größer sein müßte, als sie heute ist, wenn die Altsteinzeit eine Million Jahre gedauert hätte. »Es ist unglaubwürdig, daß 25 000 Generationen von Menschen nur zu einer Gesamtbevölkerung von 3,5 Milliarden geführt haben sollten«, da eine Familie durchschnittlich »wenigstens 2,5 Kinder haben mußte«, so behaupten sie. Wie wir aber sehen werden (S. 113), geht aus vielen ethnologischen Forschungsergebnissen hervor, daß historische Völker mit Hilfe von sexueller Enthaltsamkeit, Abtreibung, langer Stillzeit und direkten wie indirekten Formen der Kindestötung sehr geringe Bevölkerungszahlen aufrecht erhielten. Die Annahme ist daher unbegründet, daß eine Familie durchschnittlich mindestens 2,5 Kinder haben mußte, die das reproduktionsfähige Alter erreichten.

Außerdem zieht die Theorie der Schöpfungsanhänger, daß alle Hochkulturen im Vorderen Orient entstanden seien, die wichtigsten archäologischen Entdeckungen des 20. Jahrhunderts nicht in Betracht — nämlich daß vorkolumbische Staatsgesellschaften in Mexiko und Peru sich unabhängig von Einflüssen der Alten Welt aus Wild- und Feldbeutergesellschaften entwickelt haben. Archäologen können diese Entwicklungsprozesse — in deren Verlauf typisch amerikanische, in der Alten Welt nicht vorkommende Tiere und Pflanzen wie Lamas, Alpakas, Meerschweinchen, Kartoffeln, Maniok, Mais und Amarant domestiziert bzw. kultiviert und in die prähistorischen indianischen Kulturen integriert wurden — Schritt für Schritt belegen. Diese Tiere und Pflanzen lieferten die für die Entwicklung von Horden- zu Dorfgesellschaften, von Dorfgesellschaften zu Häuptlingstümern, von Häuptlingstümern zu Staaten und von Staaten zu Reichen notwendige Nahrungs-Energie-Grundlage im vorkolumbischen Amerika.

Ende des vergangenen Jahrhunderts gelang es führenden Philosophen, Theologen und Wissenschaftlern einen Waffenstillstand im Krieg zwischen Wissenschaft und Religion herbeizuführen — ein Krieg, der seit der Zeit tobte, da Giordano Bruno im 16. Jahrhundert auf dem Scheiterhaufen verbrannt wurde, weil er behauptet hatte, daß die Erde nicht das Zentrum des Universums sei. Wissenschaftler und Theologen vieler Glaubensrichtungen akzeptierten die Vorstellung, daß es keinen Konflikt zwischen ihnen geben müsse, solange religiöse Vorstellungen, die die Wissenschaft nicht empirisch überprüfen könne, nicht als wissenschaftliche Theorien ausgegeben würden. Tief religiös empfindende Menschen haben es seitdem durchaus mit ihrem Glauben an Gott, Christus, Krishna, Allah, den Himmel und die Unsterblichkeit vereinbaren können, grundlegende wissenschaftliche Theorien über Ursprung und Evolution der Erde, des Lebens, der Menschheit und der Kultur zu akzeptieren. Und Wissenschaftler, von denen einige dem gleichen Glauben anhängen, fanden es ebenso mit ihrer Forschung vereinbar, die empirisch nicht überprüfbare Essenz der modernen Weltreligion nicht der wissenschaftlichen Kritik auszusetzen. Bestehen aber die Anhänger der Schöpfungslehre darauf, den evolutionären Kern der modernen Wissenschaft anzugreifen, so hat die moderne Wissenschaft keine andere Wahl, als zurückzuschlagen und den religiösen Kern der Schöpfungslehre anzugreifen. (Einen umfassenden Überblick über die Kontroverse zwischen Evolutionstheorie und Schöpfungslehre gibt Spuhler 1985.)

Zusammenfassung

Die menschliche Kulturfähigkeit ist das Ergebnis natürlicher Auslese. Durch unterschiedliche Reproduktionserfolge verändert die natürliche Auslese die Genotypen. Natürliche Auslese ist nicht gleichbedeutend mit Kampf ums Überleben, denn Tauglichkeit ist ebenso häufig das Ergebnis von Kooperation und Altruismus. Sowohl anatomische als auch Verhaltensmerkmale können durch natürliche Auslese entstehen und in den Genen verschlüsselt werden. Die genetische Kodierung von Verhalten erfolgt in diesen Schritten:

Alter Genotyp → genetischer Fehler
→ Verhaltensabweichung
→ Auslese
→ neuer Genotyp

Lernen ist ein Prozeß der Verhaltensänderung, der anders als die durch natürliche Auslese bewirkte Verhaltensänderung vonstatten geht. Durch Lernen sind Organismen unabhängig von genetischen Veränderungen imstande, sich neuen Gegebenheiten und Möglichkeiten anzupassen und sie zu nutzen:

Alter Genotyp → neues Verhalten
→ Auslese
→ alter Genotyp

Lernen bildet die Voraussetzung für kulturelle Traditionen. Obwohl die Fähigkeit, Verhaltenstraditionen zu erlernen, durch natürliche Auslese entstand und die Evolution intelligenterer Arten erforderte, ist Kultur im Gehirn, nicht in den Genen verschlüsselt. Kulturelles Verhalten wie Herstellung und Gebrauch von Werkzeugen tritt bei vielen subhumanen Spezies, vor allem bei Affen und Menschenaffen auf. Doch selbst bei Affen und Menschenaffen sind Traditionen des Werkzeuggebrauchs nur rudimentär entwickelt, da diese Tiere ihre Vorderbeine zum Klettern und Laufen benötigen und Werkzeuge deshalb nicht gut tragen können. Frühe Hominiden wie der *Homo habilis* und *Australopithicus* besaßen zwar nur ein Gehirn, das so groß wie das eines Menschenaffen war, dafür aber einen aufrechten Gang. Die Evolution des menschlichen Fußes trug deshalb zur weiteren Entwicklung des menschlichen Gehirns und der für den Menschen typischen starken Abhängigkeit von Kultur bei. Die größere Intelligenz des *Homo erectus* und des *Homo sapiens* führte also dazu, daß sie stärker auf Kultur angewiesen waren, und das wiederum führte zu einer höheren Intelligenz. Als vor 100 000 Jahren der kulturelle Entwicklungssprung eintrat, änderte sich dieser Ablauf grundlegend. In der Folge entwickelten sich mit großer Geschwindigkeit unzählige Verhaltenstraditionen, ohne daß sich das Gehirn weiter vergrößerte.

Ein wichtiger Bestandteil dieses kulturellen Entwicklungssprungs war die Herausbildung der als semantische Universalität bezeichneten menschlichen Fähigkeit. Wie zahlreiche Experimente verdeutlichen, können Schimpansen und Gorillas den Gebrauch einiger hundert Zeichen erlernen. Im Vergleich zu dreijährigen Kindern jedoch verfügen Menschenaffen nur über sehr rudimentäre Fähigkeiten, Sprache produktiv zu gebrauchen.

Im 19. Jahrhundert interpretierte man die politische Machtposition der europäischen Staaten als Beweis für die Überlegenheit der weißen Rasse. Problematisch an solchen genetischen Interpretationen von Geschichte und Kulturentwicklung ist, daß sie die wechselnden Schauplätze technologischen und politischen Wandels nur erklären können, indem sie Veränderungen in der Häufigkeit von Genen postulieren, deren Existenz eine rein hypothetische Annahme bleibt.

Die Unabhängigkeit kultureller Unterschiede und Ähnlichkeiten von genetischen Determinanten erweist sich an der Fähigkeit von Einzelpersonen und ganzen Bevölkerungsgruppen, ihre kulturellen Repertoires durch Enkulturation und Diffusion innerhalb nur einer einzigen Generation zu verändern.

Bei der Soziobiologie handelt es sich um eine der Vererbungslehre verpflichtete Forschungsstrategie, die sich nicht mit der wissenschaftlichen Rassenkunde gleichsetzen läßt. Sie befaßt sich mit den Einflüssen der menschlichen Natur auf die Kultur und versucht, die kulturellen Übereinstimmungen und einige kulturelle Unterschiede mit Hilfe des Prinzips der inklusiven Tauglichkeit zu erklären. Dieses Prinzip besagt, daß bei sozial lebenden Spezies der Reproduktionserfolg nahe verwandter Individuen der Schlüssel zur natürlichen Auslese ist.

In der uns bekannten Welt ist der kulturelle Entwicklungssprung nur beim Menschen aufgetreten. Dieser Entwicklungssprung war genauso folgenschwer wie die Entstehung der Materie aus Energie oder des Lebens aus Materie. Wie selbst führende Soziobiologen zugeben, können die meisten kulturellen Verhaltensweisen nicht durch den Einfluß der natürlichen Auslese auf die menschlichen Gene erklärt werden.

Die Theorien der wissenschaftlichen Schöpfungslehre stellen keine akzeptable Alternative zur Evolutionstheorie dar. Sie sind entweder nicht überprüfbar oder stehen im Widerspruch zu vorhandenem Beweismaterial. Dagegen sind Evolutionstheorien strengen Prüfungen unterworfen worden und mit dem vorhandenen Tatsachenmaterial vereinbar. Solange die Schöpfungslehre als ein nichtüberprüfbarer religiöser Glaube dargestellt wird, kommt es zwischen ihr und dem Evolutionismus nicht zum Konflikt. Wissenschaftler müssen aber die Schöpfungslehre dann kritisieren, wenn sie als eine gültige wissenschaftliche Theorie ausgegeben wird.

3 Sprache und Kultur

Dieses Kapitel gibt eine kurze Einführung in die Ethnolinguistik. Zunächst analysiert es die Eigenschaften menschlicher Sprachen, die semantische Universalität ermöglichen. Dann wird zwischen phonetischen und phonemischen Einheiten unterschieden, die Beziehung zwischen Sprache und Kultur untersucht und schließlich anhand sprachlicher Veränderungsprozesse die Bedeutung des Bewußtseins für den Kulturwandel illustriert.

Produktivität

Menschliche Sprachen erreichen semantische Universalität zum Teil deshalb, weil sie eine Eigenschaft besitzen, die als *Produktivität* bezeichnet wird (Hocket und Ascher 1964). Wie bereits erwähnt (S. 41), können wir jeder Botschaft, die wir senden, immer eine weitere hinzufügen, deren Bedeutung sich nicht aus der Information früherer Botschaften vorhersagen läßt.

Nichtmenschliche Sprachen besitzen die Eigenschaft der Produktivität nur in beschränktem Maße. C.R. Carpenters klassische Untersuchung (1940) der Gibbon-Sprache zeigt, welche Grenzen der Produktivität nichtmenschlicher Primatensprachen in natürlicher Umgebung gesetzt sind. Carpenter fand heraus, daß Gibbons neun verschiedene Rufformen kennen. Diese Rufe übermitteln sozial nützliche Informationen wie: »Ich bin hier«; »Ich bin hungrig«; »Folge mir«; »Hier ist Nahrung«; »Gefahr«; »Ich bin verletzt«. Da jeder Ruf lediglich in unterschiedlicher Lautstärke und Dauer wiederholt werden kann, besitzt die Gibbon-Sprache ein geringes Maß an Produktivität. Zum Beispiel kann ein Gibbon den Ruf »Gefahr« mit geringer oder starker Betonung ausstoßen, vergleichbar etwa der Rufabfolge: »Gefahr!«; »Gefahr! Gefahr!«; »Gefahr! Gefahr! Gefahr!« usw. Diese Abfolge zeigt jedoch wenig Produktivität, weil die übermittelte Informationsmenge nicht in dem Maße zunimmt wie die Länge der Botschaft. Der zwanzig Mal hintereinander wiederholte Ruf »Gefahr« unterscheidet sich in seinem Informationsgehalt nicht sehr von dem nur neunzehn Mal wiederholten Ruf.

Im Gegensatz hierzu verfügt die menschliche Sprache über extrem viel Produktivität. Um auf einem bestimmten Gebiet immer spezifischere Informationen zu übermitteln, müssen unsere Botschaften nicht immer länger werden. Wir können zum Beispiel sagen: »Sei vorsichtig, dort drüben bewegt sich etwas«; »Ich glaube, ich sehe einen Leoparden«; »Er ist dort im Baum«. Außerdem ist diese ungewöhnliche Produktivität nicht auf die wenigen Themen beschränkt, über die Gibbons und andere Primaten »reden«. Vielmehr können wir unendlich viele Mitteilungen über unendlich viele Themen machen.

Dislokation

Ein anderes Merkmal semantischer Universalität ist die als *Dislokation (displacement)* Hocket und Ascher 1964) bezeichnete Eigenschaft. Eine Botschaft ist dann disloziert, wenn entweder der Sender oder der Empfänger keinen unmittelbaren Sinneskontakt zu den Bedingungen oder Ereignissen hat, auf die sich die Botschaft bezieht. Es fällt uns beispielsweise nicht schwer, über bereits vergangene Ereignisse wie ein Fußballspiel oder noch bevorstehende wie Versammlungen und Verabredungen zu sprechen. Die menschliche Sprache kann — im Gegensatz zu nichtmenschlichen Kommunikationssystemen — unendlich viele Einzelheiten über unendlich viele dislozierte Bereiche übermitteln. Bei Affen und Menschenaffen zum Beispiel weist gewöhnlich nur der Hörer ein gewisses Maß an Dislokation auf, wenn er etwa die Botschaft »Gefahr« über eine bestimmte Entfernung hinweg versteht. Der Sender muß aber, um eine Warnung ausstoßen zu können, Sinneskontakt zur Gefahrenquelle haben. Ein Gibbon sagt nicht: »Gefahr! Auf der anderen Seite des Hügels könnte ein Leopard sein«. Bei der menschlichen Kommunikation andererseits sind Sender und Empfänger oft disloziert. Wir sprechen ständig über Leute, Orte und Dinge, die wir in der Vergangenheit gesehen, gehört oder empfunden haben oder die wir in Zukunft sehen, hören oder empfinden werden; oder über die uns andere etwas erzählt haben; oder die nur in der Vorstellung existieren.

Wenn wir davon sprechen, daß die menschliche Sprache die Fähigkeit besitzt, »abstrakte Informationen« zu übermitteln, meinen wir gewöhnlich die Eigenschaft der Dislokation. Einige der größten Errungenschaften des menschlichen Lebens — Dichtkunst, Literatur und Wissenschaft eingeschlossen — sind von dieser Eigenschaft abhängig; doch auch so schändliche wie Lügen und falsche Versprechungen. Mit den Worten des heiligen Jakobus:

»Aber die Zunge kann kein Mensch zähmen, das unruhige Übel voll tödlichen Giftes. . . . Aus *einem* Munde geht Loben und Fluchen« (Jakobus 3:8, 10).

Aber nicht nur die Menschen lügen. Vögel lenken beispielsweise potentielle Nesträuber von ihren Nestern ab, indem sie so tun, als ob sie sich einen Flügel gebrochen hätten. Und viele Tiere »stellen sich tot«. Bis vor kurzem glaubte man, diese Täuschungsmanöver kämen nur zwischen Angehörigen verschiedener Spezies vor. Heute weiß man jedoch, daß Vögel etwa ihren eigenen Artgenossen gegenüber »falschen Alarm« schlagen, um einen Obstbaum ganz für sich alleine zu haben. Und Schimpansen verbergen ihr Gesicht, damit ihre Rivalen nicht den Ausdruck der Furcht darauf entdecken können (de Waal 1983).

Beliebigkeit

Ein weiteres wesentliches Merkmal menschlicher Sprachen ist, daß sie aus Lauten zusammengesetzt sind, deren physikalische Form und Bedeutung nicht genetisch programmiert sind. Die meisten nichtmenschlichen Kommunikationssysteme bestehen aus genetisch stereotypisierten Signalen, deren Bedeutung vom genetisch stereotypisierten Dekodierverhalten abhängt. Zum Beispiel gibt eine Hündin, wenn sie sexuelle Empfänglichkeit kommuniziert, chemische Signale von sich, deren Interpretation allen geschlechtsreifen männlichen Hunden einprogrammiert ist. Die Rufmuster von Primaten wie den Carperterschen Gibbons sind weniger stark an spezifische genetische Programme gebunden und variieren bei Lokalgruppen derselben Spezies. Das Hauptsignalrepertoire der Kommunikationssysteme von Primaten ist jedoch artenspezifisch. Verschiedene Formen des Gesichtsausdrucks, Handgesten, Schreie, Wimmern und Kreischen der Schimpansen bilden ein genetisch kontrolliertes Repertoire, das allen Schimpansen zur Verfügung steht.
Anders verhält es sich mit den menschlichen Sprachen. Selbstverständlich ist auch die allgemeine Fähigkeit, menschliche Sprachen zu sprechen, artenspezifisch. Das heißt, die Fähigkeit, semantische Universalität zu erreichen, ist genetisch determiniert. Dennoch unterliegen die eigentlichen Bestandteile der menschlichen Sprachcodes praktisch keinen genetischen Einschränkungen (die Physiologie des Ohres und der Artikulationsorgane nicht eingerechnet). Als Beispiel mögen die englische und die französische Sprache dienen. Es gibt keine Gene, die dafür verantwortlich sind, daß Engländer »water«, »dog« oder »house« sagen. Diese Wörter sind beliebig oder arbiträr, weil sie 1. im Sprachverhalten der meisten Menschen nicht auftauchen; weil 2. Nach-

barbevölkerungen in Frankreich, mit denen ein beträchtlicher Genaustausch besteht, die Worte »eau«, »chien« und »maison« verwenden, um die gleichen Bedeutungen mitzuteilen; und weil 3. alle normalen menschlichen Kleinkinder — ganz gleich, aus welcher Bevölkerungsgruppe sie stammen — diese englischen oder französischen Wörter mit Leichtigkeit erlernen, je nachdem, ob sie in England oder in Frankreich enkulturiert (s. S. 21) werden.

Die menschliche Sprache ist aber noch in einem weiteren Sinne arbiträr. Denn zwischen den Kodeelementen der menschlichen Sprache und den Ereignissen und Eigenschaften, die sie bezeichnen, besteht keinerlei zwingende Beziehung. Das heißt, es gibt keinen durch die Sache begründeten Zwang, »Wasser« als Wasser zu bezeichnen. Andererseits beruhen viele nichtmenschliche Kommunikationssysteme auf Kodeelementen, die Ähnlichkeit zu den sie bezeichnenden Dingen aufweisen bzw. ein Teil von ihnen oder ihnen analog sind. Bienen zum Beispiel spüren den Ort von Nektarquellen dadurch auf, daß sie den Pollenstaub, der an den Füßen ihrer Bienenkorbgenossen haftet, riechen. Schimpansen teilen drohende Gewalttätigkeiten mit, indem sie abgebrochene Zweige schwingen oder werfen. Obwohl auch wir Menschen oft mit Hilfe ähnlicher *ikonographischer Symbole* kommunizieren — zum Beispiel, wenn wir unsere Fäuste schütteln oder auf einen gewünschten Gegenstand hindeuten —, stehen die Lautkörper selten in einer anderen als einer arbiträren Beziehung zu ihrer Bedeutung. Selbst Worte wie »wauwau« oder »zisch« sind arbiträr. Für Leute, die Englisch sprechen, mag »ding-dong« wie eine Glocke klingen, nicht jedoch für Deutsche, bei denen Glocken »bimbam« machen.

Das Verhältnis der Opposition

Die semantische Universalität der menschlichen Sprache wird mit Hilfe einer bemerkenswert kleinen Zahl arbiträrer Lautelemente erreicht, die man als *Phoneme* bezeichnet. Phoneme sind Laute, die Menschen, die eine bestimmte Sprache als Muttersprache sprechen, als unterschiedliche Laute wahrnehmen. Isoliert betrachtet sind Phoneme bedeutungslos, werden sie aber zu vorgeschriebenen Abfolgen kombiniert, teilen sie eine bestimmte Bedeutung mit. Die Lautgegensätze in dem Wort »cat« bedeuten für sich genommen nichts; kombiniert bedeuten sie aber ein kleines Tier. In umgekehrter Reihenfolge bedeuten dieselben Laute einen kleinen Nagel oder ein Segelmanöver. Die Grundelemente der menschlichen Sprache stehen deshalb zueinander in einem als *Opposition* bezeichneten Gegensatzverhältnis. Dieselben Lautgegensätze werden immer wieder zu verschiedenen Botschaften kombiniert.

Theoretisch könnte semantische Universalität auch durch einen Kode erreicht werden, dessen Gegensatzverhältnis nur auf zwei distinktiven Elementen beruht. Das trifft tatsächlich auf die Punkte und Striche des Morsekodes und den Binärkode 0 und 1 von Digitalcomputern zu. Eine natürliche Sprache aber, die über nur zwei Phoneme verfügt, braucht pro Botschaft eine viel längere Phonemkette als eine Sprache, die über mehrere Phoneme verfügt. Die kleinste, in einer natürlichen Sprache bekannte Zahl von Phonemen weist das Hawaiianische auf, nämlich dreizehn. Englisch hat zwischen 35 und 40 (je nach Autor). Sobald eine Sprache über mehr als zehn Phoneme verfügt, braucht man für eine Mitteilung keine besonders langen Phonemketten zu bilden. Ein Repertoire von zehn Phonemen beispielsweise kann so kombiniert werden, daß 10 000 aus vier Phonemen bestehende Wörter gebildet werden können. Wir wollen uns nun ein wenig genauer ansehen, wie Phoneme identifiziert und wie sie zur Bildung bedeutungstragender Äußerungen kombiniert werden können.

Phonemsysteme

Phoneme bestehen aus Sprachlauten, die als *Phone* bezeichnet werden. Damit die Phone einer Sprache als Kodeelemente dienen können, müssen sie klar unterscheidbar sein. Eine Methode, eine Anzahl klar definierter Phone zu erhalten, besteht darin, die Phone möglichst stark miteinander zu kontrastieren. Wann kontrastiert aber ein Phon mit einem anderen? Es gibt keinen »natürlichen« Gegensatz zwischen Phonen. Wenn wir Phoneme voneinander unterscheiden können, so deshalb, weil wir in unserer Muttersprache gelernt haben, bestimmte Phone als kontrastierende zu erkennen und zu akzeptieren. Zum Beispiel hält jemand, dessen Muttersprache Englisch ist, das [t] in »ten« und das [d] in »den« automatisch für Kontrastlaute. (Ein Symbol in eckigen Klammern bezeichnet ein Phon.) Diese beiden Laute haben jedoch viele *phonetische* — d.h. akustische — Eigenschaften gemeinsam. Das heißt, nicht natürliche, sondern kulturelle Faktoren lassen sie als unterschiedlich erscheinen.

Was ist für jemand, der Englisch als Muttersprache spricht, der wesentliche Unterschied zwischen [t] und [d]? Wir wollen zunächst die *artikulatorischen Eigenschaften* untersuchen — das heißt die Art und Weise, in der die Sprachlaute mit Hilfe der Artikulationsorgane gebildet werden (Graphik 3.1).

Zur Erzeugung beider Laute wird die Zungenspitze gegen den *Kiefervorsprung* hinter den oberen Schneidezähnen gedrückt. Außerdem wird zur Bildung beider Laute der von den Lungen kommende Luftstrom kurz unterbrochen und dann nur wieder freigelassen, um die übrigen Laute des Wortes zu

Graphik 3.1 Artikulationsorgane

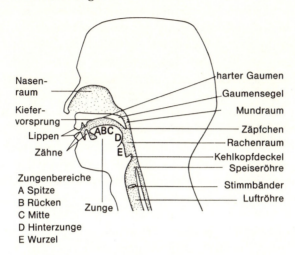

bilden. Aber wodurch unterscheiden sie sich nun? Der Hauptartikulationsunterschied zwischen [t] und [d] besteht darin, daß die Luftsäule auf unterschiedliche Art und Weise die Stimmbänder passiert. Das Schwingen der Stimmbänder ruft nur im Falle von [d] eine *stimmhafte* Wirkung hervor. [t] und [d] werden phonetisch als *alveolare Explosivlaute* beschrieben, [d] ist aber ein *stimmhafter alveolarer Explosivlaut,* [t] dagegen ein *stimmloser alveolarer Explosivlaut.* Daß stimmhafte und stimmlose alveolare Explosivlaute zur Unterscheidung von Worten wie »ten« — »den«, »tock« — »dock«, »to« — »do« oder »train« — »drain« verwendet werden, ist völlig willkürlich und wohl für die englische, nicht aber für viele andere Sprachen charakteristisch. Das Phoneminventar einer Sprache besteht also aus einer Anzahl von Phonen, die von den Sprechern durch Konvention unbewußt als Kontrastlaute wahrgenommen werden.

Die Struktur des *Phonemsystems* einer Sprache — ihr System der Lautgegensätze — entdeckt man, wenn man beobachtete phonetische Variationen im Zusammenhang mit Wortpaaren testet, die lautlich bis auf ein Merkmal völlig gleich klingen. Das Prüfverfahren besteht teilweise darin, Informanten, die eine bestimmte Sprache als Muttersprache sprechen, zu fragen, ob sich beispielsweise bei dem Vergleich zwischen »ten« und »den« mit der phonetischen Variation die Wortbedeutung verändert. Auf diese Weise lassen sich durch den Vergleich ähnlicher Wortpaare die meisten Phonemkontraste im Englischen ermitteln. Ein weiteres Beispiel dafür, daß stimmhaftes Sprechen einen Phonemkontrast herstellt, liefern die Worte »bat« — »pat«. Auch hier sind die Anfangslaute Explosivlaute. Diesmal werden sie aber durch das Zusammenpressen beider Lippen gebildet und als *bilabiale Explosivlaute* bezeichnet. Wieder ist der eine Explosivlaut, [b], stimmhaft, der andere, [p], stimmlos. Allein die Tatsache, daß diese Phone von Informanten, die Englisch als Muttersprache sprechen, als Lautgegensätze wahrgenommen werden, berechtigt dazu, diese beiden Laute als unterschiedliche Phoneme zu klassifizieren. Und diese Tatsache generalisiert man, wenn man das von den linguistischen Termini *phonemisch* und *phonetisch* abgeleitete Begriffspaar *emisch* und *etisch* auf andere Bereiche der Kultur anwendet (s. S. 27).

Dem geschärften Ohr des Linguisten werden viele Lautunterschiede, die der Aufmerksamkeit des Sprechers entgehen, als mögliche Konkurrenten im Kampf um den Status eines Phonems erscheinen. Zum Beispiel entsteht bei der Verschlußöffnung des Wortes »pat« ein leichter Hauchlaut, nicht aber zu Beginn des Wortes »bat«. Dieses phonetische Merkmal bezeichnet man als *Aspiration*. Es läßt sich leicht feststellen, wenn man eine Hand an die Lippen legt und mehrmals hintereinander erst »pat«, dann »bat« sagt. Eine genauere Beschreibung des [p] in »pat« lautet daher, daß es sich um einen aspirierten bilabialen stimmlosen Explosivlaut handelt, dessen phonetisches Symbol $[p^h]$ ist. Im Englischen gibt es sowohl aspirierte als auch nichtaspirierte /p/. (Ein Symbol zwischen Schrägstrichen bezeichnet ein Phonem.) Die bilabialen Explosivlaute in »sap«, »flip« und »hip« sind nichtaspiriert. Es stellt sich daher die Frage, ob [p] und $[p^h]$ verschiedene Phoneme darstellen. Im Englischen gibt es jedoch keine bedeutungstragenden Bauelemente, deren Bedeutung sich verändert, wenn man [p] durch $[p^h]$ ersetzt. Vielmehr zeichnen sich [p] und $[p^h]$ durch *komplementäre Distribution* aus, d.h. sie kommen stets in unterschiedlichen Lautumgebungen vor. Sehr ähnliche, aber nichtdistinktive Laute wie [p] und $[p^h]$ werden als *Allophone* bezeichnet. In einem gewissen Sinne ist jedes Phonem ein Allophon, da keine zwei Äußerungen weder im Hinblick auf ihre Artikulation noch auf ihre akustische Wirkung jemals ganz gleich sind. Ein gegebenes Phonem bezeichnet also eine Reihe oder Klasse von Allophonen. Phone, die in einer Sprache häufig vorkommen, können in einer anderen Sprache überhaupt nicht vorkommen. Sind ähnliche Phone in zwei Sprachen Phoneme, können sie dennoch eine unterschiedliche Anzahl von fakultativen und stellungsbedingten Allophonen umfassen.

Im Chinesischen sind beispielsweise die nichtphonemischen aspirierten und nichtaspirierten [t] der englischen Worte »tick« und »stick« phonemisch. Das Chinesische bedient sich auch — im Gegensatz zum Englischen — tonaler Höhenunterschiede, um phonemische Kontraste deutlich zu machen. Andererseits sind im Englischen die verschiedenen Anfangslaute bei »luck« und

»rot« phonemisch, im Chinesischen dagegen nicht (aber nur, wenn sie am Anfang eines Wortes stehen). Für einen Chinesen, der Englisch lernt, klingt deshalb »rots of ruck« wie »lots of luck«.

Morpheme

Die kleinsten bedeutungstragenden Einheiten einer Sprache nennt man *Morpheme*. Wie jedes Phonem bezeichnet auch jedes Morphem eine Klasse von Grundeinheiten, die in diesem Fall als *Morphe* bezeichnet werden. So wie Phoneme eine Klasse von Allophonen, sind Morpheme eine Klasse von *Allomorphen*. Zum Beispiel sind das Präfix »in-« in »insane« und das Präfix »un-« in »unsafe« Morphe, die zu einem Morphem mit der Bedeutung *nicht* gehören.

Morpheme können in vielen verschiedenen Kombinationen und Permutationen aus einzelnen Phonemen oder Phonemketten bestehen. Einige Morpheme können isoliert auftreten, andere nur in Verbindung mit anderen Morphemen. »Hallo«, »Halt«, »Schaf« sind *freie* Morpheme, weil sie für sich bereits eine wohlgeformte Botschaft darstellen können. (»Sind das Ziegen oder Schafe?« »Schafe«.) Die Vergangenheitsform /-ed/ von »talked« oder »looked« und die Endung /-er/ von »speaker« oder »singer« aber sind *gebundene* Morpheme, weil sie für sich genommen nie eine wohlgeformte Botschaft darstellen können. Sprachen unterscheiden sich stark in der Verwendung von freien und gebundenen Morphemen. Chinesisch beispielsweise enthält viele freie, Türkisch dagegen viele gebundene Morpheme. Worte sind freie Morpheme oder Morphemkombinationen, die wohlgeformte Botschaften darstellen können. (Der Artikel »the« ist nach dieser Definition kein Wort, sondern ein gebundenes Morphem.)

Grammatik: Regeln zur Morphemkonstruktion

Die Grammatik besteht aus einer Reihe von unbewußt angewandten Regeln, die vorschreiben, wie Phoneme zu Morphemen und Morpheme zu korrekt gebildeten Sätzen zu kombinieren sind. Manche Linguisten fassen auch die Regeln zur Interpretation der Wortbedeutungen sowie die Regeln für den situationsspezifischen Gebrauch der Sprache als Teil der Grammatik auf. Daß die Bildung der Phonemabfolgen Regeln unterliegt, läßt sich an der Reaktion von Leuten, die Englisch sprechen, auf im Polnischen übliche Namen wie Zbigniew Brzezinski erkennen. Anders als im Polnischen gestatten die Regeln der englischen Sprache keine Lautkombinationen wie »zb«.

Ganz ähnlich wissen Leute, deren Muttersprache Englisch ist, aufgrund einer unbewußt angewandten Regel, daß es im Englischen Worte wie »btop« und »ndak« nicht gibt, da sie verbotene Lautkombinationen enthalten.

Grammatik: Syntax

Ähnliche unbewußt befolgte Regeln schreiben vor, wie Morpheme zu Sätzen kombiniert werden können. Dieser Zweig der Grammatik heißt *Syntax*. Jeder kann in seiner Muttersprache zwischen grammatikalisch richtigen und falschen Sätzen unterscheiden, selbst wenn er eine bestimmte Kombination nie zuvor gehört hat. Ein klassisches Beispiel ist:

a) Colorless green ideas sleep furiously. (Farblose grüne Ideen schlafen wütend.)
b) Furiously sleep ideas green colorless. (Wütend schlafen Ideen grün farblos.)

Die meisten Menschen, die Englisch sprechen, werden Satz a) als eine grammatikalisch richtige Äußerung erkennen, Satz b) aber als grammatikalisch falsch ablehnen, selbst wenn ihnen beide Sätze gleich unsinnig erscheinen.

Doch kann man in der eigenen Muttersprache selten die Regeln benennen, die die Bildung grammatikalisch richtiger Äußerungen beherrschen. Selbst der Unterschied zwischen Substantiven im Singular und im Plural läßt sich nur schwer als Regel formulieren. Wenn man im Plural das s anhängt, wird »cat« zu »cats«, »slap« zu »slaps«, »fat« zu »fats«; etwas anderes geschieht aber bei »house« — »houses«, »rose« — »roses«, »nose« — »noses«; wieder etwas anderes bei »crag« — »crags«, »flag« — »flags« und »hand« — »hands«. (Drei verschiedene Allomorphe — /-s/, /-ez/ und /-z/ — werden verwendet — und zwar nach einer komplexen Regel, die die meisten Menschen, die Englisch als Muttersprache sprechen, nicht in Worte fassen können.)

Aufgrund des Systems unbewußter Strukturregeln und der Tatsache, daß alle Mitglieder einer Sprachgemeinschaft diese Regeln befolgen, ist es den Menschen möglich, eine potentiell unbegrenzte Anzahl von Sätzen sowohl zu erzeugen als auch zu interpretieren, von denen keiner einem früheren Satz zu ähneln braucht. Noam Chomsky beschrieb dieses Verhalten folgendermaßen:

»Das normale Sprachverhalten . . . eines Sprechers, Lesers oder Hörers besteht, soweit man weiß, im allgemeinen im Bilden neuer Sätze, die keine physikalische oder formale Ähnlichkeit zu anderen, in der Vergangenheit des Hörers oder in der Geschichte der Sprache gebildeten Sätze aufweisen« (1973: 118).

Tiefenstruktur

Wie ist es möglich, daß wir so viele verschiedene Sätze bilden können und trotzdem verstanden werden? Niemand weiß eine definitive Antwort auf diese Frage. Die bekannteste Theorie ist die von Chomsky. Nach Chomsky hat jeder Satz eine *Oberflächen-* und eine *Tiefenstruktur*. Oberflächenstrukturen können verschieden erscheinen, aber auf eine gemeinsame Tiefenstruktur zurückgehen. Zum Beispiel ist »Fleisch und Fleischsaft werden von Löwen geliebt« oberflächlich verschieden von »Löwen lieben Fleisch und Fleischsaft«. Beide Sätze leiten sich von einem dritten Satz ab: »Löwen lieben Fleisch, und Löwen lieben Fleischsaft«. Dieser dritte Satz spiegelt noch am ehesten die »Tiefenstruktur«, die in verschiedene, oberflächlich unterschiedliche Variationen transformiert werden kann.

Was ist die Tiefenstruktur eines Satzes wie »John kennt eine nettere Person als Bill«? Die Bedeutung dieses Satzes ist offensichtlich zweideutig. Kennt John eine Person, die netter ist als eine, die Bill kennt, oder kennt John eine Person, die netter als Bill ist? Der zweideutige Satz hat eine Oberflächenstruktur, die auf zwei Tiefenstrukturen zurückgeht. Ein Linguist rekonstruiert mit Hilfe einer Reihe von Inferenzen folgende zwei Tiefenstrukturen:

»John kennt eine Person/eine Person ist nett/netter als Bill. John kennt eine Person/eine Person ist nett/netter als eine Person, die Bill kennt« (Katz 1971: 79–81).

Theoretisch sollte auch die Kenntnis der Transformationsregeln zur Identifizierung der Tiefenstrukturen führen, die scheinbar unterschiedlichen Weisen, dasselbe zu sagen, zugrundeliegen. Leider hat sich bisher die Identifizierung aller Transformationsregeln einer Sprache als undurchführbar erwiesen, und viele Linguisten sind der Überzeugung, daß zwischen Tiefenstruktursätzen und ihren Oberflächenstrukturumwandlungen ein Bedeutungsunterschied besteht (Silverstein 1972: 376).

Ein wesentliches Merkmal der Chomskyschen Grammatik-Theorie ist die Vorstellung, daß allen menschlichen Sprachen auf der tiefsten Ebene eine angeborene gattungsspezifische Struktur gemeinsam ist. Diese angeborene Struktur macht es möglich, daß Kinder in frühem Alter sprechen lernen und jede menschliche Sprache in jede andere menschliche Sprache übersetzbar ist. Andere Autoritäten bezweifeln jedoch die Existenz einer angeborenen Grammatik und schreiben das Spracherwerbsvermögen der Kinder gewöhnlichen Lernprozessen zu.

Spracherwerb

Wie lernen Kinder, eine bestimmte Sprache zu sprechen? Neueste Untersuchungen kommen zu dem Ergebnis, daß der Spracherwerb schrittweise zunächst über das Erlernen der Phoneme, dann einfacher Morpheme und grammatischer Regeln bis hin zu immer komplexeren Vokabularien und Strukturregeln erfolgt. Man hat festgestellt, daß Kinder nicht einfach sprechen lernen, wenn sie andere sprechen hören. Ein Junge mit normaler Hörfähigkeit und normaler Intelligenz, dessen Eltern aber taub waren und deshalb in der amerikanischen Zeichensprache (Ameslan) miteinander kommunizierten, saß jeden Tag vor dem Fernseher und sah und hörte sich das Programm an. Da der Junge asthmatisch war, behielt man ihn zu Hause, so daß er nur mit Personen in Kontakt kam, die sich in Zeichensprache unterhielten. Im Alter von drei Jahren beherrschte er Ameslan perfekt, konnte aber Englisch weder verstehen noch sprechen. Dieses Beispiel zeigt, daß Kinder ihr Wissen über Phoneme, Morpheme und Grammatik in der Interaktion mit anderen Menschen ausprobieren und vervollkommnen können müssen, damit sie eine Sprache erlernen. Mit anderen Worten, obwohl wir Menschen eine gattungsspezifische Sprachfähigkeit entwickelt haben, werden wir nicht automatisch zu sprechen beginnen, sobald wir andere sprechen hören. Wir erlernen unsere Sprachen, indem wir sie dazu benutzen, Wünsche zu äußern und auf die Wünsche anderer zu antworten (Moscowitz 1978: 94 b).

Gibt es höherwertige und minderwertige Sprachen?

Europäische Linguisten des 19. Jahrhunderts waren davon überzeugt, daß sich die Sprachen der Welt in eine hierarchische Ordnung bringen ließen. Sie alle hielten das Latein, dessen grammatikalische Beherrschung im Westen lange Zeit eine Voraussetzung für wissenschaftlichen Erfolg war, für die leistungsfähigste, eleganteste und schönste Sprache.

Als jedoch Ethnolinguisten unter der Führung von Franz Boas mit der Erforschung der nordamerikanischen Indianersprachen begannen, konnten sie zeigen, daß die Vorstellung von der Überlegenheit »zivilisierter« Grammatiken unhaltbar war. Man stellte fest, daß die Grammatik bei allen Völkern und auf allen Ebenen der technologischen und politischen Entwicklung die ganze Skala von einfachen bis hin zu komplexen Systemen umfaßt. Bisher unbestritten ist die Schlußfolgerung des großen Ethnolinguisten Edward Sapir (1921; dt. 1961: 194): »Plato hat sich derselben Sprachformen bedient wie die Schweinehirten Mazedoniens und Konfuzius derselben wie die wilden Kopfjäger von Assam.«

Bestimmte Sprachunterschiede werden oft als Belege dafür angeführt, daß eine Sprache »primitiver« als eine andere sei. Zum Beispiel gibt es in den Sprachen der brasilianischen Tupi-Indianer zahlreiche Worte für verschiedene Papageienarten, aber keinen Begriff für Papageien im allgemeinen. Hieraus schloß man auf eine vermeintliche Primitivität dieser Sprachen. Andere Sprachen dagegen scheinen nicht über spezielle Begriffe zu verfügen. Es gibt beispielsweise Sprachen, die keine Wörter für Zahlen über fünf haben. Eine größere Zahl wird einfach als »viele« bezeichnet. Auch das hat man als eine sprachliche Unzulänglichkeit interpretiert.

Diese Bewertungen ziehen jedoch nicht in Betracht, daß der Umfang, in dem ein Diskurs speziell oder allgemein ist, lediglich die kulturell definierte Notwendigkeit spiegelt, daß dieser Diskurs speziell oder allgemein zu sein hat und keineswegs die Fähigkeit einer Sprache, Mitteilungen über spezielle oder allgemeine Phänomene zu machen. Ein brasilianischer Indianer braucht im allgemeinen Papageien nicht von anderen Vögeln, wohl aber die einzelnen Papageienarten unterscheiden zu können, da jede Art wegen ihrer besonderen Federn begehrt ist. Mitglieder kleiner Gesellschaften können normalerweise 500 bis 1 000 Planzenarten identifizieren und benennen, ein normaler Städter dagegen kennt im allgemeinen bloß die Namen von etwa 50 bis 100 Pflanzen. Paradoxerweise verfügen Städter gewöhnlich über einen komplexeren Satz allgemeiner Begriffe wie *Pflanze, Baum, Strauch* und *Kletterpflanze* als Wildbeuter- und Pflanzengruppen, für die solche Allgemeinbegriffe wenig praktischen Nutzen besitzen (Witowski und Brown 1978: 445–446). Die englische Sprache, die über viele Begriffe für spezielle Beförderungsmittel — *cart* (Karren), *stretcher* (Trage), *auto* (Auto), *sled* (Schlitten), *snowmobile* (Schneemobil) — verfügt, kennt keinen allgemeinen Begriff für Fahrzeug mit Rädern. Das hindert jedoch niemanden, wenn es darauf ankommt, über Fahrzeuge mit Rädern im Unterschied zu Schlitten und Hubschraubern zu reden. Ganz ähnlich bedeutet gewöhnlich der Mangel an Wörtern für höhere Zahlen lediglich, daß es selten Situationen gibt, die eine genaue Spezifizierung großer Mengen erfordern. Wenn solche Situationen häufiger vorkommen, kann jede Sprache durch Wiederholen des Wortes für die größte Zahl oder durch Erfindung neuer Zahlwörter mit dem Problem des Zählens fertig werden.

Man hat festgestellt, daß die Sprachen kleiner Gesellschaften meist weniger Farbbezeichnungen enthalten als die komplexerer Gesellschaften. Einige Sprachen kennen nur für Helligkeitskontraste verschiedene Begriffe, z.B. Worte, die Schwarz und Weiß bezeichnen. Mit dem Aufkommen komplexerer Gesellschaften neigen Sprachen dazu, weitere Farbunterscheidungen vorzunehmen — und zwar in geordneter Abfolge: rot → grün oder blau → braun → rosa, orange, purpurrot. Die sprachliche Differenzierung dieser verschiedenen Farben hängt wahrscheinlich mit der zunehmenden technischen Beherrschung des Färbens und der Farbenherstellung zusammen (Witowski und Brown 1978). Ganz ähnlich verwenden viele Sprachen zur Bezeichnung von »Hand« und »Arm« sowie für »Bein« und »Fuß« nur einen Begriff. Man hat festgestellt, daß dies besonders bei Völkern der Fall ist, die in den Tropen leben und wenig Kleidung tragen. Gruppen, die in kälteren Klimazonen leben und spezielle Kleidungsstücke für verschiedene Körperteile haben (Handschuhe, Stiefel, Ärmel, Hosen usw.) neigen dazu, die einzelnen Teile der Gliedmaßen mit gesonderten Begriffen zu benennen (Witowski und Brown 1985).

Jedenfalls handelt es sich in all diesen Fällen um oberflächliche Unterschiede. Alle bekannten Sprachen verfügen über unbegrenzte semantische Produktivität. Sobald es sozial notwendig wird, kann jede Sprache die zu einer Industriekultur passenden Begriffe entwickeln. Zum Beispiel kann sie Worte aus einer anderen Sprache entlehnen (im Englischen stellen etwa *sputnik*, *blitzkrieg* und *garage* solche Lehnwörter dar) oder durch Neukombination bereits bestehender Morpheme neue Worte bilden *(radiometric, railroad, newspaper)*. Keine Kultur ist jemals um Worte verlegen — zumindest nicht für lange Zeit.

Sprache, soziale Klasse und Ethnizität

Eine andere Erscheinungsform des Anspruchs auf sprachliche Überlegenheit ist mit den für geschichtete Gesellschaften charakteristischen Dialektunterschieden verknüpft (s. S. 261). Man spricht etwa von der »nichtstandardsprachlichen« Grammatik oder Aussprache der Angehörigen einer bestimmten ethnischen Gruppe oder sozialen Klasse. Solche Urteile werden durch die Sprachwissenschaft nicht gestützt — es sei denn, man wäre bereit, alle heutigen Sprachen als verfälschte und »nichtstandardsprachliche« Versionen früherer Sprachen zu akzeptieren.

Wird die Dialektvariante einer Teilgruppe einer größeren Sprachgemeinschaft als »nichtstandardsprachlich« bezeichnet, geht es gewöhnlich nicht um ein linguistisches, sondern um ein politisches Problem (Hertzler 1965; Southworth 1969). Daß den Dialekten ein minderwertiger Status zugeschrieben wird, läßt sich nur in Kenntnis des allgemeinen Prozesses verstehen, durch den die herrschenden Gruppen ihre übergeordnete Position zu erhalten versuchen (s. Kap. 11). Linguistisch gesehen sind Phonologie und Grammatik der armen und ungebildeten Klassen genauso leistungsfähig wie die der reichen, gebildeten und mächtigen Klassen.

Dieser Sachverhalt sollte jedoch nicht mit dem Problem verwechselt werden, daß es Unterschiede im funktionalen Wortschatz gibt. Ausgebeutete und benachteiligte Gruppen kennen oft aufgrund ihrer begrenzten Schulbildung bestimmte wichtige Fachausdrücke nicht. Das erweist sich bei der Konkurrenz um Arbeitsplätze als echter Nachteil, hat aber nichts mit der Frage zu tun, ob die phonologischen und grammatikalischen Systeme der Arbeiterklasse sowie ethnische Dialekte der Standardsprache adäquat sind.

Wohlmeinende Pädagogen behaupten oft, daß arme und Gettokinder in einer »sprachlich unterprivilegierten« Umwelt aufwachsen. William Labov (1972 a und b) gelang es jedoch, in einer eingehenden Untersuchung des tatsächlichen Sprachverhaltens der in den Gettos der Nordstaaten der USA lebenden Schwarzen zu zeigen, daß diese Ansicht weniger ein Defizit der Grammatik oder der logischen Struktur des Gettodialekts als die ethnozentrischen Vorurteile der aus der Mittelschicht stammenden Lehrer und Forscher reflektiert. Das in den schwarzen Gettos gesprochene nichtstandardsprachliche Englisch — das mundartlich gefärbte Englisch der Schwarzen — enthält bestimmte Formen, die im Kontext der weißen Mittelklasse nicht akzeptabel sind. Zu den häufigsten gehören negative Inversion (»don't nobody know«); negative Übereinstimmung (»you ain't goin' to no heaven«); gleichbleibendes »be« (»when they be sayin'«); »it« anstelle von »there« (»it ain't no heaven«); und Weglassen des Bindewortes (»if you bad«). Der Gebrauch dieser Formen behindert aber in keiner Weise die Äußerung komplexer Gedanken in präziser und logisch konsistenter Form, wie das Beispiel eines schwarzen Jugendlichen zeigt, der sich Gedanken über das Leben nach dem Tod macht:

»Soon as you die, your spirit leaves you. (And where does the spirit go?) Well, it all depends. (On what?) You know, like some people say if you're good an' shit, your spirit goin' t'heaven . . . 'm' if you bad, your spirit goin' to hell. Well, bullshit! Your spirit goin' to hell anyway, good or bad. (Why?) Why? I'll tell you why. 'Cause, you see, doesn' no body really know that it's God, y'know, 'cause, I mean I have seen black gods, pink gods, white gods, all color gods, and don't nobody know it's really a God. An' when they be sayin' if you good, you goin' t'heaven, tha's bullshit, 'cause you ain't goin' to no heaven. 'Cause it ain't no heaven for you to go to« (Labov 1972 a: 214—215).

Die grammatikalischen Eigenschaften der Umgangssprache stellen keine wahllosen, arbiträren Abweichungen dar. Im Gegenteil, sie folgen bestimmten Regeln, und folglich sind auch die Abweichungen von der Standardgrammatik regelgebunden. Alle Dialekte des Englischen besitzen gleichwertige Mittel, um einen bestimmten logischen Inhalt auszudrücken.

»Welche Probleme auch immer Kinder aus der Arbeiterklasse bei der Durchführung logischer Operationen haben mögen, sie sind nicht auf die Struktur ihrer

Sprache zurückzuführen. Nichts in der Umgangssprache beeinträchtigt die Entwicklung des logischen Denkens, denn die Logik des Standardenglisch läßt sich nicht mit Hilfe irgendeines Tastverfahrens von der Logik eines Dialekts der englischen Sprache unterscheiden« (ebd.: 229).

Sprache, Denken und Kausalität

Seit vielen Jahren gehen Linguisten der Frage nach, in welchem Umfang verschiedene Wortkategorien und Grammatiken bei Völkern, die zu verschiedenen Sprachgemeinschaften gehören, inkompatible Denkweisen hervorbringen (Hymes 1971; Kay und Kampton 1984). Im Zentrum dieser Kontroverse steht der von dem Ethnolinguisten Benjamin Whorf angestellte Vergleich zwischen indianischen Sprachen und der indogermanischen Sprachfamilie, einer Gruppe von Sprachen, die u.a. Englisch, viele europäische Sprachen, Hindi und Persisch umfaßt. Nach Whorf leben die Sprecher zweier aus radikal verschiedenen Vokabularien und Grammatiken bestehenden Sprachen in völlig verschiedenen Denkwelten. Selbst so fundamentale Kategorien wie Raum und Zeit sollen aufgrund der sprachlichen »Formen«, die das Denken einengen, anders erfahren werden:

> »Die Formen des persönlichen Denkens werden durch unerbittliche Strukturgesetze beherrscht, die dem Denkenden nicht bewußt sind. Die Strukturschemata sind die unbemerkten komplizierten Systematisierungen in seiner eigenen Sprache, die sich recht einfach durch unvoreingenommene Vergleiche und Gegenüberstellungen mit anderen Sprachen, insbesondere solchen einer anderen Sprachfamilie, zeigen lassen. Das Denken selbst geschieht in einer Sprache — in Englisch, in Deutsch, in Sanskrit, in Chinesisch — und jede Sprache ist ein eigenes riesiges Struktursystem, in dem die Formen und Kategorien kulturell vorbestimmt sind, aufgrund deren der einzelne sich nicht nur mitteilt, sondern auch die Natur aufgliedert, Phänomene und Zusammenhänge bemerkt oder übersieht, sein Nachdenken kanalisiert und das Gehäuse seines Bewußtseins baut« (1956; dt. 1971: 52—3).

Nach Whorf sind englische Sätze so konstruiert, daß eine Substanz oder ein Stoff Teil eines Ereignisses ist, das einer bestimmten Zeit und einem bestimmten Raum zugeordnet ist. Zeit und Raum können gemessen und in Einheiten unterteilt werden. In Hopi-Sätzen werden Ereignisse jedoch nicht zeitlich lokalisiert, sondern vielmehr entweder Kategorien des »Seins« oder Kategorien des »Werdens« zugeordnet. Englisch ermutigt einen zu der Vorstellung, die Zeit sei eine Art in Abschnitte unterteilter Meßlatte, die in der Vergangenheit beginnt, durch die Gegenwart führt und in der Zukunft fortdauert — daher die Vergangenheits-, Gegenwarts- und Zukunftsform der englischen Sprache. Die Hopi-Grammatik unterscheidet jedoch bloß zwischen

Ereignissen, die bereits manifest geworden sind und anderen, die sich noch im Prozeß des Manifestwerdens befinden. Sie besitzt nichts der Vergangenheits-, Gegenwarts- und Zukunftsform Vergleichbares. Heißt das, daß ein Hopi nicht sagen kann, daß ein Ereignis letzten Monat geschah oder daß es gerade geschieht oder daß es morgen geschehen wird? Natürlich nicht. Whorf ist aber der Auffassung, daß das englische Zeitensystem ein Messen der Zeit erleichtert, und er sieht eine Verbindung zwischen dem Zeitensystem der indogermanischen Sprachen und der Vorliebe der Euro-Amerikaner für Fahrpläne, Ratenzahlungen und Stechuhren.

Andere Linguisten haben dagegen nachgewiesen, daß dieses Dreizeitensystem, das die Zeitvorstellung beeinflussen soll, im Englischen eigentlich gar nicht existiert. Erstens gibt es im Englischen keine spezielle Verbform für das Futur. Für die Futurbildung benutzt man vielmehr Hilfsverben wie *will* und *shall.* Zweitens gebrauchen Sprecher der englischen Sprache häufig die Gegenwarts- und selbst die Vergangenheitsform, wenn sie über die Zukunft sprechen: »*I'm eating* at six this evening«; »If I *told* you, would you do anything?« Das heißt, daß die Zeiten im Englischen bei weitem lockerer und unklarer angewendet werden, als Schulgrammatiker es wahrhaben wollen. Wenn es einem darum geht, über die Zeit in Verwirrung zu geraten, legt einem die englische Sprache keine ungewöhnlichen Hindernisse in den Weg (Haugen 1975).

Ein gravierender Einwand gegen die Whorfsche Auffassung ist jedoch, daß sie implizit die grundlegenden Kausalbeziehungen zwischen Sprache und Kultur verzerrt darstellt. Niemand wird leugnen wollen, daß vorindustrielle Gesellschaften wie die der Hopi, die keine Kalender, Uhren und Fahrpläne kannten, eine ganz andere Zeitorientierung als industrielle Gesellschaften hatten. Es gibt aber nichts, was die Auffassung stützt, Industrialisierung werde dadurch erleichtert oder verursacht, daß man eine bestimmte Art der Grammatik und nicht eine andere besitzt.

Das Interesse an Kalendern und anderen Zeitberechnungsverfahren findet sich bei Völkern, deren Sprachen sich so unterscheiden wie die der Ägypter und der Maya, die aber eine ähnliche soziale und politische Entwicklung genommen haben. In der Tat haben die Chinesen zur Erfindung der modernen mechanischen Uhren ebensoviel beigetragen wie die Europäer. Andererseits ist ein mangelndes Interesse an Zeitberechnungen generell für vorstaatliche Gesellschaften charakteristisch — ganz gleich, ob die Menschen in Patagonien oder Baffin Land, auf Neuguinea oder in der Kalahariwüste leben und tausend verschiedene Sprachen sprechen.

Mit anderen Aspekten der Kultur ist es ähnlich wie mit der Zeitberechnung. Die Azteken, deren mächtiges Staatswesen den Höhepunkt der politischen Entwicklung im autochthonen Nordamerika markiert, sprachen eine Sprache, die eng mit der der Ute — einer Wildbeutergruppe — verwandt war. So unterschiedliche Religionen wie der Hinduismus, das Christentum und der Buddhismus entstanden bei Völkern, die alle indogermanische Sprachen sprechen. Malayo-Polynesisch, Bantu und Arabisch haben sich, was die Ausbreitung des Islams betrifft, als gleich gute Medien erwiesen. Das gleiche gilt, diesmal im Hinblick auf die Ausbreitung des Marxismus, für Chinesisch, Russisch und Spanisch. Der Industriekapitalismus in Japan und den Vereinigten Staaten weist viele Übereinstimmungen auf, obwohl die japanische und die englische Sprache wenig Ähnlichkeiten besitzen.

Obligatorisches Elitedenken und obligatorischer Sexismus

Sprachen unterscheiden sich im Hinblick auf bestimmte, in ihre Grammatikregeln eingebaute obligatorische Kategorien. Im Englischen müssen wir die Zahl spezifizieren. Sprecher romanischer Sprachen müssen das Geschlecht (Genus) aller Substantive angeben. Gewisse indianische Sprachen (z.B. das Kwakiutl) müssen die Nähe oder Ferne eines Gegenstands zum Sprecher zum Ausdruck bringen und ob er sichtbar oder nichtsichtbar ist. Doch spiegeln diese obligatorischen Kategorien aller Wahrscheinlichkeit nach keine aktive psychologische Tendenz zur zwanghaften Beschäftigung mit Zahlen, Sex oder der Lokalisierung von Menschen oder Gegenständen wider.

Man sollte aber nicht den voreiligen Schluß ziehen, alle grammatikalischen Konventionen seien trivial. Bestimmte obligatorische grammatikalische Kategorien spiegeln das soziale Leben recht genau wider. Man denke nur an die Pronomen und Verbformen für Gleichgestellte im Gegensatz zu Untergebenen in den romanischen Sprachen. Da es bei der Konjugation der romanischen Verben für die zweite Person eine »vertraute« Anredeform gibt, müssen Sprecher der französischen oder der spanischen Sprache oft die soziale Stellung der Personen, mit denen sie sich unterhalten, bewerten und zum Ausdruck bringen. Heute werden diese vertrauten Anredeformen für die zweite Person (z.B. *tu hablas, tu parles* — im Spanischen und Französischen; dt.: du sprichst) hauptsächlich bei Kindern, Haustieren, sehr guten Freunden und Geliebten angewandt. Vor allem in Teilen Lateinamerikas hat sich aber ein weiterer Gebrauch erhalten, wo Grundbesitzer und Beamte die *tu*-Formen auf Bedienstete, Arbeiter und Bauern ebenso anwenden wie auf Kinder und Haustiere. Diese Anredeformen spiegeln deutlich ein Klassen- und Rangbewußtsein wider und haben so eine soziale Bedeutung, die alles andere als trivial oder bloß konventionell ist (Brown und Gilman 1960; Southworth 1974).

Ganz ähnlich scheinen gewisse obligatorische Kategorien im Standardenglisch eine starke soziale Voreingenommenheit für männliche Perspektiven und Tätigkeiten zu reflektieren. Viele Substantive und Pronomen, die sich auf Menschen beziehen, haben kein Geschlecht — *child, everybody, everyone, person, citizen, American, human* usw. Englischlehrer schrieben gewöhnlich beim Bezug auf diese Wörter nicht feminine, sondern maskuline Pronomen vor. Deshalb galt es als richtig, wenn man sagte: »Everyone must remember to take *his* toothbrush«, auch wenn die angesprochene Gruppe aus Jungen und Mädchen bestand. Zeitungskolumnisten schrieben gern: »The average American is in love with *his* car«. Und Schulgrammatiken bestanden darauf, daß man sagen müsse: »All the boys and girls were puzzled but no one was willing to raise *his* hand« (Roberts 1964: 382). Dabei steht im Pluralpossesivpronom *their* ein vollkommen verständlicher und nicht sexistisch belasteter Ersatz zur Verfügung. Und tatsächlich ist diese Form heute bereits in der Alltagssprache beinahe allgemein üblich (Newmeyer 1978).

Die männerzentrierten Konventionen der englischen Sprache sind vielleicht doch nicht so harmlos und trivial, wie manche männlichen Ethnologen annehmen (Lakeoff 1973; Phillips 1980: 531). Zum Beispiel spiegelt sich in der Verwendung der männlichen Pronomen *Er* und *Ihm* für Gott wahrscheinlich die Tatsache wider, daß im Judentum wie im Christentum die Priester traditionell Männer waren. Franklin Southworth hat in seiner Untersuchung zum Wandel der obligatorischen Anredeformen in Indien (1974) gezeigt, daß bloße sprachliche Veränderungen leicht zu verwirklichen sind. So leicht sogar, daß sie manchmal zur »Verschleierung der Macht« dienen, indem sie oberflächlich den Eindruck von Demokratisierung erzeugen. Gewiß muß man sich davor hüten, die Welt mit reiner Wortmagie ändern zu wollen. Wenn aber ein bestimmtes Wort oder eine bestimmte grammatikalische Regel Menschen verletzt und beleidigt, warum sollte man dann das Wort oder die Regel beibehalten?

Sprachwandel

Wie alle anderen Teile der Kultur unterliegt auch die Sprache einem ständigen Wandel. Dieser Wandel ist das Ergebnis leichter phonologischer, morphemischer oder grammatikalischer Veränderungen. Zunächst sind sie oft als »Dialekt«-Unterschiede erkennbar — als Eigenschaften, die etwa die sprachlichen Äußerungen amerikanischer Südstaatler von denen eines Neuengländers oder eines Londoners unterscheiden. Würden Gruppen von Südstaatlern, Neuengländern und Londonern sich auf verschiedene Inseln zurückziehen und allen sprachlichen Kontakt zu den anderen Gruppen und ihrer Heimat verlieren, würde sich die Sprache jeder Gruppe im Laufe der Zeit so stark verändern, daß sie den anderen nicht mehr verständlich wäre. Je länger die Trennung, um so weniger Ähnlichkeit wäre schließlich noch vorhanden.

Der Prozeß der Dialektbildung und der geographischen Isolation ist für einen großen Teil der enormen Sprachenvielfalt verantwortlich. Viele heute als ganz voneinander verschieden erscheinende Sprachen sind Abkömmlinge einer gemeinsamen Ursprungssprache. Das läßt sich an der Ähnlichkeit ihrer phonologischen Merkmale erkennen. Zum Beispiel entspricht das englische /t/ dem deutschen /z/, wie die folgenden Worte verdeutlichen (nach Sturtevant 1964: 64–66):

tail	Zagel	tin	Zinn
tame	zahm	to	zu
tap	zapfen	toe	Zeh
ten	zehn	tooth	Zahn

Diese Übereinstimmungen sind darauf zurückzuführen, daß Englisch und Deutsch Tochtersprachen einer gemeinsamen, als Proto-Westgermanisch bezeichneten Ursprungssprache sind.

In den 2 000 Jahren nach der römischen Eroberung Westeuropas hat sich das Latein zu einer ganzen Sprachfamilie entwickelt, deren Hauptvertreter Französisch, Italienisch, Portugiesisch, Rumänisch und Spanisch sind. Wüßten Linguisten aufgrund historischer Quellen nicht von der Existenz der lateinischen Sprache, wären sie aufgrund der Lautübereinstimmungen innerhalb der romanischen Sprachfamilie gezwungen, ihre Existenz zu postulieren. Es liegt auf der Hand, daß jede heute gesprochene Sprache nur eine transformierte Version eines Dialekts einer früheren Sprache ist. Und selbst ohne schriftliche Quellen können Sprachen aufgrund ihrer »Abstammung« von einer gemeinsamen Ursprungssprache zu Gruppen zusammengefaßt werden. So zerfiel Proto-Westgermanisch vor langer Zeit in eine ganze Reihe von Sprachen wie unter anderem in die Urformen von Latein, Hindi, Persisch, Griechisch, Russisch und Gälisch – Mitglieder der indogermanischen Sprachfamilie. Rückschlüsse, die Linguisten aus den unter den indogermanischen Sprachen herrschenden Übereinstimmungen ziehen konnten, ermöglichten die Rekonstruktion des Lautsystems der Ursprungssprache, von der sie sich letztlich alle herleiten. Diese Sprache bezeichnet man als Proto-Indogermanisch (Graphik 3.2).

Graphik 3.2 Indogermanische Sprachfamilie

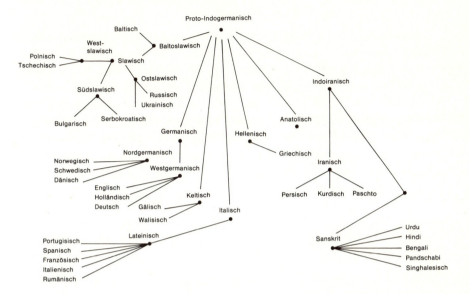

Sprachen können sich auch verändern, ohne daß verschiedene Gruppen der Sprachgemeinschaft geographisch getrennt leben. Englisch hat sich beispielsweise aufgrund von Veränderungen in der Aussprache und der Entlehnung von Worten aus anderen Sprachen innerhalb von 1 000 Jahren vom Altenglisch zu seiner heutigen Form gewandet. Die folgende, 1066 geschriebene Passage aus dem angelsächsischen *Chronicle* zeigt, wie stark sich das Englisch verändert hat – die Sprecher beider Sprachen könnten sich heute nicht mehr miteinander verständigen:

»On bissum eare . . . be he cyning waes, he for ut mid sriphere to eanes Willelme; and ba hwile com Tosti eorl into Hubran mid 60 sciptum. Eadwine eorl com mid land-fierde and draf hine ut; and ba butse-carlas hine forsocon, and he for to Scotlande mid 12 snaccum, and hine emette Harald se Norrena cyning mid 300 sciptum, and Tosti him tobeag. And man cyode Harolde cyning hu hit waes baer edon and eworden, and he com mid miclum here Engliscra manna and emette hine aet Staengfordes brycge and hine ofslog, and bone eorl Tosti, and eallne bone here ehtlice ofercom.«

»In this year when he (Harold) was king, he went out with a fleet against William; and meanwhile Earl Tosti came into the Humber with sixty ships. Earl Edwin came with a land force and drove him out; and then the sailors forsook him (Tosti), and he went to Scotland with twelve small boats, and Herald, the Norwegian kind, met him with three hundred ships, and Tosti submitted to him. And they told King Harold what had been done and had befallen there, and he came with a large army of Englishmen and met him (the Norwegian king) at Stamford Bridge and slew him and Earl Tosti, and courageously overcome the whole army.«

Das moderne Englisch kann, wie diese Veränderungen verdeutlichen, als »Verfälschung« des Altenglisch betrachtet werden. Im Grunde sind alle modernen Sprachen »Verfälschungen« älterer Sprachen. Das hält gewisse Leute nicht davon ab, Komitees zur Rettung des »King's English« oder zum Schutz der »Reinheit« des Französischen zu bilden. Die Wahrscheinlichkeit des Sprachwandels ist aber so groß, daß Linguisten eine als *Glottochronologie* bezeichnete Technik zur Datierung des Zeitpunkts entwickeln konnten, ab dem sich eine Sprache von der anderen trennt. Diese Technik beruht auf der Annahme, daß durch Entlehnung und innere Veränderungen ungefähr 14 Prozent des Grundwortschatzes einer Sprache alle 1 000 Jahre ersetzt werden.

Sprache und Bewußtsein

Sprache und Sprachwandel verdeutlichen, welche bemerkenswerten Formen entstehen können, ohne daß sie von den Angehörigen einer Kultur bewußt geplant wären. Mit den Worten Alfred Kroebers:

> »Die unaufhörlichen Veränderungsprozesse in der Sprache entwickeln sich größtenteils unbewußt oder im Verborgenen oder zumindest implizit. Die Ergebnisse dieses Wandels mögen von den Sprechern der sich verändernden Sprache wahrgenommen werden. Der allmähliche Veränderungsakt selbst aber und vor allem seine Ursachen vollziehen sich meist, ohne daß der Sprecher sich ihrer bewußt ist. . . . Wenn sich ein Wandel bemerkbar macht, kann man ihn stillschweigend akzeptieren oder ihm, weil er einem falsch, vulgär oder fremd erscheint, Widerstand leisten. Doch ihrer eigenen Motive werden sich wahrscheinlich weder die, die den Wandel ablehnen, noch die, die ihn herbeiführen, jemals bewußt sein« (1948: 245).

Dieser Aspekt des Sprachwandels gilt für alle Bereiche soziokultureller Systeme. Wie Adam Ferguson, ein großer schottischer Philosoph des 18. Jahrhunderts, einmal sagte, entstehen die Gesellschaftsformen »selbst in sogenannten aufgeklärten Zeiten mit der gleichen Blindheit gegenüber der Zukunft«. Kultursysteme sind »in der Tat das Ergebnis menschlichen Handelns, nicht aber der Ausführung eines menschlichen Entwurfs«.

Es stimmt, daß wir die einzigen Tiere sind, die über sich selbst sprechen und ihre Probleme bewußt analysieren können. Wir allein verfügen über ein Selbstbewußtsein, das viele Menschen für das wesentlichste Merkmal der menschlichen Natur halten. Eines übersieht man aber gewöhnlich, wenn man das Bewußtsein als krönende Errungenschaft unserer Spezies feiert. Man vergißt oft, daß unser Bewußtsein Einschränkungen unterworfen ist, die das mentale Leben anderer Organismen nicht beeinflussen. Da wir durch unsere Kultur leben, ist unser Bewußtsein durch unsere Kultur geformt und bestimmt. Die Gabe der semantischen Universalität hat deshalb etliche Haken. Sprache gibt uns nicht notwendigerweise Freiheit des Denkens; im Gegenteil, sie lockt uns oft in die Falle des Irrglaubens und der Phantasiegebilde. Weil wir durch unsere Kultur leben und unser Bewußtsein durch unsere Kultur geprägt ist, müssen wir uns über mehr Dinge bewußt sein als andere Lebewesen. Wir allein müssen uns bemühen zu verstehen, wie die Kultur Kontrolle über das ausübt, was in unseren Köpfen vorgeht. Ohne diese zusätzliche Bewußtseinsebene kann man das menschliche Bewußtsein nicht als voll bewußt bezeichnen.

Zusammenfassung

Nur die menschliche Sprache besitzt semantische Universalität oder die Fähigkeit, eine unendlich große Anzahl neuer Mitteilungen hervorzubringen, ohne daß Informationseffizienz verloren geht. Im Gegensatz zu den Rufen von Gibbons etwa verfügt die menschliche Sprache über grenzenlose Produktivität. Eines der wichtigsten Mittel diese Produktivität zu erreichen, ist die Beliebigkeit der informationsübermittelnden Elemente. Obwohl die genetische Anlage zum Spracherwerb durchaus von Wichtigkeit ist, sind die tatsächlich gesprochenen Sprachen vollkommen von der Enkulturation abhängig; darüber hinaus besteht im allgemeinen zwischen den Wörtern und dem, was sie bezeichnen, keine physikalische oder ikonographische Ähnlichkeit.

Ein anderer wichtiger Bestandteil der semantischen Universalität ist das als Opposition bezeichnete Gegensatzverhältnis, d.h. die Verwendung arbiträrer Kodeelemente in unterschiedlichen Kombinationen zur Übermittlung verschiedenartiger Botschaften. Die grundlegenden Kodeelemente menschlicher Sprachen sind die Phoneme oder Klassen von Kontrastlauten. Ein Phonem besteht aus einer Reihe von Allophonen, die mit den Allophonen anderer Phoneme kontrastieren. Verschiedene Sprachen verfügen über sehr verschiedene Phon-, Phonem- und Allophonrepertoires. Keines dieser Elemente ist bedeutungstragend.

Auch die Kombination der Phoneme zu Morphemen, den kleinsten bedeutungstragenden Sprachlauten, ist vom Verhältnis der Opposition bestimmt. Morpheme sind Klassen von Phonemen und enthalten verschiedene, als Allomorphe bezeichnete Laute. Es gibt freie und gebundene Morpheme — frei sind sie, wenn sie allein auftreten können und wohlgeformte Mitteilungen darstellen, gebunden, wenn dies nicht der Fall ist.

Die Fähigkeit, in einer menschlichen Sprache Botschaften zu senden und zu empfangen, hängt von der Befolgung von Regeln ab, die vorschreiben, wie Phoneme zu Morphemen und Morpheme zu Sätzen kombiniert werden. Diese Regeln sind Teil der Grammatik einer Sprache und werden meist unbewußt angewendet. Auf phonemischer Ebene geben sie an, welche Phonemkombinationen erlaubt sind und welche nicht, auf morphemischer Ebene, welche Morphem- und Allomorphsequenzen zur Bildung wohlgeformter Sätze erforderlich sind. Diese Regeln werden als Syntax bezeichnet. Die Kenntnis der Syntaxregeln ermöglicht es, völlig neue Sätze hervorzubringen und dennoch verstanden zu werden. Eine Theorie zur Erklärung dieser Eigenschaften der Syntax lautet, daß es eine Tiefenstruktur gibt, auf die verschiedene, oberflächlich unähnliche Sätze reduziert werden können. Neue Sätze sind Transformationen dieser Tiefenstrukturen. Man kann sie verstehen, indem man sie auf ihre grundlegenden Komponenten zurückführt.

Alle menschlichen Sprachen können in alle anderen übersetzt werden, und nichts weist darauf hin, daß einige Sprachen leistungsfähigere Grammatiken besitzen als andere. Zwar unterscheiden sich die Kategorien und Vokabularien der verschiedenen Sprachen, diese Unterschiede sind aber weder Ausdruck eines inneren Defektes einer Sprache noch einer intellektuellen Inferiorität der Sprecher dieser Sprache. Generelle und spezifische Kategorisierungen wie im Zusammenhang mit Zahlen, Pflanzenklassifizierungen und Farbbezeichnungen spiegeln die praktische Notwendigkeit wider, unter bestimmten kulturellen und natürlichen Bedingungen generelle oder spezifische Unterscheidungen vorzunehmen.

Die Auffassung, bestimmte Dialekte der Standardsprachen seien »minderwertige« Formen der Sprache, sind Ausdruck klassenbedingter und ethnischer Vorurteile. Dialekte wie das von Schwarzen in den USA gesprochene, mundartlich gefärbte Englisch behindern nicht an und für sich klares und logisches Denken.

Versuche nachzuweisen, daß Unterschiede in der Grammatik für unterschiedliche Denk- und Verhaltensweisen in verschiedenartigen Kulturen verantwortlich sind, blieben erfolglos. Bis auf den Wortschatz gibt es so gut wie keinen Zusammenhang zwischen einer Sprache und den Hauptformen demographischer, technologischer, wirtschaftlicher, ökologischer, häuslicher, politischer und religiöser Anpassung. Das bedeutet nicht, daß obligatorische Sprachkategorien wie die, die sich auf Geschlechts-, Alters- und Klassenunterschiede beziehen, triviale Aspekte des soziokulturellen Lebens sind. Diese Aspekte der Sprache müssen ernstgenommen und auf ihre möglichen schädlichen Auswirkungen hin untersucht werden.

Sprachen, wie auch alle anderen Aspekte der Kultur, befinden sich infolge sowohl innerer als auch äußerer Vorgänge in einem ständigen Wandel. Alle Sprachen sind »Verfälschungen« früherer Ursprungssprachen. Die Glottochronologie geht von der Annahme aus, daß sich die Sprachen nicht nur verändern, sondern in einer berechenbaren Geschwindigkeit verändern.

Die Erforschung des Sprachwandels wie die anderer Aspekte der Sprache zeigt, daß im soziokulturellen Leben unbewußte Faktoren die bewußten überwiegen. Obwohl die semantische Universalität eine großartige und ausschließlich menschliche Gabe ist, gewährt sie uns nicht automatisch ein volles Bewußtsein und wahre Freiheit des Denkens. Um volles Bewußtsein zu erlangen, müssen wir uns darum bemühen zu verstehen, wie das, was wir tun und denken, von unserer Kultur bestimmt ist.

4 Produktion

Dieses Kapitel behandelt die wichtigsten Nahrungsproduktionssysteme. Es untersucht die Beziehungen zwischen Nahrungsgewinnung, Technologie und natürlicher Umwelt mit der Energie als Maßstab für In-und Output und dient als Einführung in einige Grundaspekte der Infrastruktur.

Produktion ist die Folge des Einsatzes menschlicher Arbeitskraft und der Technologie zur Nutzung natürlicher Ressourcen. Die wichtigste Form der Produktion ist die Energiegewinnung. Menschliches Leben und menschliche Kultur sind ohne gesellschaftliche Aneignung und Umformung der in der Umwelt verfügbaren Energie nicht möglich. Wieviel Energie mit welchen Methoden gewonnen wird, hängt wiederum von der Wechselwirkung ab, die zwischen der Energiegewinnungstechnologie, über die eine Kultur zu einem gegebenen Zeitpunkt verfügt, und den ausbeutbaren Ressourcen des Lebensraumes wie Sonnenlicht, Böden, Wälder, Regenfälle oder Mineralvorkommen, zu denen die Kultur Zugang besitzt, besteht. Da weder die Technologie noch die Umwelt rasch oder unbegrenzt verändert werden können, übt die Art der Energiegewinnung einen stark einschränkenden Einfluß auf die Lebensweise der Menschen aus.

Die Kenntnis der Wechselwirkung, die während des Prozesses der Energiegewinnung zwischen Technologie und Umwelt besteht, ist auch für ein Verständnis der *Humanökologie* (manchmal auch *Kulturökologie* genannt) wichtig. Diese untersucht, wie menschliche Gruppen und deren Aktivitäten durch die anorganischen und organischen Bestandteile ihrer Umwelt beeinflußt werden und wie wiederum die menschlichen Gruppen mit ihren Aktivitäten Einfluß auf diese anorganischen und organischen Bestandteile der Umwelt ausüben.

Die Evolution der Energiegewinnung

Zur Zeit der frühesten Hominiden stammte alle für das Sozialleben erforderliche Energie aus der Nahrung. Wie man aus Kohleteilen schließen kann, die an fossilen Fundorten in Ungarn und China entdeckt wurden, scheint der *Homo erectus* erst irgendwann zwischen einer Million Jahre und 500000 vor unserer Zeitrechnung die Nutzung des Feuers gemeistert zu haben. Feuer wurde zunächst zum Kochen, zum Wärmen, zum Zuspitzen von Speerspitzen, zur Treibjagd (die Jagdbeute wurde über Klippen oder in einen Hinterhalt getrieben) und möglicherweise auch zur Förderung des Wachstums begehrter Pflanzenarten genutzt. Vor etwa 10000 Jahren begannen dann die Menschen, Tiere vor Pflüge, Schlitten und Fahrzeuge mit Rädern zu spannen und so Energie durch den Einsatz von Muskelkraft zu gewinnen. Ungefähr zur gleichen Zeit wurden auch beträchtliche Mengen an Holz und Holzkohle als Brennstoffenergie zur Keramikherstellung verwandt. Mit dem Aufkommen der ersten Staaten (s. S. 234) begann man, Windenergie für den Antrieb von Segelschiffen und Holzenergie zum Schmelzen und Gießen von Metallen nutzbar zu machen. Die Energie herabfallenden Wassers wurde erst im europäischen Mittelalter in größerem Umfang erschlossen. Fossile Brennstoffe — Kohle, Öl und Gas — spielen in den menschlichen Ökosystemen gar erst seit 200 oder 300 Jahren eine dominierende Rolle.

Neue Energiequellen folgten einander in logischer Weiterentwicklung, denn die Beherrschung späterer Formen setzte die Beherrschung früherer Formen voraus. Zum Beispiel hing sowohl in der Alten wie in der Neuen Welt die Abfolge von Erfindungen, die zur Metallverarbeitung führten, von der früheren Erfindung der mit Holzfeuer betriebenen Hochtemperaturöfen zum Brennen von Tongefäßen ab, und diese wiederum basierten auf den beim Kochen gemachten Erfahrungen, wie Holzfeuer entfacht und kontrolliert werden können. Erfahrungen mit dem Schmelzen von Kupfer und Zinn, das nur geringe Temperaturen erfordert, mußten beinahe mit Notwendigkeit dem Schmelzen von Eisen und Stahl vorausgehen. Die Beherrschung der Eisen- und Stahlverarbeitung wiederum war eine Voraussetzung für die Entwicklung von Bergwerksmaschinen, die erst die Ausbeutung von Kohle, Öl und Gas ermöglichten. Schließlich führte die Ausbeutung fossiler Brennstoffe zur industriellen Revolution, die die heutige Atomenergietechnik möglich machte.

Diese technologischen Fortschritte haben die durchschnittliche Energiemenge pro Kopf seit dem *Paläolithikum* (die archäologische Bezeichnung für den volkstümlich Altsteinzeit genannten Zeitraum) ständig erhöht. Gesteigerte Energiegewinnung bedeutet jedoch nicht notwendigerweise, daß auch die Fähigkeit des Menschen, die Natur zu beherrschen, ständig größer geworden ist. Noch muß der größere Pro-Kopf-Energieverbrauch unbedingt mit einem höheren Lebensstandard oder weniger Arbeit für den Menschen verbunden sein. Auch muß man zwischen der Gesamtmenge an verfügbarer Energie und der Effizienz unterscheiden, mit der die Energie erzeugt und verwendet wird.

Formen der Nahrungsproduktion

Während des größten Teils der Menschheitsgeschichte erfolgte die Nahrungsgewinnung ausschließlich durch Jagen, Fischen und Einsammeln von wildwachsenden Pflanzen. Ethnologen nennen diese Art der Nahrungsgewinnung *Jagen und Sammeln* (oder *Wild- und Feldbeutertum).* Sie beherrschte den langen Zeitraum des *Paläolithikums.*

Jäger und Sammler leben charakteristischerweise in kleinen Gruppen, die *Horden* genannt werden und ungefähr 20 bis 50 Menschen umfassen. Eine Horde besteht aus einigen wenigen Familien, die zusammen entweder für wenige Tage oder einige Jahre ihr Lager errichten und dann an einen anderen Lagerplatz weiterziehen. Das Hordenleben steht im Gegensatz zum charakteristischerweise mit agrarischen Produktionsweisen einhergehenden Dorfleben und ist im wesentlichen durch Mobilität gekennzeichnet. Hütten werden nur für kurze Zeit errichtet, und die Gruppenmitglieder verfügen nur über wenig Besitz. Da Wildbeuter jedoch in sehr verschiedenen Umwelten leben, muß man sich vor allzu groben Verallgemeinerungen hüten. Die in der Arktis lebenden Eskimos etwa haben notwendigerweise eine andere Ökologie und Kultur als Wüstenbewohner. Außerdem leben einige Wildbeutergruppen, deren Umwelt reich an Wildpflanzen und -tieren ist — z.B. die an der nordwest-amerikanischen Pazifikküste lebenden Indianergruppen —, in festen, dauerhaften Dörfern.

Vor etwa 10 000 bis 15 000 Jahren begann eine neue Form der Nahrungsgewinnung, die auf dem Anbau von Kulturpflanzen und der Zucht von domestizierten Tieren beruhte, das Jagen und Sammeln zunächst zu ergänzen, dann zu ersetzen. Archäologen nennen diese Zeit des Übergangs zu einer auf Pflanzenanbau und Viehzucht basierenden Produktionsweise *Neolithikum* (was wörtlich »Neusteinzeit« heißt). Charakteristischerweise leben Pflanzer in dauerhafteren Siedlungen als Wildbeuter. Aber wieder sind nicht alle agrarischen Gesellschaften gleich. Es gibt viele verschiedene Arten, Bodenbau zu betreiben, und jede hat spezifische ökologische und kulturelle Implikationen. Beim *Regenfeldbau* werden natürliche Regenfälle als Feuchtigkeitsquelle genutzt, der *Bewässerungsfeldbau* dagegen beruht auf künstlich errichteten Dämmen und Bewässerungsgräben, die das Wasser auf die Felder leiten. Auch beim Regen- und Bewässerungsfeldbau müssen verschiedene Formen mit jeweils spezifischen ökologischen und kulturellen Implikationen unterschieden werden.

Der Regenfeldbau stellt die Menschen vor das Problem, wie die Nährstoffe, die dem Boden durch aufeinanderfolgende Ernten entzogen werden, wieder ergänzt werden können. Eine der ältesten Methoden zur Lösung dieses Problems, die bis heute noch überall auf der Welt angewandt wird, ist die *Brandrodung.* Man rodet ein Stück Wald, läßt das Holz trocknen, setzt es dann in Brand und verstreut später die Asche, die eine Vielzahl von Nährstoffen enthält, auf das zu bepflanzende Gebiet. In Regionen mit starken Regenfällen kann ein Brandrodungsfeld nicht mehr als zwei oder drei Mal hintereinander bepflanzt werden. Dann sind die in der Asche enthaltenen Nährstoffe erschöpft. Deshalb rodet man nach zwei, drei Anbauperioden ein neues Waldstück und brennt es ab. Der Brandrodungsbau erfordert also große Brachflächen zur Regeneration des Pflanzenwuchses, der später wieder abgebrannt werden soll.

Eine ganz andere Lösung des Problems, die Fruchtbarkeit des Bodens zu erhalten, besteht darin, Felder zu bestellen und gleichzeitig Tiere zu züchten und den Tierdung als Düngemittel zu verwenden. Dies bezeichnet man als *gemischte Landwirtschaft* — eine Form der Landwirtschaft, die früher sowohl in Europa als auch in Amerika für kleine Familienbauernhöfe charakteristisch war. Mit Beginn des industriellen Zeitalters ging man zu chemischen Düngemitteln über, um die Fruchtbarkeit des Bodens zu erhalten, so daß gemischte Landwirtschaft nicht mehr erforderlich war.

Beim Bewässerungsfeldbau ist die Erhaltung der Fruchtbarkeit des Bodens weniger problematisch, da das auf die Felder geleitete Wasser oft Schlick und Nährstoffe enthält. Es gibt aber viele verschiedene Arten des Bewässerungsfeldbaus. Einige Bewässerungssysteme — z.B. auf den Philippinen — beschränken sich auf Terrassen an den Hängen von Gebirgstälern. Andere umfassen die Schwemmebenen großer Ströme wie die vom Nil oder vom Gelben Fluß. Eine weitere Bewässerungsform beruht auf der Errichtung von Erdhügelreihen: Man schöpft Schlamm aus flachen Seen und schichtet ihn — wie im Falle der berühmten *chinampas* in Mexiko — zu Hügelreihen auf, in die Getreide gepflanzt wird. Im Mittleren Osten leiten riesige unterirdische Aquädukte, die sogenannten *qats,* Wasser aus Gebirgsflüssen auf weit entfernte Felder in Wüstengebieten. In weiten Teilen Indiens wird Wasser zum Bewässern mit Ochsenkraft aus tiefen, gemauerten Brunnen heraufgeholt oder in jüngster Zeit elektrisch durch gebohrte Rohrleitungen hochgepumpt.

Der Einfluß der Umwelt

Zwischen allen Aspekten der Technologie und den jeweils spezifischen Umweltfaktoren besteht eine Wechselwirkung. Ähnliche Technologieformen, die aber mit verschiedenen Umwelten in Wechselbeziehung stehen, können zu ganz verschiedenen Energieerträgen führen. Beispielsweise variiert die Produktivität des Bewässerungsfeldbaus je nachdem, wieviel und wie verläßlich Wasser zur Verfügung steht, wie viele Mineralien das Wasser enthält und ob ebenes Land vorhanden ist. Ganz ähnlich variiert die Produktivität des Brandrodungsfeldbaus je nachdem, wieviel Wald zum Abbrennen zur Verfügung steht und wie schnell er sich wieder regeneriert. Man kann deshalb nicht einfach allgemein von Technologie sprechen. Vielmehr müssen wir immer die Wechselwirkungen zwischen der Technologie und den jeweils spezifischen natürlichen Umweltbedingungen berücksichtigen.

In Industriegesellschaften scheint der Einfluß der Umwelt oft dem Einfluß der Technologie untergeordnet zu sein. Es ist aber ein Irrtum zu meinen, Industriegesellschaften hätten sich vom Einfluß der Umwelt befreit oder der Mensch dominiere bzw. kontrolliere heute die Umwelt (Cleveland u.a. 1984). Es stimmt zwar, daß Kopien amerikanischer Vorstädte sowohl in den Wüstengebieten Saudiarabiens als auch im Schnee und Eis von Alaska errichtet wurden und daß sie ebenso auf dem Mond erbaut werden könnten. Die für solche Leistungen benötigte Energie und das erforderliche Material aber sind das Ergebnis der Wechselwirkungen zwischen Technologie und Umwelt, die sich in vielen Teilen der Welt in Bergwerken, Fabriken und Bauernhöfen vollziehen und die unersetzbaren Öl-, Wasser-, Wald- und Erzvorkommen erschöpfen. Auch stellt sich überall, wo die moderne Technologie natürliche Vorkommen abbaut bzw. verarbeitet oder wo man sich industrieller Bau- und Produktionsweisen bedient, das Problem der Beseitigung von Industrieabfällen, Umweltgiften und anderen schädlichen Nebenprodukten. In vielen Industriestaaten bemüht man sich heute, die Luft- und Wasserverschmutzung zu verringern und den Raubbau an der Umwelt sowie die Umweltvergiftung zu verhindern. Die Kosten dieser Anstrengungen belegen, wie wichtig auch heute die Interaktion zwischen Technologie und Umwelt ist. Da wir uns erst am Anfang des Industriezeitalters befinden, werden diese Kosten noch weiter ansteigen. Vielleicht werden in künftigen Jahrhunderten die Bewohner bestimmter Regionen auf eine Weise für die Industrialisierung zahlen müssen, die heute noch nicht abzusehen ist.

Maximale Tragfähigkeit und das Gesetz des abnehmenden Ertragszuwachses

Faktoren der Energiegewinnung wie Wildtierbestand, Bodenqualität, Niederschlagsmengen und Waldvorkommen setzen der aus einer gegebenen Umwelt mit den Mitteln einer gegebenen Energieproduktionstechnologie gewonnenen Energiemenge eine obere Grenze. Die Obergrenze der Energiegewinnung wiederum begrenzt die Zahl der Menschen, die in einer solchen Umwelt leben können. Diese Bevölkerungsobergrenze bezeichnet man als die *maximale Tragfähigkeit* der Umwelt.

Man sollte extrem vorsichtig mit der Schlußfolgerung sein, eine bestimmte Kultur könne durch den verstärkten Einsatz von Arbeitskraft oder die Verlängerung der Arbeitszeit »leicht« eine Produktionssteigerung erzielen. Die maximale Tragfähigkeit ist schwer zu messen (Glasgow 1978; Street 1969). Aussagen, es gäbe ungenütztes Energiepotential beruhen oft auf ungenügend langen Beobachtungszeiträumen. Viele rätselhafte Merkmale menschlicher Ökosysteme ergeben sich aus der Anpassung an wenn auch seltene, so doch immer wiederkehrende ökologische Krisen wie Dürreperioden, Überschwemmungen, Fröste, Wirbelstürme und wiederholt auftretende Tier- und Pflanzenepidemien, die alle einen langen Beobachtungszeitraum erfordern. Außerdem besagt ein Grundprinzip ökologischer Analyse, daß Organismengemeinschaften sich an die minimalen, nicht die durchschnittlichen Lebensbedingungen ihres Habitats anpassen. Eine Formulierung dieses Prinzips ist als Liebigs *Gesetz des Minimums* bekannt. Sie lautet, daß Wachstum durch die minimale Verfügbarkeit jedes notwendigen Faktors, nicht durch den Überfluß aller notwendigen Faktoren begrenzt ist. Ein Kurzzeitbeobachter menschlicher Ökosysteme sieht aber wahrscheinlich durchschnittliche, nicht extreme Bedingungen und übersieht daher die einschränkenden Faktoren.

Dennoch gibt es heute viele Belege dafür, daß die Nahrungsproduktion in vorindustriellen Gesellschaften oft nur ein Drittel von dem beträgt, was mit der gegebenen Technologie bei voller Ausnutzung der maximalen Tragfähigkeit der Umwelt erzielt werden könnte (Sahlins 1972). Um diese »Unterproduktion« zu verstehen, müssen wir zwischen der Überschreitung der maximalen Tragfähigkeit und der Überschreitung des *Punktes abnehmender Ertragszuwächse* Graphik 4.1) unterscheiden. Wenn die maximale Tragfähigkeit überschritten ist, nimmt die Produktion aufgrund irreversibler Schäden des Ökosystems ab. Die Erschöpfung der Böden ist beispielsweise eine Folge des Überschreitens der maximalen Tragfähigkeit. Wird aber der Punkt abnehmender Ertragszuwächse überschritten, kann die Produktion auf gleichem Niveau gehalten werden oder sogar weiter steigen, obwohl infolge der zunehmenden Knappheit oder Erschöpfung eines oder mehrerer Umweltfaktoren pro Leistungseinheit weniger produziert wird. Die derzeitige Lage der weltweiten Meeresfischerei ist ein gutes Beispiel für das Überschreiten des Punktes abnehmender Ertragszuwächse. Seit 1970 hat der Ertrag pro Leistungseinheit beinahe um die Hälfte abgenommen, obwohl der Gesamtumfang der Fischfangerträge gleich geblieben ist (L. Brown 1978). Ähnlich ist die Situation in der Weltlandwirtschaft und bei der Öl- und Gasgewinnung (s.u.).

Graphik 4.1 Beziehung zwischen der maximalen Tragfähigkeit und dem Punkt abnehmender Ertragszuwächse

Die Produktion steigt selbst nach Überschreiten des Punktes abnehmender Ertragszuwächse weiter an. Die Produktion kann aber nicht weiter ansteigen, wenn die maximale Tragfähigkeit erreicht ist.

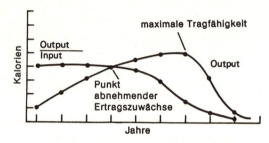

Nur wenn Menschen gewissen Formen politischen Drucks ausgesetzt sind, werden sie versuchen, das Output-Input-Verhältnis unterhalb des Punktes abnehmender Ertragszuwäche zu halten, indem sie ihre Bemühungen, die Produktion auszuweiten, begrenzen; niemand arbeitet freiwillig mehr für weniger. Lange bevor die maximale Tragfähigkeit erreicht ist, können Menschen deshalb die Notwendigkeit sehen, eingefahrene Verhaltensweisen zu ändern und kulturelle Innovationen einzuleiten.

Expansion, Intensivierung und technologischer Wandel

Bei gleichbleibender Technologie kann die Produktion dadurch gesteigert werden, daß man eine größere Zahl von Menschen oder die gleiche Zahl von Menschen länger bzw. schneller arbeiten läßt. Wenn die Steigerung des Inputs ohne eine Ausdehnung des Gebiets, in dem die Nahrungsproduktion stattfindet, erfolgt, spricht man von *Intensivierung*. Wenn aber das Gebiet, in dem die Nahrungsproduktion stattfindet, proportional dazu vergrößert wird, so daß der Input pro Hektar oder Quadratkilometer der gleiche bleibt, dann wird das System nicht intensiviert, sondern es *expandiert* oder wächst.

Da alle Produktionsweisen (im Grunde jegliche Form von Aktivität) von begrenzten Ressourcen abhängig sind, kann eine Expansion nicht endlos erfolgen. Früher oder später wird jede weitere Produktionssteigerung auf Intensivierung zurückgreifen müssen. Und jede Intensivierung muß mehr oder weniger rasch zum Punkt abnehmender Ertragszuwächse und zum Rückgang an Effizienz führen, weil nicht ersetzbare Ressourcen erschöpft werden. Behält man die Intensivierung auch weiterhin bei, wird die Produktion früher oder später zusammenbrechen und auf Null absinken.

Die Konstanthaltung der Technologie ist jedoch eine wichtige Bedingung in diesem Szenarium. In menschlichen Ökosystemen stellt aber gerade die Veränderung der Technologie eine übliche Reaktion auf abnehmende Ertragszuwächse dar. Deshalb werden Jäger und Sammler, wie die Arbeit von Esther Baserup (1965) zeigt, wenn sie ihre Umwelt erschöpft und den Punkt abnehmender Ertragszuwächse überschritten haben, wahrscheinlich zu einer agrarischen Produktionsweise übergehen; wenn Gruppen, die Brandrodung praktizieren, diesen Punkt überschreiten, werden sie wahrscheinlich zur Kultivierung permanenter Felder übergehen und Tierdünger verwenden; und wenn Regelfeldbauern, die immer die gleichen Felder bestellen, ihre Böden erschöpfen, werden sie wahrscheinlich zum Bewässerungsfeldbau übergehen. Auch der Übergang von vorindustriellen zu industriellen und petrochemischen Formen der Landwirtschaft kann als eine Reaktion auf Bodenerschöpfung und abnehmende Erträge pro Leistungseinheit betrachtet werden (Harris 1977).

Wildbeuterische Ökologie

Die !Kung-San* sind eine Wildbeutergruppe, die im südlichen Afrika im Grenzgebiet zwischen Botswana und Namibia in der Kalahari-Wüste lebt (Lee 1979). Wie die meisten Jäger und Sammler ziehen die !Kung auf der Suche nach Wasser, Wild und wildwachsenden Nahrungspflanzen von einem Lager zum anderen. Sie errichten nur temporäre Hütten und verfügen über ein Minimum an dinglichem Besitz. Doch sind sie gut ernährt und erreichen ein relativ hohes Alter. Wie bei den meisten Wildbeutern sind die Män-

---

* Das ! steht für einen im Deutschen nicht gebräuchlichen Laut, der als Schnalzlaut bezeichnet wird.

ner auf die Jagd, die Frauen aber aufs Sammeln spezialisiert, obwohl Frauen
gelegentlich auch kleine Tiere ins Lager zurückbringen und Männern beim
Tragen schwerer Lasten, wie großer Mengen gesammelter Nüsse, helfen.

Die Zahl der Bewohner eines !Kung-Lagers variiert zwischen 23 und 40,
durchschnittlich leben 31 Menschen (20 Erwachsene und 11 Kinder) in
einem Lager zusammen. Nach Richard Lees Berechnungen, die sich auf einen
Untersuchungszeitraum von vier Wochen beziehen, verbringen 20 Erwachsene durchschnittlich 2,4 Tage pro Woche mit Jagen und Sammeln. An
jedem beliebigen Tag schwankt die Zahl derer, die auf die Jagd oder zum Sammeln gehen, zwischen null und sechzehn.

Ungefähr 60 Prozent der von einer Lagergemeinschaft verbrauchten Kalorien werden durch die Sammeltätigkeit der Frauen bereitgestellt. Frauen legen
dabei weite Wege zurück. Sie gehen täglich ungefähr drei bis 18 Kilometer,
das macht etwa 2250 Kilometer im Jahr. Von einem durchschnittlichen Sam-
melausflug bringt jede Frau 10 bis 30 Pfund Nüsse, Beeren, Früchte, Blattge-
müse und Wurzeln ins Lager zurück. Doch ist die Zusammensetzung der
vegetabilischen Kost je nach Jahreszeit verschieden.

Männer gehen durchschnittlich nur jeden dritten oder vierten Tag auf die
Jagd, und ihre Jagderfolgsrate liegt bei nur ungefähr 23 Prozent. Die Jagd stellt
also für die !Kung keine sichere Energiequelle dar. Für jede Kalorie (über den
Grundstoffwechsel hinaus), die auf die Jagd verwandt wird, werden nur etwa
drei Kalorien in Form von Fleisch gewonnen. Fleischliche Nahrung liefert
nur ungefähr 19 Prozent der durchschnittlich verbrauchten Gesamtzahl von
etwa 2355 Kalorien pro Person und Tag. Nüsse und vegetabilische Kost liefern die restlichen 81 Prozent. Vor allem eine Nuß, die Mongongo-Nuß,
deckt etwa 70 Prozent des Kalorien- und gleichzeitig einen Großteil des Pro-
teinbedarfs der !Kung.

Untersuchungen bei den !Kung und anderen Wildbeutergruppen, die ihre
Lebensweise bis heute erhalten haben, haben die Vorstellung zerstört, das
Jäger- und Sammlerdasein verurteile die Menschen, die nur durch ständigen
Arbeitseinsatz dem Hungertod entgehen, zu einer harten und armseligen Existenz. Ungefähr zehn Prozent der !Kung sind über 60 Jahre alt (im Vergleich
zu fünf Prozent in Agrarländern wie Brasilien und Indien) und befinden sich,
wie medizinische Untersuchungen ergaben, bei guter Gesundheit. Gemessen
an der großen Fleischmenge und anderen Proteinquellen ihrer Nahrung, an
ihrer guten körperlichen Verfassung und ihrer reichlich verfügbaren Freizeit
haben die !Kung-San einen hohen Lebensstandard. Das liegt darin begründet, daß ihre Bevölkerungszahl im Verhältnis zu den von ihnen ausgebeuteten Ressourcen gering ist. Pro Quadratkilometer beträgt die Bevölkerungsdichte weniger als eine Person, und die Produktionsleistung bleibt ohne

nennenswerte Intensivierung (mit Ausnahme der letzten Jahre, in denen die
!Kung dem Druck viehzüchtender Nachbargruppen ausgesetzt waren) weit
unterhalb der maximalen Tragfähigkeit.

Theorie der optimalen Nahrungssuche

Trotz ihres geringen Nahrungsproduktionsniveaus verschmähen Jäger und
Sammler viele in ihrem Habitat vorkommenden eßbaren Tier- und Pflanzenarten, selbst wenn sie ihnen auf der Suche nach Nahrung begegnen. Zum Beispiel essen die !Kung-San nur 80 der 262 ihnen bekannten Tierarten (Lee
1979: 226). Auch Tiere, die ähnlich wie Wildbeuter auf der Suche nach Nahrung umherschweifen müssen, sind wählerisch.

Zur Erklärung dieses Selektionsverhaltens haben Ökologen eine Reihe von
Prinzipien entwickelt, die als *Theorie der optimalen Nahrungssuche* bekannt
geworden sind (Kasten 4.1). Diese Theorie geht davon aus, daß Jäger und
Sammler nur die Tiere jagen und die Pflanzen einsammeln, die — gemessen
an der für die Nahrungssuche aufgewandten Zeit — eine maximale Kalorienertragsrate erbringen. Zumindest eine Pflanzen- und Tierart wird immer
akzeptiert, nämlich die mit der höchsten Kalorienertragsrate pro Arbeitsstunde (d.h. der fürs Jagen, Töten, Sammeln, Nachhausetragen, Vorbereiten
und Kochen aufgewandten Zeit). Jäger und Sammler werden auf der Nahrungssuche eine zweite, dritte oder vierte Pflanzen- oder Tierart nur dann
akzeptieren, wenn sie damit die im Rahmen ihres Gesamtaufwands erzielte
Kalorienertragsrate steigern können (Charnov 1976; Smith 1983). Natürlich
messen sie nicht, wie viele Kalorien sie gewinnen oder verbrauchen. Durch
wiederholten Versuch und Irrtum wissen sie aber ziemlich genau, wann es
sich lohnt, eine bestimmte Nahrung mit nach Hause zu nehmen. (Wenn
Löwen und Wölfe dieses Selektionsverhalten entwickeln können, können es
auch Menschen!)

Kasten 4.1 Eine intuitive Erklärung der Theorie der optimalen Nahrungssuche

Stellen Sie sich einmal vor, Sie befänden sich in einem Wald, in dem es Bäume
gäbe, an deren höchstem Zweig jeweils ein Ein-Dollar-Schein, und Bäume, an
denen jeweils ein Zwanzig-Dollar-Schein befestigt wäre. Sollten Sie jeden Geld-
baum, an dem Sie vorbeikommen, oder nur die Zwanzig-Dollar-Bäume hinauf-
klettern? Gibt es viele Geldbäume, wäre es falsch, auf die Ein-Dollar-Bäume zu
klettern. Andererseits, ganz gleich wie wenig Zwanzig-Dollar-Bäume es gibt, Sie
würden sich niemals die Gelegenheit entgehen lassen hinaufzuklettern, wenn Sie
einen fänden.

Zur Verdeutlichung wollen wir einmal annehmen, daß es in einem bestimmten Wald nur drei Tierarten gibt: Wildschweine, Ameisenbären und Fledermäuse. Wir wollen weiter annehmen, daß ein Jäger, der den Wald absucht, damit rechnen kann, in vier Stunden einem Wildschwein zu begegnen, daß es zwei Stunden dauert, das Wildschwein zu jagen, zu töten und zuzubereiten, und daß es einen Ertrag von 20 000 Kalorien einbringt. Wenn das Jagen, Töten und Zubereiten eines Ameisenbärs auch zwei Stunden kostet, aber nur einen Ertrag von 10 000 Kalorien abwirft, wird dann der Jäger, wenn er einen Ameisenbär aufspürt, diesen jagen oder wird er auf ein Wildschwein hoffen? Wenn ein Jäger sich in vier Stunden Nahrungssuche ausschließlich auf die Wildschweinjagd konzentriert, wird er folgende Kalorienertragsrate erzielen:

$$\frac{20\,000 \text{ Kalorien}}{4 \text{ Std.} + 2 \text{ Std.}} = \frac{20\,000}{6}$$

$$= \frac{3\,333 \text{ Kalorien}}{1 \text{ St.}}$$

Macht er außerdem noch Jagd auf einen Ameisenbär, ergibt sich folgende Ertragsrate:

$$\frac{20\,000 + 10\,000 \text{ Kalorien}}{4 \text{ Std.} + 2 \text{ Std.} + 2 \text{ Std.}} = \frac{30\,000}{8}$$

$$= \frac{3\,750 \text{ Kalorien}}{1 \text{ St.}}$$

Es sollte also Ameisenbären nicht verachten, denn 3 750 ist mehr als 3 333. Wie steht es nun mit Fledermäusen? Angenommen, das Jagen, Töten und Zubereiten von Fledermäusen dauert auch zwei Stunden, wirft aber nur einen Ertrag von 500 Kalorien ab, wird er sich dann die Mühe machen, eine Fledermaus zu jagen?

$$\frac{20\,000 + 10\,000 + 500 \text{ Kalorien}}{4 \text{ Std.} + 2 \text{ Std.} + 2 \text{ Std.} + 2 \text{ Std.}} = \frac{30\,500}{10}$$

$$= \frac{3\,050}{1 \text{ Std.}}$$

Wenn er auf eine Fledermaus Jagd machte, statt nach einem Ameisenbär oder einem Wildschwein Ausschau zu halten, würde er »Energie verschwenden«, denn 3 750 ist mehr als 3 050.

Die Theorie der optimalen Nahrungssuche lautet also, mit anderen Worten, daß Wildbeuter nur so lange ihrer Kost weitere Bestandteile hinzufügen, solange jeder neue Bestandteil den Gesamtertrag ihrer Nahrungssuche erhöht (oder nicht vermindert). Diese Vorhersage ist vor allem im Hinblick auf die Frage interessant, wie der Überfluß an einer Nahrungsart – zum Beispiel einer Insektenart – ihre Position auf der Liste optimaler Nahrung beeinflußt. Eßbare Dinge, die die Gesamtrate des Kalorienertrags senken, werden – ganz gleich, in welchem Überfluß sie vorhanden sein mögen – nicht auf die Kostliste gesetzt. Lediglich die verfügbare Menge höher bewerteter Nahrung beeinflußt den Umfang der Liste: Wenn höher bewertete Nahrung knapp wird, werden zuvor verschmähte Dinge auf die Liste gesetzt. Denn da für das Auffinden höher bewerteter Nahrung mehr Zeit aufgewendet werden muß, sinkt die durchschnittliche Ertragsrate für die ganze Liste, so daß es keine Energieverschwendung mehr ist, auch Tierarten zu jagen und Vegetabilien zu sammeln, die eine geringere Kalorienertragsrate besitzen.

Kristen Hawkes und ihre Mitarbeiter untersuchten die tatsächliche Kalorienertragsrate bei den Aché-Indianern in Ostparaguay und stellten fest, daß während der Jagdexpeditionen nur 16 Tier- und Pflanzenarten gejagt bzw. eingesammelt wurden (Hawkes, Hill und O'Connell 1982). Die durchschnittliche Ertragsrate nach Auffinden der 16 Nahrungsressourcen reichte von 65 000 Kalorien pro Stunde bei Halsbandpekaris bis 946 Kalorien pro Stunde bei einer Palmfruchtart. Obwohl jeder Nahrungsbestandteil im Hinblick auf seinen Kalorienertrag pro Stunde immer weniger abwarf, half er, die Effizienz des Nahrungssystems bei den Aché insgesamt zu steigern. Würden die Aché beispielsweise nur die ertragreichsten beiden Arten – Halsbandpekaris und Rotwild – jagen, läge der Gesamtertrag ihrer Nahrungssuche bei nur 148 Kalorien pro Stunde, da die Jäger diesen Arten nur selten begegnen. Werden aber die an dritter und vierter Stelle rangierenden Tiere – Nagetiere und Nasenbären – hinzugenommen, steigt der Gesamtertrag der Nahrungssuche auf 405 Kalorien pro Stunde an. Mit der Hinzunahme der verbleibenden, weniger wertvollen Arten steigt die Gesamtertragsrate in immer kleineren Mengen weiter an. Die Kostliste endet bei einer Palmfruchtart, die 946 Kalorien in der Stunde erbringt. Vermutlich nehmen die Aché weitere Arten in ihren Speiseplan nicht auf, weil sie durch Versuch und Irrtum herausgefunden haben, daß es keine gibt, die nicht das Gesamtergebnis ihrer Nahrungssuche (ungefähr 872 Kalorien in der Stunde für alle 16 Arten) verringern würde.

Die Theorie der optimalen Nahrungssuche liefert daher eine Erklärung für ein Verhalten, das sonst als unverständliche Indifferenz vieler Gesellschaften gegenüber Tausenden, in ihrem Lebensraum vorkommenden eßbaren Pflanzen und Tieren erschiene. Außerdem kann sie, ausgehend von Fluktuationen in der verfügbaren Menge der effizienteren Nahrungsquellen, Voraussagen bezüglich der in der Vergangenheit wie in der Zukunft möglichen Veränderungen im Nahrungsplan von Jägern und Sammlern treffen. Wenn beispielsweise Halsbandpekaris und Rotwild in immer größerer Zahl zur Verfügung stünden, würden die Aché es bald als Energieverschwendung empfinden, Palmfrüchte zu sammeln und Palmlarven zu essen. Würden sie jenem Wild bei der Jagd schließlich so oft begegnen, daß die Jagd auf andere Tiere die Gesamtertragsrate senken würde, dann würden sie nur noch Rotwild und Halsbandpekaris jagen. Oder umgekehrt: Wenn die Zahl des Rotwildes und der Halsbandpekaris immer mehr abnähme, würden die Aché dieses Wild niemals verschmähen, wenn sie ihm begegneten; sie empfänden es auch nicht mehr als Verschwendung, Nahrungsquellen — einschließlich bestimmter Insektenarten — zu nutzen, die sie jetzt ignorieren.

Die Theorie der optimalen Nahrungssuche hilft erklären, warum Menschen mit knappem Speiseplan dennoch die in ihrer Umwelt vorhandenen Insekten und Erdwürmer verschmähen. Nicht das häufige oder seltene Vorkommen einer Nahrungsquelle gibt daher den Ausschlag, ob diese in den Nahrungsplan aufgenommen wird, sondern ihr Beitrag zur Gesamteffizienz der Nahrungsgewinnung. Hier ist jedoch ein Wort der Vorsicht geboten: Man sollte nicht schlußfolgern, daß Energieeffizienz der einzige, den Nahrungsplan von Jägern und Sammlern bestimmende Faktor ist. Auch viele andere Faktoren wie die Protein-, Fett-, Mineralien- und Vitaminzusammensetzung der Nahrung können zur Bevorzugung bestimmter Arten beitragen. Doch ist Energieeffizienz immer wichtig und derjenige Faktor, der von Ethnologen bisher mit dem größten Erfolg gemessen wurde.

Das Nahrungsenergiesystem bei Brandrodungsfeldbau

Roy Rappaport (1968, 1984) hat das Nahrungsenergiesystem der Tsembaga Maring, eines an den nördlichen Hängen des zentralen Hochlands von Neuguinea in halbpermanenten Dörfern lebenden Klans, sehr genau erforscht. Die etwa 204 Menschen zählenden Tsembaga pflanzen Taro, Yams, Süßkartoffeln, Maniok, Zuckerrohr und verschiedene andere Feldfrüchte in kleinen Gärten an, die sie mit Hilfe der Brandrodungsmethode säubern und düngen. Der Brandrodungsfeldbau stellt eine effizientere Methode zur Deckung des Kalorienbedarfs als das Jagen und Sammeln dar, denn mit dieser Methode erzielt man für jede Kalorie Input 18 Kalorien Output. Auf diese Weise gelingt es den Tsembaga, ihren Kalorienbedarf mit einem bemerkenswert kleinen Aufwand an Arbeitszeit zu decken – nur 380 Stunden werden pro Jahr und Nahrungsproduzent auf den Anbau der Feldfrüchte verwandt. Gleichzeitig können die Tsembaga beinahe zehnmal mehr Menschen als die !Kung ernähren und in permanenten Häusern leben (es sei denn, sie befinden sich infolge von kriegerischen Auseinandersetzungen gerade auf der Flucht).

Das Ökosystem der Tsembaga und anderer tropischer Brandrodungsfeldbauern unterliegt jedoch zwei umweltbedingten Einschränkungen. Erstens stellt sich das Problem der Regeneration des Waldes. Infolge heftiger, den Boden auslaugender Regenfälle und infolge der Insekten- und Unkrautplage sinkt die Produktivität der Brandrodungsfelder nach zwei- bis dreijähriger Nutzung rapide ab, so daß, um eine merkliche Reduktion der Arbeitseffizienz und des Ertrags zu vermeiden, neues Land gerodet werden muß (Clarke 1976; Janzen 1973). Optimale Produktivität erreicht man, wenn bereits Sekundärwald nachgewachsen ist, der in den Gärten abgebrannt werden kann. Werden die Gärten aber angelegt, solange der Sekundärbewuchs noch gering ist, entsteht beim Abbrennen nur eine geringe Menge an Holzaschedünger. Haben die Bäume andererseits schon ihre maximale Größe erreicht, sind sie sehr schwer zu fällen. Die optimale Regeneration dauert – je nach Bodenbeschaffenheit und Klima – etwa zehn bis zwanzig Jahre und länger.

Langfristig verbrauchen deshalb Brandrodungsökosysteme eine beträchtliche Menge an Wald pro Kopf der Bevölkerung, aber nur fünf Prozent des Gesamtanbaugebiets werden jährlich tatsächlich bebaut (Boserup 1965: 31). Die Tsembaga beispielsweise bepflanzen alljährlich nur ungefähr 170 km^2 Land, obwohl etwa 3 500 km^2 ihres Territoriums einmal Felder waren. Das ist ungefähr die Waldfläche, die die Tsembaga unter der Bedingung benötigen, daß sie ihre Bevölkerungszahl von etwa 200 Menschen konstant halten und alle zwanzig Jahre Sekundärwald zur Anlegung ihrer Gärten abbrennen. Nach Rappaports Schätzungen hätten die Tsembaga genügend Waldflächen, um weitere 84 Menschen zu ernähren, ohne das Regenerationsvermögen des Waldes dauerhaft zu beeinträchtigen. Doch ein Großteil dieses Landes liegt für die von ihnen gezogenen Feldfrüchte ober- oder unterhalb des optimalen Höhenniveaus und würde deshalb, wenn es genutzt würde, wahrscheinlich die Effizienz verringern. Alle Brandrodungsfeldbau treibenden Gruppen haben das Schreckgespenst vor Augen, irgendwann »ihren Wald aufzuessen« (Condominas 1957), indem sie die Brachzeit so weit verkürzen, daß Gräser und Unkraut die Bäume verdrängen. Das ist zumindest anderen Gruppen auf Neuguinea, die nicht allzu weit von den Tsembaga entfernt leben (Sorenson 1972; Sorenson und Kenmore 1977), passiert. Dennoch gibt es Situationen, wie im Regenwald des Amazonasgebiets, in denen große, unberührte Waldreserven erhalten bleiben und die Bevölkerungsdichte so gering ist, daß der Vorrat an abbrennbaren Bäumen nicht der für die maximale Tragfähigkeit oder den Punkt abnehmender Ertragszuwächse bestimmende Faktor ist.

Das Problem der tierischen Nahrung

Ein anderes Problem im Zusammenhang mit dem tropischen Brandrodungs-feldbau ist die Dezimierung des Wildtierbestandes. Dieses Problem ist vor allem dort akut, wo die Hauptanbaupflanzen wie im Falle von Süßkartoffeln, Kochbananen, Yams, Maniok und Taro wenig Protein enthalten. Natürliche tropische Waldökosysteme bringen eine große Menge *pflanzlicher* Biomasse, aber nur wenig *tierische* Biomasse pro Hektar hervor, wenn man sie etwa mit Savannen- oder Meeresökosystemen vergleicht (Richards 1973). Tiere, die im tropischen Regenwald beheimatet sind, sind gewöhnlich klein und leben ver-steckt auf den Bäumen. Wenn die menschliche Bevölkerungsdichte steigt, nimmt die Zahl dieser Tiere sehr schnell ab, und sie sind nur noch schwer auf-zufinden. Die gesamte tierische Biomasse — also das Gewicht aller Spinnen, Insekten, Würmer, Schlangen, Säuger usw. — beträgt im amazonischen Regenwald 45 Kilo pro Hektar im Vergleich zu 304 Kilo in der trockenen ostafrikanischen Dornbuschsteppe. In der ostafrikanischen Graslandsavanne findet man sogar 627 Kilo an großen Pflanzenfressern pro Hektar, was die Summe der großen und kleinen Tiere pro Hektar im Amazonasgebiet bei weitem übertrifft (Fittkau und Klinge 1973: 8). Obwohl eine ausgewogene und in ausreichenden Mengen verzehrte pflanzliche Kost genügend Proteine enthält, ist Fleisch der effizienteste Aminosäurelieferant unserer Nahrung. Deshalb sind einige Wissenschaftler der Meinung, daß die Verfügbarkeit tierischer Proteine einer der wichtigsten, das Wachstum der Brandrodungs-energiesysteme einschränkenden Faktoren ist (Gross 1975, 1981; Harris 1984).

Welche ökologischen und ernährungsbedingten Gründe es aus etischer Perspektive auch immer geben mag, es besteht kein Zweifel daran, daß die Tsembaga, wie praktisch alle menschlichen Gruppen, tierisches Protein und Fett, besonders in Form von fettem Fleisch, sehr schätzen (Vegetarier, die kein Fleisch essen, schätzen tierisches Proteiein und Fett gewöhnlich in Form von Milch und Joghurt). Die Tsembaga, deren Bevölkerungsdichte 67 Perso-nen pro 2,5 km^2 (im Vergleich zu weniger als einer Person pro 2,5 km^2 bei den !Kung-San) beträgt, haben die auf ihrem Territorium lebenden Wildtiere so gut wie ausgerottet.

Die von den Tsembaga pro Tag verzehrte Menge an Fleisch liegt zwischen 28 und 0 Gramm. Früchte und Vegetabilien machen — in Gewicht ausgedrückt — ungefähr 99 Prozent der verzehrten Nahrungsmenge aus. In diesen Zahlen sind jedoch die manchmal beträchtlichen Mengen an Fleisch, die die Tsembaga bei besonderen festlichen Gelegenheiten verspeisen, nicht enthalten (Rappaport 1984: 448).

Doch haben die Tsembaga den Mangel an Wildtieren mit einem Haustier ausgeglichen — dem Schwein. Die Schweine der Tsembaga suchen tagsüber im Wald selbst nach Nahrung, kehren aber gegen Abend nach Hause zurück und werden dann mit Süßkartoffeln und Speiseabfällen gefüttert. Durchschnittlich wiegt ein Schwein bei den Tsembaga genauso viel wie ein Mensch, und Rappaport schätzt, daß die Schweine beinahe ebenso viele Feldfrüchte wie die Menschen konsumieren. Wenn die Schweineherde der Tsembaga ihr Maximum erreicht hat, wendet man beinahe ebenso viel Zeit und Energie für die Ernährung der Schweine wie für die Ernährung der Menschen auf. Wie viele Gruppen auf Neuguinea lassen auch die Tsembaga ihre Schweineherde jahrelang anwachsen und schlachten die Tiere nur aus zeremoniellem Anlaß (Watson 1977). Wenn der für die Schweinehaltung erforderliche Einsatz zu hoch wird, veranstaltet man ein Schweinefest, wodurch der Schweinebestand stark reduziert wird. Dieses Fest mag mit dem Wiederaufforstungszyklus der Gärten und der Krieg-und-Friedens-Regelung zwischen den Tsembaga und ihren Nachbargruppen in Zusammenhang stehen (Morren 1984: 173).

Bewässerungsfeldbau

Unter günstigen Bedingungen erzielt der Bewässungsfeldbau mehr Kalorien pro Kalorie Energieaufwand als alle anderen vorindustriellen Nahrungsproduktionsweisen. Und Jahrtausende lang haben darin die Chinesen alle anderen Bewässerungsfeldbauern übertroffen.

In vorkommunistischer Zeit haben die Anthropologen Fei Hsiao-t'ung und Chang chih-I (1947) eine detaillierte Untersuchung zum Verhältnis von Arbeitseinsatz und Ernteerträgen im Dorf Luts'un, Provinz Yunnan, durchgeführt. Für jede Kalorie Energieaufwand in den Feldern wurde ein Output von 50 Kalorien erzielt. Hauptanbaupflanzen waren Reis, der 75 % der Gesamternte ausmachte, Sojabohnen, Mais, Maniok und Kartoffeln. Aufgrund der hohen Produktivität ihrer Landwirtschaft erzielten die 700 Bewohner des Dorfes Luts'un fünfmal mehr Nahrung, als sie selbst verbrauchten. Was geschah nun mit dem *Überschuß*? Er ging vom Dorf in die Klein- und Großstädte; ein Teil wurde über die Märkte und mit Geld gegen nichtagrarische Güter und Dienstleistungen eingetauscht; ein Teil wurde für Steuern der Lokal-, Provinz- und Zentralregierung aufgebracht; ein Teil wurde als Pachtzins benötigt; und einen Teil brauchte man, um viele Kinder ernähren und eine hohe Bevölkerungswachstumsrate aufrechterhalten zu können.

Die hohe Bevölkerungsdichte in bestimmten Teilen Chinas und anderer Bewässerungsfeldbau treibender Gesellschaften ergibt sich aus der Tatsache, daß man, wenn man die auf die Felder geleitete Wassermenge erhöht, mehr Arbeit in die Produktion investieren kann, ohne das Output-Input-Verhältnis wesentlich zu verringern. Statt also das arbeitssparende Potential ihrer Technologie zur Verringerung der Arbeitszeit zu nutzen, entscheiden sich Bewässerungsfeldbauern für die Intensivierung ihres Arbeitseinsatzes und die Steigerung ihrer Erträge. (Warum sie das tun, wird in Kapitel 5 behandelt.)

Energie und Hirtennomadismus

Pflanzen wandeln ungefähr 0,4 Prozent des photosynthetisch aktiven Sonnenlichts in vom Menschen verwertbare Nahrung um. Wenn man diese Pflanzen nun an Tiere verfüttert und dann das Fleisch ißt, gehen ungefähr 90 Prozent der in den Pflanzen verfügbaren Energie verloren (National Research Council 1974). Dieser mit der Verarbeitung pflanzlicher Nahrung durch domestizierte Tiere verbundene Verlust an Effizienz erklärt die relative Seltenheit von Kulturen, deren Nahrungsproduktionsweise der *Hirtennomadismus* ist. Als Vollnomaden bezeichnete Gruppen widmen sich ganz der Viehzucht und ergänzen ihre Nahrung nicht durch Jagen und Sammeln oder den Anbau von Feldfrüchten. Hirtennomaden leben charakterischerweise in Trockensavannen und Steppengebieten, in denen die Niederschlagsmenge zu gering oder zu unregelmäßig für Regenfeldbau ist und die, weil sie zu hoch oder von größeren Flußtälern zu weit entfernt gelegen sind, auch nicht bewässert werden können. Aufgrund ihrer Spezialisierung auf Viehzucht können Hirtennomaden mit ihren Herden weite Strecken zurücklegen und so jeweils das beste verfügbare Weideland nutzen.

Nomadengruppen müssen jedoch ihre aus Milch, Käse, Blut und Fleisch (das aber immer nur einen verschwindend kleinen Teil der täglichen Ernährung ausmacht) bestehende Nahrung durch pflanzliche Kost ergänzen. Die Produktivität der Viehzucht allein reicht nicht aus, eine große Bevölkerung zu ernähren. Getreide wird gewöhnlich von agrarischen Nachbargruppen eingehandelt, die an Häuten, Käse, Milch und anderen tierischen Produkten interessiert sind, die sich in agrarischen Systemen immer dann als knapp erweisen, wenn große Bevölkerungen ernährt werden sollen. Viehzüchter versuchen oft, ihre Verhandlungsposition durch Überfälle auf seßhafte Dorfbewohner und den Raub ihrer Ernteerträge zu verbessern. Meistens kommen sie sogar ungestraft davon, da sie aufgrund ihres Besitzes solcher Tiere wie Kamele und Pferde über große Mobilität und militärische Schlagkraft verfügen. Derartige immer wieder erfolgreich durchgeführte Raubüberfälle können die bäuerliche Bevölkerung dazu zwingen, die Viehzüchter als ihre Herren anzuerkennen. In der Geschichte der alten Welt ist es relativ kleinen Gruppen von Hirtennomaden — die Mongolen und Araber sind die bekanntesten Beispiele — wiederholt gelungen, Kontrolle über große, auf Bewässerungsfeldbau basierende Zivilisationen zu gewinnen. Diese Eroberungen führten jedoch zwangsläufig dazu, daß die Eroberer, wenn sie versuchten, die unter ihre Kontrolle gelangten großen Bevölkerungen zu ernähren, vom bäuerlichen Produktionssystem absorbiert wurden (Khazanov 1984; Lattimore 1962; Lees und Bates 1974; Salzmann 1971).

Energie und Kulturentwicklung

Nach Leslie White (1949: 368 f.) folgt die Kulturentwicklung einem Grundgesetz: »Unter der Voraussetzung, daß andere Faktoren konstant bleiben, entwickelt sich eine Kultur, wenn die pro Jahr zur Verfügung stehende Energiemenge oder die Effizienz der Mittel zur Energienutzung zunimmt«. Wie Tabelle 4.1 zeigt, scheint der erste Teil dieses Gesetzes durch den Pro-Kopf-Ertrag des chinesischen Bewässerungsfeldbaus und den Pro-Kopf-Ertrag der !Kung und Tsembaga gestützt zu werden.

Tabelle 4.1 Landwirtschaftlich gewonnene Energiemenge pro Kopf der Bevölkerung

	Kalorien-gesamtertrag (in tausend)	Bevölkerung	Karlorien-Pro-Kopf-Ertrag (in tausend)
!Kung	23 400	35	670
Tsembaga	150 000	204	735
Luts'un	3 790 000	700	5 411

Der zweite Teil des White'schen Gesetzes ist nicht so eindeutig. Berücksichtigt man lediglich den Einsatz menschlicher Arbeitskraft, dann läßt sich tatsächlich eine Zunahme des Output-Input-Verhältnisses von 11 bei den !Kung über 18 bei den Tsembaga auf 54 bei den Bewohnern von Luts'un feststellen (Harris 1971: 204 ff.). In diesen Zahlen ist aber weder die Energie enthalten, die die Tsembaga beim Anlegen ihrer Gärten zum Verbrennen der Bäume nutzen, noch die Energiemenge, die sie zur Umwandlung von vegeta-

bilischer Nahrung in Schweinefleisch »verschwenden«. Noch enthalten die
Zahlen für Luts'un die durch das Mahlen und Kochen von Reis entstehenden
beträchtlichen Energiekosten. Timothy Bayliss-Smith (1977) gelang bei einer
Überprüfung des White'schen Gesetzes der Nachweis, daß Südsee-Gemein-
den, die bestimmte Aspekte der modernen Industrieproduktion übernommen haben, zwar viel mehr Nahrungsenergie pro Kopf der Bevölkerung produzieren, daß aber ihre Effizienz keinen deutlichen Aufwärtstrend erkennen
läßt. Setzt man den Gesamtenergieeinsatz und -ertrag der Nahrungsproduktion in vollentwickelten Industriegesellschaften in Relation, zeigt sich bei der
Effizienz der Energienutzung ein Trend, der dem White'schen Gesetz sogar
widerspricht.

Industrielle Nahrungsenergiesysteme

Da bei der industriell betriebenen Landwirtschaft die Höhe des indirekt in die
Nahrungsproduktion investierten Arbeitseinsatzes die des direkten Arbeits-
einsatzes übersteigt, ist es nicht leicht, das Output-Input-Verhältnis zu ver-
anschlagen. Zum Beispiel investiert ein Maisbauer in Iowa neun Stunden
Arbei pro Morgen Land, was einen Ertrag von 81 Scheffel Mais mit einem
Energieäquivalent von 8 164 800 Kalorien abwirft (Pimentel u.a. 1973). Rein
nominell ist das ein Verhältnis von 5 000 Kalorien Output zu einer Kalorie
Input! Doch ist diese Zahl äußerst irreführend. Denn erstens werden in den
USA drei Viertel des landwirtschaftlich genutzten Bodens für den Anbau von
Viehfutter genutzt, was die vom Menschen verbrauchten Kalorien um 90 bis
95 Prozent reduziert. Tatsächlich würden die in den USA für Viehhaltung
verbrauchten Nahrungskalorien ausreichen, um 1,3 Milliarden Menschen zu
ernähren (Cloud 1973). Und zweitens stecken in den Traktoren, Lastwagen,
Mähdreschern, in Öl und Gas, den Pestiziden, Herbiziden und Düngemitteln, die der Maisbauer in Iowa benutzt, enorme Mengen an menschlicher
Arbeitskraft.

Ein mißverstandener Aspekt industrieller Nahrungsenergiesysteme ist der
Unterschied zwischen höheren Ernteerträgen pro Morgen Land und dem
Energieinput/-output-Verhältnis. Als Folge immer intensiverer, auf genetisch
verbesserten Pflanzenarten und einer höheren Dosierung chemischer Düngemittel und Pestizide basierenden Produktionsformen haben die Ernteerträge
pro Morgen Land stetig zugenommen (N. Jensen 1978). Diese Steigerung
wurde aber nur durch die ständige Erhöhung der Brennstoffenergiemenge für
jede produzierte Nahrungsenergiekalorie möglich. In den USA werden alljährlich 15 Tonnen Maschinerie, 83,6 Liter Benzin, 20,3 Pfund Düngemittel

und 2 Pfund chemischer Insektizide und Pestizide pro Morgen Land investiert. Das ist ein Aufwand von 2 890 000 Kalorien nicht aus Nahrung stammender Energie pro Morgen Land und Jahr (Pimentel u.a. 1975). Dieser Aufwand ist seit Beginn dieses Jahrhunderts kontinuierlich gestiegen. Vor 1910 bezog man noch mehr Kalorien aus der Landwirtschaft, als man in sie investierte. 1970 brauchte man jedoch bereits 8 Kalorien in Form fossiler Brennstoffe, um 1 Kalorie an Nahrung zu gewinnen. Heute werden enorme Energiemengen allein zur Verarbeitung und Verpackung von Lebensmitteln aufgewendet (s. Kasten 4.1). Wenn die Menschen in Indien das US-amerikanische Nahrungsenergiesystem übernähmen, müßten sie ihre gesamte Energiemenge allein auf die Landwirtschaft verwenden (Steinhart und Steinhart 1974). Mit den Worten Howard Odums (1970: 15):

»Eine ganze Generation von Menschen glaubte, die maximale Tragfähigkeit der Erde stehe im Verhältnis zum Umfang des kultivierten Bodens und man habe heutzutage eine höhere Effizienz in der Nutzung der Sonnenenergie erreicht. Das ist ein trauriger Irrtum, denn der industrialisierte Mensch ißt nicht mehr mit Hilfe von Sonnenenergie produzierte Kartoffeln, sondern Kartoffeln, die mit Hilfe von Öl produziert sind.«

Zusammenfassung

Die vergleichende Untersuchung der Produktionsweisen erfordert die Analyse quantitativer und qualitativer Aspekte sowohl der Energiegewinnung als auch der ökologischen Verhältnisse. In vorindustriellen Energiesystemen besteht der größte Teil der Energie aus Nahrungsenergie. Die Technik der Energiegewinnung kann nicht beliebig verändert werden. Sie ist das Ergebnis aufeinanderfolgender Phasen technischer Kompetenz, in denen die Beherrschung bestimmter Werkzeuge und Maschinen die Beherrschung früherer Werkzeuge zur Voraussetzung hat. Infolge des technologischen Fortschritts stieg die pro Kopf verfügbare Energie stetig an. Doch gibt es nie eine Technik an sich, denn Technik steht immer in einem ganz spezifischen Verhältnis zu einer spezifischen Umwelt. Eine Technik, die die natürliche Umwelt beherrscht oder kontrolliert, gibt es nicht. Selbst in den entwickeltsten industriellen Ökosystemen bürdet die Erschöpfung und Vergiftung des Habitats der Energiegewinnung und dem Energieverbrauch unvermeidbare Kosten auf. Die Interaktion von Technik und Umwelt bestimmt die maximale Tragfähigkeit, die die obere Produktionsgrenze und deshalb die obere Grenze der ohne Erschöpfung und dauerhafte Schädigung der Umwelt möglichen Bevölkerungsdichte bildet.

Kasten 4.1 Energieeinsatz zur Verpackung und Verarbeitung industriell hergestellter Nahrungsmittel

Zur Herstellung verschiedener Verpackungsarten aufgewandte Energie	
Verpackungsart	kcal
Obstkorb aus Holz	69
Styroporschale (Größe 6)	215
geformte Papierschale (Größe 6)	384
Polyethylenbeutel (455 g)	559
Weißblechdosen mit Aluminiumdeckel (250 g)	568
kleiner Papierbehälter	722
Weißblechdose mit Weißblechdeckel (455 g)	1 006
Glasgefäß (455 g)	1 023
Coca-Cola-Einwegflasche (455 g)	1 471
Aluminiumverpackung bei Aufwärmgerichten	1 496
Aluminiumdose mit Aufreißlasche (350 g)	1 643
Plastikmilchflasche, Einwegflasche (2 l)	2 159
Coca-Cola-Mehrwegflasche (455 g)	2 451
Polyethylenflasche (1 l)	2 494
Polypropylenflasche (1 l)	2 752
Milchgefäß aus Glas, Mehrweggefäß (2 l)	4 455
Energieeinsatz zur Verarbeitung verschiedener Produkte	
Produkt	kcal/kg
Pulverkaffee	18 948
Schokolade	18 591
Frühstücksflocken	15 675
Rübenzucker (bei 17%igem Zuckeranteil der Rüben)	5 660
Dehydrierte Nahrungsmittel (gefriergetrocknet)	3 542
Rohrzucker (bei 20%igem Zuckeranteil des Rohrs)	3 380
Früchte und Gemüse (tiefgefroren)	1 815
Fisch (tiefgefroren)	1 815
Backwaren	1 485
Fleisch	1 206
Eiskrem	880
Früchte und Gemüse (in Dosen)	575
Mehl (Mischen des Mehls eingeschlossen)	484
Milch	354
Quelle: Pimentel und Pimentel 1985: 38–39.	

Wird die maximale Tragfähigkeit überschritten, so sinkt die Produktion rapide ab. Die Tatsache aber, daß ein Energiesystem zwei Drittel unterhalb der maximalen Tragfähigkeit funktioniert, bedeutet nicht, daß es in diesem

System keine ökologischen Zwänge gäbe. Energiesysteme haben die Tendenz, bereits vor Erreichen des Punktes abnehmender Ertragszuwächse, des Punktes also, an dem das Output-Input-Verhältnis bei konstanter Technik zu fallen beginnt, nicht mehr zu wachsen. Man muß auch zwischen wachstums- und intensivierungsbedingten Auswirkungen unterscheiden. Wachstum kann lange weitergehen, ohne eine Verringerung des Output-Input-Verhältnisses zur Folge zu haben. Intensivierung aber, die als höherer Input in einem festgelegten Gebiet definiert ist, kann zu kritischer Erschöpfung und abnehmenden Ertragszuwächsen führen und der maximalen Tragfähigkeit des Habitats irreversible Schäden zufügen. Für alle Faktoren eines Ökosystems gilt Liebigs Gesetz, daß nicht Durchschnittswerte, sondern Extreme der maximalen Tragfähigkeit Grenzen setzen.

Eine verbreitete menschlich-kulturelle Reaktion auf abnehmende Effizienz infolge von Intensivierung besteht darin, die Technologie zu ändern und damit neue Produktionsweisen einzuführen.

Während des ganzen Paläolithikums, d.h. während mehr als 90 Prozent der Menschheitsgeschichte, bildete Jagen und Sammeln die einzige Form der Nahrungsgewinnung. Wie das Beispiel der !Kung-San zeigt, genießen Wildbeuter, obwohl ihre Output-Input-Effizienz vor allem bei der von den Männern dominierten Jagd gering ist, einen hohen Lebensstandard, weil sie ihre Bevölkerungsdichte gering halten und Intensivierung vermeiden. Bei der Auswahl der Tier- und Pflanzenarten, die Jäger und Sammler als Nahrung nutzen, spielt die Energieeffizienz eine wichtige Rolle. Gemäß der Theorie der optimalen Nahrungssuche jagen und sammeln Wildbeuter nur die Arten, die die Effizienz ihrer Nahrungssuche insgesamt erhöhen bzw. nicht verringern. Zwar decken Brandrodungsfeldbauern wie die Tsembaga Maring ihren Kalorienbedarf auf effizientere Weise als die !Kung-San, doch haben sie den Wildtierbestand ihres Habitats ausgerottet und sind deshalb, was tierische Proteine und Fette betrifft, auf die kostspielige Schweinehaltung angewiesen. Die Bewohner von Luts'un dagegen erwirtschaften aufgrund ihres Bewässerungsfeldbaus einen großen Überschuß. Doch trotz ihres hohen Output-Input-Verhältnisses investieren sie mehr Arbeitszeit als die !Kung und Tsembaga in die Nahrungsgewinnung.

Der Hirtennomadismus stellt eine weitere, wenn auch seltene vorindustrielle Nahrungsproduktionsweise dar, die jedoch nur in landwirtschaftlich nicht nutzbaren Gebieten praktiziert wird. Der Grund hierfür ist, daß sich die Effizienz der Umwandlung von Sonnenlicht in menschliche Nahrung um 90 Prozent verringert, wenn man pflanzliche Kost an domestizierte Tiere verfüttert, statt sie direkt selbst zu sich zu nehmen.

Wie Leslie White voraussagte, ist mit der Entwicklung der Kulturen die pro Kopf zur Verfügung stehende Energiemenge ständig gestiegen. Auch die Enegieeffizienz ist, wenn man allein den Ertrag des menschlichen Arbeitseinsatzes mißt, größer geworden. Nimmt man aber in die Berechnung der Effizienz auch andere Energiequellen als menschliche Kalorien auf, dann haben die Fortschritte in der Technologie zu einer Verringerung der Nahrungsproduktionseffizienz geführt — ein Sachverhalt, der sich an den enormen, für industrielle Landwirtschaftssysteme typischen Energiesätzen erkennen läßt.

5 Reproduktion

Dieses Kapitel schließt die einführende Untersuchung der Infrastruktur ab. Es behandelt den Zusammenhang zwischen Produktion und Reproduktion unter Berücksichtigung der Kosten und des Nutzens der Kinderaufzucht sowie die kulturspezifischen Praktiken zur Anhebung und Senkung der Bevölkerungswachstumsrate.

Die Beziehung zwischen Produktion und Reproduktion

Reproduktion ist eine Form der Produktion — »produziert« werden neue Menschen. Unter optimalen Bedingungen können Frauen in den Jahren ihrer Fruchtbarkeit (also ungefähr im Alter von 15 bis 45 Jahren) 20 bis 25 Kinder gebären. In allen Gesellschaften haben die Frauen im Durchschnitt jedoch sehr viel weniger Kinder. Den Rekord mit 8,97 Kindern pro Frau halten die Hutterer, eine in Westkanada lebende Sektengemeinschaft (Lang und Göhlen 1985). Wenn alle Kinder, die geboren werden, das reproduktionsfähige Alter erreichten, dürfte jede Frau nicht mehr als zwei Kinder bekommen, damit die Bevölkerung nicht wächst (bei konstanter Sterbeziffer). Selbst geringe Wachstumsraten können innerhalb weniger Generationen ein enormes Bevölkerungswachstum zur Folge haben. Die !Kung haben zum Beispiel eine Bevölkerungswachstumsrate von 0,5 Prozent im Jahr. Wenn es vor 10 000 Jahren auf der Welt eine aus zwei Personen bestehende Bevölkerung gegeben hätte und wenn diese Bevölkerung mit einer Rate von 0,5 Prozent im Jahr gewachsen wäre, dann würde die Weltbevölkerung heute 604 436 000 000 000 000 000 000 Menschen umfassen. Ein solches Wachstum hat jedoch nicht stattgefunden, weil — aufgrund des Zusammenwirkens verschiedener kultureller und natürlicher Faktoren — die Reproduktion innerhalb der von den Produktionssystemen gesetzten Grenzen gehalten wurde.

Die Frage, welche Beziehung zwischen Produktion und Reproduktion besteht, wird äußerst kontrovers diskutiert. Anhänger der Theorie von Thomas Malthus, dem Begründer der wissenschaftlichen Demographie (d.h. der

Wissenschaft, die sich mit Bevölkerungsphänomenen befaßt), waren lange
Zeit der Auffassung, das Bevölkerungsniveau sei durch die Menge der produzierten Nahrungsmittel determiniert. Dieser Theorie zufolge werde eine
Bevölkerung stets bis zu der durch die Produktion gesetzten Grenze — und
zwar schneller als jede denkbare Produktivitätssteigerung — wachsen. Aus diesem Grund sei ein großer Teil der Menschheit zu ständiger Armut, zu Hunger
und Elend verdammt. Da aber viele vorindustrielle Gesellschaften ihr Produktionsniveau um einiges unterhalb der maximalen Tragfähigkeit halten
(s. Kap. 4), muß die Theorie von Malthus zumindest in dieser einen Hinsicht
falsch sein. Außerdem ist es möglich, seine Theorie umzukehren und die
Menge der produzierten Nahrung als durch das Niveau des Bevölkerungswachstums determiniert aufzufassen. Aus dieser Sicht, die Esther Boserup
(s. S. 89) mit Verve vertritt, steigt die Nahrungsproduktion tendenziell auf das
durch das Bevölkerungswachstum erzwungene Niveau an. Wächst die
Bevölkerung, wird die Produktion intensiviert, und es entwickeln sich neue
Produktionsweisen, um der gesteigerten Nachfrage nach Nahrung gerecht zu
werden.

Im Lichte moderner ethnologischer Forschung scheint die Auffassung,
daß Produktion und Reproduktion in ihrem Einfluß auf den Verlauf der
soziokulturellen Entwicklung gleich wichtig seien und daß beide gleichermaßen aufeinander einwirken, die zutreffendste zu sein. Reproduktion erzeugt
Bevölkerungsdruck (d.h. physiologische und psychologische Kosten wie Unterernährung und Krankheit), der zur Produktionsintensivierung, zu abnehmenden Ertragszuwächsen und zur Erschöpfung der Ressourcen führt. Außerdem
kann ein solcher Druck bereits ohne Bevölkerungswachstum entstehen, wenn
der Lebensstandard niedrig ist und die Mittel zur Konstanthaltung der Bevölkerung hohe Kosten verursachen (zum Beispiel im Falle von Kindestötung
und Abtreibung — s.u.). Während also die Produktion dem Bevölkerungswachstum Grenzen setzt, schafft der Bevölkerungsdruck die Motivation zur
Überwindung dieser Grenzen.

Bevölkerungsdruck führt daher ein Element der Instabilität in alle menschlichen Kulturen ein. Oft steht diese Instabilität mit natürlichen (manchmal
als »Perturbationen« bezeichneten) Instabilitätsursachen wie Veränderungen
der Meeresströmungen oder dem Vordringen bzw. dem Rückzug der Konti-
nentalgletscher in Wechselwirkung, was weitreichende Veränderungen der
Produktionsweisen zur Folge hat.

Vielleicht erklärt diese Kombination von natürlichem und kulturellem
Druck den Übergang von paläolithischen zu neolithischen Produktionsweisen. Die im späten Paläolithikum lebenden Wildbeutergruppen waren von
der Jagd großer Wildtiere wie dem Pferd, Ren, Mammut, Bison und Wildrind

abhängig geworden. Vor ungefähr 12 000 Jahren traten jedoch entscheidende klimatische Veränderungen ein und markierten das Ende der letzten kontinentalen Eiszeit. In der Folge begannen Wälder die grasbedeckten Ebenen, auf denen das Großwild weidete, zu verdrängen. Als die Herden kleiner wurden, reagierten die Jäger auf den entstehenden Bevölkerungsdruck mit der Intensivierung ihrer Jagdanstrengungen. Infolge des Zusammenwirkens von »Overkill« (übermäßiger Jagd) und Klimaveränderungen starben viele Großwildtierarten in der Alten und Neuen Welt aus (Martin 1984). Doch dieses Aussterben und Ausrotten der Jagdtiere war Voraussetzung für die Entwicklung neuer, auf Pflanzenbau und Viehzucht basierender Produktionsweisen (Mark Cohen 1975, 1977). Wie wir noch sehen werden (Kap. 9), spielte der Bevölkerungsdruck wahrscheinlich auch eine wichtige Rolle bei der Entwicklung kriegerischen Verhaltens, bei der Staatenbildung (Kap. 10) und bei der Entstehung der Industriegesellschaft.

Kosten und Nutzen der Kinderaufzucht

»Bevölkerungsdruck« impliziert, daß Paare empfindlich auf die mit dem Reproduktionsprozeß verbundenen Vor- und Nachteile, die Kosten und den Nutzen der Kinderaufzucht reagieren. Die Kosten der Kinderaufzucht umfassen die während der Schwangerschaft zusätzlich konsumierte Nahrung, den durch die Schwangerschaft bedingten Arbeitsausfall, die Ausgaben für die Bereitstellung von Muttermilch und anderer Nahrung im Säuglingsalter und in der frühen Kindheit, die Belastung durch das Tragen der Kinder von einem Ort zum anderen und − in komplexen Gesellschaften − die Ausgaben für Kleidung, Wohnung, medizinische Versorgung und Erziehung. Außerdem stellt der Geburtsvorgang selbst eine Gefahr dar und bedroht oft das Leben der Mutter.

Zum Nutzen der Reproduktion zählt der Beitrag, den Kinder zur Nahrungsproduktion, zum Familieneinkommen generell sowie zum Wohl und zur wirtschaftlichen Sicherheit ihrer Eltern leisten. Oft werden Kinder auch wegen ihrer Bedeutung beim Heiratstausch und bei Intergruppenallianzen (s. S. 165 und S. 169) geschätzt. In vielen Kulturen tauschen Gruppen nämlich Söhne und Töchter aus, um Ehemänner und Ehefrauen zu erhalten. Dieser Tausch dient der Allianzbildung zum besseren Schutz vor Angreifern. Denn wo chronisch kriegerische Auseinandersetzungen stattfinden, sind größere Gruppen sicherer als kleine, da sie sowohl über mehr Allianzen als auch über eine größere militärische Stärke verfügen. All das soll selbstverständlich nicht heißen, daß Menschen ihre Kinder nicht einfach gern haben.

Menschen mögen ebenso wie andere Primaten eine genetisch bedingte Neigung haben, sich emotional zu Säuglingen hingezogen zu fühlen und es befriedigend zu finden, sie auf dem Arm zu tragen, sie zu liebkosen und ihnen beim Spielen und Lernen zuzusehen und behilflich zu sein. Wenn Kinder älter werden, mag auch die Achtung und Liebe, die sie für ihre Eltern empfinden, ein wesentlicher Aspekt ihrer Wertschätzung sein. Dieser vielleicht angeborene Hang zu Säuglingen und Kindern kann jedoch von der Kultur so stark modifiziert werden, daß es den meisten Menschen möglich ist, weniger Kinder zu haben als sie biologisch zu produzieren in der Lage wären, und daß andere — Mönche, Priester, Nonnen oder die heutigen »Yuppies« zum Beispiel — sogar ganz auf sie verzichten.

Jüngste Forschungsergebnisse lassen erkennen, daß die Zahl der Kinder und der zeitliche Abstand zwischen den Geburten zum großen Teil dadurch bestimmt sind, in welchem Maße jedes weitere Kind einem durchschnittlichen Elternpaar mehr Nutzen als Kosten verursacht (Caldwell 1982; Harris und Ross 1986; Nardi 1983). Zum Beispiel wird die Zahl der Kinder bei Wildbeutern durch den Umstand eingeschränkt, daß Mütter ihre Säuglinge auf den Sammelausflügen Tausende von Kilometern im Jahr tragen müssen. Damit sie nicht zwei Kinder gleichzeitig tragen müssen, versuchen deshalb, wie Richard Lee berichtet, !Kung-San-Mütter zu vermeiden, daß ein Kind zu schnell auf das andere folgt. Der Nutzen weiterer Kinder wird bei Jägern und Sammlern des weiteren dadurch reduziert, daß Wildpflanzen und -tiere leicht ausgerottet werden können. Wenn die Größe der Horden zunimmt, nimmt die pro Kopf gewonnene Nahrung tendenziell ab, da Jäger und Sammler den Bestand an Wildpflanzen und -tieren, die ihnen zur Nahrung dienen, nicht erweitern können. Schließlich tragen Kinder in Wildbeutergesellschaften erst relativ spät zur Nahrungsgewinnung bei, konsumieren also lange Zeit mehr, als sie produzieren. Aus all diesen Gründen steigt die Bevölkerungsdichte bei Jägern und Sammlern selten auf mehr als eine Person pro Quadratmeile an. Sofern man die Situation heutiger Wildbeuter überhaupt auf prähistorische Zeiten übertragen kann, muß der *Homo sapiens* während des Paläolithikums eine ziemlich seltene Erscheinung gewesen sein. Vielleicht gab es damals auf der ganzen Welt nur sechs Millionen Menschen (Hassan 1978: 78; Dumond 1975), doch sicherlich nicht mehr als 15 Millionen (Mark Cohen 1977: 54) — im Vergleich zu den vier Milliarden von heute. Ob man nun die höhere oder die niedrigere Schätzung zugrundelegt, es besteht kein Zweifel daran, daß die menschliche Bevölkerung über Zehntausende von Jahren nur sehr langsam anwuchs (s. Tabelle 5.1).

Mit der Entstehung des Bodenbaus und der Viehzucht verschob sich die Kosten-Nutzen-Bilanz der Reproduktion zu Gunsten einer größeren Kinder-

Tabelle 5.1 Wachstumsrate der menschlichen Bevölkerung

Zeit	Weltbevölkerung am Ende der Zeitperiode	Jährliche Wachstumsrate in dieser Zeit in %
Paläolithikum	5 000 000	0,0015
Mesolithikum	8 500 000	0,0330
Neolithikum	75 000 000	0,1000
Antike Hochkulturen	225 000 000	0,5000

Quelle: Hassan 1978; Spengler 1974.

zahl. Kinder mußten nicht mehr über große Strecken getragen werden; sie konnten bereits in einem frühen Alter nützliche wirtschaftliche Aufgaben übernehmen; und da man die Reproduktionsrate sowohl der kultivierten Pflanzen als auch der domestizierten Tiere kontrollieren konnte, konnte man – ohne eine Verringerung der Pro-Kopf-Erträge – ein beträchtliches Maß an Intensivierung und folglich an Bevölkerungswachstum erzielen. In vielen agrarischen Gesellschaften beginnen Kinder nach dem Abstillen sehr schnell, »sich bezahlt zu machen«. Sie tragen zur Produktion ihrer Nahrung, Kleidung und Wohnung bei und beginnen unter günstigen Bedingungen bereits im Alter von sechs Jahren Überschüsse zu erwirtschaften, die über ihre eigenen Subsistenzbedürfnisse hinausgehen. Weitere Geburten beschleunigen diesen Prozeß, da ältere Geschwister und andere Kinder einen Großteil der Kosten für die Pflege und Betreuung der jüngeren Kinder tragen müssen.

Es gibt zahlreiche Versuche, den wirtschaftlichen Wert von Kindern in heutigen ländlichen Gemeinden zu messen. Benjamin White (1976) konnte für das dörfliche Java zeigen, daß 12- bis 14jährige Jungen 33, 9- bis 11jährige Mädchen 38 Arbeitsstunden pro Woche zur Wirtschaft beitragen. Insgesamt macht der Beitrag der Kinder etwa die Hälfte der von Haushaltsmitgliedern geleistete Arbeit aus. Ein großer Teil der Arbeit besteht im Herstellen von handwerklichen Dingen, im Kleinhandel und in der Zubereitung verschiedener Speisen zum Verkauf. Ähnliche Ergebnisse liegen von Nepal vor (Nag u.a. 1978).

Die Kosten der Kinder sind schwerer zu messen. White zeigt aber, daß javanische Kinder die meiste mit der Pflege und Aufzucht ihrer Geschwister verbundene Arbeit selbst erledigen und es so den Müttern ermöglichen, Arbeiten auszuführen, die zum Einkommen der Familie beitragen. Hinsichtlich des Einkommens stellen jedenfalls im ländlichen Java größere Haushalte effizientere Einheiten dar, weil ein geringerer Teil der Gesamtarbeitszeit für den Unterhalt erforderlich ist. Unter diesen Bedingungen scheint es »eine völlig angemessene Reaktion zu sein«, wie White (1982: 605) folgert, daß Frauen fünf Kinder zur Welt bringen, von denen vier überleben. (Dennoch ist es eine Reaktion, die zu einem alarmierenden Bevölkerungswachstum von zwei Prozent in Java geführt hat.)

Meade Cain (1977: 225) hat die Kosten wie den Nutzen männlicher Kinder in einem Dorf im ländlichen Bangladesh zahlenmäßig bestimmt. Er kommt zu folgendem Ergebnis:

»Spätestens im Alter von 12 Jahren werden männliche Kinder Nettoproduzenten. Außerdem arbeiten sie bereits im Alter von 15 Jahren genug Stunden mit genügend hoher Produktivitätsrate, um für die von ihnen in der Zeit ihrer Abhängigkeit verursachten Kosten aufzukommen. Im allgemeinen ... erzielen ... Eltern daher mit männlichen Kindern in der Zeit, in der diese dem elterlichen Haushalt unterstehen, einen wirtschaftlichen Gewinn.«

Im Gegensatz zu der landläufigen Vorstellung, die Menschen in den weniger entwickelten Ländern hätten eine große Kinderschar, weil sie keine empfängnisverhütenden Mittel kennen, spricht vieles dafür, daß viele Kinder und große Haushalte — kurzfristig betrachtet — nicht einen niedrigeren, sondern einen höheren Lebensstandard bedeuten. Dorfbewohner im Pandschab erklärten auf die Frage, warum sie sich nicht an einem Programm zur Familienplanung beteiligen wollten: »Warum 2 500 Rupien für eine zusätzliche Arbeitskraft bezahlen? Warum nicht einen Sohn haben?« (Mandami 1973: 77).

Mit der Zunahme städtischer, industrieller, technischer und Büroarbeitsplätze läßt sich der Nettogewinn der Kinderaufzucht dadurch steigern, daß man in weniger, aber besser ausgebildete Kinder investiert. In Rampur, einem in der Nähe der indischen Hauptstand Neu Delhi gelegenen Dorf, nahm die Zahl der Kinder pro Frau ab, als die Arbeitsmöglichkeiten außerhalb des Dorfes zunahmen (Das Gupta 1978). Traktoren, Bohrbrunnen und Pumpen reduzierten den Bedarf an Kinderarbeit. Außerdem wollten Eltern, daß ihre Kinder eine bessere Schulbildung erhielten, damit sie für höherqualifizierte Jobs in Neu Delhi in Frage kämen. In einer ähnlichen Situation auf Sri Lanka (Tilakaratne 1978) ziehen Arbeitgeber mittlerweile erwachsene Lohnarbeiter männlichen Kindern vor, die, weil sie zur Schule gehen, nur halbtags arbeiten können. Bürotätigkeiten, für die Kinder nicht geeignet sind, weil ihnen die notwendigen Fähigkeiten im Schreiben und Rechnen fehlen, nehmen zahlenmäßig zu. Selbst Familien, denen Handarbeiter vorstehen, haben den Wunsch, ihren Kindern eine bessere Schulbildung zu ermöglichen, damit sie einmal eine angesehene Bürotätigkeit ausüben können. Das Ideal ist heute, einen gebildeten Mann oder eine gebildete Frau in guter Stellung zu heiraten. Dieses Ideal wird aber nur erreicht, wenn man den Zeitpunkt der Eheschließung hinausschiebt, was die Kinderzahl pro Frau verringert.

In indischen, in der Nähe der Stadt Bangalore gelegenen Dörfern waren drei Faktoren für den gegen Kinderarbeit wirkenden Trend verantwortlich: 1. Es hatte eine Aufsplitterung des Grundbesitzes stattgefunden, der nun zu klein war, um weitere Kinder in der Landwirtschaft zu beschäftigen. 2. Es waren neue Beschäftigungsmöglichkeiten außerhalb der Landwirtschaft entstanden, die die Fähigkeit zu rechnen, zu lesen und zu schreiben voraussetzten. 3. In den Dörfern waren Schulen errichtet bzw. die Ausbildungsmöglichkeiten verbessert worden (Caldwell u.a. 1983). Auch im Dorf Manupur im Pandschab stellten Nag und Kak (1984) einen starken zahlenmäßigen Anstieg der Empfängnisverhütung praktizierenden Ehepaare und eine starke Abnahme der für wünschenswert erachteten Zahl der Söhne fest. Diese Veränderungen waren Folge einer veränderten Produktionsweise, mit der ein geringerer Bedarf an Kinderarbeit verbunden war. Die Verkürzung oder der Ausfall der Brachzeit bewirkte, daß es im Dorf kein Weideland mehr gab und kleine Jungen sich nicht mehr als Rinderhirten nützlich machen konnten. Weil es keine Rinder mehr gab und man in stärkerem Maße chemische Brennstoffe und Düngemittel benützte, entfiel die Aufgabe der Kinder, Kuhdung als Dünger und Brennstoff zu sammeln (s. S. 309). Mit der Einführung industriell hergestellter Herbizide werden Kinder auch nicht mehr zum Unkrautjäten gebraucht. Außerdem ist der Anteil der im Industrie-, Handels- und Verwaltungssektor Beschäftigten stark gestiegen. Infolge der Mechanisierung der Landwirtschaft, der intensiveren Inanspruchnahme von Krediten und der Notwendigkeit, Kontobücher zu führen, sind Eltern in Manupur heute eifrig darauf bedacht, den Bildungshorizont ihrer Kinder zu erweitern. Die Zahl der Schüler, die eine höhere Schule besuchen, ist bei den Jungen von 63 auf 81 Prozent und bei den Mädchen von 29 auf 63 Prozent gestiegen. Heutzutage haben Eltern den Wunsch, daß wenigstens einer ihrer Söhne eine Bürotätigkeit ausübt, damit die Familie nicht ganz von der Landwirtschaft abhängig ist. Und viele Eltern möchten, daß ihre Söhne und Töchter eine Hochschule besuchen.

Die industrielle Reproduktionsweise

Ähnliche Veränderungen hinsichtlich des Kosten-Nutzen-Verhältnisses der Kinderaufzucht liegen auch dem demographischen »Wandel« zugrunde, der sich im 19. Jahrhundert in Europa, den Vereinigten Staaten und Japan vollzog. Dieser Wandel war mit einer sinkenden Geburtenziffer, einer sinkenden Sterbeziffer und einer Verlangsamung des Bevölkerungswachstums verbunden (Kasten 5.1 definiert einige wichtige demographische Begriffe).

Kasten 5.1 Einige Grundbegriffe der Demographie

Allgemeine Geburtenziffer — Zahl der Lebendgeborenen pro tausend Einwohner in einem Jahr.
Allgemeine Sterbeziffer — Anzahl der Todesfälle pro tausend Einwohner in einem Jahr.
Allgemeine Fruchtbarkeitsziffer — Zahl der Lebendgeborenen pro tausend Frauen im gebärfähigen Alter (von 15 bis 45 Jahren) in einem Jahr.
Gesamtfruchtbarkeitsziffer — durchschnittliche Kinderzahl der Frauen nach Abschluß des reproduktionsfähigen Alters.
Fruchtbarkeit — physiologische Fähigkeit, ein lebendes Kind zu zeugen bzw. zu gebären.
Sterblichkeit — Tod als Faktor der Bevölkerungsstabilität oder -bewegung.

Mit der Industrialisierung — vor allem nach der Einführung der Kinderarbeitsgesetze und der allgemeinen Schulpflicht — stiegen die Kosten der Kinderaufzucht sprunghaft an. Es dauerte länger, sich die zum Erwerb des Lebensunterhalts notwendigen Fähigkeiten anzueignen. Entsprechend dauerte es auch länger, bis Eltern ökonomischen Nutzen aus ihren Kindern ziehen konnten. Gleichzeitig veränderte sich die gesamte Arbeitsstruktur. Arbeit wurde nicht mehr von Familienmitgliedern auf einem Bauernhof oder in einem Laden verrichtet, der der Familie gehörte, vielmehr verdiente man seinen Lohn als Einzelperson in Fabriken und Büros. Die Familie konsumierte nur noch gemeinsam; das einzige, was sie noch produzierte, waren Kinder. Der Nutzen der Kinderaufzucht hing mehr und mehr von der Bereitschaft der Kinder ab, den alten Eltern in medizinischen und finanziellen Krisen zur Seite zu stehen. Längere Lebenszeiten und steigende Arztkosten aber lassen es Eltern immer unrealistischer erscheinen, derartige Hilfe von ihren Kindern zu erwarten. Die Industrienationen waren daher gezwungen, das vorindustrielle System, in dem die Kinder für ihre alten Eltern sorgten, durch ein System der Alters- und Krankenversicherung sowie der Altenheime zu ersetzen. In vielen Industriegesellschaften liegt die Fruchtbarkeitsziffer heute weit unter den für den Bestand der Gesellschaft erforderlichen 2,1 Kindern pro Frau, weil es notwendig geworden ist, zwei Verdiener in der Familie zu haben, um den Lebensstandard der Mittelklasse halten zu können. Solange diese Situation fortbesteht, werden mehr und mehr Männer und Frauen sich für nur ein oder gar kein Kind entscheiden und immer mehr Menschen wahrscheinlich die traditionellen Formen der Familie, des sexuellen und emotionellen Zusammenlebens als zu teuer empfinden. Wir werden auf die Analyse der sich wandelnden Geschlechtsrollen und Familienorganisation in den USA in Kapitel 16 noch einmal zurückkommen.

Methoden der Bevölkerungskontrolle

Wie wir gesehen haben, weist — entgegen der Malthusschen Auffassung — vieles darauf hin, daß vorindustrielle Kulturen die Größe ihrer Familien reguliert haben, um die Kosten der Reproduktion zu minimieren und den Nutzen zu maximieren. Wie hat man das in einer Zeit bewerkstelligt, in der man keine Kondome, Diaphragmas, Pillen, Spermizide und kein Wissen über den weiblichen Ovulationszyklus besaß? Man wandte vier Arten von Praktiken an, die eine Regulierung des Bevölkerungswachstums bewirken: 1. Behandlung des Fetus, der Säuglinge und Kinder; 2. Behandlung der Mädchen und Frauen (und in geringerem Umfang der Jungen und Männer); 3. Intensität des Stillens und Dauer der Stillzeit; 4. Änderung der Häufigkeit des koitalen Geschlechtsverkehrs.

Behandlung des Fetus und der Kinder

Ein häufig angewandtes Mittel, die Reproduktionskosten gering zu halten, stellt die Mißhandlung des Fetus, des Neugeborenen und des Kleinkindes dar. Zwischen dem einen Pol, den das Bemühen kennzeichnet, den Tod des Fetus (Abtreibung), des Neugeborenen und des Kindes zu vermeiden, und dem anderen, den Versuchen, den Tod aktiv herbeizuführen, gibt es feine Abstufungen. Zur vollen Unterstützung der Entwicklung des Fetus gehören eine gute Ernährung schwangerer Frauen und eine Verringerung ihrer Arbeitslast (MacCormack 1982: 8). Indirekte Abtreibung beginnt deshalb bereits bei schwerer Arbeitsbelastung und unzureichender Ernährung der Schwangeren. Direkte Abtreibungsmethoden schließen Hungerdiäten für Schwangere ein, doch führt man auch oft einen Schwangerschaftsabbruch dadurch herbei, daß man den Bauch einer Schwangeren mit Riemen eng einschnürt, auf ihren Bauch springt oder ihr toxische Substanzen verabreicht. Bei einer Untersuchung, die 350 vorindustrielle Gesellschaften berücksichtigte, stellte George Devereux (1967: 98) fest, daß direkte Abtreibung ein »absolut universelles Phänomen« war.

Ebenso weit verbreitet wie Abtreibung sind einige Formen der Kindestötung. Wieder gibt es eine feine Abstufung zwischen indirekten und direkten Methoden. Zur vollen Unterstützung des Lebens eines Neugeborenen gehören eine ausreichende Ernährung, damit es rasch an Gewicht zunimmt, und der Schutz vor extremen Temperaturen, vor Verletzungen, Verbrennungen und anderen Unfällen. Indirekte Kindestötung beginnt deshalb bei unzureichender Ernährung, gleichgültiger Behandlung und Vernachlässigung — vor allem wenn der Säugling krank wird. Direkte Formen der Kindestötung schließen den mehr oder weniger schnellen Hungertod, Dehydrierung, Aussetzen oder Ersticken der Neugeborenen oder Schläge auf den Kopf des Kindes ein (S. Scrimshaw 1983). Oft gibt es keine scharfe Trennung zwischen Abtreibung und Kindestötung. Die Yanoama (s. S. 219) führen zum Beispiel im sechsten oder siebten Schwangerschaftsmonat künstliche Wehen herbei und töten den Fetus, wenn er nach der Expulsion Lebenszeichen von sich gibt. Ganz ähnlich gibt es oft keine klare Unterscheidung zwischen Säuglingstötung und der direkten oder indirekten Tötung unerwünschter Zwei-oder Dreijähriger durch Nahrungsentzug oder Vernachlässigung im Krankheitsfalle. In diesem Zusammenhang muß jedoch darauf hingewiesen werden, daß in vielen Kulturen Kinder bis zur Durchführung bestimmter Zeremonien wie der Namengebung und des ersten Haarschnitts nicht als Menschen betrachtet werden. Die Tötung Neugeborener und kleiner Kinder *nach* der Durchführung dieser Zeremonien ist äußerst selten (Minturn und Stashak 1982). Aus emischer Sicht werden Kindestötungen deshalb nicht als Mord aufgefaßt.

Behandlung der Frauen

Die Behandlung der Frauen kann den Beginn wie das Ende der Gebärfähigkeit und die Gesamtzahl der Kinder beeinflussen, die eine Frau bekommen kann. Frauen, die an Mangelernährung leiden, sind nicht so fruchtbar wie Frauen, deren Ernährung ausreichend ist, obwohl beträchtliche Uneinigkeit darüber besteht, wie stark die Entbehrungen sein müssen, damit sich ein signifikanter Rückgang der Fruchtbarkeit feststellen läßt. Bekannt ist, daß starker Nahrungsentzug (im Sinne von Hungern) die Fruchtbarkeit um 50 Prozent reduzieren kann (Bongaarts 1980: 568). Rose Frisch (1984: 184) vertritt jedoch die Meinung, zehn bis fünfzehn Prozent Gewichtsverlust reichten zur Verzögerung der Menarche und zur Unterbrechung des Menstruationszyklus aus. Diese Kontroverse bezieht sich aber nur auf die Auswirkung von Mangelernährung auf die Fruchtbarkeit. Die Auswirkungen schlechter Ernährung auf Mutter, Fetus und Kleinkind sind dagegen bekannt. Schlechte Ernährung während der Schwangerschaft erhöht das Risiko einer zu frühen Geburt und eines zu geringen Geburtsgewichts — beide Faktoren erhöhen die fetale und infantile Mortalität; schlechte Ernährung der Mutter vermindert außerdem sowohl die Quantität als auch die Qualität der Muttermilch und verringert so weiter die Überlebenschancen des Kindes (Hamilton u.a. 1984: 388). Frauen, die schwanger werden und immer wieder ihrem ausgemergelten Körper die Produktion von Muttermilch abverlangen, weisen auch eine erhöhte Sterblichkeitsrate auf (Frederick und Adelstein 1984). Alle diese ernährungsbedingten Auswirkungen variieren in Wechselwirkung mit dem auf schwangeren und stillenden Frauen lastenden psychischen und körperlichen Druck. Die Lebenserwartung der Frauen kann außerdem durch die verschiedenen, mit dem allgemeinen Ernährungszustand interagierenden Abtreibungsmethoden beeinflußt sein.

Extreme Mangelernährung und physische wie psychische Belastungen können durch eine Verminderung der Libido (des Geschlechtstriebs) und der Samenflüssigkeit auch die Zeugungsfähigkeit des Mannes beeinflussen (s. Kasten 5.1). Da aber die Anzahl der Samenzellen sehr viel größer ist als die der Eizellen und außerdem die Gebär- und Stillfähigkeit der Frauen beschränkt ist, kommt bei der Regulierung der Reproduktion der Behandlung der Frauen im Vergleich zu der der Männer eine bei weitem größere Bedeutung zu. Hohe Krankheits- und Sterblichkeitsraten bei Männern lassen sich leicht durch den weitverbreiteten Brauch der Polygynie (s. S. 154) und die Tatsache ausgleichen, daß ein Mann Dutzende von Frauen schwängern kann.

Stillzeit

Amenorrhöe (die Unterbrechung des Menstruationszyklus) ist eine typische Begleiterscheinung des Stillens und Folge der Produktion von *Prolaktin*, einem Hormon, das die Milchdrüsenfunktion aktiviert. Prolaktin verhindert die Produktion von Hormonen, die den Ovulationszyklus regulieren (Aso und Williams 1985). Mehrere biokulturelle Faktoren scheinen die Dauer der Amenorrhöe während der Stillzeit zu beeinflussen. Der Gesundheitszustand und die Ernährung der Mutter ist einer davon. Weitere Variablen schließen die Saugintensität ein, die sowohl vom Alter, in dem der Säugling mit zusätzlicher Nahrung gefüttert wird, als auch von der Einteilung der Saugzeiten abhängt. Obwohl man sich in der Gewichtung der einzelnen Faktoren nicht einig ist (Bongaarts 1980, 1982; Frisch 1984), steht fest, daß eine lange Stillzeit unter günstigen Bedingungen einen zeitlichen Abstand von drei oder mehr Jahren zwischen den Geburten zur Folge haben kann — bei etwa gleich großer Verläßlichkeit wie die moderner mechanischer und chemischer Kontrazeptiva (Short 1984: 36). Man sollte sich jedoch vor der Vorstellung hüten, eine soziale Gruppe könne ihre Fruchtbarkeitsziffer einfach durch Intensivierung und Verlängerung der Stillzeit beeinflussen. Langes Stillen ist nur bei guter Ernährung der Mutter möglich. Und stellt Muttermilch länger als sechs Monate die einzige Nahrungsquelle dar, wird, da in ihr kein Eisen enthalten ist, der Säugling zwangsläufig an Anämie erkranken.

Koitushäufigkeit und Sexualverhalten

Durch Verzicht auf Geschlechtsverkehr über eine längere Zeit läßt sich die Zahl der Schwangerschaften reduzieren, durch einen späten Eintritt ins Sexualleben die Reproduktionszeit der Frau verkürzen (Nag 1983). Die empfängnisverhütende Wirkung der Amenorrhöe kann zusätzlich durch sexuelle Abstinenz während der Stillzeit sichergestellt werden. Auch verschiedene Formen nicht der Reproduktion dienenden Sexualverhaltens beeinflussen die Fruchtbarkeitsziffer. Homosexualität, Masturbation, *Coitus interruptus* (Rückzug vor dem Samenerguß) und nichtkoitale heterosexuelle Techniken zum Erreichen eines Orgasmus können alle bei der Regulierung der Fruchtbarkeit eine Rolle spielen. Das Heiratsalter ist eine weitere wichtige bevölkerungsregulierende Variable. Seine Bedeutung ist aber von der Existenz eines Verbots vorehelichen Geschlechtsverkehrs und unehelicher Mutterschaft abhängig. Wie wir noch sehen werden (S. 165), gelten in vielen Gesellschaften kinderlose Ehepaare als nicht verheiratet. In solchen Fällen hat das Heiratsalter keinen Einfluß auf die Zahl der Kinder, die eine Frau haben wird (Wilmsen 1982: 4).

Auch die Art der Ehe wirkt sich auf die Fruchtbarkeit aus. Zum Beispiel sorgt Polygynie (ein Mann, mehrere Frauen) dafür, daß beinahe alle Frauen (in Ermangelung empfängnisverhütender Mittel) in den Reproduktionsprozeß eingespannt sind. Polygynie garantiert aber auch längere sexuelle Enthaltsamkeit nach einer Niederkunft samt deren verstärkenden Effekt auf den Empfängnisschutz während der Stillzeit. Hinzu kommt, daß Polygynie mit zunehmendem Alter des Ehemannes wahrscheinlich eine geringere Koitushäufigkeit pro Frau zur Folge hat (Bongaarts u.a. 1984: 521–522).

Dieser Überblick macht deutlich, daß Ehepaare in vorindustriellen Gesellschaften immer über Mittel zur Regulierung ihrer Reproduktionsraten in Anpassung an die Grenzen und Möglichkeiten ihrer Produktionsweisen verfügten.

Der Einfluß von Krankheiten und anderen natürlichen Faktoren

Die meisten großen, tödlichen Seuchen — Pocken, Typhus, Grippe, Beulenpest und Cholera — sind hauptsächlich Folge des dichten Zusammenlebens in den Städten. Bei weit verstreut lebenden Wildbeutergruppen oder in kleinen Dorfkulturen kommen sie nicht vor. Selbst Krankheiten wie Malaria und Gelbfieber traten bei Gruppen mit geringer Bevölkerungsdichte, die moskitoreiche Sumpfgebiete meiden konnten, kaum auf. (Das Wissen um den Zusammenhang von Sümpfen und Krankheiten ist sehr alt, selbst wenn man die Moskitos nicht als Krankheitsträger erkannt hatte.) Auch andere Infektionskrankheiten wie Ruhr, Masern, Tuberkulose, Keuchhusten, Scharlach und Schnupfen traten bei Wildbeutern und frühen Pflanzern wahrscheinlich selten auf (Armelagos und McArdle 1975; Black 1975; Cockburn 1971; Wood 1975). Die Fähigkeit, derartige Infektionskrankheiten zu überstehen, hängt eng mit dem allgemeinen körperlichen Gesundheitszustand zusammen, der wiederum stark von der Ernährung, vor allem einer ausgeglichenen Proteinversorgung, beeinflußt wird (N. Scrimshaw 1977). Die Rolle, die Krankheiten langfristig bei der Bevölkerungskontrolle spielen, ist also bis zu einem gewissen Grad bereits die Folge des Erfolgs bzw. Mißerfolgs anderer bevölkerungsregulierender Mechanismen. Nur wenn diese Alternativen versagen und die Bevölkerungsdichte steigt, die Produktionseffizienz sinkt und die Ernährung schlechter wird, werden einige Krankheiten zu einem wichtigen Faktor der Bevölkerungskontrolle (Post 1985).

Es gibt einige Belege dafür, daß die paläolithischen Jäger und Sammler gesünder waren als die spätneolithischen Bodenbauern und die Kleinbauern der vorindustriellen Staatsgesellschaften. Die Frage, wann und wo genau eine Verschlechterung eintrat, steht im Zentrum vieler Forschungsarbeiten (Cohen und Armelagos 1984; Cohen 1986). Wahrscheinlich jedoch sorgten nicht schwere Krankheiten, sondern »künstliche« Methoden der Bevölkerungskontrolle während eines Großteils der Jungsteinzeit für eine Beschränkung des Bevölkerungswachstums (Handwerker 1983: 20).

Selbstverständlich läßt sich nicht leugnen, daß sich auch »natürliche« Ursachen, auf die kulturelle Praktiken wenig Einfluß haben, in den Geburten- und Sterbeziffern widerspiegeln. Zusätzlich zu den tödlichen Krankheiten können Naturkatastrophen wie Dürren, Überschwemmungen und Erdbeben in einer Weise die Sterbeziffer anheben und die Geburtenziffer senken, daß wenig Spielraum für kulturelle Eingriffe bleibt. Und selbstverständlich ist die Zahl der Kinder, die eine Frau gebären kann, biologisch beschränkt, ebenso wie der Länge des menschlichen Lebens natürliche Grenzen gesetzt sind. Doch selbst angesichts schwerer Krisen und Entbehrungen bedienen sich Menschen — wie wir im nächsten Abschnitt sehen werden — in einem erstaunlichen Maße kultureller Praktiken, um die einen sterben und die anderen leben zu lassen.

Indirekte Kindestötung in Nordostbrasilien

Nordostbrasilien ist ein großes Gebiet, in dem es immer wieder zu Dürren kommt und in dem chronische Unterernährung und Armut herrschen. Die Säuglingssterblichkeit ist hoch. In den ersten fünf Lebensjahren sterben von 1 000 Lebendgeborenen 200 (in den entwickelten Ländern dagegen weniger als 10). Eine von Nancy Scheper-Hughes (1984) in dieser Region durchgeführte Untersuchung zeigt, daß der Tod mindestens einiger der Säuglinge und Kleinkinder der 72 Frauen umfassenden Erhebungsauswahl am besten als eine Form indirekter Kindestötung beschrieben wird. Von insgesamt 686 Schwangerschaften (durchschnittlich 9,5 pro Frau) endeten 85 mit einer künstlich herbeigeführten oder spontanen Fehlgeburt, 16 mit Totgeburten. Von 588 lebend geborenen Kindern starben 251 im Alter von bis fünf Jahren, was einen Durchschnitt von 3,5 verstorbenen Kindern pro Frau ergibt. Die Todesfälle häuften sich zu Beginn und Ende der fruchtbaren Jahre einer Frau – ein Muster, das Scheper-Hughes auf die Unerfahrenheit der Mütter im Umgang mit ihrem Erstgeborenen und ihre wirtschaftliche, physische und psychische Unfähigkeit, den Bedürfnissen des Letztgeborenen gerecht zu werden, zurückführt. (Die höhere Sterblichkeit bei Erstgeborenen läßt sich aber wahrscheinlich besser mit dem Umstand erklären, daß die Mütter bei ihrer ersten Schwangerschaft noch sehr jung sind und sich daher noch in der Entwicklung befinden, was die Wahrscheinlichkeit, daß ihre Babys bei der Geburt untergewichtig und nicht sehr widerstandsfähig sind, erhöht (Frisancho, Matos und Flegel 1983)). Einige Frauen gaben zu verstehen, daß das Letztgeborene unerwünscht und es »ein Segen war, daß Gott es bald zu sich nahm« (Scheper-Hughes 1984: 539).

Bestimmend für die Neigung einer Mutter, einem Kind die Unterstützung zu entziehen, war jedoch weniger die Geburtenfolge als die »Beurteilung der Konstitution und des Temperaments des Kindes im Hinblick auf seine Lebensfähigkeit oder -tauglichkeit« durch die Mutter. Die Mütter äußerten ihre Vorliebe für »flinke, aufgeweckte, aktive, sprachgewandte und sich früh entwickelnde Kinder« (ebd.). Kinder mit entgegengesetzten Charakterzügen erhielten, wenn sie erkrankten, keine ärztliche Hilfe und wurden nicht so gut wie ihre Geschwister ernährt. Die Mütter sprachen von Kindern, die »sterben wollten«, oder von Kindern, deren »Lebenswille und -kraft nicht stark genug entwickelt waren« (ebd.). Diese ungewollten Kinder starben meist während einer der Kindheitskrisen: Infektionen der Nabelschnur, Durchfall oder Zahnen. Einige Kinderkrankheiten betrachten die Frauen als unheilbar, die diagnostischen Symptome dieser Krankheiten sind jedoch so allgemein, daß beinahe jede Erkrankung als Zeichen dafür interpretiert werden kann, daß das

Kind zum Sterben verurteilt ist: Anfälle und Krämpfe, Lethargie und Passivität, unterentwickelte Sprach- und Bewegungsfähigkeit oder ein »geistähnliches« bzw. »tierähnliches« Aussehen. Scheper-Hughes (ebd.: 541) schreibt hierzu:

»Ich weiß nicht, was genau der Grund für eine volkstümliche Diagnose dieser Art ist, ich vermute aber, daß sie den Müttern bei der Entscheidung, welches ihrer Kinder nicht wie ein 'normales' Kind alle Unterstützung erhalten soll, viel Spielraum läßt.«

Wenn ein von einer dieser tödlichen Krankheiten gezeichnetes Kind stirbt, zeigen die Mütter keine Trauer. Sie sagen, man könne nichts tun, selbst wenn man die Krankheit medizinisch behandelt, werde das Kind »niemals gesund werden«, »am besten läßt man es sterben«, und niemand wolle sich um ein solches Kind kümmern. Scheper-Hughes weist darauf hin, daß die volkstümlichen (emischen) Symptome der tödlichen Kinderkrankheiten in Nordostbrasilien mit den etischen Symptomen der »Unterernährung und des Parasitenbefalls in Wechselwirkung mit körperlicher und psychischer Vernachlässigung« übereinstimmen. Mütter, die, indem sie ihre Kinder vernachlässigen, indirekte (oder direkte) Kindestötung praktizieren, reagieren so auf lebensbedrohende Bedingungen, für die sie nicht verantwortlich sind: Nahrungsknappheit, unreines Wasser, Infektionskrankheiten, die nicht ärztlich behandelt werden, Mangel an Kindertagesstätten zur Unterstützung arbeitender Mütter, Mangel an erschwinglicher medizinischer Versorgung und all die anderen Stigmata und Strafen extremer Armut. Die Feststellung, daß Mütter den Tod ihrer ungewollten Kinder beschleunigen, indem sie die Säuglings- und Kinderpflege rationieren, darf keine »Schuldzuweisung« beinhalten. Diese Frauen haben keinen Zugang zu den modernen Formen der Empfängnisverhütung oder zu einer vom Arzt durchgeführten Abtreibung, und sie sind selbst viel zu schlecht ernährt, um ihre Schwangerschaften durch langes Stillen begrenzen zu können. Auch sexuelle Enthaltsamkeit ist für sie kein Ausweg, weil sie männliche Unterstützung und Beistand brauchen. Mit den Worten Scheper-Hughes müssen diese Frauen, die unwürdigen und unmenschlichen Belastungen ausgesetzt sind, manchmal »Entscheidungen treffen, vor die keine Frau und Mutter gestellt werden sollte« (1984: 541).

Zusammenfassung

Die Produktion setzt der Reproduktion Grenzen. Entgegen der von Thomas Malthus vertretenen Auffassung nimmt die Gruppengröße normalerweise nicht bis zur maximalen Produktionsgrenze zu, noch wird das Bevölkerungswachstum durch Hungersnöte oder andere Katastrophen kontrolliert. Vielmehr bleibt die Gruppengröße gewöhnlich weit unterhalb der maximalen Tragfähigkeit. Reproduktion führt zu einem Bevölkerungsdruck, der Intensivierung, Ressourcenerschöpfung und Veränderungen der Produktionsweise zur Folge hat. Dieser Zusammenhang läßt sich gut an der von der paläolithischen Großwildjagd zum neolithischen Bodenbau führenden Entwicklung erkennen.

Schwankungen der Reproduktionsraten können nicht mit dem universell verbreiteten Wunsch nach Kindern erklärt werden. Reproduktionsraten reflektieren das unter verschiedenen Reproduktionsbedingungen unterschiedliche Kosten-Nutzen-Verhältnis der Kinderaufzucht. Bei Jägern und Sammlern sind die Reproduktionsraten von der Tatsache abhängig, daß Frauen nicht mehr als ein Kind über lange Strecken tragen können und die wild- und feldbeuterische Produktionsweise nur sehr begrenzt intensiviert werden kann. Seßhafte Bodenbauer ziehen mehr Kinder auf, da die Landwirtschaft eine Intensivierung erlaubt, die Last, Kinder zu tragen, gering ist, Kinder sich schneller »bezahlt machen« und ältere Kinder auf jüngere Geschwister aufpassen können.

Ergebnisse aus Untersuchungen, die in zeitgenössischen bäuerlichen Gesellschaften durchgeführt wurden, stützen den Ansatz, der Reproduktionsraten mit dem Kosten-Nutzen-Verhältnis der Kinderaufzucht erklärt. In Java macht der Beitrag der Kinder etwa die Hälfte der von allen Haushaltsmitgliedern geleisteten Arbeit aus. In Bangladesh produzieren Jungen bereits im Alter von zwölf Jahren mehr, als sie konsumieren, und innerhalb von drei Jahren kommen sie für alle von ihnen verursachten Kosten auf. Entgegen der landläufigen Vorstellung, daß die ärmsten bäuerlichen Familien die meisten Kinder haben, besteht ein positiver Zusammenhang zwischen einer großen Kinderzahl und der Wohlhabenheit von Familien.

Mit der Zunahme städtischer, industrieller und technischer Berufe sowie der Zunahme von Bürotätigkeiten wurde es vorteilhafter, weniger, aber »kostspieligere« statt viele, aber »billigere« Kinder großzuziehen. In Indien und Sri Lanka nahm die Zahl der Kinder pro Frau ab, sobald die Kinderarbeit in der Landwirtschaft ihre Bedeutung zu verlieren begann und Kinder von Bauern Anstellungen in Büros und in Berufen fanden, die ein höheres Ausbildungsniveau erforderten. Diese mit neuen Produktionsweisen einhergehenden Veränderungen der Kosten der Kinderaufzucht ähneln den Veränderungen, die der »demographische Wandel« im 19. Jahrhundert in Europa und den Vereinigten Staaten hervorrief.

Entgegen der Malthusschen Theorie hat man also in vorindustriellen Kulturen die Familiengröße mit dem Ziel reguliert, die Kosten der Reproduktion zu minimieren und den Nutzen zu maximieren. Obwohl man nicht über die moderne Technologie der Empfängnisverhütung und des Schwangerschaftsabbruchs verfügte, war man nie um Mittel und Methoden zur Kontrolle der Geburten- und Sterbeziffer verlegen. Man wandte vier Arten von Praktiken an: Behandlung des Fetus, der Säuglinge und Kinder; Behandlung der Mädchen und Frauen; Intensität des Stillens und Dauer der Stillzeit; Änderung der Häufigkeit des koitalen Geschlechtsverkehrs. Zwischen Abtreibung, Kindestötung und bewußt herbeigeführter Kindersterblichkeit bestehen feine Abstufungen. Während die Frage, ob schlechte Ernährung die Empfängnisfähigkeit der Frauen beeinträchtigt, kontrovers diskutiert wird, besteht kein Zweifel daran, daß schlechte Ernährung das Leben der Mutter, des Fetus und des Kindes gefährdet. Die mit dem Stillen verbundene Amenorrhöe ist eine sanftere, von vorindustriellen Völkern häufig praktizierte Form der Fruchtbarkeitsregulierung. Schließlich können auch verschiedene Formen des nicht der Reproduktion dienenden Sexualverhaltens und der sexuellen Abstinenz die Reproduktionsraten anheben oder senken.

Zwar wirken auch »natürliche« Ursachen auf die menschlichen Sterblichkeitsraten ein, der Einfluß natürlicher Variablen steht aber immer in einer gewissen Wechselwirkung zu kulturellen Praktiken. Außerdem sollte der Einfluß von Krankheiten auf die Sterblichkeitsraten in kleinen Horden- und Dorfgesellschaften nicht überbetont werden. Selbst angesichts von Epidemien, Dürren, Hungersnöten und anderen Naturkatastrophen bedienen sich Menschen in einem erstaunlichen Maße kultureller Praktiken, um die einen sterben und die anderen leben zu lassen. Nordostbrasilien liefert hierfür ein gutes Beispiel. In Armut lebende Mütter, die keinen Zugang zu modernen Mitteln der Empfängnisverhütung oder einem vom Arzt vorgenommenen Schwangerschaftsabbruch haben, tragen, indem sie ungewollte Kinder vernachlässigen und indirekt töten, zur extrem hohen Säuglings- und Kindersterblichkeit bei. Doch sollte man nicht »den Müttern die Schuld zuschieben«: Da es diesen Frauen nicht möglich ist, alle ihre Kinder aufzuziehen, können sie nicht anders, als eine tragische Entscheidung zu treffen.

6 Wirtschaftliche Organisation

In diesem Kapitel verlagert sich der Schwerpunkt von der Infrastruktur auf die Struktur. Es beginnt mit einer Definition der Wirtschaft als dem organisatorischen Aspekt der Produktion und kennzeichnet verschiedene Wirtschaftsformen durch die für sie charakteristische Art der Kontrollausübung über Produktion und Tausch. Hierauf werden die Hauptformen des Tauschs dargestellt und ihre Beziehung zu infrastrukturellen Bedingungen beleuchtet. Außerdem wird definiert, was unter Geld zu verstehen ist, und herausgearbeitet, wie sich Wirtschaftssysteme, die Preismärkte besitzen, und solche, die diese nicht besitzen, voneinander unterscheiden. Das Kapitel schließt mit der Untersuchung des Verhältnisses zwischen veränderter Arbeitsteilung und Arbeitszeit einerseits und der Entwicklung der Produktions- und Reproduktionsweisen andererseits.

Definition der Wirtschaft

Wirtschaft im engeren Sinne bedeutet die Aufteilung knapper Mittel auf konkurrierende Ziele. Die meisten Wirtschaftswissenschaftler gehen davon aus, daß Menschen im allgemeinen nach dem »ökonomischen Prinzip« handeln — d.h. knappe Mittel so aufteilen, daß die Erreichung vorgegebener Ziele mit dem geringstmöglichen Mitteleinsatz erfolgt. Dagegen definieren viele Ethnologen Wirtschaft als die Summe aller Handlungen, die für die Versorgung einer Gesellschaft mit Gütern und Dienstleistungen verantwortlich sind.

»Eine Wirtschaft umfaßt alle diejenigen institutionalisierten Tätigkeiten, die natürliche Ressourcen, menschliche Arbeitskraft und Technik miteinander verknüpfen, damit materielle Güter und spezialisierte Dienstleistungen auf strukturierte, repetitive Weise erzeugt, erworben und verteilt werden können« (Dalton, 1969, S. 97).

Die beiden Definitionen von Wirtschaft sind keineswegs unvereinbar. Ethnologen betonen die Tatsache, daß die Motivationen zur Herstellung, zum Austausch und zum Verbrauch von Gütern und Dienstleistungen durch kulturelle Traditionen bestimmt sind. Verschiedene Kulturen messen unterschiedlichen Gütern und Dienstleistungen Wert bei und tolerieren bzw. verbieten unterschiedliche Formen der Beziehungen zwischen den Menschen, die sie herstellen, tauschen und verbrauchen. Zum Beispiel legt man in einigen Kulturen besonderen Wert auf den kooperativen Erwerb und das Teilen von Reichtum, in anderen dagegen auf konkurrierenden Erwerb und persönlichen Besitz von Reichtum. Einige Kulturen betonen Gemeinschafts-, andere Privateigentum. »Wirtschaftliches Handeln« kann deshalb in verschiedenen kulturellen Zusammenhängen offenbar von unterschiedlichen Prämissen ausgehen und unterschiedliche Konsequenzen haben.

Infrastrukturelle kontra strukturelle Aspekte der Wirtschaftssysteme

Im Hinblick auf die weitere Definition von *Wirtschaft* ist es sinnvoll, zwischen Aspekten, die wir als Produktionsweisen (Kap. 4) und deshalb als Teile der Infrastruktur behandelt haben, und solchen, die wir besser als Teil der Strukturebene von soziokulturellen Systemen untersuchen, zu unterscheiden. Wie wir gesehen haben, lassen sich Produktionsweisen dadurch charakterisieren, wie eine gegebene Technologie in einer spezifischen Umwelt zur Gewinnung von Energie, von der das soziale Leben abhängig ist, eingesetzt wird. Die hier zu behandelnden Eigenschaften der Wirtschaft sind organisatorischer Natur. Manchmal als *Produktionsverhältnisse* bezeichnet, umfassen sie den Tausch und Konsum von Erzeugnissen und Dienstleistungen, die Verfügung oder unterschiedliche Kontrolle über Arbeitskraft, den Zugang zur Technologie und zu den natürlichen Ressourcen sowie die Arbeitsteilung.

Was rechtfertigt die Unterscheidung zwischen Wirtschaft als Infrastruktur und Wirtschaft als Struktur? Die Antwort lautet, daß Ethnologen auf diese Weise untersuchen können, in welchem Maße sich die Entwicklung organisatorischer Merkmale der Wirtschaft aus der Kenntnis der Produktions- und Reproduktionsweisen ableiten läßt. Viele Aspekte der Strukturebene soziokultureller Systeme, einschließlich der wirtschaftlichen Organisation, haben sich bei gegebener spezifischer Technologie und Umwelt als Reaktion auf die von den Grundelementen der Produktion und Reproduktion vorgegebenen Möglichkeiten und Beschränkungen entwickelt. Produktion und Reproduktion kommen nicht ohne die organisatorischen Bestandteile der Wirtschaft aus. Doch setzen diese organisatorischen Bestandteile der Produktion und Reproduktion auch Grenzen. Wie wir aber sehen werden, treten Veränderungen der wirtschaftlichen Organisation des sozialen Lebens nicht zufällig, sondern nur als Reaktion auf infrastrukturelle Voraussetzungen auf, die für bestimmte Produktions- und Reproduktionsweisen charakteristisch sind.

Tausch

Fast alles, was Menschen herstellen, wird durch Tausch verteilt. (Die Ausnahme bildet alles das, was die Hersteller unmittelbar selbst verbrauchen) *Tausch* bezeichnet das universell menschliche Verhaltensmuster des Gebens und Empfangens von wertvollen Dingen und Leistungen. Die gemeinsame Versorgung der Kinder durch erwachsene Männer und Frauen ist eine Form des Gebens und Empfangens, die allein für Hominiden charakteristisch und wichtig für die Definition des spezifisch Menschlichen ist. Menschen können nicht leben, ohne ihre Arbeit oder die Produkte ihrer Arbeit miteinander auszutauschen. Menschen würden das Säuglingsalter nicht überleben, erhielten sie von ihren Eltern nicht wertvolle Güter und Leistungen. Doch unterscheiden sich die Tauschstrukturen von Kultur zu Kultur ganz wesentlich. Die Terminologie des Wirtschaftswissenschaftlers Karl Polanyi aufgreifend, unterscheiden Ethnologen drei Hauptformen des Tausches: den *reziproken*, den *redistributiven* und den *marktwirtschaftlichen Tausch.*

Reziproker Tausch

Mit der auffallendste Zug des wirtschaftlichen Lebens in Wildbeuter- und Pflanzergruppen ist die herausragende Bedeutung von Tauschhandlungen, die dem *Reziprozitätsprinzip* folgen. Bei reziproken Tauschhandlungen hat die Bereitstellung von Produkten und Diensten keine unmittelbare Gegenleistung zur Folge. Die Tauschpartner empfangen ganz nach Bedarf und geben zurück, ohne daß Zeitpunkt oder Menge genau festgelegt wären.

Richard Lee hat das Reziprozitätsverhalten der !Kung prägnant beschrieben. Am Morgen verlassen zwischen ein und sechzehn Personen der zwanzig Erwachsenen, die eine !Kung-Horde umfaßt, das Lager und verbringen den Tag mit Sammeln und Jagen. Am Abend kehren sie mit ihrer Ausbeute ins Lager zurück, und alles wird zu gleichen Teilen unter den Hordenmitgliedern verteilt – ganz gleich, ob die Empfänger den Tag schlafend oder jagend verbracht haben.

»Nicht allein Familienangehörige legen ihre Tagesausbeute an Nahrung zusammen, sondern die ganze Lagergemeinschaft – Hordenmitglieder und Besucher gleichermaßen – teilt die zur Verfügung stehende Gesamtmenge an Nahrung zu gleichen Teilen auf. So setzt sich das Abendessen jeder einzelnen Familie aus Speiseportionen zusammen, die sie von allen anderen Familien erhalten hat. Die Nahrung wird entweder roh verteilt oder erst von den Sammlerinnen gekocht und dann verteilt. Nüsse, Beeren, Wurzeln und Melonen gehen solange von Familienfeuerplatz zu Familienfeuerplatz, bis jeder Lagerbewohner eine gleich große Portion wie alle übrigen erhalten hat. Am nächsten Morgen verlassen dann wieder einige Erwachsene, diesmal in anderer Zusammensetzung, das Lager, und wenn sie am späten Nachmittag zurückkehren, beginnt die Nahrungsverteilung von neuem« (Lee 1969: 58).

Am Ende werden alle Erwachsenen gesammelt und gejagt und Nahrung sowohl gegeben als auch empfangen haben. Doch kann es beim Geben und Empfangen über einen langen Zeitraum große Diskrepanzen geben, ohne daß es zu Klagen oder Auseinandersetzungen kommt.

Bestimmte Formen reziproken Tauschs gibt es in allen Kulturen — vor allem unter Verwandten und Freunden. In den Vereinigten Staaten und Kanada beispielsweise regeln Eheleute, Freunde, Geschwister und andere Verwandte ihr wirtschaftliches Leben teilweise mit Hilfe informeller, nichtberechneter reziproker Transaktionen. Zum Beispiel bezahlen Jugendliche nicht für ihre Mahlzeiten zu Hause oder für das Auto der Eltern, das sie benutzen. Ehefrauen stellen ihren Männern ihre Kochdienste nicht in Rechnung. Freunde machen sich an Geburtstagen und zu Weihnachten Geschenke. Doch diese Formen reziproken Tauschs machen bei Nordamerikanern nur einen kleinen Teil aller Tauschhandlungen aus. In modernen Kulturen beruht der Tausch größtenteils auf der genauen Definition der zu einer bestimmten Zeit fälligen Gegenleistungen.

Das Problem des Schnorrens

Wie wir aus eigener Erfahrung mit elterlicher Unterstützung und Geburtstags- oder Weihnachtsgeschenken wissen, kommt es selbst zwischen Verwandten, Freunden und Eheleuten zu Unstimmigkeiten, wenn erbrachte Leistungen nicht auf die eine oder andere Weise vergolten werden. Niemand mag einen »Schnorrer«. Auch bei Wildbeuter- und Pflanzergruppen bleibt ein extrem ungleicher Tausch nicht unbemerkt. Einzelne erwerben sich den Ruf einer fleißigen Sammlerin oder eines erfolgreichen Jägers, andere gelten als Drückeberger oder Faulpelze. Zwar gibt es keine besonderen Mechanismen, um die Schuldner zur Begleichung ihrer Schuld zu zwingen, doch subtile Sanktionen sorgen dafür, daß niemand bloß Schnorrer ist. Schnorrer stoßen unterschwellig auf Ablehnung und werden gelegentlich kollektiv bestraft. Sie können etwa Opfer von Gewalttaten werden, weil man sie verdächtigt, verhext zu sein oder andere zu verhexen (s. S. 207).

Was reziproken Tausch von anderen Tauschformen unterscheidet, ist deshalb nicht so sehr die Tatsache, daß Dinge einfach verschenkt und Leistungen einfach erbracht werden, ohne daß man eine Gegenleistung erwartet, sondern daß 1. Gegenleistungen nicht sofort erbracht werden müssen, 2. der Wert getauschter Güter und Dienstleistungen nicht systematisch berechnet wird und 3. daß man es offen verneint, mit Gegenleistungen und einem später ausgeglichenen Verhältnis zu rechnen.

Gibt es also keinen Tausch, der dem von Bronislaw Malinowski so bezeichneten »reinen Geschenk« entspricht? Müssen wir immer, wenn Arbeitsprodukte von einer Person oder Gruppe zur anderen wechseln, nach versteckten, selbstsüchtigen, materiellen Motiven suchen? Nichts dergleichen soll hier behauptet werden! Daß Geschenke in Form von Dingen oder Leistungen auch ohne feststellbare Gegenleistung gemacht werden, ist ein universelles Phänomen.

Es steht aber außer Frage, daß in jeder Gruppe einige Menschen zu Schnorrern werden, sobald man ihnen die Gelegenheit dazu gibt. Obwohl jede Produktionsweise eine bestimmte Anzahl von Schnorrern verkraften kann, muß irgendwo eine Grenze gezogen werden. Keine Kultur kann sich, was die Bereitstellung und Verteilung von Gütern und Leistungen betrifft, ausschließlich auf rein altruistische Empfindungen verlassen. Vor allem in kleinen Wildbeuter- und Pflanzergruppen werden deshalb Güter und Leistungen so erstellt und wechselseitig ausgetauscht, daß Vorstellungen von materiellem Ausgleich, von Schuld oder Verpflichtung — emisch betrachtet — eine untergeordnete Rolle spielen. Wie im Falle der modernen euroamerikanischen Tauschformen innerhalb einer Familie erreicht man das, indem man die Notwendigkeit reziproken Tauschs als Verpflichtung zwischen Verwandten auffaßt (s. Kap. 7). Im Hinblick auf Nahrung, Kleidung, Unterkunft und andere wirtschaftliche Güter begründen daher Verwandtschaftspflichten die reziproken Erwartungen.

In Verwandtschaftsbeziehungen eingebettete Transaktionen machen nur einen kleinen Teil moderner Tauschsysteme aus. In Wildbeuter- und Pflanzergruppen aber finden fast alle Tauschhandlungen zwischen Verwandten oder zumindest eng miteinander verknüpften Personen statt, für die das Geben, Empfangen und Benutzen von Dingen eine emotionale und persönliche Bedeutung hat.

Reziprozität und Handel

Doch selbst Jäger und Sammler möchten kostbare Güter wie Salz, Feuerstein, Obsidian, roten Ocker, Schilfrohr und Honig erwerben, die von Gruppen hergestellt oder kontrolliert werden, zu denen sie keine Verwandtschaftsbeziehungen haben. Wirtschaftliche Beziehungen zwischen Nichtverwandten basieren bei Wildbeuter- und Pflanzergruppen auf der Annahme, daß jeder mit allen Mitteln und Schikanen, einschließlich Diebstahl, für sich das Beste aus dem Handel herausholen will. Deshalb sind Handelsexpeditionen mit großen Gefahren verbunden und ähneln nicht selten Kriegszügen.

Ein interessanter Mechanismus zur Erleichterung von Handelsbeziehungen zwischen Fremdgruppen ist als *stummer Tauschhandel* bekannt. Eine Gruppe legt ihre Tauschgüter auf freiem Gelände nieder und zieht sich dann außer Sichtweite zurück. Nun kommt die andere Gruppe aus ihrem Versteck hervor, begutachtet die Ware und legt eigene Güter von ihr angemessen erscheinendem Wert daneben. Hierauf kehrt die erste Gruppe zurück und nimmt, wenn sie mit dem Tausch zufrieden ist, die angebotenen Dinge mit. Ist sie es nicht, läßt sie die Ware unberührt liegen zum Zeichen, daß der Handel noch nicht ausgeglichen ist. Auf diese Weise tauschen die Mbuti im Ituri-Wald mit den Bantu-Pflanzern Fleisch gegen Bananen und die Wedda auf Sri Lanka mit den Singhalesen Honig gegen Eisenwerkzeuge.

Entwickeltere Handelsbeziehungen finden sich bei Pflanzergruppen. Vor allem in Melanesien scheinen die Bedingungen für das Entstehen von Handelsmärkten günstig gewesen zu sein. In Malaita auf den Salomonen-Inseln tauschen Frauen unter dem Schutz ihrer bewaffneten Männer regelmäßig Fische gegen Schweine und Gemüse. Bei den Kapauku im Westen Neuguineas (heute: Westirian, Indonesien) haben wahrscheinlich bereits vor der Ankunft der Europäer entwickelte Geldmärkte existiert, auf denen die Waren mit Muschel- und Perlengeld bezahlt wurden. Im allgemeinen ist jedoch der an Geld geknüpfte Markthandel an die Staatenbildung und Durchsetzung von Ordnung durch Polizei und Soldaten gebunden.

Das Problem des nicht auf Verwandtschaftsbeziehungen oder staatlich kontrollierten Märkten beruhenden Handels wird vielleicht am häufigsten durch die Herstellung spezieller *Handelspartnerschaften* gelöst. Im Rahmen dieser Handelspartnerschaften betrachten sich die Mitglieder verschiedener Horden oder Dörfer gegenseitig metaphorisch als Verwandte. Teilnehmer an Handelsexpeditionen machen ausschließlich mit ihren Handelspartnern Geschäfte, von denen sie als »Brüder« begrüßt und mit Nahrung und Unterkunft versorgt werden. Handelspartner versuchen, nach dem Reziprozitätsprinzip miteinander Handel zu treiben, leugnen deshalb, an Profit interessiert zu sein und bieten ihre Waren wie Geschenke an (Heider 1969).

Der Kula-Handel

In *Argonauten des westlichen Pazifik* beschreibt Bronislaw Malinowski das klassische Beispiel einer Handelspartnerschaft. Die Argonauten sind in diesem Falle die Trobriand-Insulaner, die mit den Bewohnern der Nachbarinsel Dobu Handelsbeziehungen unterhalten und zu diesem Zwecke wagemutige Kanufahrten über das offene Meer unternehmen. Alles, was mit diesen Handelsbeziehungen in Zusammenhang steht, wird *Kula* genannt. Den Männern zufolge, die diese risikoreichen Seefahrten unternehmen, ist es der Zweck des Kula-Handels, mit den Handelspartnern Muschelschmuckstücke zu tauschen. Diese von den Trobriandern *vaygu'a* genannten Schmuckstücke bestehen aus Armbändern und Halsketten. Beim Handel mit den im Südosten lebenden Bewohnern von Dobu geben die Trobriander Armbänder und empfangen Halsketten, während sie beim Handel mit Leuten, die im Südwesten leben, Halsketten geben und Armbänder empfangen. Die Armbänder und Halsketten werden also von Insel zu Insel in entgegengesetzten Richtungen gehandelt und kommen dabei schließlich aus der entgegengesetzten Richtung wieder an ihre Ursprungsorte, von denen aus sie zuerst verhandelt wurden, zurück.

Für die jungen Männer stellt die Teilnahme am Kula-Handel ein ehrgeiziges Ziel dar, für die älteren Männer ist sie eine verzehrende Leidenschaft. Die *vaygu'a* sind Familienerbstücken oder Kronjuwelen vergleichbar. Je älter sie sind und je komplexer ihre Geschichte, um so wertvoller werden sie in den Augen ihrer Besitzer. Wie viele andere zu besonderem Zweck verwandten Tauschmittel (s. S. 138) werden Kula-Wertgegenstände selten dazu benutzt, etwas zu »kaufen«. Man verwendet sie jedoch als Hochzeitsgeschenke und überreicht sie Kanubauern in Anerkennung ihrer Leistungen (Scoditti 1983). Meistens benutzt man die Schmuckstücke einfach dazu, andere Armbänder und Halsketten zu erhalten. Für den Handel mit *vaygu'a* gehen Männer auf entfernten Inseln mehr oder weniger dauerhafte Partnerschaften miteinander ein. In der Regel werden die Partnerschaften von einem Familienangehörigen zum nächsten weitergegeben, und Verwandte helfen ihren jungen Männern beim Eintritt in den Kula-Handel, indem sie ihnen ein Armband oder eine Halskette vererben oder schenken. Wenn die Teilnehmer einer Expedition das Ziel ihrer Reise erreicht haben und an Land gehen, begrüßen die Handelspartner einander und tauschen erste Geschenke aus. Erst später findet das Überreichen der kostbaren Armbänder statt, das von ritualisierten Ansprachen und formellen Handlungen, die den ehrenvollen, geschenkähnlichen Charakter des Tauschs unterstreichen, begleitet ist. Wie im Falle reziproker Transaktionen in der Familie kann es sein, daß der Handelspartner außerstande ist, bei derselben Gelegenheit eine Halskette als Gegenleistung zu übergeben, die dem empfangenen Armband an Wert gleichkommt. Obwohl es daher sein kann, daß der Seefahrer bis auf kleinere Geschenke mit leeren Händen nach Hause zurückkehrt, beklagt er sich nicht, denn er weiß, daß sein Handelspartner alles daransetzen wird, die Verzögerung beim nächsten Treffen durch das Überreichen einer noch wertvolleren Halskette wettzumachen.

Warum nimmt man aber alle diese Mühen auf sich, um ein paar Schmuckstücke zu erhalten, die bloß einen ästhetischen oder Liebhaberwert besitzen? Wie so oft muß man auch hier zwischen den etischen und den emischen Aspekten des Kula-Handels unterscheiden. Die Boote, die die Kula-Expedition begleiten, sind mit Handelsgütern beladen, die für das Leben der verschiedenen, am Kula-Ring teilnehmenden Inselbewohner von großem praktischem Nutzen sind. Während die Tauschpartner ihre kostbaren Erbstücke stolz zur Schau stellen, handeln andere Mitglieder der Expedition mit nützlichen Dingen: Kokosnüssen, Sagomehl, Fisch, Yams, Körben, Matten, Holzschwertern und -stöcken, Grünstein zur Herstellung von Messern oder Kletter- und Schlingpflanzen zur Herstellung von Seilen. Diese Güter können ungestraft gehandelt werden. Obwohl kein Trobriander es zugeben würde, besteht die Kostbarkeit der *vaygu'a* nicht darin, daß sie Familienstücke sind, sondern in ihrem unschätzbaren Wert für den Handel (Irwin 1983: 71 ff.; Scoditti 1983: 265).

Der Kula-Handel läßt sich auch besser als Teil des zwischen den Trobriandern und den Bewohnern der Nachbarinseln bestehenden Systems zur Gewinnung und Wahrung von politischem Ansehen begreifen. Männer, denen es gelingt, in den Besitz der wertvollsten Muscheln zu gelangen, sind gewöhnlich äußerst fähige Führer, meisterliche Navigatoren und — in früheren Zeiten — unerschrockene Krieger (Campbell 1983: 203). Das erklärt, weshalb der Kula-Handel auch heute noch praktiziert wird, obwohl die Menge der nützlichen Handelsgüter abgenommen hat.

Warum sind die Muscheln im Uhrzeigersinn und gegen den Uhrzeigersinn in Umlauf? Dieses Merkmal steht im Einklang mit der Auffassung, daß der Kula-Handel eine Institution zur Herstellung friedlicher Beziehungen zwischen den Bewohnern der Inseln ist, um den Handel zu erleichtern. Indem die Partner nicht Armbänder gegen Armbänder oder Halsketten gegen Halsketten tauschen dürfen, sorgt das Kula-System dafür, daß eine große Zahl von Inseln dem Handelsnetz angeschlossen sind.

Redistributiver Tausch

Wie wir in Kapitel 10 sehen werden, ist die Entwicklung ökonomischer und politischer Systeme größtenteils eine Folge der Entstehung von Zwangstauschformen, die den reziproken Tausch ergänzten oder fast völlig verdrängten. Zwangstauschformen tauchten aber nicht einfach plötzlich als Gegenformen zum reziproken Tausch auf, sondern scheinen durch Erweiterung der vertrauten reziproken Formen entstanden zu sein.

Das als *Redistribution* bezeichnete Tauschsystem läßt sich am besten im Sinne einer solchen Erweiterung verstehen. Bei redistributivem Tausch werden die Arbeitsprodukte mehrerer Personen an einen zentralen Ort gebracht, nach Art sortiert, gezählt und dann an Produzenten wie Nichtproduzenten verteilt. Damit große Gütermengen zur gleichen Zeit an den gleichen Ort gebracht und in genau festgelegten Anteilen verteilt werden können, ist ein beträchtlicher organisatorischer Aufwand erforderlich. Gewöhnlich wird die Koordination von bestimmten Personen übernommen, die als *Redistributoren* fungieren. Charakteristischerweise versucht ein solcher Redistributor bewußt, die Produktion zu steigern und zu intensivieren, da er auf diese Weise in den Augen seiner Gefährten an sozialem Prestige gewinnt.

Es muß zwischen den Redistributionsformen egalitärer und geschichteter Gesellschaften unterschieden werden. In *egalitären* Gesellschaften wird die Redistribution von einem Mann ausgeführt, der für die Herstellung der zu verteilenden Güter härter als alle anderen gearbeitet hat, der selbst den allerkleinsten Teil oder überhaupt nichts abbekommt und der, wenn die Verteilung vorüber ist, weniger materielle Güter als die anderen besitzt. In dieser egalitären Form scheint daher die Redistribution nur ein extremes Beispiel für Reziprozität zu sein; der großzügige Spender gibt alles weg, ohne unmittelbar etwas dafür zu bekommen, wenn man einmal von der Bewunderung seitens derjenigen absieht, die von seiner Großzügigkeit profitieren.

In *geschichteten* Gesellschaften aber trägt der Redistributor nicht zum Produktionsprozeß bei, behält den größten Teil für sich und verfügt schließlich über mehr materiellen Besitz als alle anderen.

Wie der reziproke ist auch der redistributive Tausch gewöhnlich in ein komplexes Netz verwandtschaftlicher und ritueller Beziehungen eingebettet, das das Verständnis der etischen Bedeutung des Tauschverhaltens behindern kann. Die Redistribution findet oft in Form großer Festgelage statt, die veranstaltet werden, um wichtige Ereignisse wie die Ernte, das Ende eines rituellen Tabus, den Bau eines Hauses, einen Todesfall, eine Geburt oder eine Hochzeit feierlich zu begehen. Ein gemeinsamer Zug redistributiver Feste in Melanesien ist, daß die Gäste sich mit Speisen vollstopfen, ins Gebüsch wanken, den Finger in den Hals stecken, sich übergeben und dann mit neuem Appetit an die Festtafel zurückkehren. Ein weiteres gemeinsames Merkmal redistributiver Festgelage ist ihr Wettkampfcharakter und das prahlerische Auftreten der Redistributoren und ihrer Verwandten gegenüber anderen Personen und Gruppen, die bereits früher Festessen veranstaltet haben. Dies steht in deutlichem Kontrast zum reziproken Tausch, und diesen Kontrast wollen wir uns einmal näher ansehen.

Reziprozität versus Redistribution

Prahlerei und Bewunderung von Großzügigkeit sind mit der Etikette reziproker Tauschhandlungen nicht vereinbar. Bei den Semai in Zentralmalaya sagt noch nicht einmal jemand »danke«, wenn er Fleisch von einem anderen Jäger erhält. Nachdem der Jäger sich den ganzen Tag abgemüht hat, den Kadaver eines erlegten Schweines durch den heißen Dschungel ins Lager zu schleifen, ist er einverstanden, daß seine Jagdbeute in genau gleiche Teile zerlegt und an die ganze Gruppe verteilt wird. Wie Robert Dentan erklärt, würde man, wenn man sich für ein erhaltenes Stück Fleisch bedankte, zu verstehen geben, daß man ein Geizkragen ist, der aufrechnet, was man gibt und was man empfängt.

»In diesem Zusammenhang ist es äußerst unhöflich, sich zu bedanken, denn damit zeigt man erstens, daß man die Größe einer Gabe genau registriert, und zweitens, daß man nicht erwartet hatte, daß der Spender so großzügig wäre« (1968: 49).

Andere auf die eigene Großzügigkeit hinzuweisen heißt, ihnen zu verstehen zu geben, daß sie einem Dank schulden und daß man eine Gegenleistung erwartet. Wildbeutern widerstrebt es bereits, den Eindruck entstehen zu lassen, sie seien großzügig behandelt worden. Richard Lee beschreibt, wie er durch ein aufschlußreiches Erlebnis diesen Aspekt der Reziprozität kennenlernte. Um den !Kung, bei denen er lebte, eine Freude zu machen, entschloß er sich, einen großen Ochsen zu kaufen, ihn schlachten zu lassen und den !Kung als Weihnachtsgeschenk zu präsentieren. Tagelang war er in benachbarten Bantu-Dörfern auf der Suche nach dem größten und fettesten Ochsen der Gegend. Schließlich erwarb er, wie er meinte, ein Prachtexemplar. Doch ein !Kung nach dem anderen nahm ihn zur Seite und versicherte ihm, daß man ihn hereingelegt und er ein absolut wertloses Tier gekauft hätte. »Natürlich werden wir es essen«, sagten sie, »aber es wird uns nicht sattmachen — wir werden mit knurrendem Magen nach Hause gehen«. Als aber Lees Ochse geschlachtet wurde, zeigte es sich, daß er eine dicke Fettschicht unter der Haut hatte. Lee gelang es schließlich, seine Informanten dazu zu bringen, ihm zu erklären, warum sie behauptet hatten, sein Geschenk sei wertlos, obwohl sie sicher besser als er erkennen konnten, was unter der Haut des Tieres verborgen lag:

>Nun, wenn ein junger Mann ein großes Tier tötet, hält er sich für einen Anführer oder einen großen Mann und glaubt, wir anderen wären seine Diener oder Untergebenen. Das können wir nicht zulassen, wir lehnen jemanden ab, der prahlt, denn eines Tages wird sein Stolz ihn dazu verleiten, jemanden umzubringen. Deshalb sagen wir von seinem Fleisch immer, es sei wertlos. So kühlen wir sein Herz und machen ihn freundlich« (1968: 62).

In krassem Gegensatz zu den Bescheidenheit fordernden reziproken Tauschhandlungen gehört es im Rahmen redistributiver Tauschsysteme zum guten Ton, öffentlich zu verkünden, daß der Gastgeber ein großzügiger Mensch und großartiger Versorger ist. Diese Prahlerei ist eines der auffallendsten Merkmale des von den an der Nordwestküste der Vereinigsten Staaten und Kanadas lebenden Indianergruppen veranstalteten Potlatschs. In den durch Ruth Benedicts *Pattern of Culture* (dt. Kulturen primitiver Völker) berühmt gewordenen Schilderungen gewinnt man den Eindruck, der Redistributor der Kwakiutl sei im Grunde ein Größenwahnsinniger. Hier die Selbstdarstellung der Kwakiutl-Häuptlinge (1949: 172–3):

>Ich bin der große Häuptling, der die Leute beschämt,
Ich bin der große Häuptling, der die Leute beschämt.
Unser Häuptling macht, daß die Leute vor Scham erröten;
Unser Häuptling macht, daß die Leute neidisch werden;
Unser Häuptling macht, daß die Leute das Gesicht verhüllen
aus Scham über das, was Er ständig tut.
Immer und immer gibt er allen Stämmen Öl-Feste*.
Ich bin der einzige große Baum, ich, der Häuptling!
Ich bin der einzige große Baum, ich, der Häuptling!
Ihr seid meine Untertanen, ihr Stämme.
Ihr sitzt im hinteren Teil des Hauses, ihr Stämme.
Ich bin der erste, der euch Besitztümer gibt, ihr Stämme.
Ich bin euer Adler, ihr Stämme!
Bringt euren Deckenzähler, ihr Stämme, auf daß er vergebens die Reichtümer zu zählen versucht, die der Große Kupferplattenmacher, der Häuptling, wegzugeben gedenkt.«

Die Gäste verhalten sich während eines Potlatschs ganz ähnlich wie Lees !Kung. Sie murren und beschweren sich und geben sich die größte Mühe, nicht befriedigt oder beeindruckt zu erscheinen. Doch alle zur Schau gestellten und verteilten Gaben werden öffentlich gezählt. Und Gastgeber wie Gäste

---

* Fischöl, nicht Petroleum.

sind der Überzeugung, daß die einzige Möglichkeit, die durch das Entgegennehmen der Geschenke entstandene Schuld wieder wettzumachen, darin besteht, ein Gegenpotlatsch mit umgekehrter Rollenverteilung zu veranstalten.

Die infrastrukturelle Basis der Redistribution und Reziprozität

Warum schätzen die !Kung einen Jäger, der nie auf seine Großzügigkeit aufmerksam macht, während die Kwakiutl und andere, redistributiven Tausch praktizierenden Gruppen einen Mann bewundern, der damit prahlen kann, wieviel er verschenkt hat? Eine Theorie besagt, daß Reziprozität die Anpassung an technologische und Umweltbedingungen reflektiert, unter denen eine Steigerung der Produktion sehr rasch zu abnehmenden Ertragszuwächsen und der Erschöpfung der Ressourcen führen würde. Jäger und Sammler haben selten eine Gelegenheit, ihre Produktion zu intensivieren, ohne sehr schnell den Punkt abnehmender Ertragszuwächse zu erreichen. Für sie bedeutet Intensivierung eine große Gefahr — die Gefahr der Ausrottung der Wildtiere. Einen !Kung-Jäger zur Großtuerei zu ermutigen hieße, die Existenz der Gruppe zu gefährden. Außerdem ist die Reziprozität für die meisten Wildbeutergruppen deshalb von Vorteil, weil der Sammel- und Jagderfolg von einzelnen und Familien ständigen Zufallsschwankungen unterliegt. Wie Richard Gould (1982: 76) bemerkt hat: »Je größer das Risiko, um so größer das Maß der Nahrungsteilung.«

Pflanzergruppen dagegen haben im allgemeinen einen größeren Spielraum zur Produktionssteigerung. Denn sie können, wenn sie mehr Arbeit investieren, ihr Verbrauchsniveau anheben, ohne gleich ihr Habitat zu erschöpfen und damit ihre Energieleistung zu beeinträchtigen. Und Bodenbau ist gewöhnlich eine verläßlichere, weniger risikoreiche Produktionsweise als Jagen und Sammeln.

Die Kwakiutl sind zwar keine Pflanzer, weil sie von den alljährlich flußaufwärts ziehenden Lachs- und Kerzenfischschwärmen lebten. Doch da sie den Fischfang mit traditionellen Netzen betrieben, konnten sowohl sie als auch ihre Nachbarn die Reproduktionsrate dieser Fischarten nicht wesentlich verringern. Deshalb waren sie auf die starke Intensivierung ihrer Produktion angewiesen. Außerdem unterlagen die alljährlichen Fischzüge großen zahlenmäßigen Schwankungen (Langdon 1979). Deshalb war es für die Kwakiutl ökologisch sinnvoll, ihre Produktion zu maximieren und diejenigen mit sozialem Prestige und dem Privileg zur Prahlerei zu belohnen, die dafür sorgten, daß alle mehr arbeiteten.

Die Entstehung der destruktiven Potlatsche

Erst lange nachdem die an der Nordwestpazifikküste lebenden Indianergruppen in Handels- und Lohnarbeitsbeziehungen mit russischen, englischen, kanadischen und amerikanischen Staatsangehörigen getreten waren, wurde das Potlatschphänomen wissenschaftlich untersucht. Abnehmende Bevölkerungszahlen und eine plötzliche Wohlstandszunahme trugen dazu bei, daß in den 80er Jahren des vergangenen Jahrhunderts, als Franz Boas die Institution des Potlatschs zu erforschen begann, der Potlatsch bereits mehr und mehr zu einem zerstörerischen Wettkampf geworden war (Rohner 1969). Damals lebte der ganze Stamm der Kwakiutl bei Fort Rupert, der Handelsniederlassung der Hudson Bay Company, und der Versuch der einzelnen Potlatschveranstalter, sich gegenseitig zu übertreffen, war zu einer verzehrenden Leidenschaft geworden. Mutwillig zerstörte man Decken, Fischölkanister und andere Wertgegenstände, indem man sie verbrannte oder ins Meer warf. Einmal, als man zuviel Fischöl ins Feuer goß, brannte ein ganzes Haus nieder – ein Ereignis, das durch das Buch *Pattern of Culture* von Ruth Benedict berühmt wurde. Ein Potlatsch, der auf solche Weise seinen krönenden Abschluß fand, betrachteten die Potlatschveranstalter als großen Erfolg.

Wahrscheinlich waren die Potlatschfeste der Kwakiutl vor der Ankunft der Europäer weniger destruktiv und eher den melanesischen Festgelagen vergleichbar (s. S. 228). Obwohl aber derartige Wettkampffeste immer verschwenderisch sind, übertrifft meist der Nettoertrag der ganzen Produktion den durch Schlemmerei und Verderb bedingten Verlust. Außerdem bleiben, wenn die Gäste genug gegessen haben, immer noch große Mengen an Nahrung übrig, die mit nach Hause genommen werden.

Daß Gäste aus ferngelegenen Dörfern kommen, hat weitere wichtige ökologische und ökonomische Vorteile. Wettkämpfe zwischen verschiedenen Gruppen in Form von Festgelagen wirken sich nämlich stärker produktivitätssteigernd auf eine Region aus, als wenn in jedem Dorf nur die eigenen Produzenten bewirtet werden. Zweitens können, wie Wayne Suttles (1960) und Stuart Piddocke (1965) für die Nordwestküstenregion gezeigt haben, Interdorfredistributionen mit Wettkampfcharakter die Folgen lokal begrenzter und naturbedingter Produktionsmißerfolge auffangen. Bleiben etwa in einem bestimmten Fluß die Lachsschwärme aus, so ist die Existenz der dort angesiedelten Dörfer bedroht, während Nachbargruppen in anderen Flüssen weiter die gewohnten Fischmengen fangen. Unter diesen Umständen sind die verarmten Dorfbewohner natürlich daran interessiert, an möglichst vielen Potlatschgelagen teilzunehmen und so viele lebensnotwendige Produkte nach Hause zu schleppen, wie ihre Gastgeber herauszurücken bereit sind, wenn sie an die Größe der in den vergangenen Jahren von den jetzigen Gästen veranstalteten Potlatschfeste erinnert werden. Das im Interdorfpotlatschsystem durch eigene Festgelage gewonnene Prestige kann also die Funktion von Sparguthaben erhalten. Die Guthaben gleichen sich aus, wenn die Gäste die Rolle der Gastgeber übernehmen. Das Prestigeguthaben schwindet aber, wenn ein Dorf Jahr für Jahr keine eigenen Potlatschgelage veranstalten kann.

Wenn eine verarmte und deshalb wenig Prestige genießende Gruppe keine eigenen Potlatschfeste mehr veranstalten konnte, verließen die Gefolgsleute ihren besiegten Redistributor-Häuptling und schlossen sich Verwandten an, die in produktiveren Dörfern lebten. Auf diese Weise dienen das Prahlen sowie das Zurschaustellen und Verschenken von Reichtum der Werbung und halfen, zusätzliche Kräfte für die um einen besonders erfolgreichen Redistributor gescharte Arbeitergruppe zu gewinnen. Das erklärt auch, warum die Indianer der Nordwestküste so viel Mühe auf die Herstellung ihrer weltberühmten Totempfähle verschwendeten. Diese Pfähle trugen nämlich die »Wappen« der Redistributor-Häuptlinge in Form geschnitzter mythischer Figuren; Anspruch auf diese Wappen erwarb man sich durch herausragende Potlatschleistungen. Je größer der Pfahl, um so größer die durch Veranstaltung von Potlatschfesten errungene Macht und um so mehr Bewohner armer Dörfer waren versucht, ihren Wohnort aufzugeben und sich diesem anderen Häuptling anzuschließen.

Mit der Ankunft der Europäer kamen jedoch destruktive Redistributionsformen auf. Infolge europäischer Krankheiten war die Kwakiutl-Bevölkerung von ungefähr 10 000 im Jahre 1836 bis zum Ende des Jahrhunderts auf etwa 2 000 Menschen zusammengeschrumpft. Gleichzeitig pumpten aber die Handelsgesellschaften, Konservenfabriken, Sägewerke und Goldgräberkolonien einen beispiellosen Reichtum in die traditionelle Ökonomie der Kwakiutl. Die Zahl der Menschen, die sich mit den Wappen des Erfolgs schmücken wollten, stieg an, während die Zahl derjenigen, die den Ruhm des Potlatschveranstalters hätten feiern können, stetig sank. Viele Dörfer waren menschenleer. Aus diesem Grund wurde der Wettkampf um die Gefolgschaft der Überlebenden immer heftiger.

Ein letzter und vielleicht der wichtigste Faktor bei der Entstehung des destruktiven Potlatschs war der technologische Wandel und die damit verbundene Intensivierung kriegerischer Auseinandersetzungen. Wie Brian Ferguson (1984) zu zeigen vermag, gründeten sich die ersten Kontakte zwischen Europäern und den an der Nordküste lebenden Indianern im späten 18. Jahrhundert auf den Pelzhandel. Für Seeotterhäute erhielten die Kwakiutl und ihre traditionellen Feinde von den Europäern Gewehre. Das hatte einen doppelten Effekt. Einerseits wurden kriegerische Auseinandersetzungen tödlicher, und andererseits waren Lokalgruppen gezwungen, miteinander um die Kontrolle des Handels zu kämpfen, weil sie nur so an die Munition heran- kamen, von der der Erfolg im Krieg abhängig geworden war. Kein Wunder also, daß die Potlatsch-Häuptlinge, als die Bevölkerung schrumpfte, bereit waren, militärisch unwichtigen Reichtum zu verschwenden oder zu zerstö- ren, um Anhänger für Kriegszüge und den Pelzhandel zu gewinnen.

Redistribution in geschichteten Gesellschaften

Nur eine feine Linie trennt Redistributionsformen in egalitären von Redistri- butionsformen in geschichteten Gesellschaften. In egalitären Gesellschaften basiert der Beitrag zum gemeinsamen Fonds auf Freiwilligkeit, und die Arbei- ter bekommen von dem, was sie beisteuern, entweder alles bzw. das meiste oder doch mindestens Gleichwertiges zurück. In geschichteten Gesellschaf- ten aber sind die Arbeiter unter Strafandrohung gezwungen, zum gemeinsa- men Fonds beizutragen, und es kann sein, daß sie überhaupt nichts zurückbe- kommen. In egalitären Gesellschaften wiederum hat der Redistributor nicht die Macht, seine Gefolgsleute zur Produktionsintensivierung zu zwingen, sondern ist von ihrem guten Willen abhängig. In geschichteten Gesellschaf- ten dagegen hat er diese Macht, und die Arbeiter sind von seinem guten Wil- len abhängig. Von den für den Übergang von der einen zur anderen Redistri- butionsform verantwortlichen Prozessen wird in Kapitel 10 die Rede sein. Hier sei nur soviel gesagt, daß voll entwickelte Formen redistributiven Tauschs in geschichteten Gesellschaften das Vorhandensein einer Herrscher- schicht voraussetzen, die die Macht hat, anderen ihren Willen aufzuzwingen. Im Produktions- und Tauschbereich kommt diese Macht in der wirtschaftli- chen Unterordnung der Arbeitenden und deren teilweisem oder totalem Ver- lust der Verfügungsmöglichkeiten über die natürlichen Ressourcen, die Tech- nologie sowie den Ort, die Zeit und die Dauer der Arbeit zum Ausdruck.

Tausch via Marktpreise: Verkaufen und Kaufen

In rudimentärer Form entstehen Märkte überall dort, wo Gruppen von Nicht- verwandten und Fremden zusammenkommen und ein Gut gegen ein anderes handeln. In Wildbeuter- und Pflanzergesellschaften besteht der Handel auf Marktplätzen aus Tauschhandlungen, in deren Verlauf ein Konsumgut gegen ein anderes eingetauscht wird: Fisch gegen Yams, Kokosnüsse gegen Äxte usw. Bei diesem Markttyp, der vor der Entstehung universell verwendbaren

Geldes üblich war, wird nur eine begrenzte Anzahl von Gütern und Leistungen getauscht. Der überwiegende Teil der Tauschtransaktionen findet nach wie vor außerhalb der Marktplätze statt und umfaßt verschiedene Formen der Reziprozität und Redistribution. Mit der Entstehung universell verwendbaren Geldes aber begann der Tausch über Marktpreise alle anderen Tauschformen zu verdrängen. Auf dem Preismarkt wird der Preis der getauschten Güter und Leistungen von Käufern und Verkäufern bestimmt, die mit anderen Käufern und Verkäufern konkurrieren. Praktisch alles, was hergestellt und verbraucht wird, erhält einen Preis, und Kaufen und Verkaufen wird zu einer kulturellen Hauptbeschäftigung, wenn nicht zu einem Zwang.

Es ist sowohl reziproker als auch redistributiver Tausch mit Geld möglich. Um die reziproke Form handelt es sich, wenn ein Freund einem anderen Geld leiht, ohne einen genauen Zeitpunkt festzulegen, an dem es zurückgegeben werden muß, um die redistributive, wenn ein Staat Steuern einzieht und Sozialhilfe auszahlt. Doch stellt der Kauf und Verkauf auf einem Preismarkt insofern eine spezifische Tauschform dar, als sie auf der genauen Bestimmung des Zeitpunkts, der Höhe und der Art der Zahlung beruht. Anders als im Falle von Reziprozität oder Redistribution besteht, sobald die Geldzahlung erfolgt ist, zwischen Käufer und Verkäufer keine weitere Verpflichtung oder Verbindlichkeit mehr. Beide können gehen und werden sich vielleicht niemals wiedersehen. Preismarkttauschformen zeichnen sich deshalb durch die Anonymität und Unpersönlichkeit der Tauschprozesse aus und stehen im Gegensatz zu den auf persönlichem Kontakt und Verwandtschaftsbeziehungen basierenden Wirtschaftsformen von Wildbeuter- und Pflanzergruppen. Nun wollen wir uns einmal genauer ansehen, was für dieses eigenartige Etwas, das wir Geld nennen, charakteristisch ist.

Geld

Die Idee ebenso wie die Praxis, einen materiellen Gegenstand mit der Fähigkeit auszustatten, als Maß für den sozialen Wert von anderen materiellen Dingen, von Tieren, Menschen und von Arbeitskraft zu dienen, ist ein nahezu universelles Phänomen. Derartige als Wertmaßstab dienende Dinge werden fast überall auf der Welt gegen Güter und Leistungen getauscht. In weiten Teilen Afrikas etwa gibt ein junger Mann seinem Schwiegervater Rinder und erhält dafür eine Frau (s. S. 164). In Melanesien dagegen fungieren Muscheln als Tauschmittel für Steinwerkzeuge, Keramikgefäße und andere wertvolle Artefakte. An anderen Orten üben Perlen, Federn, Haifischzähne, Hundezähne und Schweinehauer die Funktion eines Tauschmittels für Wert-

gegenstände und die eines Zahlungsmittels im Falle von Kompensationslei-
stungen für Tod oder Verletzung sowie bei Inanspruchnahme eines Magiers,
Kanubauers oder anderen Spezialisten aus. Doch bis auf wenige kontrovers
diskutierte Ausnahmen fehlen diesen Geldformen einige wichtige Eigenschaften, die für das in Geldwirtschaften übliche Geld typisch sind. In Geldwirtschaften ist Geld Handels- oder Marktgeld, ein universell verwendbares
Tauschmittel. Es hat folgende Eigenschaften:

1. *Tragbarkeit:* Aufgrund seiner Größe und Form kann man es leicht von einer
   Transaktion zur nächsten mit sich führen.
2. *Teilbarkeit:* Seine verschiedenen Formen und Werte liegen fest und bilden
   jeweils ein Vielfaches voneinander.
3. *Konvertibilität:* Eine Zahlung kann sowohl in einer höheren Einheit als
   auch in den ihr entsprechenden niedrigeren Einheiten geleistet werden.
4. *Allgemeingültigkeit:* Praktisch alle Güter und Dienstleistungen haben einen
   Geldwert.
5. *Anonymität:* Bei den meisten Käufen kann jeder, der den Marktpreis zu
   zahlen imstande ist, eine Transaktion abschließen.
6. *Legalität:* Art und Menge des in Umlauf befindlichen Geldes wird von
   einer Regierung kontrolliert.

Obwohl einzelne dieser Züge auch auf das in wildbeuterischen und agrarischen Wirtschaftsformen gebräuchliche Geld zutreffen mögen, kommen sie
in ihrer Gesamtheit nur in einem Wirtschaftssystem vor, dessen Mitglieder
ein Leben lang täglich auf einem Preismarkt Käufe und Verkäufe tätigen. Wo
Reziprozität, egalitäre Redistribution und Handelspartnerschaften die
beherrschenden Tauschformen bilden, kann es kein Geld im modernen
Sinne geben.
   Zum Beispiel wären Rinder, die für Frauen eingetauscht werden, wohl
kaum ein Zahlungsmittel, das man gerne zur Kasse eines Supermarktes mit-
nähme, da Rinder weder gut tragbar noch teilbar sind. Wie man am Beispiel
des *Brautpreises* (s. S. 164) sehen kann, sind Rinder oft nicht konvertibel; d.h.
ein großer, fetter, von allen bewunderter Bulle kann nicht so leicht durch zwei
kleine, unscheinbare Tiere ersetzt werden. Außerdem haben Rinder als
Tauschmittel keine Allgemeingültigkeit, da man mit ihnen nur Frauen »kaufen« kann, und es fehlt ihnen das Merkmal Anonymität, denn jeder Fremde,
der mit der richtigen Anzahl von Rindern auftaucht, wird feststellen, daß er
nicht einfach die Frau nehmen und die Rinder dalassen kann. Rinder werden
nur zwischen Verwandtschaftsgruppen, die Interesse an der Herstellung oder
Bekräftigung sozialer Beziehungen haben, gegen Frauen getauscht. Und

schließlich unterliegt die Produktionsleistung, als deren Ergebnis Rinder von jedem einzelnen Haushalt in Umlauf gebracht werden, nicht der Kontrolle einer zentralen Autorität.

In anderen Fällen jedoch weisen nichtkommerzielle Geldformen größere Übereinstimmungen mit kommerziellem Geld auf. Zum Beispiel gibt es bei den Bewohnern der Rossel-Insel, die der Ostküste Neuguineas vorgelagert ist, einen Muschelgeldtyp, der manchmal mit kommerziellem Geld gleichgesetzt wurde. Die Muscheln besitzen die Eigenschaft der Tragbarkeit, und es gibt sie in etwa 40 benannten Einheiten, die von geringem über mittleren bis zu hohem Wert reichen. Mit Muscheln von geringem Wert kann man Nahrungsmittel, Tongefäße, Werkzeuge und andere gewöhnliche Gebrauchsgüter kaufen. Diese Muscheln können jedoch nicht für wichtige Tauschformen im Rahmen von Schweinefesten, Hochzeiten und Bestattungen benutzt werden. Damit diese Tauschformen stattfinden können, muß man mit höherwertigen Muscheln »bezahlen«. Die wertvollsten Muscheln gehören »Großen Männern« (s. S. 227). Keine noch so große Muschelmenge von geringem Wert könnte zum Kauf einer Muschel von hohem Wert benutzt werden. Außerdem werden die Muscheln von hohem Wert nicht in Umlauf gebracht. Ihre Besitzer nehmen sie nach einem Schweinefest, einer Hochzeits- oder Bestattungszeremonie wieder an sich und ersetzen sie durch eine Anzahl von geringwertigen Muscheln. Während also jede höherwertige Muschel in dem Sinne teilbar ist, als sie einen Wert hat, der in geringwertigen Muscheln ausgedrückt werden kann, sind geringwertige Muscheln im Rahmen wichtiger Tauschbeziehungen nicht akzeptabel, es sei denn, ein »Großer Mann« bürgt mit seinen hochwertigen Muscheln für sie. »Die Struktur der sozialen Differenzierung bei der Durchführung des Tauschs ist also ein entscheidender Faktor. Dieser Umstand steht einer Bewertung mit einem für alle Muschelkategorien gültigen, einheitlichen Standardwert entgegen« (Lick 1983: 511).

Kapitalismus

Am weitesten entwickelt ist der Preismarkttausch im sogenannten Kapitalismus. In kapitalistischen Gesellschaften dehnen sich Kauf und Verkauf mit Hilfe universell verwendbaren Geldes auf Boden, Rohstoffe und Wohnung aus. Arbeit hat einen Preis, der als Lohn bezeichnet wird; Geld hat einen Preis, den man Zins nennt. Selbstverständlich gibt es keinen vollkommen freien Markt, auf dem die Preise allein durch Angebot und Nachfrage zustandekommen und auf dem alles verkauft werden kann. Doch im Vergleich zu anderen Wirtschaftssystemen wird Kapitalismus zutreffend als eine Volkswirtschaft bezeichnet, in der mit Geld alles käuflich ist. Weil das so ist, versucht jeder, soviel Geld wie möglich zu erwerben. Und aus diesem Grund ist es auch das Ziel der Produktion selbst, nicht nur Güter und Dienstleistungen bereitzustellen, sondern auch den Geldbesitz zu vergrößern – d.h. Gewinne zu machen und Kapital anzuhäufen. Der Umfang kapitalistischer Produktion ist von der möglichen Gewinnspanne abhängig, und diese wiederum hängt davon ab, in welchem Umfang die Menschen Güter und Dienstleistungen kaufen, in Anspruch nehmen, verbrauchen und zerstören. Man verwendet daher enorme Anstrengungen darauf, die Qualitäten und Vorteile der einzelnen Produkte zu rühmen, um so die Kauflust der Verbraucher zu steigern. Soziales Ansehen genießt im Kapitalismus nicht der, der am härtesten arbeitet oder am meisten verschenkt, sondern der, der am meisten besitzt und konsumiert.

Der Theorie nach sollen sozialistische und kommunistische Wirtschaftssysteme sowohl die am Preismarkt orientierte Verbraucherhaltung als auch die kapitalistische Geldobsession durch egalitäre Redistributionsformen und reziproke Tauschhandlungen ersetzen. Alle heutigen sozialistischen Gesellschaften bedienen sich jedoch der Geldwirtschaft, und viele von ihnen sind genauso besitzorientiert wie kapitalistische Gesellschaften. Auch ist es zweifelhaft, ob überhaupt eine von ihnen die für wirklich egalitäre Redistributionsformen notwendige Klassenlosigkeit erreicht hat (s. Kap. 11).

Unvermeidbar führt Kapitalismus zu einer deutlich ungleichen Vermögensverteilung, die eine Folge des unterschiedlichen Besitzes an den Ressourcen und der Produktionsinfrastruktur ist. Wie in allen geschichteten Gesellschaften ist auch im Kapitalismus politische Kontrolle nötig, um die Armen von der Konfiszierung des Besitzes und der Privilegien der Reichen abzuhalten. Einige Ethnologen sind jedoch der Meinung, daß viele Züge des Kapitalismus bereits in Gesellschaften vorhanden sind, die keine vom Staat verordneten Gesetze und polizeilich-militärischen Mittel der Kontrolle kennen. Wir wollen uns deshalb der Frage zuwenden, ob und in welchem Maße es in Wildbeuter- und Pflanzengesellschaften Vorläufer des Kapitalismus gibt.

»Primitiver Kapitalismus« – Der Fall der Kapauku

Es besteht kein Zweifel daran, daß Wildbeuter- und Pflanzergesellschaften die wesentlichen Merkmale des Kapitalismus im allgemeinen deshalb nicht aufweisen, weil ihre Tauschsysteme, wie wir gesehen haben, nicht auf Preismarkt-, sondern auf reziproken und redistributiven Tauschhandlungen beruhen. In einigen Fällen jedoch mögen egalitäre reziproke und redistributive

Tauschsysteme gewisse Züge aufweisen, die stark an den heutigen Kapitalismus erinnern.

Die in Westirian, Indonesien, lebenden Kapauku-Papua sind hierfür ein gutes Beispiel. Nach Leopold Pospisil (1963) läßt sich die Wirtschaftsform der Kapauku am besten als »primitiver Kapitalismus« bezeichnen. Alles Anbauland, so schreibt er, befinde sich in individuellem Besitz; Geld in Form von Muscheln und Glasperlen sei das übliche Tauschmittel und werde zum Kauf von Nahrung, Haustieren, Feldfrüchten und Land benutzt; Geld könne auch zur Bezahlung von Arbeit verwendet werden, und sogar Pacht für überlassenes Land und Zinsen für geliehenes Geld würden erhoben (s. S. 143).

Bei näherer Betrachtung der Landbesitzverhältnisse zeigt sich jedoch, daß zwischen dem Wirtschaftssystem der Kapauku und kapitalistischen Agrargesellschaften (s. S. 258) fundamentale Unterschiede bestehen. Zunächst einmal gibt es keine Landbesitzerklasse. Der Zugang zu Land unterliegt vielmehr der Kontrolle von Verwandschaftsgruppen, die man als *Sublineages* (s. Kap. 8) bezeichnet. Es gibt niemanden, der nicht Mitglied einer solchen Gruppe ist. Diese Sublineages kontrollieren Teile des kommunalen Landes, die Pospisil »Territorien« nennt.

Nur im Hinblick auf diese Sublineageterritorien kann man von Privateigentum sprechen. Die wirtschaftliche Bedeutung dieses Privateigentums ist jedoch aus mehreren Gründen gering. 1. Der Preis für Land ist so niedrig, daß alle bebauten Felder zusammengenommen einen Marktwert in Muschelgeld haben, der unter dem Wert von zehn weiblichen Schweinen liegt. 2. Die Wahrung der Eigentumsrechte gilt nicht gegenüber Verwandten innerhalb der Sublineage. 3. Obwohl selbst Brüder untereinander Pachtzins erheben, wird allen Sublineagemitgliedern Kredit gewährt. Die häufigste Kreditform im Zusammenhang mit Land besteht darin, daß man Land einfach in der Erwartung verleiht, es bald wieder zurückzuerhalten. 4. Jeder Sublineage steht ein Oberhaupt vor (s. Kap. 9), dessen Autorität von seiner Großzügigkeit vor allem gegenüber den Mitgliedern seiner Sublineage abhängt. Ein reiches Oberhaupt weigert sich nicht, seinen Verwandten Geld zu leihen, damit sie sich Zugang zu Land verschaffen können, denn »ein selbstsüchtiger Mensch, der Geld hortet und nicht großzügig ist, wird nie erleben, daß man sein Wort ernst nimmt sowie seinem Rat und seinen Entscheidungen folgt — ganz gleich, wie reich er werden mag« (Pospisil 1963: 49).

Offenbar stattet also Reichtum das Oberhaupt nicht mit der Macht aus, die mit kapitalistischem Privateigentum verknüpft ist. In Brasilien oder in Indien etwa kann größeren und kleineren Pächtern der Zugang zu Land und Wasser versperrt sein, ohne daß der Ruf ihres Grundbesitzers Schaden nähme. In den USA ist es unter kapitalistischem Landbesitzrecht für Polizeibeamte, die

Pächter im Wege einer Zwangsvollstreckung zur Räumung ihres Landes zwingen, ohne jede Bedeutung, daß der Gutsbesitzer »selbstsüchtig« handelt.

Pospisil weist darauf hin, daß unterschiedlicher Reichtum mit extrem unterschiedlicher Ernährungsweise einhergeht und daß aus armen Familien stammende Kapauku-Kinder an Unterernährung leiden, während Nachbarkinder wohlgenährt sind. Doch diese Nachbarn gehören nicht derselben Sublineage an: Wie Pospisil feststellt, »bringen Sublineageverwandte einander viel Zuneigung entgegen und haben ein starkes Gefühl der Zusammengehörigkeit und Einheit«. »Jede Form von Streitigkeiten in der Gruppe wird als bedauerlich empfunden« (1963: 39). Tatsächlich sind einige Sublineages ärmer als andere. Krankheit und Mißerfolge der verschiedensten Art führen oft dazu, daß die körperliche Verfassung der die sozialen Bausteine der Horden- und Dorforganisation bildenden Mitglieder der verschiedenen Verwandtschaftsgruppen sehr unterschiedlich ist. Derartige Mißerfolge lassen aber nicht wie im Kapitalismus eine Klasse der Armen entstehen. Ohne zentrale politische Kontrollinstanzen können wirtschaftliche Ungleichheiten nicht lange bestehen bleiben, weil die Reichen sich nicht gegen die Forderungen der Armen nach Kredit, Geld, Land – oder was immer sonst zur Beendigung ihrer Armut notwendig ist – zur Wehr setzen können. Es ist durchaus möglich, daß unter traditionellen Bedingungen einige Kapauku-Dorfbewohner verhungert sind, während ihre Nachbarn genug zu essen hatten; es ist aber äußerst unwahrscheinlich, daß sie deshalb verhungerten, weil sie keinen Zugang zu Land, Geld oder Kredit hatten.

In Wildbeuter- und Pflanzergesellschaften ist ein geiziger Redistributor ein Widerspruch in sich selbst und zwar aus dem einfachen Grund, weil es in diesen Gesellschaften keinen Polizeiapparat gibt, der die Reichen vor der mörderischen Rache derjenigen bewahrt, denen sie ihre Hilfe verweigern. In den Worten Pospisils:

»Selbstsüchtige und habgierige Menschen, die große Reichtümer ansammeln, aber nicht die Bedingung der 'Großzügigkeit' gegenüber ihren weniger erfolgreichen Gruppenmitgliedern erfüllen, können getötet werden und sind auch tatsächlich oft getötet worden. . . . Selbst in Gegenden wie dem Kamu-Tal, wo auf Habgier nicht die Todesstrafe steht, wird ein geiziger reicher Mann geächtet und öffentlich gerügt und so schließlich dazu gebracht, sein Verhalten zu ändern« (1963: 49).

Grundbesitz

Besitz an Land und Ressourcen ist mit der wichtigste Aspekt politischer Kontrolle. Er ist sowohl politisch wie ökonomisch von Bedeutung, da der ungleiche Zugang zur Umwelt bestimmte, von den politisch Mächtigeren gegen die politisch Schwächeren angewandte Zwangsmittel impliziert.

Wie wir gerade gesehen haben, gibt es auch in Wildbeuter- und Pflanzergesellschaften gewisse Formen des Land- und Ressourcenbesitzes. In Dorfgemeinschaften erheben beispielsweise oft Verwandtschaftsgruppen Anspruch auf den Besitz von Gartenland. Da jedoch jedes Mitglied der Gemeinschaft solchen Verwandtschaftsgruppen angehört, kann kein Erwachsener daran gehindert werden, die für seinen Lebensunterhalt notwendigen Ressourcen auch zu nutzen. Wenn aber Grundbesitzer, Herrscher oder Regierungen über Landbesitz verfügen, bedeutet das, daß Menschen, die keinen Rechtsanspruch auf Land haben, jegliche Landnutzung verwehrt sein kann, auch wenn das ihren Hungertod zur Folge hat.

Wie wir in Kapitel 10 sehen werden, ist Besitz an Land und Ressourcen das Ergebnis systematischer Prozesse, die zu einer größeren Bevölkerungsdichte und Produktivität führen. Und zwar regt Grundbesitz die Produktion deshalb stark an, weil die Nahrungsmittelproduzenten gezwungen werden, länger und härter zu arbeiten, als sie es täten, wenn sie freien Zugang zu den Ressourcen hätten. *Pacht* nennt man den Betrag an Naturalien oder Geld, den ein Pächter dafür bezahlen muß, daß er auf dem Land des Besitzers leben und arbeiten darf. Das Zahlen einer Pacht zwingt die Pächter unwillkürlich zur Steigerung ihres Arbeitseinsatzes. Durch Anheben und Senken der Pacht nimmt der Grundbesitzer ziemlich direkten Einfluß auf Arbeitseinsatz und Produktion.

Da das Pachtsystem entwicklungseschichtlich mit einer Steigerung der Nahrungsproduktion einherging, sehen einige Ethnologen im Zahlen von Pacht einen Indikator für das Vorhandensein eines *Überschusses* an Nahrung — d.h. eines größeren Beitrags als den, der von den Produzenten für den unmittelbaren Verbrauch benötigt wird. Hierbei sollte man jedoch in Betracht ziehen, daß der Nahrungs»überschuß«, den der Grundbesitzer als Pacht erhält, vom Standpunkt der Produzenten aus betrachtet, nicht *überschüssig* zu sein braucht. Gewöhnlich können die Produzenten ihre gesamten Ernteerträge sehr gut selbst gebrauchen, etwa um die Kosten der Kinderaufzucht zu decken oder ihren eigenen Lebensstandard zu verbessern. Wenn sie ihre Erträge abgeben, so meist deshalb, weil sie nicht die Macht haben, sie für sich selbst zu behalten. In diesem Sinne ist Pacht ein Aspekt von Politik, denn ohne die Macht, Besitzrechte durchzusetzen, würde Pacht wohl selten bezahlt werden.

Zwischen Pacht und Steuer besteht somit eine große Ähnlichkeit. Beide sind von der Existenz eines Zwangssystems (in Form von Polizei und Waffen) abhängig, dessen man sich bedienen kann, wenn Steuerzahler oder Pächter die Zahlung verweigern.

In bestimmten stark zentralisierten Gesellschaften wie dem alten Inka-Reich (s. S. 239) gibt es keine Unterscheidung zwischen Pacht und Steuer, weil es keine Grundbesitzerklasse gibt. Stattdessen verfügt die Regierungsbürokratie über das Monopol, Zahlungen von den einfachen Nahrungsproduzenten zu erheben. Auch Staaten und Reiche üben, indem sie für bestimmte Feldfrüchte regional oder allgemein geltende Quoten festsetzen und ganze Menschenheere zur Arbeit an Bauprojekten verpflichten, unmittelbare Kontrolle über die Produktion aus. Die Verpflichtung zu Zwangsarbeit, die man auch als *Frondienst* bezeichnet, stellt bloß eine andere Form der Steuer dar. Wie wir in Kapitel 10 sehen werden, gehen wahrscheinlich all diese auf Zwang beruhenden Formen, die einfachen Nahrungsproduzenten zur Gewinnung von Reichtum zu benutzen, auf egalitäre Redistributionsformen zurück und sind eine Folge der Intensivierung und des Bevölkerungsdrucks.

Arbeitsteilung

Einer der wichtigsten organisatorischen Aspekte einer jeden Wirtschaft ist die *Arbeitsteilung,* durch die verschiedenen Menschen unterschiedliche Aufgaben zugewiesen werden. Zum Beispiel verrichten in allen Wirtschaftssystemen Kinder und Erwachsene, Männer und Frauen verschiedene Arten von Arbeit. In den meisten Wildbeuter- und Pflanzergesellschaften jagen die Männer große Tiere und Fische, sammeln Honig ein, brennen den Wald ab und roden. Frauen und Kinder sammeln Muscheln, Pflanzen und kleine Tiere, jäten Unkraut, ernten und verarbeiten Körner und Knollen. Männer bearbeiten harte Materialien wie Stein, Holz und Metall. Frauen spinnen Fasern, weben Stoffe, stellen Tongefäße her und flechten Körbe. In entwickelteren Wirtschaftssystemen sind Männer gewöhnlich für das Pflügen und das Hüten des Großviehs verantwortlich. In beinahe allen Gesellschaften gehören die Zubereitung pflanzlicher Nahrung, das Wasserholen, Saubermachen und andere Hausarbeiten sowie die Sorge für Säuglinge und Kleinkinder zu den Tätigkeiten der Frauen. Allgemein gesprochen führen in vorindustriellen Gesellschaften Männer die Tätigkeiten aus, die größere Muskelkraft und mehr Bewegungsfreiheit erfordern.

Wahrscheinlich erhöht in Wildbeuter- und einfachen Pflanzergesellschaften die geschlechtliche Arbeitsteilung die Effizienz der Nahrungsproduktion. Aufgrund ihrer kräftigeren Muskulatur können Männer stärkere Bögen biegen, Speere weiter werfen und größere Stöcke schwingen (s. S. 353). Daß man nicht Frauen, sondern Männer im Umgang mit diesen Waffen ausbildet, hat aber noch einen weiteren Vorteil. Da die Kriegswaffen im wesentlichen Jagdwaffen sind, sind die Männer gleichzeitig Jäger und Krieger. Frauen werden so gut wie nie zu Kriegern ausgebildet. Mit diesem Verhaltensmuster steht in Einklang, daß Männer auf die Herstellung von Gegenständen spezialisiert sind, die aus Stein, Metall oder Holz bestehen — Materialien, aus denen auch die Kriegs- und Jagdwaffen gefertigt sind. Die geschlechtliche Arbeitsteilung in Industriegesellschaften, wo der Einsatz von Maschinen die im Vergleich zu den Frauen größere Muskelkraft der Männer ausgleicht, läßt sich jedoch nicht auf diese Weise erklären (s. S. 361).

Mit der am schärfsten ausgeprägte Trend in der Kulturentwicklung ist die mit Produktionsausweitung und Bevölkerungswachstum verknüpfte zunehmende Spezialisierung. In wildbeuterischen und anderen kleinen Gesellschaften gehen praktisch alle erwachsenen Männer und alle erwachsenen Frauen jeweils der gleichen geschlechtsspezifischen Arbeit nach. Steigt aber die Produktion pro Kopf der Bevölkerung, so bildet sich allmählich — zunächst auf einer Teilzeit-, dann auf einer Vollzeitbasis — ein handwerkliches Spezialistentum heraus. Mit der Entstehung von Staaten scheiden sehr viele Menschen aus der unmittelbaren Nahrungsproduktion aus und widmen sich solchen Vollzeitbeschäftigungen wie der Töpferei, Weberei, Metallurgie, dem Kanubau und dem Handel. Andere werden Schreiner, Priester, Herrscher, Krieger und Bedienstete. In Industriegesellschaften ist die Tendenz zu immer stärkerer Spezialisierung noch größer. Das Amt für Arbeitsstatistik in den USA (U.S. Bureau of Labor Statistics) zählt beispielsweise 80 000 verschiedene Berufe. Zweifellos ist der Spezialisierungsprozeß von hohen Produktions- und Reproduktionsraten abhängig. Und selbstverständlich erhöht Spezialisierung die Produktionseffizienz — vorausgesetzt, die hauptsächliche Energieproduktionsweise kann intensiviert werden. Nur entwickelte Formen der Landwirtschat können eine Wirtschaft, deren Organisation auf Vollzeitspezialisten basiert, am Leben erhalten.

Arbeitsstrukturen

Ein Vorteil der geringen Spezialisierung in Wildbeuter- und Pflanzergesellschaften ist der, daß ein Erwachsener Tag für Tag verschiedenen Beschäftigungen nachgeht und nicht wie ein Fabrikarbeiter oder Büroangestellter immer die gleichen Routinearbeiten verrichtet. Außerdem trifft er die Entscheidung, sich einer anderen Arbeit zuzuwenden, z.B. statt Fallen zu stellen, Pfeile anzufertigen oder Honig zu sammeln, größtenteils selbst oder im Gruppenkonsens. Wahrscheinlich ist deshalb die Schlußfolgerung richtig, daß die Menschen in kleinen vorstaatlichen Gesellschaften Arbeit nicht als etwas Langweiliges empfanden. Und tatsächlich gehen neue Bestrebungen zur Reform der Arbeitsstrukturen in Fabriken dahin, daß Arbeiter nicht mehr nur einen, sondern viele Arbeitsvorgänge verrichten und an Entscheidungsprozessen über die Art und Weise der Arbeitsausführung beteiligt werden. Derartige Bestrebungen markieren den Versuch, einiges von dem, was Arbeit in kleinen, nichtspezialisierten Wirtschaftssystemen so befriedigend macht, wieder einzuführen.

Auch weist vieles darauf hin, daß in Gesellschaften mit wildbeuterischer und pflanzerischer Infrastruktur weniger Zeit auf Arbeit verwendet wird als in Gesellschaften mit intensiver Landwirtschaft. Zum Beispiel gehen die !Kung-San durchschnittlich nur 20 Stunden in der Woche auf die Jagd. Der Hauptgrund für diesen geringen Arbeitsaufwand ist, daß ihre Produktionsweise nicht intensiviert werden kann. Würden sie mehr Stunden pro Woche arbeiten, würde es für sie immer schwerer werden, Jagdbeute zu machen. Außerdem würden sie das Risiko eingehen, ihren Wildtierbestand auszurotten. In einem gewissen Sinne profitieren die !Kung also von ihrer Abhängigkeit von den natürlichen Steigerungsraten der Pflanzen und Tiere in ihrem Habitat; ihre Produktionsweise zwingt sie dazu, weniger zu arbeiten als intensive Landwirtschaft betreibende Bauern und moderne Fabrikarbeiter.

Tabelle 6.1 Arbeitsstunde pro Tag

	!Kung		Machiguenga		Kali Loro	
	Männer	Frauen	Männer	Frauen	Männer	Frauen
Nahrungsgewinnung und -zubereitung	3,09	1,80	4,60	4,20	5,49	4,70
Herstellung von Gebrauchsgegenständen	1,07	0,73	1,40	2,10	0,50	2,32
Handel/Lohnarbeit	0,00	0,00	0,00	0,00	1,88	1,88
Hausarbeit/Kinderbetreuung	2,20	3,20	0,00	1,10	0,50	2,07
Gesamt	6,36	5,73	6,00	7,40	8,37	10,37

Quellen: Carlstein 1983; Johnson 1975; Lee 1979; White 1976.

Tabelle 6.1 vergleicht die Arbeitszeit bei den !Kung mit der Arbeitszeit in zwei anderen Gesellschaften — bei den Machiguenga, Brandrodungsfeldbauern in der östlichen Andenregion von Peru, und in Kali Loro, einem Dorf auf Java, das Bewässerungsreisanbau betreibt. In Kali Loro, der Gesellschaft mit der entwickeltsten Technologie, arbeiten beide Geschlechter durchschnittlich am längsten. Der hohe Arbeitsaufwand erklärt sich hauptsächlich aus der größeren Intensivierbarkeit des Bewässerungsfeldbaus (s. S. 97). Außerdem gehört Kali Loro zu einer geschichteten Staatsgesellschaft, in der es politische und wirtschaftliche Kontrollen wie Steuern, Pacht und Preismärkte gibt, die dazu führen, daß die Leute mehr Stunden arbeiten, als nötig wäre, wenn sie die von ihnen produzierten Güter und Leistungen für sich behalten könnten.

Die tägliche Arbeitszeit von Lohnempfängern in Industriegesellschaften ist noch länger. Zum Acht-Stunden-Arbeitstag kommen eine Stunde Fahrtzeit, eine halbe Stunde Einkauf von Lebensmitteln und anderen Dingen (einschließlich Transport), eine halbe Stunde Kochen, eine halbe Stunde Hausarbeit und Reparaturen und eine halbe Stunde Kinderbetreuung (einschließlich des Transports der Kinder und des Babysitters) hinzu.* Die Gesamtzahl von elf Stunden entspricht der Arbeitszeit einer javanischen Bäuerin. (Zwar gilt dieser Zeitplan nur für Arbeitstage, doch nimmt die für andere Arbeiten aufgewandte Zeit am Wochenende stark zu. Und viele Leute gehen außerdem einer zweiten Beschäftigung nach.) Wenn Gewerkschaftsführer voller Stolz auf die für die Arbeiterklasse im Kampf um Freizeit erzielten Fortschritte verweisen, beziehen sie sich auf die in Europa im 19. Jahrhundert übliche Arbeitszeit, als Fabrikarbeiter zwölf Stunden und mehr am Tag arbeiteten, und nicht auf das Verhältnis von Arbeit und Freizeit bei den Machiguenga oder den !Kung.

Zusammenfassung

Alle Kulturen verfügen über ein Wirtschaftssystem, d.h. eine Reihe von Institutionen, die Technologie, Arbeit und natürliche Ressourcen zur Herstellung und Verteilung von Gütern und Dienstleistungen miteinander kombinieren. Die organisatorischen Aspekte der Wirtschaft werden von ihren infrastrukturellen Aspekten unterschieden, damit die Beziehung zwischen Infrastruktur und Struktur untersucht werden kann. Tauschformen bringen zum Beispiel verschiedene Grade der Intensivierbarkeit und des Bevölkerungswachstums zum Ausdruck.

---

* Diese Zeiten sind sehr gering veranschlagt; viele Amerikaner wenden heute doppelt soviel Zeit für jede Tätigkeit auf (s. Gross 1984, der einen umfassenden Überblick über Untersuchungen zur Zeitallokation gibt).

Tausch ist zwar integraler Bestandteil aller Wirtschaftssysteme, doch läßt sich der Güter- und Dienstleistungsfluß von den Produzenten zu den Konsumenten auf verschiedene Art und Weise organisieren.

Die heutigen Preismärkte stellen nur eine von mehreren alternativen Tauschformen dar. Kaufen und Verkaufen ist kein universeller Verhaltenszug. Der Mehrzahl aller Menschen, die jemals gelebt haben, ist die Vorstellung, mit Geld sei alles (oder fast alles) käuflich, fremd gewesen. Zwei andere Formen des Tauschs, nämlich Reziprozität und Redistribution, haben früher eine viel wichtigere ökonomische Rolle als Preismärkte gespielt.

Bei reziprokem Tausch sind Zeitpunkt und Menge der Gegenleistung nicht festgelegt. Diese Tauschform ist jedoch nur dann tauglich, wenn sie in Verwandtschaftsbeziehungen oder engen persönlichen Bindungen verankert ist. Ein Beispiel für reziproken Tausch liefert die tägliche Nahrungsverteilung der !Kung-San. Bei reziproken Tauschformen wird das Erbringen von Gegenleistungen dadurch kontrolliert, daß man Schnorrer und Drückeberger öffentlichem Druck aussetzt. In Gesellschaften mit Preismärkten lebt Reziprozität in Verwandtschaftsgruppen fort und ist wohl den meisten von uns vertraut, da wir alle Verwandten und Freunden Geschenke zu machen pflegen.

Handel ohne Preismärkte und polizeilich-militärische Überwachung stellt an reziproken Tausch gewöhnte Menschen vor ein besonderes Problem. Stummer Tausch ist eine Lösung, die Bildung von Tauschpartnerschaften, in deren Rahmen Tauschpartner einander wie Verwandte behandeln, eine andere. Der Kula-Handel ist ein klassisches Beispiel dafür, wie Handel mit Gebrauchsgegenständen unter dem Deckmantel reziproker Tauschhandlungen vollzogen wird.

Redistributiver Tausch beinhaltet die Sammlung von Gütern an zentraler Stelle und ihre Verteilung durch einen Redistributor an die Produzenten. Beim Übergang von egalitären zu geschichteten Gesellschaften überschreiten Produktion und Tausch die Grenze, die freiwillige von erzwungenen Formen wirtschaftlichen Verhaltens trennen. In egalitären Gesellschaften ist der Redistributor vom guten Willen der Produzenten abhängig, in geschichteten Gesellschaften dagegen sind die Produzenten vom guten Willen des Redistributors abhängig.

Bei redistributivem Tausch wird genau gezählt, was jeder beisteuert und was jeder erhält. Im Gegensatz zur Reziprozität führt Redistribution zu Prahlerei und offenem Konkurrenzkampf um den mit hohem sozialen Ansehen verbundenen Status des großen Versorgers. Die Institution des Potlatschs bei den Kwakiutl ist ein klassisches Beispiel für die Beziehung zwischen Redistribution und Großtuerei. Daß die Redistribution der Reziprozität überlegen ist, mag mit der unterschiedlichen Intensivierungsfähigkeit verschiedener Produktionsweisen zusammenhängen. Wo die Produktion ohne Erschöpfung der Ressourcen intensiviert werden kann, können Redistributionen mit Wettkampfcharakter adaptive ökologische Funktionen erfüllen, z.B. in mageren Jahren für ein Mehr an Sicherheit sorgen und die regionale Nahrungsmittelproduktion ausgleichen. Bei den Kwakiutl wurde die Entstehung destruktiver Potlatschformen wahrscheinlich von Faktoren verursacht, die sich aus dem Kontakt mit den Europäern ergaben: z.B. der Intensivierung kriegerischer Auseinandersetzungen, dem Gewehr- und Munitionshandel und dem Schrumpfen der Bevölkerung.

Preismarkttausch ist von der Existenz universell verwendbaren Geldes abhängig, das die Kriterien der Tragbarkeit, Teilbarkeit, Konvertibilität, Allgemeingültigkeit, Anonymität und Legalität erfüllt. Zwar treffen einige dieser Kriterien auch auf begrenzt verwendbare Zahlungsmittel wie im Falle des Muschelgeldes auf der Rossel-Insel zu, doch Preismärkte setzen Formen staatlicher Kontrolle voraus.

Am höchsten entwickelt sind Preismarkttauschformen in kapitalistischen Wirtschaftssystemen, in denen praktisch alle Güter und Dienstleistungen käuflich sind. Da die kapitalistische Produktion vom Verbrauch abhängig ist, verfügen diejenigen über das höchste Sozialprestige, die die meisten Güter und Dienstleistungen besitzen bzw. verbrauchen. Preismarkttauschhandlungen sind in eine politische Ökonomie der Kontrolle eingebettet, die durch den ungleichen Zugang zu den Ressourcen und den Konflikt zwischen Arm und Reich nötig geworden ist. Am Beispiel der Kapauku wird deutlich, warum Preismarktinstitutionen und Kapitalismus ohne diese Kontrollen nicht bestehen können.

In vielen Gesellschaften steht der Grundbesitz im Mittelpunkt der Beziehung zwischen politischen Kontroll- und Produktions- wie Tauschformen. Pacht, Frondienst und Steuer spiegeln den unterschiedlichen Zugang zu Natur und Technologie wider. Wir sehen also, warum eine vergleichende Untersuchung der Wirtschaftsformen eine Untersuchung der Institutionen, in die wirtschaftliches Handeln eingebettet ist, einschließen muß.

Arbeitsteilung ist ein Kennzeichen des menschlichen Soziallebens, Arbeitsteilung nach Geschlecht und Alter ein universelles Phänomen. In vorindustriellen Gesellschaften führen Männer Arbeiten aus, die eine größere Kraft erfordern. Wahrscheinlich hängt auch das männliche Monopol in bezug auf Jagdwaffen mit der Kriegerrolle der Männer zusammen. Frauen üben in vorindustriellen Gesellschaften vor allem Tätigkeiten aus, die mit dem Sammeln und der Kinderbetreuung verknüpft sind. In Industriegesellschaften gibt es jedoch keine infrastrukturelle Grundlage für diese weitverbreitete geschlechtliche Arbeitsteilung mehr.

Veränderung der Infrastruktur — höhere Energieerträge und größere Bevölkerungen — sind dafür verantwortlich, daß es in Wirtschaftssystemen mit entwickelter Landwirtschaft und Industrie mehr Vollzeitspezialisten gibt als in Wildbeuter- und Pflanzergesellschaften. Mit zunehmender Spezialisierung verliert die Arbeit immer mehr ihren freiwilligen und spontanen Charakter und wird zu Zwang und Routine. Paradoxerweise arbeiten trotz höherer Energieerträge pro Kopf und Jahr die meisten modernen Landwirte, Fabrikarbeiter und Büroangestellten mehr Stunden pro Woche als die !Kung oder Machiguenga.

7 Die Organisation des häuslichen Lebens

In diesem Kapitel sezten wir die vergleichende Untersuchung der Strukturebene soziokultureller Systeme fort und analysieren die Hauptformen der Haushaltsorganisation. Wir werden prüfen, ob alle häuslichen Gruppen auf einem einzigen Familientyp aufbauen und ob es eine entstehungsgeschichtliche Grundlage für den Austausch von Personen gibt, die jeweils einen Haushalt bildende Gruppen miteinander verbinden. Dieses Kapitel ist hauptsächlich deskriptiv, doch werden einige theoretische Erklärungen angedeutet, die in späteren Kapiteln weiter ausgeführt werden. Wir müssen zunächst etwas über die Variationsbreite menschlicher Lebensformen wissen, bevor wir uns der Beantwortung der Frage zuwenden können, warum einige Variationen in der einen Kultur auftreten, in der anderen aber nicht.

Die häusliche Sphäre der Kultur

In allen Kulturen gibt es Verhaltensweisen und Vorstellungen, die man sinnvollerweise der Kategorie der häuslichen Lebenssphäre zuordnen kann. Aus etischer Perspektive gehört zum häuslichen Leben ein Wohnraum, eine Hütte, ein Haus oder eine Wohnung — ein Ort also, an dem bestimmte, überall auf der Welt ähnliche Aktivitäten stattfinden. In vielen Kulturen schließt das häusliche Leben die Zubereitung und den Verzehr von Nahrung, die Aufzucht und Erziehung der Kinder, das Schlafen und den Sexualverkehr der Erwachsenen ein. Doch gibt es keine Kultur, in der diese Aktivitäten ausschließlich innerhalb der häuslichen Sphäre stattfinden. Zum Beispiel üben Hordenmitglieder und Dorfbewohner den Geschlechtsverkehr häufiger im Busch oder Wald aus als in dem Haus, in dem geschlafen wird. In anderen Fällen schläft man nicht dort, wo die Mahlzeiten eingenommen werden, und in wieder anderen Fällen gibt es Häuser, in denen sich keine Kinder aufhalten, wenn etwa kinderlose Erwachsene allein leben oder wenn Kinder eine entfernte Schule besuchen. Es gibt so viele Aktivitäten, die für das häusliche Leben charakteristisch sein können, daß es schwer ist, sie alle auf einen gemeinsamen Nenner zu bringen. (Man könnte einwenden, daß es zumindest Mütter mit kleinen Kindern geben muß, aber was ist dann mit kinderlosen Haushalten?) Daß es keinen gemeinsamen Nenner zu geben scheint, ist jedoch selbst bereits ein wichtiger Sachverhalt, da keine andere Spezies als der Mensch so enorm verschiedene Verhaltensweisen im Zusammenhang mit Essen, Wohnen, Schlafen, Sexualität und Kinderaufzucht an den Tag legt.

Die Kernfamilie

Kann man einen bestimmten Gruppentyp in allen Haushaltsformen finden? Viele Ethnologen sind der Meinung, daß es eine solche Gruppe gibt und bezeichnen sie als *Kernfamilie:* Mann, Frau und Kinder. Nach Ralph Linton bilden Vater, Mutter und Kinder das »Fundament, das allen anderen Familienstrukturen zugrunde liegt« (1959: 52). George Peter Murdock stieß in allen von ihm untersuchten 250 Gesellschaften auf die Kernfamilie und schloß daraus, daß diese eine Universalie ist. Nach Murdock (1949) erfüllt die Kernfamilie lebensnotwendige Funktionen, die von anderen Gruppen nicht mir der gleichen Effizienz übernommen werden können. Die von Murdock erkannten Funktionen sind: 1. Sexualität, 2. Reproduktion, 3. Erziehung und 4. Sicherung des Lebensunterhalts.

1. Die Kernfamilie befriedigt sexuelle Bedürfnisse und verringert die disruptive Wirkung sexueller Rivalität.

2. Die Kernfamilie garantiert den Schutz der Frau während der langen Schwangerschaft und während der monate- oder jahrelangen Stillzeit.

3. Die Kernfamilie ist für die Enkulturation unerläßlich. Nur ein erwachsener Mann und eine erwachsene Frau, die einen gemeinsamen Haushalt führen, besitzen das für die Enkulturation der Kinder beiderlei Geschlechts notwendige Wissen.

4. Wenn man das spezifische Verhalten, das einer Frau aufgrund ihrer Reproduktionsrolle auferlegt ist, und die anatomischen und physiologischen Unterschiede zwischen Mann und Frau in Rechnung stellt, trägt die geschlechtliche Arbeitsteilung zur besseren Sicherung des Lebensunterhalts bei.

Gemäß dieser Auffassung sorgt also die Kernfamilie besser als jede andere Institution für die Befriedigung heterosexueller Bedürfnisse, für Reproduktion, Enkulturation und wirtschaftliche Unterstützung.

Es ist wichtig, die Gültigkeit dieser Behauptungen etwas eingehender zu überprüfen. Die Vorstellung, die Kernfamilie sei universell oder fast universell verbreitet, leistet der Auffassung Vorschub, nicht auf der Kernfamilie beruhende Haushaltseinheiten seien minderwertig und pathologisch oder entsprächen nicht der menschlichen Natur. Tatsächlich weiß aber niemand, innerhalb welcher Grenzen sich die häuslichen Beziehungen des Menschen entfalten müssen, damit es der menschlichen Natur entspricht und keine, einige oder alle der oben aufgeführten vier Funktionen erfüllt werden.

Alternativen zur Kernfamilie

Obwohl die Kernfamilie in fast allen menschlichen Kulturen anzutreffen ist, hat offenbar jede Kultur auch andere Formen der Familienorganisation hervorgebracht, die oft wichtiger sind und einen größeren Teil der Bevölkerung betreffen als die Kernfamilie. Wie bereits angedeutet, können außerdem die vier oben aufgeführten Funktionen auch im Rahmen anderer, vielleicht außerhalb der häuslichen Sphäre liegender Institutionen erfüllt werden.

Ganz offensichtlich trifft das auf die Enkulturation bzw. Erziehung in modernen Industriekulturen zu, die in immer stärkerem Maße nicht mehr Aufgabe der Familie ist, sondern in speziellen Gebäuden, den Schulen, unter der Aufsicht nicht zur Verwandtschaft gehörender Spezialisten, den Lehrern, stattfindet.

Auch viele Pflanzer- und Wildbeutergesellschaften trennen Kinder und Jugendliche von der Kernfamilie und der häuslichen Sphäre, um sie in den Traditionen und Ritualen der Ahnen, in Sexualkunde oder der Kunst des Krieges zu unterrichten. Bei den Nyakyusa im südlichen Tansania beispielsweise errichten sechs- oder siebenjährige Jungen an der Peripherie des Dorfes Schilfhütten, die sogenannten Spielhäuser. Diese Spielhäuser werden immer weiter verbessert und erweitert, bis schließlich ein völlig neues Dorf entsteht. Im Alter von fünf bis elf Jahren schlafen Nyakyusa-Jungen im Haus ihrer Eltern, doch während der Adoleszenz dürfen sie nur noch tagsüber zu Besuch kommen. Von nun an schlafen sie nachts im neuen Dorf, doch kochen ihre Mütter immer noch für sie. Die Gründung des neuen Dorfs ist abgeschlossen, wenn sich die jungen Männer Mädchen zu Ehefrauen nehmen, die für sie kochen und die nächste Generation zur Welt zu bringen beginnen (M. Wilson 1963).

Eine andere Variation dieses Musters findet sich bei den Masai in Ostafrika, wo unverheiratete Männer derselben *Altersklasse,* einer rituell definierten Generation also, besondere Dörfer oder Lager errichten, von denen aus sie Kriegs- und Raubzüge unternehmen, um Feinde zu töten und Rinder zu stehlen. Hier sind es die Mütter und Schwestern, die für die jungen Männer kochen und ihnen den Haushalt führen.

In diesem Zusammenhang sollte auch der in englischen Oberschichtkreisen übliche Brauch, sechsjährige oder ältere Söhne in ein Internat zu schicken, erwähnt werden. Wie die Masai lehnen es die englischen Aristokraten ab, die Wahrung der Kontinuität der Gesellschaft den erzieherischen Talenten der Kernfamilie anzuvertrauen.

In vielen Gesellschaften verbringen die verheirateten Männer einen Großteil ihrer Zeit in besonderen *Männerhäusern*. Die Mahlzeiten werden ihnen von ihren Frauen und Kindern, denen der Zutritt zum Männerhaus verboten ist, hineingereicht. Meist arbeiten und schlafen die Männer auch in ihren »Clubhäusern« und verbringen die Nacht nur gelegentlich bei ihren Frauen und Kindern.

Bei den Fur im Sudan schlafen die Männer gewöhnlich getrennt von ihren Frauen in eigenen Häusern und nehmen ihre Mahlzeiten in einem nur Männern offenstehenden »Kasino« ein. Eines der interessantesten Beispiele für die Trennung von Nahrungszubereitung und Nahrungsverzehr liefern die Asante (früher: Aschanti) in Westafrika. Männer speisen mit ihren Schwestern und Müttern sowie ihren Neffen und Nichten mütterlicherseits, nicht jedoch mit ihren Frauen und Kindern. Aber die Zubereitung der Nahrung besorgen ihre Frauen. Jeden Abend sieht man ein Heer von Kindern, die von ihren Müttern zubereitete Speisen zum Haus der Schwester ihres Vaters tragen (s. Barnes 1960; Bender 1967).

Schließlich gibt es zumindest einen berühmten Fall — die Nayar in Kerala — in dem »Eheleute« überhaupt nicht zusammen leben. Viele Nayar-Frauen »heirateten« rituelle Ehemänner und lebten dann bei ihren Geschwistern. Männer, mit denen sie geschlechtlich verkehrten, besuchten sie nur in der Nacht. Kinder, die aus diesen Verbindungen hervorgingen, wuchsen in Haushalten auf, denen ihr Mutterbruder vorstand, und lernten ihren Vater nie kennen. Wir werden uns die Nayar gleich noch etwas näher ansehen.

Polygamie und die Kernfamilie

Nun wollen wir untersuchen, ob die Kombination Vater-Mutter-Kind die gleiche funktionale Bedeutung hat, wenn Vater oder Mutter gleichzeitig mit mehr als einem Partner verheiratet sind und zusammenleben. Das ist insofern eine wichtige Frage, als die Vielehe *(Polygamie)* in der einen oder anderen Form in mindestens 90 % aller Kulturen vorkommt.

Bei der einen Form, die man *Polygynie* nennt, hat ein Mann mehrere Frauen, bei der anderen, weniger häufigen und als Poly*andrie* bezeichneten Form hat eine Frau mehrere Männer. (Der Grund für das Vorkommen von Polygynie und Polyandrie wird in Kap. 8 behandelt.) Gibt es auch unter polygamen Bedingungen eine Kernfamilie? G.P. Murdock war davon überzeugt. Er meinte, daß Mann oder Frau einfach mehreren Kernfamilien gleichzeitig angehören. Dabei übersah er jedoch, daß Vielehen häusliche Situationen schaffen, die sich auf der Verhaltens- wie auf der Vorstellungsebene stark von denen einer *monogamen* Ehe (ein Mann, eine Frau) unterscheiden. Besonders im Falle der Polygynie ist darüber hinaus auch die Reproduktionsweise eine andere, da der zeitliche Abstand zwischen den Geburten einer Frau leichter zu kontrollieren ist, wenn der Mann mehrere Ehefrauen hat. Außerdem entstehen andere Verhaltensweisen hinsichtlich des Stillens und der Säuglingsbetreuung, wenn nur die Mutter mit ihren Kindern zusammen schläft, während der Vater jede Nacht bei einer anderen Ehefrau verbringt (s. S. 333). Die Tatsache, daß ein Vater seine Zeit unter mehreren Frauen aufteilt und mit seinen Kindern über eine Hierarchie von Frauen in Verbindung steht, hat ganz besondere psychologische Folgen. In monogamen US-amerikanischen oder kanadischen Kernfamilien ruht die Aufmerksamkeit der Erwachsenen auf einer kleinen Gruppe von Vollgeschwistern. In einem polygynen Haushalt dagegen müssen sich ein Dutzend oder mehr Halbgeschwister die Zuneigung ein und desselben Mannes teilen. Außerdem wird die Last der Kinderbetreuung, die sonst allein auf einem Elternteil ruht, durch die Anwesenheit von Mitfrauen und Mitmännern gemildert. Zum Beispiel wissen US-amerikanische und kanadische Eltern oft nicht, was sie mit ihren Kindern anstellen sollen, wenn beide Elternteile mit typischen Erwachsenentätigkeiten beschäftigt sind. Für dieses Problem haben polygyne Familien eine einfache Lösung: Es gibt immer Mitfrauen, die auf die Kinder aufpassen.

Um schließlich zu den ökonomischen Funktionen zu kommen: die kleinste polygame Wirtschaftseinheit besteht oft aus der gesamten, einen gemeinsamen Haushalt bildenden Produktionsgruppe und nicht aus jedem einzelnen Ehepaar. In polygynen Haushalten etwa können häusliche Arbeiten wie Kinderbetreuung, Kleidungspflege, Saubermachen, Wasserholen, Kochen usw. oft nicht von einer Frau allein bewältigt werden. Ein Mann heiratet in polygynen Gesellschaften hauptsächlich deshalb eine zweite Frau, weil er die Arbeit aufteilen und die häusliche Produktion steigern will. Die monogame Kernfamilie läßt sich also nicht mit polygamen Mann-Frau-Kind-Einheiten gleichsetzen.

Die Großfamilie

In vielen von Ethnologen erforschten Gesellschaften wird das häusliche Leben von Gruppen beherrscht, die größer als Kernfamilien oder polygame Familien sind. Wahrscheinlich werden in der Mehrzahl aller bestehenden Kulturen häusliche Tätigkeiten immer noch im Rahmen einer Großfamilie ausgeführt, d.h. in einer Familiengruppe, die Geschwister, deren Ehepartner und Kinder, Eltern und verheiratete Kinder umfaßt. Es gibt auch polygyne Großfamilien. Eine in Afrika häufig anzutreffende Form der Großfamilie besteht beispielsweise aus zwei oder mehr Brüdern, die zwei oder mehr Frauen haben und mit ihren erwachsenen Söhnen zusammenleben, die wiederum ein oder zwei Frauen haben. Bei den Tonga im südlichen Mosambik unterlag das häusliche Leben der Kontrolle der zur ältesten Generation einer polygynen Großfamilie gehörenden alten Männer. Diese angesehenen und mächtigen Männer bildeten gemeinsam den Ältestenrat, der der gesamten Familiengruppe vorstand. Sie trafen die Entscheidungen über den Land-, Vieh- und Hausbesitz der Familie; sie organisierten die Arbeit aller Familienangehörigen, vor allem der Frauen und Kinder, indem sie Felder, Feldfrüchte und jahreszeitliche Aufgaben zuteilten. Ihre Absicht war es, die Viehherden sowie den Nahrungs- und Biervorrat zu vergrößern, viele Frauen zu heiraten und die Größe und Stärke der Familie insgesamt zu steigern. Jüngere Brüder, Söhne und Enkel konnten in der Tonga-Großfamilie zwar aufwachsen, heiraten, ein Haus bauen, für den Lebensunterhalt sorgen und Kinder haben, doch sie blieben Mitglieder der größeren Gruppe, und als solche waren sie den von den Ältesten gesetzten Regeln und Prioritäten unterworfen. In den Haushalten der Tonga-Großfamilie gab es keine der Kernfamilie vergleichbare Gruppe. Das gleiche gilt für Großfamilien in vielen anderen Kulturen, ganz gleich, ob es sich um monogame oder polygyne Familien handelt.

In der traditionellen chinesischen Großfamilie ist die Ehe gewöhnlich monogam. Das älteste Ehepaar organisiert die Arbeit der Familienangehörigen und arrangiert Heiraten. Frauen, die als Ehefrauen der Söhne des ältesten Ehepaares ins Haus kommen, sind der direkten Kontrolle ihrer Schwiegermutter unterstellt. Diese überwacht das Saubermachen, Kochen und die Kinderaufzucht ihrer Schwiegertochter. Sind mehrere Schwiegertöchter vorhanden, wechseln sich diese in der Essenszubereitung ab, so daß jeden Tag ein maximales familiäres Arbeitskräftekontingent zur Arbeit auf die familieneigenen Felder geschickt werden kann (Myron Cohen 1976). In welchem Umfang die Kernfamilie durch diese Regelungen unterdrückt und ausgelöscht wird, zeigt ein Brauch, der früher in einigen taiwanesischen Haushalten üblich war: »Adoptiere eine Schwiegertochter; heirate eine Schwester«. Um Kontrolle über die Frau ihres Sohnes zu bekommen, adoptiert das älteste Ehepaar eine Tochter. Sie bringen das Mädchen ins Haus, wenn es noch klein ist, und lehren es, fleißig und gehorsam zu sein. Später zwingen sie ihren Sohn, diese Stiefschwester zu heiraten und verhindern so die Entstehung einer unabhängigen Kernfamilie mitten unter ihnen, während sie gleichzeitig die geltenden Inzesttabus einhalten (A. Wolf 1968).

Ähnlich strenge Maßnahmen ergreifen Großfamilien bei den Rajputs in Nordindien, um die Unterordnung jedes Ehepaares zu gewährleisten. Einem jungen Mann und seiner Frau ist es nicht einmal gestattet, in Gegenwart älterer Personen miteinander zu sprechen, was bedeutet, daß sie sich »nur heimlich nachts unterhalten können« (Minturn und Hitchcock 1963: 241). Der Ehemann darf auch nicht offen zeigen, daß er um das Wohl seiner Frau besorgt ist; ist sie krank, so ist es die Aufgabe der Schwiegermutter oder des Schwiegervaters, sich um sie zu kümmern: »Die Mutter sorgt für ihren Sohn, auch wenn er verheiratet ist. . . . Sie führt die Familie, solange sie die Verantwortung zu tragen bereit ist«.

Max Gluckmans (1955: 60) sarkastische Bemerkung zu den Barotse in Sambia mag als letztes, kurzes Beispiel dafür dienen, wie Großfamilien die Konstellation der Kernfamilie verändern: »Wenn ein Mann seiner Frau zu treu ergeben ist, hält man ihn für das Opfer von Hexerei.«

Warum gibt es in so vielen Gesellschaften Großfamilien? Wahrscheinlich weil Kernfamilien oft nicht über genügend männliche und weibliche Arbeitskräfte verfügen, um sowohl häusliche wie subsistenzwirtschaftliche Aufgaben effektiv zu erfüllen. Großfamilien stellen mehr Arbeitskräfte bereit und können mehr Tätigkeiten gleichzeitig bewältigen (Pasternak, Ember und Ember 1976).

Familien mit nur einem Elternteil

Millionen Kinder in der Welt wachsen in Familien auf, in denen es nur einen Elternteil gibt. Diese Situation kann eintreten, wenn sich die Eltern scheiden lassen oder wenn ein Elternteil stirbt. Sie kann aber auch dadurch entstehen, daß die Eltern nicht heiraten können oder wollen. Die häufigste Form einer Familie mit nur einem Elternteil stellt der sogenannte *matrifokale* Haushalt dar, in dem es eine Mutter, aber keinen Vater gibt. Die Mutter verkehrt in mehr oder weniger rascher Folge mit einer Reihe von Männern. Gewöhnlich hat sie nur einen einzigen Partner zu einer bestimmten Zeit, manchmal jedoch mehrere gleichzeitig. Meist lebt sie nur kurz mit einem Mann zusammen, und im Laufe der Jahre kann es lange Zeiträume geben, in denen kein

Mann zur Familie gehört. Das eine Extrem, das im Falle von sehr reichen bzw. sehr armen Frauen vorkommt, bilden Familien, in denen eine Mutter mit ihren Kindern allein lebt. Das andere Extrem sind Familien, in denen die Mutter mit ihren Kindern sowie ihren Schwestern und ihrer Mutter eine Großfamilie bilden, in der erwachsene Männer nur vorübergehend eine Rolle als Besucher oder Liebhaber spielen.

Matrifokale Haushalte sind vor allem durch Forschungen auf den Inseln der Westindischen Union (Blake 1961; M.G. Smith 1966; R.T. Smith 1973), in Lateinamerika (Adams 1968; Lewis 1961, 1964) und bei US-amerikanischen städtischen Schwarzen (Furstenberg u.a. 1975; Stack 1974; Gonzalez 1970; N. Tanner 1974) bekannt geworden. Die Erkenntnis, daß Matrifokalität eine weltweite Erscheinung ist, wurde jedoch lange Zeit dadurch behindert, daß man matrifokale Haushalte für anormal und pathologisch hielt (Moynihan 1965). Bei ihrer Beschreibung familiärer Gruppen konzentrieren sich Sozialwissenschaftler nur allzu oft auf emisch bevorzugte oder ideale Formen und vernachlässigen so die etische Perspektive und das tatsächliche Verhalten. Mutter-Kind-Familien sind nicht selten eine Folge von Armut und werden, weil sie viele soziale Probleme mit sich bringen, als nicht wünschenswert betrachtet. Es gibt jedoch keinen Beleg dafür, daß solche Haushalte, verglichen mit der Kernfamilie, schon an sich pathologischer und unstabiler seien oder in stärkerem Maße der »menschlichen Natur« widersprächen (s. S. 266).

Matrifokale Großfamilienhaushalte gehen kaum merklich in matrilokale (s. Tab. 8.1) Großfamilienhaushalte über. Bei den matrilokalen Nayar zum Beispiel lebten die Männer einer Mutter nie mit dieser und den Kindern zusammen. Anders als in matrifokalen Haushalten umfaßte ein Nayar-Haushalt außerdem mehrere Generationen von Männern, die über Frauen miteinander verwandt waren. Und einer der rangältesten Männer — d.h. ein Mutterbruder —, nicht eine Großmutter wie im Falle der matrifokalen Großfamilie, stand dem Haushalt vor.

Was ist eine Ehe?

Eines der Probleme im Zusammenhang mit der Vorstellung, die Kernfamilie sei der Grundbaustein aller Familiengruppen, ergibt sich daraus, daß man meint, ganz unterschiedliche Formen der Sexualgemeinschaft als »Ehe« bezeichnen zu können. Eine Berücksichtigung der ungeheuren Vielfalt der für den Menschen charakteristischen Partnerbeziehungen erfordert jedoch eine so weite Definition der Ehe, daß sie verwirrend zu werden beginnt. Unter den vielen sinnreichen Versuchen, die Ehe als eine universell verbreitete Beziehung zu definieren, verdient die von der Nayar-Forscherin Kathleen Gough vorgeschlagene Definition besondere Aufmerksamkeit. Man muß sie sich aber mehrmals durchlesen!

>Die Ehe ist eine zwischen einer Frau und einer oder mehreren Personen geknüpfte Beziehung, die dafür sorgt, daß einem Kind, das die Frau unter Umständen zur Welt bringt, die nicht gegen die Regeln der Beziehung verstoßen, die vollen Geburtsrechte eines normalen Mitglieds seiner Gesellschaft oder sozialen Schicht gewährt werden« (1968: 68).

Nach Gough bezeichnet diese Definition für die meisten, wenn nicht für alle Gesellschaften eine Beziehung, »die von den betreffenden Menschen selbst als anders als alle anderen Beziehungen betrachtet wird«. Trotzdem weicht Goughs Definition auf eigenartige Weise von einer Lexikondefinition oder westlichen Vorstellungen von einer Ehe ab. Erstens gibt es keinen Hinweis auf sexuelle Rechte und Pflichten; und zweitens braucht eine Ehe, wenn man Goughs Definition akzeptiert, keine Beziehung zwischen Mann und Frau zu sein. Gough führt nur an, daß eine Frau und »eine oder mehrere Personen« undefinierten Geschlechts beteiligt sein müssen.

Der Hauptgrund, warum Gough keine sexuellen Rechte und Pflichten erwähnt, ist der Fall der Nayar. Geschlechtsreife Nayar-Mädchen mußten, damit sie auf sozial akzeptierte Weise Kinder bekommen konnten, eine viertätige Zeremonie durchlaufen, die sie mit einem »rituellen Ehemann« verband. Der Abschluß dieser Zeremonie war eine notwendige Voraussetzung dafür, daß eine Nayar-Frau sexuelle Beziehungen aufnehmen und Kinder gebären konnte. Idealerweise versuchten Nayar, einen rituellen Ehemann unter den Männern der in der Kastenhierarchie höher rangierenden Nambrodi-Brahmanenkaste zu finden. Angehörige dieser Kaste waren nicht abgeneigt, sexuelle Beziehungen zu Nayar-Frauen zu unterhalten, weigerten sich aber, die Kinder der Nayar-Frauen als ihre Erben zu akzeptieren. Nayar-Frauen blieben also zu Hause bei ihren Geschwistern und wurden sowohl von Nambrodi-Brahmanen wie von Nayar-Männern besucht. Gough betrachtet nun die Existenz der rituellen Ehemänner als Beleg für die Universalität der Ehe (nicht der Kernfamilie), da nur Kinder von rituell verheirateten Nayar-Frauen als legtim galten, obwohl die Identität ihrer Väter ungewiß war.

Was aber kann der Grund dafür sein, die Ehe als eine Beziehung zwischen einer Frau und »Personen« statt zwischen Frauen und Männern zu definieren? In Afrika gibt es viele Beispiele dafür, daß Frauen weibliche »Ehemänner« heiraten — die Dahomey sind der bekannteste Fall. Eine Frau, die gewöhnlich selbst bereits mit einem Mann verheiratet ist, zahlt für eine Braut den Brautpreis. So wird die Brautpreiszahlerin zu einem »weiblichen Ehemann«. Nun gründet sie eine eigene Familie, indem sie ihre »Ehefrauen« mit ausgewählten Männern schlafen und schwanger werden läßt. Die aus diesen Verbindungen entstehenden Kinder gehören dem »weiblichen Vater«, nicht ihrem biologischen *Genitor* (s. S. 175).

So weit Goughs Definition auch gefaßt sein mag, sie läßt Sexualbeziehungen außer acht, an denen überhaupt keine Frau beteiligt ist. Doch einige Ethnologen nehmen auch solche Mann-Mann-Beziehungen in ihre Definition der Ehe auf. Zum Beispiel kann bei den Kwakiutl ein Mann, der die an einen bestimmten Häuptling gebundenen Privilegien erwerben will, den ältesten Erben des Häuptlings »heiraten«. Hat der Häuptling jedoch keine Erben, so kann der Mann die rechte oder linke Seite, den rechten oder linken Arm des Häuptlings »heiraten«.

In der euroamerikanischen Kultur nennt man oft auch die dauerhafte Sexualbeziehung zwischen homosexuellen Männern, die einen gemeinsamen Haushalt führen, Ehe. Deshalb wurde der Vorschlag gemacht, bei der Definition der Ehe jeden Hinweis auf das Geschlecht der an der Beziehung beteiligten Personen zu vermeiden, um auch solche Fälle zu berücksichtigen (Dillingham und Isaac 1975). Doch wird die Aufgabe, die Vielfalt häuslicher Organisation zu verstehen, sehr viel schwieriger, wenn alle diese unterschiedlichen Formen der Sexualbeziehungen in den einen Begriff Ehe gezwängt werden. Ein Teil des Problems liegt darin begründet, daß leicht der Eindruck entsteht, man betrachte bestimmte Partnerbeziehungen als weniger ehrenhaft oder echt, wenn man ihnen die Bezeichnung »Ehe« verweigert. Deshalb scheuen Ethnologen davor zurück, Sexualbeziehungen zwischen Frauen oder zwischen Männern, bei den Nayar oder in der Form matrifokaler Besuchsehen dadurch zu brandmarken, daß sie sagen, sie seien keine Ehen. Wie auch immer wir sie nennen mögen, sie decken einen enormen Verhaltens- und Vorstellungsbereich ab. Es gibt nicht den geringsten wissenschaftlichen Beweis dafür, daß irgendeine dieser Beziehungen weniger wünschenswert oder weniger human ist — vorausgesetzt, sie beruhen nicht auf Gewalt, Mißbrauch oder Ausbeutung eines der Partner (eine Bedingung, die selbstverständlich auch für die in der westlichen Welt übliche monogame Ehe zwischen Mann und Frau gilt).

Da der Begriff der *Ehe* doch zu nützlich ist, um ihn ganz fallen zu lassen, scheint eine engere Definition angebracht: *Ehe* meint alle Verhaltensweisen, Gefühle und Regeln im Zusammenhang mit einer auf gemeinsamem Zusammenleben und gemeinsamer Haushaltsführung beruhenden und der Reproduktion dienenden heterosexuellen Beziehung.

Damit durch die ausschließliche Verwendung des Begriffs Ehe auf hetero-sexuelle Partner, die in einem Haushalt zusammenleben, keine Gefühle ver-letzt werden, gibt es ein einfaches Hilfsmittel. Man braucht nur andere For-men der Ehe, z.B. »Ehen ohne Zusammenleben«, »Ehen zwischen Männern«, »Ehen zwischen Frauen« usw., mit dem entsprechenden spezifizierenden Zusatz zu versehen. Da es völlig klar ist, daß diesen Sexualbeziehungen unter-schiedliche ökologische, demographische, ökonomische und ideologische Implikationen zugrundeliegen, gewinnt man nichts, wenn man darüber dis-kutiert, ob es sich um »echte« Ehen handelt.

Legitimität

Nach Meinung einiger Ethnologen ist das wesentliche der ehelichen Bezie-hung in dem Teil von Goughs Definition enthalten, der sich auf die »Geburts-rechte« der Kinder bezieht. Kinder, die von einer verheirateten Frau geboren werden »unter Umständen, die nicht gegen die Regeln der Beziehung versto-ßen« (z.B. Ehebruch), werden als legal oder legitim betrachtet. Kinder einer unverheirateten Frau sind illegitim. Mit den Worten Malinowskis: »Ehe ist die offizielle Erlaubnis zur Elternschaft«.

Viele Gesellschaften unterscheiden nicht zwischen der Aufzucht legitimer und illegitimer Kinder. Es stimmt zwar, daß Frauen in allen Gesellschaften daran gehindert werden, ganz nach eigener Entscheidung Kinder aufzuzie-hen oder Neugeborene zu töten. Doch viele Gesellschaften verfügen über verschiedene Systeme von Regeln, die definieren, welche Formen der Kon-zeption und der Kinderaufzucht erlaubt sind. Zwar werden einige dieser Alternativen oft mehr als andere geschätzt, doch drängen die weniger geschätzten Formen Kinder nicht in eine der westlichen Illegitimität ver-gleichbare Stellung (Scheffler 1973: 754–755). Zum Beispiel gibt es bei den in Kleinstädten lebenden Brasilianern vier Arten der Beziehung zwischen Mann und Frau, die alle den aus diesen Verbindungen hervorgehenden Kindern volle Geburtsrechte garantieren: die kirchlich geschlossene Ehe, die standes-amtlich geschlossene Ehe, die sowohl kirchlich als auch standesamtlich geschlossene Ehe und die auf mündlicher Übereinkunft basierende Ehe. Einer Brasilianerin ist es jedoch am liebsten, Kinder in einer sowohl kirchlich wie standesamtlich geschlossenen Ehe zu bekommen. Denn nur diese Art der Ehe sichert ihr nach dem Tod ihres Mannes den legalen Anspruch auf einen Teil seines Besitzes. Darüber hinaus gibt sie ihr die Sicherheit, daß ihr Mann sie nicht so ohne weiteres verlassen und anderswo eine zivile oder religiöse Ehe eingehen kann. Am wenigsten schätzt sie eine auf mündlicher Übereinkunft basierende Ehe, weil sie ihrem Mann gegenüber keine Besitzansprüche geltend machen kann und sie auch keine Möglichkeit hat, ihn daran zu hindern, sie zu verlassen. Kinder aber, die einer solchen Ehe entspringen, können sowohl ihrem Vater wie ihrer Mutter gegenüber Besitzansprüche geltend machen. Solange der Vater seine Vaterschaft anerkennt, wird ihnen keines ihrer Geburtsrechte vorenthalten, sie erleiden keine rechtlichen Nachteile und erfahren keine soziale Ablehnung.

Bei den Dahomey gab es nach Herskovits (1938) dreizehn verschiedene Eheformen, die sich hauptsächlich aus verschiedenen Brautpreiszahlungen ergaben. Je nach der Eheform genossen die Kinder verschiedene Geburtsrechte. In einigen Fällen gehörte das Kind zur Familie des Vaters, in anderen zu einer Familie, der ein weiblicher »Vater« vorstand (s.o.). Das heißt also, daß ein Kind nicht entweder legitim oder illegitim ist, sondern daß es — je nach Form der Sexual- und Reproduktionsbeziehung — spezifische Arten von Rechten, Pflichten und familiären Gruppen gibt. Für die meisten Völker dieser Welt lautet die Frage nicht, ob ein Kind legitim ist, sondern wer das Recht hat, über das Kind zu verfügen. Wenn sich deshalb die Eltern nicht an die bevorzugte Form der Konzeption und der Kinderaufzucht halten, so hat dies für das Kind selten ökonomische oder soziale Nachteile. In dieser Hinsicht ist die westliche Welt eine Ausnahme.

Eine Frau, die die bevorzugten Bedingungen der Mutterschaft nicht erfüllt, ist gewöhnlich verschieden starken Formen der Strafe und Mißbilligung ausgesetzt. Doch selbst in dieser Hinsicht ist es falsch zu glauben, Frauen, die nicht die bevorzugte Form der Kinderaufzucht ermöglichen, seien überall auf der Welt irgendeiner Form der Mißbilligung ausgesetzt. Alles hängt vom weiteren familiären und sozialen Kontext ab, in dem eine Frau schwanger wurde. Zwar gestattet keine Gesellschaft den Frauen völlige »Konzeptionsfreiheit«, doch die für die Mutterschaft geltenden Einschränkungen und die Formen der Strafe und Mißbilligung unterscheiden sich enorm.

Dort, wo die häusliche Sphäre von umfangreichen Großfamilien beherrscht wird und wo vorehelicher Geschlechtsverkehr keinen starken Einschränkungen unterworfen ist, stellt die Schwangerschaft einer unverheirateten jungen Frau selten ein besonderes Problem dar. Unter bestimmten Umständen begrüßt man sogar eine »unverheiratete Mutter«, statt sie zu verdammen. Bei den Kadar in Nordnigeria werden, wie M.G. Smith (1968) berichtet, die meisten Ehen zwischen Männern und Frauen geschlossen, die bereits als Kinder miteinander verlobt wurden. Derartige Verlobungen werden von den Vätern der Braut und des Bräutigams arrangiert, wenn das Mädchen etwa drei bis sechs Jahre alt ist. Zehn Jahre können vergehen, bevor die Braut mit ihrem Angetrauten zusammenleben wird. In dieser Zeit kommt es oft vor, daß ein

Kadar-Mädchen schwanger wird. Doch das stört niemanden, selbst wenn der biologische Vater nicht der künftige Ehemann ist:

»Für die Kadar stellt voreheliche Keuschheit keinen Wert dar. Unverheiratete Mädchen werden häufig von Jugendlichen, die nicht ihre Verlobten sind, schwanger und bringen Kinder zur Welt. Kinder, die aus solchen vorehelichen Verbindungen entstehen, sind Mitglieder der Patrilineage ... des Verlobten des Mädchens und werden als Beweis der Fruchtbarkeit der Braut begrüßt« (1968: 113).

Ganz ähnlich ist die Situation in vielen anderen Gesellschaften, in denen Familiengruppen Kinder höher als Keuschheit bewerten.

Funktionen der Ehe

Jede Gesellschaft besitzt Regeln, die die Bedingungen, unter denen Sexualbeziehungen, Schwangerschaft, Geburt und Kinderaufzucht vorkommen können, genau definieren und die Rechte und Pflichten im Zusammenhang mit diesen Beziehungen festlegen. Und jede Gesellschaft besitzt auf diesem Gebiet ihre eigene, manchmal einzigartige Kombination von Regeln und Regeln zum Übertreten der Regeln. Es wäre deshalb zwecklos, die Ehe mit Hilfe irgendeines Bestandteils dieser Regeln — etwa Legitimität der Kinder — definieren zu wollen, selbst wenn man beweisen könnte, daß es sich um ein universelles Element handelt. Das läßt sich demonstrieren, indem man einige der verschiedenen regulativen Funktionen aufzählt, die mit gewöhnlich als »Ehe« bezeichneten Institutionen verbunden sind. Die folgende Aufzählung umfaßt die von Edmund Leach (1968) gemachten Vorschläge. *Manchmal* hat die Ehe die Funktion

1. den legalen Vater für die Kinder einer Frau zu bestimmen;
2. die legale Mutter für die Kinder eines Mannes zu bestimmen;
3. dem Ehemann oder seiner Großfamilie die Kontrolle über die sexuellen Dienste der Ehefrau zu geben;
4. der Ehefrau oder ihrer Großfamilie die Kontrolle über die sexuellen Dienste des Ehemannes zu geben;
5. dem Ehemann oder seiner Großfamilie die Kontrolle über die Arbeitskraft der Ehefrau zu geben;
6. der Ehefrau oder ihrer Großfamilie die Kontrolle über die Arbeitskraft des Ehemannes zu geben;
7. dem Ehemann oder seiner Großfamilie die Kontrolle über den Besitz der Ehefrau zu geben;

8. der Ehefrau oder ihrer Großfamilie die Kontrolle über den Besitz des Ehemannes zu geben;
9. den Besitz von Mann und Frau für die Kinder zusammenzulegen;
10. eine sozial wichtige Beziehung zwischen der Familie des Mannes und der der Frau herzustellen.

Wie Leach bemerkt, könnte diese Liste noch beträchtlich erweitert werden. Wichtig ist jedoch, »daß in keiner Gesellschaft die Ehe dazu dienen kann, alle diese Arten von Rechten gleichzeitig zu gewähren, noch räumt die Ehe ein einziges dieser Rechte wirklich in allen Gesellschaften ein« (1968: 76).

Ehe in Großfamilien

In Großfamilien muß man die Ehe im Zusammenhang mit Gruppeninteressen sehen. Einzelpersonen dienen den Interessen der Großfamilie: Die größere Familiengruppe verliert niemals das Interesse an den produktiven, reproduktiven und sexuellen Funktionen der Eheleute und Kinder und gibt niemals ihre diesbezüglichen Rechte auf. Unter diesen Umständen ist die Ehe eine »Verbindung« zwischen Gruppen. Diese Verbindung beeinflußt auch die gegenwärtigen und künftigen Sexualbeziehungen anderer Mitglieder beider Gruppen.

Daß bei einer Eheschließung Gruppeninteressen im Spiel sind, kommt in vielen Gesellschaften darin zum Ausdruck, daß zwischen der Familiengruppe der Braut und der des Bräutigams entweder Personen oder Wertgegenstände ausgetauscht werden. Die einfachste Form solcher Transaktionen ist der *Schwesterntausch:* Der Bräutigam gibt als Kompensation dafür, daß er eine Ehefrau erhält, eine Schwester ab.

Gruppeninteressen spiegeln sich außerdem bei vielen Völkern der Erde in der als *Brautpreis* bekannten Institution wider. Der Frauennehmer gibt dem Frauengeber Wertgegenstände. Selbstverständlich ist der Brautpreis nicht mit dem Kaufen und Verkaufen von Autos oder Kühlschränken auf den Preismärkten moderner Industriegesellschaften vergleichbar. Die Frauennehmer »besitzen« ihre Ehefrauen nicht; sie müssen sie gut versorgen, sonst fordern ihre Brüder und »Väter« (d.h. der Vater und die Brüder des Vaters) sie wieder zurück. Die Höhe des Brautpreises ist nicht immer gleich, sondern variiert von Eheschließung zu Eheschließung. (In Afrika wurde der »Brautpreis« traditionellerweise in Rindern bezahlt, obwohl auch andere Wertgegenstände wie Eisenwerkzeuge Verwendung fanden. Heute ist Bargeld die Regel.) Bei den Tonga war eine Familie, die viele Töchter/Schwestern hatte, in einer vorteilhaftigen Position. Sie konnte zunächst die Frauen gegen Rinder, dann die Rinder gegen Frauen tauschen. Je mehr Rinder man besaß, um so größer war das reproduktive und produktive Arbeitskräftepotential und um so größer auch der gemeinsame materielle Besitz und Einfluß der Großfamilie.

Manchmal wird der Brautpreis in Raten bezahlt: eine Rate bei Vertragsabschluß, eine bei Übersiedlung der Frau in die Familie des Mannes und eine weitere, gewöhnlich die letzte Rate, bei der Geburt des ersten Kindes. Kinderlosigkeit ist ein Scheidungsgrund. Die Frau kehrt zu ihren Brüdern und Vätern zurück, und der Mann erhält seinen Brautpreis zurück.

Eine Alternative zum Brautpreis stellt der *Brautdienst* dar. Der Bräutigam oder Ehemann bezahlt seine Schwiegerverwandten, indem er über Monate und Jahre hinweg für sie arbeitet, bevor er seine Braut mit nach Hause nimmt, wo sie dann mit ihm und seiner Großfamilie zu leben und zu arbeiten hat. Wie wir in Kapitel 8 sehen werden, ist der Brautdienst eine der Bedingungen, unter denen eine matrilokale Wohnfolgeordnung entsteht. Wenn der Bräutigam bei seinen Schwiegerverwandten bleibt und nicht mit seiner Braut nach Hause zurückkehrt, trägt er, etisch betrachtet, zum Übergang von einer patrilokalen zu einer matrilokalen Wohnfolgeordnung bei.

Brautpreis und Brautdienst treten gewöhnlich dort auf, wo die Produktion gesteigert wird, viel Land zur Verfügung steht und die Kontrolle über die Arbeitskraft zusätzlicher Frauen und Kinder im Interesse der korporierten Gruppe liegt (Goody 1976). Ist die Gruppe nicht an einer Produktionssteigerung oder an einer Gruppenvergrößerung interessiert, können Frauen als eine Last betrachtet werden. Statt der Familie der Braut einen Brautpreis zu zahlen, kann die Familie des Bräutigams eine umgekehrte Zahlung, die *Mitgift*, verlangen. Besteht diese Zahlung in Geld oder beweglichem Besitz statt in Land, so ist das gewöhnlich Ausdruck des niedrigen oder unterdrückten Status der Frau.

Das Gegenstück zum Brautpreis ist jedoch nicht die Mitgift, sondern der *Bräutigampreis*. Der Bräutigam arbeitet eine Zeitlang für die Familie der Braut, die die Familie des Bräutigams für ihren Produktions- und Reproduktionsausfall kompensiert. Diese Form der Kompensation ist jedoch äußerst selten — nur ein gut dokumentierter Fall ist bekannt (Nash 1974) — aus Gründen, die wahrscheinlich mit dem Übergewicht männlicher Machtinstitutionen zusammenhängen (s. S. 344).

Familiengruppen und das Inzesttabu

Alle diese Tauschformen weisen darauf hin, daß die Art, wie Menschen ihre Ehepartner finden, etwas zutiefst Paradoxes hat. Eine Heirat zwischen Mitgliedern derselben Familiengruppe ist meist untersagt. Ehepartner müssen aus verschiedenen Familien stammen. Die Mitglieder einer Familiengruppe müssen »nach außen«, d.h. *exogam*, heiraten; sie können nicht innerhalb der Familie — also *endogam* — heiraten.

Bestimmte Formen der Endogamie sind universell verboten. Keine Kultur toleriert Vater-Tochter- und Mutter-Sohn-Ehen. Auch Bruder-Schwester-Ehen sind in der Regel nicht gestattet, nicht jedoch unter Mitgliedern der herrschenden Klasse stark geschichteter Gesellschaften wie der der Inka, der Hawaiianer und der alten Ägypter. Bruder-Schwester-, Vater-Tochter- und Mutter-Sohn-Ehen werden in der westlichen Zivilisation — emisch betrachtet — als *Inzest* bezeichnet. Warum sind diese Ehen beinahe überall auf der Welt verboten?

Für das Inzestverbot in der Kernfamilie gibt es hauptsächlich zwei Erklärungstypen: 1. Erklärungen, die die Instinktkomponente betonen und 2. Erklärungen, die die sozialen und kulturellen Vorteile der Exogamie hervorheben.

Instinkt

Es gibt einige Belege dafür, daß Jungen und Mädchen, die nicht miteinander verwandt sind, aber zusammen aufwachsen, das Interesse als Sexualpartner aneinander verlieren. Jungen und Mädchen, die in israelischen Kibbuzim (landwirtschaftlichen Kommunen) in »Kinderhäusern« aufwachsen, gehen selten eine sexuelle Beziehung miteinander ein und heiraten einander so gut wie nie (Shepher 1971; Spiro 1954). Man weiß auch, daß aus taiwanesischen Ehen, die nach dem Prinzip »Adoptiere eine Tochter, heirate eine Schwester« (s.o. S. 156) geschlossen werden (die späteren Ehepartner wachsen also zusammen auf), weniger Kinder hervorgehen, daß Ehebruch häufiger vorkommt und die Scheidungsrate höher ist als bei Ehen, bei denen die Eheleute bis zur Hochzeitsnacht in verschiedenen Haushalten lebten (Wolf und Haung 1980).

Diese Fälle sind als Belege für die Existenz genetisch verankerter Mechanismen interpretiert worden, die bei zusammen aufwachsenden Personen sexuelle Aversionen auslösen sollen. Das Vorhandensein derartiger Aversionen hat man der natürlichen Selektion zugeschrieben. Man glaubt, daß Individuen, die diese Aversion nicht empfinden und inzestuöse Beziehungen eingehen, tendenziell eine verminderte Tauglichkeit besitzen (Bixler 1981, 1982; E. Wilson 1978: 38–39).

Gegen derartige Theorien lassen sich folgende Argumente ins Feld führen: Kibbuz-Mitglieder heiraten erst nach ihrer langen obligatorischen Militärzeit, in der sie die Bekanntschaft vieler potentieller Ehepartner machen. Hinzu kommt, daß Kibbuz-Mitglieder nach ihrem Militärdienst einzeln zur Kolonisierung in neue Siedlungsgebiete geschickt werden (Y. Cohen 1978; Kaffmann 1977; Livingstone 1981). Und was Wolfs Daten betrifft, so sehen die Taiwanesen in einer nach dem Prinzip »Adoptiere eine Tochter, heirate eine Schwester« geschlossenen Ehe eindeutig eine minderwertige Eheform. Die bevorzugte Form der Ehe, die große Mitgift- und Brautpreis-Tauschtransaktionen umfaßt und deshalb die stärkste Unterstützung von seiten der Großfamilie sowohl der Braut als auch des Bräutigams genießt, ist die, bei der Braut und Bräutigam bis zur Hochzeitsnacht getrennt leben. Ganz unabhängig von instinktbedingten Aversionen ist deshalb zu erwarten, daß Ehen, die zwischen gemeinsam aufgewachsenen Partnern geschlossen werden, weniger erfolgreich sind als Ehen zwischen getrennt aufgewachsenen Partnern.

Weitere Schwierigkeiten mit der Instinkttheorie ergeben sich, wenn man untersucht, ob es in kleinen Bevölkerungsgruppen Belege für schädliche Auswirkungen der Homozygotie (Erbgleichheit) gibt. Es stimmt, daß Inzest in den heutigen, großen Bevölkerungsgruppen zu einer größeren Zahl von Totgeburten, erbgeschädigten und behinderten Kindern führt. Es ist aber äußerst zweifelhaft, ob das gleiche auch für Kleingruppen in Wildbeuter- und Pflanzergesellschaften gilt. Inzucht hat, wie Frank Livingstone (1969) zeigen konnte, die allmähliche Ausmerzung schädlicher rezessiver Gene zur Folge. Wenn eine kleine, Inzucht treibende Gruppe das zunächst vermehrte Auftreten geschädigter Homozygoten überwindet, wird sie schließlich ein genetisches Gleichgewicht erreichen, das durch einen geringeren Anteil an schädlichen Erbfaktoren bestimmt ist. Das Ergebnis enger Inzucht hängt von der ursprünglichen Häufigkeit schädlicher Erbfaktoren ab. Theoretisch könnte eine Abstammungsfolge von Kernfamilien über etliche Generationen ohne nachteilige Folgen Inzucht praktizieren. Kleopatra, die Königin von Ägypten, entstammte elf Generationen von Bruder-Schwester-Ehen innerhalb der Ptolomäischen Dynastie (Bixler 1982; van den Berghe und Mesker 1980). Das sollte aber nicht als Empfehlung an Freunde und Verwandte weitergegeben werden, da in modernen Bevölkerungsgruppen solche positiven Ergebnisse sehr unwahrscheinlich sind (Adams und Neil 1967; Stern 1973: 497).

Moderne Populationen führen eine sehr viel größere »Last« schädlicher Gene mit sich als kleine, demographisch stabile Wildbeuter- und Pflanzergruppen. Nach Livingstone ist die Wahrscheinlichkeit genetischer Katastrophen in bereits stark durch Inzucht gekennzeichneten Gruppen sehr viel geringer als in einer modernen Population, die aus der Kreuzung entfernt oder nicht verwandter Personen hervorgegangen ist. Kleine, endogame Dorfgruppen wie die Kaingang in Zentralbrasilien weisen eine bemerkenswert geringe Häufigkeit schädlicher rezessiver Gene auf. Die meisten Wildbeuter- und Pflanzergruppen akzeptieren erbgeschädigte und behinderte Säuglinge und Kinder nicht. Solche Kinder werden meist entweder gleich nach der Geburt getötet oder bewußt vernachlässigt, so daß sie ihre schädlichen Gene nicht vererben können.

Die These von der instinktbedingten sexuellen Aversion innerhalb der Kernfamilie wird auch durch die Tatsache widerlegt, daß zwischen Vater und Tochter und Mutter und Sohn eine starke sexuelle Anziehung besteht. Wie die Freudsche Psychoanalyse zeigt, haben Kinder wie Eltern den starken Wunsch, sexuell miteinander zu verkehren. Und zumindest im Falle der Vater-Tochter-Beziehung werden diese Wünsche häufiger, als man gemeinhin glaubt, in die Tat umgesetzt. Sozialarbeiter schätzen beispielsweise, daß in den USA jährlich Zehntausende von Inzestfällen vorkommen, die in der Mehrzahl Vater-Tochter-Beziehungen betreffen (Armstrong 1978; Finkelhor 1979). Schließlich läßt sich die Instinkttheorie der Inzestmeidung schwer mit der Tatsache in Einklang bringen, daß endogame Praktiken oft gleichzeitig mit und zur Unterstützung von exogamen Vereinbarungen ausgeübt werden. Mitglieder exogamer Großfamilien sind oft Heiratsregeln unterworfen, die die Heirat zwischen Kreuzcousin und Kreuzcousine, nicht jedoch zwischen Parallelcousin und Parallelcousine (s. S. 180) gestatten. Der Unterschied zwischen diesen beiden Formen der Inzucht kann durch natürliche Selektion nicht befriedigend erklärt werden (s. aber Alexander 1977). Außerdem spricht bereits die weitverbreitete Präferenz für die eine oder andere Form der Cousin-Cousinenheirat gegen die Schlußfolgerung, daß Exogamie Ausdruck eines durch die schädlichen Folgen der Inzucht bedingten Instinktes ist.

Soziale und kulturelle Vorteile der Exogamie

Das in Kernfamilien vorherrschende Inzesttabu sowie andere, in Familiengruppen gebräuchliche Formen der Exogamie können recht befriedigend mit demographischen, ökonomischen und ökologischen Vorteilen erklärt werden. Doch sind diese Vorteile nicht notwendigerweise in allen Gesellschaften die gleichen. Zum Beispiel ist es bekannt, daß Wildbeutergesellschaften zum Aufbau eines Geflechts von Verwandtschaftsbeziehungen auf den Heiratstausch angewiesen sind. Horden, die eine völlig geschlossene endogame Gruppe bildeten, würden nicht über die für ihre Art der Subsistenzstrategie so wichtige Mobilität und territoriale Flexibilität verfügen. Territorial einge-schränkte endogame Horden von zwanzig oder dreißig Menschen würden auch, infolge eines durch zu viele Knabengeburten und zu viele Todesfälle von Frauen entstandenes Ungleichgewicht der Geschlechter — wodurch die Reproduktion der Gruppe auf ein oder zwei alternden Frauen ruhen würde — Gefahr laufen, auszusterben. Exogamie ist deshalb für die erfolgreiche Aus-nutzung des produktiven und reproduktiven Potentials einer kleinen Bevöl-kerung wichtig. Erhält eine Horde erst einmal Ehepartner von anderen Hor-den, so entsteht — aufgrund der Wirkung des Reziprozitätsprinzips — die Erwartung, daß die Empfänger ihrerseits Ehepartner zur Verfügung stellen werden. Das auf Mutter-Sohn-, Vater-Tochter- und Bruder-Schwester-Ehen liegende Tabu kann deshalb als Verteidigung dieser reziproken Tauschbezie-hung gegenüber der allgegenwärtigen Versuchung interpretiert werden, daß Eltern ihre Kinder und Geschwister einander für sich behalten wollen.

In diesem Zusammenhang wird häufig übersehen, daß sexuelle Beziehun-gen zwischen Vater und Tochter sowie zwischen Mutter und Sohn eine Form des Ehebruchs darstellen. Gerade in Gesellschaften mit starken männlichen Machtinstitutionen wird der Mutter-Sohn-Inzest als eine besonders gefähr-liche Ehebruchsform betrachtet. Denn nicht nur die Ehefrau »betrügt« ihren Ehemann, sondern der Sohn »betrügt« auch seinen Vater. Das mag erklären, warum die am wenigsten gebräuchliche und emisch am meisten gefürchtete und verabscheute Inzestform die zwischen Mutter und Sohn ist. Hieraus folgt, daß Vater-Tochter-Inzest etwas häufiger vorkommt, zumal das Sexual-verhalten von Ehemännern häufiger als das von Ehefrauen mit zweierlei Maß gemessen wird und sie auch seltener für Ehebruch bestraft werden. Schließ-lich liefert dieselbe Überlegung eine Erklärung für das relativ häufige Vor-kommen von Bruder-Schwester-Beziehungen und ihre Legitimierung in Form von Ehen innerhalb der Eliteschicht — sie geraten nicht mit den Vater-Mutter-Ehebruchsregeln in Konflikt.

Auch nach der Entstehung von Staaten hatten exogame Heiratsallianzen weiterhin wichtige infrastrukturelle Konsequenzen. In bäuerlichen Gesell-schaften vergrößert Exogamie das Produktions- und Reproduktionspotential der durch Heirat verbundenen Gruppen insgesamt. Sie gestattet es, die Res-sourcen eines größeren Gebiets auszubeuten, als es einzelnen Kern- und Großfamilien möglich wäre; sie erleichtert den Handel; und sie ermöglicht die Bildung größerer Gruppen zur Verrichtung jahreszeitlich bedingter Tätig-keiten (wie gemeinsamer Treibjagden, Ernten usw.), die einen größeren Ein-satz an Arbeitskräften erfordern. Und dort, wo kriegerische Auseinanderset-zungen zwischen Nachbargruppen das Überleben der Gruppe bedrohen, ist es außerdem entscheidend, eine große Zahl Krieger mobilisieren zu können.

In kriegerischen, stark von Männern dominierten Dorfkulturen werden deshalb Schwestern und Töchter bei der Allianzenbildung oft als Unterpfand benutzt. Diese Allianzen verhindern zwar nicht unbedingt kriegerische Auseinandersetzungen zwischen Gruppen, die durch Heirat miteinander verbunden sind, tragen aber dazu bei, daß Kriege seltener vorkommen, da immerhin Schwestern und Töchter sich in den Reihen der Feinde befinden (Kang 1979; Podilefsky 1983; Tefft 1975).

In Eliteklassen und -kasten dienen Heiratsallianzen meist dazu, Reichtum und Macht der herrschenden Klasse zu erhalten (s. S. 262). Wie bereits erwähnt, kann jedoch selbst die Kernfamilie endogam werden, wenn es in ihr zu einer extremen Konzentration politischer, ökonomischer und militärischer Macht kommt. Mit der Entstehung von Preismarkttauschformen wird die erweiterte Familie allmählich von Haushaltseinheiten der Kernfamilie verdrängt. Allianzen zwischen Familiengruppen verlieren teilweise ihre zuvor adaptive Bedeutung, so daß die traditionellen Funktionen des Inzesttabus neu interpretiert werden müssen. In Schweden ist Inzest heute straffrei, und auch in den USA gehen die Bemühungen in diese Richtung (Y. Cohen 1978; De Mott 1980). Doch aufgrund der wissenschaftlichen Erkenntnis, daß der Inzest in Kernfamilien für stark durch schädliche rezessive Gene belastete Populationen genetisch eine große Gefahr darstellt, erscheint die Aufhebung des gesetzlichen Inzestverbots unwahrscheinlich und unklug.

Die Möglichkeit eines genetisch auf Inzestmeidung programmierten *Homo sapiens* ist von einigen Feldstudien zum Paarungsverhalten von Affen und Menschenaffen bestärkt worden. Wie beim Menschen sind auch beim nächsten tierischen Verwandten des Menschen Vater-Tochter-, Mutter-Sohn- und Bruder-Schwester-Verbindungen selten. Doch bis zu einem gewissen Grad kann die Tatsache, daß diese Paare sexuelle Beziehungen meiden, auch mit männlicher Dominanz und sexueller Rivalität erklärt werden. Es gibt keinen experimentellen Beweis dafür, daß es bei Affen und Menschenaffen eine Inzestaversion an sich gibt. Und selbst wenn es eine derartige instinktbedingte Aversion bei Affen tatsächlich gäbe, wäre es noch immer zweifelhaft, ob sie für den Menschen von Bedeutung ist (s. Demarest 1977).

Bevorzugte Heiratsformen

Die weite Verbreitung der Exogamie impliziert, daß die kollektiven Interessen der Familiengruppen durch Regeln geschützt werden müssen, die festlegen, wer wen heiraten soll. Wenn Gruppen Frauen zur Heirat weggeben, erwarten sie meist, im Tausch für sie materielle Güter oder Frauen zurückzubekommen. Man stelle sich zwei Familiengruppen, Gruppe A und Gruppe B, vor, deren Kern zusammenlebende Brüder bilden. Gibt A eine Frau an B, kann B sogleich als Gegenleistung eine Frau an A geben. Diese Reziprozität wird oft durch den direkten Tausch der Schwester des Bräutigams erzielt. Die Reziprozität kann aber auch eine indirektere Form annehmen. Gruppe B kann eine aus der Verbindung zwischen dem Mann aus Gruppe B und der Frau aus Gruppe A hervorgegangene Tochter zurückgeben. In einer solchen Ehe ist die Braut die Tochter der Schwester des Vaters (die Vaterschwestertochter, kurz: VaSwTo) ihres Ehemannes und der Bräutigam der Sohn des Bruders der Mutter (Mutterbrudersohn, MuBrSo) seiner Ehefrau. (Das gleiche Ergebnis würde durch die Heirat eines Mannes mit der Tochter des Bruders seiner Mutter — MuBrTo — erzielt.) Braut und Bräutigam sind also Kreuzcousin und Kreuzcousine (s. S. 180). Wenn es in Gruppe A und Gruppe B die Regel gibt, daß nach Möglichkeit solche Ehen geschlossen werden sollen, sagt man, daß sie ein *präferentielles Kreuzcousin-/-cousinenheiratssystem* besitzen.

Reziprozität im Hinblick auf Eheschließungen wird manchmal auch dadurch erreicht, daß mehrere Familiengruppen durch Heirat miteinander verbunden sind und sie Frauen, graphisch betrachtet, kreisförmig austauschen. Zum Beispiel: A–B–C–A; oder A–B und C–D in einer Generation und A–D und B–C in der nächsten, dann zurück zu A–B und C–D. Diese Formen des Austauschs werden durch präferentielle Eheschließungen mit entsprechenden Cousins, Cousinen, Neffen, Nichten und anderen Verwandten erzielt.

Eine andere Ausdrucksform kollektiver Interessen an Eheschließungen ist der Brauch, Frauen die früher sterben, durch andere zu ersetzen. Um Reziprozität aufrechtzuerhalten oder den Ehekontrakt zu erfüllen, für den ein Brautpreis bezahlt wurde, kann der Bruder einer verstorbenen Frau dem Witwer gestatten, eine oder mehrere Schwestern der Verstorbenen zu heiraten. Dieser Brauch wird als *Sororat* bezeichnet. Das *Levirat* als präferentielles Heiratssystem ist diesem Brauch sehr ähnlich. Im Rahmen des Levirats bleiben die Dienste der Witwen eines Mannes seiner Familiengruppe erhalten, indem man sie einen seiner Brüder heiraten läßt. Sind die Witwen sehr alt, so können diese Dienste minimal sein. Das Levirat hat dann die Funktion, den Frauen, die sonst nicht mehr heiraten könnten, soziale Sicherheit zu bieten.

Die Organisation des häuslichen Lebens spiegelt also die Tatsache wider, daß Ehemänner und Ehefrauen aus verschiedenen Familiengruppen stammen, die auch weiterhin ein gefühlsmäßiges und praktisches Interesse an den Ehepartnern und ihren Kindern haben.

Zusammenfassung

Die Strukturebene soziokultureller Systeme setzt sich zum Teil aus miteinander in Beziehung stehenden Familiengruppen zusammen. Kennzeichen dieser Gruppen ist gewöhnlich ihre Bindung an einen Lebensraum oder Wohnort, in dem Tätigkeiten wie Essen, Schlafen, ehelicher Geschlechtsverkehr, Aufzucht und Erziehung der Kinder ausgeführt werden. Doch gibt es weder nur eine einzige noch eine minimale Form häuslicher Tätigkeiten. Auch kann man die Kernfamilie nicht als kleinsten Baustein aller Familiengruppen betrachten. Obwohl Kernfamilien in beinahe allen Gesellschaften vorkommen, sind sie keineswegs immer die vorherrschende Familienform, und ihre sexuellen, reproduktiven und produktiven Funktionen können leicht von alternativen familiären und nichtfamiliären Institutionen übernommen werden. In polygamen und Großfamilien kann es vorkommen, daß die aus Vater, Mutter und Kind bestehende Untergruppe neben der sich aus anderen Verwandten und ihren verschiedenen Ehepartnern zusammensetzenden Gruppe als Ganzes keinerlei praktische Bedeutung hat. Und es gibt viele Familien, in denen kein Ehemann bzw. Vater lebt. Obwohl Kinder pflege- und schutzbedürftig sind, weiß niemand, innerhalb welcher Grenzen sich häusliche Organisationsformen bewegen müssen, damit sie die spezifischen Bedürfnisse des Menschen befriedigen. Eine der wichtigsten Tatsachen im Zusammenhang mit den häuslichen Organisationsformen des Menschen ist, daß keine Form nachweislich »natürlicher« als irgendeine andere ist.

Auch die menschlichen Sexualbeziehungen weisen eine enorme Variationsbreite auf. Zwar gibt es überall auf der Welt etwas ähnliches wie das, was wir Ehe nennen, doch ist es schwer, genau anzugeben, welche Vorstellungen und Verhaltensweisen für die Ehebeziehung wesentlich sind. Ehen zwischen Männern und Ehen zwischen Frauen, Ehen, in denen es einen weiblichen Vater gibt, und Ehen, die kinderlos sind, machen es schwer, eine Minimaldefinition der Ehe zu formulieren, ohne die Gefühle bestimmter Personen zu verletzen. Auch das Zusammenleben kann unwesentlich sein, wie das Beispiel der Nayar und anderer Haushalte mit nur einem Elternteil zeigt. Selbst wenn wir in die Definition der Ehe nur heterosexuelle Partnerbeziehungen aufnehmen, die auf irgendeiner Form des Zusammenlebens basieren und der Reproduktion dienen, bleibt eine verwirrende Fülle von mit den produktiven und reproduktiven Funktionen der Ehepartner und ihrer Kinder einhergehenden Rechten und Pflichten übrig.

Um die heterosexuelle, reproduktive und auf dem Zusammenleben der Partner beruhende Ehe im Rahmen von Großfamilien verstehen zu können, muß man die Ehe ebenso als eine Beziehung zwischen korporierten Gruppen wie zwischen zusammenlebenden Partnern sehen. Die unterschiedlichen Interessen dieser korporierten Gruppen werden mit Hilfe reziproker Tauschformen befriedigt: Schwesterntausch, Brautpreis, Brautdienst, Mitgift und Bräutigampreis. Mit Ausnahme der Mitgift liegt diesen Tauschformen das gemeinsame Prinzip zugrunde, daß eine häusliche Gemeinschaft, die einer anderen Großfamilie einen Mann oder eine Frau gibt, nicht auf ihre Interessen an den Kindern des Ehepaares verzichtet und Kompensation für den Verlust einer wertvollen Arbeitskraft erwartet.

Die meisten Familiengruppen sind exogam. Diese Tatsache läßt sich als Folge instinktmäßiger Programmierung oder sozialer und kultureller Anpassung interpretieren. Die Diskussion der Exogamie kreist notwendigerweise um die Inzestverbote innerhalb der Kernfamilie. Vater-Tochter-, Bruder-Schwester- und Mutter-Sohn-Sexualbeziehungen und -Ehen sind beinahe universell verboten. Hauptausnahme bilden Bruder-Schwester-Ehen, die vor allem in den herrschenden Eliten stark geschichteter Gesellschaften vorkommen. Die Instinkttheorie der Inzestmeidung stützt sich auf Forschungsergebnisse aus Taiwan und Israel, die scheinbar nachweisen, daß Kinder, die zusammen aufgewachsen sind, eine sexuelle Aversion füreinander entwickeln. Diese Aversion wird als genetisch determiniert interpretiert, da sie das Risiko schädlicher Gene vermindert. Doch lassen diese Forschungsergebnisse auch andere Interpretationen zu. Eine reine Kulturtheorie der Inzestmeidung kann damit begründet werden, daß es für Horden und Familiengruppen eine Notwendigkeit darstellt, die Fähigkeit zum reziproken Austausch von Heiratspartnern zu erhalten, und die Eltern deshalb daran gehindert werden müssen, ihre Kinder ganz für sich zu beanspruchen. Künftig jedoch müssen allein die immer größer werdenden Gefahren, die sich aus der engen Inzucht in mit schädlichen Genen stark belasteten Populationen ergeben, eine Aufrechterhaltung des Inzesttabus rechtfertigen.

Exogamie und Inzest bilden nur einen kleinen Teil des die Interessen der Familiengruppen widerspiegelnden Spektrums bevorzugter und verbotener Heiratsformen. Der Tausch von Heiratspartnern zwischen Familiengruppen kann direkt oder indirekt erfolgen. Heiratspräferenzen können z.B. in der Regel Ausdruck finden, daß eine bestimmte Art von Cousin bzw. Cousine geheiratet werden muß. Auch präferentielle Heiratssysteme wie das Levirat und das Sororat veranschaulichen die kollektiven Interessen, die bei einer Eheschließung im Spiel sind.

8 Verwandtschaft, Deszendenz und Residenz

Dieses Kapitel setzt die Darstellung der häuslichen Organisation fort. Es untersucht die aus emischer Perspektive wichtigsten gedanklichen Prinzipien, nach denen Familiengruppen organisiert sind, und setzt sie zu den etisch betrachteten Verhaltensaspekten dieser Gruppen in Beziehung. Außerdem behandelt es einige Theorien, die unterschiedliche Formen häuslicher Organisation auf unterschiedliche Bedingungen der Infrastruktur zurückführen.

Verwandtschaft

Aufgrund der Erforschung des häuslichen Lebens zahlloser Kulturen überall auf der Erde kamen Ethnologen zu der Schlußfolgerung, daß generell der Organisation des Familienlebens zwei Vorstellungen oder gedankliche Prinzipien zugrunde liegen. Bei der ersten handelt es sich um die Vorstellung von *Affinalverwandtschaft* oder von Beziehungen, die sich durch Heirat ergeben; bei der zweiten um die Vorstellung von *Deszendenz* oder Abstammung. Menschen, die aufgrund von Deszendenz oder einer Kombination aus Affinalverwandtschaft und Deszendenz miteinander verwandt sind, werden als Verwandte bezeichnet. *Verwandtschaft* bezeichnet den Vorstellungsbereich, der durch die unter Verwandten üblichen Anschauungen und Erwartungen bestimmt ist. Die Untersuchung der Verwandtschaft muß deshalb mit den aus emischer Perspektive betrachteten gedanklichen Organisationsprinzipien des häuslichen Lebens beginnen.

Deszendenz*

Verwandtschaftsbeziehungen werden oft mit biologischen Beziehungen gleichgesetzt. Emisch betrachtet bedeutet Abstammung aber nicht immer biologische Deszendenz. Wie wir gesehen haben, kann eine Eheschließung explizit mit der »Elternschaft« für Kinder verknüpft sein, die biologisch nicht von ihrem kulturell definierten »Vater« abstammen. Selbst wenn in einer bestimmten Kultur Deszendenz auf tatsächlicher biologischer Vaterschaft beruhen muß, können die familiären Organisationsformen eine Identifizierung des biologischen Vaters sehr erschweren. Aus diesen Gründen unterscheiden Ethnologen zwischen dem kulturell definierten »Vater« und dem *Genitor*, dem biologischen Vater. Eine ähnliche Unterscheidung ist im Falle der »Mutter« nötig. Zwar ist gewöhnlich die kulturell definierte Mutter zugleich die *Genetrix*, doch hat der weitverbreitete Brauch der Adoption zur Folge, daß die emische mit der etischen Mutterschaft nicht übereinstimmen muß.

Reproduktions- und Hereditätstheorien unterscheiden sich zwar von Kultur zu Kultur, »doch gibt es, soweit wir wissen, keine menschliche Gesellschaft, die nicht über eine solche Theorie verfügt« (Scheffler 1973: 749). Dem Deszendenzprinzip liegt die Auffassung zugrunde, daß bestimmte Personen bei der Zeugung, Geburt und Aufzucht bestimmter Kinder eine wichtige Rolle spielen. Daniel Craig (1979) hat darauf hingewiesen, daß Deszendenz die Vorstellung, ein Aspekt der menschlichen Substanz oder des menschlichen Geistes lebe in den künftigen Generationen weiter, impliziert und deshalb ein symbolischer Ausdruck für Unsterblichkeit ist. Vielleicht ist das der Grund dafür, daß Verwandtschafts- und Abstammungsvorstellungen universell verbreitet sind.

Nach westlichem Volksglauben tragen Mann und Frau gleichermaßen zur Existenz des Kindes bei. Das männliche Sperma wird in Analogie zum Samen, der weibliche Schoß in Analogie zum Feld gesehen, in das der Samen gepflanzt wird. Das Blut, die wichtigste lebenserhaltende und lebendefinierende Flüssigkeit, ist, wie man glaubt, je nach Abstammung von Mensch zu Mensch verschieden. Der Körper eines Kindes ist mit dem Blut seines Vaters und seiner Mutter gefüllt. Diese Vorstellung führte zur Unterscheidung von »Blutsverwandten« und anderen, bloß angeheirateten Verwandten und ver-

---

* Britische Ethnologen verwenden die Bezeichnung »Deszendenz« nur für Beziehungen, die über mehr als zwei Generationen reichen und benutzen den Begriff »Filiation« zur Bezeichnung von Deszendenzbeziehungen innerhalb der Kernfamilie (Fortes 1969).

anlaßte die Ethnologen des 19. Jahrhunderts, zur Bezeichnung von Deszendenzbeziehungen den ethnozentrischen Begriff *konsanguin* (vom selben Blut) zu verwenden.

Abstammungstheorien müssen jedoch weder von der Vorstellung, daß Blut vererbt wird, noch von der Vorstellung, daß Vater und Mutter gleichermaßen zur Existenz des Kindes beitragen, ausgehen. Die Asante glauben beispielsweise, daß nur die Mutter das Blut beisteuert und daß dieses Blut lediglich für die physischen Merkmale eines Kindes verantwortlich ist. Geistige Ausstattung und Temperament des Kindes gehen auf das väterliche Sperma zurück. Die Aloresen in Indonesien sind dagegen der Auffassung, daß das Kind aus einer Mischung von Sperma und Menstruationsblut entsteht, eine Mischung, die sich zunächst zwei Monate lang staut und dann verdickt. Diese Vorstellung eines langsamen Wachsens des Fetus infolge des wiederholten Zuflusses von Sperma während der Schwangerschaft findet sich in vielen verschiedenen Kulturen. Nach Ansicht der Polyandrie praktizierenden Tamilen an der Malabar-Küste von Indien trägt das Sperma mehrerer Männer zum Wachstum eines Fetus bei. Dagegen glauben die Eskimo, daß eine Frau schwanger wird, wenn ein Geistkind ihre Stiefelschnüre hinaufklettert und mit Sperma gefüttert wird. Die Trobriander bekennen sich zu einem berühmt gewordenen Dogma, das jeden Beitrag männlichen Spermas zur Zeugung leugnet. Auch sie sind der Auffassung, daß eine Frau schwanger wird, wenn ein Geistkind in ihre Scheide eindringt. Die Männer der Trobriander haben dieser Vorstellung zufolge bloß die Funktion, den Eingang zum Mutterleib zu weiten. Dennoch hat der »Vater« bei den Trobriandern eine wichtige soziale Funktion, denn kein Geistkind, das etwas auf sich hält, würde in ein Mädchen eindringen, das nicht verheiratet ist.

Einer ähnlichen Ablehnung der männlichen Zeugungsrolle begegnet man in Australien. Die Murngin glauben etwa, daß die Geistkinder tief unter der Oberfläche bestimmter sakraler Wasserlöcher lebten. Damit eine Empfängnis stattfinden konnte, erschien eines dieser Geistkinder dem künftigen Vater im Traum. Es stellt sich vor und bat seinen Vater, ihm die Frau zu nennen, die seine Mutter werden sollte. Kam diese Frau dann später in der Nähe des sakralen Wasserlochs vorbei, schwamm das Geistkind in Gestalt eines Fisches an die Oberfläche und drang in den Schoß der Frau ein.

Obwohl es viele verschiedene Zeugungstheorien gibt, stimmen alle zumindest darin überein, daß Mann und Frau gemeinsam am Zeugungsprozeß beteiligt sind. Doch kann ihr jeweiliger Beitrag sehr unterschiedlicher Natur sein und ganz verschiedene Rechte und Pflichten zur Folge haben.

Deszendenzregeln

Mit Hilfe der Ableitung von Deszendenzbeziehungen werden Individuen mit verschiedenen Pflichten, Rechten und Privilegien im Hinblick auf andere Personen wie auf verschiedene Aspekte des Soziallebens ausgestattet. Name, Familie, Wohnort, Rang, Besitz und ethnischer wie nationaler Status einer Person können von solchen *Zuschreibungen* aufgrund von Deszendenz abhängen — im Gegensatz zu den *erworbenen* Statuspositionen. (Zugeschriebene und erworbene Statuspositionen gibt es in allen Kulturen.)

Ethnologen unterscheiden zwei Haupttypen von Deszendenzsystemen: *kognatische* und *unilineare* Deszendenz. Bei kognatischer Deszendenz wird die Abstammung sowohl von den männlichen als auch von den weiblichen Vorfahren abgeleitet, um die oben erwähnten Pflichten, Rechte und Privilegien geltend zu machen. Bei unilinearer Deszendenz hingegen werden Verwandtschaftsbeziehungen nur über ein Geschlecht, entweder die Männer oder die Frauen, bestimmt (Graphik 8.1).

Graphik 8.1 Symbole des Verwandtschaftsdiagramms

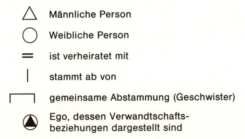

Die häufigste Form kognatischer Deszendenz ist die *bilineare Deszendenz,* bei der man die Abstammung gleichmäßig und symmetrisch über Individuen beiderlei Geschlechts in mütterlicher wie väterlicher Linie in aufsteigender (aszendenter) wie absteigender (deszendenter) Generationenfolge errechnet (Graphik 8.2).

Die zweite Hauptform kognatischer Deszendenz stellt die sogenannte *ambilineare* Deszendenz dar (Graphik 8.3). Hier ignorieren die von *Ego*** abgeleiteten Deszendenzlinien das Geschlecht der Verwandten, führen aber nicht

---

* Ethnologen gebrauchen das Wort *Ego,* um die Person zu bezeichnen, aus deren Perspektive die Verwandtschaftsbeziehungen abgeleitet werden. Manchmal ist es notwendig anzugeben, ob Ego männlich oder weiblich ist.

Graphik 8.2 Bilineare Deszendenz

Ego leitet seine Deszendenz über Männer und Frauen, aber nicht gleichmäßig und gleichzeitig ab.

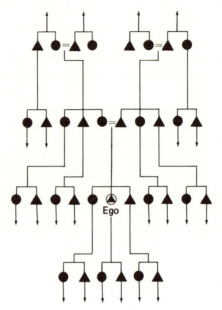

gleichmäßig in alle Richtungen. Wie bei bilinearer Abstammung leitet Ego seine Deszendenz über Männer und Frauen ab, aber die Linie windet sich hin und her, schließt einige weibliche und einige männliche Vorfahren oder Nachkommen ein, andere dagegen aus. Mit anderen Worten: Ego leitet seine Abstammung nicht gleichzeitig und gleichmäßig über Mutter, Vater und Großeltern ab.

Es gibt auch zwei Hauptformen unilinearer Deszendenz: *Patrilinearität* und *Matrilinearität*. Bei patrilinearer Deszendenz folgt Ego den aufsteigenden und absteigenden genealogischen Linien nur über Männer (Graphik 8.4). Das heißt jedoch nicht, daß die durch Abstammung miteinander verwandten Personen nur Männer wären. In jeder Generation gibt es sowohl männliche wie weibliche Verwandte. Doch beim Übergang von einer zur anderen Generation sind nur die männlichen Bindeglieder relevant. Kinder von Frauen fallen bei der patrilinearen Ableitung von Verwandtschaftsbeziehungen unter den Tisch.

Bei matrilinearer Abstammung verfolgt Ego die auf- und absteigenden Linien nur über Frauen (Graphik 8.5). Noch einmal soll darauf hingewiesen werden, daß sowohl Männer wie Frauen matrilinear miteinander verwandt

Graphik 8.3 Ambilineare Deszendenz

Jede Person des Diagramms steht zu Ego in einer Deszendenzbeziehung.

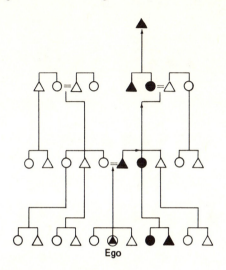

Graphik 8.4 Patrilineare Deszendenz

Die Deszendenz wird ausschließlich über Männer abgeleitet.

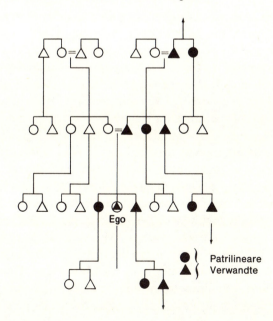

Graphik 8.5 Matrilineare Deszendenz

Die Deszendenz wird ausschließlich über Frauen abgeleitet

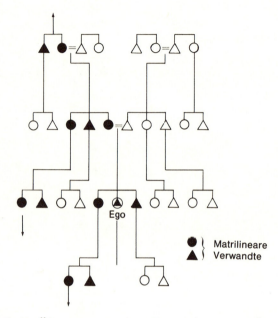

sein können. Nur beim Übergang von einer Generation zur nächsten werden die Kinder von Männern bei der matrilinearen Deszendenzableitung nicht berücksichtigt.

Eine der wichtigsten logischen Konsequenzen unilinearer Deszendenz ist, daß Kinder von nichtgleichgeschlechtlichen Geschwistern zwei verschiedenen Kategorien angehören. Das ist vor allem im Falle von Cousins und Cousinen relevant. Bei patrilinearer Deszendenz sind der Sohn und die Tochter der Schwester von Egos Vater (kurz: VaSwSo bzw. VaSwTo) nicht von der gleichen Abstammung wie Ego, wohingegen der Sohn und die Tochter des Bruders von Egos Vater (VaBrSo bzw. VaBrTo) mit Ego abstammungsgleich sind. Bei matrilinearer Deszendenz gilt die gleiche Unterscheidung für Egos »Cousins« und »Cousinen« mütterlicherseits. *Kreuzcousins* bzw. *Kreuzcousinen* sind Kinder von Geschwistern der Eltern, wenn diese Geschwister anderen Geschlechts sind als der Vater oder die Mutter; *Parallelcousins* bzw. *Parallelcousinen* sind Kinder von Geschwistern der Eltern, wenn die Geschwister desselben Geschlechts wie der Vater bzw. die Mutter sind (Graphik 8.6).

Eine weitere von Ethnologen unterschiedene Art der Deszendenzableitung ist die sogenannte *doppelte Deszendenz,* bei der Ego seine Verwandtschaft

Graphik 8.6 Kreuzcousins/-cousinen und Parallelcousins/-cousinen

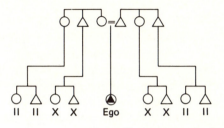

X = Kreuzcousins/-cousinen
II = Parallelcousins/-cousinen

gleichzeitig matrilinear über die Mutter und patrilinear über den Vater bestimmt. Doppelte Deszendenz unterscheidet sich von unilinearer Deszendenz insofern, als unilineare Deszendenz nur über Männer oder nur über Frauen, nicht aber über beide gleichzeitig abgeleitet wird.

Die angeführten Abstammungsregeln können in vielen verschiedenen Kombinationen auftreten. Zum Beispiel gibt es in allen Kulturen eine gewisse Tendenz, Rechte und Pflichten in bilinearer Deszendenz abzuleiten. Wenn etwa eine Gesellschaft bei der Aufteilung ihrer Mitglieder in über Landbesitz verfügende Familiengruppen patrilinearen Deszendenzregeln folgt, bedeutet das keineswegs, daß Ego und MuttersBrudersTochter (MuBrTo) nicht in einer mit besonderen Rechten und Pflichten behafteten verwandtschaftlichen Beziehung stehen. Die moderne euroamerikanische Kultur ist zwar, was die Zusammensetzung von Verwandtschaftsgruppen und die Vererbung von Besitz anlangt, stark bilinear organisiert, doch sind Familiennamen *patronym* — d.h. sie folgen patrilinearen Abstammungslinien. Innerhalb ein und derselben Gesellschaft können also verschiedene Arten der Deszendenzableitung vorkommen, sofern sich die Abstammungsregeln auf verschiedene Vorstellungs- und Verhaltensbereiche beziehen.

Alle aufgeführten Deszendenzregeln bilden — aus emischer Perspektive — die logische Grundlage für die Bildung von Verwandtschaftsgruppen. Solche Gruppen üben sowohl in der häuslichen wie in der öffentlichen Sphäre einen großen Einfluß auf das Denken und Verhalten der Menschen aus. Wichtig ist, daß Verwandtschaftsgruppen nicht aus Verwandten bestehen müssen, die an einem Ort zusammenleben; d.h. sie müssen keine häuslichen Gruppen bilden. Wir wollen uns nun den Hauptarten der Verwandtschaftsorganisation zuwenden.

Kognatische Abstammungsgruppen: bilineare Deszendenz

Wenn bilineare Deszendenz auf unendlich viele Verwandte und Generationen angewandt wird, entstehen Verwandtschaftsgruppen, die als *Kindred* bezeichnet werden (Graphik 8.7). Sprechen heutige Amerikaner und Europäer von »Familie« und meinen damit nicht nur ihre Kernfamilie, so beziehen sie sich auf ihre Kindred. Hauptmerkmal der Kindred ist, daß der Weite und Tiefe bilinearer Deszendenzableitung keine Grenzen gesetzt sind. Innerhalb Egos Kindred kann es »nahe« oder »ferne« Verwandte geben – je nachdem, wie viele genealogische Bindeglieder dazwischen liegen. Doch gibt es kein klar umrissenes und einheitliches Prinzip zur Unterscheidung zwischen nahen und fernen Verwandten und zur Begrenzung des Personenkreises, der als Verwandtschaft betrachtet wird. Wie Graphik 8.7 zeigt, folgt daraus, daß Ego und Egos Geschwister einer Kindred angehören, die nur auf sie hin definiert werden kann, d.h. daß andere Personen immer anderen Kindreds

Graphik 8.7 Kindreds

Kinder gehören einer Kindred an, die sowohl von der ihres Vaters wie der ihrer Mutter verschieden ist.

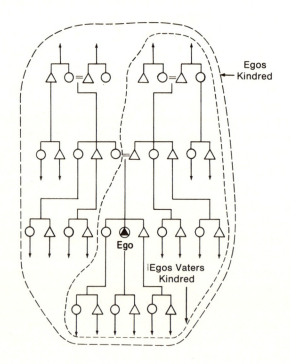

angehören (einzige Ausnahme bilden Egos *Doppelcousins* bzw. *Doppelcousinen* — Cousins bzw. Cousinen also, deren Väter Brüder sind, die Schwestern getauscht und geheiratet haben). Das heißt, daß Familiengruppen, die an einem Ort zusammenleben, unmöglich aus Kindreds bestehen können und daß Kindreds sehr schwer kollektive Interessen an Land und Menschen geltend machen können.

Kognatische Abstammungsgruppen: ambilineare Deszendenz

Die Nachteile einer bilinearen Kindred — ihre Unbegrenztheit und ihre Bezogenheit auf Ego — lassen sich dadurch umgehen, daß man einen oder mehrere Ahnen festlegt, von denen aus die Abstammung über Männer und/oder über Frauen verfolgt wird. Die sich aus dieser Ableitung ergebende Gruppe besteht logischerweise immer aus denselben Mitgliedern ganz gleich, welche Person

Graphik 8.8 Kognatische Lineage

Die Abstammung wird über Männer und/oder Frauen auf einen Ahnen zurückgeführt.

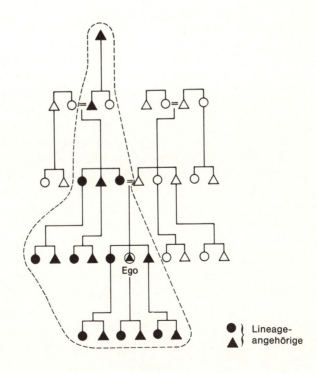

die genealogische Bestimmung vornimmt, und wird als *kognatische Lineage* bezeichnet (auch der englische Ausdruck *»ramage«* oder *»sept«* ist gebräuchlich) (Graphik 8.8).

Der kognatischen Lineage liegt die Annahme zugrunde, daß alle Angehörigen der Abstammungsgruppe genau die genealogischen Bindeglieder angeben können, über die sie mit dem Lineagegründer verwandt sind. Häufig wird jedoch, wie im Falle der ambilinearen »Klane« Schottlands, die Abstammung vom Lineagegründer nicht *demonstriert,* sondern *vereinbart.* Zum Beispiel wird der Name des Gründers über viele Generationen ambilinear weitergegeben. Wenn einige Zeit vergangen ist, zählen dann viele Personen, die den Namen tragen, einfach aufgrund des Namens zur selben Abstammungsgruppe und nicht etwa, weil sie tatsächlich ihre genealogische Beziehung bis auf den Gründungsahnen zurückführen können. Solche Gruppen werden als *kognatische Klane* bezeichnet. (In jüngster Zeit haben einige Mitglieder der schottischen Klane infolge von Patronymie andere Nachnamen und müssen deshalb ihre Abstammung demonstrieren [Neville 1979].)

Unilineare Abstammungsgruppen

Wird unilineare Deszendenz systematisch auf einen bestimmten Ahnen zurückgeführt, so nennt man die entsprechende Verwandtschaftsgruppe entweder *Patrilineage* (Graphik 8.9) oder *Matrilineage.* Lineages bestehen stets aus der gleichen Gruppen von Menschen — ganz gleich, aus welcher genealogischen Perspektive man sie betrachtet. Deshalb sind sie ideal dazu geeignet, Familiengruppen zu bilden, deren Mitglieder an einem Ort zusammenleben, und kollektive Interessen an Personen und Besitz zu wahren. Infolge der Exogamie können jedoch nach der Verheiratung nicht sowohl männliche als auch weibliche Lineageangehörige ihren Wohnsitz beibehalten. Einige Lineages umfassen alle Generationen und alle kollateralen Nachkommen des ersten Ahnen. Diese Lineages nennt man *maximale* Lineages. Dagegen werden Lineages, die sich nur über drei Generationen erstrecken, *minimale* Lineages genannt (Graphik 8.9).

Wenn die unilineare Deszendenz von einem bestimmten Ahnen nicht demonstriert, sondern vereinbart wird, bezeichnet man die Abstammungsgruppe entweder als *Patriklan* oder als *Matriklan* (manchmal auch als *Patrisippe* oder als *Matrisippe).* Es gibt jedoch viele Grenzfälle, bei denen eine klare Unterscheidung in Lineage oder Klan nicht möglich ist. Ebenso wie eine

Lineage aus mehreren Lineages bestehen kann, kann ein Klan mehrere Klane umfassen, die man dann gewöhnlich Subklane nennt. Schließlich soll noch erwähnt werden, daß Klane auch Lineages enthalten können.

Graphik 8.9 Patrilineages

Jede Person des Diagramms gehört derselben maximalen Lineage an.

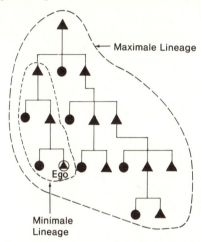

Residenzmuster nach der Eheschließung

Um die Vorgänge verstehen zu können, durch die es zur Ausbildung verschiedener Arten von Familiengruppen und Deszendenzideologien kommt, muß noch ein weiterer Aspekt häuslicher Organisation behandelt werden. Ethnologen stimmen weitgehend in der Auffassung überein, daß die Deszendenzregeln entscheidend von der Heiratswohnfolge bestimmt sind. Die wichtigsten Typen postmaritaler Residenz sind in Kasten 8.1 aufgeführt.

Postmaritale Residenzmuster haben insofern einen Einfluß auf die Abstammungsregeln, als sie festlegen, wer einer Familiengruppe beitritt, sie verläßt oder in ihr verbleibt (Murdock 1949; Naroll 1973). Auf diese Weise bildet sich innerhalb der Familiengruppen jeweils ein fester Kern von Verwandten, der durch die Zu- und Abgänge von Ehepaaren bestimmt wird. Und diese Zu- und Abgänge sind wiederum von den technologischen, ökonomischen und ökologischen Bedingungen abhängig, unter denen die Gruppen leben. In vielen Gesellschaften organisieren und legitimieren daher Deszendenzregeln und andere Verwandtschaftsprinzipien die Familienstrukturen in Abhängigkeit von bestimmten infrastrukturellen Bedingungen.

Kasten 8.1 Haupttypen postmaritaler Residenz

Residenztypen	Wohnort des Ehepaares
Neolokale Wohnfolge	Das Paar errichtet seinen Wohnsitz an einer neuen Stelle, also weder bei den Verwandten des Mannes noch bei denen der Frau.
Bilokale W.	Das Paar wohnt mal bei den Verwandten des Mannes, mal bei denen der Frau.
Ambilokale W.	Das Paar hat die Wahl, entweder zu den Verwandten des Mannes oder zu denen der Frau zu ziehen.
Patrilokale W.	Das Paar wohnt beim Vater des Ehemannes.
Matrilokale W.	Das Paar wohnt bei der Mutter der Frau.
Avunkulokale W.	Das Paar zieht zum Mutterbruder des Mannes.
Amitalokale W.	Das Paar zieht zur Vaterschwester der Frau. (Dies ist nur eine theoretische Möglichkeit.)
Uxorilokale W.	Der Mann siedelt zum Wohnsitz der Frau über. (Einige der oben aufgeführten Typen können mit uxorilokaler Wohnfolge kombiniert sein.)
Virilokale W.	Die Frau siedelt zum Wohnsitz des Mannes über. (Einige der oben aufgeführten Typen können mit Virilokalität kombiniert sein.)

Gründe für bilineare Deszendenz

Bilineare Deszendenz ist mit verschiedenen Kombinationen von neolokaler, ambilokaler und bilokaler Wohnfolge verknüpft. Diese Wohnfolgeordnungen wiederum sind gewöhnlich Ausdruck eines hohen Maßes an Flexibilität in den Kernfamilien. Wie wir (in Kap. 4) gesehen haben, sind Mobilität und Flexibilität wichtige Voraussetzungen wildbeuterischer Lebensweise und wesentliche Merkmale der Hordenorganisation. Die !Kung-San beispielsweise haben ein hauptsächlich bilineares Abstammungssystem, in dem sich eine überwiegend bilokale Heiratswohnfolgeordnung spiegelt. Den Kern eines !Kung-Lagers bilden meist Geschwister beiderlei Geschlechts sowie deren Ehepartner und Kinder. Hinzu kommen einige entferntere bilineare und affinale Verwandte. Jedes Jahr ziehen ungefähr 13 Prozent der !Kung von einem Lager in ein anderes um, und ungefähr 35 Prozent halten sich eine ungefähr gleich lange Zeit in zwei oder drei verschiedenen Lagern auf – häufig vorkommende kurze Besuche in anderen Lagern nicht mitgerechnet (Lee 1979: 54). Diese Mobilität und Flexibilität ist für Gruppen von Vorteil, die ihren Lebensunterhalt mit Jagen und Sammeln bestreiten.

In den USA und Kanada ist Bilinearität mit einer ähnlichen Flexibilität und Mobilität der Kernfamilien verknüpft. In diesem Falle spiegelt die Bilinearität jedoch ein neolokales Residenzmuster wider, das Folge der Arbeitsmarktsituation und der Substitution verwandtschaftlicher Formen des Tauschs durch preismarktbedingten Geldtausch ist. !Kung-San leben immer bei Verwandten und sind in ihrer Existenz von Kindreds und Großfamilien abhängig. Nordamerikanische Kernfamilien leben dagegen von ihren Kindreds getrennt. US-amerikanische und kanadische Kernfamilien leben oft weit von ihren Verwandten entfernt, mit denen sie hauptsächlich an Feiertagen, Hochzeiten und Beerdigungen zusammenkommen.

Merkmale kognatischer Lineages und Klane

Kognatische Lineages und Klane sind mit *ambilokaler Wohnfolge* verknüpft. Bei dieser Form postmaritaler Residenz entscheidet sich das Ehepaar, entweder am Wohnort der Familiengruppe der Frau oder der des Mannes zu leben. Ambilokalität unterscheidet sich dadurch von der Neolokalität amerikanischer und kanadischer Familien, daß der Wohnsitz bei einer ganz bestimmten Gruppe von Verwandten errichtet wird. Ambilokalität unterscheidet sich auch von der Bilokalität wildbeuterischer Gruppen, da weniger häufig von einer Familiengruppe zur anderen umgezogen wird. Dies impliziert eine etwas seßhaftere Form des Dorflebens und außerdem eine etwas stärkere Tendenz zur Entwicklung ausschließlich »korporierter« Interessen an Menschen und Besitz. Alle kognatischen Abstammungsgruppen – ganz gleich, ob bilinear oder ambilinear – bilden jedoch weniger leicht eine Korporation als unilineare Abstammungsgruppen – ein Punkt, auf den wir gleich noch zurückkommen werden.

Ein Beispiel dafür, wie kognatische Lineages funktionieren, haben wir bereits kennengelernt. Solche Lineages gab es bei den Potlatsch-Veranstaltern an der nordwestlichen Pazifikküste (s. Kap. 6). Die Potlatsch-Häuptlinge der Kwakiutl versuchten, soviele Arbeitskräfte wie möglich zu gewinnen und zu halten. (Je mehr Menschen ein Dorf während der Lachszüge einsetzen konnten, um so mehr Fische konnten gefangen werden.)

Den Kern eines Dorfes bildeten ein Häuptling und seine Gefolgsleute, die gewöhnlich nachweislich durch ambilineare Abstammung mit ihm verwandt waren und eine *numaym* genannte, kognatische Lineage darstellten. Aufgrund seiner ambilinearen Abstammung von adeligen Vorfahren beanspruchte der Häuptling Privilegien und adeligen Rang. Die Gültigkeit dieses Status hing aber von seiner Fähigkeit ab, in Konkurrenz mit ähnlich denkenden Nachbarhäuptlingen eine genügend große Gefolgschaft zu rekrutieren und zu halten. Die Betonung individueller Entscheidung und die Unsicherheit im Zusammenhang mit dem kollektiven Besitz der Gruppe sind auch für kognatische Lineages in anderen Kulturen typisch.

Merkmale unilinearer Lineages und Klane

Obwohl eine Wiederbelebung der Vorstellungen des 19. Jahrhunderts, daß sich in der Evolution der Verwandtschaft universell gültige Phasen feststellen lassen (s. S. 437), jeglicher Grundlage entbehrt, gibt es doch einige gut belegte generelle Entwicklungstrends. Wildbeutergesellschaften neigen dazu, kognatische Abstammungsgruppen und/oder bilokale Wohnfolgeordnungen hervorzubringen, weil ihre ökologische Anpassung Lokalgruppen erfordert, die offen, flexibel und nichtterritorial organisiert sind. Mit der Entstehung des Feldbaus und eines seßhafteren Dorflebens verstärkte sich die Identifizierung von Familiengruppen oder Dörfern mit bestimmten Territorien. Die Bevölkerungsdichte und die Intensität kriegerischer Auseinandersetzungen nahmen zu — aus Gründen, die noch behandelt werden (Kap. 9) — und trugen zur Betonung der Gruppeneinheit und der Gruppensolidarität bei (Ember, Ember und Pasternak 1974). Unter diesen Bedingungen entwickelten sich unilineare Abstammungsgruppen mit genau definierten und lokalisierten Kernmitgliedern, einem stärkeren Solidaritätsempfinden und einer Ideologie, die Exklusivrechte über Ressourcen und Menschen beanspruchte, zur dominanten Form der Verwandtschaftsgruppe. Anhand einer Auswahl von 797 agrarischen Gesellschaften hat Michael Harner (1970) gezeigt, daß es einen sehr starken statistischen Zusammenhang gibt zwischen agrarischer im Gegensatz zu wildbeuterischer Lebensweise einerseits und dem Ersetzen kognatischer durch unilineare Abstammungsgruppen andererseits. Unilinear organisierte Pflanzergesellschaften sind sehr viel häufiger anzutreffen als kognatisch organisierte. In Harners Untersuchung betrug das Verhältnis 380 zu 111. Fast alle unilinear organisierten Gesellschaften zeigen Anzeichen verstärkten Bevölkerungsdrucks — z.B. die Erschöpfung der Wildpflanzen- und Nahrungsressourcen.

Unilineare Deszendenzgruppen sind eng mit der einen oder anderen Form unilokaler Wohnfolge verknüpft: das heißt Patrilinearität mit Patrilokalität und Matrilinearität mit Matrilokalität. Außerdem besteht eine enge Korrelation zwischen Avunkulokalität und Matrilinearität. Bei Patrilokalität bilden Väter, Brüder und Söhne, bei Matrilokalität Mütter, Schwestern und Töchter den Kern der Familiengruppe. Der Zusammenhang zwischen diesen Residenzpraktiken und Deszendenzregeln dürfte nun klar geworden sein, doch der Grund für den Zusammenhang zwischen Avunkulokalität und Matrilinearität ist komplexerer Natur. Bei Avunkulokalität bilden Mutterbrüder und Schwesternsöhne den Kern der Familiengruppe. Der Sohn der Schwester (SwSo) wird in den Haushalt des Mutterbruders ihres Ehemannes (MaMuBr) geboren, verläßt diesen aber als Jugendlicher oder Erwachsener, um zu seinem eigenen Mutterbruder zu ziehen (Graphik 8.10). Wie Avunkulokalität funktioniert und warum diese Wohnfolge mit Matrilinearität verbunden ist, wird gleich verständlicher werden, wenn wir die infrastrukturellen Ursachen der Matrilokalität und Patrilokalität untersuchen.

Graphik 8.10 Avunkulokalität

Verheiratete Männer im dunklen Bereich bilden den matrilinearen Kern einer avunkulokalen Gruppe.

Ihre Kinder verlassen die avunkulokale Gruppe und werden durch Schwestersöhne ersetzt.

Ursachen der Patrilokalität

Die überwiegende Mehrzahl aller bekannten Gesellschaften hat männerzentrierte Residenz- und Deszendenzmuster ausgebildet. 71 Prozent der von George Mudock (1967) klassifizierten Gesellschaften sind entweder patrilokal oder virilokal organisiert; in derselben Stichprobe überwiegen Gesellschaften mit patrilinearen Verwandtschaftsgruppen solche mit matrilinearen im Verhältnis von 558 zu 164. Patrilokalität und Patrilinearität sind die statistisch gesehen »normale« Form häuslicher Organisation. Sie waren nicht nur, wie man früher glaubte, in Gesellschaften, die Pflug und Zugtiere kannten oder Hirtennomadismus praktizierten, sondern auch in einfachen, Feldbau und Brandrodung treibenden Gesellschaften vorherrschend (Divale 1974).

Es liegt nahe, den Grund für das Vorherrschen von Patrilokalität in Pflanzergesellschaften darin zu sehen, daß Kooperation zwischen Männern wichtiger ist als zwischen Frauen. Männer sind im Einzelkampf erfolgreicher als Frauen, und Frauen sind während der Schwangerschaft und der Stillperiode weniger mobil als Männer. Männer monopolisieren daher im allgemeinen die Kriegs- und Jagdwaffen, was dazu führt, daß sie auch Kontrolle über Handel und Politik gewinnen. Kleinere, aber intensive kriegerische Auseinandersetzungen zwischen Nachbardörfern mögen eine wichtige Rolle bei der Entstehung männerzentrierter und von Männern dominierter Institutionen spielen (s. Kap. 9). Wenn Familiengruppen um einen Kern von Vätern, Brüdern und Söhnen strukturiert sind, ermöglicht ein patrilokales Residenzmuster die militärische Kooperation zwischen Männern, die zusammen aufgewachsen sind. Es verhindert auch, daß Väter, Brüder und Söhne einander im Kampf als Feinde gegenüberstehen, wenn ein Dorf das andere angreift (Divale und Harris 1976).

Ursachen der Matrilokalität

Ethnologen sind sich im allgemeinen darin einig, daß matrilineare Abstammungsgruppen sich nicht unabhängig — d.h. ohne matrilinear organisierte Nachbargruppen — herausbilden, es sei denn, die Heiratswohnfolge ist matrilokal. Warum aber Matrilokalität? Eine Theorie besagt, daß mit der wichtiger werdenden Rolle der Frauen in der Nahrungsgewinnung — z.B. in Feldbau praktizierenden Gesellschaften — die Tendenz entstand, Familiengruppen um einen Kern von Frauen zu strukturieren. Diese Theorie muß jedoch verworfen werden, weil sich zwischen Feldbau und Matrilokalität keine engere Verbindung als zwischen Feldbau und Patrilokalität nachweisen läßt (Divale 1974; Ember und Ember 1971). Außerdem ist weder einzusehen, warum Feldarbeit einen so hohen Grad an Kooperation erfordern sollte, daß nur Frauen derselben Familiengruppe sie effizient ausführen konnten, noch warum deshalb alle Brüder und Söhne ihren Geburtsort und ihre Familie verlassen sollten (s. Burton u.a. 1977; Sanday 1973; White u.a. 1977).

Die Frage, die im Hinblick auf den Ursprung der Matrilinearität gestellt werden muß, ist folgende: Welche Veränderungen im Rahmen männerspezifischer Tätigkeiten wie Krieg, Jagd und Handel würden von einem Wechsel zur Matrilokalität profitieren? Die Antwort lautet wahrscheinlich, daß Matrilokalität dann vorteilhafter als Patrilokalität ist, wenn Kriegs-, Jagd- und Handelsunternehmungen keine schnell unternommenen Ausflüge über kurze Distanzen mehr sind, sondern weiträumige, mehrmonatige Expeditionen erfordern. Verlassen patrilokal lebende Männer ein Dorf für längere Zeit, so überlassen sie die Wahrung der von ihrer patrilinearen Verwandtschaftsgruppe geltend gemachten kollektiven Interessen an Land und Menschen allein ihren Frauen. Ihre Frauen sind jedoch jeweils einer anderen patrilinearen Verwandtschaftsgruppe verpflichtet. Sie entstammen nämlich anderen Verwandtschaftsgruppen und haben daher, wenn sie nicht von den männlichen Oberhäuptern der korporierten Familiengruppe, in die sie eingeheiratet haben, beaufsichtigt werden, kaum eine Kooperationsgrundlage. Es ist sozusagen niemand zu Hause, der »auf den Laden aufpaßt«. Matrilokalität löst dieses Problem, weil die Familiengruppe um einen Kern zusammenlebender Mütter, Schwestern und Töchter strukturiert ist, die von Geburt an kooperatives Arbeiten gelernt haben und das »Auf-den-Laden-Aufpassen« mit ihren eigenen materiellen und ideellen Interessen identifizieren. Männer, die in matrilokal organisierten Familiengruppen aufwachsen, sehen sich deshalb weniger schnell gezwungen, in ihr Dorf zurückzukehren, sondern können lange Zeit fort bleiben.

Die Durchführung erfolgreicher Expeditionen in weit entfernte Gebiete setzt voraus, daß Nachbardörfer, solange die Männer fort sind, einander nicht angreifen. Das wird am besten dadurch erreicht, daß Männer aus verschiedenen Nachbardörfern oder aus verschiedenen Haushalten eines Dorfs die Kerngruppe der Expedition bilden. Im Falle patrilokal und patrilinear organisierter Dörfer bestehen die kriegführenden, territorial bestimmten Parteien aus patrilinearen Verwandten, die konkurrierende »fraternale Interessengruppen« darstellen. Diese Gruppen bilden wechselnde Allianzen mit Nachbardörfern, tauschen Schwestern und unternehmen Überfälle auf die Dörfer der anderen. Die meisten Kämpfe finden zwischen Dörfern statt, die nicht weiter als einen Tagesmarsch voneinander entfernt liegen. Matrilokal und matrilinear organisierte Kulturen dagegen sind nicht durch Frauentausch, sondern durch das Einheiraten von Männern aus anderen Familiengruppen miteinander verbunden. Durch die Verteilung der Väter und Brüder auf verschiedene Haushalte in verschiedenen Dörfern wird die Bildung konkurrierender und disruptiver fraternaler Interessengruppen verhindert.

Aus diesem Grund genießen matrilokale und matrilineare Gesellschaften wie die Irokesen im US-Bundesstaat New York und die Huron im kanadischen Ontario ein hohes Maß an innerem Frieden. Die Geschichte der meisten matrilinearen Gesellschaften — z.B. der Irokesen und der Huron — ist jedoch durch intensive kriegerische Auseinandersetzungen mit mächtigen äußeren Feinden gekennzeichnet (Gramby 1977; Trigger 1978). Die Nayar beispielsweise waren eine Kriegerkaste im Dienste der Könige von Malabar. Bei den matrilokalen Munduruku im Amazonasgebiet war Krieg zwischen Dörfern unbekannt und Aggressionen der Dorfbewohner untereinander wurden unterdrückt. Doch die Munduruku unternahmen Überfälle auf feindliche Dörfer, die Hunderte von Kilometern entfernt gelegen waren, und unerbittliche Feindseligkeit und Gewalttätigkeit charakterisierten ihre Beziehungen zur »Außenwelt« (Murphy 1956). In Kapitel 10 werden wir weitere kriegerische matrilineare Gesellschaften kennenlernen.

Ursachen der Avunkulokalität

In matrilinear und matrilokal organisierten Gesellschaften überlassen die Männer die Kontrolle über ihre Söhne nicht gern den Mitgliedern der Verwandtschaftsgruppe ihrer Frauen, und es gefällt ihnen nicht, daß nicht ihre Töchter, sondern ihre Söhne nach der Heirat von ihnen fort und in ein anderes Dorf ziehen müssen. Dieser Interessenkonflikt ist dafür verantwortlich, daß matrilokale und matrilineare Systeme die Tendenz haben, sich in patrilokale und patrilineare Systeme zu verwandeln, sobald die Gründe für das Fernhalten der Männer von ihren Geburtsdörfern nicht mehr oder nur noch in abgeschwächter Form gegeben sind.

Der genannte Interessenkonflikt läßt sich zum einen dadurch auflösen, daß die ehelichen Verpflichtungen des Mannes (die in matrilokalen Gesellschaften sowieso relativ schwach sind) soweit gelockert werden, daß er nicht mit seiner Frau zusammenleben muß. Diese Lösung bevorzugten die Nayar. Wie wir gesehen haben, blieben Nayar-Männer auch nach ihrer Heirat an ihrem Geburtsort und lebten weiterhin mit ihrer Familiengruppe zusammen; sie machten sich keine Gedanken darüber, was aus ihren Kindern werden würde — die sie kaum zu identifizieren imstande waren —, und es bereitete ihnen keinerlei Schwierigkeiten, ihre Schwestern, Neffen und Nichten unter der ordnungsgemäßen fraternalen und avunkularen Kontrolle zu halten.

Die am häufigsten praktizierte Lösung des Problems, die zwischen männlichen Interessen und Matrilinearität bestehenden Spannungen aufzuheben, ist jedoch die Ausbildung eines avunkulokalen Residenzmusters. In der Tat gibt es mehr matrilineare Deszendenzgruppen, die eine avunkulokale Wohnfolge praktizieren, als matrilineare Deszendenzgruppen mit matrilokaler Wohnfolge (s. Tab. 8.1).

Bei avunkulokaler Wohnfolge zieht ein Mann zu den Brüdern seiner Mutter, um dort in ihrer matrilinearen Familiengruppe zu leben. Nach seiner Heirat wohnt seine Frau bei ihm. Sein Sohn wiederum zieht, wenn er erwachsen

Tabelle 8.1 Beziehung zwischen Residenz und Deszendenz nach dem Ethnographischen Atlas

| Verwandt-schaftsgruppen- | Postmaritale Residenz | | | | |
	matrilokal/ uxorilokal	avunkulokal	patrilokal/ virilokal	andere	insges.
patrilinear	1	0	563	25	588
matrilinear	53	62	30	19	164

Quelle: Murdock 1967; Divale und Harris 1967.

geworden ist, zu den Brüdern seiner Frau (seine Tochter aber kann, wenn sie den Sohn der Schwester ihres Vaters (VaSwSo) heiratet, ihren Wohnort beibehalten). Der Kern einer avunkulokalen Familiengruppe besteht also aus einer Gruppe von Brüdern und den Söhnen ihrer Schwestern. Funktion dieses Residenzmusters scheint die Wiedereinsetzung einer männlichen fraternalen Interessengruppe als residentiellem Kern der matrilinearen Abstammungsgruppe zu sein.

Avunkulokalität kommt wahrscheinlich deshalb so häufig vor, weil die Männer weiterhin die Angelegenheiten der matrilinearen Gruppen kontrollieren, auch wenn kriegerische Auseinandersetzungen nicht unterdrückt werden. Diese Interpretation steht mit einer anderen bemerkenswerten Tatsache in Einklang, daß nämlich das logische Gegenteil von Avunkulokalität, die *Amilokalität (amita* = Tante), extrem selten vorkommt. Amilokalität würde bedeuten, daß Bruderschwestern und Vatertöchter den Kern einer patrilinearen Lokalgruppe bilden.* Frauen waren jedoch selten in der Lage, patrilineare Verwandtschaftsgruppen so zu kontrollieren, wie Männer matrilineare Verwandtschaftsgruppen zu kontrollieren imstande waren. Deshalb dominieren Männer, nicht Frauen, praktisch alle patrilinearen wie auch die meisten bekanntgewordenen Fälle matrilinearer Verwandtschaftsgruppen, auch wenn Frauen bei der Hochzeit ihren Wohnort nicht wechseln.

Nur eine schmale Grenzlinie trennt Avunkulokalität von Patrilokalität. Wenn die aus Brüdern bestehende residenzielle Gruppe einen oder mehrere Söhne nach deren Verheiratung bei sich behält, ähnelt der residenzielle Kern bereits einer ambilokalen Familiengruppe. Werden mehr Söhne als Neffen in der Gruppe behalten, entsteht ein Residenzmuster, das der patrilinearen Abstammung zugrunde liegt.

Hat eine Gesellschaft die matrilokale Wohnfolgeordnung eingeführt und matrilineare Abstammungsgruppen entwickelt, so kann, wenn sich die ursprünglichen Bedingungen verändern, auch wieder die patrilokale und patrilineare Organisation entstehen. Viele Gesellschaften befinden sich wahrscheinlich ständig im Übergang von einer Form der Wohnfolgeordnung und einer Form der Verwandtschaftsideologie zur anderen. Da jedoch Veränderungen im Residenz- und Deszendenzsystem nicht immer genau gleichzeitig

---

* Wenn partilokale und patrilineare Abstammungsgruppen Kreuzcousin-/-cousinenheirat mütterlicherseits praktizieren, werden die Tanten väterlicherseits eines männlichen Ego zur Abstammungsgruppe gehören. Diese Frauen werden aber nicht den residenziellen Kern der häuslichen Einheit bilden, weil sie und nicht ihre Ehemänner ihren Geburtsort verlassen, um zu ihrem Ehepartner zu ziehen (entgegen der Auffassung von Ottenheimer 1984).

auftreten — d.h. Deszendenzveränderungen können hinter Residenzveränderungen herhinken —, ist damit zu rechnen, daß hin und wieder bestimmte Residenzmuster in Kombination mit den »falschen« Abstammungsregeln vorkommen. Zum Beispiel haben einige patrilokale und relativ viele virilokale Gesellschaften ein matrilineares Abstammungssystem, und ein oder zwei uxorilokale Gesellschaften haben ein patrilineares Abstammungssystem (Tabelle 8.1). Es läßt sich jedoch ein sehr starker Druck in Richtung auf eine Übereinstimmung zwischen der Organisation von Familiengruppen, ihren ökologischen, militärischen und ökonomischen Anpassungen und ihren Abstammungsideologien feststellen.

Verwandtschaftsterminologien

Ein weiterer, funktionale Konsistenz bewirkender Aspekt der Familienideologie stellt die Verwandtschaftsterminologie dar. Jede Kultur verfügt über ein spezielles Begriffssystem zur Klassifizierung von verschiedenen Arten von Verwandten. Die Begriffe und die Regeln zur Anwendung der Begriffe bilden das *Verwandtschaftsterminologiesystem* einer Kultur.

Lewis Henry Morgan war der erste Ethnologe, der erkannte, daß es trotz der Tausende von verschiedenen Sprachen auf der Erde und trotz der enormen Zahl verschiedener Verwandtschaftsbezeichnungen in diesen Sprachen nur einige wenige grundlegende Typen von Verwandtschaftsterminologiesystemen gibt. Diese Systeme können am besten durch die Art und Weise definiert werden, wie Begriffe auf ein verkürztes genealogisches Beziehungsgeflecht angewandt werden, das aus zwei Generationen besteht und Egos Brüder und Schwestern sowie Egos Kreuz- und Parallelcousins/-cousinen umfaßt. Hier wollen wir nur drei der bekanntesten Systeme untersuchen, um die kausalen und funktionalen Beziehungen zu verdeutlichen, die alternative Verwandtschaftsterminologien mit anderen Aspekten häuslicher Organisationsformen verknüpfen. (Ich möchte betonen, daß es sich um grundlegende *Typen* von Verwandtschaftsterminologien handelt, von denen tatsächliche Fälle in den Einzelheiten oft abweichen.)

Eskimo-Terminologie

Das Verwandtschaftsterminologiesystem, das den meisten Nordamerikanern vertraut ist, wird als Eskimo-System bezeichnet und ist in Graphik 8.11 abgebildet. Folgendes sind die beiden wichtigsten Merkmale dieses Systems: 1. Keine der Bezeichnungen für Egos Kernverwandte — 1,2,6,5 — wird außer-

halb der Kernfamilie benutzt. 2. Es wird keine terminologische Unterscheidung zwischen Verwandten mütterlicher- und väterlicherseits gemacht. Das
heißt, Kreuz- und Parallelcousins/-cousinen und Kreuz- und Paralleltanten/-
onkel werden terminologisch miteinander gleichgesetzt. In diesen Merkmalen spiegelt sich die Tatsache wider, daß Gesellschaften, die die Eskimo-Terminologie verwenden, im allgemeinen keine korporierten Abstammungsgruppen umfassen. Wenn es solche Gruppen nicht gibt, wird die Kernfamilie
zur separaten und funktional dominanten Produktions- und Reproduktions-
einheit. Aus diesem Grunde werden die Mitglieder der Kernfamilie anders als
die anderen Arten von Verwandten bezeichnet. Daß andererseits alle Cousins
und Cousinen mit einem einzigen Begriff bezeichnet werden (7), reflecktiert
die Stärke der bilinearen gegenüber der unilinearen Abstammung. Der Einfluß bilinearer Abstammung zeigt sich auch in der terminologischen Gleichsetzung von Tanten und Onkeln mütterlicherseits mit Tanten und Onkeln
väterlicherseits. Die theoretischen Annahmen hinsichtlich der Eskimo-Terminologie werden von den in Murdocks *Ethnographie Atlas* (1967) enthaltenen Tabellen bestätigt. Von den 71 Gesellschaften mit Eskimo-Terminologie
weisen nur 4 Großfamilien und nur 13 unilineare Abstammungsgruppen auf.
Und in 54 Gesellschaften gibt es entweder überhaupt keine Abstammungsgruppen oder lediglich Kindreds.

Wie die Bezeichnung »Eskimo« erkennen läßt, findet sich dieses Verwandtschaftsterminologiesystem bei vielen Jäger- und Sammlergruppen. Der
Grund dafür ist, daß alle Faktoren, die zur Isolierung der Kernfamilie beitragen, die Wahrscheinlichkeit erhöhen, daß eine Eskimo-Terminologie entsteht. Wie wir gesehen haben, sind die determinierenden Faktoren bei Wildbeutergruppen zum einen geringere Bevölkerungsdichte und zum anderen
maximale geographische Mobilität als Reaktion auf Fluktuationen des Wild-
bestands und anderer Ressourcen. In den USA und Kanada spiegelt das
gleiche terminologische System das Eindringen von Preismarktinstitutionen
in die häusliche Sphäre und das infolge der Lohnarbeit hohe Maß an sozialer
und geographischer Mobilität wider.

Graphik 8.11 Eskimo-Terminologie

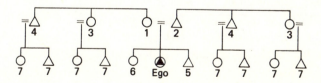

Hawaii-Terminologie

Ein anderes Verwandtschaftsterminologiesystem wird als Hawaii-System bezeichnet. Es läßt sich am einfachsten darstellen, da es die wenigsten Bezeichnungen umfaßt (Graphik 8.12). In einigen Versionen entfällt sogar die terminologische Unterscheidung zwischen den Geschlechtern, so daß lediglich ein Terminus für die Mitglieder von Egos Generation und ein anderer für die Mitglieder von Egos Elterngeneration übrig bleibt. Verglichen mit dem Eskimo-System ist die Anwendung derselben Termini auf Mitglieder wie Nichtmitglieder der Kernfamilie das bemerkenswerteste Kennzeichen der Hawaii-Terminologie. Das Hawaii-System ist daher mit Situationen vereinbar, in denen die Kernfamilie in Großfamilien oder anderen korporierten Abstammungsgruppen aufgeht. In Murdocks *Ethnographic Atlas* bestehen tatsächlich 21 Prozent der Gesellschaften, die das Hawaii-System verwenden, aus Großfamilien und über 50 Prozent aus anderen korporierten Abstammungsgruppen.

Der Theorie nach müßten die meisten dieser Abstammungsgruppen nicht unilinear, sondern kognatisch organisiert sein. Denn die Bezeichnung der Verwandten mütterlicher- wie väterlicherseits mit demselben Terminus weist auf eine gewisse Indifferenz gegenüber Unilinearität hin, und die Indifferenz gegenüber Unilinearität ist logisch mit ambilinearer oder bilinearer Abstammung konsistent.

Graphik 8.12 Hawaii-Terminologie

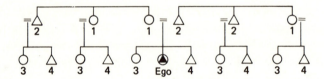

Doch die Daten aus Murdocks ethnographischer Erhebungsauswahl stützen diese Voraussagen nur teilweise: Tatsächlich leiten sehr viel mehr Gesellschaften, die das Hawaii-Terminologiesystem verwenden, Abstammung nicht unilinear, sondern kognatisch ab. Es gibt aber viele Ausnahmen, für die bisher noch keine allgemein akzeptierte Erklärung vorgeschlagen wurde.

Irokesen-Terminologie

Wie bereits erwähnt haben unilineare Verwandtschaftsgruppen überall auf der Welt die Tendenz, zwischen Parallel- und Kreuzcousins/-cousinen zu unterscheiden. Eine ähnliche Differenzierung wird in der ersten aufsteigenden Generation vorgenommen, indem sowohl die Brüder als auch die Schwestern des Vaters terminologisch von den Brüdern und Schwestern der Mutter unterschieden werden. Zusätzlich zu diesen Unterscheidungen zwischen Kreuz- und Parallelcousins/-cousinen und Kreuz- und Paralleltanten und -onkeln ist es ein Kennzeichen der Irokesen-Terminologie, daß der Terminus für Mutter und Mutterschwester, für Vater und Vaterbruder sowie für Egos Geschwister und Parallelcousins und -cousinen jeweils derselbe ist (Graphik 8.13).

Graphik 8.13 Irokesen-Terminologie

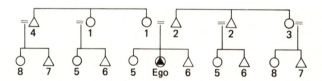

Diese terminologische Gleichsetzung ergibt sich zum größten Teil aus der Tatsache, daß Geschwister denselben korporierten unilinearen Abstammungsgruppen angehören und Heiratsallianzen zwischen solchen Gruppen auf der Heirat von Kreuzcousins und -cousinen beruhen. In Murdocks ethnographischer Erhebungsauswahl verwenden 166 Gesellschaften die Irokesen-Terminologie, wovon 119 (70 Prozent) unilineare Abstammungsgruppen umfassen.

Wir haben nur die Oberfläche einiger der vielen faszinierenden und wichtigen Probleme auf dem Gebiet der Verwandtschaftsterminologie (Graphik 8.14) berührt. Doch mag das vielleicht ausreichen, um wenigstens eines klar zu machen: Verwandtschaftsterminologiesysteme besitzen eine bemerkenswerte logische Kohärenz. Wie jedoch so viele andere Aspekte der Kultur sind auch Verwandtschaftsterminologiesysteme nicht das Ergebnis eines erfinderischen Genies. Die meisten Menschen sind sich nicht einmal bewußt, daß es solche Systeme gibt. Gewiß stellen die Hauptmerkmale dieser Systeme immer wiederkehrende unbewußte Anpassungen an die vorherrschenden Bedingungen des häuslichen Lebens dar. Für viele Einzelheiten der Verwandtschaftsterminologie wie für viele andere Verwandtschaftsphänomene gibt es aber bis heute keine befriedigende Erklärung.

Zusammenfassung

Verwandtschaftsbeziehungen zu untersuchen heißt, die Ideologien zu untersuchen, die die korporierte Struktur von Familiengruppen rechtfertigen und aufrechterhalten. Grundlage der Verwandtschaft bilden Beziehungen, die über Heirat und Abstammung abgeleitet werden. Dem Abstammungskonzept liegt die Vorstellung zugrunde, daß bestimmte Personen bei der Empfängnis, Geburt und Aufzucht der Kinder eine besondere Rolle spielen. Es gibt viele verschiedene traditionelle Abstammungstheorien, von denen keine einzige mit dem heutigen wissenschaftlichen Verständnis von Zeugung und Reproduktion genau übereinstimmt.

Hauptformen kognatischer Abstammungssysteme sind bilineare und ambilineare Deszendenz; sie sind jeweils mit Kindreds einerseits und kognatischen Lineages und Klanen andererseits verknüpft. Hauptformen unilinearer Abstammung bilden Matrilinearität und Patrilinearität, die jeweils mit Patri- und Matrilineages bzw. Patri- und Matriklanen einhergehen.

Wichtig für das Verstehen alternativer Deszendenz- und Familienorganisationsformen ist das postmaritale Residenzmuster. Bilineare Deszendenz und bilineare Deszendenzgruppen sind mit Neolokalität, Bilokalität und Ambilokalität verknüpft. Genauer gesagt, die flexiblen und mobilen Formen der Hordenorganisation begünstigen Bilokalität, wohingegen die stärkere Isolation der Kernfamilien in an Preismärkten orientierten Wirtschaftssystemen Neolokalität entstehen läßt. Dagegen sind kognatische Lineages und Klane mit Ambilokalität verknüpft.

Unilineare Familiengruppen reflektieren unilokale Residenzmuster. Diese wiederum haben klar definierte familiäre Kerngruppen und die Betonung von Exklusivrechten auf Ressourcen und Menschen zur Voraussetzung. Zwischen Patrilokalität und Patrilinearität einerseits und Matrilinearität, Matrilokalität und Avunkulokalität andererseits besteht ein enger Zusammenhang. Patrilokal und patrilinear organisierte Gruppen sind sehr viel häufiger als matrilinear oder avunkular organisierte Gruppen. Ein Grund dafür ist die Tatsache, daß in Dorfgesellschaften Krieg, Jagd und Handel das Monopol der Männer sind. Diese Tätigkeiten werden dadurch erleichtert, daß Väter, Brüder und Söhne an einem Ort zusammenleben und fraternale Interessengruppen bilden. Unter den Bedingungen steigender Bevölkerungsdichte und zunehmender Erschöpfung der Ressourcen können Lokalgruppen die adaptive Strategie entwickeln, Kriegs-, Handels- und Jagdexpeditionen in weit entfernt gelegene Regionen zu unternehmen. Solche Expeditionen sind leichter möglich, wenn fraternale Interessengruppen aufbrechen und das häusliche Leben um einen Kern von Müttern, Schwestern und Töchtern organisiert ist,

Graphik 8.14 Für Verwandtschaftsdiagramm-Enthusiasten: Crow-Terminologie aus der Perspektive eines männlichen Ego

Viele Kulturen verwenden Terminologiesysteme, in denen der Einfluß der Linearität größeres Gewicht als Generationskriterien hat. Derartige Systeme treten sowohl bei Matrilinearität wie bei Patrilinearität auf. Die matrilineare Variante ist als Crow-System bekannt. Es unterscheidet terminologisch zwischen patrilinearen und matrilinearen Kreuzcousins und Kreuzcousinen. Man differenziert jedoch nicht nur zwischen diesen Cousins und Cousinen, sondern setzt die patrilinearen Kreuzcousins und -cousinen mit dem Vater und der Vaterschwester gleich. Interessanterweise werden außerdem Kreuzcousins und Kreuzcousinen mütterlicherseits mit dem Sohn bzw. der Tochter von Ego gleichgesetzt.

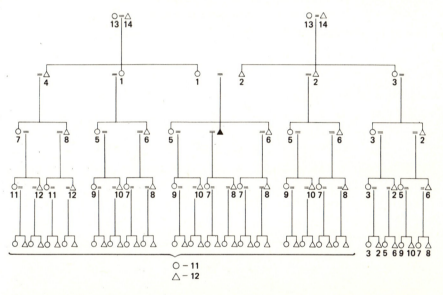

d.h. mit anderen Worten: wenn eine matrilokale und matrilineare Familienorganisation entsteht. Da auch in matrilinearen und matrilokalen Gesellschaften Männer die militärischen und politischen Institutionen dominieren, besteht die Tendenz, daß sie das patrilineare Prinzip wieder ins häusliche Leben einführen und die Auswirkungen der Matrilokalität auf ihre Verfügungsgewalt über ihre Kinder aufheben. Das erklärt die Tatsache, daß ebenso viele matrilineare Gesellschaften avunkulokale wie matrilokale Wohnfolge praktizieren.

Die Hauptfunktion alternativer Deszendenzsysteme besteht deshalb vielleicht in der Bildung und Erhaltung verschiedener, von kooperativen und interdependenten Verwandten hergestellten Beziehungsmuster, wobei die einzelnen Verwandten in ökologisch erfolgreiche und militärisch sichere familiäre Produktions- und Reproduktionseinheiten aufgeteilt sind. Damit solche Einheiten handlungsfähig sind, brauchen sie eine kollektive Organisationsideologie, die die Struktur der Gruppe und das Verhalten der Gruppenmitglieder interpretiert und bestätigt. Diese Interpretation der Verwandtschaftssysteme läßt sich auch auf die Hauptarten der Verwandtschaftsterminologiesysteme anwenden. Derartige Systeme fassen Verwandte in Übereinstimmung mit den Hauptzügen häuslicher Organisation, den Residenzpraktiken und den Abstammungsregeln zusammen. Die Eskimo-Terminologie ist beispielsweise funktional mit Familienorganisationsformen verknüpft, die für Mobilität und Isolation der Kernfamilien verantwortlich sind; die Hawaii-Terminologie ist funktional mit kognatischen Lineages und Klanen verknüpft; und die Irokesen-Terminologie, die terminologisch die Unterscheidung zwischen Kreuz- und Parallelcousins und -cousinen betont, ist funktional mit unilinearen Abstammungsgruppen verknüpft.

9 Recht, Ordnung und Krieg in egalitären Gesellschaften

In diesem Kapitel setzen wir unsere Darstellung der Strukturebene soziokultureller Systeme fort. Der Schwerpunkt verlagert sich nun von der Struktur familiärer
Gruppen auf die Regeln des sozialen Zusammenlebens und auf die Aufrechterhaltung des politischen Zusammenhalts sowie von Recht und Ordnung in Wild-
beuter- und Pflanzergesellschaften und im Kontakt dieser Gruppen untereinander. Es wird gezeigt, daß in beiden Gesellschaftsformen kriegerische Konfliktlö-
sung vorkommt, und es werden Theorien dafür genannt, warum dies der Fall ist.

Recht und Ordnung in Wildbeuter- und Pflanzergesellschaften

In jeder Gesellschaft haben die Menschen konfligierende Interessen. Selbst in
Wildbeutergesellschaften stimmen die Wünsche und Bedürfnisse alter und
junger, kranker und gesunder, männlicher und weiblicher Hordenmitglieder
keineswegs immer überein. Außerdem begehren Menschen in allen Gesellschaften das, was andere besitzen, und geben nicht gern etwas ab. Jede Gesellschaft muß daher über Strukturmechanismen zur geordneten Lösung der Interessenkonflikte verfügen, damit diese nicht zu gewalttätigen Konfrontationen eskalieren. Die in Wildbeuter- und Pflanzergesellschaften anzutreffenden Interessenkonflikte unterscheiden sich jedoch sowohl qualitativ als auch
quantitativ deutlich von denen in komplexeren Gesellschaften. Auch unterscheiden sich die Methoden zur Verhinderung gewalttätiger Konfrontationen ganz wesentlich.

Wild- und Feldbeutergruppen wie die Eskimo, die in der Kalahari lebenden !Kung-San und die Ureinwohner Australiens genießen auch ohne
Herrscher und Sicherheitsspezialisten ein hohes Maß an persönlicher Sicherheit. Sie haben keine Könige, Königinnen, Diktatoren, Präsidenten, Gouver-
neure oder Bürgermeister; keine CIA, kein FBI, keine Finanz- und keine Voll-
zugsbeamten. Sie haben keinen schriftlich fixierten Gesetzeskodex und keine

formellen Gerichtshöfe; keine Rechtsanwälte, keine Vollstreckungsbeamte, keine Richter, Staatsanwälte, Geschworenen oder Gerichtssekretäre; auch keine Polizeiautos, Gefangenenwagen, Untersuchungsgefängnisse oder Haftanstalten. Wie gelingt es Horden- und Dorfgemeinschaften, ohne diese Spezialisten und Einrichtungen des Gesetzesvollzugs auszukommen, und warum sind moderne Gesellschaften so darauf angewiesen?

Die Hauptgründe für diese Unterschiede sind 1. in der geringen Größe der Horden- und Dorfgesellschaften; 2. in der zentralen Bedeutung, die die Familiengruppen und Verwandtschaft für die soziale Organisation haben; und 3. im Fehlen ausgeprägter Ungleichheiten beim Zugang zur Technologie und zu den Ressourcen zu sehen. Geringe Gruppengröße bedeutet, daß jeder jeden persönlich kennt. Geizige, aggressive und gewalttätige Personen können daher von der Gruppe identifiziert und dem Druck der öffentlichen Meinung ausgesetzt werden. Das Vorherrschen familiärer und verwandtschaftlicher Beziehungen bedeutet, daß hauptsächlich Reziprozität den Tausch bestimmt und die kollektiven Interessen der häuslichen Einheit von allen ihren Mitgliedern gewahrt werden können. Schließlich bedeutet Gleichheit des Zugangs zur Technologie und zu den natürlichen Ressourcen, daß Nahrung und andere Formen von Reichtum nicht von einigen wenigen Reichen anderen, schlechter gestellten Gruppenmitgliedern vorenthalten werden können.

»Primitiver Kommunismus«

In Gesellschaften, die in Horden organisiert sind, haben gewöhnlich alle Erwachsenen freien Zugang zu den Flüssen, Seen, Stränden und Meeren; zu allen Pflanzen und Tieren; zum Boden und zu dem, was sich unter der Erde befindet. Diese für die Gewinnung lebenserhaltender Energie und Materialien notwendigen Dinge sind Gemeinschafts-»Eigentum«.

Einige Ethnologen glaubten, bei indianischen Wildbeutergruppen in Kanada Hinweise dafür gefunden zu haben, daß Kernfamilien und selbst Einzelpersonen Besitzansprüche auf bestimmte Jagd- und Sammelgebiete erhoben. Spätere Forschung ergab jedoch, daß diese Besitzansprüche nicht traditionellen Ursprungs waren, sondern erst mit dem Pelzhandel entstanden waren (Knight 1974; Leacock 1973; Speek 1915). In anderen Fällen unterscheiden Ethnologen, die von familieneigenen Territorien sprechen, nicht zwischen ideologischen Besitzansprüchen und tatsächlichem Verhalten. Die Tatsache, daß eine Kernfamilie ein bestimmtes Gebiet als ihr »eigenes« betrachtet, muß sowohl im Lichte der Bedingungen, unter denen andere das

Gebiet nutzen können, als auch der Konsequenzen, die sich aus einem Mißbrauch ergeben, betrachtet werden. Wenn jedem bereitwillig die Erlaubnis
zur Nutzung des Gebiets erteilt wird und wenn eine Nutzung ohne vorheriges
Einholen der Erlaubnis bloß zu Murren und Geschimpfe führt, ist vielleicht
der moderne Begriff von »Besitz« nicht zutreffend.

Bei den !Kung-San »gehören« — emisch betrachtet — Wasserlöcher und
Jagd- und Sammelterritorien den Kerngruppen bestimmter Horden. Da aber
viele Angehörige von Nachbarhorden durch Heirat miteinander verwandt
sind, steht ihnen der Zugang zu den Ressourcen bei gegenseitigen Besuchen
offen. Nachbarn, die um Erlaubnis bitten, ein bestimmtes Lager besuchen
und dessen Ressourcen ausbeuten zu dürfen, werden selten negativ beschieden. Selbst Leute, die zu weit entfernt lebenden Horden gehören und keine
engen verwandtschaftlichen Beziehungen zu den Gastgebern aufweisen,
erhalten gewöhnlich — vor allem für kurze Zeit — die Erlaubnis zu bleiben, da
es als abgemacht gilt, daß die Gastgeber den Besuch irgendwann einmal erwi-
dern können (Lee 1979: 337).

Kollektivbesitz an Land bedeutet jedoch nicht, daß es in Wildbeutergruppen überhaupt kein Privateigentum gibt. Die Theorie vom »primitiven Kommunismus«, die besagt, daß es im Verlauf der Kulturentwicklung eine universelle, durch das Fehlen von Privateigentum gekennzeichnete Phase gab (s.
Epstein 1968), läßt sich kaum aufrechterhalten. In Wildbeutergesellschaften
»gehören« (im Sinne eines Verfügungsrechts) viele materielle Gegenstände
ganz bestimmten Individuen, vor allem solche Gegenstände, die der Benut-
zer selbst herstellt. Sogar die Mitglieder der egalitärsten Gesellschaften sind
gewöhnlich der Auffassung, daß Waffen, Kleidung, Behältnisse, Schmuckstücke, Werkzeuge und andere »persönliche Habe« nicht einfach weggenom-
men oder ohne Zustimmung des »Besitzers« benutzt werden können. Doch
ist die Wahrscheinlichkeit gering, daß der Diebstahl oder die widerrechtliche
Aneignung solcher Gegenstände ernsthafte Konflikte auslösen würden.

Der Anhäufung materiellen Besitzes sind durch die Notwendigkeit, immer
wieder das Lager abzubrechen und weite Entfernungen zu Fuß zurückzule-
gen, enge Grenzen gesetzt, und die meisten Gebrauchsgegenstände können
ohne Schwierigkeit ausgeliehen werden, wenn ihr Besitzer sie nicht selbst
benutzt. Gibt es nicht genügend solcher Gegenstände, die man ausleihen
kann (z.B. Pfeile, Pfeilspitzen, Netze, Rinde oder Kürbisbehälter), so hat aufgrund des freien Zugangs zu den Rohmaterialien jeder die Möglichkeit, sie
selbst herzustellen, sofern er nur über die erforderlichen Fertigkeiten verfügt.
Darüber hinaus bleiben Diebe in Gesellschaften, die nicht mehr als einige
hundert Menschen umfassen, nicht unerkannt. Wenn daher ein Gruppenmitglied immer wieder beim Stehlen ertappt wird, werden sich die Bestohle-

nen irgendwann einmal zusammentun und den Dieb darauf aufmerksam machen, daß er, wenn er etwas haben will, besser offen darum bittet. Die meisten Bitten dieser Art werden bereitwillig erfüllt, da Reziprozität die vorherrschende Tauschform darstellt. Schließlich soll noch darauf hingewiesen werden, daß ganz im Gegensatz zum erfolgreichen modernen Bankräuber niemand davon leben kann, Pfeile und Bögen oder Kopfschmuck zu stehlen, da es keinen Markt gibt, auf dem derartige Gegenstände gegen Nahrung getauscht werden können (s. Kap. 6).

Mobilisierung der öffentlichen Meinung: Singduelle

Wichtigste Voraussetzung für die Beilegung von Streitigkeiten in Gesellschaften mit Horden- und Dorforganisation ist die vorübergehende Isolierung der Kontrahenten von ihren Verwandten. Solange jene nämlich den Eindruck haben, daß sie von ihren Verwandten Rückendeckung erhalten, werden sie nicht aufhören, Beschuldigungen und Gegenbeschuldigungen vorzubringen. Mitglieder der Verwandtschaftsgruppe reagieren jedoch niemals mechanisch und unüberlegt, sondern achten genau darauf, daß sie nicht die Mehrheit der Horden- oder Dorfangehörigen gegen sich haben. Mit anderen Worten, die öffentliche Meinung übt Einfluß darauf aus, in welchem Maße Kontrahenten Unterstützung von ihren Verwandten erwarten können. Die Vorstellungen, die Wildbeuter und Pflanzer von Gerechtigkeit haben, kommen Europäern und Nordamerikanern manchmal eigenartig vor, weil die Orientierung an der öffentlichen Meinung im Vordergrund steht. Es kommt nicht so sehr darauf an, wer moralisch im Recht oder im Unrecht ist oder wer lügt oder die Wahrheit sagt. Wichtig ist vielmehr, die öffentliche Meinung stark genug für eine der beiden Seiten zu mobilisieren, um den Ausbruch einer umfangreichen Fehde zu verhindern.

Der Singwettstreit der zentralen und östlichen Eskimo ist ein klassisches Beispiel dafür, wie eine solche Mobilisierung unabhängig von abstrakten Rechtsprinzipien erreicht werden kann. Zum Beispiel kommt es oft vor, daß ein Mann einen anderen beschuldigt, seine Frau gestohlen zu haben. Die Gegenbeschuldigung lautet dann, daß die Frau keineswegs gestohlen wurde, sondern ihren Mann freiwillig verlassen hat, weil »er nicht Manns genug war«, gut für sie zu sorgen. Die Angelegenheit wird schließlich auf einer großen öffentlichen Versammlung beigelegt, die man vielleicht mit einer Gerichtssitzung vergleichen kann. Doch werden keine Zeugen vernommen, die eine der beiden Versionen, warum die Frau ihren Mann verlassen hat, stützen könnten. Stattdessen singen die »Kontrahenten« abwechselnd beleidigende Lieder über den anderen. Das »Gericht« reagiert auf jede Darbietung mit unterschiedlich starkem Gelächter. Irgendwann verliert einer der beiden Sänger die Beherrschung, worauf das Publikum auf seine Kosten zu johlen und vor Gelächter zu brüllen beginnt — selbst seine Verwandten können kaum ihr Lachen unterdrücken.

> »Man tuschelt etwas
> über einen Mann und eine Frau,
> die sich nicht einigen konnten.
> Und worum ging es?
> Eine Frau zerriß in gerechtem Zorn
> die Pelze ihres Mannes,
> nahm ihr gemeinsames Boot
> und ruderte mit ihrem Sohn davon.
> Ay-ay, alle, die ihr zuhört,
> was haltet ihr von dem,
> dessen Wut zwar groß,
> dessen Kraft aber schwach ist,
> und der nun hilflos flennt?
> Er bekam, was er verdiente,
> obwohl er es war, der stolz
> diesen Streit mit dummen Worten begann«
> (nach Rasmussen 1929: 231–232).

Die Eskimo verfügen nicht über Polizei- oder Militärspezialisten, die für die Vollstreckung des »Gerichtsurteils« sorgen. Der Mann, der den Singwettstreit verloren hat, wird jedoch wahrscheinlich nachgeben, da er, wenn er den Disput fortsetzen will, mit keiner Unterstützung mehr rechnen kann. Doch kann es auch vorkommen, daß er sich zum Alleingang entschließt.

Frauenraub führt gelegentlich zu Mord und Totschlag. In diesem Fall mag es dem Mann, der die öffentliche Unterstützung verloren hat, zunächst gelingen, dank seiner Wachsamkeit und Kampfkraft zu überleben. Er wird jedoch wahrscheinlich gezwungen sein, wieder zu töten, und mit jeder weiteren Gesetzesüberschreitung wird die gegen ihn gebildete Koalition größer und entschlossener, bis er schließlich das Opfer eines Hinterhalts wird.

Moblilisierung der öffentlichen Meinung: Anklage wegen Hexerei oder Zauberei

In egalitären Horden- und Dorfgesellschaften spielen als *Schamanen* bezeichnete magisch-religiöse Spezialisten bei der Mobilisierung der öffentlichen Meinung und der Beseitigung anhaltender Konfliktquellen oft eine wichtige

Rolle. Die Vorstellung, Unglück sei auf natürliche Ursachen zurückzuführen, wird in den meisten Kulturen abgelehnt. Nimmt die Zahl der Jagdtiere plötzlich ab oder werden mehrere Personen plötzlich krank, glaubt man, daß irgend jemand Hexerei oder Zauberei (schwarze Magie) praktiziert. Aufgabe des Schamanen ist es, den Schuldigen ausfindig zu machen. Normalerweise geschieht dies mit Hilfe von *Divination* oder Wahrsagerei. Indem der Schamane sich mit Hilfe von Drogen, Tabakrauch oder monotonem Trommeln in Trance versetzt, erfährt er den Namen des Schuldigen. Die Geschädigten fordern Vergeltung, und der Beschuldigte wird aus dem Hinterhalt überfallen und ermordet.

Es ist durchaus möglich, daß die Beschuldigten und Ermordeten die ihnen zur Last gelegte Hexerei oder Zauberei gar nicht betrieben, ja nicht einmal den Versuch dazu unternommen haben! Mit anderen Worten: die Hexen oder Zauberer trifft wahrscheinlich überhaupt keine Schuld an dem Verbrechen, für das sie verurteilt werden. Dennoch tragen die Hexerei- bzw. Zaubereibeschuldigungen des Schamanen eher zur Erhaltung als zur Zerstörung der Gruppeneinheit bei.

Wir wollen uns einmal den von Gertrude Dole (1966) geschilderten Fall der Kuikuru — einer in Brasilien lebenden egalitären Pflanzergruppe — näher ansehen. Ein Blitz hatte zwei Häuser in Brand gesetzt. Der Schamane versetzte sich in Trance und erfuhr, daß der Blitz von einem Mann geschickt worden war, der vor ein paar Jahren das Dorf verlassen hatte und nie zurückgekehrt war. Dieser Mann hatte nur einen männlichen Verwandten, der auch nicht mehr im Dorf lebte. Bevor der beschuldigte Zauberer das Dorf verließ, hatte er sich mit einem jungen Mädchen verlobt. Der Bruder des Schamanen hatte jedoch die Mutter des Mädchens überredet, die Verlobung aufzulösen und ihm selbst zu gestatten, das Mädchen zu heiraten.

»Im Verlauf der Divinationszeremonie unterhielt sich der Schamane mit verschiedenen betroffenen Mitgliedern der Dorfgemeinschaft. Als er schließlich den Namen des Schuldigen bekannt gab, entstand beträchtliche Unruhe. Mehrere Dorfbewohner traten auf den Platz und hielten lange Ansprachen. ... In der allgemeinen Aufregung brach der Bruder des Schamanen mit ein paar Freunden auf, um den der Zauberei Beschuldigten zu töten« (1966: 76).

Die Ethnographin weist darauf hin, daß bei den Kiukuru die Tatsache, daß jemand von einem Dorf in ein anderes zieht, gewöhnlich darauf schließen läßt, daß sich ein Konflikt zusammenbraute und der Betreffende verstoßen wurde. (Die Kuikuru glaubten deshalb auch, daß Dole und ihr Mann, der ebenfalls Ethnologe ist, aus ihrer eigenen Gesellschaft »hinausgeworfen« worden waren.) Der Mann, der der schwarzen Magie beschuldigt wurde, war also nicht zufällig ausgewählt worden, sondern erfüllte mehrere genau definierte Kriterien: 1. eine Vorgeschichte von Auseinandersetzungen und Streitigkeiten im Dorf; 2. ein Rachemotiv (die aufgelöste Verlobung); und 3. einen schwachen verwandtschaftlichen Rückhalt.

Die Anschuldigung des Schamanen war also keine spontane Entscheidung. Vielmehr gab es eine lange Inkubationszeit, in deren Verlauf der Schamane sowohl im Trance- wie im Wachzustand die Einstellung der Dorfbewohner zu dem Beschuldigten erforschte. Wie Dole feststellt, ist es dem Schamanen aufgrund seiner übernatürlichen Autorität möglich, öffentliche Anklage zu erheben. Doch kann er das nicht im Alleingang, wie es die Gruselfilmversion vom bösen Schamanen will, der die »Eingeborenen« gegen den freundlichen europäischen Forscher aufwiegelt. Schamanen sind vielmehr größtenteils von der öffentlichen Meinung abhängig. Denn obwohl die Kunst der Divination die Verantwortung für den Gerichtsprozeß dem Schamanen aufzubürden scheint, »erforscht, formuliert und verkündet (der Schamane lediglich) den Willen der Gruppenmitglieder« (Dole 1966: 76). Schamanen mißbrauchen ihre übernatürlichen Gaben, wenn sie Personen beschuldigen, die großes Ansehen und die Unterstützung einer starken Verwandtschaftsgruppe genießen. Begehen sie derartige Fehler häufiger, werden sie schließlich selbst aus der Gesellschaft ausgestoßen und umgebracht.

Die Schwierigkeit bei Hexerei bzw. Zauberei als Mittel sozialer Kontrolle ist, daß diejenigen, die sie praktizieren (sofern es solche Leute überhaupt gibt), selten überführt werden können. Die Zahl der Personen, die fälschlicherweise der Hexerei bzw. Zauberei beschuldigt werden, übersteigt bei weitem die Zahl derer, die mit Recht beschuldigt werden. Wird man der Hexerei oder Zauberei verdächtigt, nützt es also gar nichts, wenn man sie überhaupt nicht praktiziert. Wie schützt man sich also gegen falsche Anschuldigungen? Indem man sich freundlich, offen und großzügig zeigt; indem man Streitigkeiten vermeidet; und indem man alles tut, um nicht die Unterstützung seiner Verwandtschaftsgruppe zu verlieren. Die gelegentliche Ermordung eines vermeintlichen Zauberers ist also sehr viel mehr als die bloße Beseitigung eines tatsächlich oder potentiell antisozialen Individuums. Derartige Gewalttaten überzeugen jeden davon, wie wichtig es ist, nicht für einen Übeltäter gehalten zu werden. Auf diese Weise werden wie bei den Kuikuru die Mitglieder einer Gesellschaft dazu gebracht, freundlicher, herzlicher und bereitwilliger zur Zusammenarbeit zu sein.

»Die soziale Norm, freundlich zu sein, hält die Gruppenmitglieder davon ab, sich gegenseitig irgendwelcher Delikte zu beschuldigen. Da es keine wirksame politische Kontrolle oder Kontrolle durch Verwandtschaftsgruppen gibt, sind die interpersonalen Beziehungen zu einer Art Spiel geworden, dessen fast einzige Regel lautet, keine

Feindseligkeit anderen gegenüber an den Tag zu legen, damit man nicht der Hexerei bzw. Zauberei verdächtigt wird« (Dole 1966: 74).

Dieses System ist jedoch nicht »pannensicher«. Es gibt viele Fälle, in denen Hexerei - bzw. Zaubereisysteme zusammengebrochen sind, was dazu führte, daß es zu einer Serie von Verdächtigungen und Morden aus Rache kam. Diese Fälle müssen jedoch (vor allem in Situationen intensiven Kolonialkontakts wie in Afrika und Melanesien) sorgfältig zu den vorherrschenden Bedingungen des Gemeinschaftslebens in Bezug gesetzt werden. Im allgemeinen besteht ein Zusammenhang zwischen der Häufigkeit von Hexerei- bzw. Zaubereibeschuldigungen und der Uneinigkeit und Unzufriedenheit der Gruppenmitglieder (Mair 1969; Nadel 1952). Wird eine traditionelle Kultur durch neue Krankheiten, verstärkte Konkurrenz um Land und die Rekrutierung von Lohnarbeitern aus dem Gleichgewicht gebracht, so ist mit einer Zeit der Uneinigkeit und Unzufriedenheit zu rechnen. Eine solche Zeit wird durch das hektische Treiben derjenigen charakterisiert sein, die auf das Aufspüren von Hexen und die Enthüllung ihrer üblen Machenschaften spezialisiert sind, wie das in Europa während des Zusammenbruchs der Feudalgesellschaft und zur Zeit der großen Hexenverfolgungen vom 15. bis 17. Jahrhundert der Fall war.

Führerschaft

Soweit man in Gesellschaften, die in Horden und Dörfern organisiert sind, überhaupt von politischer Führerschaft sprechen kann, wird diese Führerschaft von einem männlichen Oberhaupt (sehr viel seltener von einer Frau) ausgeübt. Im Gegensatz zu politischen Spezialisten wie Königen, Präsidenten oder Diktatoren ist das Oberhaupt einer Horde oder eines Dorfs eine relativ machtlose Figur, die keinen Gehorsam erzwingen kann. Leisten Gruppenmitglieder dem Befehl ihres Oberhaupts nicht Folge, so hat dieses kaum jemals die Möglichkeit, die Ungehorsamen körperlich zu bestrafen. (Wenn der Anführer im »Amt« bleiben will, verzichtet er deshalb besser auf direkte Befehle.) Die politische Macht von Herrschern dagegen beruht auf der Fähigkeit, Individuen wie Gruppen, die nicht zur Konformität bereit sind, verstoßen und vernichten zu können. Echte Herrscher kontrollieren den Zugang sowohl zu den wichtigsten Ressourcen als auch zu den Werkzeugen und Waffen, mit denen man Menschen verletzen und töten kann.

Bei den Eskimo etwa ist politische Führerschaft besonders schwach ausgeprägt und eng an den Jagderfolg gebunden. Eine Gruppe folgt einem hervorragenden Jäger und vertraut vor allem seinem Urteil bezüglich der Wahl eines

Jagdreviers. In allen anderen Angelegenheiten aber hat die Meinung des »Anführers« nicht mehr Gewicht als die irgendeines anderen Mannes.

Ganz ähnlich hat jede Horde bei den !Kung-San anerkannte »Anführer«, bei denen es sich meistens um Männer handelt. Solche Anführer ergreifen häufiger als andere Männer das Wort, und man hört ihnen mit etwas größerer Aufmerksamkeit zu. Sie besitzen aber »keine formelle Autorität« und »können andere nur überzeugen, nicht ihnen ihren Willen aufzwingen« (Lee 1979: 333–334). Als Richard Lee die !Kung fragte, ob sie »Oberhäupter« im Sinne von mächtigen Häuptlingen hätten, antworteten sie: »Natürlich haben wir Oberhäupter! Im Grunde sind wir alle Oberhäupter ... jeder von uns ist sein eigenes Oberhaupt« (S. 348).

Eine ähnliche Form politischer Führerschaft findet sich bei dem Semai in Malaya. Trotz der jüngsten Versuche von Außenstehenden, die Macht der Semai-Führer zu stärken, ist das Oberhaupt eines Dorfes bloß die angesehenste Person in einer Gruppe von Gleichrangigen. Mit den Worten von Robert Dentan, der bei diesen egalitären Brandrodungsfeldbauern Feldforschung betrieb:

»(Das Oberhaupt) sorgt nicht durch Zwangsgewalt, sondern durch Vermittlung für Frieden. Es muß persönlich respektiert werden.... Andernfalls wenden sich die Leute von ihm ab und hören ihm nicht mehr zu. Außerdem gibt es bei den Semai nur zwei oder drei Gelegenheiten, bei denen der Anführer seine Autorität geltend machen kann: wenn er als Repräsentant seines Dorfs mit Nicht-Semai zu tun hat; wenn er auf Bitten der Betroffenen bei einem Streit vermittelt; und ... wenn er Land zur Bebauung auswählt und zuteilt. Darüber hinaus versucht ein gutes Oberhaupt meistens, die allgemeine Stimmung zu einem bestimmten Problem einzuschätzen und seine Entscheidung dieser Stimmung anzupassen, so daß es weniger die öffentliche Meinung beeinflußt, als daß es ihr Sprachrohr ist« (1968: 68).

Leider wird oft fälschlicherweise und etwas verwirrend von »Häuptling« gesprochen, wenn eigentlich die mit dem Begriff »Oberhaupt« verbundene egalitäre Form der politischen Führerschaft gemeint ist. Gewöhnlich geht jedoch aus dem Zusammenhang hervor, um welche Form der Führerschaft es sich handelt. Claude Lévi-Strauss etwa sagt von den Nambikwara-Indianern in Brasilien, sie hätten »Häuptlinge«, führt aber aus:

»Wir müssen sogleich hinzufügen, daß sich der Häuptling bei seinen vielfachen Funktionen weder auf eine präzise Macht noch auf eine öffentlich anerkannte Autorität stützen kann.... Der böse Wille seitens eines oder mehrerer Unzufriedener kann das ganze Programm des Häuptlings in Frage stellen. In einem solchen Fall verfügt der Häuptling über keinerlei Zwangsmittel. Er kann sich der unerwünschten Elemente nur in dem Maße entledigen, wie er in der Lage ist, seine Meinung zu der aller anderen zu machen« (1978: 306–307).

Oberhaupt zu sein ist eine ziemlich frustrierende und lästige Angelegenheit. Aus Beschreibungen politischer Führerschaft bei brasilianischen Indianergruppen gewinnt man den Eindruck, daß das Oberhaupt einem übereifrigen Jugendgruppenleiter in einem Zeltlager vergleichbar ist. Das Oberhaupt ist morgens als erster auf den Beinen und versucht, die anderen Gruppenmitglieder — laut schreiend auf der Mitte des Dorfplatzes stehend — zum Aufstehen zu bewegen. Von morgens bis abends hält das Oberhaupt flammende Ansprachen, redet den anderen gut zu oder bittet sie flehentlich, etwas zu tun. Wenn eine Aufgabe erledigt werden muß, ist das Oberhaupt der erste, der damit beginnt, und derjenige, der härter als alle anderen arbeitet. Außerdem muß das Oberhaupt nicht nur ein Vorbild für hartes Arbeiten, sondern auch Vorbild für Großzügigkeit sein. Nach einer Fisch- oder Jagdexpedition erwartet man von ihm, daß er einen größeren Teil der Beute als irgendein anderer verschenkt; werden Waren eingehandelt, darf er nicht die besten Stücke für sich behalten.

Thomas Gregor, der die Mehinacu-Indianer im brasilianischen Xingu-Nationalpark erforscht hat, schildert den »Häuptling« (d.h. das Oberhaupt) der Mehinacu wie folgt:

»Die wichtigste Qualifikation für das Häuptlingsamt der Mehinacu sind erlernte Fähigkeiten einerseits und Persönlichkeitsmerkmale andererseits. Der Häuptling muß beispielsweise ein besonders guter öffentlicher Redner sein. Jeden Abend muß er mitten auf dem Dorfplatz stehen und die Dorfbewohner ermahnen, gute Gruppenmitglieder zu sein. Er muß sie dazu anhalten, hart in ihren Gärten zu arbeiten, häufig zu baden, tagsüber nicht zu schlafen, anderen gegenüber nicht unfreundlich zu sein und nicht zu häufig Geschlechtsverkehr zu pflegen. . . . Der Häuptling muß aber nicht nur ein befähigter Redner, sondern auch ein großzügiger Mensch sein. Das heißt, wenn er von einem erfolgreichen Fischausflug zurückkehrt, wird er den größten Teil seines Fangs zu den Männerhäusern bringen, wo die Fische gekocht und unter den Männern des Dorfs verteilt werden. Auch seine Frau muß sich durch Großzügigkeit auszeichnen und den Männern Maniokkuchen und Pfeffer bringen, wann immer diese darum bitten. Der Häuptling muß sich außerdem bereitwillig von seinem Besitz trennen können. Fängt einer der Männer zum Beispiel eine Harpyie (Raubvogelart), muß der Häuptling sie ihm im Namen aller Dorfbewohner abkaufen, indem er ihm einen wertvollen Muschelgürtel dafür gibt. . . . Ein Häuptling sollte auch niemals in der Öffentlichkeit wütend werden. . . . In seinen öffentlichen Ansprachen sollte er nie ein Gruppenmitglied kritisieren — ganz gleich, wie schwer dieses ihn selbst oder die Gruppe als ganze beleidigt haben mag« (Gregor 1969: 88–89).

In diesem Zusammenhang sollten wir uns noch einmal die mißliche Lage des geizigen Oberhaupts von Kapauku in Erinnerung rufen (Kap. 6). Selbst das großzügigste und angesehenste Oberhaupt kann keinen Gehorsam bezüglich seiner Entscheidungen erzwingen:

»Wenn die Beschuldigten seiner Entscheidung nicht Folge leisten, wird der Anführer emotional und beginnt, ihnen Vorwürfe zu machen. Er hält lange Reden, in denen er auf Beweismaterial, Verhaltensregeln und Entscheidungen verweist sowie Drohungen ausspricht. Er kann sogar soweit gehen, einen *wainai* (einen wilden Tanz) aufzuführen, oder auch plötzlich seine Taktik ändern und heftig über das Fehlverhalten und die Gehorsamsverweigerung des Angeklagten zu weinen beginnen. Einige Oberhäupter beherrschen die Kunst des Überzeugens so vollkommen, daß sie echte Tränen hervorbringen und damit beinahe immer den Widerstand der unwilligen Partei brechen können« (Pospisil 1968: 221).

Möglicherweise vergießt das Oberhaupt der Kapauku aber die Tränen aus echter Frustration und nicht so sehr, weil es die Technik perfekt beherrscht.

Blutfehde

Gesellschaften ohne zentrale Autorität sind mit der ständigen Gefahr konfrontiert, daß ihre Verwandtschaftsgruppen die Tendenz haben, auf tatsächliche oder angebliche Aggressionen gegen eines ihrer Mitglieder als Einheit zu reagieren. Auf diese Weise können Streitigkeiten zwischen Einzelpersonen eskalieren. Die größte Gefahr bilden Streitigkeiten, die zu einem Mord führen. Denn die Mitglieder solcher Gesellschaften sind der Überzeugung, daß die einzige angemessene Reaktion auf einen Mord darin besteht, den Mörder oder irgendein erreichbares Mitglied seiner Verwandtschaftsgruppe zu töten. Daß es keine zentralisierte politische Autorität gibt, bedeutet aber nicht, daß Blutfehden nicht unter Kontrolle gebracht werden könnten. Einer der Mechanismen, die verhindern sollen, daß Mord zu einer langanhaltenden Fehde führt, besteht darin, daß die Verwandtschaftsgruppe des Mörders der Verwandtschaftsgruppe des Opfers beträchtliche Mengen wertvoller Güter übergibt. Dieser Brauch ist vor allem bei Viehzüchtergruppen üblich und erfolgreich, deren Tiere eine konzentrierte Form materiellen Reichtums darstellen und für die der Brautpreis ein wesentlicher Aspekt der Verwandtschaftsgruppenexogamie ist. Die Nuer, ein Volk, das Landwirtschaft und Viehzucht betreibt und im sumpfigen Grasland am Oberen Nil im Sudan lebt, sind hierfür ein klassisches Beispiel. Es besteht kein Zweifel daran, daß es im gesamten Nuerland keine zentrale politische Führerschaft gibt:

»Bemerkenswert ist, daß es bei den Nuer keine Regierungsorgane, keine rechtlichen Institutionen entwickelter Führerschaft und generell organisierten politischen Lebens gibt. ... Die geordnete Anarchie, in der sie leben, steht im Einklang mit ihrem Charakter. Wenn man bei den Nuer lebt, kann man sich unmöglich Herrscher vorstellen, die über sie herrschen. ... Der Nuer ist das Ergebnis einer harten und egalitären Erziehung. Er ist zutiefst demokratisch und schnell zu Gewalt bereit. Seinem aufrührerischen Charakter ist jede Einschränkung lästig. Und kein Mann erkennt einen Überlegenen an. Reichtum macht keinen Unterschied. Ein Mann, der viele Rinder besitzt, wird von allen beneidet, aber nicht anders behandelt als ein Mann, der wenig Rinder besitzt. Auch Geburt macht keinen Unterschied. . . . In ihrer Gesellschaft gibt es weder Herren noch Knechte, sondern nur Gleiche, die sich als vortrefflichste Schöpfung Gottes betrachten. . . . In den Beziehungen untereinander reizt einen Mann bereits der bloße Verdacht einer Rangordnung. . . . Er wird sich keiner Autorität unterwerfen, die mit seinen eigenen Interessen kollidiert, und er fühlt sich von niemandem abhängig« (Evans-Pritchard 1940: 181–182).

Die Nuer legen ihre Fehden bei (oder deeskalieren sie zumindest), indem sie der Lineage des Opfers vierzig oder mehr Rinder geben. Wurde ein Mann getötet, nutzt man das Tier zum »Kauf« einer Frau, deren Söhne die durch den Tod des Mannes entstandene Lücke füllen werden. Die engsten Verwandten des Toten dürfen das Angebot an Rindern nicht annehmen, sondern müssen stattdessen Leben für Leben fordern. Doch entferntere Verwandte geben sich alle Mühe, die anderen zur Annahme der Kompensationszahlung zu überreden. Bestimmte, halbsakrale Schlichtungsspezialisten, die sogenannten Leopardenfellhäuptlinge, unterstützen sie in ihren Bemühungen. Diese Leopardenfellhäuptlinge sind gewöhnlich Männer, die keiner der örtlichen Lineages angehören und daher leichter als neutrale Vermittler auftreten können.

Nur ein Leopardenfellhäuptling kann einen Mörder rituell reinigen. Ist ein Mord geschehen, flieht der Mörder sogleich zum Haus des Leopardenfellhäuptlings, das ein von allen Nuer respektiertes Sanktuarium ist. Doch verfügt dieser nicht über die geringste politische Macht. Alles, was er tun kann, ist, uneinsichtigen Verwandten des Ermordeten mit verschiedenen übernatürlichen Flüchen zu drohen. Die Entschlossenheit, eine Fehde zu vermeiden, ist jedoch so groß, daß die geschädigten Verwandten die Rinder schließlich als Kompensationszahlung akzeptieren (Verdon 1982).

Assoziationen auf nichtverwandtschaftlicher Grundlage: Solidargemeinschaften (Bünde)

Obwohl Affinal- und Deszendenzbeziehungen das politische Leben der Wildbeuter- und Pflanzergruppen beherrschen, gibt es in begrenztem Umfang auch Formen politischer Organisation, die nicht auf Verwandtschaftsbeziehungen beruhen. Solche Gruppen werden *Solidargemeinschaften* oder *Bünde* genannt. Eine häufig vorkommende Form der Solidargemeinschaften bilden die exklusiven Männer- und Frauenbünde, die manchmal auch als »Clubs« bezeichnet werden. Zu diesen Bünden gehören gewöhnlich Männer oder Frauen aus verschiedenen Familiengruppen, die gemeinsam geheime Rituale oder Handwerke ausführen. Wir werden diese Organisationen in Kapitel 14 behandeln, das sich mit Geschlechtsrollen beschäftigt. Eine andere Form der Solidargemeinschaft sind die bereits im Zusammenhang mit den Kriegerlagern der Masai (S. 153) erwähnten Altersstufenassoziationen. Bei den Samburu, einer anderen ostafrikanischen Viehzüchtergruppe, bildeten alle im Verlauf von zwölf bis vierzehn Jahren initiierten Männer eine Altersklasse, deren Mitglieder ein besonderes, über alle Familien- und Lineagegruppen hinausgehendes Solidaritätsgefühl entwickelten. Die Altersklassenmitglieder rückten als Gruppe geschlossen von geringerem zu höherem Rang auf. Als Krieger waren sie für militärische Aktionen verantwortlich, als Älteste für die Initiation und Ausbildung der heranwachsenden Altersklassen (P. Spencer 1965; s. Ketzer 1978).

Ein klassischer Fall von Solidargemeinschaft sind die Militärgesellschaften oder Kriegsbünde der nordamerikanischen Indianer, die sich nach der Einführung des Pferdes auf den Great Plains entwickelten. Bei den Crow und Cheyenne versuchten diese Bünde, sich im Kampf oder bei Pferdediebstahlexpeditionen gegenseitig an Wagemut zu übertreffen. Obwohl die Mitglieder der Kriegsbünde nicht als Einheit kämpften, trafen sie sich in ihren jeweiligen Tipis, um von ihren Heldentaten zu berichten und zu singen. Bei diesen Versammlungen trugen sie spezielle Kleidung. Gretel und Perttie Pelto (1976: 324) haben sie treffend mit Organisationen wie den Kriegsveteranen oder den Frontkämpferverbänden verglichen, weil ihre Hauptfunktion darin bestand, militärische Heldentaten zu feiern und die Ehre und das Prestige des »Stammes« hochzuhalten. Auf langen Märschen zu einem neuen Territorium oder auf umfangreichen kollektiven Jagdexpeditionen hatten die Kriegsbünde jedoch abwechselnd die Aufgabe, die allgemeine Bevölkerung zu beaufsichtigen und zu überwachen. Zum Beispiel hinderten sie übereifrige Jäger daran, die Büffelherden in wilde Flucht zu jagen, und sie gingen gegen rowdiehaftes Verhalten während zeremonieller Feste vor, indem sie Störern eine Bußzahlung auferlegten oder sie verjagten. Das waren aber jahreszeitlich bedingte Funktionen, da nur im Frühjahr und im Sommer eine große Zahl nicht miteinander verwandter Menschen in einem Lager zusammenkam.

Kriegerisches Verhalten bei Wildbeutern

Krieg wird als bewaffneter Kampf zwischen Gruppen von Menschen definiert, die getrennte territoriale Einheiten oder politische Gemeinwesen bilden (Otterbein 1973). Einige Ethnologen sind der Meinung, daß kriegerisches

Verhalten ein universelles Phänomen ist, das selbst bei Jägern und Sammlern des Paläolithikums üblich war (Lizot 1979: 151). Andere dagegen glauben, daß bis zum Aufkommen von Staaten kriegerische Auseinandersetzungen selten waren. Von folgenden Wildbeutergruppen sagt man, daß sie keine Kriege kannten: den Andamanen-Insulanern, Shoshonen, Yahgan, den kalifornischen Missionsindianern und den Tasaday auf den Philippinen (Lessner 1968; MacLeish 1972). Selbst diese Gruppen können jedoch irgendwann in der Vergangenheit Kriege geführt haben. William Divale (1972) andererseits zählt siebenunddreißig Jäger- und Sammler-Kulturen auf, von denen bekannt ist, daß sie in kriegerische Auseinandersetzungen verstrickt waren. Diese Fälle von kriegerischem Verhalten führen einige Ethnologen aber auf den durch den Kontakt mit staatlichen Kolonialsystemen ausgelösten Kulturschock zurück. Wahrscheinlich waren auch paläolithische Wildbeutergruppen — wenn auch nur kurzfristig und relativ selten — in bewaffnete Auseinandersetzungen verwickelt. Die kriegerischen Konflikte zwischen in Dörfern organisierten Pflanzergesellschaften nahmen dann wahrscheinlich während des Neolithikums an Intensität zu.

Doch sind die archäologischen Funde, die die These belegen sollen, daß bereits im Paläolithikum Kriege geführt wurden, nicht eindeutig. Verstümmelte Schädel, die man in paläolithischen Höhlen gefunden hat, wurden manchmal als Hinweis auf prähistorische Kopfjagd und Kannibalismus gedeutet. In Wirklichkeit weiß aber niemand, wie die Menschen gestorben sind.* Selbst wenn man damals Kannibalismus praktizierte, müssen die Opfer nicht notwendigerweise Feinde gewesen sein. Der Verzehr des Gehirns verstorbener Verwandter stellt eine häufig praktizierte Form des Bestattungsrituals dar (s. S. 387). Der früheste archäologische Fund, der das Führen von Kriegen belegt, stammt aus dem neolithischen Jericho, das mit Verteidigungsmauern, -türmen und -gräben umgeben war (Bigelow 1975; Roper 1969, 1975).

Mit der Entstehung dauerhafter Dörfer, die über große Ernteerträge sowie große Mengen an Tieren und gespeicherter Nahrung verfügten, wandelte sich die Form der Kriegführung. Bei nichtseßhaften Jägern und Sammlern hatten Kämpfe eine eher individualistische Form und die Vergeltung tatsächlicher oder nur eingebildeter Körperverletzungen und Verluste zum Ziel. Obwohl die kämpferischen Parteien eine vorübergehende territoriale Basis gehabt haben mochten, spiegelten sowohl die Organisation des Kampfes als auch die

---

* Den besten Beleg für frühen Kannibalismus liefern aufgeschlagene Menschenknochen, die in der Höhle von Fonbrégova in Südostfrankreich gefunden wurden (Villa u.a. 1986).

Konsequenzen von Sieg und Niederlage die zwischen Gruppe und Territorium bestehende lose Verbindung wider. Die Sieger gewannen, wenn sie ihre Feinde in die Flucht schlugen, kein Territorium hinzu. Bei Pflanzern andererseits, die in Dörfern leben, erfordern kriegerische Auseinandersetzungen oft den Einsatz der ganzen Gruppe. Man kämpft um ganz bestimmte Territorien, und eine Niederlage kann die Vertreibung einer ganzen Gemeinschaft aus ihren Häusern, von ihren Feldern und natürlichen Ressourcen zur Folge haben.

Daß bei Wildbeutern die Grenze zwischen Krieg und persönlicher Vergeltung durchlässig ist, zeigt der Bericht von C.W. Hart und Arnold Pilling (1960) über einen bewaffneten Konflikt bei den nordaustralischen Tiwi auf den Melville-Inseln. Einige Männer der Tiklauila- und Rangwila-Horde hegten einen Groll gegen einige Männer, die bei der Mandiimbula-Horde lebten. Zusammen mit ihren männlichen Verwandten bemalten sie sich mit der weißen Farbe des Krieges, griffen zu ihren Waffen und machten sich – ungefähr dreißig Mann stark – auf den Weg, um mit den Mandiimbula zu kämpfen:

»Als die Kampfgruppe an dem Ort anlangte, an dem sich ihre rechtzeitig gewarnten Gegner versammelt hatten, machte sie zunächst einmal ihre Anwesenheit bekannt. Dann tauschten beide Seiten ein paar Beleidigungen aus und vereinbarten, sich förmlich an einer offenen Stelle, wo man viel Platz haben würde, gegenüberzutreten« (1960: 84).

Während der Nacht besuchten sich die Mitglieder beider Gruppen gegenseitig, um ihre Bekanntschaft zu erneuern. Am Morgen stellten sich die beiden Armeen dann an den entgegengesetzten Seiten des Schlachtfeldes auf. Die Ältesten begannen mit den Feindseligkeiten, indem sie bestimmten Männern in den »gegnerischen« Reihen Beleidigungen und Anschuldigungen entgegenschrien. Obwohl einige Männer ihre Mitstreiter zu einem allgemeinen Angriff drängten, richtete sich ihr Groll, wie sich herausstellte, nicht gegen die Mandiibula-Horde als ganze, sondern nur auf eines oder höchstens zwei oder drei ihrer Mitglieder: »Als daher mit Speeren geworfen wurde, wurden sie von Einzelpersonen aufgrund persönlicher Streitigkeiten geworfen« (Hart und Pilling, 1960: 84). Da die alten Männer die meisten Speere warfen, war aber die Treffsicherheit gering.

»Nicht selten wurden unschuldige Zuschauer oder eine der kreischenden alten Frauen getroffen, die zwischen den kämpfenden Männern hin und herliefen, ihnen Obzönitäten entgegenschrien und nicht so schnell wie die Männer den heranfliegenden Speeren ausweichen konnten. . . . Sobald jemand verwundet war . . . wurde der Kampf solange eingestellt, bis beide Seiten sich über die Folgen dieses neuen Zwischenfalls klargeworden waren« (S. 84).

Obwohl Wildbeutergruppen selten den Versuch unternehmen, sich gegenseitig zu vernichten, und sich, wenn es ein oder zwei Verwundete gegeben hat, oft vom Kampffeld zurückziehen, kann der kumulative Effekt recht beträchtlich sein. Man erinnere sich, daß eine !Kung-San-Horde durchschnittlich nur etwa dreißig Menschen umfaßt. Wenn eine solche Horde sich nur zweimal pro Generation auf kriegerische Auseinandersetzungen einläßt und dabei jedesmal nur einen erwachsenen Mann verliert, würden die Kriegsopfer zehn Prozent aller Todesfälle in der Gruppe der erwachsenen Männer ausmachen. Das ist eine extrem hohe Zahl, wenn man weiß, daß während des 20. Jahrhunderts in Europa und den USA weniger als ein Prozent aller männlichen Todesfälle Kriegsopfer waren. Im Gegensatz hierzu schätzt Lloyd Warner, daß bei den Murngin — einer in Nordaustralien lebenden Wildbeutergruppe — 28 Prozent der Todesfälle in der Gruppe der erwachsenen Männer auf das Konto kriegerischer Auseinandersetzungen gingen (Livingstone 1968).

Kriegerisches Verhalten bei Pflanzern

Obwohl also seßhafte Gruppen keineswegs die ersten waren, die Konflikte mit den Waffen austrugen, waren ihre kriegerischen Auseinandersetzungen umfangreicher und heftiger. Wohnhäuser, Werkzeuge zur Feldbestellung, Feldfrüchte, Haustiere, Sekundärwälder und Pflanzungen stellen Kapitalinvestitionen dar, die eng mit dem mühsamen Arbeitseinsatz spezieller Gruppen von Individuen verknüpft sind. Die Verteidigung dieser Investitionen bildete die Grundlage für die Ausbildung stabiler, exklusiver territorialer Gruppenidentitäten. Die Bewohner verschiedener Dörfer betrachten sich oft als traditionelle Feinde, führen immer wieder Raubzüge auf die jeweiligen Nachbardörfer durch und vertreiben ihre Nachbarn von ihrem Land. Archäologisch deutet sich der Beginn territorialen Verhaltens durch den Brauch an, verstorbene Dorfbewohner unter den Häusern zu begraben, in denen sie zu Lebzeiten wohnten (Flannery 1972). Ethnologisch läßt sich die Intensivierung lokaler Identitäten an der Entwicklung unilinearer Verwandtschaftssysteme erkennen. Wie Michael Harner (1970) zeigen konnte, besteht ein enger Zusammenhang zwischen dem Interesse an Abstammung und Erbfolge und dem Unabhängigwerden agrarischer Bevölkerungen vom wildbeuterischen Nahrungserwerb.

Bei Pflanzern fordern kriegerische Auseinandersetzungen tendenziell mehr Todesopfer als bei halbnomadischen Jägern und Sammlern. Zum Beispiel umfaßt ein bewaffneter Kampf bei den Dani in West-Irian, Neuguinea, sowohl eine auf dem offenen Feld stattfindende ritualisierte Phase (die dem beschriebenen Kampf bei den Tiwi ähnelt), in der es nur zu leichten Verwundungen kommt, als auch Überraschungsangriffe, die an die hundert Todesopfer fordern und die Zerstörung ganzer Dörfer sowie die Vertreibung ihrer Bewohner zur Folge haben können. Nach Karl G. Heiders (1972) Schätzungen verloren die Dani ungefähr fünf Prozent ihrer Bevölkerung pro Jahr im Kampf, und 29 Prozent der Männer und drei Prozent der Frauen starben an Verletzungen, die sie sich hauptsächlich bei Überfällen und Raubzügen zugezogen hatten. Bei den Yanoama in Brasilien und Venezuela, die im Ruf stehen, eine der »wildesten« und kriegerischsten Kulturen der Welt zu sein, sind Überraschungsraubzüge und Überfälle für ungefähr 33 Prozent der Todesfälle in der Gruppe der erwachsenen Männer und für ungefähr sieben Prozent der Todesfälle in der Gruppe der erwachsenen Frauen verantwortlich (Chagnon 1974: 160—161).

Warum Krieg?

Da die Bevölkerungsdichte in Wildbeuter- und Pflanzergesellschaften im allgemeinen sehr gering ist, scheint es in diesen Gesellschaften keine infrastrukturelle Basis für kriegerische Auseinandersetzungen zu geben. Die Tatsache, daß es offenbar keine materiellen Motive für kriegerisches Verhalten in vorstaatlichen Gesellschaften gibt, stützt scheinbar populäre Theorien, die beim Menschen einen angeborenen Aggressionstrieb postulieren (Kasten 9.1). Eine andere Variante dieser Theorie besagt, daß Wildbeuter und Pflanzer nicht in den Krieg ziehen, weil sie sich davon materielle Vorteile erhoffen, sondern weil die Männer im Krieg ein sportliches Vergnügen sehen. Alle diese Theorien sind unbefriedigend. Obwohl die Menschen aggressive Neigungen haben mögen, ist nicht einzusehen, warum solche Neigungen nicht unterdrückt, kontrolliert oder anders als im bewaffneten Kampf ausgedrückt werden können. Krieg ist eine besondere Form organisierten Verhaltens, das sich ebenso wie der Handel, die Arbeitsteilung, häusliche Gruppen oder andere Strukturmerkmale im Verlauf der Kulturentwicklung herausgebildet hat. Wie es keinen Trieb für Handel, für häusliche Organisation oder für Arbeitsteilung gibt, gibt es auch keinen für Krieg. Kriege werden nur dann geführt, wenn sich zumindest einige der Kämpfer einen Vorteil davon versprechen.

Die Theorie, Kriege würden geführt, weil sie ein sportliches Vergnügen darstellen, steht im Widerspruch zu der Tatsache, daß Männer in Wildbeuter- und Pflanzergesellschaften als Grund für ihre Kriegszüge meist angeben,

Kasten 9.1 Aggression und Krieg

Unsere biologische Natur und unser entwicklungsgeschichtlicher Hintergrund können uns helfen, gewisse Aspekte des Krieges zu verstehen. Zweifellos sind wir Menschen in einem Maße zu Aggression fähig, für das es bei anderen Tierarten keine Parallelen gibt. Diese Fähigkeit zu kollektiver Gewalt erklärt aber nicht den Krieg. Denn selbst wenn Aggression ein universeller Verhaltenszug wäre, Krieg ist es nicht. Kriegerische Gesellschaften kämpfen nur gelegentlich, und viele Gesellschaften führen überhaupt keine Kriege. Diese Unterschiede lassen sich mit den verschiedenen Lebensverhältnissen erklären. Das Bild vom blutrünstigen, mordlustigen Menschen hat jedoch in unserer Gesellschaft einen mythischen Charakter und dient dem Militarismus. Es wird immer starrköpfige »Realisten« geben, die diesem Menschenbild trotz mangelnder wissenschaftlicher Glaubwürdigkeit anhängen, sich selbst zu ihrem »Mut, der Wahrheit ins Auge zu sehen«, beglückwünschen und völlig blind für die mythischen Züge ihrer Realität sind.

sie wollten Todesopfer rächen, die auf das Konto früherer Kriege oder feindlicher Zauberer gehen. Selten ziehen sie leichten Herzens in den Kampf, vielmehr müssen sie sich mit rituellem Singen und Tanzen aufputschen und machen sich erst dann auf den Weg, wenn sie ihre Ängste mit Hilfe psychotroper Drogen überwunden haben. Sportarten wie Boxen und Autorennen sind zwar auch ziemlich gefährlich, bergen aber nicht das gleiche tödliche Risiko in sich wie ein bewaffneter Kampf. Außerdem ist es zweifelhaft, ob derartige gefährliche Sportarten ohne die doch beträchtlichen materiellen Belohnungen, die auf den Gewinner warten, überhaupt ausgeübt würden.

Wir wir in Kapitel 5 gesehen haben, sind es die hohen Kosten der Kinderaufzucht, die in Horden- und Dorfgesellschaften zu geringer Bevölkerungsdichte und geringen Bevölkerungswachstumsraten führen. Daß diese Gesellschaften eine geringe Bevölkerungsdichte aufweisen, heißt deshalb nicht, daß sie vor einer Erschöpfung der vitalen Ressourcen oder vor abnehmenden Ertragszuwächsen gefeit wären. Kriegerische Auseinandersetzungen sind in diesen Gesellschaften so gut wie immer Ausdruck des Bemühens, einen gefährdeten Lebensstandard mit Hilfe des Zugangs zu neuen Ressourcen, ertragreicheren Lebensräumen oder Handelsrouten zu sichern oder zu verbessern (Balee 1984; Biolsi 1984; J. Ross 1984). Krieg läßt sich daher am besten als eine tödliche Form des Konkurrierens autonomer Gruppen um knappe Ressourcen verstehen (R. Cohen 1984).

Jagdtiere und Krieg: die Yanoama

Für die Theorie, daß Krieg selbst bei Wildbeuter- und Pflanzergruppen mit sehr geringer Bevölkerungsdichte eine infrastrukturelle Basis hat, sind die Yanoama ein wichtiger Testfall. Die Yanoama, die eine Bevölkerungsdichte von weniger als einer Person pro Quadratmeile aufweisen, beziehen ihre Nahrungskalorien mit relativ geringem Aufwand hauptsächlich von den in ihren Waldgärten wachsenden Kochbananen- und Bananenbäumen. Um diese Gärten anzulegen, brennen sie wie die Tsembaga Maring (Kapitel 4) den Wald ab. Bananen und Kochbananen sind jedoch mehrjährige Pflanzen, die viele Jahre hintereinander große Erträge pro Einheit Arbeitseinsatz abwerfen. Da die Yanoama mitten im größten tropischen Regenwald der Welt leben, gefährdet ihr kleinräumiges Abbrennen des Waldes kaum den Baumbestand. Ein typisches Yanoama-Dorf beherbergt weniger als 100 Menschen, die leicht in ihren nahegelegenen Gärten genug Bananen und Kochbananen anbauen könnten, ohne jemals umziehen zu müssen. Doch die Bewohner der Dörfer spalten sich ständig in Splittergruppen auf, die wegziehen und neue Territorien erschließen.

Die vielen bewaffneten Kämpfe, auf die sich die Yanoama einlassen, sind wahrscheinlich trotz des scheinbaren Reichtums an Ressourcen durch die Erschöpfung einer Ressource — nämlich Fleisch — und durch Bevölkerungsdruck bedingt. Da die Yanoama keine Haustiere haben, die sie schlachten könnten, müssen sie sich ihre tierische Nahrung durch die Jagd und durch Sammeln beschaffen. Hinzu kommt, daß die Yanoama — anders als andere Bewohner des Amazonasbeckens — traditionell keinen Zugang zu großen Flußfischen und anderen Wassertieren hatten, die in anderen Gegenden genügend tierische Nahrung von hoher Qualität liefern, um 46 Dörfer mit 1000 Menschen und mehr zu versorgen.

Menschen können auch mit einer Ernährung, die keine tierischen Bestandteile enthält, gesund bleiben. Fleisch, Fisch und andere tierische Produkte sind jedoch aufgrund der Proteine, Fette, Mineralien und Vitamine, die sie in gebündelter Form enthalten, ausgesprochen hochwertige Nahrungsmittel.

Die einen Zusammenhang zwischen Fleisch und Krieg herstellende Theorie besagt nun folgendes: Wenn Yanoama-Dörfer wachsen, verringert intensives Jagen den Wildbestand in der Nähe der Dörfer. Fleisch von großen Tieren wird rar, weshalb die Menschen dazu übergehen, kleine Tiere, Insekten und Larven zu verzehren — die bekannte Erweiterung des Speiseplans (s. S. 93). Damit ist der Punkt abnehmender Ertragszuwächse erreicht. Innerhalb der Dörfer und zwischen den Dörfern kommt es zu Spannungen. Das führt dazu, daß Dorfgemeinschaften auseinanderbrechen, bevor die tierischen Ressourcen total erschöpft sind. Außerdem führt das zu einer Intensivierung der Raubzüge, was zur Folge hat, daß sich die Yanoama-Dörfer über ein weites Gebiet verteilen. Auf diese Weise entstehen zwischen den Dörfern weite Strecken von Niemandsland, die wie Wildreservate wirken, wodurch lebensnotwendige Ressourcen geschützt werden (Harris 1984).

Doch einige Ethnologen, die bei den Yanoama Feldforschung betrieben haben, lehnen diese Theorie ab. Sie verweisen auf die Tatsache, daß es bei den Yanoama keine klinischen Anzeichen für einen Proteinmangel gibt. Auch haben sie nachgewiesen, daß zumindest in einem Dorf, in dem 35 Menschen leben, die tägliche Proteinaufnahme pro Kopf bei Erwachsenen 75 Gramm betrug, eine Menge, die sehr viel größer ist als das von der Food and Agricultural Organization (FAO) für alle Proteinformen empfohlene Minimum von 35 Gramm ist. Sie konnten auch zeigen, daß Yanoama-Dörfer, in denen die Erwachsenen täglich nur eine geringe Menge Protein (36 Gramm) zu sich nehmen, sich ebenso häufig auf bewaffnete Auseinandersetzungen einlassen wie Dörfer mit hohem Proteinverbrauch (75 Gramm). Schließlich weisen sie darauf hin, daß andere am Amazonas lebende Gruppen, beispielsweise die Achuara, 107 Gramm tierisches Protein pro Kopf verbrauchen und trotzdem oft Kriegszüge unternehmen (Chagnon und Hames 1979; Lizot 1977, 1979). Kenneth Good (1982) argumentiert jedoch, daß die Beschaffung ausreichender Mengen an Fleisch das Denken der Yanoama völlig beherrscht und daß Fleisch im Durchschnitt nur ein- oder zweimal wöchentlich verzehrt wird. Auch weist er darauf hin, daß die Jagd in dorfnahen Gebieten selten erfolgreich ist, so daß oft Jagdexpeditionen in ferne Gebiete notwendig sind, an denen manchmal alle Dorfbewohner teilnehmen. Ohne diesen langen Aufenthalt fern vom Dorf wären die Wildtiere in der unmittelbaren Umgebung des Dorfes schon bald völlig ausgerottet (Good 1986).

Eric Ross (1979) legt außerdem dar, daß die durchschnittlich pro Tag verbrauchte Menge an tierischem Protein irreführend ist. Da die Zahl und Größe der erlegten Tiere variiert, gibt es viele Tage, an denen nur wenig oder gar kein Fleisch zur Verfügung steht. An Tagen, an denen man ein großes Tier wie einen Tapir gefangen hat, kann der Proteinverbrauch auf 250 Gramm oder mehr pro Erwachsenen ansteigen; andererseits kann der Proteinverbrauch wochenlang täglich um die 30 Gramm pro Erwachsenen betragen.

Daß es keine klinischen Anzeichen für einen Proteinmangel gibt, ist kein Argument gegen die dargelegte Theorie, stützt vielmehr das allgemeine Argument, daß in Horden und Dörfern organisierte Gruppen solange einen hohen Gesundheitsstandard genießen, wie sie ihr Bevölkerungswachstum kontrollieren können (s. S. 117), und daß Kriege die Yanoama vor abnehmenden Ertragszuwächsen und vor den Folgen der Erschöpfung ihrer tierischen Proteinressourcen schützen. Die Tatsache, daß Dörfer mit hohem wie mit geringem Proteinverbrauch ungefähr gleich stark in kriegerische Auseinandersetzungen verstrickt sind, spricht auch nicht gegen die Theorie, weil sich im Kampf Dörfer gegenüberstehen, die sich in unterschiedlichen Wachstumsphasen befinden. Yanoama-Gruppen, die keinen unmittelbaren infrastrukturellen Grund zur Kriegführung haben, mögen einfach keine andere Wahl haben, als sich gegen größere Gruppen zur Wehr zu setzen, die ihren Wildbestand erschöpfen und ihre weniger bevölkerungsreichen Nachbarn überfallen, um ihre Jagdgebiete zu vergrößern. Die zur Debatte stehende Theorie betont, daß Krieg ein regionales Phänomen ist, das regionale Anpassungen der Bevölkerung an die Ressourcen zur Folge hat.

Die meisten Forschungsergebnisse stützen die Auffassung, daß die amazonische Fauna eine empfindliche, leicht erschöpfbare Ressource ist, deren Ausbeutung steigende Kosten und/oder einen abnehmenden Fleischkonsum pro Kopf der Bevölkerung zur Folge hat. Michael Baksh (1982) hat beispielsweise in Ostperu die Folgen des Zusammenschlusses verstreuter Machiguenga-Gehöfte (s. S. 146) zu einem Dorf mit 250 Einwohnern quantitativ dokumentiert. Er kommt zu dem Schluß, daß die tierischen Ressourcen in der Nähe des Dorfs »signifikant abgenommen haben«, »die Männer härter arbeiten müssen, um die gleiche Ausbeute wie früher zu erzielen«, »weitere Entfernungen zu den Jagd- und Fischgründen zurückgelegt werden müssen« und »die Knappheit der tierischen Ressourcen zur Bildung kleiner, mobiler Gruppen führt« (1982: 12–13):

>»Die Männer kehren oft mit leeren Händen nach Hause zurück, oder ihre Ausbeute besteht in ein paar Raupen, einigen Wildfrüchten, Palmnüssen oder Materialien zur Geräteherstellung. Ein ein oder zwei Tage dauernder erfolgreicher Jagdausflug mag eine Ausbeute von ein paar Vögeln oder einem kleinen Affen erbringen. In einem Zeitraum von 17 Monaten ... haben die Männer ein Tapir und sechs Pekaris erbeutet« (ebd.: 13).

Michael Paolisso und Ross Sackett (1982: 1) berichten, daß bei den in Westvenzuela (also nicht im Amazonasgebiet) lebenden Yukpa »ein extremer Mangel an hochwertigem Protein« herrscht. Obwohl (oder weil) die Yukpa Gewehre zur Jagd benutzen, ist der tägliche Konsum tierischer Proteine, wie verschiedene Nahrungs- und Konsummeßverfahren ergeben haben, auf nur 4,8 bis 11,4 Gramm pro Tag und Kopf der Bevölkerung gesunken (persönliche Mitteilung, Michael Paolisso).

Ganz ähnlich gelangt William Vickers (1980: 17) zu dem Ergebnis, daß mit dem Anstieg der Bevölkerung des Dorfs Siona-Sicoya in Nordostperu von 132 Personen im Jahr 1973 auf 160 Personen im Jahre 1979 der Ertrag pro

Jagdausflug um 44 Prozent sank, die für die Jagd aufgewandte Zeit um 12 Prozent anstieg und der Kalorienertrag um 50 Prozent zurückging. Vor allem die Jagd auf die bevorzugten größeren Tiere war immer seltener von Erfolg gekrönt.

Es spricht also alles dafür, daß die Kriegszüge der Yanoama am besten als ein Mittel verstanden werden, die Bevölkerungswachstumsrate zur Gewährleistung einer ausreichenden Versorgung mit hochwertiger tierischer Nahrung gering zu halten.

Krieg und die Regulierung des Bevölkerungswachstums

Da Menschen sich im Krieg gegenseitig umbringen, scheint kriegerisches Verhalten auf den ersten Blick das Bevölkerungswachstum einzuschränken. Ganz so einfach ist die Sache aber nicht. Kriegerische Gruppen wie die Yanoama und Tsembaga Maring können ihr Bevölkerungswachstum nicht allein dadurch kontrollieren, daß sie sich gegenseitig umbringen. Das Problem besteht darin, daß im Kampf meistens Männer getötet werden. Derartige Todesfälle haben aber auf die Bevölkerungsgröße der Yanoama schon deshalb keinen langfristigen Effekt, weil die Yanoama, wie die meisten kriegerischen vorindustriellen Gesellschaften, Polygynie praktizieren. Das heißt, daß jede Frau, deren Mann getötet wird, sofort wieder mit einem anderen Mann verheiratet wird. Die weibliche Todesrate liegt bei bewaffneten Kämpfen beinahe überall unter 10 Prozent (s. Polgar 1972: 206), reicht also zur wesentlichen Verringerung des Bevölkerungswachstums allein nicht aus. Zu ähnlichen Schlußfolgerungen ist man im Zusammenhang mit Kriegen in Industriegesellschaften gekommen. Auch hier hat die Zahl der im Krieg Gefallenen keinen einschränkenden Einfluß auf das Bevölkerungswachstum. Katastrophen wie der Zweite Weltkrieg »haben keinen Einfluß auf die Bevölkerungsgröße« (Livingstone 1968: 5). Das läßt sich deutlich am Beispiel Vietnams erkennen, dessen Bevölkerung in der Zeit von 1960 bis 1970 um phänomenale drei Prozent anwuchs.

Im Falle von Wildbeuter- und Pflanzergruppen kann sich jedoch ein bevölkerungsregulierender Effekt als indirekte Folge kriegerischen Verhaltens einstellen. William Divale hat nachgewiesen, daß ein starker Zusammenhang zwischen kriegerischem Verhalten und einer hohen weiblichen Sterblichkeitsrate in der Altersgruppe der bis zu vierzehnjährigen Mädchen besteht (Divale und Harris 1976; Divale u.a. 1978; Hirschfeld u.a. 1978). Das zeigt sich an dem Verhältnis von Jungen zu Mädchen im Alter von bis zu vierzehn Jahren in Gesellschaften, die zur Zeit ihrer ersten Bevölkerungserhebung noch aktiv Kriegszüge unternahmen (s. Tabelle 9.1).

Tabelle 9.1 Geschlechterproportion und Krieg

Letzte kriegerische Aktivitäten	Jungen auf 100 Mädchen
zum Zeitpunkt der Erhebung	128
5 bis 25 Jahre vor der Erhebung	113
Über 25 Jahre vor der Erhebung	109

Quelle: Divale und Harris 1976. Nachdruck mit freundlicher Genehmigung der American Anthropological Association aus *American Anthropologist* 78: 527, 1976.

Daß überall auf der Welt etwas mehr Jungen als Mädchen geboren werden und daß die durchschnittliche Geschlechterproportion bei der Geburt ungefähr 105 männliche zu 100 weiblichen Kindern beträgt, ist eine allgemein akzeptierte Tatsache. Dieses Übergewicht männlicher Kinder ist jedoch zahlenmäßig sehr viel geringer als das in kriegerischen Gesellschaften. Die Diskrepanz läßt sich mit der im Vergleich zur männlichen höheren weiblichen Sterbeziffer in der Gruppe der Säuglinge, Kinder und Jugendlichen erklären. Die höhere weibliche Sterbeziffer reflektiert wahrscheinlich den Sachverhalt, daß mehr weibliche als männliche Kinder getötet und auf verschiedenste Art vernachlässigt werden. Zwischen Gesellschaften, die eingestandenermaßen Kindestötung praktizieren, und Gesellschaften, die zum Zeitpunkt ihrer Erhebung aktiv Kriegszüge unternehmen, besteht eine starke statistische Korrelation. Zumindest von diesen Gesellschaften läßt sich mit Sicherheit sagen, daß sie mehr Mädchen als Jungen töten.

Der Grund für die Tötung und Vernachlässigung von Mädchen ist vielleicht darin zu sehen, daß der Erfolg von Kriegszügen unter vorindustriellen Bedingungen von der Größe der männlichen Kampfgruppen abhängt. Wenn die Kampfwaffen aus mit Muskelkraft gehandhabten Stöcken, Speeren, Pfeilen und Bögen bestehen, wird die Gruppe siegen, die über die stärksten und aggressivsten Männer verfügt. Da die Zahl der Menschen, die ernährt werden können, in Wildbeuter- und Pflanzergesellschaften von der Ökologie begrenzt ist, neigen Horden- und Dorfgemeinschaften dazu, mehr Jungen als Mädchen aufzuziehen. Diese Bevorzugung männlicher Kinder verringert die Wachstumsrate regionaler Bevölkerungsgruppen und kann, ob bewußt intendiert oder nicht, erklären helfen, warum kriegerisches Verhalten bei vorindustriellen Völkern so weit verbreitet ist. Nach dieser Theorie könnte das regionale Bevölkerungswachstum ohne Kriege nicht eingeschränkt werden, da ohne das aus kriegerischem Verhalten resultierende Motiv, männliche Kinder weiblichen vorzuziehen, jede Gruppe die Tendenz hätte, ihre Praktiken der Kindestötung und -vernachlässigung aufzugeben, alle Mädchen aufzuziehen und ihre Bevölkerung auf Kosten ihrer Nachbarn zu vergrößern. Kriegszüge bewirken dagegen, daß diese Kosten zumindest in Form sowohl einer durch Kindestötung und -vernachlässigung bedingten hohen weiblichen Sterbeziffer als auch einer durch Kampfhandlungen bedingten hohen männlichen Sterbeziffer gleichmäßig auf alle Horden und Dörfer der Region verteilt werden. Obwohl dieses System grausam erscheint und Menschenleben offenbar nicht viel zählen, waren die vorindustriellen Alternativen, die Bevölkerung unterhalb des Punkts abnehmender Ertragszuwäche zu halten — nämlich Abtreibung, Unterernährung und Krankheit — gleich grausam oder noch grausamer. Ich möchte den Leser jedoch darauf hinweisen, daß diese Theorie äußerst kontrovers diskutiert wird.

Zusammenfassung

Gesellschaften, die in Horden und Dörfern organisiert sind, benötigen aufgrund ihrer geringen Größe, dem Vorherrschen von Verwandtschaftsbeziehungen und dem egalitären Zugang zu den lebenswichtigen Ressourcen zur Aufrechterhaltung geordneter Beziehungen zwischen Einzelpersonen und Familiengruppen weder Regierungen noch Polizei. In diesen Gesellschaften sorgt hauptsächlich die öffentliche Meinung für Recht und Ordnung.

Die meisten Wildbeuter- und Pflanzergruppen kennen kein Individual- oder Familieneigentum an Land und Boden. Doch selbst in den egalitärsten Gesellschaften gibt es Privateigentum an bestimmten Dingen. Das Vorherrschen reziproker Tauschformen und die Abwesenheit anonymer Preismärkte machen Diebstahl überflüssig und undurchführbar.

Die Hauptgefahr für Recht und Ordnung in Horden- und Dorfgesellschaften ergibt sich daraus, daß Familien- und Verwandtschaftsgruppen die Tendenz haben, Konflikte zu eskalieren, indem sie ihre Mitglieder, die einen tatsächlichen oder nur eingebildeten Schaden erlitten haben, unterstützen. Eine derartige Unterstützung orientiert sich nicht an abstrakten Rechtsprinzipien, sondern an dem möglichen Erfolg einer von der öffentlichen Meinung akzeptierten bestimmten Verhaltensweise. Der Singwettstreit der Eskimo ist ein Beispiel dafür, wie die öffentliche Meinung getestet und zur Beendigung von Konflikten zwischen Personen, die verschiedenen Familien- und Verwandtschaftsgruppen angehören, genutzt werden kann.

Hexerei- und Zaubereibeschuldigungen sind weitere Beispiele dafür, wie die öffentliche Meinung Personen, die ständig die Regeln der Reziprozität verletzen oder auf andere Weise Unruhe stiften, identifiziert und bestraft. Schamanen sind das Sprachrohr der Gemeinschaft, ihre Position ist aber unsicher, und sie werden selbst oft für die Unglücks- oder Konfliktursache gehalten. Wie bei den Kuikuru läßt die Angst, der Hexerei oder Zauberei beschuldigt zu werden, die Menschen freundlich und großzügig sein. Unter drückenden sozio-kulturellen Bedingungen können Hexerei- oder Zauberei-beschuldigungen jedoch epidemische Ausmaße annehmen und zu einer Gefahr für die Erhaltung von Recht und Ordnung werden.

Das »Amt« des Oberhaupts spiegelt die in Horden- und Dorfgemeinschaften grundsätzlich egalitäre Natur der Rechts- und Ordnungsinstitutionen wider. Oberhäupter können nicht viel mehr, als ihre Leute um Unterstützung zu bitten bzw. sie dazu zu überreden. Zur Durchsetzung ihrer Entscheidungen verfügen sie über keinerlei Zwangsmittel, weder über körperliche noch über materielle. Ihr Erfolg beruht auf ihrer Fähigkeit, die öffentliche Meinung intuitiv einzuschätzen. Wie das Beispiel der Nuer zeigt, kann mit Hilfe von Kompensationszahlungen und der Anrufung von Ritualhäuptlingen, die keine politische und ökonomische Macht besitzen, eine Blutfehde vermieden werden.

Andere politische Organisationen auf nichtverwandtschaftlicher Grundlage haben die Form freiwilliger Assoziationen oder Solidargemeinschaften wie Männer- oder Frauenbünde, Geheimgesellschaften und Altersklassen. Alle diese nichtverwandtschaftlichen Formen politischer Organisation bleiben jedoch ziemlich rudimentär, überschattet von dem alles durchdringenden Netzwerk der auf Heirat und Abstammung beruhenden Verwandtschaftsgruppen, die gewissermaßen den »Leim« bilden, der Horden- und Dorfgesellschaften zusammenhält.

Obwohl sowohl Wildbeuter- als auch Pflanzergruppen sich auf kriegerische Auseinandersetzungen einlassen, ist die Vermutung begründet, daß bewaffnete Konflikte im Paläolithikum seltener waren als im Neolithikum und daß in Dörfern lebende Pflanzer eher Überfälle auf Nachbardörfer unternehmen.

Kriegerische Auseinandersetzungen können nicht als Folge von Aggression oder als sportliches Vergnügen erklärt werden. Kriegerisches Verhalten ist eine besondere Form organisierten Verhaltens und nur eine von vielen Methoden, mit denen Kulturen Aggression handhaben. Die Ursachen kriegerischer Auseinandersetzungen in Wildbeuter- und Pflanzergesellschaften sind mit Problemen verknüpft, die sich aus der Produktion und Reproduktion ergeben. Fast immer ist kriegerisches Verhalten Ausdruck des Versuchs, das Kosten-Nutzen-Verhältnis der Reproduktion sowie den Lebensstandard zu erhalten oder zu verbessern. Selbst wenn die Bevölkerungsdichte wie bei den Yanoama sehr gering ist, kann es zum Problem der Ressourcenerschöpfung und der abnehmenden Produktionseffizienz kommen. Die Yanoama leiden zwar nicht an einem Proteinmangel, doch weist vieles darauf hin, daß, wenn ihre Dörfer größer werden, sowohl Qualität wie Quantität der tierischen Ressourcen abnehmen und die Kosten für die Beschaffung hochwertiger Nahrungsmittel steigen.

Wahrscheinlich hat kriegerisches Verhalten in vorindustriellen Gesellschaften auch dadurch zur Verminderung des Bevölkerungswachstums und so zur Verminderung der Ressourcenerschöpfung geführt, daß es die Tendenz zeitigte, neugeborene Mädchen zu töten oder zu vernachlässigen. Kulturvergleichsstudien, die eine unausgeglichene Geschlechterproportion mit aktiver Kriegsführung korrelieren, stützen diese ökologische Interpretation. Doch wird diese Theorie äußerst kontrovers diskutiert.

10 Die politische Ökonomie des Staates

In diesem Kapitel stellen wir die für Horden- und Dorfgesellschaften charakteristischen egalitären Formen des politischen Lebens dem politischen Leben in Häuptlingstümern und Staaten gegenüber. Wir werden eine plausible Theorie prüfen, die erklärt, wie es zu den großen Veränderungen kam, in deren Verlauf sich Häuptlingstümer und Staaten herausbildeten. Wir werden auch untersuchen, welche Rolle sowohl physische Zwangsmittel als auch die subtileren Formen der Gedankenkontrolle bei der Erhaltung der Ungleichheit und des Status quo in antiken und modernen Staaten spielen.

Die Führerschaft des »Großen Mannes« (big man)

Wie wir gesehen haben (S. 210), üben Älteste oder Oberhäupter oft die Funktion von Redistributoren aus und intensivieren die Produktion. Sie treiben ihre Verwandten an, härter zu arbeiten, sammeln das Zusatzprodukt ein und verteilen es dann. Wenn in einem Dorf mehrere Älteste leben, kann, sofern die technologischen und ökologischen Bedingungen Intensivierung ermöglichen, beträchtliche Rivalität unter ihnen entstehen. Sie wetteifern miteinander, wer die aufwendigsten Festgelage veranstaltet und die meisten Wertgegenstände verteilt. Die erfolgreichsten Redistributoren erringen oft den Ruf eines »Großen Mannes«.

Während eines Feldforschungsaufenthalts bei den Siuai auf Bougainville (Salomon-Inseln) führte der Ethnologe Douglas Oliver (1955) eine klassische Untersuchung über die Führungsrolle des »Großen Mannes« durch. Ein »Großer Mann« heißt bei den Siuai *mumi*. Höchstes Ziel eines jeden jungen Mannes ist es, das Ansehen eines *mumi* zu erreichen. Seine Befähigung zum *mumi* beweist ein junger Mann durch harte Arbeit und die Einschränkung seines Fleisch- und Kokosnußkonsums. Schließlich überzeugt er seine Frau, seine Kinder und nahen Verwandten vom Ernst seiner Absichten, und sie helfen ihm, sein erstes Fest auszurichten. Ist dieses ein Erfolg, wird der Kreis derer, die ihn unterstützen, größer, und er macht sich daran, immer eindrucksvollere Beweise seiner Großzügigkeit zu erbringen. Zunächst finanziert er den Bau eines Männerhauses, in dem sich seine Anhänger aufhalten sowie Gäste unterhalten und bewirtet werden können. Die Einweihung des Männerhauses wird mit einem Fest begangen. Erweist sich auch dieses als Erfolg, wird der Kreis derer, die für ihn zu arbeiten bereit sind, noch größer, und man beginnt, von ihm als *mumi* zu sprechen. Das Veranstalten von immer größeren Festen hat zur Folge, daß die Forderungen des *mumi* an seine Gefolgsleute immer lästiger werden. Obwohl diese darüber murren mögen, wie hart sie arbeiten müssen, verhalten sie sich ihrem *mumi* gegenüber so lange loyal, wie dieser seinen Ruf als »großer Versorger« bewahren oder noch vergrößern kann.

Schließlich kommt für den neuen *mumi* die Zeit, die vor ihm zu »Großen Männern« Aufgestiegenen herauszufordern. Das geschieht auf einem *mumi-nai*-Fest, auf dem man alle vom gastgebenden *mumi* und seinen Anhängern an den geladenen *mumi* und dessen Anhänger verteilten Schweine, Kokosnuß-kuchen und Sago-Mandel-Süßspeisen sorgfältig zählt und das zur Zählung benutzte Kerbholz aufbewahrt. Ist der Gast nicht imstande, innerhalb ungefähr eines Jahres im Gegenzug ein wenigstens gleich aufwendiges Festgelage zu veranstalten, erleidet er eine schwere soziale Demütigung und verliert seine Führungsrolle. Doch muß ein *mumi* genau überlegen, wen er zum Wettkampf herausfordern will, und sich einen Gast aussuchen, dessen Niederlage zur Stärkung seines eigenen Ansehens beiträgt — nicht etwa einen, dessen Einfluß größer als sein eigener ist.

Selbst der größte aller *mumi* ist jedoch stets von den Stimmungen und Neigungen seiner Anhänger abhängig und muß sich ein Leben lang hart abrackern. Denn die Position des *mumi* ist weder mit der Macht verbunden, andere zur Befolgung der eigenen Wünsche zu zwingen, noch hebt sie den eigenen Lebensstandard über das Niveau der anderen an. Da das Ansehen des *mumi* im wesentlichen auf dem Verschenken von Dingen beruht, kann es sogar vorkommen, daß große *mumi* weniger Fleisch und andere Delikatessen zu sich nehmen als die gewöhnlichen Siuai. Bei den Kaoka, einer anderen auf den Salomon-Inseln lebenden Gruppe, von der H. Ian Hogbin (1964: 66) berichtet, gibt es das Sprichwort: »Der Veranstalter des Fests nimmt die Knochen und alten Kuchen; das Fleisch und das Fett erhalten die anderen«. Bei einem großen Fest, an dem 1100 Menschen teilnahmen, verteilte der gastgebende *mumi* namens Soni 32 Schweine und eine riesige Menge Sago-Mandel-Pudding. Er selbst und seine engsten Gefolgsleute gingen jedoch leer aus. »Wir werden Sonis Ansehen aufessen«, sagten seine Anhänger.

»Große Männer« und kriegerisches Verhalten

Früher waren die *mumi* dafür bekannt, andere Männer sowohl für sich kämp-fen als auch für sich arbeiten zu lassen. Die Kolonialisierung hatte zwar, lange bevor Oliver seine Feldforschung durchführte, kriegerische Auseinanderset-zungen unterdrückt, doch war die Erinnerung an große *mumi*-Krieger bei den Siuai noch immer lebendig. Ein alter Mann drückte es so aus:

»Früher gab es größere *mumi* als heute. Damals waren sie wilde und schonungslose Anführer im Krieg. Sie verwüsteten das Land, und ihre Männerhäuser waren voll mit den Schädeln Erschlagener« (Oliver 1955: 411).

Die befriedeten Siuai nennen ihre *mumi* in Lobgesängen »Krieger« oder »Menschen- und Schweinetöter« (ebd.: 399):

»Du, der Du donnerst, die Erde erschütterst,
Viele Festgelage veranstaltest,
Wie still, ohne Gongschläge werden alle Orte sein,
Wenn Du uns verläßt!
Krieger, Schöne Blume,
Menschen- und Schweinetöter,
Wer wird unseren Orten Ansehen bringen,
Wenn Du uns verläßt.«

Olivers Informanten erzählten ihm, daß *mumi* früher, als noch Kriege geführt wurden, mehr Autorität besaßen. Einige große *mumi*-Krieger pflegten sich sogar ein oder zwei Gefangene zu halten, die wie Sklaven behandelt wur-den und auf den familieneigenen Feldern der *mumi* arbeiten mußten. Nie-mand konnte »laut üble Nachrede über die *mumi* führen, ohne Angst vor Strafe haben zu müssen«. Diese Aussage stimmt mit theoretischen Überle-gungen überein, denn ein *mumi*, der Fleisch und andere hochgeschätzte Nah-rung verteilen kann, kann auch Krieger anwerben, sie für den Kampf aus-rüsten und mit der Kriegsbeute belohnen. Anscheinend war bereits bei Ankunft der ersten europäischen Reisenden auf Bougainville infolge der Rivalität zwischen den kriegführenden *mumi* eine inselweite politische Orga-nisation entstanden. Nach Oliver (ebd.: 420) »bildeten zu bestimmten Zeiten die Bewohner vieler Nachbardörfer im Krieg so dauerhafte Allianzen, daß sich ein Muster kriegführender Regionen herausbildete. Jede dieser Regionen war im Innern relativ friedlich und wurde von einem herausragenden *mumi* angeführt, dessen kriegerische Aktivitäten für internen 'sozialen Zusammen-halt' sorgten«. Diese *mumi* genossen zwar regionalen Ruhm, aber nur mini-male Vorrechte. Sie hatten ihre Krieger in den Männerhäusern mit Prosti-tuierten, mit Schweinefleisch und anderen Delikatessen zu versorgen. Ein alter Krieger erzählte:

»Wenn der *mumi* uns keine Frauen besorgte, waren wir verärgert. . . . Die ganze Nacht kopulierten wir und wollten immer noch mehr. Genauso war es mit dem Essen. Gewöhnlich war das ganze Männerhaus mit Speisen angefüllt, und wir aßen und aßen und hatten nie genug. Das waren großartige Zeiten« (ebd.: 415).

Außerdem mußte ein *mumi*, der eine Kriegsexpedition leiten wollte, persönlich für jeden seiner im Kampf gefallenen Männer eine Entschädigung zahlen sowie ein Schwein für jedes Totenfest stiften.

Häuptlinge und Häuptlingstümer: die Trobriand-Insulaner und Cherokee

Oberhäupter sind Führer autonomer Dörfer oder Horden. Häuptlinge sind Führer mehr oder weniger dauerhaft alliierter Gruppen von Horden und Dörfern, die man als Häuptlingstümer bezeichnet. Der Hauptunterschied zwischen autonomen Horden und Dörfern einerseits und Häuptlingstümern andererseits besteht darin, daß Häuptlingstümer mehrere Gemeinden oder Siedlungen umfassen. Häuptlinge haben mehr Macht als Oberhäupter, doch lassen sich Oberhäupter, die erfolgreiche Redistributoren sind, nur schwer von den Führern kleiner Häuptlingstümer unterscheiden. Während »Große Männer« ihre Führungsposition durch persönliche Leistung erringen und diese immer wieder unter Beweis stellen müssen, erben Häuptlinge ihr Amt und behalten es, auch wenn sie zeitweilig nicht imstande sind, ihre Gefolgsleute mit großzügigen Gaben zu bedenken. Häuptlinge leben gewöhnlich besser als ihre Untergebenen. Anders als ein »Großer Mann« behalten sie nicht nur »die Knochen und alten Kuchen« für sich. Langfristig gesehen müssen aber auch Häuptlinge ihrem Amt gerecht werden, indem sie erfolgreiche Kriegszüge unternehmen, Handelsgüter erwerben sowie Nahrungsmittel und andere Wertgegenstände an ihre Gefolgsleute verschenken.

Die Trobriand-Insulaner

Der Unterschied zwischen »Großen Männern« und Häuptlingen läßt sich gut am Beispiel der Trobriand-Insulaner verdeutlichen. Die trobriandische Gesellschaft war in verschiedene matrilineare Klane und Subklane von unterschiedlichem Rang gegliedert, über die sich der Anspruch auf Gartenland vererbte. Bronislaw Malinowski (1920) berichtet, daß die Trobriander begeisterte Kämpfer waren, systematisch und schonungslos Kriegszüge unternahmen und sich in ihren Kanus aufs offene Meer wagten, um mit mehr als 200 km entfernt lebenden Inselbewohnern Handel zu treiben und, wenn notwendig, zu kämpfen. Im Gegensatz zu den *mumi* der Siuai bekleideten die Häuptlinge der Trobriander ein erbliches Amt, das sie nur durch eine Niederlage im Krieg verlieren konnten. Einer dieser Häuptlinge, den Malinowski für den »Oberhäuptling« aller Trobriander hielt, herrschte über mehr als ein Dutzend Dörfer, in denen insgesamt etliche tausend Menschen lebten. Häuptlingsämter wurden aber nur in den reichsten und größten Subklanen vererbt. Diese Ungleichheiten führten die Trobriander auf lange zurückliegende Eroberungskriege zurück. Nur die Häuptlinge durften — als Insignien ihres hohen Ranges — bestimmte Muschelschmuckstücke tragen, und den Gemeinden war es verboten, eine stehende oder sitzende Position einzunehmen, bei der sie den Kopf des Häuptlings überragten. Malinowski (1922) berichtet von seiner Beobachtung, daß alle im Dorf Bwoytalu anwesenden Menschen beim Klang des langgezogenen Schreis, der die Ankunft eines wichtigen Häuptlings verkündete, wie vom Sturm umgeweht von ihren Veranden fielen.

Die Macht des trobriandischen Häuptlings beruhte letztlich auf seinem Erfolg als »großer Versorger«, der weniger von Waffen- und Ressourcenbesitz als von traditionellen Verwandtschafts- und Heiratsbeziehungen abhängig war. Für gewöhnliche Trobriander galt normalerweise eine avunkulokale Wohnfolgeordnung (s. S. 189). Männliche Jugendliche lebten bis zu ihrer Heirat in Junggesellenhäusern. Danach brachten sie ihre Ehefrauen in den Haushalt ihres Mutterbruders, wo das jungvermählte Paar gemeinsam die Felder der Matrilineage des Mannes bearbeitete. In Anerkennung des matrilinearen Abstammungssystems schickten Brüder ihren Schwestern zur Erntezeit Körbe voller Yams (der Hauptanbaupflanze), da ein Teil der auf dem matrilinearen Land geernteten Knollenfrüchte rechtmäßig ihnen gehörte. Dieser Brauch war die Quelle der Häuptlingsmacht. Ein Häuptling heiratete die Schwestern der Oberhäupter einer Reihe von Sublineages. Manche Häuptlinge hatten mehrere Dutzend Frauen, die alle Anspruch auf obligatorische Yamsgaben ihrer Brüder hatten. Ein Teil der Yamsknollen wurde dann auf prächtigen Festen verteilt, auf denen der Häuptling seine Position als »großer Versorger« bestätigte, während der Rest dazu verwandt wurde, Kanubauer, Künstler, Magier und Diener, die auf diese Weise teilweise von der Macht des Häuptlings abhängig wurden, zu entlohnen. Früher waren die gefüllten Yamsspeicher auch die Voraussetzung für große Kula-Handelsexpeditionen (s. S. 129) zu befreundeten Gruppen und für Raubüberfälle auf feindliche Gruppen (Brunton 1975; Geoffry 1983; Malinowski 1935).

Die Cherokee

Die politische Organisation der Cherokee in Tennessee (und anderer Indianergruppen des südöstlichen Waldlandes) weist auffallende Ähnlichkeiten zum Komplex Redistribution-Krieg-Handel-Häuptling bei den Trobriandern auf. Wie die Trobriander waren die Cherokee matrilinear organisiert und führten nach außen Kriege gegen weit entfernt lebende feindliche Stämme. Im Zentrum jeder größeren Siedlung befand sich ein großes rundes »Versammlungshaus«, in dem die Häuptlinge ihre Versammlungen abhielten und in dem redistributive Feste stattfanden. Der Häuptlingsversammlung stand ein oberster Häuptling — die zentrale Figur im redistributiven Beziehungsgeflecht der Cherokee — vor. Zur Erntezeit errichtete man auf jedem Feld eine große Hütte — den »Speicher des Häuptlings«. »Jede Familie steuert — ganz nach Gutdünken oder Möglichkeit — einen Teil ihrer Ernte bei — oder auch gar nichts«. Die Speicher des Häuptlings dienten als »öffentliche Schatzkammer ... zu der man Zuflucht nehmen konnte«, wenn es eine Mißernte gab, als Vorratskammer »zur Bewirtung von Fremden oder Reisenden« und zur Deckung des Militärbedarfs, wenn Kriegsexpeditionen unternommen wurden. Obwohl jedes Stammesmitglied »das Recht auf freien und öffentlichen Zugang« besaß, hatten Gemeine anzuerkennen, daß der Speicher eigentlich dem Oberhäuptling gehörte, der »allein das Recht und die Fähigkeit« besaß, »den Bedürftigen Trost und Segen zu spenden« (Bartram, in Renfrew 1973: 234).

Grenzen der Häuptlingsmacht: die Tikopia

Auch wenn die Trobriander ihre Kriegshäuptlinge als »große Versorger« achteten und fürchteten, waren sie noch weit von einer Staatsgesellschaft entfernt. Da sie auf Inseln lebten, konnte sich ihre Bevölkerung nicht ausdehnen. Bereits zu Malinowskis Zeiten war deshalb ihre Bevölkerungsdichte auf 60 Peronen pro Quadratmeile angestiegen. Dennoch gelang es den Häuptlingen nicht, genügend Kontrolle über das Produktionssystem zu gewinnen, um große Macht zu erlangen. Da Yamsknollen (im Gegensatz zu Reis oder Mais) nach drei bis vier Monaten verderben, hatte der »große Versorger« der Trobriander weder die Möglichkeit, mit Hilfe der ganzjährigen Verteilung von Nahrung seine Anhänger zu manipulieren, noch eine ständige Truppe von Polizisten oder Soldaten aus seinen Speichern zu ernähren. Ein weiterer wichtiger Faktor waren die jedem Trobriander zugänglichen und den Proteinbedarf deckenden Ressourcen der Lagunen und des Meeres. Der Häuptling war nicht in der Lage, den Zugang zu diesen Ressourcen zu blockieren, und konnte deshalb keinen dauerhaften politischen Zwang auf seine Untergebenen ausüben. Nur unter den Bedingungen intensiverer Formen des Bodenbaus und umfangreicher Getreideernten konnte eine Konzentration von Macht entstehen, die über die Macht des »großen Versorgers« der Trobriander hinausging.

Ein anderes klassisches Beispiel für die begrenzte Macht von Häuptlingen liefern die Häuptlinge von Tikopia, einer der kleinsten Salomon-Inseln. Ihre Ansprüche waren noch größer als die der Trobriand-Häuptlinge, ihre tatsächliche Macht war aber sehr viel geringer. Tikopia-Häuptlinge sagten von sich, alle Land- und Meeresressourcen »gehörten« ihnen, doch machte der Umfang sowohl des redistributiven Netzes als auch der von ihnen kontrollierten Ernten solche Ansprüche nicht durchsetzbar. Nominell kontrollierten sie das Anbauland ihrer kognatischen Verwandtschaftsgruppe, doch in der Praxis konnten sie ihre Verwandten nicht daran hindern, ungenutzte Felder zu bebauen. Arbeitskräfte, die sie für die Arbeit auf ihren eigenen Feldern hätten einspannen können, waren knapp. Wie »Gemeine« arbeiteten sie daher selbst auf den Feldern. Um ihre Machtposition zu behaupten, mußten sie große Feste geben und waren dabei auf den freiwilligen Arbeitseinsatz und auf freiwillige Nahrungsgaben ihrer Verwandten angewiesen. Verwandtschaftsbindungen konnten die abstrakten Höflichkeitsregeln im Umgang mit Ranghöheren außer Kraft setzen. Raymond Firth beschreibt, wie ein aus einer Gemeinenfamilie stammender Mann, der in der Verwandtschaftsterminologie als »Bruder« klassifiziert wurde, mit dem höchstrangigen Häuptling der Insel unflätige Beleidigungen austauschen konnte:

»Einmal ging ich mit Ariki (Häuptling) Kafika spazieren . . . als wir an Pae Saos Obstgarten vorbeikamen. . . . Alle Anwesenden waren aufgrund verschiedener Verbindungen 'Brüder'. Einmütig fielen sie mit obszönen Neckereien übereinander her. Ausdrücke wie 'Große Hoden!', 'Du Riesenhode!' flogen hin und her und waren von ausgelassenem Gelächter begleitet. Ich wunderte mich etwas über die Heftigkeit der Neckereien, da dem Ariki Kafika als dem geachtetsten Häuptling der Insel ein großes Maß an Heiligkeit anhaftet. . . . Das rettete ihn aber nicht, und er trug es mit Gelassenheit« (1957: 176–177).

Ähnliches gilt für den Cherokee-Häuptling. Außerhalb der Versammlung »gesellt er sich den Leuten wie ein gemeiner Mann zu, unterhält sich mit ihnen — wie sie mit ihm — vollkommen ungezwungen und vertraut« (Bartram, in Renfrew 1973: 233).

Die Ursprünge der Staatenbildung

Große Häuptlingstümer entwickeln sich unter bestimmten Bedingungen zu Staaten. Der Staat ist eine politisch zentralisierte Gesellschaftsform, deren Regierungseliten die Macht haben, die Untergebenen zu zwingen, Steuern zu zahlen, Dienstleistungen zu erbringen und dem Gesetz zu gehorchen (Carneiro 1981: 69). Drei infrastrukturelle Bedingungen führten dazu, daß Häuptlingstümer sich in die ersten Staaten verwandelten:

1. *Bevölkerungswachstum.* Dörfer erreichten eine Bevölkerungszahl von mehreren tausend Menschen, und/oder die regionale Bevölkerungsdichte stieg auf 20 bis 30 Menschen pro Quadratmeile an.

2. *Intensiver Bodenbau.* Hauptnahrungspflanze war eine Getreideart, z.B. Reis, Weizen, Gerste oder Mais, die bei der Ernte einen Überschuß erbrachte und ohne großen Kostenaufwand lange Zeit gespeichert werden konnte.

3. *Begrenzter Lebensraum.* Eine Abwanderung unzufriedener Bevölkerungsteile war nicht möglich, weil in den benachbarten Gebieten ähnlich entwickelte Häuptlingstümer existierten oder die Emigranten aufgrund der Umweltbedingungen eine neue und weniger effiziente Produktionsweise übernehmen und einen schlechteren Lebensstandard hätten hinnehmen müssen. Die meisten frühen Staaten bildeten sich in begrenzten Lebensräumen heraus, denn ihre Produktionsweise war von fruchtbaren Flußtälern abhängig, die von ariden und semiariden Hochebenen oder Gebirgen umgeben waren. Begrenzte Lebensräume können aber auch durch die Umwandlung eines wenig ertragreichen in ein ertragreicheres Habitat entstehen als Folge langfristiger Investitionen in den Bau von Dämmen, Bewässerungsgräben und Abflußkanälen.

Welcher Art die begrenzten Lebensräume auch sein mögen, immer haben sie zur Folge, daß Splittergruppen, die aus unzufriedenen Mitgliedern eines Häuptlingstums bestehen, nicht vor ihren Herrschern fliehen können, ohne gezwungen zu sein, einen sehr viel schlechteren Lebensstandard hinzunehmen. Sind die genannten infrastrukturellen Bedingungen gegeben, so kommt es mit einiger Wahrscheinlichkeit auch zu bestimmten Veränderungen der politischen und wirtschaftlichen Struktur eines Häuptlingstums. 1. Je größer und dichter eine Bevölkerung und je größer der Ernteüberschuß, um so eher können sich die Führungsschichten spezialisierte Handwerker, Palastwachen und ein stehendes Berufsheer leisten. 2. Je mächtiger eine Führungsschicht ist, um so eher kann sie Fernkriege führen sowie Fernhandel treiben und neue Völker und Territorien erobern, dem eigenen Herrschaftsgebiet einverleiben und ausbeuten. 3. Je mächtiger eine Führungsschicht ist, um so ungleicher ist die Redistribution der Handelsgüter und der Ernteüberschüsse. 4. Je größer das geographische Gebiet, auf das sich die politische Kontrolle erstreckt, und je größer die Investition in die Produktionsweise, um so geringer sind die Chancen einer Flucht und um so weniger Vorteile bietet die Emigration. Schon bald beruhen die an den Zentralspeicher zu entrichtenden Abgaben nicht mehr auf Freiwilligkeit, sondern werden in Form von Steuern erhoben. Es besteht kein Recht mehr auf freien Zugang zu den natürlichen Ressourcen, sondern Land und Ressourcen werden zugeteilt. Die Nahrungsproduzenten sind nicht mehr die Gefolgsleute des Häuptlings, sondern Bauern. Redistributoren sind nicht mehr Häuptlinge, sondern Könige. Und Häuptlingstümer werden zu Staaten.

Wenn die herrschenden Eliten ihre Untergebenen zwingen, Steuern und Tribut zu zahlen, Militär- und Arbeitsdienst zu leisten und dem Gesetz zu gehorchen, verstärkt sich der Prozeß der Intensivierung, Expansion, Eroberung und Schichtung sowie der Zentralisierung von Macht immer mehr — und zwar aufgrund einer als *positive Rückkopplung* (Kasten 10.1) bezeichneten Form der Veränderung. Wo Produktionsweisen ausreichend viele Bauern und Krieger ernähren konnten, führte dieser Rückkoppelungsprozeß wiederholt zur Eroberung von Staaten durch Staaten und zur Entstehung vorindustrieller Reiche, die riesige, von Millionen von Menschen bewohnte Territorien umfaßten (R. Cohen 1984; Fried 1978; Haas 1982; MacNeish 1981; Service 1975).

Kasten 10.1 Zwei Arten der Rückkopplung

Negative Rückkopplung: Sobald bestimmte Grenzen erreicht sind, werden Veränderungen ausgeglichen, und es besteht eine Tendenz zur Wiederherstellung des Anfangszustands. *Beispiel:* Die Zimmertemperatur hält sich leicht über oder unter der auf dem Thermostat eingestellten Temperatur.
Positive Rückkopplung: Veränderungen werden nicht ausgeglichen. Jede weitere Veränderung verstärkt die Tendenz zur Veränderung. Beispiel: Ein Mikrophon nimmt das Geräusch seines eigenen Lautsprechers auf und sendet das Signal durch seinen Verstärker zurück, der ein stärkeres Signal zum Lautsprecher sendet, wodurch das Geräusch immer lauter wird.

Als sich die ersten Staaten erst einmal herausgebildet hatten, errichteten sie selbst Barrieren, um die Flucht von Menschen, die egalitäre Systeme zu erhalten versuchten, zu verhindern. Außerdem sahen sich egalitäre Völker, die in der Nachbarschaft von Staaten lebten, immer stärker in kriegerische Auseinandersetzungen verstrickt und gezwungen, ihre Produktion zu steigern und ihren Redistributor-Häuptlingen mehr und mehr Macht einzuräumen, um sich gegen die expansionistischen Tendenzen ihrer Nachbarn zu behaupten. Die meisten Staaten auf der Welt bildeten sich also infolge einer Vielzahl von spezifischen historischen und ökologischen Bedingungen heraus (Fried 1967). Wenn Staaten aber erst einmal entstanden sind, haben sie die Tendenz, sich auszudehnen und Völker ohne Staat zu verschlingen oder zu überrollen (Carneiro 1978; R. Cohen 1984).

Ein afrikanisches Königtum: Bunyoro

Der Unterschied zwischen einem Häuptlingstum und einem Staat läßt sich gut am Beispiel von Bunyoro verdeutlichen, einem Königtum in Uganda, das von John Beattie (1960) erforscht wurde. Bunyoro bestand aus einer Bevölkerung von etwa 100 000 Menschen und umfaßte ein Gebiet von ungefähr 5 000 Quadratmeilen. Die höchste Macht über das Land und seine Bewohner hatte der Mukama inne, das älteste Mitglied einer königlichen Linie, die ihre Abstammung bis in die Urzeit zurückverfolgte. Mehr als ein Dutzend »Häuptlinge« oder gemeine Bauern, die ihrer Kontrolle unterstanden, hatten die speziell vom Mukama erteilte Erlaubnis, alle natürlichen Ressourcen, vor allem das Anbauland, zu nutzen. Als Gegenleistung dafür gelangten beträchtliche Mengen an Nahrungsmitteln, handwerklichen Erzeugnissen und Arbeitsleistungen über die Machthierarchie an den Hof des Mukama. Dieser wiederum verwandte die Güter und Dienstleistungen für Staatsunternehmungen. Der grundlegend redistributive Charakter dieser Unternehmungen war zur Zeit ihrer Erforschung noch deutlich erkennbar:

> »Im traditionellen System galt der König zugleich als oberster Empfänger von Nahrung und Dienstleistungen sowie als oberster Spender. . . . Die großen Häuptlinge, die selbst Tribut von ihren Untergebenen erhielten, mußten dem Mukama einen Teil der Erträge ihrer Ländereien in Form von Getreide, Rindern, Bier oder Frauen abliefern. . . . Doch nicht nur die Häuptlinge, alle mußten dem König geben. . . . Nicht weniger aber wurde die Spenderrolle des Mukama betont. Viele seiner speziellen Namen heben seine Großmut hervor, und traditionell erwartete man von ihm, daß er üppige Feste veranstaltete und großzügige Geschenke an Einzelpersonen verteilte« (Beattie 1960: 34).

Doch wie groß auch immer sein Ruf als großzügiger Spender gewesen sein mag, ganz eindeutig gab er nicht soviel her, wie er empfing. Sicherlich folgte er nicht dem Beispiel der *mumi* auf den Salomon-Inseln und behielt nur die trockenen Kuchen und Knochen für sich. Außerdem floß vieles von dem, was er verschenkte, nicht zu den bäuerlichen Produzenten zurück, sondern blieb in den Händen seiner genealogisch nächsten Verwandten hängen, die eine klar abgegrenzte Adelsschicht bildeten. Ein Teil dessen, was der Mukama den Bauern wegnahm, erhielten nicht mit dem König verwandte Personen, die dem Staat außergewöhnliche Dienste vor allem im Zusammenhang mit militärischen Unternehmungen erwiesen. Ein anderer Teil wurde zur Unterhaltung einer ständigen Palastwache und zur Finanzierung der im Palast lebenden Bediensteten verwendet, die sich mit den persönlichen Bedürfnissen des Mukama befaßten und religiöse, für das Wohl des Mukama und der Nation als wesentlich erachtete Riten durchführten. Solche Bedienstete waren etwa der Wächter der Speere, der Wächter der königlichen Gräber, der Wächter der königlichen Trommeln, der Wächter der königlichen Kronen, die »Aufsetzer« der königlichen Kronen, die Wächter der königlichen Throne (Stühle) und anderer königlicher Insignien, die Köche, die Diener beim Bad, Hirten, Töpfer, Rindenstoffhersteller, Musiker und viele andere. Viele dieser höfischen Bediensteten hatten außerdem mehrere Gehilfen.

Darüber hinaus gab es eine nicht genau definierte Kategorie von Ratgebern, Wahrsagern und anderen Gefolgsleuten, die sich bei Hof herumtrieben und dem Haushalt des Mukama als Abhängige angehörten in der Hoffnung, zum Häuptling gemacht zu werden. Zu diesem Gefolge müssen noch der umfangreiche Harem des Mukama, seine vielen Kinder und die polygynen Haushalte seiner Brüder und anderer Angehörigen der königlichen Familie hinzugezählt werden. Zur Festigung seiner Macht bereisten der Mukama und Teile seines Hofstaats häufig das Land und hielten sich in lokalen, auf Kosten seiner Häuptlinge und der Gemeinen unterhaltenen Paläste auf.

Feudalismus

Wie Beattie bemerkt, gibt es viele Übereinstimmungen zwischen dem Bunyoro-Staat und dem zur Zeit der Invasion der Normannen (1066) in England bestehenden »Feudalsystem«. Ganz ähnlich wie im frühmittelalterlichen England basierte die gesellschaftliche Schichtung in Bunyoro darauf, daß die Distrikthäuptlinge (die Lehnsherren) als Gegenleistung für die Überlassung von Land und Arbeitskraft der auf diesem Land lebenden Bauern (der Leibeigenen) ein Treuegelöbnis ablegten. Der englische König konnte, genau wie der Mukama, wann immer seiner Souveränität Gefahr von innen oder außen drohte, von seinen Lehnsherren (Häuptlingen) Waffen, Proviant und Krieger fordern. Während der Feudalzeit war das Überleben des englischen Königsgeschlechts genau wie in Bunyoro dadurch gesichert, daß der König stets mehr Lehnsherren samt deren Streitkräfte aufbringen konnte, als es untreuen Lords möglich war. Doch müssen sowohl im Hinblick auf die Größe der

Bevölkerung als auch auf die Redistributorrolle des Herrschers wichtige Unterschiede berücksichtigt werden. Während die Redistribution in einem königlichen Steuer- und Tributsystem fortlebte, war die polizeilich-militärische Funktion des englischen Königs sehr viel wichtiger als die des Mukama. Der englische Souverän war weniger der »große Versorger« als der »große Beschützer«. Bei einer Bevölkerung, die mehr als eine Million Menschen umfaßte, und bei einer auf der Basis von unabhängigen, sich selbst versorgenden lokalen Landsitzen organisierten bäuerlichen und handwerklichen Produktion war die Redistribution vollkommen unsymmetrisch. Wilhelm der Eroberer hatte es in seinem Königreich nicht nötig, bei der Masse der Bauern als großzügiger Herrscher zu erscheinen. Er bemühte sich zwar, gegenüber den Lehnsherren, die ihn unterstützten, großzügig zu sein, doch Großzügigkeit gegenüber den Bauern war keine Notwendigkeit mehr. Eine breite Kluft war zwischen dem Lebensstil der Bauern und dem der Herrscher entstanden. Die Aufrechterhaltung dieser Unterschiede war nicht mehr vom besonderen Beitrag der Herrscher zur Produktion, sondern von ihrer Fähigkeit abhängig, den Bauern ihre Subsistenzmittel und sogar das Leben zu nehmen. Die im mittelalterlichen Europa auf ihren Herrensitzen lebenden Feudalherren taten aber gut daran, bei der Ausbeutung (s. S. 255) ihrer Bauern eine bestimmte Grenze nicht zu überschreiten, da sie sonst die Grundlage ihrer eigenen Existenz zerstört hätten.

Wenn man die afrikanische mit der europäischen politischen Entwicklung vergleicht, sollte man sich daran erinnern, daß es in West- und Nordeuropa zwei Perioden des Feudalismus gab. Die erste, über die nur wenig bekannt ist, ging der Entstehung des Römischen Reiches voraus und endete mit der römischen Eroberung. Die zweite folgte auf den Zusammenbruch des Römischen Reichs. Obwohl die spätere Periode das Standardbeispiel für den Feudalismus liefert, ist die für Bunyoro typische politische Ordnung im Grunde eine viel stärker verbreitete Form und ähnelt wahrscheinlich eher den politischen Systemen, auf die die Römer bei ihrer Eroberung Westeuropas trafen und die sie überrannten (Bloch 1964; Piggott 1966; Renfrew 1973).

Folge der Zugehörigkeit zum römischen Reich war, daß sich der Feudalismus im mittelalterlichen Europa auf eine Technologie stützen konnte, die der selbst in den bevölkerungsreichsten Königtümern Afrikas südlich der Sahara weit überlegen war. Die in Bunyoro von der herrschenden Schicht weggesteuerte Menge an agrarischen und handwerklichen Erzeugnissen war klein, verglichen mit dem, was die englische Feudalaristokratie an Steuern erhob. Auch waren Architektur, Metall-, Textil- und Waffenherstellung im mittelalterlichen Europa weiter entwickelt.

Ein autochthones amerikanisches Reich: die Inka

Andere Entwicklungsschritte führten zu staatlichen Systemen, die größer und stärker zentralisiert waren als die des mittelalterlichen Europa. An mehreren Orten der Erde entstanden staatliche Systeme, in denen ehemals unabhängige Kleinstaaten zu stark zentralisierten Großstaaten oder Reichen zusammengeschlossen waren. In der Neuen Welt bildete das Inkareich das größte und mächtigste dieser Systeme. Zu seiner Blütezeit erstreckte es sich über mehr als 2 500 km vom nördlichen Chile bis zum südlichen Kolumbien und hatte wahrscheinlich etwa sechs Millionen Einwohner. Da die Regierung die Produktionsweise bestimmte, war die Landwirtschaft nicht im Sinne von Feudalgütern organisiert, sondern wurde auf Dorf-, Distrikt- und Provinzebene geregelt. Jede dieser Einheiten unterstand dementsprechend nicht einem Feudalherrn, der einem anderen, ihm höherstehenden Herrscher Treue geschworen hatte und sein Land wie seine Bauern nach Gutdünken ausbeuten konnte, sondern ernannten Regierungsbeamten, die für die Planung aller öffentlichen Arbeiten und die Abgabe von durch die Regierung festgelegten Quoten an Arbeitern, Nahrungsmitteln und anderen Materialien verantwortlich waren (Morris 1976). Die zu einem Dorf gehörenden Ländereien waren in drei Teile aufgeteilt. Der größte Teil diente wahrscheinlich den Bauern zur eigenen Bedarfsdeckung. Die Ernteerträge des zweiten und dritten Teils dagegen wurden an Priester und Regierungsvertreter abgegeben, die sie in Speichern lagerten. Die Verteilung dieser Vorräte unterlag völlig der Kontrolle der Zentralverwaltung. Ebenso gingen, wenn Arbeitskräfte für den Bau von Straßen, Brücken, Kanälen und Festungen oder für andere öffentliche Arbeiten gebraucht wurden, Regierungsvertreter direkt in die Dörfer, um sie sich zu beschaffen. Infolge des dichten Verwaltungsnetzes und der starken Bevölkerungsdichte konnten den Inka-Baumeistern große Mengen an Arbeitern zur Verfügung gestellt werden. Beim Bau der Festung Sacsahuaman in der Nähe von Cuzco, dem vermutlich größten gemauerten Gebäude in der Neuen Welt, waren 30 000 Menschen mit dem Schneiden, dem Abbruch, dem Transport und dem Aufrichten der riesigen, 200 Tonnen schweren Monolithen beschäftigt. Arbeiterheere dieser Größe waren im mittelalterlichen Europa selten, im alten Ägypten, im Vorderen Orient und in China aber durchaus üblich.

Die Herrschaft über das ganze Reich lag in der Hand des Inka. Er war Erstgeborener des Erstgeborenen, ein Abkömmling des Sonnengottes und ein göttliches Wesen beispielloser Heiligkeit. Dieser Gott auf Erden genoß einen Luxus und eine Macht, von der ein armer Mehinacu-Häuptling bei seinem täglichen Bemühen um Respekt und Gehorsam nicht einmal träumen konnte. Gewöhnliche Menschen durften sich dem Inka nicht direkt nähern. Seine Privataudienzen hielt er hinter einer Schutzwand ab, und alle, die sich ihm näherten, mußten eine Last auf ihrem Rücken tragen. Bei Reisen lag er in einer reichverzierten Sänfte, die von speziellen Trägermannschaften getragen wurde (Mason 1957: 184). Ein kleines Heer von Fegern, Wasserträgern, Holzfällern, Köchen, Ankleidern, Schatzmeistern, Gärtnern und Jägern sorgte im Palast von Cuzco, der Hauptstadt des Reichs, für das häusliche Wohl des Inka. Wenn sich der Inka durch einen Angehörigen der Dienerschaft beleidigt fühlte, wurde dessen ganzes Dorf dem Erdboden gleichgemacht.

Der Inka nahm seine Mahlzeiten in Gemächern ein, deren Wände mit kostbaren Metallen bedeckt waren, und aß von goldenen und silbernen Tellern. Seine Kleidung war aus weichster Vicunawolle. Er trug sie nie mehr als einmal und verschenkte sie, wenn er sie wechselte, an Mitglieder der königlichen Familie. Der Inka genoß die Dienste einer großen Zahl von Konkubinen, die unter den schönsten Mädchen des Reichs systematisch ausgewählt wurden. Seine Frau aber mußte, damit die heilige Abstammung vom Sonnengott in direkter Linie bewahrt blieb, seine Vollschwester sein. Wenn der Inka starb, wurden seine Frau, seine Konkubinen und viele andere Gefolgsleute während eines großen orgiastischen Tanzes erdrosselt, damit ihm im Jenseits an nichts mangelte. Aus dem Leichnam eines jeden Inka wurden die inneren Organe entfernt, der Leichnam wurde in Tücher gewickelt und mumifiziert. Frauen mit Fächern bewachten die Mumien, verscheuchten die Fliegen und kümmerten sich um alles, was die Mumien für ein angenehmes Leben im Jenseits benötigten.

Der Staat und die Kontrolle des Denkens

Große Bevölkerungen, Anonymität, Verwendung von Marktgeld und enorme Besitzunterschiede machen die Aufrechterhaltung von Recht und Ordnung in Staatsgesellschaften schwerer als in Horden, Dörfern oder Häuptlingstümern. Hieraus erklärt sich die enorme Entwicklung des Polizeiapparats und paramilitärischer Kräfte sowie anderer staatlicher Institutionen und Spezialisten, die sich mit Verbrechen und ihrer Bestrafung befassen. Obwohl jeder Staat letztlich darauf eingestellt ist, Kriminelle und politische Umstürzler unschädlich zu machen, indem man sie einsperrt, verstümmelt oder tötet, wird die tägliche Last der Aufrechterhaltung von Recht und Ordnung gegenüber unzufriedenen Individuen und Gruppen von Institutionen getragen, die potentielle Unruhestifter zu verwirren, abzulenken und zu demoralisieren versuchen, bevor es überhaupt soweit kommt, daß sie körperlicher Strafe unterzogen werden müssen. Daher verfügt jeder Staat — in historischen wie in modernen Zeiten — über ideologische Spezialisten, deren Funktion es ist, den Status quo aufrechtzuerhalten, und deren Dienste oft nicht mit wirtschaftlichen und politischen Problemen in Zusammenhang zu stehen scheinen.

In vorindustriellen Staaten üben hauptsächlich magisch-religiöse Institutionen die Funktion der Gedankenkontrolle aus. Die komplizierten Religionen der Inka, Azteken, alten Ägypter und anderer vorindustrieller Zivilisationen rechtfertigen die Privilegien und die Macht der herrschenden Eliten. Sie stützten die Doktrin von der göttlichen Abstammung des Inka oder Pharao und lehrten, daß das Gleichgewicht und die Kontinuität des Universums die Unterordnung der Gemeinen unter Personen von adeliger und göttlicher Herkunft erfordere. Bei den Azteken waren die Priester davon überzeugt, daß die Götter mit menschlichem Blut ernährt werden müßten; sie selbst rissen auf der Spitze der Tenochtitlan geweihten Pyramide das noch schlagende Herz aus den Körpern der Kriegsgefangenen heraus (s. S. 299). In vielen Staaten wurde die Religion benutzt, große Menschenmassen dazu zu bringen, Entbehrungen als Notwendigkeit zu akzeptieren, materielle Belohnung nicht im Diesseits, sondern im Jenseits zu erwarten und für kleine Gunstbeweise von Höhergestellten dankbar zu sein, damit nicht Undankbarkeit schreckliche Vergeltung entweder in diesem Leben oder in der bevorstehenden Hölle zur Folge habe.

Um Botschaften dieser Art zu übermitteln und das, worauf sie sich beziehen, als wahr erscheinen zu lassen, investieren Staatsgesellschaften einen großen Teil des Volksvermögens in die Errichtung monumentaler Bauten. Ganz gleich, ob es sich um die Pyramiden Ägyptens oder Teotihuacans in Mexiko oder um die gotischen Kathedralen im mittelalterlichen Europa handelt, die staatlich subventionierte Monumentalität religiöser Bauwerke gibt dem Individuum das Gefühl, machtlos und unbedeutend zu sein. Große öffentliche Gebäude lehren die Zwecklosigkeit der Unzufriedenheit und die Unbesiegbarkeit der Herrschenden ebenso wie die Herrlichkeit des Himmels und der Götter, ob sie nun wie im Falle der gotischen Kathedrale in Amiens zu schweben oder wie die Pyramiden in Khufu mit unendlicher Schwere herabzudrükken scheinen. (Das heißt aber nicht, daß sie nichts anderes zum Ausdruck bringen.)

Gedankenkontrolle im modernen Zusammenhang

Ein Großteil konformen Verhaltens wird nicht dadurch erzielt, daß man die Menschen in Angst und Schrecken versetzt, sondern ihnen die Identifizierung mit der herrschenden Elite ermöglicht und sie als Publikum am Prunk feierlicher Staatsakte teilhaben läßt. Öffentliche Spektakel wie religiöse Prozessionen, Inthronisationsfeierlichkeiten und Siegesparaden wirken den Entfremdungstendenzen von Armut und Ausbeutung entgegen. Während der Römerzeit hielt man die Masse mit Gladiatorenwettkämpfen und anderen Spielen bei der Stange. Moderne staatliche Systeme besitzen in den Kinos, im Fernsehen, im Rundfunk, im organisierten Sport, in den Sputnikflügen und den Mondlandungen äußerst wirksame Mittel zur Zerstreuung und Unterhaltung ihrer Bürger. Mit Hilfe der modernen Medien wird das Bewußtsein von Millionen Hörern, Lesern und Zuschauern von Spezialisten, die von der Regierung finanziert werden, oft auf ziemlich genau kalkulierte Weise manipuliert (Efron 1972; Ellul 1965; Key 1976). Doch stellt die drahtlos oder per Kabel direkt in die Slumbaracke oder die Mietwohnung gesendete »Unterhaltung« vielleicht die bisher effektivste Form des »römischen Zirkus« dar. Durch die Befriedigung des Vergnügungsbedürfnisses der Zuschauer verhindern Rundfunk und Fernsehen nicht nur die Entfremdung, sondern auch, daß die Leute auf die Straße gehen.

Wahrscheinlich sind jedoch nicht die elektronischen Suchtmittel der Unterhaltungsindustrie die wirkungsvollsten Mittel zur Gedankenkontrolle, sondern das universelle staatliche Erziehungssystem. Lehrer und Schulen dienen ganz offensichtlich den instrumentellen Bedürfnissen komplexer Industriezivilisationen, indem sie jede Generation in Fertigkeiten unterrichten, die zum Überleben und zum Wohl eines jeden notwendig sind. Einen Großteil der Zeit widmen sie aber auch Unterrichtsfächern, in denen staatsbürgerkundliche, geschichtliche, bürgerrechtliche und sozialkundliche Themen behandelt werden. Diese Themen sind mit impliziten oder expliziten Annahmen über Kultur, Volk und Natur belastet, die zu verstehen geben, daß das politisch-ökonomische System, in dem der Unterricht stattfindet, anderen Systemen überlegen ist. In der Sowjetunion und anderen stark zentralisierten kommunistischen Ländern gibt man sich keine Mühe, die Tatsache zu verschleiern, daß eine der Hauptfunktionen des staatlichen Erziehungswesens in der politischen Indoktrination besteht. Westliche kapitalistische Demokratien geben nicht ganz so offen zu, daß auch ihre Erziehungssysteme Instrumente politischer Kontrolle sind. Viele Lehrer und Studenten, denen eine vergleichende Perspektive fehlt, sind sich nicht bewußt, in welchem Umfang ihre Bücher, Lehrpläne und Darstellungen den Status quo aufrecht erhalten.

In anderen Ländern aber rufen Schulbehörden, Bibliotheksausschüsse und gesetzgebende Versammlungen offen zur Konformität gegenüber den bestehenden Verhältnissen auf (Friere 1973; Gearing und Tindale 1973; Ianni und Story 1973; Kozol 1967; D. Smith 1974; Wax u.a. 1971).

Moderne universelle Erziehungssysteme vom Kindergarten bis hin zur Universität messen, was politisch durchaus gelegen kommt, mit zweierlei Maß. In der Mathematik und den Naturwissenschaften werden Schüler und Studenten ermutigt, kreativ, hartnäckig, methodisch, logisch und selbständig zu sein. Fächer andererseits, die sich mit sozialen und kulturellen Phänomenen befassen, blenden systematisch »kontroverse« Themen aus wie Vermögenskonzentration, Eigentum an multinationalen Unternehmen, Verstaatlichung von Ölgesellschaften, das Interesse von Banken und Grundbesitzern an der Verwahrlosung von städtischen Wohnvierteln, den Standpunkt ethnischer und rassischer Minderheiten, Kontrolle der Massenmedien, Militärhaushalt, Alternativen zum Kapitalismus, Alternativen zum Nationalismus, Atheismus usw. In Schulen werden aber nicht nur kontroverse Themen gemieden. Bestimmte politische Ansichten sind für die Erhaltung von Recht und Ordnung so wichtig, daß sie nicht objektiven Unterrichtsmethoden anvertraut werden können. Stattdessen werden sie im Bewußtsein der Jugendlichen mit Hilfe der Mobilisierung von Angst- und Haßgefühlen verankert. Die Reaktion der Nordamerikaner auf den Sozialismus und Kommunismus ist nicht weniger das Ergebnis von Indoktrination wie die Reaktion der Russen auf den Kapitalismus. Fahnengruß, Treuegelöbnisse, patriotische Lieder und patriotische Riten (Versammlungen, Theaterstücke, Umzüge) stellen weitere, allen bekannte ritualisierte politische Aspekte des öffentlichen Schulwesens dar.

Jules Henry, der zunächst in Brasilien lebende Indianergruppen, dann aber Gymnasien in St. Louis erforschte, hat dazu beigetragen, daß man heute besser versteht, wie universelle Erziehung die Struktur nationaler Konformität prägt. In seinem Buch *Culture Against Man* zeigt er, wie selbst im Rechtschreibe- und Musikunterricht Verhalten trainiert wird, das das Wettbewerbssystem des »freien Unternehmertums« stützt. Man bringt den Kindern bei, Angst vor Mißerfolg zu haben und Konkurrenzverhalten zu lernen. Auf diese Weise betrachten Kinder sich bald gegenseitig als die Hauptursache für Mißerfolg und beginnen, Angst voreinander zu haben. Wie Henry (1963: 305) bemerkt: »In der Schule lernt man tatsächlich fürs spätere Leben, aber nicht etwa, weil man dort (mehr oder weniger gut) wichtige Kenntnisse erprobt, sondern weil man den wichtigsten kulturellen Alptraum verinnerlicht — Angst vor eigenem Mißerfolg und Neid angesichts der Erfolge anderer.«

In den Vereinigten Staaten beruht das Akzeptieren ökonomischer Ungleichheit heutzutage mehr auf Gedankenkontrolle als auf der Ausübung nackter Gewalt. Kinder aus wirtschaftlich benachteiligten Familien lernen zu glauben, daß das Haupthindernis auf dem Weg zu Reichtum und Macht in ihrer ungenügenden intellektuellen Leistung, ihrem mangelnden Durchhaltevermögen und Konkurrenzwillen zu sehen sei. Die Armen lernen, daß sie selbst an ihrer Armut schuld seien, so daß sich ihr Groll hauptsächlich gegen sie selbst und gegen diejenigen richtet, mit denen sie konkurrieren müssen und die auf derselben Sprosse der nach oben führenden Mobilitätsleiter stehen wie sie. Außerdem lernt der ökonomisch benachteiligte Teil der Bevölkerung zu glauben, daß der Gang zur Wahlurne und eine auf gleichmäßige Vermögensverteilung zielende Gesetzgebung eine Garantie dafür seien, daß der ihm von den Reichen und Mächtigen zugefügte Schaden wiedergutgemacht wird. Schließlich wird der größte Teil der Bevölkerung über die tatsächliche Funktionsweise des politisch-ökonomischen Systems und über die unverhältnismäßig große Macht, die Unternehmen und andere spezielle Interessengruppen durch ihre Lobbies ausüben, im unklaren gelassen. Henry kommt zu der Schlußfolgerung, daß US-amerikanische Schulen, obwohl sie angeblich dem kreativen Forschen geweiht sind, ein Kind, das intellektuell kreative Vorstellungen zum sozialen und kulturellen Leben entwickelt, bestrafen.

»In nicht geringem Umfang bedeutet Lernen in den Sozialwissenschaften — ganz gleich, ob in der Grundschule oder an der Universität — lernen, dumm zu sein. Die meisten von uns haben diese Anforderung bereits erfüllt, wenn sie ins Gymnasium kommen. Ein Kind mit sozial kreativer Phantasie wird nicht dazu ermutigt, mit neuen sozialen Systemen, Werten und Beziehungen zu spielen. Noch wird es viele solcher Kinder geben, da sozialwissenschaftlich ausgebildete Lehrer sie meist für schlechte Schüler halten. Außerdem wird ein solches Kind einfach nicht in der Lage sein, die Absurdität dessen zu erkennen, was dem Lehrer als reine *Wahrheit* erscheint. . . . Lernen, ein Idiot zu sein, oder — wie Camus es ausdrückt — lernen, absurd zu sein, ist Teil des Erwachsenwerdens. Ein Kind, dem es nicht möglich ist zu lernen, die absurde Wahrheit zu denken, . . . lernt deshalb gewöhnlich, sich selbst für dumm zu halten« (1963: 287–288).

Der Staat und physischer Zwang

Recht und Ordnung in geschichteten Gesellschaften basieren auf einer unendlich variablen Mischung aus physischem Zwang, den polizeilich-militärische Kräfte ausüben, und den im vorangegangenen Abschnitt behandelten Techniken der Gedankenkontrolle. Im allgemeinen müssen beide Formen der Kontrolle um so stärker sein, je größer die soziale Ungleichheit und je intensiver die Arbeitsausbeutung ist. Staatliche Regime, die sich sehr stark auf das brutale Eingreifen polizeilich-militärischer Organe verlassen, sind nicht notwendigerweise Staaten mit großer und augenfälliger sozialer Ungleichheit. Vielmehr scheinen die brutalsten Systeme polizeilich-militärischer Kontrolle mit Perioden umfangreicher Veränderungen verknüpft zu sein, in denen sich die regierenden Gruppen unsicher fühlen und deshalb zu Überreaktionen neigen. Perioden dynastischer Umwälzung und vor- wie nachrevolutionäre Unruhen bringen besonders viel Brutalität hervor.

Die dauerhaftesten despotischen Systeme der Welt halten ihre geballte Zwangsmacht in ständiger Bereitschaft. Solange beispielsweise die chinesischen Kaiser sich politisch sicher fühlten, brauchten sie nur gelegentlich einen Beweis ihrer physischen Vernichtungsmöglichkeiten zu geben, um unloyale Splittergruppen zu zerschlagen. Karl Wittfogel (1957) verdanken wir eine lebendige Schilderung der antiken despotischen Systemen zur Verfügung stehenden Schreckensmittel. Er beschreibt »die totale Einsamkeit in der Stunde der Morgendämmerung«, die diejenigen erwartete, die dem Kaiser nur den geringsten Anlaß zu ihrer Verhaftung gaben. In Folterräumen und auf den Hinrichtungsstätten vernichtete die in kolossalen öffentlichen Monumenten und Bauwerken vollendet symbolisierte gewaltige Staatsmacht routinemäßig alle potentiellen Unruhestifter.

Eine der brutalsten Episoden in der Geschichte des Staates ereignete sich nach der Russischen Revolution, als man Millionen Menschen, die »konterrevolutionären« Denkens und Verhaltens verdächtigt wurden, hinrichtete oder zu einem langsameren Tod in ein riesiges System von Sklavenarbeitslagern schickte (Solschenizyn 1974). Auch auf die Chinesische Revolution folgten Wellen ungehemmter Angriffe auf Millionen von Menschen, die man bürgerlicher Einstellungen verdächtigte (Bao und Chelminsi 1973; Bettelheim 1978; London und London 1979).

In den Schriften von Karl Marx findet sich nichts, was Staatstyrannei rechtfertigen würde. Nach Marx steht der Kommunismus nicht nur im Gegensatz zum Despotismus, sondern zu jeder Staatsform. Marx war der Überzeugung, daß der Staat nur zum Schutz der ökonomischen Interessen der herrschenden Klasse entstanden war. Er glaubte, daß der Staat verschwinden würde, sobald ökonomische Gleichheit wiederhergestellt wäre. Aus der Perspektive marxistischer Theorie ist bereits die Bezeichnung »kommunistischer Staat« ein Widerspruch in sich (Lichtheim 1961; Marx und Engels 1948 [1848]).

Die Existenz des kommunistischen Staats wird offiziell auf die Notwendigkeit zurückgeführt, die Menschen, die am Aufbau einer kommunistischen Gesellschaften arbeiten, vor der Aggression kapitalistischer Staaten oder der von prokapitalistischen Bürgern drohenden Gefahr zu schützen (Lenin 1965,

[1917]). Eine nicht weniger plausible Interpretation ist jedoch, daß die herrschenden Gruppen in der Sowjetunion und in China niemals freiwillig den immer noch rapide anwachsenden psychischen und physischen Zwangsapparat auflösen werden.

Obwohl die herrschenden Gruppen in westlichen parlamentarischen Demokratien zur Aufrechterhaltung von Recht und Ordnung eher mit Gedankenkontrolle als mit physischem Zwang arbeiten, sind sie zum Schutz ihrer Privilegien letztlich auch auf Gewehre und Gefängnisse angewiesen. Als Folge von Polizeistreiks in Städten wie Montreal und dem totalen Stromausfall 1977 in New York kam es sehr schnell zu umfangreichen Plünderungen und Unruhen, was zeigt, daß Gedankenkontrolle allein nicht ausreicht. Viele normale Bürger glauben nicht an das System und werden nur durch Androhung physischer Strafe in Schach gehalten (Curvin und Porter 1978; Weisman 1978).

Das Schicksal vorstaatlicher Horden- und Dorfgesellschaften

Die Entwicklung der Staatsgesellschaften ist durch ständige Expansion in die Territorien vorstaatlicher Völker und die Beeinträchtigung ihrer Freiheiten gekennzeichnet. Für entwickelte Häuptlingstümer hatte das Auftauchen von Soldaten, Händlern, Missionaren und Kolonisatoren oft den erfolgreichen Übergang zur politischen Organisation des Staates zur Folge. Für Tausende einst freie und stolze Völker aber, die überall auf der Erde weit verstreut in Horden und Dörfern lebten, hatte die Ausbreitung staatlicher Organisationsformen die Vernichtung oder totale Veränderung ihrer Lebensweise zur Folge. Diese verheerenden Veränderungen werden treffend entweder als *Genozid* — die Auslöschung ganzer Bevölkerungen — oder als *Ethnozid* — die systematische Auslöschung von Kulturen — bezeichnet.

Auch für die Bewohner der Neuen Welt hatte die Ausdehnung europäischer Staaten auf die beiden amerikanischen Kontinente eine verheerende Wirkung. Man wandte viele Methoden an, um das Land von seinen ursprünglichen Bewohnern frei zu machen und Platz für die Farmen und Industrien zu gewinnen, die man zur Ernährung der überquellenden Bevölkerung in Europa brauchte. Ganze Indianervölker wurden in ungleichen militärischen Begegnungen, in denen Gewehre gegen Pfeile standen, ausgelöscht; andere wurden durch neue Krankheiten wie Pocken, Masern und gewöhnliche Erkältungskrankheiten hinweggerafft. Die Kolonisatoren verschenkten sogar bewußt — im Sinne einer bakteriologischen Kriegführung — infizierte Kleidung, um die Ausbreitung dieser Krankheiten zu beschleunigen. Gegen die

Kultur der Indianer gab es andere Waffen. Ihre Produktionsweisen wurden durch Sklaven-, Häftlings- und Lohnarbeit zerstört; ihr politisches System durch die Schaffung von Häuptlings- und Stammesversammlungen, die für die Verwaltungsbeamten des Staats bloße Marionettenversammlungen und bequeme Kontrollinstrumente waren (Fried 1975); und ihre religiösen Vorstellungen und Rituale wurden von Missionaren, die zwar erpicht darauf waren, die Seelen der Indianer, nicht aber ihr Land und ihre Freiheit zu retten, verächtlich gemacht und unterdrückt (Ribeiro 1971; Walker 1972).

Versuche zur Ausrottung ganzer Bevölkerungen waren aber nicht auf Nord- und Südamerika beschränkt, sondern fanden auch in Australien, auf den Pazifikinseln und in Sibirien statt. Noch waren das bloß Ereignisse, die vor langer Zeit geschahen und an denen sich heute nichts mehr ändern läßt. Völkermord findet noch immer in den entlegenen Gebieten des Amazonasbeckens und anderen Regionen Südamerikas statt, in die sich die letzten freien und unabhängigen Wildbeuter- und Pflanzergruppen vor der unerbittlichen Ausbreitung der Kolonisatoren, Händler, Ölgesellschaften, Lehrer, Viehzüchter und Missionare zurückgezogen haben (Bodley 1975; Davis 1977).

Die tragische Lage der Aché-Indianer in Ostparaguay ist hierfür ein Beispiel. Wie Mark Münzel (1973) gezeigt hat, werden diese unabhängigen Wildbeuter systematisch gejagt, zusammengetrieben und zum Leben in kleinen Reservaten gezwungen, um Platz für Viehzüchter und Farmer zu schaffen. Kinder der Aché werden von ihren Eltern getrennt und an Siedler als Dienstboten verkauft. Die Menschenjäger erschießen jeden, der Anzeichen von Widerstand zeigt, vergewaltigen Frauen und verkaufen die Kinder. Im März und April 1972 wurden 171 »wilde« Aché gefangen und absichtlich in das Aché-Reservat gebracht, von dem man wußte, daß dort eine Grippeepidemie grassierte. Bis Juli waren 55 Aché im Reservat gestorben. Münzel kommt zu dem Schluß (1973: 55): »Eine große Zahl Waldindianer zu dieser Zeit dorthin zu bringen, ohne für ihre Gesundheit zu sorgen, war indirekter Massenmord.«

Gerald Weiss weist darauf hin, daß die letzten »Stammes«-Kulturen in den entlegenen Regionen der Entwicklungsländer zu finden sind — Länder, die die Existenz solch unabhängiger Völker als Gefahr für ihre nationale Einheit ansehen.

»Die letzten Stammeskulturen befinden sich in ernster Gefahr. Wenn sie erst einmal verschwunden sind, werden wir ähnliche Kulturen nicht mehr erleben. Die nichtindustrialisierten Staatskulturen haben sich mit den Industriestaaten verbündet, um sie auszulöschen. Der Grund hierfür ist der zwischen Staats- und Stammeskulturen bestehende Gegensatz: erstere sind größer, mächtiger und auf Expansion bedacht. Die eine frühere Kulturform darstellenden Stammeskulturen werden als 'wild' verunglimpft und in der 'modernen Welt' als Anachronismus betrachtet. Die Staatskulturen haben ihre Macht bewiesen, indem sie alles Land auf diesem Planeten unter sich aufgeteilt haben. . . . Das gilt nicht nur für die westliche Welt, sondern ebenso für die Dritte Welt, wo vereinte Anstrengungen unternommen werden, die letzten Überbleibsel der Stammeskulturen wegen ihrer Gefahr für die nationale Einheit zu zerstören« (1977a: 890).

Weiss argumentiert, daß aller Wahrscheinlichkeit nach keine der Stammesgesellschaften überleben wird, daß diese Entwicklung aber nicht unvermeidbar ist. Er tritt dafür ein, daß Ethnologen nicht nur schwarz sehen, sondern alles daran setzen sollten, diese Entwicklung zu verhindern:

> »Kein Biologe würde behaupten, daß die Evolution im Bereich der organischen Natur es notwendig oder wünschenswert macht, daß frühere Formen verschwinden. Deshalb sollte auch kein Ethnologe sich damit zufrieden geben, der Auslöschung der tribalen Welt bloß passiv zuzuschauen« (ebd.: 891).

Zusammenfassung

Oberhäupter, Häuptlinge und Könige finden sich in drei verschiedenen Formen der politischen Organisation: autonomen Horden und Dörfern, Häuptlingstümern und Staaten. Der »Große Mann« repräsentiert eine auf Wettkampf basierende Form der Führerschaft, die durch zur Expansion und Intensivierung der Produktion beitragende Redistributionen gekennzeichnet ist, mit denen rivalisierende Männer um die Führungsposition wetteifern. Wie am Beispiel der *mumi* auf den Salomon-Inseln gezeigt wurde, muß ein »Großer Mann«, um seine Führungsrolle zu behalten, ständig seine Großzügigkeit unter Beweis stellen. Folglich ist er arm an Besitz, genießt aber Prestige und Autorität. Da »Große Männer« hochangesehene Personen sind, eignen sie sich als Anführer bei Kriegszügen, bei Handelsexpeditionen in ferne Gebiete und bei anderen kollektiven Aktivitäten, die in egalitären Völkern eine gewisse Führerschaft erfordern.

Häuptlingstümer bestehen aus mehreren, mehr oder weniger dauerhaft verbündeten Dörfern und Siedlungen. Ähnlich wie die »Großen Männer« spielen auch die Häuptlinge die Rolle des großen Versorgers, tragen auch sie zur Expansion und Intensivierung der Produktion bei, geben Feste und organisieren Kriegs- und Handelsexpeditionen. Doch wie am Beispiel der Trobriander, Cherokee und Tikopia verdeutlicht wurde, genießen Häuptlinge einen ererbten Status, haben tendenziell einen besseren Lebensstandard als ihre Untergebenen und können nur nach einer Niederlage im Krieg abgesetzt werden. Die Macht der Häuptlinge ist jedoch begrenzt, da sie weder durch eine ständig zu ihrer Verfügung stehende Gruppe polizeilich-militärischer Spezialisten gestützt werden, noch einem Großteil ihrer Gefolgsleute langfristig den Zugang zu den Subsistenzmitteln verwehren können.

In geschichteten Staatsgesellschaften kann den Bauern der Zugang zu den Subsistenzmitteln entzogen werden, wenn sie nicht zum redistributiven System beitragen. Die ursprünglichen Schichtungs- und Staatsformen waren vermutlich oft mit der Entstehung einer großen Bevölkerungsdichte in begrenzten Lebensräumen verknüpft. Wenn untergeordnete Dorfgemeinschaften und Lineages, die sich der Besteuerung entziehen wollten, nicht in andere Regionen ausweichen konnten, ohne ihre ganze Lebensweise ändern zu müssen, bildeten sich Bauernstände heraus. Komplexere Staaten entwickelten sich aber unter einer Vielzahl von Bedingungen, die mit der Ausbreitung ursprünglicher Staaten zusammenhängen.

Das Beispiel der Bunyoro verdeutlicht den Unterschied zwischen Häuptlingstümern und Staaten. Der Mukama war nur für sich selbst und seine nächsten Anhänger, nicht aber für die Mehrzahl der Bauern der große Versorger. Anders als der Häuptling der Trobriander unterhielt der Mukama einen aus persönlichen Gefolgsleuten bestehenden Hofstaat und eine Palastwache. Zwar gibt es viele Übereinstimmungen zwischen dem Königtum der Bunyoro und den »Feudal«-Königtümern des frühen europäischen Mittelalters. Doch war die Macht der frühen englischen Könige weitaus größer und beruhte weniger auf dem Bild vom großen Versorger als auf dem vom großen Beschützer.

Das Reich stellt die entwickeltste und am stärksten hierarchisch gegliederte Staatsform dar. Wie am Beispiel der Inka in Peru deutlich wurde, besaßen die Herrscher antiker Reiche uneingeschränkte Macht und waren für gewöhnliche Sterbliche unerreichbar. Ein ganzes Heer von Verwaltungsbeamten und Steuereintreibern überwachte die Produktion. Während der Inka für das Wohl seines Volkes verantwortlich war, betrachtete sein Volk den Inka als Gott, dem es alles zu verdanken hatte, nicht als Oberhaupt oder Häuptling, der alles ihm zu verdanken hatte.

Da alle Staatsgesellschaften auf der starken Ungleichheit von Reich und Arm, Herrschern und Beherrschten basieren, ist die Aufrechterhaltung von Recht und Ordnung ein vorrangiges Problem. Letztlich ist es der Polizei- und Militärapparat mit seinen physischen Zwangsmitteln, der die Armen und Ausgebeuteten bei der Stange hält. Doch finden es alle Staaten zweckmäßiger, Recht und Ordnung mit Hilfe von Gedankenkontrolle aufrechtzuerhalten. Dafür gibt es viele Mittel, angefangen bei Staatsreligionen, öffentlichen Riten und Spektakeln bis hin zur universellen Erziehung.

In diesem Zusammenhang darf man nicht übersehen, in welch katastrophaler Lage sich die noch verbliebenen vorstaatlichen Horden- und Dorfgesellschaften befinden. Zivilisierung und Modernisierung hatten für naturvölkische Gruppen, wie der Fall der Aché verdeutlicht, Sklaverei, Krankheit und Armut zur Folge.

11 Geschichtete Gruppen: Klassen, Kasten, Minderheiten, Ethnizität

Dieses Kapitel untersucht die Hauptarten geschichteter Gruppen in staatlich organisierten Gesellschaften. Wir werden sehen, daß das Denken und Verhalten der Menschen in diesen Gesellschaften stark von der Zugehörigkeit zu geschichteten Gruppen und von der Position in der Schichtungshierarchie bestimmt ist. Werte und Verhaltensweisen dieser Gruppen wiederum sind oft mit einem Kampf um den Zugang zu den strukturellen und infrastrukturellen Quellen von Reichtum und Macht verknüpft.

Klasse und Macht

Alle Staatsgesellschaften sind in eine Hierarchie von Gruppen gegliedert, die man als *Klassen* bezeichnet. Eine *Klasse* ist eine Gruppe von Menschen, die eine ähnliche Beziehung zum Machtapparat haben und ähnlich viel (oder wenig) Macht über die Verteilung von Reichtum und Privilegien und den Zugang zu den Ressourcen und zur Technologie besitzen.

Alle Staatsgesellschaften umfassen notwendigerweise zumindest zwei hierarchisch gegliederte Klassen: die Herrschenden und die Beherrschten. Gibt es aber mehr als zwei Klassen, so müssen diese nicht alle in einer hierarchischen Beziehung zueinander stehen. Zum Beispiel werden in Nachbarschaft miteinander lebende Fischer und Bauern sinnvollerweise als zwei verschiedene Klassen betrachtet, weil sie eine unterschiedliche Beziehung zur herrschenden Klasse haben, andere Besitz-, Pacht- und Steuerstrukturen aufweisen und ganz verschiedene Umweltbereiche ausbeuten. Keine der beiden Klassen jedoch hat gegenüber der anderen einen klaren Machtvor- oder -nachteil. Ganz ähnlich sprechen Ethnologen oft von einer städtischen im Gegensatz zu einer ländlichen Unterklasse, obwohl die quantitativen Machtunterschiede zwischen den beiden minimal sein können.

Bevor wir in unserer Untersuchung fortfahren, sollte die Klassenhierarchien zugrundeliegende Macht so klar wie möglich definiert werden. Sowohl im menschlichen Zusammenleben wie in der Natur basiert *Macht* auf der Fähigkeit, Energie zu kontrollieren. Kontrolle über Energie ist von den Werkzeugen, Maschinen und Techniken zur Nutzung dieser Energie zu individuellen wie kollektiven Zwecken abhängig. Energie in diesem Sinne zu kontrollieren heißt, die Welt der Mineralien, Pflanzen, Tiere und Menschen zu beherrschen. Macht bedeutet Kontrolle über Mensch und Natur (R. Adams 1970).

Die Macht bestimmter Menschen läßt sich jedoch nicht einfach anhand der von ihnen insgesamt kontrollierten und kanalisierten Energiemenge ermitteln. Wenn das der Fall wäre, müßten die Techniker, die in den Atomkraftwerken die Schalter bedienen, oder die kommerziellen Piloten, die Flugzeuge mit vier Motoren fliegen, von denen jeder 40 000 PS leistet, die mächtigsten Menschen der Welt sein. Auch Frontoffiziere der Streitkräfte, die über eine enorme Tötungs- und Verwundungskapazität verfügen, sind nicht unbedingt mächtige Leute. Die wesentliche Frage in all diesen Fällen lautet: Wer kontrolliert die Techniker, Beamten und Generäle und läßt sie ihre »Schalter« an- oder ausknipsen? Wer sagt ihnen, wann, wohin und wie sie fliegen müssen? Wann sie schießen und wen sie töten sollen? Oder, was genauso wichtig ist, wer hat die Macht zu bestimmen, wo und wann ein Atomkraftwerk oder ein Raumschiff gebaut werden oder wie groß der Polizei- bzw. Militärapparat sein und mit welcher Zerstörungsmaschinerie er ausgestattet werden soll?

Man kann auch nicht einfach die Energiemenge addieren, die die Masse des einfachen Volkes im Inkareich in Form von Nahrung, Chemikalien und Licht aufnimmt und mit der Energie vergleichen, die die Adeligen der Inka verbrauchten, um ihre relativen Machtpositionen zu bestimmen. Tatsache ist, daß in geschichteten Gesellschaften ein Großteil der von den untergeordneten Klassen verausgabten Energie für Aufgaben verbraucht wird, die von der herrschenden Klasse bestimmt oder vorgeschrieben werden. Mit anderen Worten, die Frage, ob solche Aufgaben ausgeführt werden oder nicht, hängt davon ab, ob ihre Ausführung die Macht und den Wohlstand der herrschenden Klasse vergrößert. Das heißt jedoch nicht, daß die untergeordneten Massen nicht von dem profitieren, was sie auf Befehl der herrschenden Klasse tun, sondern einfach, daß wahrscheinlich nur solche Aufgaben gestellt werden, von denen auch die herrschende Klasse profitiert.

Geschlecht, Alter und Klasse

Geschlechtshierarchien werden gewöhnlich von Klassenhierarchien unterschieden. Wir schließen uns dieser Unterscheidung an und verschieben deshalb die Behandlung der Geschlechtshierarchien auf Kapitel 14. Diese Unterscheidung beruht auf der Tatsache, daß Klassenhierarchien beide Geschlechter umfassen, während Geschlechtshierarchien darauf verweisen, daß innerhalb von Klassen und quer durch alle Klassen ein Geschlecht das andere dominiert. Anders als die Klassenhierarchie ist die Hierarchie der Geschlechter sowohl für Horden, Dörfer und Häuptlingstümer als auch für Staaten kennzeichnend. Geschlechtshierarchien sind also nicht weniger bedeutsam oder weniger einschneidend als Klassenhierarchien. Man unterscheidet sie jedoch besser im Zusammenhang mit der Behandlung von allgemeinen Geschlechtsrollen als im Zusammenhang mit staatlichen Formen sozialer Schichtung.

Auch Altersgruppen sind sowohl in staatlichen wie in vorstaatlichen Gesellschaften oft mit einer ungleichen Machtverteilung verbunden. Tatsächlich sind hierarchische Unterschiede zwischen reifen Erwachsenen und sowohl Jugendlichen als auch Kindern praktisch universell verbreitet. Darüber hinaus weist manchmal die Art und Weise, wie Erwachsene Kinder behandeln, stark ausbeuterische Züge auf und schließt sowohl physische wie psychische Strafpraktiken ein. Hier könnte man einwenden, daß Altershierarchien sich ganz wesentlich von Klassen- und Geschlechtshierarchien unterscheiden, weil die schlechte Behandlung und Ausbeutung der Kinder immer nur »zu ihrem Besten« geschieht. Doch sagen das gewöhnlich alle übergeordneten Gruppen von den ihrer Kontrolle unterliegenden untergeordneten Gruppen. Die Tatsache, daß für die Enkulturation und das Überleben einer Bevölkerungsgruppe eine gewisse Unterordnung der Jugendlichen und Kinder notwendig ist, bedeutet nicht, daß sich Altershierarchien wesentlich von Klassen- und Geschlechtshierarchien unterscheiden. Die brutale Behandlung von Kindern kann Tod oder schwere gesundheitliche Schäden zur Folge haben. Alters- und Klassenhierarchien weisen auch in den Fällen starke Ähnlichkeiten auf, in denen die Alten eine verachtete und machtlose Gruppe bilden. In vielen Gesellschaften sind alte Menschen Opfer physischer und psychischer Strafen, vergleichbar denen, die Kriminellen und Staatsfeinden widerfahren. Beschreibungen der Klassenstruktur dürfen daher niemals die in jeder Klasse mit Geschlechts- und Altersgruppen verbundenen Unterschiede in der Macht und im Lebensstil aus den Augen verlieren.

Emik, Etik und Klassenbewußtsein

Klassen sind ein Aspekt von Kultur, der sehr verschiedene Auffassungen zuläßt — je nachdem, ob man ihn aus emischer oder etischer Perspektive betrachtet. Viele Sozialwissenschaftler sind der Meinung, Klassenunterschiede seien nur dann ein reales und wichtiges Phänomen, wenn sie von den Angehörigen einer Klasse bewußt wahrgenommen werden und in ihrem Verhalten zum Ausdruck kommen. Sie glauben, daß man eine Gruppe nur dann als Klasse bezeichnen könne, wenn die Mitglieder sich ihrer Gruppenidentität bewußt sind, ein Gefühl der Solidarität entwickeln und ihre kollektiven Interessen organisiert zu wahren versuchen (T. Parsons 1970; Fallers 1977). Außerdem meinen einige Sozialwissenschaftler (Bendix und Lipset 1966), Klassen existierten nur dann, wenn Personen mit ähnlich gearteter sozialer Macht sich in kollektiven Organisationen wie politischen Parteien oder Gewerkschaften zusammenschließen. Andere Sozialwissenschaftler sind dagegen der Auffassung, daß das wichtigste Merkmal von Klassenhierarchien in der tatsächlichen Machtkonzentration bestimmter Gruppen und der Machtlosigkeit anderer Gruppen besteht und daß es weder darauf ankommt, ob sich die Betroffenen dieser Machtunterschiede bewußt sind, noch ob es kollektive Organisationen gibt (Roberts und Brintnall 1982: 195—217).

Aus etischer und das tatsächliche Verhalten berücksichtigender Perspektive kann eine Klasse selbst dann bestehen, wenn die ihr Angehörigen es leugnen, eine Klasse zu bilden, oder wenn sie sich statt in kollektiven in miteinander konkurrierenden Organisationen (wie rivalisierenden Berufsverbänden oder Gewerkschaften) zusammengeschlossen haben. Der Grund hierfür ist, daß untergeordnete Klassen, die nicht über ein Klassenbewußtsein verfügen, offensichtlich nicht von der Dominierung durch herrschende Klassen verschont bleiben. Ebenso dominieren auch herrschende Klassen, die antagonistische und miteinander konkurrierende Teilgruppen enthalten, dennoch diejenigen, die keine soziale Macht haben. Die Angehörigen der herrschenden Klassen müssen keine dauerhaften, erblichen, monolithischen und konspirativen Organisationen bilden, um ihre eigenen Interessen zu wahren und zur Geltung zu bringen. Machtkämpfe innerhalb der herrschenden Klasse führen nicht notwendigerweise zu einer veränderten Machtverteilung zwischen den Klassen. Der Kampf um die Herrschaft über das englische Königreich, die chinesischen Dynastien, den sowjetischen Parteiapparat und moderne multinationale Unternehmen liefert Belege dafür, daß Mitglieder der herrschenden Klasse untereinander um die Macht kämpfen und gleichzeitig ihre Untergebenen dominieren und ausbeuten können.

Selbstverständlich soll nicht bezweifelt werden, daß auch die Vorstellungen, die ein Volk von Ursprung und Form des eigenen Schichtungssystems hat, wichtig sind. Wenn die Angehörigen einer unterdrückten und ausgebeuteten Klasse sich ihrer mißlichen Lage bewußt sind, kann dieses Bewußtsein sehr wohl zum Ausbruch eines organisierten Klassenkampfs führen. Klassenbewußtsein ist demnach ein Element im Klassenkampf, nicht jedoch die Ursache von Klassenunterschieden.

Ökonomische Ausbeutung

Die starke Konzentration von Macht in einer Klasse auf Kosten einer anderen ermöglicht es den Angehörigen der mächtigeren Klasse, die der schwächeren auszubeuten. Obwohl es keine allgemein akzeptierte Bedeutung des Begriffs *Ausbeutung* gibt, lassen sich die für eine ökonomische Ausbeutung wichtigsten Bedingungen im Rückbezug auf die in Kapitel 6 behandelte Reziprozität und Redistribution feststellen. Wenn ausgeglichene Reziprozität vorherrscht oder wenn Redistributoren nur »trockene Kuchen und Knochen« für sich behalten, gibt es keine ökonomische Ausbeutung (Kap. 10). Wenn die Reziprozität aber unausgeglichen ist und Redistributoren »Fleisch und Fett« für sich zu behalten beginnen, kann sehr schnell Ausbeutung entstehen.

Nach den Theorien von Karl Marx werden alle Lohnarbeiter ausgebeutet, da der Wert dessen, was sie produzieren, immer größer ist, als das, was sie als Lohn erhalten. Manche Ethnologen sind ganz ähnlich der Meinung, daß Ausbeutung bereits mit dem geregelten Austausch von Gütern und Dienstleistungen zwischen zwei Gruppen beginnt (Newcomer 1977; Ruyle 1973, 1975). Gegen diese Auffassung läßt sich einwenden, daß die Unternehmungen von Arbeitgebern und Redistributoren in geschichteten Gesellschaften eine Verbesserung des Lebensstandards der untergeordneten Klasse zur Folge haben können und daß es allen Beteiligten ohne die Führerschaft der Unternehmer oder herrschenden Klasse schlechter ginge (Dalton 1972, 1974). Man kann daher nicht sagen, daß alle Ungleichheit im Hinblick auf Macht und Konsumstandards notwendigerweise zu Ausbeutung führt. Wenn sich aufgrund der an die herrschende Klasse entrichteten Abgaben die wirtschaftliche Lage aller Klassen stetig verbessert, wäre es falsch, von denjenigen, die für die Verbesserung verantwortlich sind, als von Ausbeutern zu sprechen.

Ausbeutung besteht, wenn die folgenden vier Bedingungen erfüllt sind: 1. Die untergeordnete Klasse leidet Mangel an lebensnotwendigen Dingen wie Nahrung, Wasser, Luft, Sonnenlicht, medizinischer Versorgung, Wohnung und Transportmitteln; 2. die herrschende Klasse lebt in Luxus und Überfluß;

3. der von der herrschenden Klasse genossene Luxus beruht auf der Arbeit der untergeordneten Klasse; und 4. der Mangel, den die untergeordnete Klasse leidet, ist durch das Unvermögen der herrschenden Klasse verursacht, ihre Macht statt für die Produktion von Luxusartikeln für die Produktion von lebensnotwendigen Dingen einzusetzen und diese an die untergeordnete Klasse umzuverteilen (Boulding 1973). Diese vier Bedingungen definieren Ausbeutung aus etischer und das tatsächliche Verhalten berücksichtigender Perspektive.

Da zwischen Ausbeutung und menschlichem Leiden eine Beziehung besteht, stellt für Sozialwissenschaftler, die sich mit den Lebensproblemen der Menschen befassen, die Erforschung der Ausbeutung eine wichtige Aufgabe dar. Wir müssen aber darauf achten, daß Ausbeutung empirisch erforscht wird und sowohl mentale und emische wie etische und das Verhalten betreffende Komponenten berücksichtigt werden.

Die Klasse der Bauern

Die Mehrzahl aller heute lebenden Menschen gehört der einen oder anderen Klasse der Bauern an. In Staatsgesellschaften mit vorindustriellen Techniken der Nahrungsproduktion stellen die Bauern die untergeordneten, nahrungsproduzierenden Klassen dar. Die Art der von Bauern zu leistenden Pacht- und Steuerabgaben definiert die wesentlichen Merkmale ihrer strukturellen Inferiorität. Bauern müssen zwar sehr verschiedene Arten von Pacht- und Steuerabgaben leisten, sind aber »überall auf der Welt und zu allen Zeiten die strukturell Unterlegenen« (Dalton, 1972: 406).

Zu allen wesentlichen bäuerlichen Typen gibt es eine umfangreiche Forschungsliteratur. Ethnologische Studien über bäuerliche Gruppen wurden meist in Form von »Gemeindestudien« durchgeführt. Häufiger als Wildbeuter- und Pflanzergruppen haben Ethnologen bäuerliche Gemeinden untersucht (Pelto und Pelto 1973). Man unterscheidet drei Haupttypen bäuerlicher Klassen.

1. **Feudalbauern.** Diese Bauern unterliegen der Kontrolle durch eine dezentralisierte herrschende Klasse, deren Mitgliedschaft erblich ist und deren Angehörigen sich zwar gegenseitig militärisch unterstützen, sich aber nicht in die Herrschaftsbereiche der anderen einmischen. Feudalbauern oder »Leibeigene« erben das Recht, eine bestimmte Parzelle Land zu bebauen. Deshalb sagt man, sie seien ans Land »gebunden«. Für dieses Privileg, ihre eigene Nahrung zu ziehen, müssen Feudalbauern ihrem Herrn Pacht zahlen

in Form von Naturalien, Geld oder Arbeit, die sie in der Küche, in den Ställen oder auf den Feldern ihres Herrn erbringen.

Dem Beispiel der Historiker folgend, die sich mit dem europäischen Feudalismus beschäftigen, beschreiben einige Ethnologen Feudalbeziehungen als einen mehr oder weniger freien Austausch wechselseitiger Verbindlichkeiten, Pflichten, Privilegien und Rechte zwischen Herrn und Leibeigenen. George Dalton (1969: 390—391) beispielsweise zählt sieben Rechte bzw. Leistungen auf, die ein europäischer Feudalherr seinen Bauern zugestand:

1. das Recht, Land zur eigenen Subsistenz zu nutzen und überschüssige Erträge zu verkaufen;
2. militärischen Schutz (z.B. vor Eindringlingen);
3. polizeilichen Schutz (z.B. vor Raubüberfällen);
4. gerichtliche Unterstützung bei der Beilegung von Streitigkeiten;
5. Festessen zu Weihnachten und Ostern; auch Erntegeschenke;
6. Versorgung mit Nahrung während der Arbeit auf den Feldern des Herrn;
7. Notversorgung mit Nahrung im Falle von Katastrophen.

Dalton glaubt nicht, daß Feudalbauern ausgebeutet werden, weil man nicht wisse, ob »der Bauer sehr viel mehr an den Herrn zahlte, als er zurückerhielt«. Andere Ethnologen weisen darauf hin, daß der Grund für die »strukturelle Inferiorität« der Feudalbauern darin zu sehen sei, daß die Klasse der Feudalherren ihnen den Zugang zum Land und seinen lebenswichtigen Ressourcen vorenthalte, was im krassen Gegensatz zu den Prinzipien der Reziprozität und der egalitären Redistribution stehe. Die von Dalton aufgezählten, den Bauern zugestandenen Rechte und Leistungen erhalten lediglich die strukturelle Inferiorität der Bauern aufrecht. Das einzige Zugeständnis, das diese Beziehung aufheben würde — Land ohne Pacht oder Steuern — wird niemals gegeben.

Die Geschichte zeigt, daß die strukturelle Inferiorität der Feudalbauern von den Bauern selbst kaum je akzeptiert wird. Immer wieder wurde die Welt durch Revolutionen erschüttert, in denen Bauern um freien Zugang zum Land kämpften (E. Wolf 1969).

In vielen Fällen ist das Feudalbauerntum als Folge militärischer Eroberung entstanden, was ein weiterer Hinweis auf den ausbeuterischen Charakter der Beziehung zwischen Lehnsherrn und Leibeigenem ist. Zum Beispiel stattete die spanische Krone Cortès, Pizarro und die anderen *conquistadores* mit Grundherrschaft über weite Teile der von ihnen in Mexiko und Peru eroberten Gebiete aus. Die schwere Steuer- und Arbeitsbelastung, der die unterworfenen Indianer danach ausgesetzt waren, trug zum jähen Rückgang ihrer Bevölkerungszahl bei (Henry Dobyns 1966; C. Smith 1970).

2. **Bauern in Staaten mit zentraler Agrarverwaltung.** In Staatswesen, die — wie im alten Peru, in Mesopotamien und China — stark zentralisiert sind, können Bauern zusätzlich zu der Kontrolle durch eine Klasse lokaler Grundbesitzer (oder auch ohne diese) unmittelbar staatlicher Kontrolle unterworfen sein. Anders als Feudalbauern werden Bauern, die einer zentralen Agrarverwaltung unterstehen, oft aus allen Dörfern des Reichs zu Arbeitseinsätzen beim Straßen-, Deich-, Bewässerungskanal-, Palast-, Tempel- und Denkmalbau herangezogen. Als Gegenleistung bemüht sich der Staat darum, im Falle eines durch Dürren oder andere Katastrophen verursachten Nahrungsmittelmangels die Bauern mit Nahrung zu versorgen. Die in antiken Staaten mit zentraler Agrarverwaltung herrschende totale Kontrolle über Produktion und Lebensformen ist oft mit der Behandlung der Bauern in modernen sozialistischen und kommunistischen Gesellschaften wie China, Albanien, Vietnam und Kambodscha verglichen worden. Der Staat ist in diesen Ländern übermächtig — legt Produktionsquoten fest, kontrolliert die Preise, erhebt Steuern in Form von Naturalien und Arbeit. Selbstverständlich ist es ausschlaggebend, in welchem Maße die Bauern ihr Los mit Parteifunktionären und Bürokraten tauschen können und umgekehrt. Unter Mao Tse-tung wurden im kommunistischen China große Anstrengungen unternommen, den Klassencharakter des Bauerntums zu zerstören und alle Arbeit — die intellektuelle, industrielle und landwirtschaftliche — in einer einzigen Arbeiterklasse aufgehen zu lassen. Einige Forscher sind aber der Meinung, daß die politische Ökonomie im heutigen China nicht viel mehr ist als die Restauration des despotischen Staatssozialismus mit zentraler Agrarverwaltung, der Jahrtausende lang unter den Ming-, Han- und Chou-Dynastien bestanden hat (Wittfogel 1960, 1979).

3. **Kapitalistische Bauern.** In Afrika, Lateinamerika, Indien und Südostasien wurden das Feudalbauerntum und das einer zentralen Agrarverwaltung unterstehende Bauerntum von Bauern verdrängt, die mehr Möglichkeiten haben, Land, Arbeitskraft und Ernteerträge auf wettbewerbsorientierten Preismärkten zu kaufen und zu verkaufen. Die Mehrzahl der heutigen, außerhalb des kommunistischen Blocks lebenden Bauern gehören in diese Kategorie. Die vielfältigen Ausprägungen struktureller Inferiorität innerhalb dieser Gruppe machen eine einfache Klassifizierung unmöglich. Einige kapitalistische Bauern unterstehen Großgrundbesitzern; andere unterstehen Banken, die Hypotheken gegeben haben und Schuldscheine besitzen.

Werden die angebauten Produkte auf dem internationalen Markt verkauft, handelt es sich um Großgrundbesitz oder *Latifundien*. Meist sind dann kommerzielle Banken die eigentlichen Grundbesitzer. In isolierten oder weniger produktiven Gegenden aber kann der Grundbesitz sehr klein sein. Es entstehen sowohl Kleinstfarmen, die man als *Minifundien* bezeichnet, als auch das von Sol Tax so treffend »Pfennigkapitalismus« genannte Phänomen.

Kapitalistische Bauern entsprechen den von Dalton so genannten »früh modernisierten Bauern«. Die kapitalistische Landwirtschaft weist folgende Merkmale auf:

1. freiveräußerlichen Grundbesitz;
2. Produktion vornehmlich für den Barverkauf;
3. zunehmende Sensibilität gegenüber nationalen Güter- und Arbeitspreismärkten;
4. beginnende technologische Modernisierung.

Obwohl viele kapitalistische Bauern ihr Land selbst besitzen, müssen sie oft doch so etwas ähnliches wie Pacht zahlen. Viele Gemeinden landbesitzender Bauern stellen für größere und stärker kapitalisierte Plantagen und Farmen ein Reservoir an Arbeitskräften dar. Pfennigkapitalisten sind nicht selten gezwungen, für Lohn, den ihnen diese für den Weltmarkt produzierenden Unternehmen zahlen, zu arbeiten, da sie aus dem Verkauf ihrer Produkte auf den lokalen Märkten nicht genügend Einkommen für ihren Lebensunterhalt beziehen.

Die Vorstellung von der Begrenztheit des Guten

Im Zusammenhang mit der schwierigen Lage heutiger bäuerlicher Gemeinden taucht immer wieder die Frage auf, in welchem Maße Bauern Opfer ihrer eigenen Werte sind. Man hat zum Beispiel oft festgestellt, daß Bauern sehr mißtrauisch gegenüber Innovationen sind und an ihren alten Methoden festhalten. Gestützt auf seine Untersuchung des Dorfes Tzintzuntzan im Staat Michoacan, Mexiko, hat George Foster (1967) eine allgemeine Theorie des bäuerlichen Lebens entwickelt, die davon ausgeht, daß sich Bauern an der »Vorstellung von der Begrenztheit des Guten« orientieren. Nach Foster glauben die Bewohner Tzintzuntzans wie so viele andere Bauern auf der Welt, daß das Leben ein mühseliger Kampf ist, daß nur sehr wenige Menschen »Erfolg« haben und daß sie ihre Lage nur auf Kosten anderer Menschen verbessern können. Wenn jemand etwas Neues ausprobiert und damit Erfolg hat, nehmen ihm die anderen das übel, werden neidisch und meiden den »Fortschrittler«. Viele Bauern scheuen sich also, ihre Lebensweise zu ändern, weil sie nicht den Neid und die Feindseligkeit ihrer Freunde und Verwandten erregen wollen.

Obwohl kein Zweifel daran besteht, daß man in vielen bäuerlichen Dörfern in Mexiko und anderswo tatsächlich auf diese Vorstellung von der Begrenztheit des Guten trifft, ist nicht klar, welche Rolle diese Vorstellung bei der Verhinderung ökonomischer Entwicklung spielt. Foster selbst liefert viele Hinweise, die Zweifel an der Bedeutsamkeit dieser Vorstellung aufkommen lassen. Er berichtet zum Beispiel von einem von den Vereinten Nationen finanzierten Gemeindeentwicklungsprojekt, das anfänglich erfolgreich war, aber katastrophal endete aus Gründen, die mit den Werten der Dorfbewohner wenig zu tun hatten. Außerdem beruhte der größte Teil des Einkommens der Dorfbewohner auf der Arbeit als *braceros* (Wanderarbeiter) in den Vereinigten Staaten. Um über die Grenze zu gelangen, mußten die *braceros* Bestechungsgelder zahlen, Ränke schmieden und große Entbehrungen leiden. Fünfzig Prozent von ihnen hatten jedoch mit Erfolg die Grenze passiert – »viele von ihnen zehnmal und öfter« (Foster 1967: 277).

Wie Foster bemerkt, ist die »Vorstellung von der Begrenztheit des Guten« keine lähmende Einbildung, sondern eine realistische Beurteilung des Lebens in einer Gesellschaft, in der ökonomischer Erfolg oder Mißerfolg ungewiß und von Faktoren abhängig ist, die man nicht kontrollieren und verstehen kann (wie zum Beispiel, wenn die Vereinigten Staaten das *bracero*-Programm einseitig beenden).

»Die grundlegende, fundamentale Wahrheit ist nämlich, daß in einer Wirtschaft wie der Tzintzuntzans harte Arbeit und Sparsamkeit moralische Qualitäten ohne den geringsten funktionalen Wert sind. Wegen der Grenzen, die Boden und Technologie setzen, hat ein größerer Arbeitseinsatz keine wesentliche Einkommensteigerung zur Folge. Es macht auch keinen Sinn, in einer Subsistenzwirtschaft von Sparsamkeit zu sprechen, weil es gewöhnlich keinen Überschuß gibt, den man sparen könnte. Auch Weitblick verbunden mit einer sorgfältigen Planung für die Zukunft stellt in einer Welt, in der die besten Pläne vom Glück und der Launenhaftigkeit des Zufalls abhängig sind, eine Tugend von zweifelhaftem Wert dar« (1967: 150–151).

Mit der Zeit hat sich herausgestellt, daß viele der mit Experten gutbesetzten Entwicklungsprogramme in Mexiko weniger erfolgreich waren als Entwicklungsanstrengungen, die von den Menschen selbst mit Hilfe des Kapitals unternommen wurden, das sie durch ihre Arbeit als *braceros* verdienten und akkumulierten. James Acheson (1972), der eine Gemeinde in der Nähe von Tzintzuntzan untersucht hat, weist darauf hin, daß Entwicklung nicht möglich ist, ohne daß realistische ökonomische Gelegenheiten geboten werden. Wenn sich Gelegenheiten bieten, werden einige Menschen sie auch nutzen – völlig unabhängig von der Vorstellung von der Begrenztheit des Guten.

»Zu sagen, daß Tarascaner (die Leute aus der Gegend von Tzintzuntzan) mißtrauisch, argwöhnisch und unkooperativ sind, ist etwas anderes als anzunehmen, daß dieser Mangel an Kooperation die Möglichkeit eines positiven ökonomischen Wandels ausschließt« (Acheson 1972: 1165; Acheson 1974; Foster 1974).

Klasse und Lebensstil

Klassen unterscheiden sich nicht nur im Hinblick auf die Menge an Macht, die ihre Angehörigen besitzen, sondern auch hinsichtlich gewisser Denk- und Verhaltensstrukturen, die man als *Lebensstil* bezeichnet. Bauern, städtische Industriearbeiter, in den Vorstädten wohnende Angehörige des Mittelstandes und Industrielle der oberen Klasse haben sehr verschiedene Lebensstile. Die Kulturunterschiede zwischen klassenspezifischen Lebensstilen sind ebenso groß wie zwischen dem Leben in einem Eskimo-Iglu und einem Mbuti-Dorf im Ituri-Wald. Zum Beispiel verfügte die frühere Mrs. Seward Prosser Mellon über ein Haushaltsgeld in Höhe von 750 000 Dollar im Jahr, 20 000 Dollar für den Hund der Familie nicht eingeschlossen (Koskoff 1978: 467).

Jede Klasse hat mit anderen Worten ihre eigenen *Subkulturen,* bestehend aus spezifischen Arbeitsstrukturen, einer spezifischen Architektur, spezifischen Möbeln, besonderer Ernährung und Kleidung, bestimmten häuslichen Verhaltensweisen, Sexualpraktiken und magisch-religiösen Ritualen, einer spezifischen Kunst und Ideologie. In vielen Fällen sprechen die Angehörigen verschiedener Klassen auch mit einem besonderen Akzent, der eine Verständigung mit den Angehörigen anderer Klassen erschwert. Weil Angehörige der Arbeiterklasse der Sonne und dem Wind ausgesetzt sind und Arbeiten verrichten, von denen sie Schwielen an den Händen bekommen, sehen sie anders aus als ihre »Übergebenen«. Andere Unterschiede sind auf eine unterschiedliche Ernährungsweise zurückzuführen — Dicksein war einmal gleichbedeutend mit Reichsein. Im Verlauf beinahe der gesamten Entwicklungsgeschichte hierarchisch gegliederter Gesellschaften waren Klassenunterschiede stets ebenso deutlich und offensichtlich wie die Unterschiede zwischen Mann und Frau. Der chinesische Bauer während der Han-Dynastie, der Gemeine im Inkareich oder der russische Leibeigene — sie alle konnten nicht damit rechnen, das reife Mannesalter zu erreichen, wenn sie nicht genau wußten, woran sie Angehörige der »höheren« Klassen erkennen konnten. Zweifel wurden in vielen Fällen durch eine staatlich vorgeschriebene Kleidungsordnung beseitigt: Nur der chinesische Adel durfte Kleidung aus Seide, nur die europäischen Feudalherren Dolche und Schwerter und nur die Inkaherrscher Goldschmuck tragen. Wer diese Ordnung nicht einhielt, wurde zum Tode verurteilt. In Gegenwart »Höhergestellter« führen gewöhnliche Bürger immer noch beinahe universell verbreitete Unterwerfungsrituale aus: sie neigen den Kopf, nehmen den Hut ab, wenden den Blick ab, knien nieder, verneigen sich, sind unterwürfig und sprechen erst dann, wenn sie angesprochen werden.

In weiten Teilen der Welt existieren nach wie vor scharfe und eindeutige Klassengegensätze. Die klassenbedingten Unterschiede in den Lebensstilen scheinen sich in den meisten heutigen Staaten kaum zu verringern, geschweige denn zu verschwinden. Die Sowjetunion macht da keine Ausnahme (Mathews 1978). Da den zeitgenössischen Eliten immer mehr Luxusgüter und Dienstleistungen zur Verfügung stehen, war der Gegensatz zwischen dem Lebensstil der Reichen und Mächtigen und dem der bäuerlichen Dorf- oder städtischen Slumbewohner vielleicht sogar noch nie so groß wie heute. In den jüngsten Phasen der industriellen Entwicklung sind die regierenden Klassen überall in der Welt von Sänften in Cadillacs und Privatjets umgestiegen, während ihre Untergebenen oft nicht einmal über einen Esel oder ein paar Ochsen verfügen. Heute nimmt man sich der medizinischen Bedürfnisse der Eliten in den besten medizinischen Zentren der Welt an, während eine große Zahl von Menschen, die weniger Glück im Leben haben, noch nicht einmal etwas von der Theorie gehört haben, daß Krankheiten durch Erreger hervorgerufen werden, und niemals mit modernen medizinischen Methoden behandelt werden. Die Eliten besuchen die besten Universitäten, während die Hälfte der Weltbevölkerung weder Lesen noch Schreiben lernt.

Klassenmobilität

Klassen unterscheiden sich stark in der Art und Weise, wie Mitgliedschaft in ihnen zustandekommt, und in dem Ausmaß, in dem diese Mitgliedschaft sich ändert. Kommt Klassenzugehörigkeit allein durch erbliche *Zuschreibung* — also durch Vererbung dauerhafter Macht in Form von Geld, Besitz oder irgend einer anderen Form von Reichtum — zustande, ist die Mobilität notwendigerweise gering, sowohl was Zu- wie was Abgänge betrifft. Von einer solchen Klasse sagt man, sie sei »geschlossen« (manchmal bezeichnet man sich auch als »Kaste« oder als »kastenähnlich«; siehe die Erörterung des indischen Kastenwesens in einem späteren Abschnitt). Beispiele für übergeordnete geschlossene Klassen sind die herrschenden Klassen in despotischen Staaten, der Adel im Europa des 17. Jahrhunderts und die höchsten Ränge der Milliardärselite in den heutigen Vereinigten Staaten und Kanada.

Geschlossene Klassen sind meist endogam. Für übergeordnete Gruppen ist Endogamie ein Mittel, Machtverteilung zu verhindern. Heiratsallianzen zwischen einigen wenigen Familien festigen und konzentrieren die Kontrolle über die natürlichen und kulturellen Machtquellen (s. S. 240). Für untergeordnete Klassen dagegen ist Endogamie beinahe immer ein erzwungener Zustand, der Männer und Frauen von niederer Geburt daran hindert, ihre Klassenzugehörigkeit zu ändern und an den Machtprivilegien der übergeordneten Gruppen teilzuhaben.

Wird es jemals möglich sein, eine völlig offene Klassenstruktur zu schaffen? Wie sähe ein solches System aus? Wenn es nur zwei Klassen gäbe, könnte man eine totale Mobilität dadurch erreichen, daß jeder die eine Hälfte seines Lebens zur oberen und die andere Hälfte zur unteren Gruppe gehört. Außer dem unglaublichen Durcheinander, das diese Abtretung von Reichtum, Macht und Führerschaft auslösen würde, gibt es einen weiteren, der Natur der Klassenhierarchie innewohnenden Grund, der ein völlig offenes System unwahrscheinlich macht. Wenn ein Klassensystem völlig offen sein sollte, müßten die Angehörigen der herrschenden Klasse freiwillig ihre Machtpositionen aufgeben. In der gesamten Entwicklungsgeschichte staatlicher Gesellschaften ist aber keine einzige herrschende Klasse jemals freiwillig bereit gewesen, aus ethischen oder moralischen Gründen einfach ihre Macht abzutreten. Individuen mögen das manchmal tun, immer wird aber ein Rest Menschen übrigbleiben, die ihre Macht dazu nutzen, an der Macht zu bleiben. Eine Interpretation der sich wiederholenden Umwälzungen in China, die als »Kulturrevolutionen« bekannt sind, ist die, daß sie die Regierungsbürokraten daran hindern sollen, ihre eigenen Kinder im Hinblick auf Bildungsmöglichkeiten und Freistellung von Arbeitsbataillonen zu begünstigen. Derartige Kulturrevolutionen sollen also offenbar keineswegs die Macht derjenigen zerstören, die jede neue Umwälzung in Gang bringen wie beenden. Vielleicht ist ein völlig offenes Klassensystem ein Widerspruch in sich. Das beste, das man erhoffen kann, ist eine relativ hohe Mobilitätsrate.

Im großen Weltmuseum exotischer ethnographischer Formen gibt es zumindest eine Gesellschaft, die einen sinnreichen Versuch unternommen hat, mit Hilfe spezieller Heirats- und Abstammungsregeln ein möglichst offenes Klassensystem zu schaffen. Die Natchez am unteren Mississippi waren in zwei Klassen gegliedert — Herrschende und Gemeine. Frühe französische Forscher bezeichneten letztere als die »Stinkenden« (am.: *stinkards*). Die Mitglieder der herrschenden Gruppe mußten Gemeine heiraten (da es aber mehr Gemeine als Adelige gab, heirateten die meisten Gemeine wiederum Gemeine). Die Kinder weiblicher Mitglieder der herrschenden Klasse erbten die Position ihrer Mutter, die Kinder der männlichen Mitglieder der herrschenden Klasse fielen dagegen bei jeder Heirat im Rang. Gehörte ein Mann also dem höchsten Adelsrang, den *Sonnen* an, war sein Sohn ein *Edler*, dessen Sohn wiederum ein *Geehrter* und dessen Sohn wiederum ein *Stinkender*. Die Kinder einer Frau aber, die den *Sonnen* angehörte, blieben *Sonnen;* die Kinder einer *Edlen* blieben *Edle* usw. Dieses System wäre der Vorschrift vergleichbar, alle Millionäre müßten Arme heiraten. Diese Regel würde zwar nicht den Unterschied zwischen Millionären und Armen beseitigen, gewiß aber die soziale Distanz zwischen ihnen verringern.

Die Exogamie der herrschenden Klasse der Natchez hat sich vermutlich erst in jüngster Zeit aus einer ungeschichteten Form der Organisation entwickelt (C. Masch 1964). Unter anderen Bedingungen gibt es für eine herrschende Klasse keine strukturellen Gründe, exogame Heiratsregeln zu akzeptieren, die eine Verteilung der Macht zur Folge haben.

Die Kultur der Armut

Als Oscar Lewis die Probleme von Menschen erforschte, die in Slums und Barackensiedlungen leben, stieß er auf ein ausgeprägtes Wert- und Verhaltenssystem, das er die »Kultur der Armut« nannte. Obwohl sie nicht in allen Details genau miteinander vergleichbar sind, ähneln sich die Theorie von der Kultur der Armut und die Vorstellung von der Begrenztheit des Guten in vielerlei Hinsicht und stellen ähnliche Versuche dar, die Fortdauer der Armut mit den Traditionen und Werten der unterprivilegierten Gruppen zu erklären. Lewis (1966) stellte die Armen in Städten wie Mexico City, New York und Lima als ängstlich, mißtrauisch und apathisch gegenüber den wichtigsten Institutionen der Gesellschaft dar. Seiner Auffassung nach hassen sie die Polizei, mißtrauen der Regierung und »neigen gegenüber der Kirche zum Zynismus«. Sie »orientieren sich stark an der Gegenwart und sind relativ wenig geneigt, Belohnung aufzuschieben und für die Zukunft zu planen«. Das hat zur Folge, daß arme Leute weniger zum Geldsparen bereit und mehr daran interessiert sind, ihre Wünsche in Form von Stereoanlagen, Farbfernsehgeräten, modischer Kleidung und protzigen Autos sofort zu befriedigen. Das hat auch zur Folge, daß die Armen ihr Geld »zum Fenster hinauswerfen«, indem sie sich betrinken und wie verrückt einkaufen. Wie George Foster erkennt auch Lewis, daß die Kultur der Armut teilweise eine durchaus rationale Reaktion auf die objektiven Bedingungen der Machtlosigkeit und Armut ist. Sie ist »eine Anpassung und Reaktion der Armen auf ihre marginale Position in einer in Klassen gegliederten Gesellschaft« (Lewis 1966: 21). Doch stellt er auch fest, daß die Kultur der Armut, wenn sie erst einmal entstanden ist, dazu neigt, immer weiter tradiert zu werden:

»Wenn Slumkinder sechs oder sieben Jahre alt geworden sind, haben sie gewöhnlich die wesentlichen Einstellungen und Werte ihrer Subkultur verinnerlicht. Danach sind sie, psychologisch gesehen, nicht mehr bereit, sich wandelnde Bedingungen zunutze zu machen oder aus Gelegenheiten, die sich in ihrem Leben bieten, das Beste zu machen« (ebd.).

Lewis ist der Meinung, daß nur etwa 20 Prozent der Armen in den Städten die Kultur der Armut verinnerlicht haben, d.h. daß 80 Prozent zur Kategorie derjenigen gehören, deren Armut infrastrukturelle und strukturelle Ursachen hat, also nicht das Ergebnis der Traditionen und Werte der Kultur der Armut ist. An Lewis Theorie wurde kritisiert, daß die Armen sehr viel mehr Werte besäßen, die sie mit anderen Klassen gemein haben, als es das Konzept »Kultur der Armut« wahrhaben will (Leeds 1970; Valentine 1970; Parker und Kleiner 1970).

Obwohl die Armen einige Werte besitzen mögen, die sich von denen der Angehörigen anderer Klassen unterscheiden, läßt sich nicht nachweisen, daß diese Werte nachteilig für sie sind. Helen Icken Safa (1967) hat zum Beispiel gezeigt, daß in bereits länger bestehenden Slums und Barackensiedlungen oft ein entwickeltes nachbarschaftliches Kooperationssystem besteht. Und Oscar Lewis selbst (1961, 1966) hat mit seinen auf Tonband aufgezeichneten Aussagen der Armen belegt, daß viele Menschen trotz ihrer Armut eine große geistige Würde erlangt haben.

Viele Werte, von denen man sagt, sie seien für die in den Städten lebenden Armen typisch, gelten auch für Angehörige der Mittelklasse. Zum Beispiel ist Mißtrauen gegenüber der Regierung, den Politikern und der organisierten Religion kein nur für die Armen geltender Verhaltenszug – genausowenig wie die Neigung, über die eigenen Verhältnisse zu leben. Es gibt wenig Grund für die Annahme, Angehörige der Mittelklasse kämen insgesamt besser als arme Leute mit ihrem Einkommen zurecht. Der Unterschied besteht darin, daß das Nichtzurechtkommen für die Armen sehr viel ernstere Konsequenzen hat. Gibt der männliche Haushaltsvorstand einer armen Familie der Versuchung nach, unwesentliche Dinge zu kaufen, kann es sein, daß seine Kinder hungern müssen oder seine Frau keine medizinische Versorgung erhält. Diese Folgen sind aber das Ergebnis der Armut, nicht der nachweislich mangelnden Fähigkeit, Belohnungen aufzuschieben.

Das Stereotyp von den sorglosen Armen verschleiert die ihm zugrundeliegende Überzeugung, die verarmten Gruppen der Gesellschaft hätten sparsamer und geduldiger als die Angehörigen der Mittelklasse zu sein. Es beruhigt das schlechte Gewissen, wenn man das Problem der Armut auf Werte zurückführen kann, für die die Armen selbst verantwortlich gemacht werden können (Piven und Cloward 1971).

Wer hat also Schuld?

Die Neigung, die Schuld für die Armut den Armen selbst zuzuschieben, findet sich nicht nur bei den in relativem Wohlstand lebenden Angehörigen des Mittelstandes. Die Armen oder die beinahe Armen vertreten oft selbst am hartnäckigsten die Auffassung, daß jeder, der nur wirklich arbeiten will, auch immer Arbeit finden kann. Diese Einstellung ist Teil einer Weltanschauung, die wenig Verständnis für die strukturellen Bedingungen aufbringt, die dafür verantwortlich sind, daß Armut für einen Teil der Menschen unvermeidbar ist. Was als System betrachtet werden muß, wird allein vom Individuum, seinen Fehlern, Motiven und Wahlmöglichkeiten her gesehen. Folglich wenden sich die Armen gegen die Armen und geben sich gegenseitig die Schuld für ihre Misere.

In seiner Untersuchung einer Neufundland-Gemeinde namens Squid Cove gelang es Cato Wadel (1973) zu zeigen, wie ein strukturelles Problem, nämlich Arbeitslosigkeit — die von Faktoren bedingt war, die völlig außerhalb der Kontrolle der lokalen Gemeinde lagen —, so interpretiert werden kann, daß Zwietracht unter Nachbarn entsteht. Die Männer aus Squid Cove verdienen ihren Lebensunterhalt als Holzfäller, Fischer und Bauarbeiter. Infolge der Mechanisierung des Holzfällens, der Dezimierung der Fischbestände und der Nachfrage nach höherqualifizierten Bauarbeitern finden sie aber keine feste, ganzjährige Arbeit mehr. Eine gewisse Zahl von Männern, vor allem die, die eine große Familie und das beste Alter bereits überschritten haben, muß deshalb trotz körperlicher Gesundheit von Sozialhilfe leben. Sie sind jedoch gezwungen, mit ihren Nachbarn, die sie für Drückeberger halten, weil sie »für das Geld, das sie bekommen, nichts tun«, einen verzweifelten Kampf um die Erhaltung ihrer Selbstachtung zu führen. Was die Lage der Sozialhilfeempfänger von Squid Cove noch verschlimmert, ist die starke Arbeitsethik der Neufundländer. Viele Sozialhilfeempfänger verrichteten früher extrem anstrengende, unqualifizierte Arbeiten. Zum Beispiel war Wadels Hauptinformant George 29 Jahre lang Holzfäller. Er gab seine Arbeit auf, weil er sich eine Bandscheibenverletzung zuzog. Die Verletzung war zu schwer, als daß er im Konkurrenzkampf um die besser bezahlten unqualifizierten Jobs noch hätte mithalten können, aber zu gering, um bei der Sozialhilfe als Arbeitsunfähigkeit anerkannt zu werden. George sagte, daß er bereit sei zu arbeiten, vorausgesetzt, die Arbeit sei nicht zu schwer und er müsse das ihm gehörende Haus in Squid Cove nicht verlassen. »Ich bin ja bereit zu arbeiten, aber es gibt hier keine Arbeit«. »Wessen Schuld ist das denn?« fragte er. Andere sind nicht seiner Meinung. Die Bewohner von Squid Cove denken, daß Sozialhilfe etwas ist, das »wir«, die Steuerzahler, »denen«, den Arbeitslosen, geben. Sie sind keineswegs generell der Auffassung, daß die Regierung oder die Gesellschaft dafür verantwortlich ist, für angemessene Arbeit zu sorgen. Die Verantwortung, einen Job zu finden, liegt — ihrer Meinung nach — allein bei jedem einzelnen:

»Man hat es nicht gern, wenn ein Sozialhilfeempfänger offen sagt, daß die Regierung für angemessene Unterstützung sorgen muß, wenn keine Arbeit vorhanden ist. Sozialhilfeempfänger dürfen deshalb nicht von ihren 'Rechten' sprechen. . . . Wenn andererseits ein Sozialhilfeempfänger sich überhaupt nicht beklagt, kann das als Zeichen dafür gewertet werden, daß er ganz zufrieden ist, von Sozialhilfe zu leben, und er tatsächlich nicht arbeiten will. Ganz gleich, was ein Sozialhilfeempfänger daher tut, ob er sich beklagt oder nicht, er stößt auf Ablehnung« (Wadel, 1973: 38).

An der Stelle, an der Cato Wadel erklärt, warum er sich für die Erforschung der Situation von Sozialhilfeempfängern entschieden hat, schreibt er: »Aus dem bisher Gesagten sollte klar geworden sein, daß ich keinen Zweifel daran lasse, 'wessen Schuld es ist'.«

»Es ist *nicht* die Schuld des Arbeitslosen. Wenn diese Untersuchung in einer einfachen und klaren Aussage zusammengefaßt werden sollte, dann würde sie lauten, daß die Arbeitslosigkeit ein Verhalten auf seiten der Arbeitslosen hervorruft, das die Leute dazu bringt, dem einzelnen die Schuld für seine Arbeitslosigkeit zu geben, und *nicht* umgekehrt: daß eine besondere Einstellung oder ein persönlicher Mangel Arbeitslosigkeit erzeugt« (ebd.: 127).

Minderheiten und Mehrheiten

Zusätzlich zu Klassen sind die meisten Staatsgesellschaften in sogenannte rassische, ethnische und kulturelle Gruppen gegliedert (R. Cohen 1978a und b). Diese oft als *Minderheiten* oder *Mehrheiten* bezeichneten Gruppen unterscheiden sich auf dreierlei Weise von Klassen: 1. Sie haben einen besonderen Lebensstil, der durch die kulturellen Traditionen einer anderen Gesellschaft bedingt ist; 2. ihre Mitglieder gehören oft unterschiedlichen Klassen an; 3. ihre Mitglieder sind sich ihrer Existenz als einer Gruppe bewußt, die sich von der übrigen Bevölkerung unterscheidet.

Die Unterscheidung in rassische, ethnische oder kulturelle Minderheiten hängt davon ab, ob als Kriterium der Gruppenzugehörigkeit hauptsächlich die körperliche Erscheinung, die gemeinsame Herkunft aus einem anderen Land oder einer anderen Region oder ein besonderer Lebensstil zugrunde gelegt wird. In der Realität treten diese Kriterien jedoch in verwirrend vielfältigen Kombinationen auf. Auch werden oft fälschlicherweise rassische und kulturelle Unterschiede sowie gemeinsame Abstammung von Gruppen geltend gemacht oder diesen zugeschrieben, was starke Diskrepanzen zwischen emischen und etischen Versionen der Gruppenidentität entstehen läßt.

Rassische, ethnische und kulturelle *Minderheiten* sind Gruppen, die zumindest der Tendenz nach einen untergeordneten Platz im hierarchischen Gefüge der Sozialstruktur einnehmen. Der Begriff *Mehrheit* bezeichnet die rassischen, ethnischen oder kulturellen Segmente der Bevölkerung, die eine höhere und sicherere Position einnehmen. Die Begriffe Minderheit und Mehrheit sind jedoch unbefriedigend, weil »Mehrheiten« wie die Weißen in Südafrika manchmal zahlenmäßig von den von ihnen unterdrückten und ausgebeuteten »Minderheiten« bei weitem übertroffen werden. Leider gibt es für diese Begriffe keinen befriedigenden Ersatz (Simpson und Yinger 1962).

Minderheiten führen, und das ist der wichtigste Punkt, den man in Erinnerung behalten muß, immer einen mehr oder weniger offenen politischen, sozialen und ökonomischen Kampf um die Sicherung und Verbesserung ihrer Position im System sozialer Schichtung (Despres 1975; Schermerhorn 1970; Wagley und Harris 1958). Je nachdem wie groß sie als Minderheit sind, welche besonderen kulturellen Stärken und Schwächen sie haben und was bei der Herausbildung des Schichtungssystems anfänglich ihre Vor- und Nachteile waren, kann sich ihr Gruppenstatus in der Hierarchie verbessern oder verschlechtern. Obwohl also viele Minderheiten schlimmen Formen der Diskriminierung, Rassentrennung und Ausbeutung ausgesetzt sind, können andere ziemlich hohe, wenn auch nicht dominante Positionen in der Schichtungshierarchie einnehmen.

Assimilation versus Pluralismus

Minderheiten können wie Klassen relativ offen oder geschlossen sein. Viele sind beinahe völlig endogam, und zwar aus dem einfachen Grund, weil es ihnen so am liebsten ist. Die Juden, Chinesen und Griechen in den Vereinigten Staaten, die Hindus in Gyana, die Muslime in Indien und die Japaner in Brasilien sind Beispiele für Gruppen, für die Endogamie ein Brauch ist, den sie selbst ebenso schätzen wie die übrige Bevölkerung. Andere Minderheiten wie die Schwarzen in den Vereinigten Staaten und die Farbigen in Südafrika sind nicht endogam aus eigener freier Wahl, sondern weil Mischehen aufgrund der Feindseligkeit, die ihnen die übrige Bevölkerung entgegenbringt, beinahe unmöglich sind. Wieder andere Minderheiten errichten weder selbst Heiratsbarrieren noch stoßen sie auf Widerstand von außen. Solche Gruppen (z.B. die Deutschen oder Schotten in den Vereinigten Staaten oder die Italiener in Brasilien) bewegen sich gewöhnlich auf die *Assimilation* — den Verlust der eigenen Identität als Minderheitsgruppe — zu.

Wo aber freiwillige oder erzwungene Endogamie vorherrscht, kann sich über Jahrhunderte oder gar Jahrtausende ein *pluralistischer* Zustand erhalten. Assimilation findet selbst dann nicht statt, wenn Mischehen zwar in einem gewissen Umfang vorkommen, Abstammungsregeln aber — wie in den Vereinigten Staaten — dafür sorgen, daß die diesen Mischehen entstammenden Kinder der Minderheit zugeordnet werden. Nicht einmal dann, wenn die Mischehenrate im Verhältnis zur Wachstumsrate der Bevölkerung nicht sehr hoch ist.

Wie kommt es zu diesen Verhaltensunterschieden? Der Versuch zu erklären, warum eine Minderheit sich unter pluralistischen Bedingungen entwickkelt und nicht den Weg der Assimilation geht, erfordert einen breiten evolutionären und vergleichenden Ansatz. Der wichtigste Umstand, den es dabei zu berücksichtigen gilt, ist folgender: Minderheiten betreten eine bestimmte Staatsgesellschaft unter unvorteilhaften Bedingungen. Sie kommen entweder als Auswanderer, die das in ihrer Heimat bestehende ausbeuterische Klassensystem nicht länger hinnehmen wollten, oder als Angehörige eines besiegten Volkes, das in Eroberungs-und Expansionskriegen überrollt wurde, oder als Menschen, die mit Arbeitsverträgen ausgestattet, aus entlegenen Kolonialgebieten als Dienstpersonal oder Arbeitssklaven in ein fremdes Land geschickt werden.

Jede Minderheit verfügt über eine ihr eigene *adaptive Kapazität,* die es ihr ermöglicht, in der jeweils besonderen Situation, in der sie sich befindet, zu überleben und voranzukommen. Diese Kapazität ist von den früher gemachten Erfahrungen, der Geschichte, Sprache und Kultur der Minderheit abhängig. Ist die Klassenstruktur des Sozialsystems der Mehrheit vom individuellen Wettbewerb um höhere soziale Positionen und dem damit einhergehenden Mangel an Klassenbewußtsein oder -solidarität geprägt, kann es für die Minderheit vorteilhaft sein, Endogamie zu praktizieren, in abgegrenzten Gebieten oder Stadtvierteln zu wohnen und pluralistische Ziele zu verfolgen.

Die Gründe für die Entwicklung pluralistischer Ziele sind ebenso vielfältig wie die adaptiven Strategien der Minderheiten überall auf der Welt und wie die Struktur der Staatsgesellschaften, in denen sie leben. Einige Gruppen scheinen eher als andere vom Festhalten an traditionellen Kulturmustern zu profitieren, weil diese Muster eine hohe adaptive Kapazität besitzen. Zum Beispiel kamen die Juden, die in Europa lange Zeit von der Landwirtschaft als Subsistenzmittel ausgeschlossen waren, bereits »vorangepaßt« in die sich schnell urbanisierenden Vereinigten Staaten des 19. Jahrhunderts an und konnten in städtischen, ein hohes Bildungsniveau erfordernden Berufen mit anderen um höhere Positionen konkurrieren. Dagegen verfügen Japaner, die heute nach Brasilien auswandern, gerade was intensive Landwirtschaft und Gemüseanbau betrifft, über besondere Fähigkeiten. Chinesische Auswanderer wiederum erzielen in vielen Teilen der Welt hervorragende Erfolge, indem sie an ihren traditionellen, familienorientierten Strukturen der Geschäftstätigkeiten festhalten. Die Betonung von Unterschieden in der Sprache, der Religion und anderen Aspekten des Lebensstils kann das Solidaritätsgefühl der Angehörigen einer Minderheit stärken und ihnen helfen, sich in unpersönlichen, geschichteten und wettbewerbsorientierten Gesellschaften wie den USA und Kanada zu behaupten. Jüdische, chinesische, japanische, griechische, syrische, hinduistische oder muslimische Händler und Geschäftsleute haben in stark wettbewerbsorientierten Situationen oft große kommerzielle Vorteile. In einer Untersuchung über die Beziehungen zwischen Afro-Amerikanern und Hindus aus Guyana weist Leo Despres (1975) darauf hin, daß die Zugehörigkeit zu einer ethnischen, kulturellen und rassischen Gruppe Wettbewerbsvorteile im Hinblick auf Umweltressourcen verschaffen kann. Der hinduistische Teil der Gesellschaft in Guyana hat beispielsweise Land und Boden fester in der Hand als der schwarze Teil der Bevölkerung.

In vielen Situationen birgt jedoch gerade eine starke Minderheitensolidarität die Gefahr der Exponierung und der Reaktion auf diese Exponierung in sich. Wenn Minderheiten zu sehr ihre eigene Solidarität zu wahren und zu stärken versuchen, gehen sie das Risiko ein, für die Mehrheit zum Fremdkörper und zum Sündenbock völkermordender Politik zu werden. Die Schicksale der Juden in Deutschland und Polen, der hinduistischen Inder in Ost- und Südafrika, der Chinesen in Indonesien und der Muslime in Indien sind relativ bekannte Beispiele für die »erfolgreiche« Anpassung von Minderheiten, auf die Klassenmord und/oder Massenvertreibung folgten.

Außerdem sollte man daran denken, daß Minderheiten selbst geschichtete Gruppen sind und deshalb die oberen Klassen und Eliten innerhalb der Minderheit möglicherweise mehr als die gewöhnlichen Mitglieder von der Aufrechterhaltung des Minderheitenstatus profitieren. Ein wichtiger Grund, pluralistische Ziele und Symbole beizubehalten, ist, daß die reicheren und mächtigeren Gruppen sowohl der Minderheit wie der Mehrheit oft ökonomisch und politisch dadurch gestärkt werden, daß ihre Untergebenen eine spezifische Gruppenidentität bewahren. Roger Sanjek (1972, 1977) untersuchte die Beziehung zwischen 33 verschiedenen, in der Stadt Accra (Ghana) lebenden »Stammes«-Gruppen und stellte fest, daß es zwischen den Gruppen kaum Unterschiede im Hinblick auf Sprache, Verhalten, Kleidung, Wohnort und Gesichtstatauierung gab. Dennoch beriefen sich Politiker bei ihrem Kampf um politische Ämter gern auf ihre »Stammes«-Gruppenidentität. Auch die tragische Geschichte des Libanon bleibt unverständlich, wenn man nicht die Privatvermögen berücksichtigt, die sowohl christliche wie muslimische Eliten aufgrund des langanhaltenden Bürgerkriegs anhäufen konnten (Joseph 1978).

Kasten in Indien

Indische Kasten sind geschlossene, endogame und hierarchisch gegliederte Abstammungsgruppen. Sie weisen viele Übereinstimmungen sowohl mit endogamen Klassen als auch mit rassischen, ethnischen und kulturellen Minderheiten auf. Es läßt sich keine scharfe Trennungslinie zwischen Gruppen wie den Juden oder Schwarzen in den Vereinigten Staaten oder der Inkaelite und den Kasten von Indien ziehen. Die indische Kastenhierarchie weist jedoch einige spezifische Merkmale auf, die besondere Aufmerksamkeit verdienen.

Diese spezifischen Merkmale hängen damit zusammen, daß die Kastenhierarchie integraler Bestandteil des Hinduismus* ist — der Religion also, der die meisten Menschen in Indien angehören. Hinduisten sind der religiösen Überzeugung, daß nicht alle Menschen spirituell gleich sind, sondern daß die Götter eine Hierarchie der Gruppen geschaffen haben. Diese Hierarchie besteht in der Hauptsache aus vier *Varnas* oder Seinsstufen. Nach den ältesten Quellen (den Hymnen des Rigweda) entsprechen die vier *Varnas* den Körperteilen Purusas, der die Menschen schuf, indem er sich zerstückelte. Aus seinem Mund wurden *Brahmanen* (Priester), aus seinen Armen *Kshatriyas* (Krieger), aus seinen Schenkeln *Vaishyas* (Kaufleute und Handwerker) und aus seinen Füßen *Shudras* (Diener) (Gould, 1971). Nach der heiligen Schrift der Hindu ist das *Varna* des einzelnen durch Abstammung festgelegt; das heißt, es entspricht dem *Varna* der Eltern und läßt sich ein Leben lang nicht ändern.

Grundlage hinduistischer Moral ist die Vorstellung, zu jedem *Varna* gehörten die ihm gemäßen Verhaltensregeln oder der ihm gemäße »Weg der Pflicht« *(Dharma)*. Wenn der Körper stirbt, wartet auf die Seele das Schicksal der Seelenwanderung: die Verwandlung in ein höheres oder niederes Sein *(Karma)*. Diejenigen, die dem »Weg der Pflicht« folgen, werden sich im nächsten Leben an einem höher gelegenen Punkt des Körpers Purusas wiederfinden. Die Abweichung vom »Weg der Pflicht« aber wird die Reinkarnation als Ausgestoßener oder als Tier zur Folge haben.

---

* Das heißt nicht, daß man Hindu sein muß, um einer Kaste anzugehören. In Indien gibt es auch muslimische und christliche Kasten (persönliche Mitteilung, Joan Mencher).

Einer der wichtigsten Aspekte des »Wegs der Pflicht« ist das Einhalten bestimmter Tabus im Hinblick auf Heirat, Speisen und Körpernähe. Eine Heirat unter dem eigenen *Varna* gilt allgemein als Befleckung und Verunreinigung; Nahrung anzunehmen, die von einer unter dem eigenen *Varna* rangierenden Person zubereitet oder berührt worden ist, gilt ebenso als Befleckung und Verunreinigung; und jeder Körperkontakt zwischen Brahmane und Shudra ist verboten. In einigen Teilen Indiens gab es nicht nur Unberührbare, sondern auch Unsichtbare — Menschen, die ihre Behausungen nur bei Nacht verlassen durften.

Obwohl sich alle Hindus in Indien über die Grundzüge dieses Systems einig sind, gibt es enorme regionale und lokale Unterschiede, was die feineren Details der Ideologie wie der Praxis der Kastenbeziehungen betrifft. Die meisten Schwierigkeiten ergeben sich aus dem Umstand, daß nicht die *Varnas*, sondern Tausende von intern hierarchisch gegliederten Untergruppen, die man als *Jatis* (oder Unterkasten) bezeichnet, die eigentlichen funktionalen endogamen Einheiten bilden. Außerdem teilen sich selbst die *Jatis* mit derselben Bezeichnung (z.B. »Wäscher«, »Schuster«, »Hirten« usw.) weiter in lokale endogame Untergruppen und exogame Lineages auf (Klass 1979).

Das Kastensystem: der Blick von oben und der Blick von unten

Das hinduistische Kastensystem läßt sich aus zwei verschiedenen Perspektiven betrachten. Die im Westen vorherrschende Perspektive stimmt größtenteils mit der emischen Perspektive der Brahmanen, die die oberste Kaste bilden, überein. Aus dieser Sicht hat jede Kaste und Unterkaste einen ererbten Beruf, der ihren Mitgliedern sowohl den elementaren Lebensunterhalt wie die Sicherheit des Arbeitsplatzes garantiert. Die unteren Kasten leisten den höheren Kasten lebensnotwendige Dienste. Da die höheren Kasten wissen, daß sie ohne die unteren nicht auskommen können, behandeln sie sie nicht schlecht. In Krisenzeiten unterstützen die höheren Kasten die Angehörigen der unteren Kasten, indem sie Nahrung an sie austeilen oder ihnen Kredite gewähren. Da die hinduistische Religion für jeden eine überzeugende Erklärung bereithält, warum es minderwertige und höherwertige Menschen gibt, nehmen es die unteren Kasten auch nicht übel, als Ursache für Verunreinigungen und Befleckung zu gelten, und haben keinerlei Interesse daran, den Status ihrer Kaste in der lokalen oder regionalen Hierarchie zu verändern (Dumont 1970).

Aus der anderen Perspektive, die das indische Kastensystem von unten nach oben betrachtet, unterscheiden sich die unteren Kasten kaum von den im Westen bekannten rassischen, ethnischen und kulturellen Minderheiten. Kritiker des Blicks von oben weisen darauf hin, daß Weiße in den Vereinigten Staaten früher darauf beharrten, die Bibel rechtfertige die Sklaverei, Schwarze würden gut behandelt, wären mit ihrem Los zufrieden und an einer Änderung ihres Status nicht interessiert. Nach Joan Mencher, die unter den Unberührbaren in Südindien gelebt und gearbeitet hat, ist der Irrtum einer von oben nach unten gerichteten Perspektive in Indien ebenso verbreitet wie in den USA. Mencher berichtet, daß die untersten Kasten weder mit ihrer Stellung im Leben zufrieden noch der Meinung sind, von den höheren Kasten gut behandelt zu werden. Bezüglich der Sicherheit, die angeblich durch das Monopol solcher Kasten über Berufe wie die des Schmieds, Wäschers, Barbiers, Töpfers usw. garantiert sein soll, stellt sie fest, daß diese Kasten nie mehr als 10 oder 15 Prozent der gesamten Hindubevölkerung ausmachten. Und selbst innerhalb dieser Kasten reichte für die Mehrzahl der Menschen der Kastenberuf niemals zur Sicherung auch nur des elementaren Lebensunterhalts aus. Bei den Chamar beispielsweise, die als Lederarbeiter bekannt sind, stellt nur ein sehr kleiner Teil der Kastenmitglieder tatsächlich Lederarbeiten her. Auf dem Land stehen fast alle Chamar als billige Landarbeiter zur Verfügung. Viele von Menchers Informanten erklärten, nach ihrer niederen Stellung im Leben befragt, daß sie von den anderen Kasten abhängig seien, weil sie kein eigenes Land besäßen. Verteilten die Grundbesitzer in extremen Not- und Krisenzeiten tatsächlich kostenlos Nahrung an die von ihnen abhängigen Angehörigen der untersten Kaste und unterstützten sie? »Für meine Informanten, junge und alte, klingt das wie ein Märchen« (Mencher 1974b).

Ethnologische Untersuchungen, die sich mit dem Dorfleben in Indien befassen, haben ein Bild von den Kastenbeziehungen entworfen, das im krassen Gegensatz zu den in der Hindutheologie postulierten Idealen steht (Carrol 1977). Eines der wichtigsten Ergebnisse war, daß lokale *Jatis* immer wieder versuchen, einen höheren rituellen Status zu erlangen. Solche Versuche sind gewöhnlich Teil des allgemeinen Prozesses, durch den ein bestimmter ritueller Status der tatsächlichen lokalen ökonomischen und politischen Macht angeglichen wird. Es mag zwar Angehörige unterer Kasten geben, die ihr Los im Leben tatsächlich als Folge ihrer *Karma*-Zuweisung passiv akzeptieren. Solche Gruppen besitzen jedoch gewöhnlich keinerlei Potential für ökonomische und politische Mobilität. »Sobald sich aber nur die geringste Gelegenheit bietet, politisch und ökonomisch voranzukommen, verschwindet die resignative Haltung schneller, als man sich vorstellen kann« (Orans 1968: 878).

Ein Symptom für den Hang der *Jatis,* ihre rituelle Position im Einklang mit ihren politischen und wirtschaftlichen Möglichkeiten neu zu definieren, ist, daß Bewohner desselben Dorfs, derselben Stadt oder derselben Region bezüglich der Form der lokalen rituellen Hierarchien keineswegs einer Meinung sind.

Wie der Soziologe Bernard Barber (1968) bemerkt, stellt die Erforschung des Kasten-»Dissens« ein Hauptanliegen der auf Dörfer konzentrierten Indienforschung dar. Kathleen Gough (1959) weist darauf hin, daß in südindischen Dörfern der mittlere Bereich des Kastensystems in bis zu fünfzehn Kasten untergliedert sein kann, deren rituelle Rangordnung unklar oder umstritten ist. Selbst verschiedene Personen und Familien, die derselben Kaste angehören, teilen diese Gruppen verschiedenen Rangordnungen zu. Anderswo bestreitet man sogar offen den Anspruch der Brahmanen-Unterkasten auf rituelle Superiorität (Srinivas 1955). Im Falle der *Jatis* kann der Konflikt bezüglich ihrer rituellen Position einen langen Rechtsstreit vor lokalen Gerichten auslösen und, wenn es nicht möglich ist, ihn beizulegen, unter bestimmten Umständen zu Gewalt und Blutvergießen führen (Berreman 1975; Cohn 1955).

Im Gegensatz zu der Auffassung, diese Kastenmerkmale seien eine Reaktion auf die jüngst erfolgte »Modernisierung« Indiens, hat Karen Leonard (1978) gezeigt, daß ähnlich flexible, keineswegs endgültige Verhaltensstrategien sowohl von Individuen als auch von Familien und Unterkasten wenigstens bis ins 18. Jahrhundert zurückreichen. Nach Leonard unterlagen die interne Organisation sowie die externen Beziehungen der Kayastks — ursprünglich eine Schreiber- und Protokollführer-Kaste — einem kontinuierlichen Wandel in Anpassung an sich verändernde ökonomische, politische und demographische Verhältnisse. Je nach den sich bietenden Gelegenheiten versuchten die Kayastks als Einzelpersonen, Familien und Subkasten ihr Los im Leben zu verbessern. Heiratsmuster und Abstammungsregeln wurden ständig modifiziert, um maximale Vorteile aus Regierungsposten und kaufmännischen Tätigkeiten ziehen zu können. Selbst die Endogamieregel wurde mißachtet, sobald Allianzen mit anderen Unterkasten von Nutzen waren: »Für die Heiratsbeziehungen und Verwandtschaftsgruppen der Kayastks war stets weniger Konformität gegenüber den geltenden Kastenvorstellungen der Brahmanen und Gelehrten als vielmehr Anpassungsfähigkeit charakteristisch« (Leonard 1978: 294).

Bei einem Vergleich indischer Kasten mit Minderheiten in anderen Teilen der Welt muß hervorgehoben werden, daß lokale *Jatis* nicht selten wesentliche kulturelle Unterschiede aufweisen. Unterkasten können verschiedene Sprachen oder Dialekte sprechen, verschiedene Abstammungs- und Wohnfolgeregeln befolgen, verschiedene Heiratsformen praktizieren, verschiedene Götter anbeten, verschiedene Speisen essen und sich insgesamt in ihrem Lebensstil stärker unterscheiden als New Yorker und Zuni-Indianer. Außerdem bestehen zwischen vielen indischen Kasten so starke rassische Unterschiede wie zwischen Weißen und Schwarzen in den Vereinigten Staaten. Angesichts all dieser Übereinstimmungen mit Minderheiten spricht vieles dafür, entweder auf den Begriff *Kaste* oder auf den Begriff *Minderheit* zu verzichten.

Doch ist das indische Schichtungssystem nicht allein aufgrund seiner endogamen Abstammungsgruppen, die tatsächlich vorhandene oder bloß eingebildete rassische und kulturelle Besonderheiten aufweisen, bemerkenswert. Jede Staatsgesellschaft umfaßt solche Gruppen. Vielmehr verdient die außergewöhnliche Fülle solcher Gruppen unsere Aufmerksamkeit. Im Grunde ist aber das indische Kastensystem dem Schichtungssystem anderer Länder mit geschlossenen Kasten und zahlreichen ethnischen wie rassischen Minoritäten recht ähnlich: Wie die Schwarzen in den Vereinigten Staaten oder die Katholiken in Nordirland lehnen sich die unteren Kasten in Indien

»gegen den ihnen zugewiesenen Status und die damit verbundenen Einschränkungen und Diskriminierungen auf und streben nach den mit einem höheren Status verbundenen Vorteilen. Die oberen Kasten versuchen dieses Streben samt der Gefahr, die es für ihre eigene Position bedeutet, zu verhindern. In diesem Interessenkonflikt liegt das explosive Potential aller Kastengesellschaften begründet« (Berreman 1966: 318).

Zusammenfassung

Alle Staatsgesellschaften sind in hierarchisch gegliederte Gruppen wie Klassen, Minderheiten und Kasten organisiert. Diese Gruppen bestehen aus Menschen, die in einer vergleichbaren Beziehung zum Kontrollapparat stehen und vergleichbar viel bzw. wenig Macht über die Allokation von Reichtum, Privilegien, Ressourcen und Technologie besitzen. Macht bedeutet in diesem Zusammenhang Kontrolle über Energie oder die Fähigkeit, Menschen und Dinge zu beherrschen. Alle Staatsgesellschaften weisen wenigstens zwei Klassen auf: die Herrschenden und die Beherrschten. Theoretisch können herrschende Klassen freiwillig im Interesse des einfachen Volkes handeln — doch nur solange die Macht der herrschenden Klasse unangetastet bleibt.

Auch Geschlechts- und Altershierarchien stellen wichtige Formen der Schichtung dar, sind aber nicht auf Staatsgesellschaften beschränkt. Klassenunterschiede haben sowohl einen unterschiedlichen Zugang zur Macht als auch wesentliche Unterschiede im Lebensstil zur Folge. Was das Verständnis von Klassen und anderen Formen sozialer Schichtung erschwert, ist die mangelnde Unterscheidung zwischen emischen und etischen Versionen der

Schichtungshierarchien. Aus etischer und das tatsächliche Verhalten berücksichtigender Perspektive können Klassen selbst dann bestehen, wenn die Angehörigen der Klassen, emisch betrachtet, kein Klassenbewußtsein haben und Teile ein und derselben Klasse miteinander konkurrieren. Herrschende Klassen müssen keine dauerhaften, erblichen, monolithischen und konspirativen Organisationen bilden. Die Zusammensetzung ihrer Mitglieder kann sich rasch ändern, und diese mögen heftig bestreiten, eine herrschende Klasse zu sein. Ebenso brauchen untergeordnete Klassen kein Gruppenbewußtsein zu entwickeln und können nur in einem etischen Sinne existieren.

Auch das Phänomen der Ausbeutung läßt sich nur dann verstehen, wenn man zwischen emischer und etischer Perspektive unterscheidet. Weder läßt sich die These aufrechterhalten, daß allein eine ungleiche Macht-, Vermögens- und Privilegienverteilung Ausbeutung garantiere, noch die These, daß Ausbeutung nur dann bestehe, wenn oder sobald sich die Menschen ausgebeutet fühlen. Etische Kriterien für Ausbeutung konzentrieren sich auf den Erwerb von Luxusgütern seitens der Eliten — ein Erwerb, der darauf beruht, dem einfachen Volk lebensnotwendige Dinge zu entziehen und Not und Armut zu erhalten oder zu vergrößern.

Die meisten Menschen auf der Erde gehören heute der Klasse der Bauern an. Bauern sind strukturell Unterlegene, die mit Hilfe vorindustrieller Techniken ihr Land bestellen und Pacht oder Steuern zahlen. Es lassen sich drei Hauptarten von Bauern unterscheiden: Feudalbauern, Bauern in Staaten mit zentraler Agrarverwaltung und kapitalistische Bauern. Ihre strukturelle Inferiorität ist im ersten Falle durch das Unvermögen, Land zu erwerben, bedingt; im zweiten Falle durch die Existenz einer mächtigen Verwaltungselite, die Produktions- und Arbeitsquoten festlegt; und im dritten Falle durch die Wirkung eines von Großgrundbesitzern, Kapitalgesellschaften und Banken kontrollierten Preismarkts für Land und Arbeitskräfte.

Unter Bauern ist die »Vorstellung von der Begrenztheit des Guten« weit verbreitet. Doch gibt es auch andere Werte und Einstellungen, die unter den entsprechenden strukturellen und infrastrukturellen Bedingungen durchaus Innovationen ermöglichen. In Tzintzuntzan kämpften Männer trotz der Vorstellung von der Begrenztheit des Guten um eine Chance, als Wanderarbeiter Arbeit zu finden, und Männer wie Frauen nahmen an einer Reihe unglücklicher Entwicklungsexperimente teil in der Hoffnung, ihre Lebensumstände zu verbessern.

Für die unteren städtischen Klassen stellt die Kultur der Armut das Gegenstück zur Vorstellung von der Begrenztheit des Guten dar. Diese Theorie erklärt die Armut mit den Werten und Traditionen der in den Städten lebenden Armen. Doch finden sich viele der für die Kultur der Armut als typisch erachteten Werte wie Mißtrauen gegenüber Autorität, Kaufsucht und Verschwendung auch in wohlhabenderen Klassen. Daß es zur Erklärung der Entstehung einer Armenklasse völlig irrelevant ist, welchen Wert die Menschen der Arbeit beimessen, zeigt sich im Falle von Squid Cove. Neufundländer sind in der ganzen Welt für ihr hohes Arbeitsethos bekannt. Wenn sie aber infolge von Mechanisierung und der Erschöpfung der Ressourcen keine ganzjährige Arbeit mehr finden können, bleibt auch ihnen nichts anderes übrig, als von der Sozialhilfe zu leben.

Systeme sozialer Schichtung unterscheiden sich stark im Hinblick darauf, wieviel Mobilität nach oben sie zulassen. Wären Klassen exogam und würden die Kinder der Reichen enterbt, wäre die soziale Mobilität sehr viel größer. Eines der flexibelsten Systeme sozialer Schichtung, das uns bekannt ist, stellt das System der Natchez dar.

Praktisch in allen Staatsgesellschaften gibt es rassische, ethnische und kulturelle Minderheiten und Mehrheiten. Diese Gruppen unterscheiden sich von Klassen insofern, als sie unterschiedliche, aus anderen Gesellschaften stammende Lebensstile praktizieren, interne Klassenunterschiede aufweisen und ein starkes Gruppenbewußtsein haben. Minderheiten und Mehrheiten kämpfen um den Zugang zu den Quellen von Reichtum und Macht sowie um die Kontrolle über diese Quellen. Dabei sind ihnen ihre adaptiven Stärken und Schwächen im Hinblick auf spezifische Konkurrenzbereiche entweder förderlich oder hinderlich. Es ist die besondere Art dieses Kampfes in der Geschichte eines jeden Mehrheits-/Minderheitsverhältnisses, die bestimmt, ob von der Minderheit und/oder der Mehrheit Assimilation oder Pluralismus angestrebt wird. Mit beiden Alternativen sind Vor- und Nachteile verbunden. Weder Assimilation noch Pluralismus ist eine Garantie für die Überwindung der Auswirkungen von Rassentrennung, Diskriminierung und Ausbeutung. Es spricht einiges dafür, daß eher die herrschende Klasse vom rassischen und ethnischen Chauvinismus profitiert als das gewöhnliche Mitglied irgendeiner Minderheit oder Mehrheit.

Sozialwissenschaftler unterscheiden in der Regel noch eine dritte Art geschichteter Gruppen — die Kasten. Kasten lassen sich gut am Beispiel des hinduistischen Indiens verdeutlichen. Die traditionelle Auffassung vom indischen Kastenwesen stellt eine Idealisierung der von oben nach unten gerichteten Perspektive dar, die behauptet, daß die unteren Kasten ihren untergeordneten Status freiwillig akzeptieren. Untersuchungen, die sich eine von unten nach oben gerichtete Perspektive zu eigen machen, lassen jedoch erkennen, daß indische Kasten flexibel und adaptiv um Mobilität nach oben kämpfen und starke Ähnlichkeiten zu kulturellen, ethnischen und rassischen Minderheiten in anderen Gesellschaften aufweisen.

12 Religion

Dieses Kapitel untersucht allgemeine Aspekte kulturell geprägter Vorstellungen, die gewöhnlich Religion, Mythos und Magie genannt werden. Außerdem befaßt es sich mit den als Ritual bezeichneten Verhaltensmustern, die zwischen Menschen und natürlichen Kräften einerseits und übernatürlichen Wesen und Kräften andererseits vermitteln wollen. Es definiert Grundbegriffe wie Religion und Magie und macht mit den Haupttypen religiöser Organisationsformen und Rituale bekannt. Wir werden sehen, daß, obwohl infrastrukturelle und strukturelle Bedingungen die Entstehung spezifischer religiöser Überzeugungen und Rituale erklären helfen, die Religion häufig eine wesentliche Rolle bei der Organisation derjenigen Impulse spielt, die zu grundlegenden Veränderungen des sozialen Lebens führen.

Animismus

Was ist Religion? Der früheste ethnologische Versuch, Religion zu definieren, stammt von E.B. Tylor. Für Tylor bestand das Wesen der Religion im Glauben an »Gott«. Die meisten Angehörigen der westlichen Kultur werden darin wahrscheinlich immer noch einen wichtigen Bestandteil der Religion sehen. Zur viktorianischen Zeit, als Tylor lebte, hatte man im allgemeinen jedoch eine noch engere Vorstellung von Religion, indem man Religion einfach mit Christentum gleichsetzte und die religiösen Überzeugungen Andersgläubiger in den Bereich von »Aberglaube« und »Heidentum« verwies. Tylors Hauptbeitrag bestand nun darin zu zeigen, daß es wesentliche Übereinstimmungen zwischen der jüdisch-christlichen Gottesvorstellung und den überall auf der Welt anzutreffenden Vorstellungen von übernatürlichen Wesen gab.

Mit einigem Erfolg versuchte Tylor den Nachweis zu erbringen, daß die Gottesvorstellung eine Weiterentwicklung des »Seelen«-Glaubens war. In seinem Buch *Primitive Culture* (dt.: *Die Anfänge der Kultur,* 1873) zeigte Tylor (1871), daß es den »Seelenglauben« in der einen oder anderen Form in jeder Gesellschaft gab. Den Glauben, daß allen gewöhnlichen, sichtbaren und greifbaren Körpern ein normalerweise unsichtbares, immaterielles Wesen, die Seele, innewohnt, nannte er *Animismus*. Überall auf der Welt glaubt man, daß Seelen in Träumen, in Trancezuständen, in Visionen, Schatten und Spiegelbildern erscheinen und mit Phänomenen wie Ohnmacht, Bewußtlosigkeit, Geburt und Tod in Zusammenhang stehen. Tylor war nun der Auffassung, daß die Seelenvorstellung zur Erklärung all dieser rätselhaften Phänomene erfunden worden sei. Später habe man dann die Grundidee mit weiteren Elementen ausgeschmückt bis hin schließlich zu einer Vielzahl übernatürlicher Wesen wie den Seelen von Tieren, Pflanzen und stofflichen Dingen, von Gottheiten, Dämonen, Geistern, Teufeln, Heiligen, Feen, Gnomen, Elfen, Engeln usw.

Ethnologen des 20. Jahrhunderts übten vor allem an Tylors Auffassung Kritik, der Animismus bzw. Seelenglaube sei auf das Bemühen, rätselhafte menschliche und natürliche Phänomene zu verstehen, zurückzuführen. Heute wissen wir, daß Religion weit mehr als ein Versuch der Erklärung rätselhafter Phänomene ist. Wie andere Aspekte der Superstruktur erfüllt sie eine Vielzahl von ökonomischen, politischen und psychologischen Funktionen.

Eine weitere wichtige Kritik an Tylors Betonung der Erklärungsfunktion von Religion betrifft die Rolle, die Halluzinationen bei der Ausbildung religiöser Überzeugungen spielen. Während mit Hilfe von Drogen herbeigeführter Trancezustände und anderer Formen halluzinatorischer Erfahrung »sehen« und »hören« die Menschen ungewöhnliche Dinge, die ihnen »realer« als gewöhnliche Menschen und Tiere erscheinen. Man kann daher argumentieren, daß animistische Theorien nicht intellektuelle Versuche zur Erklärung von Trancezuständen und Träumen, sondern unmittelbarer Ausdruck ungewöhnlicher psychischer Erlebnisse sind. Doch läßt sich nicht leugnen, daß Religion und Seelenglaube auch die Funktion haben, Antworten auf fundamentale Fragen nach dem Sinn des Lebens und des Todes und nach den Ursachen von Ereignissen zu geben.

Obwohl bestimmte animistische Vorstellungen universell verbreitet sind, verfügt jede Kultur über besondere animistische Wesen und eine spezifische Ausgestaltung des Seelenkonzepts. In einigen Kulturen glaubt man, daß die Menschen zwei oder mehr Seelen haben; in anderen, daß bestimmte Individuen mehr Seelen haben als andere. Die Jivaro in Ostecuador (Harner 1972b) beispielsweise unterscheiden drei Arten von Seelen: die gewöhnliche oder »wahre« Seele, die erworbene oder *arutam*-Seele und die rächende oder *musiak*-Seele (Kasten 12.1).

Kasten 12.1 Drei Seelen der Jívaro

Die wahre Seele ist, wie man glaubt, in jedem lebenden Jívaro, ob Mann oder Frau, von Geburt an vorhanden. Beim Tod verläßt diese Seele den Körper und durchläuft vier weitere Umwandlungsphasen. In der ersten Phase ihres jenseitigen Lebens kehrt sie zum Geburtsort ihres Körpers zurück und lebt ihr früheres Leben in unsichtbarer Form noch einmal. In der zweiten Phase verwandelt sich die Seele in einen bösen Geist, der allein, hungrig und einsam durch den Wald streift. Dann stirbt die Seele erneut und verwandelt sich in eine *wampang*, eine Riesenmottenart, die man gelegentlich umherflattern sieht. In der vierten und letzten Phase verwandelt sie sich in Nebel:

»Nach einer gewissen Zeit, deren Dauer den Jivaro nicht bekannt ist, werden schließlich die Flügel der *wampang*, wenn sie im Regen herumflattert, von den Regentropfen zerstört. Sie fällt auf den Boden und stirbt. Dann verwandelt sich die wahre Seele im herabfallenden Regen in Wasserdunst. Von allen Fröschen und Wolken glaubt man, sie seien die letzte Gestalt, die wahre Seelen annehmen. Nun erfährt die wahre Seele keine weiteren Umwandlungen mehr, sondern bleibt für immer Nebel« (Harner 1972b: 151).

Niemand wird mit der zweiten Jivaro Seele, der *arutam*-Seele geboren. Um eine *arutam*-Seele zu erwerben, muß man fasten, in einem heiligen Wasserfall baden und Tabakwasser oder den Saft einer Pflanze trinken, die die halluzinogene Substanz *datura* enthält. Die *arutam* kommt in Gestalt eines Riesenjaguar- oder eines Riesenschlangenpaars aus der Tiefe des Waldes hervor und nähert sich dem Seelesuchenden. Ist die Erscheinung nahe genug herangekommen, muß der zu Tode erschrockene Suchende vorwärtsstürmen und sie berühren. Dann wird die *arutam*-Seele nachts in seinen Körper eindringen.

Personen, die eine *arutam*-Seele besitzen, sprechen und handeln mit großem Selbstvertrauen und fühlen den unwiderstehlichen Drang, ihre Feinde zu töten. Sie selbst sind, solange sie diese Seele besitzen, unsterblich. *Arutam*-Seelen kann man aber nicht ein für allemal behalten. Kurz bevor derjenige, der sie besitzt, jemanden tötet, verläßt sie ihren vorübergehenden Aufenthaltsort. Sie streift dann erneut durch den Wald und wird schließlich von einem anderen Seelensucher eingefangen, der mutig genug ist, sie zu berühren.

Die dritte Seele der Jivaro ist *musiak* – die rächende Seele. Diese Seele entsteht, wenn ein Mensch, der eine *arutam*-Seele besaß, von einem Feind getötet wird. Die *musiak*-Seele entsteht im Kopf des Opfers und versucht, herauszukommen und den Töter anzugreifen. Um das zu verhindern, trennt man den Kopf vom Körper des Opfers, »schrumpft« ihn und nimmt ihn nach Hause mit. Wird die *musiak* in verschiedenen Ritualen und Tänzen richtig behandelt, kann sie den Töter stark und glücklich machen. Hat sie ihre Funktion erfüllt, hält man ein Ritual ab und schickt sie in ihr Heimatdorf zurück. Damit sie auch wirklich nach Hause zurückkehrt, singen die Frauen folgendes Lied (Harner 1972b: 146):

»Geh nun zurück zu deinem Haus, in dem du gelebt hast,
Deine Frau ist dort in deinem Haus und ruft dich.
Du bist zu uns gekommen, um uns glücklich zu machen.
Der Zweck ist nun erreicht.
Kehr deshalb zurück.«

Animatismus und Mana

Wie Robert Marett (1914) bemerkte, ist Tylors Definition, Religion sei Seelenglaube, zu eng. Wenn Menschen Felsen, Töpfen, Stürmen und Vulkanen lebensähnliche Eigenschaften zuschreiben, müssen sie nicht unbedingt glauben, daß das lebensähnliche Verhalten dieser Dinge durch die Existenz von Seelen verursacht ist. Es ist daher notwendig, begrifflich eine übernatürliche Kraft zu unterscheiden, deren Wirkung nicht auf Seelen zurückzuführen ist. Aus diesem Grund führte Marett den Begriff Animatismus ein, der den Glauben an solche nichtseelischen Kräfte bezeichnet. Der Besitz konzentrierter animatistischer Kraft kann bestimmten Dingen, Tieren und Menschen außergewöhnliche Kräfte verleihen – völlig unabhängig von der durch Seelen und Gottheiten vermittelten Kraft. Marett benutzte das melanesische Wort *Mana* für diese konzentrierte Form animatistischer Kraft. Eine Axt, die schwierige Schnitzereien ausführt, ein Fischhaken, der große Fische fängt, ein Stock, der viele Feinde tötet, oder eine Hasenpfote, die »Glück« bringt – sie alle besitzen eine große Menge *Mana*. Auch Menschen können mehr oder weniger *Mana* besitzen. Ein Holzschnitzer, dessen Arbeit besonders kompliziert und schön ist, besitzt *Mana*, ein Krieger aber, der vom Feind gefangen wurde, hat sein *Mana* offensichtlich verloren.

In seiner weiteren Bedeutung bezeichnet der Begriff *Mana* einfach den Glauben an eine starke Kraft. Auch in der westlichen Kultur lassen sich viele, normalerweise nicht religiös gedeutete Wirkungszusammenhänge im Sinne von *Mana* interpretieren. Zum Beispiel nehmen Millionen von Menschen Vitaminpillen ein, weil sie glauben, daß sie eine starke positive Wirkung auf ihre Gesundheit und ihr Wohlergehen haben. Von Seifen und Waschmitteln sagt man, sie hätten »Reinigungskraft«; Benzin gibt Motoren »Startkraft« oder »Laufkraft«; Verkäufer werden für ihre »Verkaufskraft« ausgezeichnet; und von Politikern sagt man, sie hätten *Charisma* oder die Kraft, Wählerstimmen zu gewinnen. Viele Leute sind leidenschaftlich davon überzeugt, »Glück« oder »Unglück« zu haben – was der Überzeugung gleichkommt, eine größere oder kleinere Menge *Mana* zu besitzen.

Natürlich und übernatürlich

Um zu vermeiden, daß die Definition der Religion so weit wird, daß sie praktisch jede Art von Glauben einschließt, kann man zwischen natürlichen und übernatürlichen Kräften unterscheiden. Doch muß betont werden, daß nur wenige Kulturen Glaubensüberzeugungen fein säuberlich den Kategorien natürlich/übernatürlich zuordnen. In einer Kultur, in der die Menschen an die Allgegenwart von Geistern glauben, ist es nicht notwendigerweise entweder natürlich oder übernatürlich, die verstorbenen Ahnen mit Nahrung und Getränken zu versorgen. Möglicherweise gibt es in einer solchen Kultur keine emischen Kategorien für »natürlich« und »übernatürlich«. Oder wenn ein Schamane Rauch über einen Patienten bläst und triumphierend einen Knochensplitter entfernt, den ein Feind des Patienten angeblich in dessen Körper gesteckt hat, braucht die Frage, ob es sich hierbei um ein natürliches oder übernatürliches Heilverfahren handelt, keine emische Bedeutung zu haben.

In seiner Monographie über die Gururumba im Hochland von Westneuguinea stellt Philip Newman fest, daß diese »eine Reihe von Glaubensvorstellungen haben, die die Existenz von Wesen und Kräften postulieren, die wir natürlich nennen würden«. Doch für die Gururumba selbst ist die Unterscheidung zwischen natürlich und übernatürlich ohne jede Relevanz:

> »Ich möchte darauf hinweisen, ... daß unsere Verwendung des Begriffs 'übernatürlich' keine Entsprechung in der Vorstellungswelt der Gururumba hat. Sie gliedern die Welt nicht in natürliche und übernatürliche Bestandteile auf. Bestimmte Wesen, Kräfte und Vorgänge müssen teilweise mit Hilfe von *lusu* kontrolliert werden — ein Wort, das Rituale bezeichnet, die Wachstum, Heilung oder Kraftsteigerung zum Ziel haben — andere dagegen müssen selten auf diese Weise kontrolliert werden. ... *Lusu* steht aber nicht im Gegensatz zu irgendeinem anderen Begriff, der einen Bereich der Kontrolle bezeichnet, in dem sich die Kontrollmittel von *lusu* unterscheiden. Folglich ist *lusu* lediglich ein Teil aller Kontrolltechniken, und das, was *lusu* kontrolliert, macht lediglich einen Teil all der Dinge aus, die menschliche Kontrolle erfordern« (1965: 83).

Sakral und profan

Einige Ethnologen sind der Auffassung, daß der emotionale Zustand oder das »religiöse Erleben« des Gläubigen das eigentliche Kennzeichen religiösen Glaubens oder religiöser Praxis ist. Nach Robert Lowie (1948: 339) ist für dieses Erleben das Gefühl »des Erstaunens und der Ehrfurcht« charakteristisch, das Gefühl, vor etwas Außergewöhnlichem, Unheimlichem, Sakralem, Heiligem, Göttlichem zu stehen. Lowie ging sogar so weit, die Ansicht zu vertreten, daß der Glaube an Gottheiten und Seelen dann kein religiöser Glaube sei, wenn die Existenz dieser Wesen als selbstverständlich betrachtet und der Gläubige in der religiösen Kontemplation nicht von Ehrfurcht oder Staunen ergriffen werde.

Der Theoretiker Emile Durkheim leistete zu dieser Auffassung von Religion den größten Beitrag. Wie viele andere sah auch er das Wesen religiösen

Glaubens darin, daß dieser ein geheimnisvolles Gefühl der Teilhabe an der Sakralsphäre hervorrufe. In jeder Gesellschaft gibt es *sakrale* Vorstellungen, Symbole und Rituale, die im Gegensatz zu gewöhnlichen oder *profanen* Ereignissen stehen. Durkheims eigentlicher Beitrag bestand nun darin, den Bereich des Sakralen mit der Kontrolle, die eine Gesellschaft und eine Kultur auf das Bewußtsein jedes einzelnen ausübt, in Zusammenhang zu bringen. Wenn Menschen das Gefühl haben, mit okkulten und geheimnisvollen Kräften und übernatürlichen Wesen in Verbindung zu stehen, erleben sie — nach Durkheims Auffassung — eigentlich die Kraft des sozialen Lebens. Für Durkheim bedeutete Menschsein, in eine Gesellschaft und eine Kultur hineingeboren und von ihr getragen zu werden. Unsere Abhängigkeit von der Gesellschaft bringen wir symbolisch durch unsere Ehrfurcht vor dem Sakralen zum Ausdruck. Der Glaube an »Gott« ist für Durkheim so nur eine Ausdrucksform der Verehrung der Gesellschaft.

Es spricht einiges dafür, daß tatsächlich jede Kultur zwischen dem sakralen und dem profanen Bereich unterscheidet und daß an Durkheims Vorstellung, das Sakrale sei Ausdruck der Verehrung des kollektiven Lebens, etwas Richtiges ist. Wie wir noch sehen werden, hat die Möglichkeit, an den sakralen Charakter bestimmter Vorstellungen und Praktiken zu appellieren, insofern einen großen praktischen Wert, als auf diese Weise Meinungsverschiedenheiten reduziert, Übereinstimmungen erzwungen und Mehrdeutigkeiten aufgelöst werden können (Rappaport 1971a und b).

Magie und Religion

In seinem berühmten Buch *The Golden Bough* (dt.: *Der goldene Zweig)* unternahm auch Sir James Frazer den Versuch, Religion zu definieren. Für Frazer kam es bei der Frage, ob eine bestimmte Vorstellung religiös war oder nicht, darauf an, in welchem Umfang die Gläubigen meinten, einem Wesen oder einer Kraft ihren Willen aufzwingen zu können. War ihre Haltung von Unsicherheit geprägt, waren sie demütig und flehten um Gunst und Gnade, so waren ihre Vorstellungen und Handlungen im wesentlichen religiös. Glaubten sie aber, Macht über Wesen und Kräfte zu haben, die die Geschicke bestimmen, waren sie sich des Ergebnisses sicher und hielten sie demütiges Flehen nicht für notwendig, so waren ihre Vorstellungen und Praktiken magischer, nicht religiöser Natur.

Frazer sah im Gebet einen wesentlichen Bestandteil des religiösen Rituals. Nicht immer aber werden Gebete in demütig bittender Haltung gesprochen. Bei den Navajo zum Beispiel müssen Gebete immer im gleichen, auswendig gelernten Wortlaut vorgetragen werden, um Wirkung zu haben. Dennoch erwarten die Navajo nicht, daß die auswendig gelernten Gebete stets erfolgreich sind. Es ist also ziemlich schwer, eine Trennung zwischen Gebeten und »magischen Zaubersprüchen« vorzunehmen. Verbale Kommunikation zwischen den Menschen und ihren Göttern erfolgt nicht immer in Form von Bittgebeten. Ruth Benedict (1938: 640) hat darauf hingewiesen, daß »Schmeichelei, Bestechung und Vorspiegelung falscher Tatsachen häufig gebrauchte Mittel zur Beeinflussung übernatürlicher Wesen sind«. Die Kai in Neuguinea beschwindeln ihre Ahnengeister genauso, wie sie sich untereinander beschwindeln; auch in anderen Kulturen versucht man, die Geister mit Lügen zu überlisten. Die an der kanadischen Pazifikküste lebenden Tsimshian stampfen mit den Füßen auf, drohen dem Himmel mit Fäusten und nennen ihre Gottheiten tadelnd »Sklaven«. Die Manu auf dem Bismarck-Archipel bewahren die Schädel ihrer Ahnen in einer Ecke des Hauses auf und tun alles, um »Herrn Geist« zufriedenzustellen. Wird aber jemand krank, so drohen sie wütend, »Herrn Geist« aus dem Haus zu werfen. Sie sagen zu ihm:

»Wenn dieser Mann stirbt, wirst du in keinem Haus mehr bleiben. Dir wird nichts anderes übrig bleiben, als ziellos an den Ufern der Insel umherzustreifen (die als Latrine dienen)« (Fortune 1965: 216).

Ein weiterer wichtiger Teil der Frazerschen Theorie war die Unterscheidung von Magie und Wissenschaft. Frazer war der Auffassung, daß die Haltung des Magiers der des Wissenschaftlers entspreche. Magier wie Wissenschaftler glaubten, wenn man unter bestimmten Bedingungen A tue, sich daraus B ergeben werde — ganz gleich, wer die Handlung vollziehe und welche Einstellung man zu dem Ergebnis habe. Wirft man etwa ein Stück Fingernagel einer verhaßten Person ins Feuer oder steckt Nadeln in eine sie darstellende Puppe, so tritt, wie man glaubt, die Wirkung (der Tod der verhaßten Person) automatisch mit der gleichen Sicherheit ein, wie ein Pfeil von einem Bogen schnellt oder ein Baum von einer Axt gefällt wird. Frazer erkannte, daß, wenn dieser Sachverhalt den Kern der Unterscheidung zwischen Magie und Religion ausmachte, Magie sich wenig von Wissenschaft unterschiede. Daher nannte er Magie »falsche Wissenschaft« und postulierte eine universelle Entwicklungsabfolge, in deren Verlauf die Magie mit ihrem Interesse an Ursache-Wirkungs-Zusammenhängen zur Wissenschaft wurde, während die Religion sich in eine völlig andere Richtung entwickelte.

Frazers Theorie hat den Test der Feldforschung nicht bestanden. Die Haltungen, in denen furchtsame Dobu-Magier Fingernägel beseitigen und selbstbewußte Zuni-Priester Yucca-Schaum schlagen, um Regen zu machen, passen nicht in Frazers säuberlich getrennte Schubfächer. Das religiöse Verhalten der Menschen ist eine komplexe Mischung aus Ehrfurcht und Staunen, Langeweile und Erregung, Stärke und Schwäche.

In welchem Maße Angst und Demut eine Verhaltenssequenz bestimmen, hängt wahrscheinlich mehr von der Bedeutung ab, die das Ergebnis für die Beteiligten hat, als von ihren Theorien über Ursache und Wirkung. Man weiß einfach nicht genug über den innerpsychischen Zustand von Priestern, Magiern, Schamanen und Wissenschaftlern, um auf diesem Gebiet irgendwelche Erklärungen anbieten zu können.

Die Organisation religiöser Vorstellungen und Praktiken

Religiösen Vorstellungen und Ritualen liegen, wie wir gerade gesehen haben, sehr verschiedene Denk-, Empfindens- und Verhaltensweisen zugrunde. Aber auch hier ist es wie in allen anderen Bereichen möglich, geordnete Abläufe festzustellen. Will man die Vielfalt religiöser Phänomene verstehen, beginnt man am besten mit der Frage, ob es religiöse Vorstellungen und Praktiken gibt, die mit bestimmten Stufen der politischen und ökonomischen Entwicklung verknüpft sind.

Anthony Wallace (1966) unterschied vier Hauptarten religiöser »Kulte« — d.h. Organisationsformen religiöser Lehren und Praktiken —, die von allgemeiner evolutionärer Bedeutung sind: 1. *individualistische Kulte, 2. schamanistische Kulte, 3. kollektive Kulte* und 4. *ekklesiastische Kulte*.

1. Individualistische Kulte. Die elementarste Form religiösen Lebens besteht aus individualistischen (aber kulturell standardisierten) Vorstellungen und Ritualen. Jeder einzelne ist Spezialist und nimmt, wenn er das individuelle Bedürfnis nach Kontrolle und Schutz hat, Kontakt zu animistischen und animatistischen Wesen und Kräften auf. Diese Form könnte man als »Do-it-yourself«-Religion bezeichnen.

2. Schamanistische Kulte. Wallace weist darauf hin, daß keine in der Ethnologie bekannte Kultur eine völlig individualistische Religion hervorgebracht hat, obwohl die Religion der Eskimo und anderer Wildbeutergruppen stark individualistische Züge trägt. Alle bekannten Gesellschaften weisen zumindest auch die schamanistische Ebene religiöser Spezialisierung auf. Das Wort *Schamane* ist von einem Wort abgeleitet, das die Tungusisch sprechenden Völker Sibiriens zur Bezeichnung desjenigen religiösen Teilzeitspezialisten verwenden, den sie in Zeiten der Not und der Angst aufsuchen. Bei interkultureller Anwendung aber kann sich der Begriff Schamane ganz allgemein auf Menschen beziehen, die ihre Dienste als Wahrsager, Heiler, Geistmedien und Magier anderen gegen Geschenke und Honorar oder wegen des damit verbundenen Prestige- und Machtgewinns zur Verfügung stellen.

3. Kollektive Kulte. Mit dem Komplexerwerden der politischen Ökonomie werden auch die religiösen Vorstellungen und Praktiken komplizierter. Gruppen von Nichtspezialisten — z.B. Altersklassen, Männerbünde, Klane oder Lineages — sind für die regelmäßige oder gelegentliche Durchführung von Ritualen zuständig, die, wie man glaubt, speziell für das Wohl dieser Gruppe oder das Überleben der Gesellschaft als ganzer wichtig sind. Obwohl bei kollektiven Ritualen das Mitwirken von Spezialisten wie Schamanen, Rednern, befähigten Tänzern und Musikern erforderlich sein mag, kehren die Teilnehmer alle zur Routine des täglichen Lebens zurück, sobald das Ritual beendet ist. Es gibt also keine religiösen Vollzeitspezialisten.

4. Ekklesiastische Kulte. Für diese Stufe religiöser Organisation ist ein beruflich vollspezialisierter Klerus bzw. eine vollspezialisierte Priesterschaft kennzeichnend. Diese Spezialisten bilden eine die Durchführung bestimmter Riten zugunsten von Einzelpersonen, Gruppen und der Gesellschaft insgesamt monopolisierende Bürokratie. Ekklesiastische Bürokratien sind gewöhnlich eng mit staatlichen politischen Systemen verknüpft. In vielen Fällen gehören diejenigen, die an der Spitze der ekklesiatischen Hierarchie stehen, der herrschenden Klasse an, und manchmal sind die politischen und ekklesiastischen Hierarchien eines Staats nicht voneinander zu unterscheiden.

Wallace bemerkt, daß die individualistischen, schamanistischen, kollektiven und ekklesiastischen Formen religiöser Vorstellungen und Rituale eine *Stufenleiter* bilden. Das heißt, in der jeweils komplexeren Ebene sind die Vorstellungen und Praktiken der weniger komplexen Ebene enthalten. Folglich gibt es in Gesellschaften mit ekklesiastischen Kulturen nicht nur kollektive und schamanistische Kulte, sondern auch ausgesprochen individualistische Vorstellungen und Rituale. In den folgenden Abschnitten werden Beispiele jeder dieser religiösen Organisationsformen behandelt.

Individualistische religiöse Vorstellungen und Rituale: die Eskimo

Der den religiösen Vorstellungen und Praktiken der Eskimo zugrundeliegende Individualismus entspricht dem individualistischen Charakter ihrer Produktionsweise. Jäger, die allein oder in kleinen Gruppen auf der Jagd sind, müssen stets der Kraft und Klugheit ihrer Jagdtiere gewachsen sein und den mit Reisen über Eis, mit Stürmen und monatelangen Nächten verbundenen

Gefahren mutig begegnen. Ein Eskimo-Jäger verfügte über eine ganze Reihe genialer technischer Hilfsmittel, die ihm das Leben in der Arktis ermöglichten. Doch konnte er sich des Resultats seines täglichen Lebenskampfes niemals sicher sein. Aus der Perspektive der Eskimo reichte es nicht aus, mit Schneebrillen, Pelzparkas, Schlagfallen aus Knochen, Harpunenköpfen mit Widerhaken und schlagkräftigen zusammengesetzten Bögen ausgerüstet zu sein. Man mußte auch über Mittel gegen überall in der Natur lauernde unsichtbare Geister und Kräfte verfügen, die, wenn sie beleidigt oder nicht richtig abgewehrt wurden, den großartigsten Jäger in einen armen, von Mißerfolg und Hunger heimgesuchten Menschen verwandeln konnten. Daher war im Umgang mit umherirrenden menschlichen und tierischen Seelen, mit Ortsgeistern, Sedna (der Herrin der Tiere), der Sonne, dem Mond und dem Geist der Luft stets individuelle Wachsamkeit geboten (Wallace 1966: 89). Zur spirituellen Ausrüsten eines jeden Jägers gehörte sein Jagdlied – eine Kombination aus Lied, Gebet und magischer Formel –, das er entweder von seinem Vater oder den Brüdern seines Vaters erbte oder von einem berühmten Jäger oder Schamanen käuflich erwarb. Jeden Tag, wenn ein Jäger seine Vorbereitungen für die Jagd traf, sang er dieses Lied im Flüsterton. Um den Hals trug er einen kleinen Beutel, in dem sich winzige Tierschnitzwerke, Klauenteile und Pelzfetzen, Kieselsteine, Insekten und andere Dinge befanden, die irgendeinem Hilfsgeist entsprachen, zu dem er in besonderer Beziehung stand. Für den von seinen Hilfsgeistern gewährten Schutz und Jagderfolg hatte ein Jäger bestimmte Tabus einzuhalten, in bestimmten Situationen nicht zur Jagd zu gehen, bestimmte Tiere nicht zu essen oder bestimmte Orte zu meiden. Ein Jäger durfte auch niemals am Rand des Eises schlafen. Jeden Abend mußte er an Land oder zumindest auf das alte, feste, in einiger Entfernung vom offenen Meer gelegene Eis zurückkehren, weil die Herrin des Meeres nicht will, daß ihre Geschöpfe Menschen riechen, die sich nicht auf der Jagd befinden (Rasmussen 1929: 76). Auch durfte man nicht Land- und Meeressäuger im selben Topf zubereiten; in das Maul eines gerade erlegten Meerestieres mußte man etwas Süßwasser träufeln, in das eines Landtieres dagegen etwas Fett legen (Wallace 1966: 90). Im Zusammenhang mit diesen Verhaltensregeln sollte der Leser bedenken, daß einige dieser »abergläubischen Bräuche« psychischen Druck gemildert haben oder von praktischem Wert für die Jagd bzw. einen anderen Aspekt des Eskimo-Lebens gewesen sein mögen. Nicht draußen auf dem Eis zu schlafen ist zum Beispiel eine sinnvolle Sicherheitsvorkehrung.

Die Standardisierung individualistischer Vorstellungen und Rituale

Religiöse Individualisten erfinden den größten Teil ihrer Religion niemals selbst. Das gilt selbst für Erlebnisse unter Drogeneinfluß, während eines Trancezustands, im Traum und bei Visionen. Zum Beispiel erfordert eine in Nord- und Südamerika häufig vorkommende Form individualistischer Religion die Suche nach einem persönlichen *Schutzgeist* oder übernatürlichen Beschützer. Charakteristischerweise erwirbt man diesen Schutzgeist aufgrund visionärer Erlebnisse, die man durch Fasten, Selbstmarterungen oder halluzinogene Drogen herbeiführt. Die Suche eines Jívaro-Jünglings nach einer *arutam*-Seele stellt eine Variante dieses weitverbreiteten Komplexes dar. Obwohl sich jede *arutam*-Vision von einer anderen geringfügig unterscheidet, folgen sie doch alle dem gleichen Muster.

Auch für viele nordamerikanische Indianer war eine halluzinatorische Vision die zentrale Erfahrung ihres Lebens. Junge Männer brauchten dieses halluzinatorische Erlebnis, um in der Liebe, im Kampf, beim Pferdediebstahl, beim Handel und bei allen anderen wichtigen Unternehmungen erfolgreich zu sein. In Übereinstimmung mit dem Kodex persönlicher Tapferkeit und Standhaftigkeit, dem sie verpflichtet waren, suchten sie diese Visionen hauptsächlich durch Selbstmarterungen zu erlangen.

Bei den Crow beispielsweise ging ein Jugendlicher, den es nach dem visionären Erlebnis seiner Vorgänger verlangte, allein in die Berge, legte seine Kleidung ab und verzichtete auf Speise und Trank. Reichte das nicht aus, schnitt er ein Stück des vierten Fingers seiner linken Hand ab. Von Kindheit an in der Erwartung erzogen, daß sich eine Vision einstellen werde, war den meisten Visionssuchern der Crow tatsächlich Erfolg beschieden. Zum Beispiel erschien ihnen ein Büffel, eine Schlange, ein Hühnerbussard, ein Donnervogel, ein Zwerg oder ein geheimnisvoller Fremder; wunderbare Ereignisse fanden statt; und schließlich wurden sie von fremden Wesen »adoptiert«, die bald darauf verschwanden.

Obwohl alle Crow-Visionen auch einzigartige Elemente enthielten, wiesen sie gewöhnlich folgende Übereinstimmungen auf: 1. Sie offenbaren künftigen Erfolg im Krieg, bei Pferdediebstählen oder im Hinblick auf andere Heldentaten. 2. Die Visionen traten am Ende des vierten Tages auf – die Zahl vier war die heilige Zahl der nordamerikanischen Indianer. 3. Sie umfaßten den Erwerb eines heiligen Liedes. 4. Freundliche Geister adoptierten den Jugendlichen. 5. Bäume oder Felsen verwandelten sich in Feinde und schossen vergeblich auf das unverwundbare Geistwesen. Mit den Worten Robert Lowies:

»(Der Jugendliche) sieht und hört nicht einfach nur das, was jeder Fastende — ob in Britisch Kolumbien oder Südafrika — unter ähnlichen Bedingungen der psychischen Erschöpfung und dem Druck allgemein menschlicher Bedürfnisse sieht und hört, sondern was die soziale Tradition des Crow-Stammes zwingend vorschreibt« (1948: 14).

Schamanistische Kulte

Schamanen sind Menschen, die — sozial anerkannt — über besondere Fähigkeiten verfügen, mit Geistwesen in Kontakt zu treten und übernatürliche Kräfte zu kontrollieren. Der vollständige schamanistische Komplex umfaßt eine Form des Tranceerlebnisses, in dessen Verlauf die Kräfte des Schamanen zunehmen. Die häufigste Form schamanistischer Trance ist die *Besessenheit*, das Eindringen einer Gottheit oder eines Geistes in den menschlichen Körper. Der Schamane versetzt sich mit Hilfe von Tabakrauch, Drogen, Trommelschlägen, monotonem Tanzen oder einfach, indem er die Augen schließt und sich konzentriert, in Trance. Der Beginn der Trance ist durch Steifheit des Körpers, Schwitzen und schweres Atmen gekennzeichnet. Während der Trance kann der Schamane als *Medium* fungieren, das Botschaften von den Ahnen übermittelt. Mit Hilfe freundlich gesonnener Geister sagen Schamanen künftige Ereignisse voraus, lokalisieren verlorene Dinge, erkennen die Ursache einer Krankheit, verschreiben Heilmittel und wissen Rat, wie ihre Klienten sich vor den bösen Absichten ihrer Feinde schützen können.

Schamanistische Kulte und individualistische Visionssuche ähneln einander in vielerlei Hinsicht. Schamanen sind in der Regel Persönlichkeiten, die eine psychische Prädisposition für halluzinatorische Erlebnisse haben. In Kulturen, in denen man halluzinatorische Substanzen oft dazu verwendet, in die Geheimnisse der jenseitigen Welt einzudringen, beanspruchen viele Menschen den Status eines Schamanen. Bei den Jivaro zum Beispiel ist jeder vierte Mann Schamane, zumal es aufgrund der Verwendung halluzinogener Pflanzen beinahe jedem möglich ist, den für die Ausübung des Schamanismus so wesentlichen Trancezustand zu erreichen (Harner 1972b: 154). Anderswo können nur die Menschen Schamanen werden, die eine Veranlagung zu auditorischen und visuellen Halluzinationen haben.

In vielen Teilen der Welt besteht ein nicht unwesentlicher Teil des schamanistischen Rituals aus einfachen Tricks wie Bauchreden, Taschenspielerkunststücken und Illusionserzeugung. Sibirische Schamanen etwa signalisierten die Ankunft des Besessenheit hervorrufenden Geistes, indem sie heimlich die Wände des verdunkelten Zeltes erzittern ließen. In ganz Südamerika gehört zu jeder schamanistischen Heilungszeremonie die Entfernung körperfremder Gegenstände wie Knochensplitter, Kieselsteine und Käfer aus dem Körper des Patienten. Daß ein Schamane solche Tricks anwendet, sollte aber nicht als ein Beleg dafür interpretiert werden, daß er auch den anderen Bestandteilen seines Rituals eine zynische oder skeptische Haltung entgegenbringt. Das menschliche Bewußtsein ist durchaus in der Lage, widersprüchliche oder ungelegene Informationen durch Verdrängung ins Unbewußte oder durch Rationalisierung auszuschalten oder beiseite zu schieben (nach dem Motto: »es ist zwar ein Trick, aber nur zu ihrem Besten« oder: »es ist zwar ein Trick, aber er funktioniert«).

Obwohl die Trance in zahllosen Kulturen zum schamanistischen Repertoire gehört, ist sie keine universell verbreitete Erscheinung. In vielen Kulturen gibt es Teilzeitspezialisten, die sich nicht in Trance versetzen und dennoch Krankheiten diagnostizieren und heilen, verlorene Gegenstände wiederfinden, die Zukunft voraussagen, Unverwundbarkeit im Krieg und Erfolg in der Liebe verleihen. Solche Personen werden mal als Magier, Seher und Zauberer, mal als Hexendoktoren, Medizinmänner und Heiler bezeichnet. Der vollständige schamanistische Komplex umfaßt alle diese Funktionen.

Bei den Tapirapé, einer in Zentralbrasilien lebenden Pflanzergruppe (Wagley 1977) beziehen Schamanen ihre Kraft aus Träumen, in denen sie Geistern begegnen, die ihre Hilfsgeister werden. Im Traum verläßt die Seele den Kör-

Kasten 12.2 Wie Ikanancowi Schamane wurde

Im Traum ging (Ikanancowi) zu den Ufern eines weit entfernt im tiefen Dschungel gelegenen großen Sees. Dort hörte er Hunde bellen, und er rannte in die Richtung, aus der das Bellen kam, bis er mehreren Waldgeistern der Art, die man *munpí anká* nennt, begegnete. Sie waren dabei, eine Fledermaus aus einem Baum zu zerren, um sie zu verspeisen. (Die Geister) sprachen mit Ikanancowi und luden ihn ein, mit ihnen in ihr Dorf zurückzukehren, das sich auf dem See befand. Im Dorf sah er *periquitos* (Sittiche) und viele *socó* . . ., Vögel, die sie als Haustiere hielten. (Sie) hatten etliche Töpfe *kauí* (Brei) und luden Ikanancowi ein, mit ihnen zu essen. Er lehnte ab, weil er sah, daß ihr *kauí* aus menschlichem Blut gemacht war. Ikanancowi beobachtete, wie ein Geist von dem *kauí* aß und unmittelbar danach Blut erbrach; der Schamane sah einen zweiten Geist von einem anderen Topf essen und sogleich Blut aus seinem Anus spritzen. Er sah, wie die *munpí anká* ihre Eingeweide erbrachen und sie auf den Boden warfen, sah aber bald, daß das bloß ein Trick war. Sie starben nicht, weil sie noch mehr Innereien besaßen. Nach diesem Besuch nannten die *munpí anká* Ikanancowi Vater, und er nannte sie seine Söhne; er besuchte sie oft in seinen Träumen und hatte immer *munpí anká* in seiner Nähe.

Quelle: Wagley 1943: 66–67

per und begibt sich auf Reisen. Häufiges Träumen ist ein Zeichen schamanistischer Begabung. Fähige Schamanen können sich mit Hilfe der ihnen vertrauten Geister in Vögel verwandeln oder in Flaschenkürbiskanus durch die Luft gleiten, Geistern und Dämonen einen Besuch abstatten oder in ferne Dörfer der Zukunft wie der Vergangenheit reisen (Kasten 12.2).

Tapirapé-Schamenen werden häufig gebeten, Krankheiten zu heilen. Sie tun das mit Hilfe von Taschenspielertricks und Hilfsgeistern, während sie sich, nachdem sie große Mengen Tabak verschlungen haben, in einem Zustand der Halbtrance befinden (Kasten 12.3).

Kasten 12.3 Heilung durch Erbrechen

Schamanen heilen stets am späten Abend, es sei denn, es handelt sich um eine schwere Krankheit, die sofort behandelt werden muß. Der Schamane geht zu seinem Patienten und hockt sich neben der Hängematte nieder, in der dieser liegt. Als erstes zündet er sich stets seine Pfeife an. Hat der Patient irgendein Fieber oder ist er beim Anblick eines Geistes ohnmächtig geworden, besteht die Hauptbehandlungsmethode in Massagen. Der Schamane bläst zunächst Rauch über den ganzen Körper des Patienten, dann über seine eigenen Hände, spuckt in sie hinein und massiert den Patienten langsam und kräftig immer in Richtung der Körperextremitäten. Wenn er am Ende eines Armes oder Beines angelangt ist, zeigt er mit einer schnellen Bewegung seiner Hände, daß er eine körperfremde Substanz entfernt.

Eine häufiger praktizierte Heilmethode besteht jedoch darin, einen bösartigen Gegenstand durch Saugen aus dem Körper des Patienten zu ziehen. Der Schamane hockt neben der Hängematte seines Patienten und beginnt, »Rauch zu essen« — große Mengen Tabakrauch aus seiner Pfeife zu schlucken. Mit tiefen Atemzügen preßt er den Rauch in seinen Magen hinunter. Bald darauf verfällt er in einen Rausch und empfindet starken Brechreiz. Er übergibt sich heftig und spuckt Rauch aus seinem Magen. Dann stöhnt er und räuspert sich wie jemand, der einen starken Würgereiz hat, aber sich nicht erbrechen kann. Indem er das, was aus seinem Magen hochkommt, im Mund behält, sammelt sich Speichel in seinem Mund an.

Diesen Vorgang unterbricht er mehrmals, um am Körper des Patienten zu saugen und spuckt schließlich alles im Mund angesammelte Material mit einem Mal auf den Boden. Dann sucht er in dieser Masse nach dem in den Körper des Patienten eingedrungenen Gegenstand, der die Krankheit verursacht hat. Ich habe kein einziges Mal gesehen, daß der Schamane den Gegenstand den umstehenden Zuschauern gezeigt hätte. Im Verlauf einer Behandlung wiederholt ein Tapirapé-Schamane gewöhnlich mehrmals den Vorgang des »Rauchessens«, Saugens und Erbrechens. Manchmal, wenn ein angesehener Mann krank ist, führen zwei oder gar drei Schamanen Seite an Seite die Behandlung durch, so daß das Geräusch heftigen Erbrechens im ganzen Dorf zu hören ist.

Quelle: Wagley 1943: 73—74

Im Zusammenhang mit dem in indianischen Ritualen weitverbreiteten
Tabakgebrauch ist es interessant zu wissen, daß Tabak halluzinogene Alka-
loide enthält und, in großen Mengen konsumiert, Visionen hervorrufen
kann.

Kollektive Kulte

Es gibt keine Kultur, die ganz ohne kollektiv organisierte religiöse Glaubensvorstellungen und Praktiken auskommt. Selbst die Eskimo haben Gruppenri-
ten. Ein Eskimo, der Angst hat und krank ist, gesteht, wenn er von einem
Schamanen ins Kreuzverhör genommen wird, öffentlich Tabuübertretungen,
die seine Krankheit verursacht und den Rest der Gemeinschaft in Gefahr
gebracht haben.

Die Indianer der westlichen Plains führten alljährlich öffentliche Riten der
Selbstmarterung und Visionssuche durch, die man als Sonnentanz bezeichnet. Unter der Anleitung von Schamanenführern banden sich die Sonnentän-
zer mit Hilfe einer durch einen Schlitz in ihrer Haut geführten Schnur an
einen Pfahl. Unter den Blicken der versammelten Gruppenmitglieder gingen
oder tanzten sie um den Pfahl herum und rissen dabei an der Schnur, bis sie
ohnmächtig wurden oder ihre Haut riß. Diese öffentlichen Zurschaustellun-
gen von Ausdauer und Tapferkeit gehörten zu dem nach Ankunft der Europäer sich herausbildenden Komplex von Plünderei und Kriegführung.

Kollektivriten können zwei Hauptkategorien zugeordnet werden: 1. den
Solidaritätsriten und 2. den *Übergangsriten.* Die Teilnahme an dramatischen
öffentlichen Solidaritätsriten stärkt nicht nur das Gefühl der Gruppenidentität, sondern koordiniert auch die Handlungen einzelner Gruppenmitglieder
und bereitet die Gruppe auf unmittelbar bevorstehendes oder zukünftiges kooperatives Handeln vor. Übergangsriten markieren soziale Veränderungen —
seien es Gruppen- oder Statuswechsel — die sowohl für den einzelnen wie für
die Gemeinschaft als ganze von wesentlicher Bedeutung sind. Reproduktion,
Mann- bzw. Frauwerdung, Heirat und Tod sind überall auf der Welt die wichtigsten Anlässe für Übergangsriten.

Kollektive Solidaritätsriten: Totemismus

Üblicherweise führen vor allem Klan- und andere Abstammungsgruppen
Solidaritätsriten aus. Gewöhnlich besitzen solche Gruppen Namen und
Embleme, die ihre Gruppenmitglieder kennzeichnen und eine Gruppe von
der anderen abgrenzen. Tiernamen und -embleme überwiegen zwar, doch

werden auch Insekten, Pflanzen und Naturphänomene wie Regen und Wolken als Symbole benutzt. Solche Dinge zur Identifizierung von Gruppen bezeichnet man als *Totems*. Viele Totems wie der Bär, die Brotfrucht oder das Känguru sind nützlich oder eßbar, und oft besteht, wie man glaubt, eine Abstammungsbeziehung zwischen den Gruppenmitgliedern und ihren totemistischen Ahnen. Daher dürfen die Gruppenmitglieder ihrem Totem meist kein Leid zufügen oder es nicht essen. Doch unterscheiden sich die einzelnen Formen totemistischer Vorstellungen recht beträchtlich, weshalb es *den* totemistischen Komplex nicht gibt. Lévi-Strauss (1968) ist der Auffassung, daß für den Totemismus nicht so sehr irgendeine bestimmte Vorstellung oder ein bestimmtes Verhalten charakteristisch ist, sondern allgemeine logische Beziehungen zwischen den Gruppen und den Namen, die sie führen. Ganz gleich, welches Tier oder Ding als Totem dient, nicht seine besonderen Eigenschaften, sondern der Kontrast zu anderen Totems macht es zur Identifizierung der Gruppe geeignet.

Die australischen Aranda sind eines der klassischen Beispiele, wenn es um totemistische Rituale geht. Ein Aranda identifiziert sich mit dem Totem des heiligen Ortes, an dem seine Mutter vorbeikam, kurz bevor sie schwanger wurde (s. S. 176). An diesen Orten befinden sich die als *Churinga* bezeichneten Steingegenstände — die sichtbaren Manifestationen der Seele eines Aranda. Von ihnen glaubt man, sie seien von den totemistischen Ahnen zurückgelassen worden, als diese am Beginn der Welt über das Land gingen. Die Ahnen verwandelten sich später in Tiere, Gegenstände und andere Phänomene, die das totemistische Inventar bilden. Alljährlich besuchen die Aranda während der als *Intichiuma* bezeichneten Riten die heiligen Orte eines jeden Totems.

Das Intichiuma-Ritual hat viele Bedeutungen und Funktionen. Für Angehörige der Witchetty-Raupengruppe ist es außerordentlich wichtig, Kontrolle über die Reproduktion der Witchetty-Raupen zu haben, die als große Delikatesse gelten. Die Tatsache aber, daß ausschließlich Mitglieder der Ritualgruppe aktiv an den Riten teilnehmen, weist darauf hin, daß sie das mythologische Dogma ihrer gemeinsamen Abstammung dramatisch darstellen. Die totemistischen Zermonien der Witchetty-Raupengruppe bestätigen und verstärken das Gruppenidentitätsgefühl der Mitglieder einer regionalen Gemeinschaft. Die Zeremonien bestätigen die Tatsache, daß Witchetty-Raupenleute in einem bestimmten Land »Steine« oder, um eine vertrautere Metapher zu verwenden, »Wurzeln« haben (Kasten 12.4).

Kasten 12.4 Die Witchetty-Raupe Intichiuma

Die Männer schleichen sich aus dem Lager davon. Unter der Leitung ihres Anführers gehen sie den von Intwailiuka, dem urzeitlichen Witchetty-Raupenahnen, eingeschlagenen Weg zurück. Auf dem ganzen Weg stoßen sie auf *Churinga* und andere Zeichen, die an die Reise Intwailiukas erinnern. Ein heiliger Ort besteht aus einer Höhle von geringer Tiefe, in der sich ein von kleinen runden Steinen gesäumter Fels befindet. Der Anführer identifiziert den großen Fels als den Körper der Witchetty-Raupe, die kleinen Steine als ihre Eier. Der Anführer beginnt, indem er die Steine mit einem Holzbogen berührt, zu singen, und die anderen Männer fallen, die Steine mit Zweigen schlagend, ein. Mit dem Lied bitten sie die Witchetty-Raupe, mehr Eier zu legen. Dann versetzt der Anführer jedem Mann mit einem der »Eiersteine« einen Schlag gegen den Magen und sagt: »Du hast viel gegessen«.

Dann zieht die Gruppe weiter zum nächsten heiligen Ort, der sich unter einem großen Felsvorsprung befindet und Intwailiuka zum Kochen und zum Essen diente. Wieder singen die Männer, schlagen mit ihren Zweigen und werfen Eiersteine den Felsen hinauf, wie Intwailiuka es getan hat. Dann marschieren sie zum nächsten heiligen Ort, einem ein bis eineinhalb Meter tiefen Loch. Der Anführer entfernt die lockere Erde auf dem Boden des Lochs und holt weitere *Churinga* der Witchetty-Raupenmänner hervor. Die Steine werden sorgfältig gesäubert, gehen von Hand zu Hand und werden schließlich wieder zurückgelegt. Die Gruppe sucht insgesamt zehn solcher Orte auf, bevor sie wieder ins Lager zurückkehrt. Für diese Rückkehr schmücken sich die Männer mit Schnüren, Nasenstäben, Rattenschwänzen und Federn. Auch bemalen sie ihre Körper mit den sakralen Mustern der Witchetty-Raupe. Während sie noch unterwegs waren, hat ein Witchetty-Raupenmann eine Hütte in Form der Puppe einer Witchetty-Raupe gebaut. Die Männer gehen in die Hütte hinein und besingen die Reise, die sie unternommen haben. Dann kommt der Anführer, gefolgt von den übrigen Männern, aus der Hütte herausgekrochen. Sie winden sich am Boden hin und her, wie ausgewachsene Witchetty-Raupen, die ihre Puppe verlassen. Dieser Ritus wird mehrmals wiederholt. In dieser Phase der Zeremonie müssen alle Zuschauer die nicht zur Gruppe der Witchetty-Raupen gehören, in einiger Entfernung stehen und den Anweisungen der Witchetty-Raupenmänner und -frauen Folge leisten (Spencer und Gillen 1968).

Kollektive Rituale: Übergangsriten

Übergangsriten begleiten strukturelle Positions- und Statuswechsel, die von allgemeiner öffentlicher Bedeutung sind. Warum sind Geburt, Pubertät, Heirat und Tod so häufig Gegenstand von Übergangsriten? Wahrscheinlich wegen ihrer öffentlichen Implikationen: Der Mensch, der geboren wird, der das Erwachsenenalter erreicht, der heiratet oder stirbt, ist nicht nur selbst von diesen Ereignissen betroffen, sondern auch andere Menschen müssen sich auf die sich daraus ergebenden Veränderungen einstellen. Eine Geburt bedeutet nicht nur ein neues Leben, sondern auch die Entstehung und Veränderung von sozialen Positionen, z.B. der Eltern, Großeltern, Geschwister, des Erben, des Alterskameraden und vieler anderer familiärer und politischer Beziehungen. Hauptfunktion der Übergangsriten ist es, dem gesamten Komplex neuer oder veränderter Beziehungen kollektive Anerkennung zu verschaffen.

Übergangsriten weisen in vielen Kulturen eine bemerkenswert ähnliche Struktur auf (Eliade 1958; Schlegel und Barry 1979). Zunächst trennt man die Hauptbetroffenen von ihrem früheren Leben, dann löscht man die alten Statuspositionen sowohl physisch als auch symbolisch aus. Oft geschieht das, indem die alte Persönlichkeit symbolisch ihren Tod erfährt. Um »Tod und Umwandlung« zu unterstützen, ersetzt man alte Kleidungs-und Schmuckstücke durch neue, bemalt oder mutiliert man den Körper. Schließlich kehren die Teilnehmer zeremoniell ins normale Leben zurück.

Die Struktur der Übergangsriten läßt sich gut am Beispiel der Knabeninitiationszermonien der Ndembu in Nordsambia erkennen. Hier wie auch bei vielen anderen Völkern Afrikas und des Vorderen Orients ist der Übergang von der Kindheit zum Erwachsenendasein für einen Jungen mit der rituellen Beschneidung (Zirkumzision) verbunden. Aus verschiedenen Dörfern werden die Jungen zu einer besonderen »Buschschule« gebracht. Hier werden sie von ihren eigenen Verwandten oder von Nachbarn beschnitten. Erst wenn ihre Wunden verheilt sind, dürfen sie zum normalen Leben zurückkehren (Kasten 12.5).

Mädchen sind zu Beginn ihres Menstruationszyklus und anläßlich ihrer Heiratsfähigkeit in vielen Kulturen ähnlichen Riten der Trennung, Seklusion und Rückkehr unterworfen. Auch sie werden nicht selten einer Genitaloperation unterzogen. Die am häufigsten ausgeführte Operation ist die *Klitoridektomie,* bei der die Spitze der Klitoris abgeschnitten wird. Viele australische Gruppen praktizierten sowohl die Knaben- als auch die Mädchenbeschneidung. Außerdem schlugen die Australier ihren Kindern in der Pubertät den vorderen Schneidezahn aus. An männlichen Jugendlichen führte man eine weitere Genitaloperation, die *Subinzision* aus, bei der die Unterseite des Penis bis zur Harnröhre aufgeschlitzt wurde.

Kasten 12.5 Beschneidungsritual der Ndembu

Es begann damit, daß man Nahrung und Bier ansammelte. Dann wurde ein Stück Busch gesäubert und ein Lager errichtet. Dieses Lager schloß ein Herdfeuer ein, an dem die Mütter der Initianden für ihre Söhne kochten. Ein Tag vor der Beschneidung veranstalteten die Männer, die die Beschneidung durchführten, einen Tanz und sangen Lieder, in denen sie die Mütter der Jungen angriffen und andeuteten, daß sie die Jungen »töten« würden. Die Jungen und ihre Familien versammelten sich im Buschlager, Feuer wurde entfacht und eine Nacht des Tanzens und der sexuellen Zügellosigkeit begann.

»Plötzlich betraten die Beschneider mit ihren Instrumenten die Szene. . . . Alle übrigen Teilnehmer der Versammlung folgten ihnen, als diese gebückt, ihre verschiedenen Instrumente hochhaltend und heiser singend, zu tanzen begannen. Im Schein des Feuers und des Mondlichts wurde der Tanz wilder und wilder« (Turner 1967: 205).

Unterdessen saßen »die, die sterben sollten«, in einer Reihe und wurden von ihren Müttern und Vätern betreut. Im Verlauf der Nacht wurden sie immer wieder geweckt und zu ihren männlichen Verwandten getragen. Am nächsten Morgen erhielten sie von ihren Müttern ein »letztes Abendmahl« (vielmehr ein letztes Frühstück), wobei »jede Mutter ihren Sohn mit der Hand fütterte, als ob er ein Säugling wäre«. Die Jungen bemühten sich, nicht ängstlich zu erscheinen, als nach dem Frühstück die Beschneider, deren Stirn und Augenbrauen mit rotem Ton bemalt waren, messerschwingend vor ihnen tanzten.

Die eigentliche Beschneidung fand in einiger Entfernung vom Kochlager an einem anderen Ort im Busch statt. An diesem Ort, dem »Ort des Sterbens«, verbrachten die Jungen eine gewisse Zeit in Seklusion. Sie schliefen in einer Hütte aus Buschwerk und wurden von einer Gruppe von männlichen »Wächtern« beaufsichtigt und herumkommandiert. Nach ihrem »letzten Frühstück« mußten die Jungen den Weg zum »Ort des Sterbens« im Marsch zurücklegen. Die Wächter stürmten hervor, packten die Jungen und rissen ihnen die Kleider vom Leib. Die Mütter wurden ins Kochlager zurückgejagt, wo sie wie bei der Bekanntgabe eines Todesfalls zu wehklagen begannen. Die Knaben wurden von den Wächtern festgehalten, während die Beschneider

»die Vorhaut langziehen, einen leichten Einschnitt an der Oberseite und einen weiteren an der Unterseite anbringen, dann mit einer einzigen Bewegung zunächst die Rückseite, dann die Bauchseite zertrennen und schließlich soviel von der Vorhaut entfernen, daß die Eichel freiliegt« (ebd.: 216).

Während ihrer Seklusion am »Ort des Sterbens« waren die Jungen der strengen Disziplin ihrer Wächter unterworfen. Sie mußten ein bescheidenes Verhalten an den Tag legen, durften nur sprechen, wenn das Wort an sie gerichtet wurde, mußten Aufträge ausführen und alles im Laufschritt herbeiholen. Früher schickte man sie auf gefährliche Jagdmissionen, schlug sie hart, wenn sie ungehorsam waren oder Feigheit zeigten, und jagte ihnen nachts mit dem Geräusch des *Schwirrholzes* — einer Scheibe, die, wenn man sie am Ende einer Schnur herumwirbelt, ein heulendes Geräusch von sich gibt — einen gehörigen Schrecken ein. Immer wieder erschienen plötzlich Maskentänzer, die die Jungen für zum

Leben erweckte »rote Tote« hielten, und schlugen sie mit Stöcken. Während der ganzen Seklusionszeit wurden die Jungen in die Regeln des Mannestums, der Tapferkeit und der sexuellen Potenz eingewiesen. Sie hörten Vorträge, flammende Ansprachen und mußten Rätsel lösen, die reich an symbolischen Bedeutungen waren.

Für ihre »Wiedergeburt« wurden die Jungen zum Ausdruck ihres neuen Seinszustands am ganzen Körper mit weißem Ton bemalt. Dann wurden sie ins Kochlager gebracht und ihren Müttern vorgestellt.

»Zunächst wehklagten die Mütter noch, allmählich aber, als sie erkannten, daß ihre Söhne gesund und wohlauf waren, verwandelten sich ihre Trauerbekundungen in Lieder der Freude. Es ist unmöglich, die nun folgende Szene absoluten, ungehemmten Jubels angemessen zu beschreiben. Die Wächter bildeten einen inneren Kreis und rannten umher, die Mütter tanzten neben ihnen ... während andere weibliche Verwandte und Freunde einen äußeren Ring bildeten und freudig erregt sangen und tanzten. Die Männer standen ein wenig abseits des Trubels und lachten vor Freude. Staubwolken stiegen auf« (ebd.: 255).

Ekklesiastische Kulte

Wie bereits erwähnt, ist für alle ekklesiastische Kulte die Existenz eines bürokratisch organisierten und beruflich spezialisierten Klerus bzw. einer spezialisierten Priesterschaft kennzeichnend. Diese Bürokratie untersteht gewöhnlich der Kontrolle eines zentralen Tempels. Doch kann der Klerus in untergeordneten Tempelzentren oder in der Provinz relativ unabhängig sein. Allgemein gilt: Je stärker zentralisiert das politische System ist, um so stärker ist auch die ekklesiastische Bürokratie zentralisiert.

Ekklesiastische Spezialisten unterscheiden sich sowohl von den Tapirapé-Schamanen als auch von den Ndembu-Beschneidern und -Wächtern. Bei ihnen handelt es sich um offiziell für ihr Amt ausgewählte Personen, die sich voll und ganz den mit ihrem Amt verbundenen Ritualen widmen. Diese Rituale schließen gewöhnlich eine Vielfalt von Techniken zur Beeinflussung und zur Kontrolle animistischer Wesen und Kräfte ein. Die Finanzierung der Priesterschaft ist meist eng mit der Macht und dem Privileg, Steuern zu erheben, verknüpft. Staat und Priesterschaft können — wie bei den Inka (s. S. 239) — die von den Bauern erhobenen Pacht- und Tributzahlungen untereinander aufteilen. Im Feudalismus (s. S. 237) bezieht die ekklesiastische Hierarchie ihre Einkünfte aus eigenem Grundbesitz und aus Geschenken, die sie von mächtigen Prinzen und Königen erhalten. Hohe Würdenträger sind hier beinahe immer Verwandte oder Ernannte der Angehörigen der Herrscherklasse.

Ekklesiastische Organisationsformen spalten die Kultteilnehmer in zwei Gruppen auf: in den aktiven Teil, die Priesterschaft, und den passiven Teil, die »Gemeinde«, die im Grunde bloß Publikum ist. Die Angehörigen der Priesterschaft müssen sich ein kompliziertes rituelles, historisches, kalendarisches und astronomisches Wissen aneignen. Oft sind sie Schriftkundige und Gelehrte. Es muß aber betont werden, daß die »Gemeinde« keineswegs individualistische schamanistische und kollektive Vorstellungen und Rituale aufgibt, sondern sie, manchmal heimlich, in Stadtteilen, Dörfern oder Haushalten Seite an Seite mit den »hohen« Ritualen ausübt – und das trotz der mehr oder weniger energischen Bemühungen von seiten der ekklesiastischen Hierarchie, das, was sie oft Götzentum, Aberglaube, Gottlosigkeit, Heidentum und Häresie nennt, auszulöschen.

Die Religion der Azteken

Am Beispiel der ekklesiastischen Organisation der Azteken in Mexiko lassen sich viele der wesentlichen Grundzüge erkennen, die Glaube und Ritual in geschichteten Gesellschaften auszeichnen. In den Augen der Azteken waren die Priester für den Erhalt und die Erneuerung des ganzen Universums verantwortlich. Indem sie alljährlich Rituale ausführten, vermochten sie die Götter gnädig zu stimmen, das Wohl der Menschen zu sichern und die Welt davor zu bewahren, in Chaos und Dunkelheit zu versinken (Kasten 12.6). Nach aztekischer Theologie hatte die Welt bereits vier Zeitalter erlebt, die jeweils in katastrophaler Zerstörung endeten. Das erste Zeitalter ging zu Ende, als der es beherrschende Gott, Tezcatlipoca, sich in die Sonne verwandelte und alle Menschen auf der Erde von Jaguaren verschlungen wurden. Das zweite Zeitalter, über das die gefiederte Schlange Quetzalcoatl regierte, wurde von Wirbelstürmen vernichtet, die die Menschen in Affen verwandelten. Das dritte Zeitalter, in dem Tlaloc, der Regengott, an der Macht war, ging unter, als die Himmel Feuer regneten. Dann folgte die Herrschaft Chalchihuitlicues, der Wassergöttin, deren Zeit mit einer Sintflut endete, in der die Menschen zu Fischen wurden. Das fünfte Zeitalter, über das der Sonnengott Tonatiuh herrschte, war angebrochen und früher oder später dem Untergang durch Erdbeben geweiht.

Die Hauptfunktion der 5 000 Priester, die in der aztekischen Hauptstadt lebten, bestand darin, sicherzustellen, daß das Ende der Welt eher später als früher hereinbrach. Das war jedoch nur möglich, wenn man die Götter, von denen man glaubte, daß sie die Welt regierten, gnädig stimmte. Das beste Mittel, sie gnädig zu stimmen, waren Geschenke, und das kostbarste aller

Kasten 12.6 Der aztekische Kalender

Komplizierte kalendarische Systeme, die nur die Priester verstanden, regelten jeden einzelnen Aspekt des aztekischen Rituals. Aufgrund kalendarischer Berechnungen erfuhren die Priester den Willen der Götter, die es zu besänftigen galt. Mit Hilfe ihrer Kalender bestimmten sie auch gefährliche Tage, an denen falsches Verhalten das Ende der Welt bedeutete.

Nach aztekischen Berechnungen hatte das Jahr 365 Tage. Diesen Zeitraum teilte man in 18 Monate mit 20 Tagen auf (18 x 20 = 360). Auf diese Weise blieb ein Rest von fünf Tagen übrig. Diese fünf Tage waren in jedem Jahr eine Zeit des Unglücks. Jeder der 20 Tage hatte einen besonderen Namen, und die Tage wurden fortlaufend von 1 bis 13 gezählt. Alle 13 x 20 = 260 Tage tauchte die Zahl 1 zu Beginn eines Monats auf. Dieser Zeitraum von 260 Tagen wurden mit den 365 Tagen des Jahres verbunden. Alle 52 Jahre fiel der Beginn des 260-Tagezyklus mit dem des 365-Tagezyklus zusammen. Die heiligsten Tage waren die, die das Ende eines jeden Zyklus von 52 Jahren markierten. In dieser Zeit mußten die Priester alles daransetzen, den Weltuntergang zu verhindern. Die Altarfeuer, die 52 Jahre lang ununterbrochen gebrannt hatten, wurden zusammen mit allen anderen Feuern im Königreich ausgelöscht. Die Menschen zerstörten ihre Möbel, fasteten, beteten und erwarteten die Endkatastrophe. Man versteckte schwangere Frauen und hinderte Kinder am Einschlafen. Wenn dann am letzten Tag die Sonne unterging, bestiegen die Priester einen in der Mitte des Tals von Mexiko gelegenen erloschenen Vulkankrater und suchten voller Sorge den Himmel nach Zeichen ab, die darauf hindeuteten, daß die Welt weiterbestehen würde. Wenn bestimmte Sterne den höchsten Punkt überschritten, opferten sie einen Gefangenen und entfachten ein neues Feuer in seiner Brust. Dann trugen Läufer Fackeln, die an diesem Sakralfeuer entzündet wurden, ins ganze Aztekenreich.

Geschenke waren frische menschliche Herzen. Von allen Menschenherzen waren die von Kriegsgefangenen die wertvollsten, weil man sie nur unter großen Gefahren erhielt.

Die aztekischen Zeremonialzentren wurden von großen pyramidenförmigen Terrassenbauten beherrscht, auf deren Spitze die Tempel standen. Diese Bauwerke stellten riesige Bühnen dar, auf denen wenigstens einmal jährlich das Drama des Menschenopfers inszeniert wurde. An besonders wichtigen Tagen fanden mehrere Opferungen statt. Die Opferhandlungen hatten stets die gleiche dramatische Struktur: Zunächst stieg das Opfer die riesigen Stufen bis zur Spitze der Pyramide hinauf; oben angekommen, wurde es von vier Priestern ergriffen, zwei hielten seine Arme, zwei seine Beine, und ausgestreckt mit dem Gesicht nach oben auf den Opferstein gebunden. Ein fünfter Priester schnitt mit einem Obsidianmesser die Brust des Opfers auf und riß das schlagende Herz heraus. Mit dem blutenden Herz bestrich man die Götterstatue, dann verbrannte man es. Zuletzt warf man den leblosen Körper über den Pyramidenrand, so daß er die Stufen hinabrollte.

Man nimmt an, daß bei der viertägigen Einweihungsfeier für den Haupttempel in Tenochtitlan 20 000 Kriegsgefangene auf die beschriebene Weise geopfert wurden. Alljährlich wurden schätzungsweise 15 000 Menschen getötet, um die blutrünstigen Götter zu besänftigen. Die meisten Opfer waren Kriegsgefangene, obwohl hin und wieder auch Jünglinge, junge Mädchen und Kinder aus der Gegend getötet wurden (Berdan 1982; Coe 1977; Soustelle 1970; Vaillant 1966). Die Körper der meisten Opfer wurden die Pyramidenstufen hinabgestoßen, zerlegt und wahrscheinlich gekocht und verspeist (Harner 1977).

Aztekischer Kannibalismus

Vor der Entstehung von Staaten gab es in vielen Gesellschaften Menschenopfer, und die Körper von Kriegsgefangenen wurden — teilweise oder ganz — rituell verspeist (Harris 1985). Da man in Häuptlingstümern nicht über die politischen Mittel zur Besteuerung und Zwangseinberufung großer Bevölkerungen verfügte, hatte man wenig Interesse daran, das Leben besiegter Feinde zu schonen. Doch mit der Entstehung von Staaten verschwanden diese kannibalischen Praktiken größtenteils, da eroberte Territorien, wie wir gesehen haben (s. S. 234), dem Staatswesen einverleibt und besiegte Völker zu Steuerabgaben, Kriegsdienst und Tributzahlen verpflichtet wurden. Daß man die Besiegten am Leben ließ, trug daher ganz wesentlich zur Expansion des Staatswesens bei.

Die Azteken bildeten jedoch in diesem allgemeinen Entwicklungstrend eine Ausnahme. Statt Menschenopfer und Kannibalismus zu tabuisieren sowie Milde und Nachsicht gegenüber besiegten feindlichen Völkern zu propagieren, rückte der aztekische Staat Menschenopfer und Kannibalismus ins Zentrum seiner ekklesiastischen Glaubensvorstellungen und Rituale. Mit zunehmender Macht wurden die Azteken nicht weniger kannibalisch, sondern immer kannibalischer. Da die Schädel der Opfer, nachdem man das Gehirn herausgenommen und verspeist hatte, nebeneinander auf große Holzgestelle gelegt wurden, hatten die Teilnehmer der von Cortés angeführten Expedition die Möglichkeit, zumindest eine Kategorie von Opfern zu zählen. Sie berichteten, daß eines dieser im Zentrum von Tenochtitlán errichteten Schädelgestelle 136 000 Köpfe enthielt. Eine andere Gruppe von Opfern konnten sie jedoch nicht zählen: deren Köpfe wurden in zwei hohen, ganz aus Schädeldecken und Kieferknochen bestehenden Türmen aufgehäuft

(Tápia 1971: 583). Auch die Schädel, die in fünf kleineren, im selben Zentralbereich errichteten Gestellen zur Schau gestellt wurden, zählten sie nicht. Nach Ortiz de Montellanos (1983: 404) Berechnungen konnte das Hauptgestell nicht mehr als 60 000 Schädel enthalten. Selbst wenn diese niedrige Zahl richtig ist, ist der Umfang an Menschenopfern und Kannibalismus, wie er in Tenochtitlán praktiziert wurde, in der menschlichen Geschichte ohne Beispiel.

Obwohl Michael Harners (1977) Erklärung für die einzigartige kannibalische Religion des aztekischen Staats nicht unwidersprochen geblieben ist, verdient sie, ernsthaft in Erwägung gezogen zu werden. Harner setzt bei der Tatsache an, daß infolge der Jahrtausende langen Intensivierung und infolge des Bevölkerungswachstums die domestizierbaren Pflanzenfresser und Schweine im Hochland von Zentralmexiko ausgestorben waren. Im Unterschied zu den Inka, denen tierische Nahrung in Form von Lamas, Alpakas und Meerschweinchen zur Verfügung standen –, oder den Altweltstaaten, die Schafe, Ziegen, Schweine und Rinder besaßen –, hielten die Azteken nur halbdomestizierte Enten, Truthähne und haarlose Hunde. Wildtiere wie Rotwild und Zugwasservögel waren nicht zahlreich genug, um den Azteken mehr als ein oder zwei Gramm tierisches Protein am Tag pro Kopf der Bevölkerung zu liefern (im Vergleich dazu beträgt diese Menge in den Vereinigten Staaten mehr als 60 Gramm). Daß die natürliche Fauna erschöpft war, läßt sich an der Bedeutung erkennen, die Käfer, Würmer und »Schaumkuchen« – Kuchen, die aus von der Oberfläche des Texoco-Sees abgeschöpften Algen zubereitet wurden – im Speiseplan der Azteken hatten (s. Harris 1979c; Sahlins 1978). Harners Theorie besagt nun, daß es für den aztekischen Staat infolge der erschöpften tierischen Ressourcen besonders schwer war, um einer Erleichterung seiner expansionistischen Ziele willen den Verzehr von Menschenfleisch zu verbieten. Aufgrund der Erschöpfung der tierischen Ressourcen wurde nicht Tierfleisch, sondern Menschenfleisch als Lohn für Loyalität gegenüber dem Thron und für Tapferkeit im Kampf ausgegeben. Hätte man die Gefangenen zu Dienern oder Sklaven gemacht, so hätte sich die Knappheit an tierischer Nahrung nur verschärft. Durch das Verbot des Kannibalismus hätte man also viel verloren und wenig gewonnen.

Aus etischer Perspektive betrachtet führten die Azteken jedoch nicht Kriege, um Gefangene zu machen und so an Fleisch zu kommen. Wie alle Staaten führte auch der aztekische aus Gründen Krieg, die etwas mit der expansionistischen Natur des Staats zu zu haben (S. 234). Aus emischer Perspektive betrachtet könnte man aber sagen, daß der Wunsch, Gefangene zu machen, um sie zu opfern und verzehren zu können, ein wichtiges Motiv der Azteken war.

Wie bereits früher im Zusammenhang mit der Erschöpfung tierischer Ressoucen und dem kriegerischen Verhalten der Yanoama dargelegt (S. 219), enthält tierische Nahrung äußerst wertvolle Nährstoffe, die für das Wachstum, die Gesundheit und Vitalität des Menschen von großer Wichtigkeit sind. Menschen schätzen Fleisch und andere tierische Nahrung nicht nur wegen der hochwertigen Proteine, sondern auch wegen der Fette, Mineralien und Vitamine. Deshalb kann man Harners Theorie nicht mit dem Nachweis widerlegen, daß die Azteken ihrem Körper alle essentiellen Aminosäuren (die neun oder zehn Bausteine der Proteine, die der menschliche Körper nicht durch Synthese herstellen kann) durch den Verzehr von Würmern und Insekten, von Algen, Mais, Bohnen und anderer pflanzlicher Nahrung zuführen konnten (Ortiz de Montellano 1978). Würmer und Insekten sind kleine, verstreute Nahrungsbestandteile, die in der Nahrungskette eine untere Position einnehmen. In Übereinstimmung mit der Theorie der optimalen Nahrungssuche (S. 91) ist es effizienter, höhere Organismen wie Vögel, Fische und Säugetiere Würmer und Insekten jagen und sammeln zu lassen und die höheren Arten statt ihre Beute zu essen. Auch ist es effizienter, Fische Algen fressen zu lassen und den Fisch zu essen, als Algen zu sammeln und zu verarbeiten und so den Fischen die Nahrung zu entziehen.

Ein gesunder Erwachsener führt, wenn er bloß große Mengen an Getreide ißt, seinem Körper alle wichtigen Aminosäuren zu (Pellet 1986; Lieberman 1986). Eine solche Ernährung enthält aber nicht genügend Mineralien (z.B. Eisen) und Vitamine (z.B. Vitamin A). Außerdem kann eine Proteinzufuhr, die für normale Erwachsene ausreichend ist und allein aus Getreide oder aus gemischter pflanzlicher Kost wie Mais und Bohnen besteht, für den Bedarf von Kindern, schwangeren und stillenden Frauen sowie für Menschen, die an einer Parasiten- oder Virusinfektion oder anderen Krankheiten und durch Unfälle oder Verletzungen hervorgerufene Körpertraumen leiden, unzureichend sein (Scrimshaw 1977). Der hohe Wert, den die Azteken dem Verzehr von Menschenfleisch beimaßen, war daher nicht eine bloß zufällige Konsequenz ihres religiösen Glaubens. Vielmehr spiegelte sich in ihrem religiösen Glauben (z.B. im Verlangen ihrer Götter nach menschlichem Blut) die Bedeutung tierischer Nahrung für den menschlichen Nahrungsbedarf und die Erschöpfung des Tierbestands in ihrem Habitat wider. (Die meisten sogenannten »vegetarischen Kulturen« sind Lakto- oder Ovovegetarier — das heißt, sie verschmähen zwar Fleisch, essen aber Milchprodukte und Eier [Harris 1985].)

Religion und politische Ökonomie

Priesterspezialisten, monumentale Tempel, dramatische Prozessionen und komplizierte, für Zuschauergemeinden veranstaltete Riten sind mit der Infrastruktur und politischen Ökonomie von Jägern und Sammlern nicht vereinbar. Ebenso sind die komplexen astronomischen und mathematischen Berechnungen, auf die sich ekklesiastische Glaubensvorstellungen und Rituale stützen, in Horden- und Dorfgesellschaften unbekannt.

Die Art der politischen Ökonomie hat auch Einfluß darauf, wie man sich die Beziehung der Götter untereinander und ihre Beziehung zu den Menschen vorstellt. Zum Beispiel begegnet man in allen Kulturen und auf allen Stufen der ökonomischen und politischen Entwicklung der Vorstellung von einem einzigen Hochgott, der das Universum geschaffen hat. Derartige Hochgötter spielen aber, wenn sie das Universum erst einmal geschaffen haben, ganz unterschiedliche Rollen im Hinblick auf die Beherrschung des Universums. Bei Wildbeutern und in anderen vorstaatlichen Gesellschaften ziehen sich die Hochgötter nach ihrem Schöpfungsakt meist in die Passivität zurück. Braucht man Hilfe, muß man sich an ein Heer von niederen Göttern, Dämonen und Ahnengeistern wenden. In geschichteten Gesellschaften dagegen ist der Hochgott, der über alle übrigen Göttern steht, meist eine aktivere Figur, an die sich Priester wie einfache Leute im Gebet wenden (Swanson 1960), obwohl diese eher die niederen Götter verehren.

Für diesen Unterschied gibt es die plausible Erklärung, daß vorstaatliche Kulturen die Vorstellung von einer zentralen oder höchsten Autorität nicht nötig haben. So wie es in diesen Kulturen im realen Leben keine zentralisierte Macht über Menschen und strategisch wichtige Ressourcen gibt, haben auch nach religiöser Vorstellung die Bewohner der Geisterwelt keine Macht über einander. Sie bilden eine mehr oder weniger egalitäre Gruppe. Andererseits sorgt in geschichteten Gesellschaften der Glaube, daß die Beziehung der Götter durch Über- und Unterordnung gekennzeichnet ist, für die Kooperationsbereitschaft der unteren Klassen.

Eine Methode, in geschichteten Gesellschaften Konformismus zu erreichen, besteht darin, die einfachen Leute davon zu überzeugen, daß die Götter Gehorsam gegenüber dem Staat fordern. Ungehorsam und Nonkonformismus haben so nicht nur Bestrafung durch den polizeilich-militärischen Staatsapparat, sondern im Diesseits wie im Jenseits die Strafe der Götter selbst zur Folge. In vorstaatlichen Gesellschaften beruhen Recht und Ordnung aus Gründen, die in Kapitel 9 behandelt wurden, auf einer gemeinsamen Interessenlage. Folglich braucht man keine Hochgötter, um die »Bösen« zu bestrafen und die »Guten« zu belohnen. In Gesellschaften mit Klassenunterschieden aber glauben die Menschen, wie Tabelle 12.1 zeigt, daß sich die Götter sehr dafür interessieren, ob ihre Gedanken und ihre Verhaltensweisen unmoralisch oder subversiv sind.

Tabelle 12.1 Religion, Klasse und Moral

An Moral interessierte Götter	Gesellschaften	
	mit sozialen Klassen	ohne soziale Klassen
Vorhanden	28	2
Nicht vorhanden	8	12

Quelle: Swanson 1960: 166.

Revitalisierung (Nativismus)

Die Beziehung, die zwischen Religion einerseits und den politischen und ökonomischen Verhältnissen andererseits besteht, läßt sich auch gut an den sogenannten *Revitalisierungsbewegungen* erkennen. Unter dem Druck kolonialer Eroberung und intensiver Klassen- und Minoritätenausbeutung neigen Religionen dazu, sich in Bewegungen zu verwandeln, die eine durchgreifende Verbesserung der diesseitigen und/oder der zu erwartenden jenseitigen Lebensumstände zum Ziel haben. Diese Bewegungen werden manchmal als *nativistische, millenarische, messianische* oder *Erneuerungsbewegungen* bezeichnet. Der Begriff *Revitalisierung* ist der Oberbegriff, der alle die mit diesen Begriffen bezeichneten besonderen kognitiven und rituellen Varianten umfassen soll (Wallace 1966).

Revitalisierung meint den Prozeß der politischen und religiösen Wechselwirkung zwischen einer unterdrückten Kaste, Klasse, Minderheit oder untergeordneten sozialen Gruppen einerseits und einer übergeordneten Gruppe andererseits. Einige Revitalisierungsbewegungen betonen passive Haltungen, also eher die Rückbesinnung auf alte als die Übernahme neuer kultureller Verhaltensweisen, oder erwarten das Heil erst nach dem Tod. Andere treten für mehr oder weniger offenen Widerstand bzw. aggressive politische oder militärische Aktionen ein. Diese Unterschiede ergeben sich hauptsächlich aus dem Verhalten der übergeordneten Gruppen, d.h. daraus, wie diese auf die Infragestellung ihrer Macht und Autorität reagieren. Revitalisierungsbewegungen, die unter Bedingungen passiver Ausbeutung und großer Not entstehen, haben früher oder später politische und selbst militärische Konfrontationen zur Folge, auch wenn beide Seiten bewußt einen Konflikt vermeiden wollen (Wersley 1968).

Indianische Revitalisierungsbewegungen

Viele Erneuerungsbewegungen waren eine Reaktion auf die europäische Invasion der Neuen Welt, die Unterwerfung und Vertreibung der indianischen Stämme und die Zerstörung ihrer natürlichen Ressourcen.

Die berühmteste Revitalisierungsbewegung des 19. Jahrhunderts war der Geistertanz, auch Messiaswahn genannt. Diese Bewegung entstand nahe der Grenze zwischen Kalifornien und Nevada ungefähr gleichzeitig mit der Fertigstellung der Union Pacific Eisenbahnlinie. Der Paiutse-Prophet Wodziwob prophezeite, daß die Toten in einem großen Zug aus der Geisterwelt zurückkehren würden, dessen Ankunft sich durch eine riesige Explosion ankünden werde. Gleichzeitig würden die Weißen vom Land hinweggefegt, ihre Gebäude, Maschinen und anderen Besitztümer aber zurückbleiben. (Die Ähnlichkeit zur Neutronenbombe ist bemerkenswert.) Um die Ankunft der Ahnen zu beschleunigen, sollte man Kulttänze aufführen und Lieder singen, die Wodziwob in seinen Visionen offenbart wurden.

Eine zweite Geistertanzversion wurde 1889 von Wovoka ins Leben gerufen. Auch er berichtete von einer Vision, in der alle Toten mit Hilfe des Geistertanzes wieder zum Leben erweckt wurden. Angeblich hatten die Lehren Wovokas keinen politischen Inhalt. Als sich die Geistertanzbewegung nach Osten über die Rocky Mountains hinaus ausbreitete, blieben ihre politischen Implikationen unklar. Doch für die in den Plains lebenden Indianerstämme bedeutete die Rückkehr der Toten, daß sie den Weißen zahlenmäßig überlegen und deshalb mächtiger als diese sein würden.

Bei den Sioux gab es eine Version der Geistertanzbewegung, die auch die Rückkehr aller Bisons und die Auslöschung der Weißen durch einen riesigen Erdrutsch verhieß. Siouxkrieger trugen Geistertanzhemden, von denen sie glaubten, daß sie dadurch Kugeln gegenüber unverwundbar würden. Zusammenstöße zwischen der US-amerikanischen Armee und den Sioux wurden häufiger. Der Siouxführer Sitting Bull wurde gefangen genommen und getötet. Die zweite Geistertanzbewegung fand am 2. Dezember 1890 mit dem Massaker bei Wounded Knee, Süddakota, bei dem 200 Sioux umkamen, ihr Ende (Mooney 1965).

Nachdem jede Hoffnung auf militärischen Widerstand zunichte gemacht war, nahm die indianische Revitalisierungsbewegung introvertiertere und passivere Formen an. Visionen, in denen alle Weißen ausgelöscht wurden, traten immer seltener auf, was erneut zeigt, daß religiöse Vorstellungen eine Reaktion auf die politische Realität sind. Viele indianische Revitalisierungsbewegungen des 20. Jahrhunderts sind durch die Entstehung und Verbreitung von Vorstellungen und Ritualen gekennzeichnet, in deren Mittelpunkt

Peyote, Meskalin und andere halluzinogene Drogen stehen. Beim Peyote-Ritual wird eine Nacht lang gebetet, gesungen, Peyote eingenommen und meditiert und schließlich gemeinsam gefrühstückt. Anhänger des Peyote-Kults sind nicht daran interessiert, die Büffel wiederzubekommen oder Kugeln gegenüber unverwundbar zu sein. Sie suchen Selbsterkenntnis, individuelle moralische Kraft und körperliche Gesundheit (La Barre 1938; Stewart 1948).

»Die Peyote-Religion ist ein synkretistischer Kult, der alte indianische und moderne christliche Elemente enthält. Das alte indianische Ritual und der traditionelle Wunsch der Indianer, durch individuelle Visionen persönliche Macht zu erlangen, verschmelzen mit der christlichen Theologie der Liebe, Güte und Vergebung. Über 50 Jahre lang ist die Peyote-Religion für Verständigung eingetreten mit dem Erfolg, daß Indianer stolz auf ihre traditionelle Kultur sein und gleichzeitig sich der dominanten Zivilisation der Weißen anpassen können« (Stewart 1968: 108).

Peyote-Kult und ähnliche Bewegungen sind selbstverständlich kein Indiz dafür, daß die nordamerikanischen Indianer den politischen Kampf aufgegeben hätten. Seit der Entstehung der »Red Power«-Bewegung wird der Versuch der Indianer, das ihnen noch verbliebene Land zu behalten und gestohlenes Land wieder zurückzubekommen, von Rechtsanwälten, Politikern, Schriftstellern und Lobbyisten in Washington unterstützt und durch »Sit-ins« und »Land-ins« zum Ausdruck gebracht (De Loria 1969; D. Walker 1972).

Cargokulte

In Neuguinea und Melanesien sind Revitalisierungsbewegungen mit dem *Cargo*-Begriff verknüpft. Charakteristische Vision melanesischer Erneuerungspropheten ist die Vision eines Schiffes, das mit europäischen Gütern beladen (daher »cargo«), die Ahnen zurückbringt. In jüngster Zeit haben Flugzeuge und Raumschiffe die früheren Schiffe als Transportmittel für die ersehnte Ladung ersetzt (Worsley 1968).

Aufgrund des Güterüberflusses, den die US-Streitkräfte im Zweiten Weltkrieg während der Kampfhandlungen auf den pazifischen Inseln zur Schau stellten, rückten einige Revitalisierungsbewegungen die Wiederkehr der Amerikaner in den Mittelpunkt ihrer Prophezeiungen. 1944 drängte der Prophet Tsek in Espiritu Santo seine Anhänger, ihre Kleidung wegzuwerfen und die Rückkehr der so geheimnisvoll verschwundenen Amerikaner zu erwarten. Einige amerikanisch orientierten Bewegungen haben sogar ganz bestimmten amerikanischen Soldaten die Rolle der »Cargo«-Überbringer zugeschrieben.

Auf der zu den Neuen Hebriden gehörenden Insel Tana verehren die Anhänger des John Frumm-Kults ein altes GI-Jacket als Reliquie eines John Frumm, dessen Identität sonst nicht bekannt ist. John Frumms Propheten bauen Landebahnen, Kontrolltürme aus Bambus und strohgedeckte Frachthallen. In einigen Fällen unterhält man jede Nacht Signalfeuer und hält Funker mit Mikrophonen und Kopfhörern aus Blechdosen bereit, um den Frachtflugzeugen eine sichere Landung zu ermöglichen.

Immer wiederkehrendes Thema ist, daß die Frachtflugzeuge auf amerikanischen Flughäfen erfolgreich von den Ahnen beladen wurden und sich bereits unterwegs befinden, von den örtlichen Behörden aber keine Landeerlaubnis erhalten. Nach einer anderen Version werden die Frachtflugzeuge durch Täuschungsmanöver zur Landung auf falschen Flughäfen gezwungen. In einem metaphorischen Sinne treffen diese Vorstellungen genau den Kern der aktuellen kolonialen Situation. Denn die Völker der Südsee sind tatsächlich oft mit Tricks um ihr Land und ihre Ressourcen gebracht worden (Harris 1974).

1964 entstand auf der Insel New Hanover der Lyndon Johnson-Kult. Unter der Führung des Propheten Bos Malik baten die Kultmitglieder um die Erlaubnis, bei den von der australischen Verwaltung anberaumten Dorfwahlen für Johnson wählen zu dürfen. Von Flugzeugen, die des nachts über die Insel flogen, glaubte man, sie seien die Flugzeuge Präsident Johnsons, die einen Landeplatz suchten. Bos Malik riet seinen Anhängern, daß sie, wenn sie Johnson zum Präsidenten haben wollten, ihn »kaufen« müßten, und zwar indem sie die jährliche Kopfsteuer statt an die australischen Steuereintreiber an ihn selbst, Malik, zahlten. Als die Nachricht, daß eine Truppe entsandt worden war, um die Steuerrevolte niederzuschlagen, die Insel New Hanover erreichte, prophezeite Malik, daß das mit Fracht und US-Truppen beladene Linienschiff *Queen Mary* bald eintreffen werde, um die Inselbewohner von den australischen Unterdrückern zu befreien. Als kein Schiff eintraf, beschuldigte Malik die australischen Beamten, die Fracht gestohlen zu haben.

Die Verwirrung der melanesischen Erneuerungspropheten ist eine Folge ihrer Unkenntnis der Funktionsweise staatlicher Systeme. Sie verstehen weder, wie moderne, auf Lohnarbeit basierende Industriegesellschaften organisiert sind, noch wie Recht und Ordnung in Staatsgesellschaften aufrechterhalten werden. Für sie ist der materielle Überfluß der Industrienationen und die Armut der anderen ein Defekt bzw. Widerspruch in der Struktur der Welt.

Das Glaubenssystem der Cargokulte illustriert sehr deutlich, warum die Annahme, alle Menschen würden zwischen natürlichen und übernatürlichen Kategorien unterscheiden, falsch ist (s. S. 281). Cargo-Propheten, denen man moderne australische Läden und Fabriken zeigte in der Hoffnung, sie würden danach ihren Glauben aufgeben, kehrten nur bestärkt in ihren Überzeugungen nach Hause zurück. Denn nun hatten sie mit ihren eigenen Augen den phantastischen Überfluß gesehen, den ihnen die Behörden vorenthalten (Lawrence 1964).

Tabu, Religion und Ökologie

Wie wir gesehen haben (S. 282), kann religiöses Empfinden als konzentriertes Sakralempfinden betrachtet werden. In den Theorien von Emile Durkheim ist das Heilige gleichbedeutend mit dem durch die Macht des sozialen Lebens hervorgerufenen Gefühl der Ehrfurcht. Folglich wird ein Appell an die sakrale Natur einer die zwischenmenschlichen Beziehungen oder die Beziehung einer Gruppe zu ihrer Umwelt ordnenden Regel geeignet sein, die Unsicherheiten zu beseitigen, die Menschen manchmal bei ihrem Tun empfinden.

Zum Beispiel betrachtet man das in der Kernfamilie geltende Inzestverbot in vielen Fällen als heilige Pflicht, sein Übertreten als schmutzigen und antisakralen Akt. Eine plausible Erklärung für diese starken Empfindungen lautet, daß die Menschen einen heftigen Drang verspüren, Inzest zu begehen, die kurzfristige Befriedigung aber, die sie aus diesem Verhalten bezögen, langfristig negative Konsequenzen für sie selbst und die Kontinuität des sozialen Lebens zur Folge hätte, weil sowohl einzelne wie Lokalgruppen weniger Möglichkeit zur Herstellung adaptiver Intergruppenbeziehungen hätten (s. S. 168). Indem man Inzestverbote mit einer Heiligkeitsaura umgibt, gewinnen die langfristigen Individual- und Kollektivinteressen die Oberhand. Auf diese Weise werden — entschiedener, als das sonst möglich wäre — Ambiguitäten aufgelöst und Zweifel beseitigt, die der einzelne beim Verzicht auf verbotene Sexualbeziehungen empfindet. Das heißt jedoch nicht, daß es überhaupt keinen Inzest mehr gäbe oder daß alle Zweifel beseitigt wären, sondern bloß, daß solche Zweifel unter wirksame soziale Kontrolle gebracht sind.

Eine ähnliche Spannung zwischen kurzfristigen und langfristigen Kosten-Nutzen-Überlegungen erklärt vielleicht die Entstehung bestimmter Nahrungstabus, deren Einhaltung als heilige Pflicht betrachtet wird. Zum Beispiel ist es gut möglich, daß das Verbot der alten Israeliten, Schweinefleisch zu essen, den Widerspruch reflektiert zwischen der Versuchung, Schweine zu züchten und den negativen Folgen der Zucht von Tieren, die nur als Fleischlieferant dienen. Schweine benötigen zur Regulierung ihrer Körpertemperatur Schatten und Feuchtigkeit. Mit der fortschreitenden Entwaldung und allmählichen Ausbreitung der Wüste im Vorderen Orient infolge der Ausdehnung und Intensivierung sowohl der Landwirtschaft als auch der Viehzucht und infolge des Bevölkerungswachstums wurden Gebiete, die sich für die Schweinezucht eigneten, knapp. Deshalb könnte ein Tier, das einmal eine relativ billige Fett- und Proteinquelle war, nicht länger von vielen Menschen gezüchtet und verzehrt werden, ohne die Effizienz des Hauptnahrungsproduktionssystems zu verringern (Harris 1985). Die Versuchung, weiterhin Schweine zu züchten, bestand aber fort; daher die Berufung auf heilige Gebote in der alten jüdischen Religion. Diese Erklärung zur Entstehung des Tabus kann aber nicht erklären, warum es bis heute gilt. Nachdem es einmal existierte, erhielt das Verbot, Schweinefleisch (und andere Speisen) zu essen, die Funktion, jüdische Minderheiten von anderen Gruppen abzugrenzen und ihr Identitäts- und Solidaritätsgefühl zu stärken (s. S. 270). Außerhalb des Vorderen Orients hatte das Tabu keine ökologische Funktion mehr, war aber weiterhin auf der Ebene struktureller Beziehungen nützlich.

Eric Ross (1978) erforschte, inwieweit Tabus, die im Amazonasbecken potentiell wichtige tierische Proteinquellen regulieren, den ökologischen Verhältnissen angepaßt werden. Ross ist der Auffassung, daß bestimmte große Tiere wie Rotwild, das Tapir und Bisamschwein (oder Weißbandpekari) von den an der Grenze zwischen Peru und Ecuador lebenden Achuara deshalb nicht gejagt oder gegessen werden, weil sonst nicht ausreichend auf die in Herden lebenden, in großer Zahl vorhandenen, relativ leicht erlegbaren und weniger Kosten verursachenden Tierarten wie Affen, Vögel und Fische Jagd gemacht würde. Die mit der Jagd auf Rotwild oder Tapire verbundenen Kosten sind für die Achuara deshalb zu hoch, weil diese in sehr kleinen, verstreuten Dörfern leben und keine genügend Männer umfassende Jagdgruppen zusammenstellen können, um größere Tiere zu verfolgen, zu töten und nach Hause zu schaffen.

In diesem Zusammenhang ist die Herkunft des Worts *Tabu* interessant. Es stammt aus dem Polynesischen und bezeichnet den Brauch der polynesischen Häuptlinge, den Zugang zu bestimmten erschöpften Ländereien oder leergefischten Küstenstreifen zu begrenzen. Auf jeden, der ein solches Tabu übertrat, wartete sowohl natürliche als auch übernatürliche Strafe.

Die heilige Kuh

Das bekannte Beispiel der heiligen Kuh in Indien stimmt mit der allgemeinen Theorie überein, daß das Fleisch bestimmter Tiere dann mit einem Tabu belegt wird, wenn die Fleischproduktion infolge ökologischer Veränderungen sehr teuer wird. Rinder wurden in Indien — ganz ähnlich wie Schweine im Vorderen Orient — zur Zeit des Neolithikums uneingeschränkt geopfert und

verspeist. Mit dem Aufkommen des Staates und der Entstehung einer großen
Bevölkerungsdichte auf dem Land wie in den Städten konnten Rinder jedoch
nicht mehr in genügendem Umfang gezüchtet werden, um sowohl als fleischliche Nahrungsquelle als auch — vor Pflüge gespannt — als Hauptzugtiere
genutzt zu werden. Im Laufe der Entwicklung nahm aber die Tabuisierung
des Rinds ganz andere Formen als die Tabuisierung des Schweins bei den
Israeliten an. Im Gegensatz zum Schwein, das man ausschließlich wegen seines Fleisches schätzte, hatten Rinder auch als Milch- und Zugtiere einen
hohen Wert. Als die Schweinehaltung zum Zwecke der Fleischgewinnung zu
teuer wurde, wurde das ganze Tier mit einem Tabu belegt und Gegenstand
des Abscheus. Als aber die Rinderhaltung zum Zwecke der Fleischgewinnung
zu hohe Kosten verursachte, stieg der Wert der Rinder als Zugtiere weiter an
(denn das Land mußte mit zunehmender Bevölkerung intensiver gepflügt
werden). Deshalb durften Rinder nicht Gegenstand des Abscheus, sondern
mußten unter Schutz gestellt werden. So kam es, daß die hinduistische Religion es zu jedermanns heiliger Pflicht erklärte, daß Rinder nicht getötet und
ihr Fleisch nicht gegessen werden darf. Interessanterweise war es gerade die
früher für die rituelle Rinderschlachtung verantwortliche Brahmanenkaste,
die sich später am stärksten für den Schutz der Rinder einsetzte und am heftig-
sten gegen die Entwicklung einer Rindfleischindustrie in Indien opponierte
(Harris 1977; Harris 1979a; Simoons 1979).

Wie steht es aber heute mit der heiligen Kuh? Ist das religiöse Verbot, Rinder zu schlachten und ihr Fleisch zu essen, auch heute noch funktional?
Jedermann weiß, daß die Menschen in Indien mehr Kalorien und Proteine
benötigen. Dennoch verbietet die hinduistische Religion die Rinderschlachtung und den Rindfleischkonsum. Diese beiden Tabus werden oft dafür verantwortlich gemacht, daß es so viele alte, schwache, unfruchtbare und nutz-
lose Rinder gibt. Auf vielen Photos von Indien sind Rinder zu sehen, die ziellos durchs Land streifen, die Straßen verstopfen, Züge aufhalten, Nahrung auf
dem Markt stehlen und die Straßen in den Städten blockieren. Bei näherer
Betrachtung einiger Einzelheiten der Ökologie und Ökonomie des indischen
Subkontinents zeigt sich aber, daß das in Frage stehende Tabu die Kapazität
des gegenwärtigen Systems der Nahrungsmittelproduktion in Indien nicht
vermindert.

Der von Ochsen gezogene Pflug bildet die Grundlage der traditionellen
indischen Landwirtschaft. Jeder Kleinbauer benötigt zumindest zwei Ochsen, um zur rechten Zeit im Jahr seine Felder zu pflügen. Trotz der scheinbar
vielen überflüssigen Rinder ist es eine Tatsache, daß es in der indischen Landwirtschaft zu wenige Ochsen gibt, denn ein Drittel der bäuerlichen Haushalte
verfügt über weniger als zwei Ochsen, die das absolute Minimum sind. Es

stimmt, daß viele Kühe zu alt, zu schwach und zu krank sind, um ausreichend reproduktionsfähig zu sein. An diesem Punkt setzt daher die Vermutung an, daß das Verbot der Rinderschlachtung und des Rindfleischkonsums negative Auswirkungen hat. Denn statt Kühe, die keine Milch mehr geben, unfruchtbar und alt sind, zu schlachten, handelt ein hinduistischer Bauer vermeintlich unter dem rituellen Zwang, das Leben jedes heiligen Tieres zu erhalten — ganz gleich, wie nutzlos es geworden ist. Macht man sich aber die Perspektive des armen Bauern zu eigen, können diese relativ unerwünschten Kreaturen recht wichtig und nützlich sein. Der Bauer hätte sicherlich lieber kräftigere Kühe, kann sich diesen Wunsch aber nicht etwa deshalb nicht erfüllen, weil das Schlachten der Tiere verboten ist, sondern weil ihm nicht genügend Land und Weiden zur Verfügung stehen.

Doch selbst unfruchtbare Kühe sind kein totaler Verlust. Ihr Dung leistet als Düngemittel und Brennstoff einen wesentlichen Beitrag zum Energiesystem. Millionen Tonnen künstlicher Düngemittel müßten zu Preisen, die das Budget eines Kleinbauern bei weitem übersteigen, gekauft werden, um den durch das Schlachten einer großen Zahl von Rindern verursachten Ausfall an Dung wettzumachen. Da Rinderdung auch ein wichtiger Brennstofflieferant für die Nahrungszubereitung ist, würde das Schlachten einer großen Zahl von Rindern auch den Kauf teurer Brennstoffe wie Holz, Kohle oder Kerosin erforderlich machen. Rinderdung dagegen ist relativ billig, weil Rinder dem Menschen nichts wegfressen. Sie fressen auf den Felder die zurückgebliebenen Getreidestoppeln und marginales Gras an steilen Gebirgshanglagen, an Straßengräben, Bahndämmen und anderem nicht anbaufähigem Land. Das ständige Suchen der Kühe nach etwas Freßbarem erweckt den Eindruck, sie streiften ziellos umher und fräßen alles, was sich in ihrer Sichtweite befindet. Die meisten Kühe gehören aber jemandem. Auch in den Städten kehrt jede Kuh, nachdem sie in den Marktabfällen herumgewühlt und das Gras von Nachbars Rasen abgefressen hat, am Ende des Tages in ihren Stall zurück.

In einer Studie über das bioenergetische Gleichgewicht im Zusammenhang mit dem Rinderkomplex in westbengalischen Dörfern kam Stuart Odend'hal (1972) zu dem Ergebnis, daß »Rinder im Grunde Dinge von geringem Wert in Produkte von unmittelbarem Nutzen für den Menschen verwandeln«. Im Hinblick auf die Bereitstellung nützlicher Produkte war die Gesamtenergieleistung der Rinder um ein Vielfaches größer als die der agroindustriellen Rindfleischproduktion. Odend'hal kommt daher zu dem Schluß, daß »es unangemessen ist, den Produktivwert indischer Rinder nach westlichen Maßstäben zu beurteilen«.

Obwohl es vielleicht möglich wäre, das gegenwärtige Produktionsniveau an Ochsen und Dung mit wesentlich weniger Kühen einer größeren und besseren Rasse aufrechtzuerhalten oder gar zu erhöhen, erhebt sich die Frage, wie diese Kühe unter den armen Kleinbauern aufgeteilt werden sollten. Sollen die Bauern, die nur ein oder zwei altersschwache Tiere besitzen, von ihrem Land vertrieben werden?

Sieht man von dem Problem, ob das gegenwärtige Bevölkerungs- und Produktionsniveau auch mit weniger Kühen aufrechterhalten werden könnte, einmal ab, dann lautet die theoretisch wichtigere Frage, ob das festgestellte Zahlenverhältnis von Rindern zu Menschen eine Folge des Verbots der Rinderschlachtung ist. Das ist sehr unwahrscheinlich. Denn trotz des Schlachtverbots sondern hinduistische Bauern minderwertiges Vieh aus und passen das Verhältnis von männlichen und weiblichen Rindern den Ernte-, Wetter- und regionalen Bedingungen an. Rinder werden — ganz ähnlich wie man auch das menschliche Bevölkerungswachstum durch Kindertötung und -vernachlässigung kontrolliert (s. Kap. 5) — auf verschiedene indirekte Art und Weise getötet. Im Gangestal, einer der religiös orthodoxesten Regionen Indiens, kommen mehr als 200 Ochsen auf jeweils 100 Kühe (Vaidyanathan, Nair und Harris 1982).

Auch wenn wir die Perspektive des einzelnen Bauern beiseite lassen, gibt es eine Reihe von Gründen, die den Schluß nahelegen, daß die hinduistischen Tabus eher positiv als negativ auf die maximale Ertragsfähigkeit wirken. Ganz gleich, welche Folgen das Schlachtverbot für die Zusammensetzung der Rinderherden haben mag, es verhindert die Entwicklung einer Fleischkonservenindustrie. Eine derartige Industrie hätte in einem Land, das so dicht bevölkert ist wie Indien, ökologisch katastrophale Folgen. In diesem Zusammenhang soll noch einmal darauf hingewiesen werden, daß der Proteinertrag des bestehenden Systems nicht unwichtig ist. Obwohl indische Kühe nach westlichen Maßstäben nur sehr wenig Milch geben, steuern sie nichtsdestoweniger wenn auch geringe, so doch wichtige Proteinmengen zur Ernährung von Millionen von Menschen bei. Außerdem werden tatsächlich im Laufe eines Jahres beträchtliche Mengen an Rindfleisch verzehrt, da Tiere, die eines natürlichen Todes sterben, Ausgestoßenen, die sich von Aas ernähren, als Nahrung dienen. Schließlich soll noch die wichtige Funktion erwähnt werden, die dem Schlachtverbot in Zeiten der Hungersnot zukommt. Wenn Hunger die indische Landbevölkerung heimsucht, hilft das Schlachtverbot den Bauern, der Versuchung zu widerstehen, den Hunger mit Rindfleisch zu stillen. Würde die Versuchung ihre religiösen Skrupel besiegen, wären sie nicht imstande, neues Getreide zu pflanzen, wenn der Regen einsetzt. Der intensive Widerstand, den Hinduheilige dem Schlachten und dem Verzehr von Rindern entgegenbringen, erhält so im Zusammenhang der indischen Infrastruktur eine neue Bedeutung. Mit den Worten Mahatma Gandhis:

»Der Grund, warum die Kuh zur Apotheose ausgewählt wurde, ist für mich offensichtlich. Die Kuh war in Indien der beste Gefährte des Menschen. Sie gab vieles, denn sie gab nicht nur Milch, sondern machte auch die Landwirtschaft möglich« (1954: 3).

Zusammenfassung

Edward Tylor definierte Religion als Animismus oder Seelenglauben. Nach Tylor entwickelte sich die Vorstellung von gottähnlichen Wesen aus der Seelenvorstellung, die wiederum aus dem Versuch entstanden war, Trance-, Traum-, Schatten- und Spiegelungsphänomene zu erklären. Tylors Definition wurde kritisiert, weil sie die Multifunktionalität von Religion nicht berücksichtigte und die unleugbare Realität direkten halluzinatorischen Kontakts mit ungewöhnlichen Wesen übersah.

Wie der Drei-Seelen-Glaube der Jivaro beispielhaft zeigt, macht jede Kultur auf eigene Weise von den Grundkonzepten des Animismus Gebrauch.

Tylors Religionsdefinition wurde von Maretts Animatismus- und Manakonzept ergänzt. Animatismus bezeichnet den Glauben an eine allen Menschen, Tieren und Dingen innewohnende unpersönliche Lebenskraft. Die Konzentration dieser Kraft verleiht Menschen, Tieren und Dingen *Mana* oder die Fähigkeit, außergewöhnlich stark und erfolgreich zu sein.

Die abendländische Unterscheidung zwischen dem Natürlichen und dem Übernatürlichen ist nur begrenzt für emische Religionsdefinitionen brauchbar. Wie das Beispiel der Gururumba zeigt, bedeutet der Umstand, daß ein Bedarf an der rituellen Kontrolle bestimmter Wesen, Abläufe oder Kräfte besteht, nicht, daß andere Wesen, Abläufe und Kräfte mit Hilfe einer Reihe von entgegengesetzten Ritualen kontrolliert werden können. Mit anderen Worten, es gibt in vielen Kulturen keine übernatürlichen im Gegensatz zu natürlichen Kontrollen, sondern nur Kontrollen.

Die Unterscheidung zwischen sakralen und profanen Bereichen menschlicher Erfahrung ist vielleicht eher als die zwischen dem Natürlichen und dem Übernatürlichen von universeller Gültigkeit. Nach Durkheim bringt das Gefühl, daß etwas heilig ist, die Ehrfurcht vor der verborgenen Kraft des sozialen Konsenses zum Ausdruck. Obwohl also von Kultur zu Kultur verschieden sein mag, was den Bereich des Sakralen inhaltlich kennzeichnet, unterscheiden wahrscheinlich alle Kulturen zwischen sakralen und profanen Dingen.

Frazer versuchte, der enormen Vielfalt religiöser Erfahrung durch die Unterscheidung von Religion und Magie gerecht zu werden. Kennzeichen der Religion, so Frazer, seien Demut, Unterwerfung und Zweifel; typisches Merk-

mal der Magie ein mechanischer Ursache/Wirkung-Zusammenhang. Diese
Unterscheidung läßt sich jedoch nur schwer aufrechterhalten, wenn man sich
vor Augen hält, wie mechanisch und zwingend animatistische Wesen oft
manipuliert werden. Es gibt keine klare Trennung zwischen Gebeten und
magischen Formeln. Religion ist die Mischung aus Ehrfurcht und Staunen,
Langeweile und Erregung, Stärke und Schwäche.

Zwischen den Hauptformen religiöser Glaubenvorstellungen und Rituale
und den Ebenen politisch-ökonomischer Organisation besteht ein klarer Zusammenhang. Vier Ebenen religiöser Organisationsformen lassen sich unterscheiden: die individualistische, die schamanistische, die kollektive und die
ekklesiastische.

Die Religion der Eskimo verdeutlicht die individualistische oder »do-it-
yourself«-Ebene. Jeder einzelne führt ohne die Hilfe eines Spezialisten eine
Reihe von Ritualen aus und hält bestimmte Tabus ein, von denen man glaubt,
daß sie für das Überleben und Wohlergehen wichtig sind. Kulte, die von
jedermann ausgeübt werden können, sind nichtsdestoweniger kulturell stan-
dardisiert. Wie das Beispiel der Visionssuche bei den Crow zeigt, folgen individualistische Glaubensvorstellungen und Rituale stets kulturell geprägten
Mustern.

Keine Kultur ist frei von schamanistischen Kulten. Diese werden von
magisch-religiösen Teilzeitexperten oder Schamanen ausgeführt, die über
besondere Talente und ein spezielles Wissen verfügen. Zu den schamanistischen Techniken gehören Taschenspielertricks, Trancezustände und Besse-
senheit. Wie das Beipiel der Tapirapé-Schamanen veranschaulicht, gehört es
zu den Aufgaben eines Schamanen, Kranke zu heilen und Übeltäter zu identifizieren und unschädlich zu machen. Viele Schamanen glauben, sie könnten fliegen und sich in der Zeit vor- und zurückbewegen.

Auch kollektive Kulte, die öffentliche, für das Wohl und das Überleben
der sozialen Gruppe insgesamt als wichtig erachtete Rituale umfassen, kommen bis zu einem gewissen Maß auf allen politischen Ebenen vor. Selbst
in Kulturen wie denen der Eskimo und der Crow, in denen individualistische und schamanistische Rituale überwiegen, finden kollektive Rituale
wie die Beichte und der Sonnentanz statt. Zwei Haupttypen kollektiver
Rituale lassen sich unterscheiden: Solidaritätsriten und Übergangsriten.
Wie an den totemistischen Ritualen der Aranda verdeutlicht, bestätigen
und stärken Solidaritätsriten das Identitätsgefühl einer Gruppe und bringen
die Ansprüche der Gruppe auf ein Territorium und seine Ressourcen symbolisch zum Ausdruck. Wie das Beispiel der Beschneidungsrituale bei den
Ndembu zeigt, bringen Übergangsriten die Auslöschung bzw. den Neuer-
werb einer wichtigen sozialen Position durch symbolischen »Tod« bzw.

symbolische »Geburt« öffentlich zum Ausdruck. Dabei spielt es keine Rolle, ob es sich um den Statuswechsel eines einzelnen oder einer ganzen Gruppe handelt.

Ekklesiastische Kulte schließlich werden von einer Hierarchie von beruflichen Spezialisten oder »Priestern« dominiert, deren Wissen und Fähigkeiten gewöhnlich der herrschenden Klasse eines Staatswesens zu Gebote stehen. Um das Wohl des Staats und des Universums zu wahren und zu mehren, müssen die ekklesiastischen Spezialisten historisches, astronomisches und rituelles Wissen erwerben. Kennzeichnend für ekklesiastische Kulte sind außerdem enorme Investitionen für Bauwerke, Monumente und Personal sowie die tiefe Kluft, die die im Kult aktiven Priesterspezialisten von der großen Masse der mehr oder weniger passiven, die »Gemeinde« bildenden Zuschauer trennt. Mit der Entstehung des Staates veränderte sich das Ziel der Kriegsführung: die feindliche Bevölkerung wurde nicht mehr vertrieben, sondern dem imperialen System einverleibt. Dies führte dazu, daß Kriegsgefangene nicht mehr geopfert und verspeist wurden. Eine Theorie, die die einzigartigen Züge der aztekischen Religion zu erklären versucht, geht davon aus, daß die tierischen Ressourcen in Zentralmexiko erschöpft waren. Für den aztekischen Staat, dem es um die Rechtfertigung, Ausweitung und Konsolidierung der Macht der herrschenden Klasse ging, war es schwer, seine Soldaten nicht mit dem Fleisch feindlicher Soldaten zu belohnen. Daß die tierischen Ressourcen der Azteken erschöpft waren, zeigt sich daran, daß Insekten, Würmer und Algen in der Ernährung der Azteken eine wichtige Rolle spielten. Obwohl durch derartige Nahrungsmittel — wie auch durch Mais und Bohnen — dem Körper ausreichend Proteine zugeführt werden können, spiegelt die hohe Wertschätzung des Fleischs von Wirbeltieren und die von Milchprodukten die universelle Anpassungsstrategie wider, den Protein-, Fett-, Mineralien- und Vitaminkonsum so hoch wie möglich zu halten. Der Verzehr von Menschenfleisch bei den Azteken war Ausdruck dieser Anpassungsstrategie und konnte nicht unterdrückt werden, weil andere tierische Nahrungsquellen erschöpft waren.

Revitalisierungsbewegungen sind ein weiteres religiöses Phänomen, das nicht unabhängig von den politisch-ökonomischen Bedingungen verstanden werden kann. Unter politisch-ökonomischem Druck entwickeln untergeordnete Kasten, Klassen, Minderheiten und ethnische Gruppen religiöse Vorstellungen und Rituale, deren Ziel eine drastische Verbesserung des Lebens im Diesseits und/oder Jenseits ist. Diese Bewegungen besitzen die latente Fähigkeit, übergeordnete Gruppen direkt oder indirekt in politischen oder militärischen Aktionen anzugreifen. Sie können aber auch nach innen gerichtet und auf Anpassung bedacht sein, indem sie passive, die Schuld des einzel-

nen betonende Lehren verbreiten und Rituale vollführen, die auf Kontemplation und der Einnahme von Drogen basieren.

Die Erneuerungsbewegungen der nordamerikanischen Indianer waren
anfänglich ein heftiger Protest gegen Genozid und Ethnozid. Die Sioux zogen
Geistertanzhemden an, um sich vor Kugeln zu schützen. Nachdem die Geistertanzbewegung unterdrückt worden war, kehrten Revitalisierungsbewegungen wie die Peyotereligion zur kontemplativen Erneuerung indianischer
Traditionen zurück. In jüngster Zeit kämpfen die Indianer eher mit säkularen
und juristischen Mitteln um ihre Rechte.

Die Propheten melanesischer Cargokulte weissagten, die Ahnen würden in
mit europäischen Handelswaren beladenen Schiffen zurückkehren. Später
traten Flugzeuge und Raumschiffe an die Stelle der Segelschiffe und Dampf-
fer. In den Cargokulten drückte sich die falsche Einschätzung industrieller
Staatssysteme durch Völker aus, deren politischer Entwicklungsstand bei
ihrem Kontakt mit dem System der Lohnarbeit durch das Leben in Dorfgemeinschaften charakterisiert war.

Religiöse Vorstellungen und Rituale haben auch in Form von Tabus adaptive Funktionen. Tabus sind oft sakrale Verbote, die Ambiguitäten auflösen
und bestimmte Verhaltensweisen, wie zum Beispiel Inzest, verhindern sollen,
die kurzfristig zwar Befriedigung verschaffen, langfristig aber das soziale
Gewebe zerstören. Viele Tabus in bezug auf Tiere, deren Ausbeutung proble-
matische ökologische und ökonomische Folgen hätte, lassen sich ähnlich interpretieren. Das Schweinetabu der alten Israeliten kann zum Beispiel als
Anpassung an veränderte Bedingungen der Schweinezucht betrachtet werden
– veränderte Bedingungen, die eine Folge des Bevölkerungswachstums, der
Reduzierung des Waldbestands und der Ausbreitung der Wüste waren.
Ebenso können kurzfristige im Gegensatz zu langfristigen Kosten/Nutzen-
Überlegungen der Bewohner unterschiedlich großer Dörfer im tropischen
Regenwald des Amazonasgebiets der Grund dafür sein, daß bestimmte Tiere
gejagt, andere nicht gejagt werden und mit unterschiedlich strengen Tabus
belegt sind. Die heilige Kuh in Indien liefert ein letztes Beispiel dafür, wie
Tabus und ganze Religionen veränderten politischen, ökonomischen und
ökologischen Bedingungen angepaßt werden.

13 Kunst

Dieses Kapitel versucht zu zeigen, was dem Denken und Verhalten im Zusammenhang mit Malerei, Musik, Dichtung, Bildhauerei, Tanz und anderen Medien künstlerischer Produktion gemeinsam ist. Gleichzeitig bemüht es sich zu erklären, warum die spezifischen Formen und Stile künstlerischen Ausdrucks von Kultur zu Kultur verschieden sind. Wir werden sehen, daß Kunst kein isolierter Bereich menschlicher Erfahrung, sondern eng mit anderen Aspekten soziokultureller Systeme verbunden ist.

Was ist Kunst?

Alexander Alland (1977: 39) definiert Kunst als »das Spiel mit den Formen, das eine ästhetisch gelungene Transformation bzw. Darstellung hervorbringt«. Die wichtigsten Bestandteile dieser Definition sind »Spiel«, »Form«, »ästhetisch« und »Transformation«. *Spiel* ist der Aspekt einer Tätigkeit, der vergnüglich und in sich selbst befriedigend ist und nicht einfach mit den nützlichen oder das Überleben sichernden Funktionen dieser Tätigkeit erklärt werden kann. *Form* bezeichnet eine Reihe von Regeln, die bestimmen, wie das Kunstspiel in Raum und Zeit vor sich gehen soll – die Spielregeln der Kunst. *Ästhetisch* meint die universell menschliche Fähigkeit, auf ein gelungenes Kunstwerk emotional mit Freude und Wertschätzung zu reagieren. *Transformation* bzw. *Darstellung* bezieht sich auf den kommunikativen Aspekt der Kunst. Kunst stellt immer etwas dar – übermittelt Informationen – aber dieses »etwas« wird nie in seiner eigentlichen Gestalt, Farbe, Bewegung, nie in seinem eigentlichen Klang oder Gefühlszustand dargestellt. Um Kunst zu sein – und das unterscheidet sie von anderen Kommunikationsformen – muß eine Transformation des Dargestellten in eine metaphorische oder symbolische Aussage, eine Bewegung, ein Bild oder ein Objekt stattfinden. Ein Porträt beispielsweise, ganz gleich, wie »realistisch« es sein mag, kann nur eine Transformation der Person sein, die es bildlich darstellt.

Wie Alland zeigt, sind spielerisches Verhalten, formales und ästhetisches Empfinden auch für viele Tiere charakteristisch. Zum Beispiel spielen Schimpansen gern mit Farben. Dabei beweisen sie, indem sie ihre Malerei in die Mitte einer freien Fläche setzen oder sie an verschiedenen Stellen des Papieres ins Gleichgewicht bringen, ein gewisses Formempfinden. (Sie malen also nicht einfach drauflos.) Ihre wiederholten Versuche, einfache Muster wie Kreise und Dreiecke so genau wie möglich zu kopieren, lassen auf ein ästhetisches Empfinden schließen. Außerdem ist die Fähigkeit, Symbole zu verwenden und Regeln symbolischer Transformation zu erlernen, wie wir in Kapitel 3 gesehen haben, nicht völlig auf Menschen beschränkt. Die dreijährige Schimpansin Moja malte zum Beispiel einen Vogel, indem sie das Zeichen dafür zu Papier brachte. Ihr Trainer wollte sichergehen, daß es tatsächlich ein Vogel und nicht eine Beere sein sollte, deshalb bat er Moja, eine Beere zu malen, was sie auch prompt tat (Hill 1978: 98).

Doch ebenso wie eine grammatikalische Sprache bei freilebenden Menschenaffen rudimentär bleibt, bleiben es auch ihre künstlerischen Leistungen. Obwohl sie Ansätze von Kunst zeigen, kann nur der *Homo sapiens* mit Recht als künstlerisches Tier bezeichnet werden.

Kunst als kulturelle Kategorie

Kunst als etische Denk- und Verhaltenskategorie läßt sich in allen menschlichen Kulturen feststellen, nicht universell hingegen ist die emische Unterscheidung zwischen Kunst und Nicht-Kunst (ganz ähnlich wie nicht alle Kulturen zwischen dem Natürlichen und dem Übernatürlichen unterscheiden). Wenn Europäer oder Amerikaner von Kunst sprechen, meinen sie damit eine spezifische emische Kategorie der modernen euroamerikanischen Zivilisation. Schulkinder in Europa und Amerika übernehmen die kulturspezifische Vorstellung, daß Kunst eine Kategorie von Tätigkeiten und Produkten ist, die im Gegensatz zur Kategorie der Nicht-Kunst steht. Mit anderen Worten, sie lernen zu glauben, daß einige Gemälde, Schnitzereien, Lieder, Tänze und Geschichten keine Kunst sind. In der westlichen Zivilisation gibt es spezielle Autoritäten, die Kunst machen oder beurteilen und die Museen, Konservatorien, wichtige Zeitschriften und andere, der Kunst als Lebensunterhalt und Lebensstil gewidmete Organisationen und Institutionen kontrollieren. Vom Urteil dieser Autoritäten hängt es ab, ob eine bestimmte Leistung als künstlerisch gilt oder nicht. Die meisten Kulturen kennen ein derartiges Kunstestablishment nicht. Das heißt aber nicht, daß sie keine Kunst oder keine künstlerischen Maßstäbe hätten. Eine Malerei auf einem Tongefäß oder einem Felsen, eine geschnitzte Maske oder ein geschnitzter Stab, ein Lied oder ein Gesang in einem Pubertätsritual — sie alle sind kritischer Beurteilung von seiten der Ausführenden wie der Zuschauer unterworfen. Alle Kulturen unterscheiden im Hinblick auf dekorative, bildliche und expressive Ausdrucksformen zwischen befriedigenderen und weniger befriedigenderen ästhetischen Erfahrungen.

Grundlegend für die westliche Vorstellung von Kunst und Nicht-Kunst ist, daß alle Muster, Geschichten und Gegenstände, die im alltäglichen Leben verwendet und hauptsächlich zu praktischen Zwecken oder für den Handel hergestellt werden, nicht als Kunst betrachtet werden. Man unterscheidet zwischen Schreinern und Leuten, die Holzplastiken herstellen; zwischen Maurern und Architekten; zwischen Malern, die Farbe auf Häuser, und solchen, die Farbe auf Leinwände malen usw. In anderen Kulturen ist ein ähnlicher Gegensatz zwischen Kunst und dem praktischen Leben selten anzutreffen. Viele Kunstwerke entstehen in völliger Harmonie mit praktischen Zielen. Überall auf der Welt bereitet es den Menschen, ob sie nun Spezialisten sind oder nicht, Vergnügen, spielerisch die Konturen und Oberflächen von Tongefäßen, Geweben, Holz- und Metallgegenständen zu verzieren und umzuformen. In allen Kulturen gibt es jedoch anerkanntermaßen bestimmte Personen, die bei der Herstellung nützlicher Gegenstände und ihrer Verzierung mit angenehmen Mustern geschickter als andere sind. Die meisten Ethnologen sehen in dem geschickten Schnitzer, Korbflechter, Töpfer, Weber oder Sandalenhersteller einen Künstler.

Kunst und Erfindung

Nach Allends (1977: 24) Auffassung ist das Spiel eine Form explorativen Verhaltens, das es den Menschen gestattet, in einem kontrollierten und geschützten Zusammenhang neue und möglicherweise nützliche Reaktionen auszuprobieren. Der spielerische Schaffenstrieb, der jeder Kunst zugrunde liegt, ist deshalb wahrscheinlich eng mit dem Schaffenstrieb verbunden, der der Entwicklung von Wissenschaft, Technik und neuen Institutionen zugrunde liegt. Zum Beispiel läßt sich im ganzen Paläolithikum schwer feststellen, wo Technik aufhört und Kunst beginnt oder wo Kunst aufhört und Technik beginnt. Eine Lorbeerblattsteinklinge aus dem Solutréen (Altsteinzeit) ist ebenso eine ästhetische Ausdrucksform wie ein Instrument zum Fleischschneiden. Die vollkommene Symmetrie von Netzen, Körben und textilen Geweben ist notwendig, damit diese Dinge richtig funktionieren. Selbst die Entwicklung musikalischer Ausdrucksmedien kann von technischem Nutzen sein. Zum Beispiel bestand wahrscheinlich ein gewisser Zusammmmenhang zwischen der Erfindung des Bogens als Jagdwaffe und dem Zupfen gespannter Saiten um der musikalischen Wirkung willen. Niemand weiß, was zuerst da war, aber Kulturen mit Bögen und Pfeilen kennen immer auch Saiteninstrumente. Blasinstrumente, Blasrohre, Ventile und Gebläse bilden ebenfalls einen gemeinsamen Komplex. Desgleichen besteht ein Zusammenhang zwischen Metallurgie und Chemie einerseits und dem Experimentieren mit ornamentalen Formen, Texturen und Farben von Keramik- und Textilprodukten andererseits. Es ist daher nützlich und sinnvoll, Handwerker zum Experimentieren mit neuen Techniken und Materialien zu ermutigen. Kein Wunder also, daß viele Kulturen technische Virtuosität für *Mana* halten. Andere betrachten sie als ein Geschenk der Götter. Nach klassischer griechischer Vorstellung war für wahre künstlerische Leistungen die Hilfe der Musen — der Göttinnen der Redner, Tänzer und Musiker — notwendig.

Kunst und kulturelle Standardisierung

In den meisten Fällen orientiert sich künstlerische Gestaltung bewußt an vorgegebenen Formen. Aufgabe des Künstlers ist es, diese Formen immer wieder zu reproduzieren, indem er kulturell standardisierte Elemente wie vertraute und angenehme Töne, Farben, Linien, Formen, Bewegungen usw. neu kombiniert. Selbstverständlich muß immer auch ein spielerisches und kreatives Element enthalten sein, sonst wäre das Ergebnis nicht Kunst. Soll andererseits die Transformation bzw. Darstellung etwas kommunizieren — und sie muß etwas kommunizieren, wenn es ein erfolgreiches Kunstwerk sein soll — dürfen die Spielregeln nicht die private Erfingung des Künstlers sein. Die meisten Kulturen streben daher keine totale Originalität in ihren Künsten an.

Die künstlerische Produktion der einzelnen Kulturen unterscheidet sich hauptsächlich durch die Wiederholung verschiedenartiger traditioneller und vertrauter Elemente. Zum Beispiel ist die Bildhauerkunst der Nordwestküsten-Indianer dafür bekannt, daß sie bei der Darstellung tierischer wie menschlicher Motive stets Wert darauf legt, sowohl die inneren als auch die äußeren Organe zu zeigen. Diese Organe werden symmetrisch in umgrenzten geometrischen Formen angeordnet. Dagegen zeichnet sich die Holzplastik der Maori dadurch aus, daß Oberflächen in ausgeprägte und komplizierte Filigranarbeiten und Windungen aufgelöst werden. Bei den Mochica im alten Peru stellten Töpferwaren das bildhauerische Medium dar. Mochica-Tongefäße sind für ihren Realismus bei Porträts und Darstellungen häuslichen und sexuellen Verhaltens berühmt. Auf diese Weise lassen sich Hunderte solcher leicht erkennbarer und unterschiedlicher Kunststile in den verschiedenen

Kulturen unterscheiden. Kontinuität und Integrität dieser Stile sind die wichtigste Voraussetzung dafür, daß ein Volk Kunst versteht und Gefallen an ihr findet.

Die Kunst der modernen westlichen Kultur stellt mit ihrer Betonung formaler Originalität ein Unikum dar. Es gilt als normal, daß Kunst von Experten interpretiert und erklärt werden muß, damit sie verstanden und geschätzt werden kann. Seit dem Ende des 19. Jahrhunderts sind für das westliche Kunstestablishment diejenigen Künstler die größten, die mit der Tradition brechen, neue formale Regeln einführen und damit ihr Werk zumindest eine gewisse Zeit für viele unverständlich machen. Mit dieser Abwertung der Tradition ist die Vorstellung vom einsamen Künstler verbunden, der in Armut lebt und gegen die von der vorgegebenen Fähigkeit seines Publikums gesetzten Grenzen, wahre Genialität zu schätzen und zu verstehen, ankämpft.

So haben die kreativen, spielerischen und transformativen Aspekte der modernen Kunst die Oberhand über die formalen und darstellenden Aspekte gewonnen. Heutige euroamerikanische Künstler streben ganz bewußt danach, vollkommen neue formale Regeln aufzustellen. Sie wetteifern im Erfinden neuer Gestaltungen, die die traditionellen ersetzen sollen. Nach modernen ästhetischen Maßstäben ist Originalität wichtiger als Verständlichkeit. Tatsächlich mag ein Kunstwerk kritisiert werden, weil es zu leicht verständlich ist. Viele Kunstkritiker sehen es mehr oder weniger bewußt als selbstverständlich an, daß Neues bis zu einem gewissen Grad unverständlich sein muß. Wie läßt sich dieser Zwang, originell sein zu wollen, erklären?

Ein wichtiger Faktor ist die Reaktion auf die Massenproduktion. Massenproduktion führt zur Entwertung der technischen Virtuosität sowie zur Entwertung aller Kunst, die Ähnlichkeit zu Kunstgegenständen oder künstlerischen Leistungen von anderen aufweist. Ein anderer Faktor, der in Betracht gezogen werden muß, ist die Abhängigkeit des modernen Künstlers von einem kommerziellen Markt, auf dem das Angebot die Nachfrage ständig übersteigt. Für Teilzeitkünstler in einer Horden- oder Dorfgesellschaft ist Originalität nur insofern interessant, als sie das ästhetische Vergnügen an ihrer Arbeit vergrößert. Ihr Lebensunterhalt hängt nicht davon ab, daß sie eine künstlerische Identität und eine persönliche Anhängerschaft erwerben. Hinzu kommt der rasche Kulturwandel in modernen Gesellschaften. In einem gewissen Umfang spiegelt die Betonung künstlerischer Originalität lediglich die Geschwindigkeit wider, mit der sich dieser Wandel vollzieht. Schließlich mögen auch die Entfremdungs- und Isolierungstendenzen der modernen Massengesellschaft eine Rolle spielen. Ein Großteil der modernen Kunst ist Ausdruck der Einsamkeit, Ratlosigkeit und Angst des kreativen Menschen in einer entpersönlichten und feindseligen städtischen und industriellen Welt.

Kunst und Religion

Die Geschichte und Ethnographie der Kunst lassen sich nicht von der Geschichte und Ethnographie der Religion trennen. Kunst als ein Aspekt religiösen Glaubens und Rituals reicht mindestens 40 000 Jahre zurück. Auf Wände und Decken tiefer Höhlen in Spanien und Frankreich, in verborgenen Galerien, in die kein Tageslicht fiel, haben jungsteinzeitliche Menschen Bilder von ihren Jagdtieren gemalt und eingeritzt. Ähnliche Gemälde finden sich, wenngleich in geringerem Umfang, auch am anderen Ende Europas, z.B. in Rußland. Hin und wieder tauchen eine menschliche Figur – manchmal mit Maske – Umrisse von Händen, Piktogramme und geometrische Symbole auf, doch die meisten Gemälde und Gravuren stellen Pferde, Bisons, Mammuts, Rentiere, Steinböcke, Wildschweine, Wildrinder, Rhinozerosse mit dichtem Fell oder andere Großwildtiere dar. Trotz der heute so bewunderten Sparsamkeit von Linien und Farben muß die paläolithische Höhlenkunst mindestens ebensosehr als Ausdruck kulturell begründeter Rituale wie individueller oder kultureller ästhetischer Impulse betrachtet werden. Oft malte man die Tiere an ein und derselben Stelle übereinander, obwohl genügend freie Flächen zur Verfügung standen, was den Schluß zuläßt, daß die Bilder sowohl rituelle als auch künstlerische Funktionen hatten. Allgemein nimmt man an, daß die Gemälde im Zusammenhang mit Jagdmagie zu sehen sind, was aber tatsächlich ihre Funktion war, läßt sich nicht verläßlich rekonstruieren. Das einzige, was sich mit Sicherheit sagen läßt ist, daß die Jäger von der Kraft und Schönheit der Tiere, deren Tod ihr eigenes Leben ermöglichte, beeindruckt waren (Leroi-Gourhan 1968, 1982; Ucko und Rosenfield 1967). Kunst ist eng mit allen vier organisatorischen Ebenen der Religion verknüpft. Zum Beispiel sind auf der individualistischen Ebene magische Lieder Bestandteil der Offenbarungen, die den Visionssuchern der Great Plains gewährt werden. Selbst die Herstellung der Schrumpfkopftrophäen bei den Jivaro muß ästhetischen Maßstäben genügen. Und Gesang und Tanz sind meist fester Bestandteil eines schamanistischen Rituals. Auch die Beschreibung des Tapirapé-Schamanen (S. 291), wie er die *mumpí anká* Waldgeister traf, enthält viele ästhetische Elemente.

Auf der kollektiven Ebene religiöser Organisation bieten Pubertätsrituale wie die der Ndembu (S. 296) Gelegenheit zum Tanz und zum Mythen- und Geschichtenerzählen. Auch praktiziert man in kollektiven Zeremonien oft Körperbemalung, wofür die Aranda ein Beispiel sind. Bei Pubertäts- wie bei Bestattungsritualen singt, tanzt und trägt man nicht selten Masken. Religiös wichtiges Bestattungszubehör wie Särge und Grabpfosten weist meist eine umfangreiche künstlerische Gestaltung auf. In vielen Kulturen gibt man einem Verstorbenen Zeremonialgegenstände wie Tongefäße oder Keulen, Dolche und andere Waffen mit ins Grab. Statuen und Masken stellen oft Ahnen und Götter dar und werden in Männerhäusern oder in Schreinen aufbewahrt. *Churingas* (S. 293), die heiligsten Sakralgegenstände der Aranda, weisen kunstvoll eingeritzte spiral- und kreisförmige Windungen auf, die den Weg darstellen, den die Ahnen in der Traumzeit genommen haben.

Auf der ekklesiastischen Ebene religiöser Organisation schließlich gehen Kunst und Religion in Pyramiden, monumentalen Prachtstraßen, Steinplastiken, auf Monolithen gemeißelten Kalenderberechnungen, Tempeln, Altären, Priestergewändern und einer beinahe unendlichen Vielzahl ritueller Ornamente und sakraler Paraphernalia eine enge Verbindung ein.

Zweifellos befriedigen Kunst, Religion und Magie vielerlei ähnliche psychische Bedürfnisse des Menschen. In ihnen lassen sich Gefühle und Empfindungen ausdrücken, die im gewöhnlichen Leben nicht so leicht zum Ausdruck gebracht werden können. Sie vermitteln das Gefühl, Macht über unvorhersehbare Ereignisse und geheimnisvolle, unsichtbare Mächte zu haben oder an ihnen teilzuhaben. Sie verleihen einer indifferenten, an sich neutralen Welt menschlichen Sinn und Wert. Sie sind bestrebt, die Fassade der gewöhnlichen Erscheinungen zu durchdringen und zur wahren, kosmischen Bedeutung der Dinge vorzustoßen. Und sie bedienen sich der Illusionsbildung, dramatischer Tricks und Kunststücke, um die Menschen zum Glauben an sich zu bringen.

Kunst und Politik

Kunst ist auch eng mit Politik verknüpft. Das wird besonders im Zusammenhang mit staatlich geförderter Kunst deutlich. Wie wir gesehen haben, ist Religion in geschichteten Gesellschaften ein Mittel sozialer Kontrolle. Die herrschende Klasse macht sich die Fähigkeiten der Künstler zunutze, um dem einfachen Volk religiöse Gehorsamsvorstellungen einzuprägen und den Status quo zu rechtfertigen. Im Gegensatz zum weitverbreiteten Bild vom Künstler als einem Freigeist, der jede Autorität verachtet, ist der größte Teil der Kunst in staatlich organisierten Gesellschaften politisch konservativ. Ekklesiastische Kunst interpretiert die Welt in Übereinstimmung mit allgemein gültigen Mythen und Ideologien, die Ungleichheit und Ausbeutung rechtfertigen. Kunst macht die Götter als Idole sichtbar. Wenn das einfache Volk der massiven, wie von übernatürlicher Hand gemeißelten Steinblöcke ansichtig wird, begreift es, daß es unterwürfig zu sein hat. Beim Anblick der gigantischen Pyramiden sind einfache Leute von Ehrfurcht ergriffen und fasziniert und berauschen sich an den Prozessionen und Gebeten, der Prachtentfaltung und den Opferhandlungen der Priester vor eindrucksvoller Kulisse — z.B. goldenen Altären, säulenumgrenzten Tempeln, großen gewölbten Dächern, riesigen Rampen und Treppen, Fenstern, durch die nur das Licht des Himmels dringt.

Kirche und Staat waren bis auf die letzten Jahrhunderte der Geschichte die größten Förderer der Künste. Mit der Entstehung des Kapitalismus kam es in der westlichen Welt zu einer Dezentralisierung kirchlicher und ziviler Institutionen, und wohlhabende Einzelpersonen begannen, Kirche und Staat als Förderer der Künste immer mehr zu ersetzen. Dieses individualisierte Mäzenatentum ermöglichte eine größere Flexibilität und Freiheit des künstlerischen Ausdrucks. In der Folge nahm die Behandlung politisch neutraler, säkularer, selbst revolutionärer und frevlerischer Themen zu. Die Künste entwickelten sich zu individualistischen und weltlichen Ausdrucks- und Unterhaltungsformen. Zum Schutz und zur Wahrung der neugewonnenen Autonomie machte sich das Kunstestablishment die Doktrin von der »Kunst um der Kunst willen« zu eigen. Als aber die Künstler die Freiheit hatten, sich ganz nach eigenem Ermessen auszudrücken, waren sie sich nicht mehr sicher, was sie eigentlich ausdrücken wollten. Sie gaben sich — wie bereits erwähnt — mehr und mehr idiosynkratischen und obskuren, neu und unverständlich angeordneten Symbolen hin. Und die immer weniger an Kommunikation interessierten Kunstmäzene sahen im Kauf und in der Förderung von Kunst immer mehr ein mit Prestige verbundenes kommerzielles Unternehmen, das hohe Gewinne abwarf, Steuerermäßigungen einbrachte und eine Absicherung gegen die Inflation darstellte. Im Gegensatz hierzu ist man in den kommunistischen Ländern wieder zur staatlichen Förderung der Kunst zurückgekehrt und setzt diese bewußt als Mittel ein, die Bürger davon zu überzeugen, daß der nachrevolutionäre Status quo gerecht und unumgänglich ist. So kam es, daß Künstler im Osten wie im Westen und in der Dritten Welt sich ebenso in politische Auseinandersetzungen wie in kreative Transformationen und Darstellungen zur Befriedigung der menschlichen Sehnsucht nach ästhetischem Vergnügen verstrickt fanden. Auf jeden Künstler der Welt, der Kunst vor Politik stellt, kommt mindestens einer, der Politik vor Kunst stellt.

Entwicklung der Musik und des Tanzes

Einige Ethnologen sind der Auffassung, daß sich der Einfluß struktureller und infrastruktureller Faktoren auf die Kunst direkt in den formalen Eigenschaften und ästhetischen Normen verschiedener kultureller Stile bemerkbar macht. Nach Allan Lomax (1968; Lomax und Arensberg 1977) und seinen Mitarbeitern sind beispielsweise bestimmte wesentliche Merkmale des Gesangs, der Musik und des Tanzes eng damit verknüpft, welchem Lebensunterhalt die Angehörigen einer Kultur nachgehen. Für Horden- und Dorfgesellschaften ist im allgemeinen, zumindest der Tendenz nach, ein anderer Musik-, Gesangs- und Tanzkomplex charakteristisch als für Häuptlingstümer und Staaten. Unterscheidet man Kulturen in solche, die auf einer Subsistenztechnologie-Skala unten, und solche, die oben angeordnet sind, kommt man zu folgenden Zusammenhängen:

Musikalische Intervalle: In weniger entwickelten Subsistenzsystemen verwendet man Tonstufen, bei denen die Töne weit auseinanderliegen — d.h. Intervalle von einem Drittel und mehr aufweisen, in fortgeschrittenen Subsistenzsystemen dagegen Tonstufen, die sich durch mehr oder kleinere Intervalle auszeichnen.

Wiederholung im Liedtext: In weniger entwickelten Subsistenzkulturen verwendet man in Liedern häufiger Wiederholungen — d.h. man gebraucht weniger und immer wieder dieselben Wörter.

Komplexität und Art des Orchesters: Es besteht ein Zusammenhang zwischen entwickelten Subsistenzsystemen und musikalischen Darbietungen, die eine größere Zahl von Ausführenden und Instrumenten umfassen. In weniger entwickelten Subsistenzsystemen bringt man dagegen nur ein oder zwei verschiedene Instrumente und insgesamt nur eine kleinere Zahl zum Einsatz.

Tanzstile: Es besteht ein Zusammenhang zwischen entwickelten Subsistenzsystemen und Tanzstilen, die darin bestehen, daß viele Körperteile — Finger, Handgelenke, Arme, Rumpf, Beine, Füße, Zehen — verschiedene Bewegungen auszuführen oder »Rollen zu spielen« haben. Und je entwickelter das Subsistenzsystem, um so mehr neigt ein Tanzstil dazu, komplexe Krümmungsbewegungen statt einfache Auf-und-ab-Bewegungen (wie beim Hüpfen) oder Seitwärtsschritte (wie bei Schleifschritten) zu betonen.

Lomax sieht in diesen Beziehungen zwischen Subsistenzform und Kunst das Ergebnis direkter wie indirekter Subsistenzeinflüsse. Eine große, komplexe Orchestrierung reflektiert zum Beispiel die strukturelle Fähigkeit einer Gesellschaft zur Bildung großer, koordinierter Gruppen. Tanzstile mögen andererseits einfach Ausdruck charakteristischer Bewegungen sein, die man beim Einsatz von Arbeitsgeräten wie Grabstöcken im Gegensatz zu Pflügen oder komplizierten Maschinen macht. Einige Tänze kann man auch als Arbeits-, Kriegs- und Selbstverteidigungsübungen betrachten.

Lomax' Ergebnisse wurden einer methodischen Kritik unterzogen, die vor allem die von ihm angewandten Auswahl- und Kodierverfahren betraf (s. Kaeppler 1978). Dennoch stellt sein Versuch, Musik- und Tanzstile zu messen, zu vergleichen und zur Sozialstruktur wie zur Gewinnung des Lebensunterhalts in Beziehung zu setzen, einen wichtigen Forschungsansatz dar.

Die Komplexität primitiver Kunst: die Rhetorik der Campa

Europäer und Amerikaner begehen leicht den Fehler zu glauben, die Kunst der Horden- und Dorfgesellschaften sei zwangsläufig einfacher oder naiver als die Kunst der modernen Industriegesellschaften. Obwohl bei vielen stilistischen Aspekten der Kunst, wie wir gesehen haben, eine Entwicklung von einfachen zu komplexeren Formen festzustellen ist, mögen andere Aspekte der Kunst steinzeitlicher Jäger und Sammler ebenso komplex wie heute sein. Die Rhetorik der Campa ist hierfür ein gutes Beispiel.

Rhetorik ist die Kunst überzeugender öffentlicher Rede und als solche eng mit den darstellenden Künsten verknüpft. Wie Gerald Weiss (1977b) herausgefunden hat, wenden die in Ostperu am Oberlauf des Amazonas lebenden Campa, die weder lesen noch schreiben können, die wichtigsten, von den großen griechischen und römischen Philosophen und Rednern des Altertums entwickelten rhetorischen Kunstgriffe an. Auch sie wollen mit öffentlichen Reden nicht bloß informieren, sondern überreden und überzeugen. »Erzählen ist bei den Campa eine 'besondere Zeit', in der der Erzähler die Zuhörer mit seiner Darstellung so fesselt, daß eine besondere Beziehung zwischen ihnen entsteht, deren Qualität er mit wirkungsvollen rhetorischen Kunstgriffen zu erhalten und zu steigern sucht« (1977b: 173).

Hier ein paar Beispiele für diese Kunstgriffe, die Weiss aus der Campa-Sprache, die zur Arawak genannten indianischen Sprachfamilie gehört, übersetzt hat:

Rhetorische Fragen: Der Redner stellt die These auf, die Campa ließen es an der nötigen Verehrung ihres Himmelgottes, der Sonne, fehlen, indem er eine Frage stellt, die er sogleich selbst beantwortet. »*Flehen wir ihn demütig an, ihn hier, der im Himmel lebt, den Sonnengott? Nein, wir wissen nicht, wie wir ihn demütig anflehen*«.

Iteration (Wirkung durch Wiederholung): Der Redner verleiht einem Argument eine emphatische, anschauliche, filmähnliche Qualität, indem er einige Schlüsselworte wiederholt. Zum Beispiel entsteigen Feinde einem See: »*Und so tauchten sie in großer Zahl auf — er sah sie auftauchen, auftauchen, auftauchen, auftauchen, auftauchen, auftauchen, auftauchen, auftauchen, auftauchen, alle alle.«*

Bilder und Metaphern: Tod wird mit dem Satz umschrieben: *»Die Erde wird ihn essen.«* Oder der Körper wird als *»Umkleidung der Seele«* beschrieben.

Verweis auf Offenkundiges: Als Beweis, daß der Fettschwalm früher ein Mensch war: *»Ja, er war früher ein Mensch — hat er nicht einen Schnurrbart?«*

Verweis auf Autoritäten: »Sie haben es mir vor langer Zeit erzählt, sie, die Ältesten, die diese Worte gehört haben, vor langer Zeit, so war das.«

Antithese (Wirkung durch Kontrast): Ein Kolibri ist dabei, das Himmelsseil hinaufzuziehen, was anderen größeren Tieren nicht gelungen ist: *»Sie sind alle groß, während ich klein und rundlich bin.«*

Außerdem bedient sich ein Campa-Redner einer Vielzahl von Gesten, Ausrufen, plötzlichen Aufforderungen zur Aufmerksamkeit (»paßt auf, jetzt kommt es«); Randbemerkungen (»stellt euch vor«; »das dürft ihr jetzt nicht glauben«). Insgesamt führt Weiss 19 formale rhetorische Kunstgriffe an, die die Campa beim Erzählen verwenden.

Mythos und binäre Gegensätze

Ethnologen haben etliche Belege dafür gefunden, daß in ganz unterschiedlichen Traditionen oraler und geschriebener Literatur einschließlich Mythen und Volksmärchen immer wieder bestimmte Arten formaler Strukturen auftreten. Diese Strukturen zeichnen sich durch binäre Gegensätze aus — das heißt durch zwei Elemente oder Themen, die man als in diametralem Gegensatz zueinander stehend betrachten kann. In der abendländischen Religion, Literatur und Mythologie zum Beispiel finden sich viele solcher wiederkehrenden binären Gegensätze: gut — böse; hoch — tief; männlich — weiblich; Kultur — Natur; jung — alt usw. Für den französischen Ethnologen Lévi-Strauss, den Begründer der als Strukturalismus (s. S. 445) bezeichneten Forschungsstrategie, ist der Grund für das so häufige Vorkommen binärer Gegensätze im menschlichen Gehirn zu sehen, das so »verdrahtet« ist, daß binäre Gegensätze besonders anziehend oder »gut zu denken« sind. Aus strukturalistischer Perspektive besteht die Hauptaufgabe ethnologischer Literatur-, Mythologie- und Sagenforschung darin, allgemeine, unbewußte, binäre Gegensätze, die dem menschlichen Denken zugrundeliegen, zu identifizieren und zu zeigen, wie diese binären Gegensätze unbewußte Transformationen und Darstellungen erfahren.

Man denke nur an das bekannte Märchen vom Aschenbrödel: Eine Mutter hat zwei Töchter und eine Stieftochter. Die beiden Töchter sind älter, die Stieftochter ist jünger; die älteren sind häßlich und gemein, während Aschenbrödel schön und lieb ist. Die älteren Schwestern sind aggressiv; Aschenbrödel ist passiv. Durch die Hilfe einer guten Fee, die das Gegenteil der gemeinen Stiefmutter ist, geht Aschenbrödel zum Ball, tanzt mit dem Prinzen und verliert ihre Zauberschuhe. Ihre Schwestern haben große Füße; sie hat kleine Füße. Aschenbrödel gewinnt den Prinzen. Die unbewußten binären Gegensatzpaare in der Tiefenstruktur dieser Geschichte umfassen u.a.:

passiv	—	aggressiv
jünger	—	älter
klein	—	groß
gut	—	böse
schön	—	häßlich
Kultur	—	Natur
(gute Fee)	—	(böse Stiefmutter)

Strukturalisten sind der Auffassung, daß das Vergnügen, das die Menschen an solchen Märchen haben, und die Dauerhaftigkeit, die sie in Raum und Zeit beweisen, auf die unbewußten Gegensätze und die zwar vertrauten, doch überraschenden Darstellungen zurückzuführen sind.

Strukturalistische Analysen lassen sich vom Bereich der Mythen und Riten auf das gesamte Geflecht des Soziallebens ausdehnen. Nach David Hicks, der die Tetum auf Timor (Indonesien) erforschte, ist die Kultur der Tetum als ganze durch folgende »Binärkategorien« strukturiert:

Menschen	—	Geister
säkular	—	sakral
säkulare Welt	—	sakrale Welt
oben	—	unten
Männer	—	Frauen
höherwertig	—	minderwertig
Frauennehmer	—	Frauengeber
Aristokraten	—	Gemeine
säkulare Autorität	—	sakrale Autorität
älterer Bruder	—	jüngerer Bruder

Jeder einzelne binäre Gegensatz kann irgendeinen anderen symbolisieren (Hicks 1976: 107); das heißt, wenn man Männer mit Frauen kontrastiert, kann man ebensogut ältere Brüder mit jüngeren Brüdern kontrastieren (bei den Tetum müssen jüngere Brüder ältere Brüder ebenso bedienen, wie Frauen Männer bedienen müssen). Die säkulare, überirdische, männliche Welt steht im Gegensatz zur geisterhaften, sakralen, unterirdischen, weiblichen Welt. Die Mythen der Tetum erzählen zum Beispiel, wie die ersten Menschen aus vaginaähnlichen Erdhöhlen hervorkamen und wie die Menschen, wenn sie ihr weltliches Leben auf der Erde beendet haben, wieder in die sakrale unterirdische Welt zu den Ahnengeistern zurückkehren. Auch die Hausarchitektur der Tetum hat an diesem System symbolischer Gegensätze teil. Das Haus hat zwei Eingänge; der Hintereingang, der den Frauen vorbehalten ist, führt in den »Schoß« oder den Frauenteil des Hauses, in dem sich der Herd und ein sakraler Hauspfosten befinden. Der Vordereingang steht den Männern offen und führt in die männlichen Wohnbereiche.

In der Kulturanthropologie gibt es eine Fülle von Strukturanalysen zu Literatur, Kunst, Mythen, Riten und Religion. Sie werden jedoch äußerst kontrovers diskutiert, vor allem deshalb, weil nicht klar ist, ob die von den Ethnologen analysierten Binärkategorien tatsächlich als unbewußte Realitäten in den Köpfen der untersuchten Menschen existieren. Man kann immer komplexe und feinsinnige Symbole auf weniger komplexe und grobe Symbole reduzieren und schließlich zu so banalen Gegensätzen wie Kultur und Natur oder männlich und weiblich gelangen (Harris 1979b).

Zusammenfassung

Wesentliche Bestandteile der Kunst sind kreatives Spiel, formale Strukturen, ästhetisches Empfinden und symbolische Transformationen. Obwohl die Fähigkeit zur Kunst bereits im Verhalten nichtmenschlicher Primaten angelegt ist, ist nur *Homo sapiens* in der Lage, eine Kunst hervorzubringen, die auf »Transformation bzw. Darstellung« basiert. Die für den Menschen spezifische Kunstfähigkeit ist daher eng mit der spezifischen Transformation verknüpft, die der semantischen Universalität menschlicher Sprache zugrundeliegt.

Emische Kunstdefinitionen in der westlichen Welt sind von der Existenz von Kunstautoritäten und -kritikern abhängig, die viele Beispiele spielerischer, strukturiert ästhetischer und symbolischer Gestaltungen der Kategorie Nicht-Kunst zuordnen. Die Unterscheidung zwischen Kunst und Handwerk gehört in diese Tradition. Ethnologen dagegen sehen fähige Handwerker als Künstler an.

Der Kunst kommt im Zusammenhang mit den kreativen Veränderungen in den anderen Bereichen des sozialen Lebens eine adaptive Funktion zu. Kunst und Technologie beeinflussen einander, was sich am Beispiel der Musik- und Jagdinstrumente oder der Suche nach neuen Farben, Texturen und Materialien bei der Herstellung von Keramiken und Textilien zeigt.

Trotz der Betonung kreativer Innovation gibt es in den meisten Kulturen Kunsttraditionen oder Stile, die im Zeitablauf eine formale Kontinuität bewahren. Dadurch ist es möglich, die Stile bestimmter Kulturen wie die der Nordwestküsten-Indianer, der Maori oder Mochica zu identifizieren. Kontinuität und Integrität solcher Stile sind die Voraussetzung dafür, daß die Angehörigen einer Gesellschaft die kreativen Gestaltungen eines Künstlers verstehen und Gefallen an ihnen finden können. Die etablierte Kunst der modernen westlichen Kultur zeichnet sich gegenüber der Kunst anderer Kulturen dadurch aus, daß die strukturelle oder formale Kreativität ebenso im Vordergrund steht wie die kreative Gestaltung. Das hat die gesellschaftliche Isolation des Künstlers zur Folge. Als Ursache für den Mangel an Kommunikation kommen Faktoren wie die Reaktion auf Massenproduktion, kommerzielle Kunstmärkte, der rapide Kulturwandel und das entpersönlichte Milieu des urbanen Lebens in der Industriegesellschaft in Frage.

Kunst und Religion sind eng miteinander verknüpft. Das läßt sich an den jungsteinzeitlichen Höhlenmalereien, den Liedern der Visionssuche, der Herstellung von Schrumpfköpfen, Gesang und Tanz beim schamanistischen Ritual, den Schamanenmythen der Tapirapé, dem Geschichtenerzählen, Tanz und Gesang während des Beschneidungsrituals der Ndembu, an den *Churingas* der Aranda und an vielen anderen Aspekten individueller, schamanistischer, kollektiver und ekklesiastischer Kulte erkennen. Kunst und Religion befriedigen viele ähnliche psychische Bedürfnisse und lassen sich oft nur schwer voneinander trennen.

Auch Kunst und Politik sind eng miteinander verknüpft. Das wird vor allem an der staatlich geförderten ekklesiastischen Kunst deutlich, deren Funktion unter anderem darin besteht, den Menschen Ehrfurcht vor ihren Herrschern einzuflößen. Erst in jüngster Zeit, und zwar mit der Entstehung dezentralisierter kapitalistischer Staaten, wurde die Kunst frei von direkter politischer Kontrolle. Doch selbst heute noch gibt es viele Künstler sowohl in kapitalistischen als auch in sozialistischen Gesellschaften, die in der Kunst ein wichtiges Medium konservativen wie revolutionären politischen Ausdrucks sehen.

Wenn Horden, Dorfgemeinschaften, Häuptlingstümer und Staaten verschiedene Entwicklungsebenen repräsentieren und zwischen Kunst und Technologie, Ökonomie, Politik, Religion und anderen Aspekten des universellen Kulturmusters eine funktionale Beziehung besteht, muß auch der Inhalt der Kunst eine Entwicklung durchlaufen haben. Es gibt sogar Hinweise dafür, daß Gesangs-, Musik- und Tanzstile — z.B. musikalische Intervalle, Wiederholung in Liedtexten, Komplexität und Art des Orchesters, Einsatz einzelner Körperteile und kurvilinearer Bewegungen beim Tanz — evolutionären Veränderungen unterworfen waren. Dieses Ergebnis wird aber äußerst kontrovers diskutiert. Das Beispiel der Campa-Rhetorik zeigt, daß man bei der Beurteilung der Komplexität und Differenziertheit naturvölkischer Kunststile sehr vorsichtig sein muß.

Eine derzeit ausgesprochen beliebte Methode ethnologischer Analyse — der Strukturalismus — versucht, den vordergründigen Inhalt von Mythen, Ritualen und anderen Ausdrucksformen von einer Reihe unbewußter universeller Binärgegensätze her zu interpretieren. Binäre Gegensätze finden sich im Märchen vom Aschenbrödel und in der Kosmologie, dem Ritual wie der Hausarchitektur der Tetum.

14 Persönlichkeit und Geschlecht

In diesem Kapitel untersuchen wir, welchen Einfluß die Kultur auf Persönlichkeit und psychische Erkrankungen ausübt. Wir prüfen zunächst die Kerngedanken der Freudschen Persönlichkeitstheorie, gehen dann jedoch auf jüngere Theorien ein, die den Versuch unternehmen, Abweichungen und Veränderungen im Hinblick auf männliche und weibliche Persönlichkeitstypen zu erklären. Dann wird der universelle Komplex männlicher Suprematie behandelt und seine Beziehung zum Krieg untersucht. Schließlich betrachten wir das Problem psychischer Erkrankung aus einer vergleichenden Perspektive und erörtern verschiedene Formen menschlichen Sexualverhaltens.

Kultur und Persönlichkeit

Der Begriff Kultur verweist auf die dem Denken, Fühlen und Verhalten der Mitglieder einer Bevölkerungsgruppe zugrundeliegenden Strukturen. Der Begriff Persönlichkeit verweist zwar auch auf kulturell standardisierte Denk-, Empfindungs- und Verhaltensweisen, zielt aber auf das Individuum. Nach der Definition von Victor Barnouw (1973:10) bezeichnet der Begriff *Persönlichkeit* »eine relativ stabile Organisation von Einstellungen, Werten und Wahrnehmungen einer Person, die teilweise für die Verhaltenskonsistenz des Individuums verantwortlich ist«. Einfacher ausgedrückt meint der Begriff »Persönlichkeit die Tendenz, sich unabhängig von der spezifischen Situation auf eine bestimmte Weise zu verhalten« (Whiting und Whiting 1978:57).

Die Begriffe, die man verwendet, um das Denken, Empfinden und Verhalten bestimmter Persönlichkeitstypen zu beschreiben, unterscheiden sich von Begriffen zur Beschreibung der Infrastruktur, der Struktur und der Superstruktur. Wenn Psychologen Persönlichkeiten beschreiben, benutzen sie Begriffe wie aggressiv, passiv, ängstlich, zwanghaft, hysterisch, manisch, depressiv, introvertiert, extrovertiert, paranoid, autoritär, schizoid, maskulin, feminin, infantil, gehemmt, abhängig usw. Hier ist ein Auszug aus einer umfangreichen Liste von im Rahmen der Persönlichkeitsforschung verwendeten Begriffen, die in einer Untersuchung zu Kultur und Persönlichkeit in einem mexikanischen Dorf erschienen ist (Fromm und Maccoby 1970:79):

praktisch	ängstlich
ökonomisch	ordentlich
standhaft, hartnäckig	methodisch
ruhig bei Belastung	loyal
umsichtig	phantasielos
reserviert	geizig
geduldig	halsstarrig
vorsichtig	unempfindlich
gelassen	träge
mißtrauisch	pedantisch
kalt	zwanghaft
lethargisch	besitzergreifend

Werden diese Begriffe zur Beschreibung einer ganzen Bevölkerungsgruppe verwendet, wird das Ergebnis nicht auf eine Beschreibung der Produktions- und Reproduktionsweisen, der Haus- oder Volkswirtschaft, der Kriegs- und Friedenssysteme oder der magisch-religiösen Riten und Institutionen, sondern auf eine Beschreibung des Persönlichkeitstypus dieser Gruppe hinauslaufen.

Sozialisation und Persönlichkeit

In einer spezifischen Kultur wenden alle Eltern ähnliche *Sozialisationspraktiken* an, die das Füttern und Reinigen von Säuglingen und Kindern sowie allgemein den Umgang mit ihnen betreffen. Doch nehmen diese Sozialisationspraktiken in den verschiedenen Kulturen recht verschiedene Formen an. In vielen Kulturen werden Säuglinge zum Beispiel in ihrer Bewegung eingeschränkt, indem man sie eng in Windeln wickelt oder auf ein Wiegenbett bindet. In anderen Kulturen dagegen fördert man die Bewegungsfreiheit geradezu. Ebenso füttert man in der einen Kultur ein Kind beim ersten Hungerschrei, in der anderen dagegen in regelmäßigen Zeitabständen — dann nämlich, wenn es der Mutter paßt. Eine Mutter kann ihrem Kind einige Monate oder mehrere Jahre lang die Brust geben oder auch überhaupt nicht. Ein Kind kann bereits in den ersten Wochen zusätzliche Nahrung erhalten; dann stopft die Mutter sie dem Säugling entweder in den Mund, kaut sie vor oder läßt ihr Baby damit herumspielen; oder man verzichtet ganz auf zusätzliche Nahrung.

Das Entwöhnen von der Mutterbrust kann sehr abrupt vonstatten gehen, indem etwa die Brustwarzen der Mutter mit bitteren Substanzen bestrichen werden; manchmal ist die Geburt eines weiteren Kindes der Grund für das Abstillen, manchmal auch nicht. In einigen Kulturen wachsen Säuglinge in engem Körperkontakt zur Mutter auf und werden von ihr überall hin mitgenommen; in anderen dagegen läßt man sie in der Obhut von Verwandten zurück. In einigen Kulturen werden Säuglinge von einer großen Zahl von Kindern und Erwachsenen innig geliebt, verhätschelt, umarmt, geküßt und bemuttert, in anderen dagegen relativ isoliert gehalten und selten angefaßt.

Die Reinlichkeitserziehung kann bereits im frühen Alter von sechs Wochen oder erst im Alter von zwei Jahren beginnen und viele verschiedene Techniken umfassen, von denen einige auf intensiver Bestrafung, Beschämung und Verspottung, andere ohne jede Strafe auf Zurechtweisen und Nachahmung beruhen. Auch der Umgang mit der kindlichen Sexualität unterscheidet sich stark von Kultur zu Kultur. In vielen Kulturen streicheln Mütter und Väter die Genitalien ihrer Babies, um sie zu beruhigen und ihr Weinen zu beenden; in anderen darf ein Kleinkind noch nicht einmal seine eigenen Genitalien berühren, und Masturbation wird schwer bestraft.

Erfahrungen, die in der späteren Kindheit und während der Adoleszenz gemacht werden, liefern andere für die Persönlichkeit wichtige Variablen: Zahl der Geschwister; ihre Beziehungen untereinander und ihre wechselseitigen Verantwortlichkeiten; Spielstrukturen; Gelegenheiten, den Geschlechtsverkehr Erwachsener zu beobachten; Gelegenheiten, homosexuelle oder heterosexuelle Liebe auszuprobieren; Inzestbeschränkungen; und die Art und Weise, wie auf kulturell verbotene Sexualpraktiken mit Drohung und Strafe reagiert wird (Weisner und Gilmore 1977).

Graphik 14.1 stellt eine Theorie graphisch dar, die erklärt, wie diese Sozialisationspraktiken mit der Persönlichkeit und anderen Aspekten der Kultur zusammenhängen mögen. Die wichtigsten, auf die Sozialisationsmethoden einwirkenden Variablen sind von den häuslichen, sozialen, politischen und ökonomischen Institutionen einer Kutlur beeinflußt. Diese wiederum sind vom Ökosystem abhängig. Sozialisationspraktiken müssen aber auch der Notwendigkeit Rechnung tragen, biologisch determinierte universelle Bedürfnisse, Triebe und Fähigkeiten zu befriedigen, die allen menschlichen Kleinkindern gemeinsam sind (z.B. orale, anale und genitale Triebe). Das Wechselspiel zwischen diesen biologischen Bedürfnissen, Trieben und Fähigkeiten und den Sozialisationspraktiken formt die Persönlichkeit. Die Persönlichkeit andererseits äußert sich in *sekundären* Institutionen, also solchen, die wir in diesem Buch »Superstruktur« genannt haben.

Graphik 14.1 Die Beziehung zwischen Grundpersönlichkeit, Ökologie und sekundären wie projektiven Institutionen (nach LeVine 1973:57)

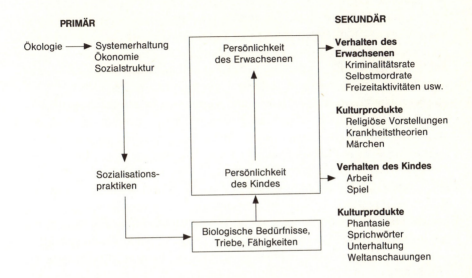

Kulturmuster und -themen

Es gibt aber noch viele andere Vorschläge dafür, wie das Verhältnis von Persönlichkeit und Kultur zu fassen sei. Ein relativ bekannter Ansatz geht davon aus, daß Kultur und Persönlichkeit lediglich zwei verschiedene Möglichkeiten der Untersuchung der für eine gegebene Bevölkerung typischen Denk-, Empfindungs- und Verhaltenstendenzen darstellen. Zur Charakterisierung sowohl des Persönlichkeits- wie des Kultursystems bedient sich dieser Ansatz psychologischer Begriffe. Ruth Benedict bezeichnet beispielsweise in ihrem berühmten Buch *Patterns of Culture* (1934; dt.: *Kulturen primitiver Völker*, 1949) die Institution des Potlatsch bei den Kwakiutl (S. 132) als »größenwahnsinnige« Aufführung — als ein von Reichtums- und Machtphantasien bestimmtes Verhalten. Für sie war der Potlatsch ein Teil des *dionysischen*, für alle Institutionen der Kwakiutl-Kultur typischen Verhaltensmusters. Mit dionysisch meinte sie eine auf Lebensbejahung ausgerichtete Verhaltensstruktur, die es gestattete, emotionalen Überschwang beispielsweise in Trunkenheit oder Ekstase auszuleben. Andere Kulturen, etwa die der Pueblo-Indianer, hielt sie für *apollinisch* und meinte damit ein Verhaltensmuster, das auf Mäßigung ausgerichtet ist und sich in allem an den »Mittelweg« hält. Benedicts *Kulturmuster* waren psychologische Elemente, die angeblich in allen Kulturen zu finden sein sollten, »den Chromosomen vergleichbar, die in den meisten Körperzellen vorkommen« (Wallace 1970:149). Die meisten Ethnologen lehnen jedoch derartige Versuche ab, ein oder zwei psychologische Begriffe zur Beschreibung ganzer Kulturen zu verwenden. Selbst in den einfachsten Jäger-und-Sammler-Kulturen finden sich zu viele verschiedene Persönlichkeitstypen, als daß man sie auf diese Weise zusammenfassen könnte.

Statt ganze Kulturen unter ein oder zwei psychologische Begriffe zusammenzufassen, versuchen andere Ethnologen dominante *Themen* oder *Werte* zu identifizieren, in denen die für eine Kultur wesentlichen Kerngedanken und -empfindungen zum Ausdruck kommen. Die »Vorstellung von der Begrenztheit des Guten« ist ein solches Thema (s.S. 259). Themen und Werte lassen sich leicht in Persönlichkeitsmerkmale übersetzen. Zum Beispiel führt die Vorstellung von der Begrenztheit des Guten zu Persönlichkeiten, die neidisch, mißtrauisch, heimlichtuerisch und ängstlich sind. Auch die Kultur der Armut hat ihre psychologischen Komponenten − z.B. Verschwendung, mangelnde Zukunftsorientierung, sexuelle Promiskuität. Wichtiges Thema im hinduistischen Indien ist die »Heiligkeit des Lebens«, in den Vereinigten Staaten, »es den Nachbarn (hinsichtlich des Lebensstandards) gleichtun wollen«. Problematisch an diesen Versuchen, Kulturen mit Hilfe von einigen wenigen dominanten Werten und Einstellungen zu beschreiben, ist, daß sich gewöhnlich in ein und derselben Kultur, ja sogar in ein und derselben Person widersprüchliche Werte und Einstellungen feststellen lassen. Obwohl hinduistische Bauern an die Heiligkeit des Lebens glauben (Opler 1968), glauben sie auch, mehr Ochsen als Kühe zu brauchen (s.S. 311); und obwohl viele Leute in den Vereinigten Staaten glauben, es den Nachbarn gleichtun zu müssen, gibt es andere, die glauben, eine aufwendige Lebenshaltung aus Prestigegründen sei töricht und verschwenderisch.

Grundpersönlichkeit und Nationalcharakter

Ein etwas anderer Ansatz zur Untersuchung von Kultur und Persönlichkeit geht von der Annahme aus, daß jede Kultur grundlegende Persönlichkeitsmerkmale oder eine Persönlichkeitstiefenstruktur hervorbringt, die für die Persönlichkeit der Mehrzahl der Mitglieder einer Gesellschaft bestimmend ist. Ist die Gesellschaft staatlich organisiert, wird die Grundpersönlichkeit oft als Nationalcharakter bezeichnet. Doch gibt es wenig, was diese Theorie stützt.

Die Vorstellung von einer Grundpersönlichkeitsstruktur hat sich bei Reisenden in fremden Ländern wie bei Gelehrten stets großer Beliebtheit erfreut.

Man hört z.B. oft, Engländer seien »reserviert«, Brasilianer »sorglos«, Franzosen »sexy«, Italiener »ungehemmt«, Japaner »ordentlich«, Amerikaner »extrovertiert« usw. Von Gerardus Mercator, dem Vater der Kartographie, stammen die folgenden Beschreibungen europäischer Grundpersönlichkeiten im 16. Jahrhundert (welche Nationalität hat Mercator wohl?):

> *Franken*: einfach, dumm, aufbrausend
> *Bayern*: prunkliebend, gefräßig, unverfroren
> *Schweden*: heiter, Schwätzer, Angeber
> *Sachsen*: Heuchler, doppelzüngig, starrsinnig
> *Spanier*: hochmütig, vorsichtig, gierig
> *Belgier*: gute Reiter, sanft, gelehrig, feinfühlig.

Vertreter moderner Versionen der Grundpersönlichkeitsstruktur bedienen sich differenzierterer psychologischer Konzepte, die meist auf den Einfluß Sigmund Freuds und der Psychoanalyse zurückgehen.

Der Terminus Grundpersönlichkeitstyp darf jedoch nicht über die Tatsache hinwegtäuschen, daß es in jeder Gesellschaft eine große Vielfalt von Persönlichkeitstypen gibt und daß diese Vielfalt zunimmt, je bevölkerungsreicher, komplexer und geschichteter eine Gesellschaft ist. In jeder Gesellschaft weisen viele Menschen Persönlichkeitsmerkmale auf, die stark vom *statistischen Mittel* (dem häufigsten Wert) abweichen, und die Bandbreite individueller Persönlichkeitsmerkmale ist so groß, daß es in vielen Kulturen zu Überschneidungen kommt. Zum Beispiel wäre es sicherlich zutreffend, die Grundpersönlichkeit eines männlichen Plains-Indianers als aggressiv, unabhängig und furchtlos zu beschreiben. Doch wie man aufgrund der Institution des *Berdache* weiß, gab es immer einige junge Männer, deren Visionssuche ergebnislos verlief und die von ihrem Temperament her einem Kriegerdasein nicht gewachsen waren. Sie kleideten sich in Frauentracht, verrichteten weibliche Tätigkeiten und schliefen mit Männern. *Berdache* vereinigten männliche und weibliche Eigenschaften in sich und wurden als drittes Geschlecht akzeptiert (Callender und Kochems 1983).

Über Zahl und Häufigkeit abweichender Persönlichkeitsmerkmale in den verschiedenen Gesellschaften ist im Grunde nur wenig bekannt. Sicher ist jedoch, daß komplexe Staatsbevölkerungen, die Millionen von Menschen umfassen, eine enorme Vielfalt an Persönlichkeitstypen aufweisen. Zum Beispiel scheinen Japaner, oberflächlich betrachtet, einen einheitlichen Nationalcharakter zu haben, der dazu führt, daß Einzelpersonen sich dem Gruppenkonsens unterordnen und Autorität nicht in Frage stellen. Diese Vorstellung ist jedoch eine irreführende Stereotype, denn viele Japaner sind ausgesprochen individualistisch und machen aus ihrer Ablehnung traditioneller Normen kein Hehl (Sugimoto und Mouer 1983). Je komplexer außerdem die zur Definition der Grundpersönlichkeit verwendeten Kriterien sind, umso wahrscheinlicher ist es, daß man den modalen Persönlichkeitstypus bei relativ wenigen Individuen finden wird. Anthony Wallace (1952), der zur Definition der Grundpersönlichkeit bei den Irokesen 21 Merkmalsausprägungen benutzte, kam zum Beispiel zu dem Ergebnis, daß nur 37 Prozent der gesamten Stichprobe die Merkmale des modalen Typus aufwiesen.

Ödipus und Persönlichkeit

Nach Sigmund Freud findet in den Jahren vor der Pubertät ein traumatischer, universeller und unvermeidbarer Konflikt, der *Ödipuskonflikt* statt, der durch vermeintlich biologisch determinierte sexuelle Wünsche und Eifersüchte in der Kernfamilie verursacht ist. Diese Theorie bleibt heftig umstritten.

Nach Freud sind die frühen sexuellen Wünsche eines kleinen Jungen zunächst auf seine Mutter gerichtet. Doch bald entdeckt er, daß die Mutter Sexualobjekt seines Vaters ist, und sieht sich hinsichtlich der sexuellen Herrschaft über die Mutter als Rivale seines Vaters. Zwar bietet der Vater Schutz, doch sorgt er auch für strenge Disziplin. Er unterdrückt den Versuch seines Sohnes, seine sexuelle Liebe zur Mutter zum Ausdruck zu bringen. Der Sohn ist frustriert und phantasiert, er sei stark genug, seinen Vater zu töten. Diese in ihm brodelnde Feindseligkeit und Eifersucht lösen in dem kleinen Jungen Furcht und Schuldgefühle aus: Furcht, weil der Vater tatsächlich oder in der Phantasie droht, Penis und Hoden des Knaben abzuschneiden; Schuldgefühle, weil der Vater nicht nur gehaßt, sondern auch geliebt wird. Um diesen Konflikt erfolgreich zu lösen, muß der Junge seine sexuellen Wünsche auf andere Frauen als die Mutter richten, seine Furcht überwinden und seine Feindseligkeit auf konstruktive Weise äußern lernen.

Ein kleines Mädchen erfährt, nach Freuds Vorstellung, ein vergleichbares, doch gänzlich anders geartetes Trauma. Auch die Sexualität des Mädchens ist anfänglich auf die Mutter gerichtet, doch macht es in der phallischen Phase eine verhängnisvolle Entdeckung: es hat keinen Penis. Es gibt seiner Mutter die Schuld dafür, wendet seine sexuellen Wünsche von der Mutter ab und dem Vater zu.

»Der Grund hierfür ist in der enttäuschten Reaktion des Mädchens zu sehen, wenn es entdeckt, daß ein Junge ein hervorstehendes Geschlechtsorgan, den Penis besitzt, während es selbst nur eine Höhle hat. Aus dieser traumatischen Entdeckung ergeben sich einige wichtige Konsequenzen. Erstens macht das Mädchen die Mutter für seinen kastrierten Zustand verantwortlich. ... Zweitens überträgt es seine Liebe auf den Vater, weil er das geschätzte Organ besitzt, das es mit ihm zu teilen wünscht. Doch seine Liebe zum Vater und zu anderen Männern ist mit einem Gefühl des Neids vermischt, weil sie etwas besitzen, was es nicht hat. Der Penisneid des Mädchens ist das Gegenstück zur Kastrationsangst des Jungen« (Hall und Lindzey 1967:18).

Infolge ihrer Entdeckung, anatomisch »unvollständig« zu sein, sollen Mädchen ein Leben lang das Trauma des Penisneids erleiden. Auf diese Weise suchte Freud, die psychologische Suprematie der Männer mit den unveränderlichen Tatsachen der Anatomie zu begründen — daher der Freudsche Aphorismus: »Anatomie ist Schicksal«. Freud meinte, die Tatsache, keinen Penis zu haben, mache die Frauen »minderwertig« und weise ihnen eine passive und untergeordnete Rolle — die Rolle des »zweiten Geschlechts« — zu. Er glaubte, das Beste, was eine Frau tun könne, um ihren Penisneid zu überwinden, sei, ihre passive, zweitrangige Rolle im Leben zu akzeptieren, Charme und sexuelle Attraktivität zu entwickeln, zu heiraten und viele männliche Kinder zur Welt zu bringen.

»Das Glück ist groß, wenn dieser Kinderwunsch später einmal seine reale Erfüllung findet, ganz besonders aber, wenn das Kind ein Knäblein ist, das den ersehnten Penis mitbringt« (Freud, in Millet 1971:216-217).

Ist der Ödipus-Komplex eine universelle Erscheinung?

Ethnologen haben — Bronislaw Malinowski (1927) machte mit seinen Forschungen zur avunkularen Familie der Trobriander (s.S. 231) den Anfang — die Theorie des Ödipuskomplexes mit dem Hinweis kritisiert, sie zwinge der ganzen übrigen Welt eine Definition von Männlichkeit und Weiblichkeit auf, die allein für den Mittelstand in Wien des 19. Jahrhunderts, wo Freud praktizierte und seine Theorie entwickelte, angemessen war. Nach Malinowskis Auffassung entwickelten die Männer bei den Trobriand-Insulanern diesen Komplex nicht, weil nicht ihr Vater, sondern ihr Mutterbruder Autoritätsfigur war. Die Männer wuchsen deshalb ohne das Gefühl der Haßliebe zu ihrem Vater auf, das nach Freud universell sein soll. Melford Spiro (1982) hat versucht, die Freudsche Position zu retten, indem er zwischen der durch Sexualneid und der durch Autorität hervorgerufenen Haßliebe unterschied. Bei den Trobriandern lebt ein Junge bis zur Adoleszenz bei seinem Vater und seiner Mutter. Obwohl sein Vater sehr geduldig und keine Autoritätsfigur ist, gibt es für Vater und Sohn ausreichende Gelegenheit, Gefühle der sexuellen Rivalität bezüglich der Mutter bzw. Frau zu entwickeln. Spiro kommt deshalb zu dem Schluß, daß Malinowski keinen Beweis für seine These lieferte, daß den Trobriandern die Voraussetzungen zur Entwicklung des Ödipuskomplexes fehlten. Richtig ist aber, daß Intensität und Bedeutung des Ödipuskomplexes von Umfang und Art der Kontrolle, die Väter über ihre Söhne ausüben, beeinflußt werden und daß diese Kontrolle wiederum von der Art der Familie, in der man aufwächst, abhängig ist.

Kultur und Geisteskrankheit

Unter Ethnologen herrscht keine Einigkeit darüber, welche Rolle Kulturunterschiede im Hinblick auf Häufigkeit und Art psychischer Erkrankungen spielen. Neueste medizinische Forschungen weisen darauf hin, daß klassische Geisteskrankheiten wie die Schizophrenie und manisch-depressive Psychose wahrscheinlich eine genetische und chemisch-neurologische Grundlage haben. Das steht in Einklang mit der Tatsache, daß diese Krankheiten in so verschiedenen Kulturen wie denen der Schweden, Eskimo, Yoruba in Westafrika und der heutigen Kanadier zahlenmäßig ungefähr gleich stark vertreten sind (Murphy 1976). Doch obwohl die allgemeinen Symptome bestimmter Geisteskrankheiten in allen Kulturen feststellbar sind, unterscheiden sich ohne Frage die spezifischen Symptome von Kultur zu Kultur ganz beträchtlich. Zum Beispiel erbrachte ein Vergleich zwischen schizophrenen Patienten irischer und italienischer Abstammung in einem New Yorker Krankenhaus das Ergebnis, daß beide Gruppen ganz unterschiedliche Symptome zeigten. Die irischen Patienten waren überwiegend von sexuellen Schuldgefühlen besessen sowie in sich gekehrter und ruhiger als die italienischen Patienten, während diese sexuell aggressiv waren und weit mehr zu gewalttätigen Ausbrüchen und Wutanfällen neigten (Opler 1959). Ganz ebenso wie Crow-Indianer aufgrund ihrer kulturellen Erwartungen ein bestimmtes visionäres Erlebnis haben (s.S. 288), unterscheidet sich auch der spezifische Inhalt psychotischer Halluzinationen von Kultur zu Kultur.

Welch starken Einfluß die Kultur auf Geisteskrankheiten hat, läßt sich am besten an *kulturspezifischen Psychosen* erkennen — Krankheiten, die spezifische, auf eine oder einige wenige Kulturen beschränkte Symptome aufweisen. Eine der am besten bekannten kulturspezifischen Psychosen ist die arktische Hysterie oder *Pibloktoq*. Anders als die klassischen Psychosen befällt Pibloktoq einen Menschen ganz plötzlich — ohne jede Vorzeichen. Die Opfer springen auf, reißen sich die Kleider vom Leib, werden von Krämpfen befallen und rollen nackt im Schnee und im Eis herum. Eine Erklärung sieht in diesem Verhalten einen schweren Fall von »cabin fever«*. Über Monate in

---

* Extreme Reizbarkeit und Aggressivität infolge der Langeweile und Eintönigkeit, die mit dem einsamen Leben in einer abgeschiedenen Region verbunden sind.

kleinen, überfüllten Behausungen eingesperrt, ohne Möglichkeit, ihren feindseligen Gefühlen freien Lauf zu lassen, drehen Pibloktoq-Opfer infolge angestauter Frustrationen durch. Wahrscheinlicher ist aber, daß die arktische Hysterie unter anderem auch auf die überwiegend aus Fleisch bestehende Ernährung der Eskimo zurückzuführen ist. Da die Eskimo nicht genügend pflanzliche Nahrung zu sich nehmen und einen Mangel an Sonnenlicht haben, sind sie in ihrem Bedarf an Vitamin A und D auf den Verzehr von Seesäuger- und Polarbärleber angewiesen. Übermäßiger Verzehr dieser Leber führt jedoch zu einer starken Ansammlung von Vitamin A im Körper, das in diesen Mengen giftig ist. Zu geringer Verzehr kann aber einen Vitamin-D-Mangel hervorrufen, der Kalziummangel im Blut zur Folge hat. Beide Bedingungen — zuviel Vitamin A und zu wenig Kalzium im Blut — sind mit Krämpfen und psychotischen Schüben verbunden (Landy 1985; Wallace 1972). Pibloktoq ist deshalb wahrscheinlich eine Folge der zwischen den kulturell determinierten Lebensbedingungen und der Ernährungschemie bestehenden Wechselwirkung.

Windigo-»Psychose«

Bei den im kanadischen subarktischen Wald lebenden nördlichen Ojibwa und Cree, die Jäger und Sammler sind, ist die Vorstellung weit verbreitet, daß Menschen von dem Geist Windigo, einem kannibalischen Monsterwesen, besessen werden können, dessen Herz aus Eis besteht. Diese Vorstellung hat die Hypothese entstehen lassen, daß es bei den Cree und Ojibwa eine als *Windigo-Psychose* bezeichnete, kulturspezifische Krankheit gibt. Menschen, die von Windigo besessen sind, sollen den starken Drang verspüren, ihre Lagergenossen zu töten und zu verspeisen. Da die Cree und Ojibwa in einer harten, unwirtlichen Umwelt leben, kommt es oft vor, daß sie in ihren isolierten Winterlagern vom Schnee eingeschlossen und dem Hungertod nahe sind. Unter diesen Bedingungen soll die Wahrscheinlichkeit, daß jemand zum Windigo wurde, am größten gewesen sein. Dafür, daß Lagermitglieder, die am Verhungern waren, manchmal das Fleisch verstorbener Gefährten aßen, um am Leben zu bleiben, gibt es viele Belege. (Über diesen sogenannten »Krisen-Kannibalismus« wird aus vielen Teilen der Welt berichtet — vor nicht allzu langer Zeit im Zusammenhang mit einer Fußballmannschaft, deren Flugzeug in den Anden abgestürzt war.) Haben menschliche Windigos erst einmal Menschenfleisch gekostet, so verlangt sie, wie man sagt, nach mehr. Sie verlieren den Geschmack an gewöhnlichen Speisen, ihr Herz fühlt sich an wie ein Klumpen Eis, und die Menschen um sie herum sehen nicht mehr wie

Menschen, sondern wie Rotwild, Elche oder andere Wildtiere aus. Wenn man den Windigos nicht zuvorkommt, töten und verschlingen sie alle ihre Gefährten.

Wie Lou Marano (1982) gezeigt hat, gibt es viele verbürgte Fälle, in denen Menschen, die Windigos gewesen sein sollen, von ihren alamierten Lagergenossen umgebracht wurden. Immer wieder führen diejenigen, die die Windigos getötet haben, Gründe zu ihrer Rechtfertigung an: Die Opfer hätten sie eigenartig angesehen, im Schlaf sich hin- und hergeworfen und gemurmelt, Speichel sei ihnen aus dem Mund getropft, oder sie hätten versucht, ihre Gefährten anzugreifen und zu beißen. In einem Fall schien der vermeintliche Windigo sogar über dem Boden zu schweben und mußte von seinen Angreifern heruntergezogen werden. Übereinstimmend sollen die vermeintlichen Windigos selbst um ihren Tod gebeten haben, damit sie nicht ihre Lagergenossen einen nach dem anderen auffressen. Eines fehlt in diesen Berichten jedoch durchgängig, nämlich der Beweis, daß sich die vermeintlichen Windigos tatsächlich so verhielten, wie es ihre Scharfrichter behaupteten. Ohne diesen Beweis bleibt es aber zweifelhaft, ob die Windigo-Psychose überhaupt existiert. Für den Glauben an die Windigo-Besessenheit gibt es eine viel einfachere Erklärung. In extremen Hunger- und Streßsituationen bezichtigten die nördlichen Ojibwa und Cree bestimmte Lagermitglieder, die ihnen zur Last fielen, Windigos zu sein als Rechtfertigung, sich ihrer zu entledigen. Auf diese Weise vergrößerten sie die Überlebenschancen der übrigen Lagerbewohner. Der getötete Windigo war daher meist ein Kranker im Fieberdelirium, ein Kranker, der zu schwach zum Gehen war, ein seniler alter Mann oder eine senile alte Frau oder ein Fremder, der einer anderen ethnischen Gruppe angehörte. Mit Maranos Worten belegt der Windigo-Glaube nicht die Existenz einer Psychose, sondern eines »Selektivtötungs«-Systems (d.h. man läßt einige sterben, damit andere überleben), in dem die Furcht vor dem Aufgefressenwerden dazu benutzt wurde, die Angst zu überwinden, die mit dem Bruch des Tabus verbunden ist, einen Lagergefährten zu töten.

»Bei näherer Untersuchung entpuppt sich die Windigo-Psychose nicht als kulturell isolierte anthropophagische (d.h. kannibalische) Zwangsvorstellung, sondern vielmehr als recht kalkulierbare — wenn auch kulturell bedingte — Variante der für Gesellschaften in Streßsituationen typischen Selektivtötung und Hexenverfolgung. Im Verlauf dieses Prozesses werden, wie bei allen Hexenverfolgungen, die Opfer der Aggression sozial als Angreifer umdefiniert. Im vorliegenden Fall war die besondere Form der Umdefinition durch den ständig drohenden Hungertod bestimmt, eine Situation, in der Menschen aller Kulturen und aller Zeiten nicht der Versuchung widerstanden, Zuflucht zum Kannibalismus zu nehmen. Indem die Gruppe ihre bedrohlichsten Ängste auf den Sündenbock projizierte, lieferte sie eine Rechtfertigung für Mord, mit der sich jeder identifizieren konnte« (Marano 1982:385).

Kulturelle Definition von Männlichkeit und Weiblichkeit

Das offensichtlichste Beispiel für Persönlichkeitsunterschiede ist der in allen Gesellschaften anzutreffende Unterschied zwischen Mann und Frau. In den letzten Jahren wurde eine heftige Diskussion darüber geführt, ob und in welchem Maße bestimmte universelle Persönlichkeitszüge bei Männern und Frauen Ausdruck menschlicher Natur oder Ergebnis kultureller Konditionierung sind.

Wie bereits erwähnt, waren die Anhänger Sigmund Freuds lange Zeit der Auffassung, daß Männer und Frauen aufgrund ihrer unterschiedlichen anatomischen Merkmale und Reproduktionsfunktionen zu fundamental verschiedenen Persönlichkeiten bestimmt sind: Männer seien »maskuliner« (aktiv, aggressiv und gewalttätig), Frauen dagegen »femininer« (passiv, sanft und friedlich).

Ganz gleich, ob man den Ödipuskomplex als ein universelles Phänomen akzeptiert oder nicht, zeigt die ethnographische Forschung, daß Freuds Wiener Definition des idealen männlichen und weiblichen Temperaments kaum universelle Gültigkeit besitzt. Eines der klassischen Beispiele ethnologischer Forschung zum Spektrum kultureller Definitionen idealer männlicher und weiblicher Persönlichkeit ist Margaret Meads (1950) Studie über drei Stämme auf Neuguinea — die Arapesch, Mundugumor und Tchambuli. Mead fand heraus, daß man bei den Arapesch von Männern wie Frauen ein sanftes, verständnisvolles und kooperatives Verhalten erwartet — vergleichbar dem Verhalten, das wir von einer idealen Mutter erwarten. Bei den Mundugumor dagegen sollen Männer wie Frauen gleichermaßen ein wildes und aggressives Verhalten zur Schau tragen. Das Verhalten beider Geschlechter entsprach Meads Kriterien für Männlichkeit. Bei den Tchambuli wiederum scheren sich die Frauen die Köpfe, lachen gern laut und herzhaft, legen kameradschaftliche Solidarität an den Tag und gehen aktiv dem Nahrungserwerb nach. Tchambuli Männer dagegen beschäftigen sich mit künstlerischen Tätigkeiten, wenden viel Zeit für ihre Frisuren auf und klatschen stets über das andere Geschlecht. Obwohl Meads Interpretationen als zu subjektiv abgelehnt wurden, besteht kein Zweifel daran, daß sich die Geschlechtsrollen in unterschiedlichen Kulturen stark unterscheiden. Nur in wenigen Teilen der Welt läßt sich genau die für das Wien des 19. Jahrhunderts typische Konfiguration finden, die Freud für ein universelles Ideal hielt. Zum Beispiel hat Mervyn Meggitt (1964) die Hochlandkulturen auf Neuguinea in zwei Gruppen klassifiziert — je nachdem, ob sie sich »prüde« oder »sexuell freizügig« verhalten.

Bei den Mae Enga — Meggitts Beispiel für »Prüderie« — schlafen Männer und Frauen getrennt. Niemals betritt ein Mann den Schlafraum im hinteren

Teil der Hütte seiner Frau, eine Frau niemals das Männerhaus. Kontakt mit Menstruationsblut kann für einen Mae Enga-Mann Krankheit und Tod bedeuten. Mae Enga-Männer glauben, daß der Geschlechtsverkehr sie schwächt. Nach jedem Geschlechtsverkehr unterziehen sie sich zu ihrem eigenen Schutz einem Reinigungsverfahren, indem sie sich in eine rauchige Hütte setzen. Junggesellen geloben bis zu ihrer Heirat sexuelle Enthaltsamkeit und fühlen sich bei einer Unterhaltung über sexuelle Dinge unbehaglich, vor allem dann, wenn Frauen anwesend sind. Dagegen teilen die Männer der Kuma, Meggitts Beispiel für »sexuelle Freizügigkeit«, den Schlafbereich mit Frauen, fürchten sich nicht vor einer Verunreinigung durch Frauen, führen keine Reinigungs- oder Initiationsriten aus und gewinnen an Ansehen, wenn sie mit der Zahl ihrer Liebesabenteuer prahlen. Kuma-Mädchen nehmen an geselligen Zusammenkünften teil, die ihnen die Gelegenheit bieten, sich unter den verheirateten und unverheirateten Männern Liebespartner auszusuchen. Beide Geschlechter sprechen offen über sexuelle Beziehungen.

Lorraine Sexton (1973) hat darauf aufmerksam gemacht, daß diese Unterschiede damit zusammenhängen könnten, daß die Mae Enga einem starken Bevölkerungsdruck ausgesetzt sind, während die Kuma nur eine geringe Bevölkerungsdichte aufweisen. Extreme Prüderie wäre somit ein Mechanismus, der die Häufigkeit von Geschlechtsverkehr reduziert und damit die Fertilität einschränkt.

Ein Komplex männlicher Suprematie?

Trotz dieser Abweichungen von der für die westliche Gesellschaft typischen engen Definition dessen, was männlich und was weiblich ist, deutet vieles darauf hin, daß Männer in der großen Mehrzahl aller Gesellschaften aggressiver und gewalttätiger sind als Frauen. Und obwohl der Ödipuskomplex, so wie Freud ihn sich vorstellte, keine universelle Erscheinung darstellt, ist sexuelle Rivalität zwischen Männern der älteren und der jüngeren Generation durchaus weit verbreitet (S. Barnouw 1973; Foster 1972; A. Parsons 1967; Roheim 1950).

Eine Vielzahl von Belegen deutet darauf hin, daß die relativ aggressivere männliche Persönlichkeit mit einem universellen Verhaltenskomplex verknüpft ist, der Männern in vielen Bereichen des Soziallebens eine dominantere Rolle als den Frauen einräumt. In der Sphäre politischer Ökonomie kommt dieser Komplex am klarsten zum Ausdruck. Unsere vorangehende Untersuchung der Entwicklung politischer Organisationsformen (Kap. 9,10) hat deutlich gemacht, daß Männer immer die wichtigsten öffentlichen

Macht- und Kontrollzentren mit Beschlag belegten. Männliche, nicht weibliche Oberhäupter dominierten die Redistribution sowohl in egalitären wie in geschichteten Gesellschaften. Die Oberhäupter der Semai und Mehinacu, die *mumis* auf den Salomon-Inseln und die »Großen Männer« auf Neuguinea, der Leopardenfellhäuptling der Nuer, die Häuptlinge der Kwakiutl, Trobriander und Tikopia, der Mukama von Bunyoro, der Inka, die Pharaonen und die Kaiser von China und Japan — sie alle sind Ausdruck der gleichen männlichen Überlegenheit. Regieren in Europa oder Afrika einmal Königinnen, so immer nur als vorübergehende Träger der den Männern der königlichen Familie gehörenden Macht. Nichts entlarvt die politische Unterordnung der Frauen dramatischer als die Tatsache, daß von allen Mitgliedstaaten der Vereinten Nationen 1986 nur fünf Prozent der Staatsoberhäupter Frauen waren. Selbstverständlich rechtfertigt das nicht den Schluß, Frauen seien machtlos oder übten niemals wesentliche politische Macht aus. Außerdem ist extreme männliche Dominanz mit der bilinearen Organisation egalitärer Wildbeutergruppen nicht vereinbar (Leacock 1978, 1981).

Früher glaubte man, daß das *Matriarchat* oder die Frauenherrschaft — das Gegenstück zum *Patriarchat* oder der Männerherrschaft — eine frühere Stufe in der Entwicklung der Sozialorganisation darstellte. Heute sind sich praktisch alle Ethnologen darin einig, daß es nie eine wirklich matriachalische Gesellschaft gegeben hat. Eine Ausnahme bildet Ruby Rohrlich-Leavitt (1977:57), der behauptet, daß im minoischen Kreta »Frauen an den politischen Entscheidungen zumindest genauso beteiligt waren wie die Männer, während sie im religiösen und sozialen Leben sogar die höchste Stellung einnahmen«. Rohrlich-Leavitts Behauptung beruht jedoch auf Schlußfolgerungen aus archäologischen Daten, die sich auch ganz anders interpretieren lassen. Ohne Zweifel war das minoische Kreta matrilinear organisiert, und Frauen genossen relativ hohes Ansehen. Wirtschaftsgrundlage Kretas war jedoch der maritime Handel, und diesen Bereich dominierten nicht die Frauen, sondern die Männer. Rohrlich-Leavitt behauptet, das kretische Matriarchat sei möglich gewesen, weil es keinen Krieg und keinen männlichen Militärkomplex gab. Wahrscheinlicher ist jedoch, daß militärische Operationen auf dem Meer stattfanden und wenig archäologisch auffindbares Material hinterlassen haben. Es besteht daher keine Veranlassung, die folgende Generalisierung von Michelle Rosaldo und Louise Lamphere nicht zu akzeptieren:

»Während einige Ethnologen der Meinung sind, daß es wahrhaft egalitäre Gesellschaften gibt oder gegeben hat ... und alle darin übereinstimmten, daß es Gesellschaften gibt, in denen Frauen ein beträchtliches Maß an Anerkennung und Macht erlangt haben, ist kein einziger jemals auf eine Gesellschaft gestoßen, in der Frauen eine größere öffentliche Macht und Autorität als die Männer besaßen« (1974:3).

Die Vorstellung, es habe einmal Matriarchate gegeben, ist oft darauf zurückzuführen, daß Matrilinearität mit Matriarchat verwechselt wird. Matrilinearität bedeutet nicht, wie es der Begriff Matriarchat impliziert, daß Frauen die männliche Dominierung der politischen Sphäre umkehren und selbst dominieren. Bestenfalls geht Matrilinearität mit einem größeren Maß politischer Gleichheit zwischen den Geschlechtern einher; nie aber führt sie zu weiblicher Dominanz. Das wird am Beispiel der matrilinearen Irokesen deutlich. Bei den Irokesen hatten ältere Frauen die Macht, männliche Älteste, die in die als Versammlung bezeichnete höchste Regierungsinstanz gewählt wurden, in ihrem Amt zu bestätigen oder abzusetzen. Durch einen männlichen Repräsentanten in der Versammlung konnten sie Einfluß auf die dort gefällten Entscheidungen, auf Kriegführung und Vertragsabschlüsse ausüben. Auch wurde die Wählbarkeit für ein Amt in der Versammlung über die weibliche Linie vererbt, und Pflicht der Frauen war es, die Männer, die der Versammlung angehörten, zu nominieren. Doch die Frauen selbst konnten der Versammlung nicht angehören, und den amtierenden Männern war es möglich, ihr Veto gegen die Nominierung der Frauen einzulegen. Judith Brown (1975:240-241) kommt daher zu dem Schluß, daß die Irokesen-Nation »kein Matriarchat war, wie manche behaupten«.

Sexualpolitik

In vielen Kulturen sind Männer der Überzeugung, spirituell den Frauen überlegen zu sein. Sie glauben, Frauen seien gefährlich und verunreinigend, schwach und unzuverlässig. Doch sollte man den Gedanken aufgeben, eine unterjochte Gruppe akzeptierte tatsächlich den von den Unterjochern angegebenen Grund für ihre Unterdrückung (Kap. 11). Genießen Männer aber, etisch betrachtet, im Hinblick auf den Zugang zu strategischen Ressourcen einen Machtvorteil über Frauen (Josephides 1985), so werden diese Vorurteile, ob sie die Frauen nun teilen oder nicht, aller Wahrscheinlichkeit nach mit tatsächlichen Deprivationen und Nachteilen für die Frauen verknüpft sein.

Diesen Punkt hat Shirley Lindenbaum im Hinblick auf zwei stark männlich dominierte Gesellschaften, in denen sie Feldforschung durchführte, betont. In Bangladesch stieß sie auf eine entwickelte Ideologie männlicher Suprematie, die in Symbolen und Ritualen ihren Ausdruck fand (s. Kasten 14.1).

Ähnliche Vorstellungen von weiblicher Verunreinigung und Inferiorität fand Lindenbaum bei den Foré im Hochland von Neuguinea. In beiden Fällen waren Frauen schweren materiellen Deprivationen ausgesetzt. Bei den

Kasten 14.1 Sexualsymbolik in Bangladesch

Männer werden mit der rechten, bevorzugten Seite von Dingen assoziiert, Frauen mit der linken. Dorfärzte erklären, daß es aufgrund eines grundlegenden physiologischen Unterschieds zwischen den Geschlechtern notwendig sei, den Puls eines Mannes an dessen rechtem, den einer Frau an ihrem linken Handgelenk zu fühlen. Die meisten Dorfbewohner tragen Amulette, um sich vor durch böse Geister verursachten Krankheiten zu schützen; Männer binden das Amulett an den rechten, Frauen an den linken Oberarm. Ganz ähnlich lesen Handleser und Geisterbeschwörer von Männern die rechte Hand, von Frauen aber die linke. In Dorfdramen, in denen männliche Schauspieler sowohl die männlichen als auch die weiblichen Rollen spielen, kann das Publikum männliche Figuren daran erkennen, daß sie mit dem rechten Arm, weibliche daran, daß sie mit dem linken Arm gestikulieren. Bei religiösen Feierlichkeiten gibt es an öffentlichen Stätten wie den Gräbern muslimischer Heiliger oder hinduistischer Statuen zwei getrennte Eingänge, der rechte Zugang ist Männern, der linke Frauen vorbehalten. Nach weitverbreitetem Glauben setzen Mädchen beim Gehen zuerst den linken Fuß vor, Männer dagegen den rechten.
    In einigen Fällen verweist dieser Rechts-Links-Dualismus nicht allein auf die soziale Anerkennung eines physiologischen Unterschieds, sondern die Assoziation mit der rechten Seite ist außerdem mit Prestige, Ehre und Autorität verbunden. Frauen, die ihren Ehemännern Respekt erweisen wollen, sagen, daß sie sich beim Essen, Sitzen und Liegen im Bett idealerweise auf der linken Seite aufhalten müssen. Die gleiche Respektsbekundung sollte allen sozial Höhergestellten zuteil werden: den Reichen und heute auch den Gebildeten.
    Die Rechts-Links-Dichotomie deutet daher nicht nur die Dichotomie männlich/weiblich, sondern auch Autorität/Unterwerfung, gut/schlecht und Reinheit/Verunreinigung an. Muslime sehen in der rechten Seite die Seite der guten Vorzeichen und glauben, Engel säßen, wenn sie am Tag des Gerichts von guten Taten berichteten, auf der rechten Schulter, während Teufel Missetaten auf der linken Schulter sitzend berichteten. Die linke Seite wird gedanklich auch mit Verunreinigung assoziiert. Der Islam fordert, daß nach einer Darmentleerung nur die linke Hand den After reinigen darf. Diese Hand soll daher niemals zum Transport der Nahrung in den Mund oder zum Ausspülen des Mundes mit Wasser vor den obligatorischen täglichen Gebeten benutzt werden.

Quelle: Lindenbaum 1977:142

Foré zum Beispiel werden Frauen während Schwangerschaft und Niederkunft in einer besonderen Seklusionshütte isoliert:

»Ihre Seklusion ist Zeichen des halbwilden Zustands, der durch die natürlichen Funktionen ihres Körpers entstanden ist. Andere Frauen bringen ihr Nahrung, denn würde sie selbst während dieser Isolationsperiode in ihre Gärten gehen, würde sie alle Anbaufrüchte vernichten. Auch darf sie ihrem Mann keine Nahrung schicken: würde er Nahrung, die sie berührt hat, zu sich nehmen, würde er geschwächt, eine Erkältung bekommen oder frühzeitig altern« (Lindenbaum 1979:129).

Bringt eine Frau ein mißgestaltetes oder totes Kind zur Welt, sehen die
Foré allein in der Frau die für das Unglück Verantwortliche. Ihr Ehemann
und andere Männer des Weilers prangern sie öffentlich an, beschuldigen sie
des Versuchs, die männliche Autorität zu untergraben, und töten eines ihrer
Schweine. Männer beanspruchen bei den Foré wie in vielen anderen Kulturen auf Neuguinea die besten tierischen Proteinquellen für sich. Sie behaupten, die Proteinquellen der Frauen — Frösche, Kleintiere und Insekten — würden sie krank machen. Überall auf Neuguinea liegt die Sterblichkeitsrate der
jungen Frauen sehr viel höher als die der jungen Männer (Buchbinder o.J.).
Das gleiche gilt für Bangladesch:

>Das männliche Kind erhält nahrhaftere Speisen. Es ißt mit seinem Vater zuerst
und erhält, wenn Auswahl besteht, Delikatessen und seltene Speisen, seine Schwester
aber nicht. Folge davon ist, daß Männer in der bengalischen Bevölkerung zahlenmäßig überwiegen und die Sterblichkeitsrate der Mädchen unter fünf Jahren in
manchen Jahren 50 Prozent höher ist als die der Jungen« (Lindenbaum 1977:143).

Religion und Sexualpolitik

Frauen sind oft von den Hauptquellen religiöser Macht ausgeschlossen.
Selbst in Gesellschaften mit überwiegend individualistischen Ritualen haben
Frauen der Tendenz nach weniger Zugang zum Übernatürlichen als Männer.
Nur selten begeben Frauen sich auf Visionssuche — das spirituelle Erlebnis,
das den Männern das nötige Selbstvertrauen gibt, aggressiv zu sein und ungestraft töten zu können. Frauen ist es selten gestattet, halluzinogene Substanzen einzunehmen, die Männern eine direkte Erkenntnis der hinter den weltlichen Erscheinungen befindlichen Realität ermöglichen.

Der am weitesten verbreitete religiöse Komplex verfolgt das explizite Ziel,
das männliche Monopol auf Mythen und Rituale, die den Ursprung des
Menschen und die Natur der übernatürlichen Wesen betreffen, zu wahren.
Dieser Komplex umfaßt geheime Initiationsriten der Männer; besondere
Männerhäuser, deren Betreten Frauen und Kindern verboten ist; männliche
Maskentänzer, die Gottheiten oder andere Geistwesen verkörpern; das
Schwirrholz, das die Stimme der Gottheiten ist und im Busch oder in der
Dunkelheit ertönt, um Frauen und noch nicht initiierte Jungen zu erschrek-
ken (s.S. 296); die Aufbewahrung der Masken, Schwirrhölzer und anderer
sakraler Paraphernalien im Männerhaus; die Androhung, jede Frau zu töten,
die zugibt, die Kultgeheimnisse zu kennen; und die Drohung, jeden Mann
zu töten, der die Geheimnisse den Frauen oder nichtinitiierten Knaben ent-
hüllt.

Auch ekklesiastische Religionsformen sind durch den Funktionszusammenhang von männlich dominierten Ritualen und Mythen einerseits und männlicher Suprematie andererseits charakterisiert. Hohepriester im alten Rom, in Griechenland, Mesopotamien, Ägypten, dem alten Israel und der ganzen muslimischen und hinduistischen Welt waren stets Männer. Priesterinnen von hohem Rang und mit autonomer Herrschaft über ihre eigenen Tempel, wie es sie im minoischen Kreta gab, waren die Ausnahme, selbst wenn die ekklesiastischen Kulte weibliche Gottheiten einschlossen. Auch heute noch dominieren Männer die ekklesiastische Organisation aller großen Weltreligionen. Die drei großen Religionen der westlichen Zivilisation — Christentum, Judentum und Islam — betonen die Priorität des männlichen Prinzips bei der Entstehung der Welt. Ihr Schöpfergott ist männlich. Und selbst wenn sie, wie im Katholizismus, weibliche Heilige kennen, spielen diese in den Mythen und Ritualen nur eine untergeordnete Rolle. Sie alle glauben, daß zuerst die Männer und dann erst die Frauen aus einem Stück des Mannes erschaffen wurden.

Geschlechtsrollen und Ethnographie

Will man die verschiedenen Ausprägungen männlicher Suprematie untersuchen, darf man nicht die für staatlich organisierte und geschichtete Gesellschaften typischen Formen politischer Hierarchie zum Maßstab für jegliche Art von Sexualpolitik wählen. Außerdem ist es nicht zulässig, die Aussage, »Frauen nehmen in den meisten Gesellschaften hinsichtlich der politischen Autorität eine untergeordnete Stellung ein«, zu verallgemeinern und zu behaupten, »Frauen nehmen in allen Gesellschaften in jeder Hinsicht eine untergeordnete Stellung ein«. Wie Eleanor Leacock (1978:247) zeigt, kann bereits die Vorstellung von »Gleichheit« und »Ungleichheit« zu einem ethnozentrischen Mißverständnis der in vielen Gesellschaften existierenden Geschlechtsrollen führen. Leacock (ebd.:225) bezweifelt keineswegs, daß es im allgemeinen die Frauen waren, die »mit der Entstehung eines ungleichen Zugangs zu den Ressourcen sowie einer Klassen- und Geschlechtshierarchie« von den Männern unterdrückt wurden (und erkennt selbstverständlich, daß das Ausmaß der Unterdrückung von lokalen ökologischen, wirtschaftlichen und politischen Bedingungen abhängig war). Doch meint sie, daß die Geschlechtsrollen in klassenlosen und nicht staatlich organisierten Gesellschaften bloß unterschiedlich, nicht etwa mit ungleicher Macht verbunden waren. Vieles weist gewiß darauf hin, daß Macht jeglicher Art — ob von Männern über Männer oder von Männern über Frauen ausgeübt — in den meisten (nicht in allen) Horden- und Dorfgesellschaften nur in geringem Umfang oder überhaupt nicht vorkam — aus Gründen, die in Kapitel 9 behandelt wurden. Und hauptsächlich Ethnographinnen (Kaberry 1970; Sacks 1971; Sanday 1981) ist in letzter Zeit der Nachweis gelungen, daß die etische Macht der Frauen von den männlichen Ethnologen, die bisher das Feld interkultureller Vergleichsstudien über Geschlechtsrollen beherrschten, stark unterschätzt oder mißverstanden wurde (Kasten 14.2).

Kasten 14.2 Die Perspektive einer Frau

Frauen sind stark, Frauen sind wichtig. Die Zhuntwasimänner* sagen, die Frauen sind die Häuptlinge, die Reichen und die Weisen, Denn die Frauen besitzen etwas sehr Wichtiges, etwas, das für die Männer lebenswichtig ist: ihre Genitalien. Eine Frau kann einem Mann Leben schenken, selbst wenn er beinahe tot ist. Sie kann ihm Sex schenken und ihn wieder lebendig machen. Wenn sie sich weigert, müßte er sterben! Wenn es keine Frauen gäbe, würden die Männer an ihrem Samen sterben. Hast du das gewußt? Wenn es nur Männer gäbe, würden sie alle sterben. Die Frauen machen es möglich, daß sie am Leben bleiben.

* Zhuntwasi ist einer der Namen, unter denen die !Kung-San bekannt sind.
Quelle: Marjorie Shostack (1982:229).

Neues von den Trobriandern

Selbst dem großen Ethnographen Bronislaw Malinowski gelang es in seiner klassischen Studie über die Trobriand-Insulaner nicht, eine ausgewogene Darstellung der Geschlechtsrollen zu geben. Wie wir in Kapitel 10 gesehen haben, überreichen auf den Trobriand-Inseln Brüder den Männern ihrer Schwestern zur Erntezeit Yamsgaben. Diese Yamsgaben bilden zu einem großen Teil die materielle Grundlage der politischen Macht der Häuptlinge. Malinowski sah in der Erntegabe so etwas wie eine jährliche Tributzahlung der Familie der Frau an den Ehemann und daher ein Mittel zur Vergrößerung und Stärkung männlicher Macht. Annette Weiner konnte jedoch zeigen, daß der Ernteyams im Namen der Ehefrau überreicht wird und deshalb ebenso sehr dazu dient, den Wert der Frauenrolle zu unterstreichen, wie die Macht den Männern zu übertragen. Malinowski übersah die Tatsache, daß die Yamsgabe erwidert werden mußte und daß die Gegengabe nicht an den Schwager, sondern an die Frau eines Mannes ging. Als Gegenleistung für den im Namen seiner Frau erhaltenen Yams hatte ein Ehemann seiner Frau besondere Wertgegenstände, Frauenröcke und Bündel von zur Herstellung

von Röcken benötigten Pandanus- und Bananenblätter, zu geben. Ein Großteil der wirtschaftlichen Unternehmungen eines Mannes war dem Handel
mit Schweinen und anderen Wertsachen gewidmet, damit er in der Lage war,
seine Frau mit beträchtlichen Mengen an Röcken und Blätterbündeln, dem
Reichtum der Frauen, zu versorgen. Die Röcke und Blätterbündel werden bei
umfangreichen Bestattungszeremonien, *sagali* genannt, öffentlich zur Schau
gestellt und verschenkt (Malinowski wußte zwar von diesen Zeremonien,
hielt es aber nicht für notwendig, sie detailliert zu beschreiben). Weiner
(1977:118) stellt fest, daß das *sagali* eines der bedeutsamsten öffentlichen Ereignisse im Leben der Trobriander ist. »Nichts ist so dramatisch, wie bei
einem *sagali* Frauen von Tausenden von Bündeln umgeben zu sehen. Noch
gibt es etwas Eindrucksvolleres, als die Haltung der Frauen zu beobachten,
wenn sie der Verteilung beiwohnen. Wenn Frauen zur Mitte (des Platzes)
gehen, um dort ihre Reichtümer abzuwerfen, bewegen sie sich mit einem
Stolz, der dem eines melanesischen ›Großen Mannes‹ in nichts nachsteht.«
Ist es einem Mann nicht möglich, seine Frau mit den nötigen Reichtümern
auszustatten, damit sie beim *sagali* eine gute Figur macht, verringern sich
seine eigenen Chancen, ein »Großer Mann« zu werden. Seine Schwäger
können sogar ihre Yamserntegaben reduzieren oder ganz einstellen, wenn
ihre Schwester nicht in der Lage ist, den Verwandten des Verstorbenen
große Mengen an Bündeln und Röcken zu schenken. Nach Weiners Darstellung sind Männer nicht nur in ihrer Macht stärker als nach Malinowskis
Darstellung von den Frauen abhängig, sondern die Frauen selbst scheinen
über sehr viel mehr Einfluß zu verfügen, als Malinowski meinte. Weiner
kommt zu dem Schluß, daß Ethnologen es nur allzu häufig »zugelassen
haben, daß die ›Männerpolitik‹ unsere Auffassung von anderen Gesellschaften geprägt hat . . ., was zur Folge hatte, daß wir irrtümlich glaubten, wenn
Frauen nicht in der politischen Interaktionssphäre dominierten, ihre Macht
bestenfalls peripher sei« (Weiner 1977:228).

Neues über Machismo

In Lateinamerika werden männliche Suprematieideale als *Machismo* bezeichnet. In ganz Lateinamerika erwartet man von den Männern, daß sie *macho*
sind: das heißt mutig, sexuell aggressiv, männlich und Frauen gegenüber
dominant. Zu Hause geben sie ihren Frauen wenig Geld, essen zuerst, erwarten strikten Gehorsam von ihren Kindern, vor allem von ihren Töchtern,
kommen und gehen ganz nach Belieben und treffen Entscheidungen, die die
ganze Familie widerspruchslos zu befolgen hat. Sie »haben die Hosen an«

oder denken zumindest, sie hätten sie an. Wie May Diaz jedoch in ihrer Studie über Tonalá, eine Kleinstadt in der Nähe von Guadalajara, Mexiko, zeigen konnte, besteht ein entscheidender Unterschied zwischen dem *Machismo* als männlichem Ideal und dem *Machismo*, wie er tatsächlich im Schoß der Familie praktiziert wird. Während Frauen, oberflächlich betrachtet, es hinzunehmen scheinen, von ihren Vätern, Ehemännern und älteren Brüdern herumkommandiert zu werden, verfügen sie tatsächlich jedoch über bestimmte Strategien, der männlichen Kontrolle zu entgehen und ihren eigenen Willen durchzusetzen. Eine der Strategien besteht darin, einen *Macho* gegen den anderen auszuspielen. Der Fall Lupitas, einer jungen, unverheirateten Frau aus Tonalá, mag verdeutlichen, wie das funktioniert.

Lupitas verheirateter Bruder erwischte sie eines Tages dabei, wie sie durch ein auf die Straße weisendes Fenster ihres Hauses mit einem jungen Mann sprach. Der Bruder wollte nun unbedingt wissen, wer der junge Mann war, Lupita weigerte sich aber, ihm den Namen zu nennen, weil sie befürchtete, ihr Bruder würde zu ihrem Vater gehen und diesen davon überzeugen, daß Lupitas Flirt ein Ende gesetzt werden müsse. Lupita entschloß sich, die Regeln des *Machismo* zu ihren eigenen Gunsten zu manipulieren. Während Lupita ihrer Mutter bei der Zubereitung des Abendessens half, erzählte sie ihr, daß die Frau ihres Bruders ständig am Nörgeln sei und ihn dazu brächte, sich in ihre, Lupitas, Angelegenheiten zu mischen. Sie wußte, daß sie mit dieser Bemerkung ihre Mutter auf ihre eigene Seite bringen würde (viel eher, als wenn sie sich direkt über ihren Bruder beschwert hätte). Sie wußte nämlich, daß ihre Mutter die Frau ihres Sohnes nicht mochte, weil diese einen starken Einfluß auf ihn gewonnen hatte und sich zwischen Mutter und Sohn stellte. Sobald sich an diesem Abend der Vater zum Essen an den Tisch setzte, fing Lupitas Mutter an, ihn auszuschelten, weil er es zuließe, daß sein Sohn sich seine Autorität anmaße und er in der Familie nicht mehr die Hosen anhabe. Das hatte zur Folge, daß der Vater nicht hören wollte, was sein Sohn ihm über Lupita zu erzählen hatte. Sobald er mit dem Essen fertig war, verließ er das Haus, ohne Lupita zu verbieten, sich weiter darum zu bemühen, einen Freier zu finden. So erreichten sowohl Lupita als auch ihre Mutter, obwohl sie beide keine Macht besaßen, ihr Ziel, indem sie sich gerade die Regel zunutze machten, die sie angeblich jeglicher Macht beraubte — daß ein Vater der Herr im Haus zu sein hat (Diaz 1966:85-87).

Die Machtverteilung zwischen den Geschlechtern ist selten so einfach geregelt, daß Frauen Männern auf Gedeih und Verderb ausgeliefert sind (oder umgekehrt). Wie die Untersuchungen über die Trobriander und die Bewohner Tonalás zeigen, hatten Ethnologen in der Vergangenheit kein Verständnis für die subtileren Aspekte der Geschlechtshierarchien. Doch dürfen wir auch nicht in den Fehler verfallen, die vielen Geschlechtshierarchien zugrundeliegenden realen Machtunterschiede zu bagatellisieren, indem wir der Fähigkeit der Untergeordneten, das System zu ihren Gunsten zu manipulieren, zu viel Gewicht beimessen. Es ist bekannt, daß Sklaven manchmal ihre Herren überlisten, daß gemeine Soldaten Generäle täuschen und Kinder ihre Eltern dazu bringen können, daß diese sie wie Dienstboten bedienen. Doch sollte die Tatsache, daß man die Auswirkungen systembedingter Ungleichheit mildern kann, nicht mit Gleichheit verwechselt werden.

Krieg und der Komplex männlicher Suprematie

Wie wir gesehen haben (S. 223), kann männliche Suprematie mit kriegerischem Verhalten verknüpft sein. In mit Handwaffen ausgetragenen vorindustriellen Kämpfen trägt diejenige Gruppe den Sieg davon, die über die größte Zahl wilder und kräftiger Krieger verfügt. Im Durchschnitt sind Männer Frauen körperlich überlegen, wenn es um die Kraft geht, mit der sie einen Stock schwingen, einen Speer oder Stein werfen und einen Pfeil abschießen können, oder wenn es um die Geschicklichkeit geht, mit der sie über kurze Distanzen zu sprinten vermögen (s. Tabelle 14.1 und Graphik 14.1). Das heißt, daß die Gruppe, die im Kampf über die meisten männlichen Krieger verfügt, unter vorindustriellen Bedingungen der Kriegführung die größten Siegeschancen hat. Doch wie bewerkstelligt man es, die meisten Krieger zu haben? In Gesellschaften, die in Horden, Dörfern und Häuptlingstümern organisiert sind, schränken ökologische Zwänge das Bevölkerungswachstum drastisch ein. Nicht nur feindliche Krieger gefährden das Überleben, sondern

Tabelle 14.1 Weltrekorde von 1982

Sportart	Männer	Frauen
	(Min., Sek.)	(Min., Sek.)
100-Meter-Lauf	0,0995	0,1088
1 Meile	3,4880	4,2168
400-Meter-Hürden	0,4713	0,4860[*]
	(m)	(m)
Hochsprung	2,36	2,01

* Die Hürden sind beim Hürdenlauf der Frauen niedriger als beim Hürdenlauf der Männer.
Quelle: Guiness Book of World Records, 1982.

Graphik 14.2 Kann die Lücke geschlossen werden?

Vergleich der Olympia-Rekorde der Männer und Frauen. Es ist möglich, daß Frauen Männer in bestimmten athletischen Disziplinen wie Schwimmen überrunden werden, nicht aber in denen, die wie das Laufen eng mit dem Erfolg bei der vorindustriellen Kriegsführung verknüpft waren.

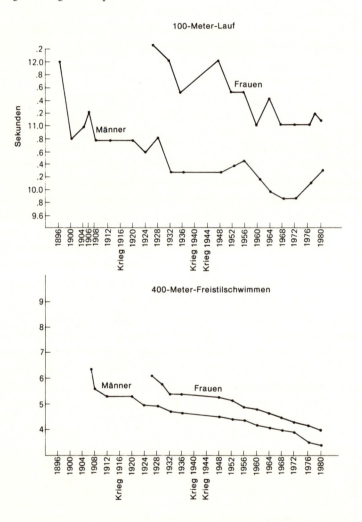

auch die Überbevölkerung. Es geht also um die Lösung eines zweifachen Problems, nämlich darum, die Zahl der männlichen Krieger zu erhöhen und gleichzeitig den Bevölkerungsdruck auf die Ressourcen gering zu halten. Die Lösung des Problems besteht darin, lieber männliche als weibliche Kinder aufzuziehen, wie der Zusammenhang von Krieg, hohem Knabenanteil an der Altersgruppe der Kinder und Jugendlichen, der Tötung weiblicher Säuglinge, der Bevorzugung männlicher Krieger und der höheren weiblichen Sterblichkeitsrate in der Altersgruppe der Kinder und Jugendlichen infolge von Vernachlässigung, Mangelernährung und Proteinmangel (s.S. 223) zeigt.

Bleibt noch die Frage, wie man Männer dazu bringt, wild und aggressiv zu sein, so daß sie ihr Leben im Kampf aufs Spiel zu setzen bereit sind. Da die Bevorzugung männlicher gegenüber weiblichen Kindern zur Folge hat, daß Frauen als Ehepartner knapp sind, besteht die Möglichkeit zur Gewährleistung kämpferischer Aggressivität darin, sexuelle Beziehungen und Heirat vom Erfolg als Krieger abhängig zu machen. Logisch betrachtet, könnte das Problem des Frauenmangels auch dadurch gelöst werden, daß sich mehrere Männer eine Frau teilen. Doch Polyandrie ist, wie wir gesehen haben, extrem selten. Tatsächlich geschieht genau das Umgekehrte: In vorstaatlichen kriegerischen Gesellschaften besteht eine starke Tendenz zur Polygynie, d.h. daß Männer mehrere Frauen heiraten. Statt also Frauen zu teilen, rivalisieren Männer um sie, und der Frauenmangel wird noch größer, weil einige Männer zwei oder drei Frauen haben. Das führt zu Neid, Ehebruch, einem geschlechtsbedingten Antagonismus zwischen Männern und Frauen sowie zu Feindseligkeiten zwischen Männern und zwar besonders zwischen den jungen Männern, die keine Frauen haben, und den älteren Männern, die mehrere besitzen (Divale und Harris 1976, 1978a, 1978b; Divale u.a. 1978; Howe 1978; Lancaster und Lancaster 1978; Norton 1978).

Diese Theorie stellt eine Beziehung zwischen der Intensität des Komplexes männlicher Suprematie und der Intensität kriegerischer Auseinandersetzungen und des Bevölkerungsdrucks in vorindustriellen Gesellschaften her. Sie sagt voraus, daß in allen Gesellschaften, die wenig Krieg führen und nur einem geringen Bevölkerungsdruck ausgesetzt sind, der Komplex männlicher Suprematie nur schwach ausgeprägt oder praktisch nicht vorhanden sein wird. Diese Voraussage steht in Einklang mit der allgemein anerkannten Auffassung, daß viele Wildbeutergesellschaften sowohl selten in kriegerische Auseinandersetzungen verwickelt wurden, als auch ein beträchtliches Maß an Gleichheit zwischen den Geschlechtern aufwiesen und daß Krieg wie Ungleichheit zwischen den Geschlechtern mit der Entstehung der Landwirtschaft und des Staates an Intensität gewannen. Außerdem vermag diese Theorie eine Erklärung für den beobachteten starken männlichen Suprematiekomplex in kriegerischen Wildbeutergesellschaften wie denen Australiens zu liefern. Nicht alle Hordengesellschaften sind mit ähnlichen ökologischen Bedingungen konfrontiert und ähnlich starkem Bevölkerungsdruck ausgesetzt (Leacock 1978).

Männlichkeit, Krieg und der Ödipuskomplex

Die oben vorgestellte Theorie kehrt die Verursachungskette der Freudschen Erklärung für kriegerisches Verhalten um. Freud hielt Aggressivität und Sexualneid der Männer für instinktgebunden. Er sah sowohl im kriegerischen Verhalten als auch im Ödipuskomplex das Ergebnis eines Aggressionstriebes. Viele Belege weisen jedoch darauf hin, daß die aggressive und eifersüchtige männliche Persönlichkeit Folge kriegerischen Verhaltens ist, während kriegerisches Verhalten selbst auf ökologischen und politisch-ökonomischen Druck zurückzuführen ist. Ganz ähnlich muß der Ödipuskomplex nicht als Ursache kriegerischen Verhaltens, sondern kann als Folge einer Erziehung betrachtet werden, deren Ziel eine männliche Persönlichkeit ist, die ihr Leben im Kampf aufs Spiel zu setzen bereit ist. Wann immer daher das Ziel der Sozialisationsinstitutionen darin besteht, aggressive, manipulierbare, furchtlose, virile und dominante Männer zu erziehen, wird es unvermeidlich zu sexuell bedingter Feindseligkeit zwischen den jüngeren und den älteren Männern kommen. Das bedeutet aber nicht, daß der Ödipuskomplex zwangsläufig Ausdruck der menschlichen Natur wäre. Er ist vielmehr das voraussehbare Ergebnis einer Erziehung, die Wert auf kämpferische und »maskuline« Männer legt.

Spielarten sexueller Erfahrung

Männer und Frauen sind keineswegs durch ihre Anatomie dazu bestimmt, Persönlichkeitsmerkmale, die für die Vergangenheit typisch waren, auch in der Zukunft beizubehalten. Es ist zwar richtig, daß Männer größer, schwerer und stärker als Frauen sind; daß Männer mehr Testosterone (männliche Sexualhormone) besitzen; daß Frauen menstruieren, schwanger werden und stillen. Dennoch lehnt die moderne Ethnologie die Auffassung ab, Anatomie sei Schicksal. Männer kommen nicht mit der angeborenen Neigung zur Welt, Jäger oder Krieger zu werden oder die Frauen sexuell und politisch zu dominieren. Noch kommen Frauen mit der angeborenen Neigung zur Welt, für Säuglinge und Kinder zu sorgen und sexuell wie politisch eine untergeordnete Position einzunehmen. Vielmehr war es in vielen Kulturen so, daß angesichts einer großen, aber begrenzten Auswahl kultureller und natürlicher Bedingungen eine Selektion zugunsten bestimmter geschlechtsspezifischer Besonderheiten stattgefunden hat. Wenn sich die demographischen, technologischen, ökonomischen und ökologischen Bedingungen, die diesen geschlechtsspezifischen Rollen zugrundeliegen, verändern, dann werden mit

Sicherheit neue kulturelle Definitionen geschlechtsspezifischer Rollen entwickelt werden.

Ethnologische Forschungen stützen im Grunde die Auffassung, daß in vielen zeitgenössischen Gesellschaften die Definitionen von Männlichkeit und Weiblichkeit unnötig restriktiv sind und unrealistische Anforderungen an Männer und Frauen stellen. Die allgegenwärtige Angst vor sexueller Devianz; das Bangen der Männer um ihre sexuelle Potenz; und das zwanghafte Verhalten der Frauen hinsichtlich Mutterschaft, sexueller Kompetenz und Attraktivität kann nicht allein mit biologischen Faktoren begründet und gerechtfertigt werden. Flexible Maßstäbe für männliches und weibliches Verhalten, die individuellen Unterschieden stärker Rechnung tragen, sind mit der menschlichen Natur durchaus vereinbar (Hite 1976; Murphy 1976). Tatsächlich weiß man nur wenig Verläßliches über den Zusammenhang von Sexualität und Kultur. Ethnologen wissen jedoch, daß Kenntnisse, die man über das sexuelle Verhalten von Menschen in einer bestimmten Kultur gewonnen hat, niemals repräsentativ für menschliches Sexualverhalten im allgemeinen sein können. Alle Aspekte sexueller Beziehungen, von frühkindlichen Erfahrungen über erste Liebesbeziehungen bis hin zur Ehe, weisen enorme kulturelle Unterschiede auf. Das, was Meggitt als »sexuelle Freizügigkeit« und »Prüderie« bezeichnet hat, gibt es in vielen verschiedenen Ausprägungsformen. Nach Donald Marshall (1971) halten zum Beispiel Jungen und Mädchen bei den Mangaian in Polynesien niemals in der Öffentlichkeit Händchen. Weder Mütter und Töchter noch Väter und Söhne unterhalten sich jemals über geschlechtliche Dinge. Und dennoch gehen Jugendliche bereits lange vor der Pubertät sexuelle Beziehungen ein. Auch nach der Pubertät genießen beide Geschlechter ein intensives voreheliches Geschlechtsleben. Mädchen empfangen im Haus ihrer Eltern nachts verschiedene Liebhaber, und Jungen wetteifern mit ihren Rivalen um die Zahl der von ihnen erreichten Orgasmen. Mädchen sind bei den Mangaian nicht an romantischen Liebesbeteuerungen, an ausgiebigem Petting oder Vorspiel interessiert. Sex ist nicht Belohnung für männliche Zuneigung; vielmehr ist Zuneigung die Belohnung für sexuelle Hingabe:

»Man erreicht sexuelle Intimität *nicht*, indem man zuerst seine Zuneigung unter Beweis stellt; das Umgekehrte ist der Fall. Für ein Mangaian-Mädchen . . . ist die unmittelbare Demonstration sexueller Virilität und Männlichkeit der erste Beweis dafür, daß ein Junge es begehrt und es selbst begehrenswert ist. . . . Aus geschlechtlicher Intimität kann sich Zuneigung entwickeln oder auch nicht, immer ist jene aber Voraussetzung für diese – was genau einer Umkehrung der Ideale der westlichen Gesellschaft entspricht« (Marshall 1971:118).

Marshalls Informanten stimmten darin überein, daß Männer wenigstens einmal pro Nacht einen Orgasmus haben wollten und Frauen erwarteten, daß jeder Verkehr wenigstens 15 Minuten dauerte. Sie waren sich einig, daß die in Tabelle 14.2 wiedergegebenen Daten das typische männliche Sexualverhalten reflektierte.

Dagegen scheint für das hinduistische Indien eine ganz andere Einstellung zur Sexualität charakteristisch zu sein. Unter Männern ist die Vorstellung weitverbreitet, der Samen sei eine Quelle der Kraft, die nicht vergeudet werden darf:

»Jeder wußte, daß Samen sich nicht leicht bildet; für einen Tropfen Samen sind vierzig Tage und vierzig Tropfen Blut nötig. . . . Alle waren der Meinung, . . . daß Samen sich in einem Reservoir im Kopf ansammelt, dessen Kapazität zwanzig tolas (6,8 Unzen) beträgt. . . . Sexuelle Enthaltsamkeit war die erste Voraussetzung für wahre Gesundheit, denn jeder Orgasmus bedeutete den Verlust einer bestimmten, mühsam gebildeten Samenmenge.« (Carstaires 1967; zitiert in Nag 1972:235)

Tabelle 14.2 Sexualverhalten der Mangaian

Ungefähres Alter	Durchschnittszahl der Orgasmen pro Nacht	Durchschnittliche Zahl der Nächte pro Woche
18	3	7
28	2	5 − 6
38	1	3 − 4
48	1	2 − 4

Quelle: D. Marshall 1971:123.

Entgegen weitverbreiteten Vorurteilen über hinduistische Erotik gibt es Hinweise dafür, daß die Koitushäufigkeit unter Hindus beträchtlich geringer ist als unter Weißen der gleichen Altersgruppe in den Vereinigten Staaten. Moni Nag hat die durchschnittliche Koitushäufigkeit pro Woche für Hindufrauen und weiße US-Amerikanerinnen in einer Tabelle zusammengefaßt (Tabelle 14.3). Auch läßt sich mit Sicherheit sagen, daß das hohe Fertilitätsniveau und Bevölkerungswachstum in Indien, wieder entgegen weitverbreiteter Vorstellungen, nicht Folge übermäßigen Sexualverkehrs ist, weil »es nachts keine anderen Unterhaltungsmöglichkeiten« gäbe.

Tabelle 14.3 Koitushäufigkeit bei Amerikanern und Hindus

Altersgruppe	Durchschnittliche Koitus-häufigkeit weißer US-Amerikanerinnen pro Woche	Durchschnittliche Koitus-häufigkeit von Hindufrauen pro Woche
10 – 14	–	0,4
15 – 19	3,7	1,5
20 – 24	3,0	1,9
25 – 29	2,6	1,8
30 – 34	2,3	1,1
35 – 39	2,0	0,7
40 – 44	1,7	0,2
über 44	1,3	0,3

Quelle: Nag 1972:235.

Homosexualität

Die Einstellungen zur Homosexualität reichen von entsetzter Ablehnung bis hin zu chauvinistischem Enthusiasmus. Über männliche Homosexualität ist mehr bekannt als über weibliche Homosexualität. Männliche Homosexualität gehört in mehreren, von Ethnologen erforschten Kulturen zur Entwicklung einer maskulinen männlichen Persönlichkeit dazu. Zum Beispiel waren die *berdache* oder feminisierten Männer der Crow, von denen bereits die Rede war, großen Kriegern sexuell zu Gefallen, ohne daß der maskuline Status der Krieger darunter gelitten hätte. Im Gegenteil, die Dienste eines *berdache* in Anspruch zu nehmen, war ein Beweis für Männlichkeit. Ganz ähnlich unterhielten bei den für ihre Tapferkeit im Krieg bekannten Azande im Sudan die Angehörigen der Altersstufe der Krieger, die mehrere Jahre lang von Frauen getrennt lebten, homosexuelle Beziehungen zu den Knaben der ihnen vorausgehenden Altersstufe. Nach ihren Erfahrungen mit »Knabenfrauen« stiegen die Krieger in die nächste Altersstufe auf, heirateten und zeugten viele Kinder (Evans-Pritchard 1970).

Auf Neuguinea ist männliche Homosexualität stark institutionalisiert und eng mit männlicher Suprematie und der Angst vor weiblicher Verunreinigung und Hexerei verknüpft. Diese wiederum sind eng mit reproduktivem und ökologischem Druck verbunden. Die Männer der von Raymond Kelly (1976) erforschten Etoro glauben, daß der Samen die Substanz ist, die ihnen Leben gibt. Wie die Männer im hinduistischen Indien sind sie der Meinung, daß jeder Mann nur über einen begrenzten Samenvorrat verfügt. Ist der Vorrat erschöpft, stirbt ein Mann. Zwar ist ehelicher Geschlechtsverkehr notwendig, um ein zu starkes Schrumpfen der Bevölkerung zu verhindern, doch halten sich die Männer die meiste Zeit von ihren Frauen fern. Allein an 200 Tagen im Jahr ist Sexualverkehr zwischen Eheleuten tabu. Etoro-Männer halten Frauen, die dieses Tabu brechen wollen, für Hexen. Was die Sache noch komplizierter macht, die Männer sind der Auffassung, daß ein Mann nicht mit einem gewissen Vorrat an Samen geboren wird, sondern seinen Samen von einem anderen Mann erhält. Etoro-Knaben erhalten ihre Samenmenge, indem sie mit den älteren Männern Oralverkehr pflegen. Junge Männer dürfen aber nicht untereinander homosexuelle Beziehungen eingehen. Wie eine sexuell überaktive Frau wird auch ein sexuell überaktiver junger Mann für eine Hexe gehalten

Die rituelle Homosexualität in Neuguinea und Melanesien steht in engem Zusammenhang mit dem starken Geschlechterantagonismus, der Furcht vor Menstruationsblut, den ausschließlich männlichen Ritualen und der Trennung der männlichen von der weiblichen Wohnsphäre. Aus etischer Perspektive betrachtet, scheint die sozial obligatorische Homosexualität mit intensivem kriegerischen Verhalten verbunden zu sein. Gruppen in Neuguinea mit stark ritualisierter männlicher Homosexualität sind offenbar aus dichter besiedelten Gebieten vertrieben worden (Herdt 1984a:169). Wie in anderen kriegerischen Dorfgesellschaften auch (s.S. 223) weist das zahlenmäßige Verhältnis zwischen männlichen und weiblichen Jugendlichen ein starkes Ungleichgewicht von 140 zu 100 zugunsten der jungen Männer auf (Herdt 1984b:57).

Es drängt sich daher der Schluß auf, daß die rituelle Homosexualität in Neuguinea und Melanesien Teil eines bevölkerungsregulierenden negativen Rückkopplungssystems (s.S. 235) ist. Wie Dennis Werner (1979) zeigen konnte, haben Gesellschaften mit negativer Einstellung zur Reproduktion die Tendenz, homosexuelle oder andere, nicht der Reproduktion dienende Formen der Sexualität zu akzeptieren und zu fördern. Außerdem hat Melvin Ember (1982) nachgewiesen, daß kriegerisches Verhalten in Neuguinea mit der Konkurrenz um knappe und/oder erschöpfte Ressourcen korreliert. Über die Interpretation dieser Zusammenhänge herrscht unter Ethnologen jedoch keine Einigkeit.

Wie auch immer man obligatorische Homosexualität erklären mag, daß es sie gibt, zeigt, daß man sich davor hüten muß, die eigenen, kulturell determinierten Ausdrucksformen der Sexualität mit der menschlichen Natur zu verwechseln.

Geschlechtsrollen in der Industriegesellschaft

Unter industriellen Bedingungen ist für die meisten von Männern besetzten Funktionen in der Landwirtschaft, im Krieg, in der Industrie und der Regierung nicht mehr die mit der männlichen Physis verbundene besondere Muskelkraft notwendig. Zwar können Menstruation, Schwangerschaft und Stillen in einigen wenigen Situationen, die hohe Mobilität und ständiges Arbeiten unter Streß erfordern, von Nachteil sein, doch haben Regierungen und Wirtschaftsunternehmen sich bereits auf längere Fehlzeiten am Arbeitsplatz und häufigen Personalwechsel eingestellt. Und infolge des langfristigen Trends zu verminderter Fertilität sind Frauen in Industriegesellschaften durchschnittlich nur noch weniger als drei Prozent ihres Lebens schwanger.

Manchmal hört man das Argument, daß die Menstruation die Fähigkeit der Frauen beeinträchtige, unter Streß rationale Entscheidungen zu fällen, und daß daher der Ausschluß der Frauen aus Führungspositionen in der Industrie, in der Regierung oder im Militär auch weiterhin eine realistische Anpassung an biologische Gegebenheiten darstelle. Die Führungsspitze des US-amerikanischen Militär-, Industrie- und Bildungsestablishments wie auch der entsprechenden Gruppen in der Sowjetunion und anderen zeitgenössischen Großmächten besteht jedoch aus Männern, die das beste Mannesalter bereits weit überschritten haben. Viele dieser Führungspersönlichkeiten leiden an Bluthochdruck, Zahn- und Zahnfleischerkrankungen, Verdauungsstörungen, Fehlsichtigkeit, Schwerhörigkeit, Rückenschmerzen, Senkfüßen und anderen mit fortgeschrittenem Alter verbundenen klinischen Syndromen. Ähnlich wie die Menstruation stellen auch diese Erkrankungen oft eine psychische Belastung dar. Gesunde Frauen vor der Menopause sind dem typischen »älteren Staatsmann« biologisch sicher überlegen. Und selbst ältere Frauen nach der Menopause sind in Industriekulturen tendenziell gesünder als Männer und haben eine höhere Lebenserwartung.

Einer der bemerkenswertesten Trends des 20. Jahrhunderts war die jähe Neudefinition der Geschlechtsrollen und die Umstrukturierung des Familienlebens in den Industrienationen. Jeder ist sich des tiefgreifenden Wandels bewußt, der sich in der Einstellung zu neuen Sexualitäts- und Lebensformen vollzogen hat. Paare leben häufiger unverheiratet zusammen; Männer wie Frauen heiraten später; nach der Eheschließung arbeiten beide Partner weiter; Ehepaare haben weniger Kinder und lassen sich häufiger scheiden. Haushalte mit einem Kind, ohne Kind, mit einem Elternteil und homosexuelle Haushalte werden immer häufiger (Westhoff 1978). In Kapitel 16 werden wir die Frage, wie und warum diese Veränderungen eingetreten sind, eingehender behandeln.

Zusammenfassung

Kultur und Persönlichkeit sind eng miteinander verbundene Konzepte und bezeichnen die kulturelle Standardisierung des Denkens, Fühlens und Verhaltens. Persönlichkeit ist primär ein Kennzeichen von Individuen, Kultur primär von Gruppen. Doch kann man auch im Zusammenhang mit Gruppen von Persönlichkeit — nämlich der typischen, Grund- oder Basispersönlichkeit — sprechen. Beide Ansätze bedienen sich jedoch eines unterschiedlichen Fachvokabulars, um die kulturelle Standardisierung des Denkens, Fühlens und Verhaltens zu beschreiben.

Ethnologen, die sich der Erforschung kulturbedingter Persönlichkeitstypen widmen, akzeptieren im allgemeinen die Freudsche Annahme, daß die Persönlichkeit durch Kindheitserfahrungen geprägt ist. Deshalb interessieren sie sich dafür, wie Erwachsene mit Säuglingen und Kleinkindern umgehen, vor allem wie sie die Reinlichkeitserziehung, das Stillen und Abstillen und die Sexualerziehung handhaben. Einige Theorien gehen davon aus, daß diese in der Kindheit gemachten Erfahrungen die Ausprägung »sekundärer« Institutionen wie Kunst und Religion determinieren.

Andere Ansätze zur Erforschung von Kultur und Persönlichkeit versuchen, ganze Kulturen im Sinne eines Leitmotivs, eines Grundmusters, einer Grundpersönlichkeit oder eines Nationalcharakters zu definieren. Doch darf man diese Begriffe nicht überstrapazieren. In jeder großen Bevölkerungsgruppe finden sich viele verschiedene Persönlichkeitstypen.

In allen Kulturen gibt es auffallende geschlechtsspezifische Persönlichkeitsunterschiede. Freudianer betonen die Rolle, die Triebfaktoren und anatomische Gegebenheiten bei der Herausbildung einer aktiven, aggressiven »maskulinen« und einer passiven, untergeordneten »femininen« Persönlichkeit spielen. Diese Unterschiede reflektieren für sie die typisch männlichen im Gegensatz zu den typisch weiblichen Ausdrucksformen des von Freud sogenannten Ödipuskomplexes. Freuds Vorstellungen von der typisch männlichen und weiblichen Persönlichkeit haben sich — mit ethnologischem Material konfrontiert — als zu ethnozentrisch erwiesen. Geschlechtsstereotypen, die für das Wien des 19. Jahrhunderts kennzeichnend waren, können nicht auf die ideale männliche oder weibliche Persönlichkeit in anderen Kulturen übertragen werden.

Der Zusammenhang zwischen Kultur und Geisteskrankheit bleibt nach wie vor problematisch. Klassische Krankheiten wie die Schizophrenie und die manisch-depressive Psychose werden zwar durch Kultureinflüsse in ihrem Erscheinungsbild modifiziert, treten aber in vielen verschiedenen Kulturen auf und gehen wahrscheinlich auf die zwischen kulturellen, biochemischen

und genetischen Variablen bestehenden Wechselwirkungen zurück. Kulturspezifische Psychosen wie Pibloktoq lassen erkennen, daß kulturelle Faktoren
den psychischen Gesundheitszustand sehr wesentlich beeinflussen können.
Doch wie das Beispiel der Windigo-Psychose verdeutlicht, ist Vorsicht vor
der Behauptung geboten, es gäbe eine solche Psychose.

Viele Belege sprechen dafür, daß Männer in den meisten Gesellschaften
eine aggressivere und dominierendere Persönlichkeit aufweisen als Frauen
und daß an Freuds Vorstellung vom Antagonismus zwischen Vätern und
Söhnen etwas Richtiges ist. Erstens spielen Männer im Hinblick auf Führerschaft, Redistribution und die politischen Institutionen der König- oder Kai-
serreiche allgemein die entscheidende Rolle, während es niemals Matriarchate gegeben hat. Zweitens spiegeln sich in der weltweiten Vorstellung der
Männer, Frauen seien Ursache von Verunreinigung und Hexerei, reale
Machtunterschiede wider. Solche Vorstellungen sind — wie in Bangladesch
oder bei den Foré — Teil eines Systems, das Frauen vom Zugang zu strategischen Ressourcen (z.B. tierischer Nahrung) ausschließen soll, und verhindern
die Autonomie oder ausgeglichene Machtbeteiligung der Frauen. Und drittens kontrollieren Männer weltweit die Ämter, Rituale und Symbole der Religion auf allen Organisationsebenen — von der schamanistischen bis hin zur
ekklesiastischen.

In den letzten Jahren sind Ethnologen jedoch darauf aufmerksam geworden, daß Umfang und Wesen der männlichen Dominanz in der Literatur
möglicherweise übertrieben und falsch dargestellt wurden. Wie das Beispiel
der prächtigen, von Frauen veranstalteten Bestattungsverteilungen auf den
Trobriand-Inseln zeigt, kann selbst der beste männliche Ethnograph Daten
übersehen, die für die Beurteilung der sozialen Position der Frauen wichtig
sind. Und selbst in extremen *Macho*-Gesellschaften können Frauen, wie das
Beispiel vom häuslichen Leben in Tonalá verdeutlicht, indem sie die »Spielregeln« manipulieren, ihren eigenen Willen durchsetzen.

In vorstaatlichen Gesellschaften läßt sich der Komplex männlicher
Suprematie mit der Notwendigkeit erklären, in überbevölkerten Umwelten
eine größtmögliche Zahl an wilden, kampfbereiten Männern aufzuziehen.
Die Theorie besagt, daß eine direkte Beziehung zwischen der Intensität
des Komplexes männlicher Suprematie und der Intensität kriegerischer Auseinandersetzungen und des Bevölkerungsdrucks besteht. Sie kann auch erklären, warum es zum Ödipuskomplex kommt, nur kehrt sie den von
Freud angenommenen Verursachungszusammenhang um und betrachtet
Krieg nicht als Wirkung, sondern als Ursache von Aggressivität und Sexualneid. Das zeigt, daß Anatomie nicht Schicksal ist. Welche Bedeutung
anatomischen Unterschieden zwischen Männern und Frauen für die Defini-

tion von Männlichkeit und Weiblichkeit zukommen soll, bestimmt allein die Kultur.

Ethnologische Forschungsergebnisse stützen die Auffassung, daß zeitgenössische Definitionen, was männlich und was weiblich ist, unnötig eng sein können. Da sexuelles Verhalten und die Maßstäbe seiner Beurteilung im Kulturvergleich sehr unterschiedlich ausfallen können, kann keine Kultur als Modell dafür dienen, was im Bereich der Persönlichkeit als natürlich anzusehen ist. Die heterosexuellen Maßstäbe der Mangaian sind andere als die des hinduistischen Indien, die wiederum nicht mit denen heutiger Industriegesellschaften übereinstimmen. Auch die Homosexualität widersetzt sich allen Klischeevorstellungen, wie die Beispiele von den Crow und Azande verdeutlichen. Rituelle Homosexualität, wie sie bei den Etoro und in anderen Gesellschaften Neuguineas und Melanesiens praktiziert wird, ist eine institutionalisierte und obligatorische Form der Sexualität, für die es in westlichen Gesellschaften nichts Vergleichbares gibt. Wahrscheinlich ist sie ein Ergebnis der Notwendigkeit, unter den Bedingungen der Konkurrenz um knappe Ressourcen männliche Krieger aufzuziehen.

Geschlechtsrollen in Industriegesellschaften können nicht auf anatomische und physiologische Unterschiede zurückgeführt werden. Mit der Veränderung der Produktionstechnologie hat sich auch ein Wandel bezüglich der Definition der idealen männlichen und weiblichen Rollen vollzogen. Auch das Ehe- und Familienleben hat sich grundlegend gewandelt. Setzen sich diese Trends fort, werden sich die Merkmale einer idealen männlichen und weiblichen Persönlichkeit auch in Zukunft weiter verändern.

15 Angewandte Ethnologie

Dieses Kapitel untersucht den Zusammenhang zwischen ethnologischer Forschung und dem Erreichen praktischer Ziele durch Organisationen, die eine solche Forschung finanziell fördern oder nutzen. Es schildert und analysiert verschiedene Fälle, die geeignet sind, die besonderen Stärken der angewandten Ethnologie zu verdeutlichen.

Was ist angewandte Ethnologie?

Seit dem Zweiten Weltkrieg haben sich immer mehr Ethnologen gelegentlich oder speziell Forschungsbereichen zugewandt, die mehr oder weniger unmittelbar anwendungsorientiert sind. Von ihnen sagt man, sie betreiben *angewandte Ethnologie*.

Den Kern angewandter Ethnologie bilden Forschungsaufträge von öffentlichen und privaten Organisationen, die mit diesen Aufträgen praktische Ziele und Interessen verfolgen. Zu diesen Organisationen gehören staatliche, lokale und internationale Regierungsbehörden wie das Landwirtschaftsministerium, das Verteidigungsministerium, die Nationalparkverwaltung in den USA, das Amt für Internationale Entwicklung, das Amt für Indianerangelegenheiten im US-Innenministerium, die Weltbank, die Weltgesundheitsorganisation (WHO), die Nahrungs- und Landwirtschaftsorganisation (FAO), verschiedene Stellen, die sich mit Drogenmißbrauch befassen, Schul- und Stadtplanungsämter in den Großstädten sowie städtische Krankenhäuser, um nur einige wenige zu nennen. Hinzu kommen private Organisationen, die Ethnologen mit praktischen, zielorientierten Forschungsvorhaben betrauen, zu denen größere Industrieunternehmen, Stiftungen wie »Planned Parenthood« und der »Population Council« sowie verschiedene Zweige der Internationalen Ernteforschungsinstitute der Rockefeller und Ford Foundations gehören (Chambers 1985; Willigen 1986).

Ethnologen sind jedoch nicht die einzigen, die angewandte Forschung betreiben. Auch die physische Anthropologie, die Archäologie und die Linguistik haben ihre Anwendungsmöglichkeiten. Hier wollen wir uns aber allein mit den Anwendungsbereichen der Ethnologie beschäftigen.

Forschung, Theorie und praktische Anwendung

Obwohl es Aufgabe der angewandten Ethnologie ist, eine auf die Gewinnung spezifischer praktischer Ergebnisse zielende Forschung zu betreiben, sind die auf diesem Gebiet arbeitenden Ethnologen in sehr unterschiedlichem Maße am Erreichen des gewünschten Ergebnisses beteiligt. In einigen Fällen mag der angewandt arbeitende Ethnologe lediglich den Auftrag haben, Informationen bereitzustellen, die sein Auftraggeber als Entscheidungshilfe benötigt. In anderen Fällen soll er vielleicht die Durchführbarkeit eines geplanten Programms evaluieren oder sogar selbst mehr oder weniger detaillierte Pläne zur Erreichung eines gewünschten Ziels entwickeln (Husain 1976). Seltener ist er von Anfang bis Ende mit der gesamten Planung, Durchführung und Evaluierung eines Programms betraut. Wenn Ethnologen bei der Durchführung eines Programms bchilflich sind, sagt man, sie betreiben *Aktionsethnologie* (s.S. 372).

Die Trennungslinie zwischen angewandter und nichtangewandter Ethnologie beginnt sich jedoch unmerklich zu verwischen, wenn theoretische und abstrakte Interessen Herrschaft über spezifische und konkrete Ziele erlangen. Oft ist es schwer, eine Trennung zwischen angewandter und nichtangewandter Forschung zu machen. Viele Ethnologen sind der Auffassung, daß selbst abstraktes Theoretisieren als angewandte Ethnologie gedeutet werden kann, wenn dieses Theoretisieren zur Erkenntnis allgemeiner Prinzipien führt, mit denen ein Aktionsprogramm — will es Erfolg haben — übereinstimmen muß. Zum Beispiel können allgemeine Theorien über die Ursachen ländlicher Rückständigkeit und städtischer Armut (s.S. 264 und 414) auch dann immensen praktischen Nutzen haben, wenn die Forschung, die zur Entwicklung dieser Theorien geführt hat, nicht von Organisationen mit dem ausdrücklichen Ziel finanziert wurde, Unterentwicklung und städtische Armut zu beseitigen (oder zu erhalten). Angewandte Ethnologie, die auf schwachen oder offenkundig falschen Theorien beruht, ist falsch angewandte Ethnologie (R. Cohen 1985).

Außerdem müssen wir uns der Möglichkeit bewußt sein, daß Ethnologen, die keine finanzierte, praktische, zielorientierte Forschung betreiben, mit ihren Beschreibungen und Theorien trotzdem praktische Ziele verfolgen, nur von geeigneten Organisationen keine Unterstützung zur praktischen Anwendung ihrer Forschungsergebnisse erhalten. Zum Beispiel hatte der Autor dieses Buches von der Ford Foundation finanzielle Mittel für ein Forschungsprojekt bekommen, um Kulturwandel und Rassenbeziehungen in der damaligen (1956–57) portugiesischen Kolonie Mosambik zu untersuchen. Obwohl weder ich noch die Stiftung, die die Finanzierung übernahm, explizit bestimmte praktische Ziele mit dem Projekt verfolgten, hatte zumindest ich die Hoffnung, daß dessen Ergebnisse wenigstens insofern von praktischem Nutzen sein könnten, als sie den Menschen in Mosambik vielleicht helfen konnten, die Unabhängigkeit von Portugal zu erreichen. Diese Hilfe versuchte ich zu leisten, in dem ich Material veröffentlichte, das die extrem repressive und ausbeuterische Natur des portugiesischen Kolonialsystems dokumentierte, und hoffte, damit das amerikanische Außenministerium zu einer Änderung seiner Politik der Billigung und Unterstützung der portugiesischen Herrschaft in Afrika zu bewegen (Harris 1958). Wäre das amerikanische Außenministerium bereit gewesen, im Hinblick auf Portugiesisch-Afrika eine aufgeklärtere Politik zu betreiben, hätte ich sehr gern an Aktionsprogrammen mit dem Ziel einer Dekolonisierung Mosambiks teilgenommen.

Interessanterweise hatte Dr. Eduardo Mondlane, der Gründer der Befreiungsbewegung von Mosambik, an der Northwestern University Soziologie und Ethnologie studiert und dort seinen Doktortitel erworben. Man kann daher sagen, daß Mondlane an einer Art Aktionsethnologie beteiligt war, die den Verlauf der Ereignisse im südlichen Afrika stark beeinflußt hat. Seinem eigenen Selbstverständnis nach war er Sozialwissenschaftler und politischer Führer in einer Person (Mondlane 1969).

Was hat die angewandte Ethnologie zu bieten?

Die angewandte Ethnologie profitiert von drei Eigenschaften der allgemeinen Ethnologie (s. Kap. 1): 1. ihrem Bemühen, ethnozentrische und westliche Vorurteile zu vermeiden; 2. ihrem Interesse an holistischen sozio-kulturellen Systemen; 3. ihrem Interesse sowohl an gewöhnlichem etischem Verhalten als auch an der Etik des Geisteslebens.

Verweis auf ethnozentrische Vorurteile

Auf dem Gebiet der angewandten Ethnologie arbeitende Ethnologen können geldgebenden Organisationen helfen, sich der ethnozentrischen, kulturgebundenen Annahmen bewußt zu werden, die so oft für interkulturelle Kontakte charakteristisch sind und dazu beitragen, daß Programme mit dem Ziel der Verhaltensänderung keinen Erfolg haben. Zum Beispiel neigen im

Westen ausgebildete Agrarwissenschaftler dazu, bäuerliche Formen der Landwirtschaft als rückständig und ineffizient zu betrachten und dabei das in uralten, von Generation zu Generation weitergegebenen Praktiken gespeicherte Wissen zu übersehen. Die Einstellung westlicher Experten zur Rindernutzung in Indien ist hierfür ein Beispiel (s. S. 311). Ethnologen werden sich in ihrem Urteil über einen traditionellen Brauch wie die Nutzung von Rindern zum Pflügen der Felder, den ein einseitig ausgebildeter Spezialist vielleicht, ohne groß nachzudenken, durch Traktoren ersetzen will, eher zurückhalten. Oder ein anderes Beispiel: Ethnologen erkennen wahrscheinlich, daß der Versuch, ein System medizinischer Versorgung bereitzustellen, das dem entspricht, mit dem im Westen ausgebildete Ärzte vertraut sind, nichts weiter ist als ein Versuch, das kulturell Vertraute durch das kulturell Unvertraute zu ersetzen. Um die Qualität der Gesundheitsdienste zu erhöhen, braucht man beispielsweise nicht unbedingt teures Personal, teure Krankenhäuser und die neuesten elektronischen Apparate (Cattle 1977:38). Die amerikanische Vorstellung, daß Milch die »vollkommene Nahrung« sei, hat überall auf der Welt viel Kummer und Leid verursacht, da in den weniger entwickelten Ländern, in die Überschußmilch in Pulverform als Ergänzung der Nahrung geschickt wurde, viele Bevölkerungsgruppen nicht das notwendige Enzym zur Verdauung der Laktose (Milchzucker) besaßen. Nach westlichen Hygienevorstellungen müssen Mütter dazu überredet werden, Nahrung nicht mehr vorzukauen und sie dann ihrem Baby in den Mund zu stecken. Bei den Pijoan-Indianern im Südwesten der Vereinigten Staaten hat man jedoch festgestellt, daß das Vorkauen der Säuglingsnahrung eine wirksame Methode war, die durch Eisenmangel verursachte Anämie zu bekämpfen, an der Kleinkinder leiden, die ausschließlich mit Muttermilch ernährt werden (Freedman 1977:8).

Holistische Betrachtungsweise

Eine Gesellschaft, die wie die Industriegesellschaft immer spezialisierter und *technokratischer* wird (das heißt, von einseitig ausgebildeten Experten, die anderen unverständliche Techniken und Maschinen beherrschen, dominiert wird), bedarf umso dringender der für die Ethnologie typischen holistischen Perspektive. Auf verschiedenen Gebieten (wie z.B. der Erziehung, Gesundheit, wirtschaftlichen Entwicklung) hat sich eine Tendenz zur Verwendung weniger, leicht quantifizierbarer Variablen herausgebildet, mit deren Hilfe sich scheinbar objektiv überprüfen läßt, ob die von einer Organisation vorgegebenen Ziele erreicht worden sind oder nicht. Allzu häufig jedoch geht der Gewinn an Überprüfbarkeit auf Kosten der »Validität« (oder Aussagefähigkeit). Leicht quantifizierbare Variablen repräsentieren vielleicht nur einen kleinen Teil eines viel größeren Systems, dessen schwer zu messenden, gewichtigeren Variablen die beobachteten Auswirkungen der leicht zu messenden Variablen aufheben können (Bernard 1981:5). Zum Beispiel waren führende Persönlichkeiten der US-Autoindustrie nach dem Zweiten Weltkrieg der Auffassung, mit dem Bau schwererer und stärkerer Autos mehr Geld verdienen zu können, ohne dem Problem, wie lange diese Autos ohne Reparatur auskommen würden, viel Aufmerksamkeit zu schenken. Andere Variablen, wie die ökologischen Folgen der durch Autos verursachten Luftverschmutzung, die politischen und militärischen Bedingungen, die den Vereinigten Staaten niedrige Ölpreise ermöglichten, und die Erkenntnis ausländischer Autohersteller, daß es einen Markt für kleine, verläßliche und langlebige Autos mit geringem Benzinverbrauch gab, wurden für das Ziel, die Gewinne der US-Autoindustrie zu maximieren, als irrelevant betrachtet. Was daher in einem begrenzten Zusammenhang als äußerst objektives Erfolgsmaß erschien (hohe Gewinne und Beherrschung des US-Automarkts), stellte sich längerfristig als nicht valide heraus.

Kurz und einfach ausgedrückt, bedeutet eine holistische Perspektive in der Ethnologie, daß man sich der langfristigen ebenso wie der kurzfristigen Kon-

Kasten 15.1 Ohne holistische Perspektive: Ein Fiasko in den Anden

Unter der Schirmherrschaft eines internationalen Entwicklungsprogramms versuchten australische Experten, die indianischen Bauern der Chimborazo-Provinz in Ecuador dazu zu bringen, statt ihrer traditionellen mageren Schafrasse das ertragreichere australische Merino-Schaf zu züchten. Doch niemand wollte die Schafe, obwohl angeboten wurde, sie kostenlos zur Verfügung zu stellen, wenn sie zu Zuchtzwecken verwendet würden. Schließlich akzeptierte ein »progressiver« Indianer das Angebot und züchtete mit Erfolg eine Herde gekreuzter Merinos, die bei weitem wolliger und schwerer als die traditionellen Schafe der Indianer waren. Unglücklicherweise leben die Indianer in Chimborazo aber in einer Gesellschaft mit Kastenhierarchie. Die in tiefer gelegenen Tälern lebenden nichtindianischen Farmer ärgerten sich, daß den Indianern so viel Aufmerksamkeit geschenkt wurde. Sie befürchteten, man würde den Indianern Mut machen, zusätzliche wirtschaftliche und soziale Vorteile anzustreben, die ihre eigene Position unterminieren würden. Eines Tages wurde die Merinoherde unbemerkt in einen Lastwagen geladen und gestohlen. Die Viehdiebe hatten die öffentliche Meinung auf ihrer Seite, denn man hielt die Tiere sowieso für »viel zu gut für die Indianer«. Das Ergebnis war, daß der »progressive« Neuerer als einziger im Dorf keine Schafe mehr besaß. Variablen wie ethnische und Klassengegensätze, Gelegenheiten zum Diebstahl und politische Abhängigkeit der Bauern gehören zwar nicht zum Expertenwissen von Schafzüchtern, es zeigte sich aber, daß sie für das Erreichen ihrer Ziele außerordentlich wichtig waren.

sequenzen, des Fernliegenden wie des Naheliegenden, des Ganzen wie der Teile (und nicht nur der zur Untersuchung stehenden Teile) bewußt sein muß. Ohne diese Perspektive kann selbst ein scheinbar einfaches und unkompliziertes Projekt katastrophal enden (Kasten 15.1).

Organisationen aus etischer Sicht

Technifizierung und Spezialisierung führen gewöhnlich zu immer mehr Bürokratie. Wesentlicher Bestandteil einer Bürokratie ist ein emischer Plan, der bestimmt, welche Einheiten innerhalb einer Organisation miteinander in Beziehung stehen und welche Aufgaben Einzelpersonen zu erfüllen haben. Doch ist, wie in den meisten soziokulturellen Systemen, die Wahrscheinlichkeit groß, daß sich das aus etischer Perspektive betrachtete tatsächliche Verhalten in Organisationen von dem aus emischer Perspektive betrachteten bürokratischen Plan unterscheidet. Ethnologen, die darin ausgebildet sind, das soziale Leben »von Grund auf« zu erforschen, und sich für alltägliche Ereignisse, so wie sie tatsächlich stattfinden, interessieren, sind oft imstande, Organisationen und Situationen aus einer Perspektive zu betrachten, die Bürokraten fehlt. Zum Beispiel offenbaren Krankenhäuser, wenn sie im Sinne der angewandten Ethnologie untersucht werden, einen eklatanten Widerspruch zwischen der Emik des Krankenhauspersonals und der Etik der Patientenbetreuung. Aus der Sicht der Krankenhausbürokratie dienen die verschiedenen Regeln und Vorschriften allein dem Wohl und der Gesundheit der Patienten. Tatsächlich aber haben, wie zahlreiche Studien belegen, viele Regeln und Vorschriften zur Folge, daß die Patienten einen Schock erleiden, entpersönlicht und von Ängsten geplagt werden, die denen der am »Ort des Todes« auf den Beschneidungsritus wartenden Ndembu-Knaben recht ähnlich sind (s.S. 296). Bei ihrer Aufnahme ins Krankenhaus müssen die Patienten ihre Kleidung ablegen und ihr Geld abgeben. Sie werden zu einem Fall in einem numerierten Zimmer und müssen zur Identifizierung ein Armband mit einer Nummer tragen (auch Neugeborene werden mit einer solchen Nummer versehen). Gruppen kostümierter Krankenhausangestellter (von denen einige sogar Masken tragen) sprechen zu ihnen in einem unverständlichen Jargon: »Haben Sie heute morgen Wasser gelassen?« — »Wann war der letzte Stuhlgang?« — »Wir werden ein EEG (Elektroenzephalogramm) machen«. Patienten müssen nach einem starren Zeitplan aufwachen, essen und schlafen. Und sie werden nicht über ihren Zustand und das, was mit ihnen geschieht, aufgeklärt. Der Schluß ist daher zwingend, daß viele Krankenhausregeln hauptsächlich der Bequemlichkeit des Personals dienen und negative Auswirkungen auf Wohl und Gesundheit der Patienten haben (Foster und Anderson 1978:170-171).

Die von Ethnologen auf dem Gebiet der angewandten Ethnologie geleistete Arbeit ist viel zu vielfältig, als daß sie in einem einzigen Kapitel erschöpfend behandelt werden könnte. Die folgenden Beispiele sind deshalb zur Verdeutlichung der Vielzahl von Problemen ausgewählt worden, die von einem ethnologischen Ansatz profitieren können.

Entwicklung der Landwirtschaft

Traditionellerweise haben Ethnologen Feldforschung vor allem in weniger entwickelten Ländern durchgeführt — nicht nur bei Wildbeuter- und Pflanzergruppen, sondern auch in bäuerlichen Gemeinden. Wie bereits in Kapitel 11 erwähnt, haben Ethnologen Bauern sogar häufiger untersucht als andere soziale Typen. Aufgrund der Kenntnisse, die sie über die bäuerlichen Lebensumstände und -ziele besitzen, sind sie gut dafür geeignet, als Berater oder Teilnehmer an interdisziplinären Projekten mitzuwirken, deren Ziel die Anhebung des Lebensstandards in der Dritten Welt ist (Bartlett und Brown 1985). Seltener lag dagegen die Planung, Durchführung und Evaluierung eines Projektes von Anfang an ganz in den Händen von Ethnologen.

Das Vicos-Projekt

Das Vicos-Projekt der Cornell University in Peru, das in den 50er Jahren durchgeführt wurde, ist ein klassisches Beispiel für ein ethnologisches Entwicklungsprojekt. Vicos war eine *Hacienda** im Peruanischen Hochland, auf der 373, wirtschaftlich Leibeigenen vergleichbare, deprimierte und ausgebeutete Familien indianischer Bauern lebten. Cornell University pachtete die *Hacienda* 1951 und übergab sie dem Ethnologen Allen Holmberg. Das Ziel war, den Lebensstandard der Indianer zu erhöhen und sie wirtschaftlich unabhängig zu machen. Vor Projektbeginn waren die Menschen auf Vicos nicht imstande, genügend Feldfrüchte zur Deckung des eigenen Bedarfs zu ziehen; ihr Anbauland war in Tausende von winzigen und verstreut liegenden Parzellen aufgeteilt; ihr Kartoffelanbau schlug häufig fehl; und es fehlte ihnen jegliche Motivation, einen Überschuß zu erwirtschaften, weil sie ständig bei den *Hacienda*-Besitzern Schulden hatten und nach deren Pfeife tanzen mußten.

---

* Eine *Hacienda* ist eine große Farm, auf der eine Vielzahl von Feldfrüchten angebaut wird und auf der die Bauern, die das Land bearbeiten, auch leben.

Nach dem Feudalrecht des *Hacienda*-Systems hatten die Bauern drei Tage in der Woche auf den Feldern des Besitzers zu arbeiten. Holmberg machte sich diese Verpflichtung zunutze, um die Bauern mit besseren Kartoffelarten, Düngemitteln, Fungiziden und Insektiziden vertraut zu machen. Als die Bauern sahen, welche Erträge sie mit dem neuen Saatgut und den neuen Methoden in der Zeit ihrer Pflichtarbeit auf den Feldern ihres neuen Herrn erzielten, waren sie sehr viel bereitwilliger, das gleiche auf ihren eigenen Parzellen auszuprobieren. Ihr Versuch wurde dadurch erleichtert, daß sie das Saatgut und andere Materialien mit einem Teil der ausstehenden Ernte bezahlen konnten. Ethnologen und Techniker überwachten den Einsatz der neuen Methoden genau, um ihren Erfolg zu gewährleisten.

Gleichzeitig wurden andere Aktivitäten eingeleitet: ein umfassendes Erziehungsprogramm; die Ausgabe eines warmen Mittagessens in der Schule, das auch früher nicht im Ernährungsplan vorkommende Früchte und Eier enthielt; ein Lehrgarten zum Anbau von Blattgemüsen; und Nähmaschinenunterricht, der es den Frauen ermöglichte, ihre Kleidung selbst zu nähen. Häufig veranstaltete Gemeinschaftsversammlungen und -diskussionen trugen dazu bei, daß die Bauern allmählich mehr Vertrauen zueinander entwickeln konnten und begannen, kooperative, gemeinschaftliche Lösungen für ihre Probleme zu suchen.

Höhepunkt all dieser Veränderungen war die Übernahme der *Hacienda* durch die auf ihr lebenden Familien. Das geschah 1962 und galt zusammen mit dem höheren Einkommen, der besseren Gesundheit und Schulbildung als dramatischer Beweis für den Erfolg des Projektes (Dobyns 1972:201)

Das Leben der Menschen auf Vicos wurde infolge des Eingreifens Holmbergs und anderer Aktionsethnologen zweifellos wesentlich verbessert. Als Entwicklungsmodell für alle peruanischen Andenbauern ist es jedoch gewisser Kritik ausgesetzt gewesen. Die finanziellen Pro-Kopf-Ausgaben des Cornell-Peru-Projektes waren zwar im Vergleich zu denen anderer Entwicklungsprojekte ziemlich gering, doch gab es versteckte Investitionskosten, die sich wahrscheinlich nicht in der Weise wiederholen lassen, daß ein großer Teil der Bauernschaft davon profitieren würde. Diese versteckten Kosten bestanden aus menschlichem und technischem Kapital, das dem Vicos-Projekt in Form von hochqualifizierten, redlichen und relativ selbstlosen Experten (einschließlich Holmbergs) zufloß, die geduldig daran arbeiteten, das Los der Bauern zu verbessern, und die ihren Lebensunterhalt nicht aus Gewinnen oder Steuereinnahmen aus der Überschußproduktion der Bauern bestritten. (Die Experten wurden von Universitäten und Stiftungen bezahlt, und viele arbeiteten als graduierte Studenten beinahe kostenlos in der Hoffnung, mit ihrer Promotion oder einer Karriere als Wissenschaftler entschädigt zu werden.) Obwohl also das Vicos-Projekt insofern äußerst interessant ist, als es demonstriert, was Aktionsethnologen, die ziemlich viel Macht über die ihnen unterstellten Menschen haben, erreichen können, bietet es für das Problem der Unterentwicklung keine allgemeine Lösung an.

Das haitianische Forstwirtschafts-Projekt

Eine sinnvolle Entwicklung der Landwirtschaft kann nicht auf ein oder zwei bäuerliche Gemeinden beschränkt bleiben. Sie muß sich auf wissenschaftliche Erkenntnisse stützen, damit nützliche Innovationen in einer Region oder einem Land rasch aufgegriffen und mit Hilfe lokaler Projektteilnehmer anstelle fremder Experten verbreitet werden können.

Das haitianische Forstwirtschafts-Projekt ist in dieser Hinsicht vielversprechender als das Vicos-Projekt. Im Rahmen des Forstwirtschafts-Projekts, das der Ethnologe Gerald Murray geplant und in seiner Anfangsphase auch geleitet hat, haben Bauern auf Haiti mit Erfolg auf abschüssigem, erosionsgefährdetem Ackerland Millionen schnell wachsender Bäume gepflanzt. Bodenerschöpfung infolge des schnellen Wasserabflusses an baumlosen Berghängen ist seit langem eines der größten Probleme Haitis. Außerdem braucht man das Holz der Bäume als Brennstoff – den arme Familien hauptsächlich zum Kochen verwenden – und als Baumaterial. Zwar hat es bereits viele andere Aufforstungsprogramme in Haiti gegeben, die aber wenig bis gar keinen Erfolg hatten, weil entweder die Gelder zur Aufforstung von der Regierungsbürokratie verschwendet bzw. für andere Dinge ausgegeben wurden oder die Bauern ihre Mitarbeit verweigerten und die Setzlinge nicht vor den hungrigen Ziegen schützten.

Das haitianische Forstwirtschafts-Projekt sollte beiden Fallstricken entgehen. Murray akzeptierte von der United States Agency for International Development (USAID), der US-Behörde für internationale Entwicklung, eine Förderungssumme von vier Millionen Dollar, bestand aber auf einer ungewöhnlichen Bedingung: Keine Gelder sollten an die haitianische Regierung gehen oder über diese laufen. Stattdessen sollten die Gelder lokalen Gemeindegruppen – privaten, freiwilligen Organisationen – zur Verfügung gestellt werden. Die meisten dieser Gruppen stellten von katholischen oder protestantischen Priestern, Pastoren oder Missionaren gegründete religiöse Basisorganisationen dar. Im Rahmen des Projekts wurden den Gruppen Setzlinge schnell wachsender, den örtlichen ökologischen Bedingungen angepaßter Baumarten und sachkundige Berater zur Verfügung gestellt. Die privaten, freiwilligen Organisationen ihrerseits übernahmen es, die lokal ansässigen

Bauern zu informieren und die Setzlinge kostenlos an sie zu verteilen, sofern sie bereit waren, mindestens 500 davon zu pflanzen.

Es lag auf der Hand, daß das Projekt mißlingen mußte, wenn die Bauern nicht selbst ein Interesse an der Anpflanzung und dem Schutz der Setzlinge entwickelten. Murrays Analyse der Ursachen für das Mißlingen früherer Projekte infolge mangelnder Kooperationsbereitschaft basierte auf genauen Kenntnissen des bäuerlichen Lebens auf Haiti und gewissen Prinzipien ethnologischer Theorie (s.S. 375). Die Bauern auf Haiti sind marktorientiert – sie bauen Feldfrüchte für den Verkauf an. Frühere Versuche, sie für das Anpflanzen von Bäumen zu gewinnen, machten jedoch zur Bedingung, daß die Bäume nicht verkauft werden durften. Man erklärte den Bauern, sie seien unverkäufliches Nationaleigentum. Bäume waren so genau das Gegenteil von Feldfrüchten, die die Bauern in eigener Sache für den Verkauf anbauten.

»Ein Aufforstungsprogramm nach dem anderen verkündete mit erhobenem Zeigefinger die Botschaft, daß der Baum ein heiliger Gegenstand sei, der den Boden und den Regen festhalte und den der Bauer zwar pflanzen, aber niemals fällen dürfe. Man sah im Abholzen der Bäume kein legitimes wirtschaftliches Verhalten, sondern eine Art wirtschaftliches Fehlverhalten« (Murray 1984:154).

Murray versuchte, sich in die Lage der Bauern zu versetzen und erkannte, daß frühere Aufforstungsprojekte den Bauern mehr Kosten als Nutzen verursachten. Für die Bauern machte es mehr Sinn, ihre Ziegen die Setzlinge fressen zu lassen, als Arbeit und Land in Bäume zu investieren, die sie nicht (oder erst in 30, 40 Jahren) fällen durften. Murray entschloß sich deshalb, den Bauern die Bäume als frei verwertbares Nutzholz zu überlassen. Den Bauern wurde im Rahmen des Projekts lediglich gesagt, wie sie die Bäume pflanzen und pflegen sollten. Man zeigte ihnen auch, wie sie die Setzlinge in Reihen einpflanzen konnten, zwischen die, bis die Bäume groß waren, andere Feldfrüchte gesetzt werden konnten. Man erklärte ihnen auch, wie schnell die Bäume wachsen würden und wieviel Nutz- oder Brennholz sie in den verschiedenen Wachstumsstadien erzielen konnten. Die Entscheidung, wann sie am besten einige oder alle Bäume abholzen sollten, überließ man dann den Bauern selbst.

»Um diese freie Verfügung zu betonen, ging das Projekt sogar soweit, darauf hinzuweisen, daß – wenn ein Bauer etwa nach einem Jahr seine Meinung ändern sollte – es ihm vollkommen frei stünde, die Bäume wieder aus der Erde zu reißen. . . . Zweck dieser ungewöhnlichen Botschaft war es, jegliche Furcht des Bauerns zu zerstreuen, die Bäume, die er auf seinem Land anpflanzte, gehörten nicht ihm, sondern dem Projekt« (ebd.).

Das Ziel des Projekts bestand darin, 5000 bäuerlichen Familien bei der Anpflanzung von 3 Millionen Bäumen in vier Jahren zu helfen. Tatsächlich hatten nach vier Jahren (1981–1985) 40000 Familien 20 Millionen Bäume gepflanzt. Eine große Menge von Bäumen wurde bereits als Brennholz und Baumaterial genutzt. Zwar steht noch nicht endgültig fest, wie hoch das zusätzliche Einkommen sein und wieviel Erosion verhindert werden wird, doch scheint Murrays grundlegende Analyse richtig gewesen zu sein.

Murray geht davon aus, daß künftig überall in der Dritten Welt die marktorientierte Forstwirtschaft ein wesentlicher Bestandteil intensiver Landwirtschaft sein wird. Er sieht in der marktorientierten Forstwirtschaft eine Reaktion auf eine Reihe von infrastrukturellen Bedingungen, die den Bedingungen vergleichbar sind, die zur Entstehung agrarischer Produktionsweisen geführt haben: Erschöpfung einer natürlichen Ressource und Bevölkerungsdruck. Ländliche Bevölkerungen, die ihren für die Regeneration des Bodens sorgenden und Brennstoff wie Baumaterial liefernden Baumbestand erschöpft haben, werden den Vorteil erkennen, Bäume als Hauptanbaupflanze zu ziehen. Mit den Worten Murrays (persönliche Mitteilung):

»Das ethnologisch wichtigste Element des Modells ist die diachronische (evolutionäre) Komponente. Ich gehe von einer durch Knappheit und Streß erzeugten Bereitschaft aus, im Brennstoff- und Nutzholzbereich einen Wandel zu vollziehen, der demjenigen ähnelt, der sich im Nahrungsbereich vor etwa 15000 Jahren ereignete, als man vom Jagen und Sammeln zum Bodenbau überging.«

Kasten 15.2 Den »Teufel« für die Aufforstung einspannen

Wir sollten uns den »Teufel«, von dem man behauptet, daß er der Umwelt Haitis den Todesstoß versetze, einmal genauer ansehen. Gemeint ist der Markt, den es zur Zeit für Holzkohle und Baumaterialien gibt. Dieser Markt zerstöre, so glauben viele, alle Hoffnungen, die wenigen verbliebenen Bäume auf Haiti zu retten.

Meiner Meinung nach ist es jedoch gerade dieser Markt, der dafür sorgen kann, daß wieder Wald auf den Hügeln Haitis wächst. Der Teufel kann »gezähmt« und für ökologische Ziele, als deren Hauptwidersacher er bisher galt, eingespannt werden. Mit Hilfe kreativer Programme können wir den Spieß umdrehen und die ehrfurchteinflößende, bargeldschaffende Energie, die in der haitianischen Gesellschaft allgegenwärtig ist, in einer Weise nutzen, daß Bäume schneller gepflanzt als abgeholzt werden. Doch nur die Bauern können das erreichen. Sie werden das aber weder freiwillig noch spontan tun, es sei denn, die Aufforstung trägt dazu bei, daß ihnen dringend benötigtes Bargeld zufließt. Dazu ist, meines Erachtens, die Einführung der *marktorientierten Forstwirtschaft* notwendig.

Quelle: Murray 1984:147.

Die nicht ganz so erfolgreiche »grüne Revolution«

Typischer ist, daß Ethnologen als kritische Beobachter von Veränderungsprozessen fungieren. Ein wichtiges Beispiel ist hierfür die ethnologische Kritik an der »grünen Revolution«. Sie macht deutlich, wie wichtig im Rahmen von Entwicklungsprojekten eine holistische Perspektive ist.

Die »grüne Revolution« begann in den späten 50er Jahren, als der Pflanzengenetiker und Nobelpreisträger Norman Borlaug vom Forschungszentrum der Rockefeller Foundation in Ciudad Obregon in Nordwestmexiko die Zwergarten des »Wunderweizens« entwickelte. Schon bald folgten dem mit dem Ziel der Verdopplung oder Verdreifachung der Ernteerträge entwickelten Wunderweizen Zwergarten des »Wunderreises«, die am gemeinsamen Forschungszentrum der Rockefeller und der Ford Foundation auf den Philippinen gezüchtet wurden. (Die Bedeutung von Zwerggetreideformen besteht darin, daß dicke Halme das schwere Gewicht reifer Getreidekörner tragen können, ohne sich zur Seite zu neigen.) Aufgrund anfänglicher Erfolge in Mexiko und auf den Philippinen pries man das neue Saatgut als Lösung für das durch das rapide Bevölkerungswachstum in der Dritten Welt entstandene Ernährungsproblem und pflanzte es in weiten Teilen Pakistans, Indiens und Indonesiens an (Cloud 1973). Zwar hat das neue Saatgut tatsächlich den Ertrag pro Flächeneinheit vergrößert, doch nur zu beträchtlichen wirtschaftlichen und sozialen Kosten. Außerdem war die Ertragssteigerungsrate nicht groß genug, um die Bevölkerungswachstumsrate und den Ersatz traditioneller Anbauprodukte wie Hirse und Bohnen durch ertragreichere Getreidearten auszugleichen. Zwischen 1960 und 1980 fiel deshalb in Ländern mit geringem Einkommen, die zusammen eine Bevölkerung von 2,25 Milliarden Menschen umfassen, der Nahrungsertrag pro Kopf der Bevölkerung um 0,3 Prozent (Mc Namara 1984:1118). Das Hauptproblem mit dem Wundersaatgut besteht darin, daß es den Ertrag einheimischer Reis- und Weizenarten nur dann übertrifft, wenn es auf stark bewässerten Feldern angebaut und mit enormen Mengen chemischer Düngemittel, Pestizide, Insektizide und Fungizide behandelt wird. Ohne diese Behandlung bringen die Hochertragspflanzen kaum mehr Erträge als die einheimischen Pflanzenarten — vor allem, wenn schlechte Boden- und Wetterbedingungen hinzukommen.

Die Frage, wie man an das erforderliche Wasser und die notwendigen Chemikalien herankommen und wie und an wen man sie verteilen soll, wirft grundsätzliche Probleme auf. Die meisten Bauern in den unterentwickelten Ländern verfügen nicht nur über zu wenig Wasser zur Bewässerung, sondern sind auch nicht in der Lage, teure chemische Düngemittel oder andere Chemikalien zu bezahlen. Das heißt, wenn nicht die Regierungen dieser Länder außergewöhnliche Anstrengungen unternehmen, die Landwirtschaft auf das Wundersaatgut umzustellen, werden die reichsten Farmer und Händler, die bereits das irrigierte Land besitzen und sich die chemischen Dünge- und Vertilgungsmittel leisten können, Hauptnutznießer der »grünen Revolution« sein (Cummings 1978; Groodell 1984; Menscher 1974a, 1978; Oasa 1985:220; Wade 1973).

Der Ethnologe Richard Franke (1973, 1974) untersuchte die »grüne Revolution« in Zentraljava. Obwohl tatsächlich Ertragszuwächse von bis zu 70 Prozent erzielt wurden, hatten sich in dem von Franke untersuchten Dorf nur 20 Prozent der landwirtschaftlichen Haushalte dem Programm angeschlossen. Hauptnutznießer waren die Bauern, denen es bereits überdurchschnittlich gut ging, die das meiste Land und ausreichend Wasser besaßen. Die ärmsten Familien versuchten dagegen, mit ihren Einkünften auszukommen, indem sie einen Teil des Tages für bessergestellte Bauern arbeiteten, die ihnen Geld zum Kauf von Lebensmitteln liehen. Die reicheren Bauern hinderten ihre Teilzeitarbeiter daran, das neue Saatgut zu übernehmen, weil sie fürchteten, ihre billigen Arbeitskräfte zu verlieren. Und die armen Bauern fürchteten, daß sie in durch Krankheit und Dürre verursachten Krisensituationen niemanden mehr hätten, an den sie sich wenden könnten, wenn sie sich von ihrem Patron unabhängig machten. Franke kommt zu dem Schluß, daß die zur Begründung der »grünen Revolution« angeführten Theorien kaum mehr als Rationalisierungsversuche der herrschenden Eliten sind, einen Weg zu finden, ökonomische Entwicklung ohne die für ihre Gesellschaften notwendigen sozialen und politischen Veränderungen zu erreichen.

Experten verteidigen die »grüne Revolution« gegen die Kritik, sie habe hauptsächlich reichen Bauern genützt, mit dem Hinweis, die meisten Hochertragsweizenfarmen im indischen Pandschab wären weniger als vier Hektar und die Weizenfarmen im Yaqui-Tal durchschnittlich nur 69 Hektar groß (Plucknett und Smith 1982:217). Überall in der unterentwickelten Welt gehört aber ein Bauer, der mehr als zwei oder drei Hektar *bewässertes* Land besitzt, zu den reichsten zehn Prozent der Landbevölkerung.

Die Politiker und Techniker, die für die »grüne Revolution« warben, wollten ursprünglich die kleinbäuerliche Landwirtschaft in Agrarwirtschaftssysteme nach dem Modell der Hochenergielandwirtschaft in den entwickelten Ländern umwandeln (Cleaver 1975). Man hoffte, mit der Entwicklung der Agrarwirtschaft in den Tropen die Produktivität der Landwirtschaft schnell genug steigern zu können, um mit der Bevölkerungswachstumsrate Schritt halten zu können. Offensichtlich ist jedoch mit dieser Umgestaltung das Risiko verbunden, den Kleinbauernstand zu vernichten — wie ja in den Vereinigten Staaten tatsächlich der Übergang zur Hochenergielandwirtschaft mit der Vernichtung der kleinen Familienbauernhöfe einherging. Selbst in den Industrienationen, in denen die frühere Landbevölkerung als Kellner in Drive-in-Restaurants, als Fleischkonservenhersteller und Traktormechaniker Arbeit finden, sind mit diesem Übergang Nachteile verbunden (s.S. 396). In den unterentwickelten Ländern aber, in denen man weder auf dem Industrie- noch auf dem Dienstleistungssektor der Wirtschaft Arbeit findet, kann das Abwandern in die Städte nicht zu einem höheren Lebensstandard für Hundertmillionen von arbeitslosen Bauern führen (Raj 1977).

Beim mexikanischen Weizenexperiment war die Verbindung zwischen Wundersaatgut und Agrarwirtschaft von Anfang an gegeben. Ciudad Obregon in Sonora — der Geburtsort der »grünen Revolution« — war das Zentrum großer Weizenfarmen, die von umfangreichen Bewässerungsprojekten der Regierung im Yaqui-Tal abhängig waren. Die früheren Bewohner des Tals, die Yaqui-Indianer, waren mit Hilfe einer Reihe militärischer Aktionen — die letzte erfolgte 1926, als die Yaqui erfolglos versuchten, den mexikanischen Präsidenten Obregon zu entführen — von ihrem Land vertrieben worden (Spicer 1954). Die Yaqui wurden durch mittlere und Großbauern ersetzt, die von mehreren hundert Millionen Dollar Steuergeldern profitierten, die allein für den Bau von Staudämmen ausgegeben wurden. Die mexikanische Regierung subventionierte den Ausbau der petrochemischen Industrie, die die Düngemittel für das neue Saatgut lieferte. Weitere Subventionen erhielten die Hersteller des Wunderweizens in Form von staatlich garantierten Subventionspreisen, die 33 Prozent über den Weltmarktpreisen lagen. Wunderweizen, der zum Subventionspreis von 73 Dollar pro Tonne produziert worden war, wurde zu 49 Dollar pro Tonne an ausländische Käufer verkauft. »Mexiko verlor dadurch 30 Dollar pro Tonne oder 80 Cent pro exportiertem Scheffel« (Paddock und Paddock 1973:218). Cynthia Hewitt de Alcantara (1976:329) hat die »grüne Revolution« als enorme Verschwendung an natürlichen und menschlichen Ressourcen und an Geld bezeichnet, das die Regierung in Bewässerungsanlagen investiert hat.

Aus der »grünen Revolution« kann man etwas Ähnliches lernen wie aus dem Versuch, den Bewohnern von Chimborazo Merinoschafe zu geben. In beiden Fällen erreichten rein technische Lösungen nicht das erstrebte Ziel, weil sie andere, gleich wichtige Aspekte des soziokulturellen Systems nicht in Betracht zogen (s. aber Kasten 15.4).

Mexikos zweite »grüne Revolution«

Ein Problem im Zusammenhang mit der starken Investition an Kapital und Land in die mexikanische Weizenproduktion ist, daß für die meisten Mexikaner Weizen kein Grundnahrungsmittel war. Der Subventionspreis beschränkte den Konsum von Weizen auf die mexikanische Mittelklasse. Die Grundnahrungsmittel der Armen — Mais und Bohnen — wurden nicht subventioniert und — trotz höherer Erträge — weiterhin auf kleinen, nichtbewässerten Parzellen gepflanzt.

Zwischen 1940 und 1965 stieg die Weizen- und Maisproduktion beträchtlich an. Danach nahm sie, trotz aller Weizensubventionen, ab. 1979 betrug die Mais-, Weizen- und Bohnenproduktion pro Kopf der Bevölkerung 40 Prozent weniger als auf dem Höhepunkt von 1965 (DeWalt 1984:44). Die Gründe für diesen Produktionsrückgang wurden von dem Ethnologen Billie DeWalt erforscht. Als die mexikanische Regierung ihre Preissubventionen für Mais, Weizen und Bohnen verringerte, wandten sich die Farmer dem Anbau einer neuen und lukrativeren Getreideart, dem Sorghum, zu. Vor 1960 war Sorghum, das in Afrika und Asien als Nahrungsmittel für den Menschen angebaut wird, in Mexiko so gut wie unbekannt. In einem Zeitraum von nicht mehr als 20 Jahren stieg die Sorghumproduktion um 2772 Prozent an. Heute wird in Mexiko mehr Sorghum als Weizen angepflanzt. Für den Anbau von Sorghum wird doppelt soviel Land wie für den Anbau von Weizen bereitgestellt. DeWalt nennt das Mexikos »zweite 'grüne Revolution' — eine Revolution, die ohne ein von der Regierung finanziertes Programm zur Förderung der Produktion, ohne Finanzierung von Seiten einer bilateralen Hilfsorganisation und ohne Ausbildungsbeihilfe und technische Unterstützung« (ebd.:40) stattgefunden hat. Der Hauptvorteil von Sorghum gegenüber Weizen ist, daß Sorghum auch ohne künstliche Bewässerung gedeiht und selbst kurze Trockenzeiten übersteht.

Wenn man die Mais-, Weizen-, Bohnen- und Sorghumproduktion addiert, hat es den Anschein, als ob Mexiko seine Probleme hinsichtlich der Nahrungsproduktion gelöst hätte: 1980 war die Getreideproduktion pro Kopf der Bevölkerung doppelt so hoch wie 1945. Das entspricht genau dem Planziel der ersten »grünen Revolution«. Mexiko importiert jedoch heute mehr Getreide als 1945. Der Grund hierfür ist, daß 100 Prozent der Sorghum-, 14 Prozent der Mais- und 10 Prozent der Weizenproduktion an Tiere verfüttert und in Schweine-, Rind- und Geflügelfleisch umgewandelt werden — eine Entwicklung, die die Planer der »grünen Revolution« nicht vorausgesehen haben. Auf diese Weise gehen 4 von 5 Getreidekalorien verloren (s.S. 98). Ein größerer Fleischkonsum ist zwar an sich durchaus wünschenswert, doch können sich die Menschen, die eine größere Kalorien- und Proteinzufuhr dringend benötigten, den Verzehr einer größeren Menge an Fleisch nicht leisten. Ungefähr 30 Millionen Mexikaner sind zu arm, um Weizen kaufen zu können; und 20 Millionen sind zu arm, um genügend Mais, Weizen und Bohnen zur Befriedigung eines minimalen Grundbedarfs an Nahrung zu sich nehmen zu können.

Nach DeWalts Auffassung hatte der extrem vermehrte Anbau von Sorghum in Mexiko negative Auswirkungen auf die Lebensbedingungen der Ärmsten der Armen (Kasten 15.3 und 15.4). Das gegen Trockenheit widerstandsfähige Sorghum wird in der Hauptsache nicht für den unmittelbaren menschlichen Verbrauch angebaut, sondern (teilweise auf dem besten bewässerten Boden des Landes) als Viehfutter gezogen. Es ist deshalb nicht nur eine ineffiziente, weil in Fleisch verwandelte Protein- und Kalorienquelle, sondern hat auch Land mit Beschlag belegt, für das die Regierung Bewässerungsanlagen, Straßen und andere Einrichtungen hat bauen lassen, um den Hunger zu bekämpfen und Mexiko in der Getreideproduktion unabhängig zu machen.

Kasten 15.3 Nahrungsüberfluß für einige, Knappheit für viele

Mexiko hat in den vergangenen 25 Jahren zwei »grüne Revolutionen« erlebt, doch ist seine landwirtschaftliche Situation, sowohl relativ wie absolut gesehen, schlechter als jemals zuvor. Trotz ausgezeichneter Weizen- und Sorghum- sowie verbesserter Maiserträge gelingt es dem Land nicht, die Grundbedürfnisse seiner Bevölkerung an Getreide zu befriedigen. Einige sehen den Grund für dieses Problem in der Rückständigkeit und zu geringen Produktivität der mexikanischen Landwirtschaft. Andere halten das die Produktionskapazität des Landes übersteigende Bevölkerungswachstum für das Problem. Doch spricht alles dafür, daß Mexikos Nahrungsproblem kein Produktionsproblem, sondern einfach ein weiteres Symptom für die ungleichgewichtige Entwicklung des Landes ist.

Es ist unwahrscheinlich, daß weitere technologische Fortschritte allein den Hunger in der Welt beseitigen werden. . . . Wie wir gesehen haben, müßte die Revolution der Weizen- und Sorghumproduktion, rein technisch betrachtet, als Erfolg gewertet werden. Die Produktionssteigerung hat jedoch wenig dazu beigetragen, die Lage der Armen und Unterernährten zu verbessern. Trotz der hohen Investitionen Mexikos in den Bau von Bewässerungsanlagen, in das Transportsystem, in Lagereinrichtungen und andere Bereiche der Infrastruktur, trotz der staatlichen Subventionierung des Kaufs von landwirtschaftlichen Maschinen, von Düngemitteln sowie anderer Produktionsmittel und trotz des Einsatzes der Technologie der »grünen Revolution« ist das Land der Lösung des Problems, die Grundbedürfnisse eines großen Teils seiner Bevölkerung an Nahrung zu befriedigen, keinen Schritt näher gekommen als 1940.

Quelle: DeWalt 1985:44,54.

Kasten 15.4 Ein gegensätzlicher Standpunkt

Stagnation und mangelnde Initiative dienen nicht den Interessen der Armen auf dem Land oder in der Stadt. Kaum ein Land in der Dritten Welt kann es sich leisten, die Gelegenheit zur Maximierung seiner Produktion verstreichen zu lassen.

Einige Kritiker behaupten, daß der Anbau von Hochertragsarten infolge der Mechanisierung die Nachfrage nach Arbeitskräften verringere. Aber um hohe Erträge zu erzielen, sind bei diesen Arten keine Maschinen nötig. Und wo tatsächlich Traktoren, mechanische Dresch- und Erntemaschinen im Einsatz sind, steigt gewöhnlich die Nachfrage nach Arbeitskräften. Nicht Menschen, sondern Tiere werden durch die Maschinen ersetzt, so daß Land für den Anbau von Pflanzen frei wird, die für die menschliche Ernährung bestimmt sind. Da mit Hilfe von landwirtschaftlichen Maschinen ein intensiver Anbau möglich ist, kann der Bedarf an Arbeitskräften um 20 bis 50 Prozent steigen.

Das infolge der Verarbeitung der Hochertragsarten größer gewordene Nahrungsangebot hat in Dienstleistungsindustrien wie dem Vertrieb von Anbauprodukten und der Herstellung, dem Verkauf und der Reparatur von Fahrzeugen, der Herstellung und dem Verkauf von Düngemitteln, Herbiziden und Pestiziden zusätzliche Arbeitsplätze geschaffen. Außerdem sind die Lebensmittelpreise aufgrund der Ausweitung der Getreideflockenproduktion gesunken — was den Armen auf dem Land und in der Stadt zugute kommt. (Leute mit geringem Einkommen geben gewöhnlich drei Viertel ihres Einkommens für Lebensmittel aus). Zum Beispiel ist in Kolumbien der Preis für Reis nach der Einführung der Hochertragsarten gesunken.

Übertriebene Sorge um die Einkommensverteilung in ländlichen Gebieten könnte zu einer Agrarpolitik führen, die jegliche Initiative erstickt und die Nahrungsproduktion behindert. Das würde vor allem die Armen in den Städten treffen. In vielen Entwicklungsländern lebt beinahe die Hälfte der Bevölkerung in städtischen Gebieten.

Quelle: Plucknett und Smith 1982:218.

Marihuanakonsum auf Jamaika

Seit langem ist bekannt, daß die Stimmungen, Erwartungen und Persönlichkeitsmerkmale von Drogenkonsumenten die Reaktion auf psychoaktive (bewußtseinsverändernde) Drogen ebenso beeinflussen wie die besonderen chemischen Substanzen in den Drogen selbst. Da Kultur den gesamten Komplex aller Verhaltens- und Vorstellungstraditionen bezeichnet, in die jeder einzelne eingebettet ist, läßt sich erwarten, daß man in den verschiedenen Kulturen auf deutliche Unterschiede hinsichtlich der Reaktionen auf psychoaktive Drogen stoßen wird. Für jeden, der mit der Formulierung oder Durchführung einer gegen Drogenmißbrauch gerichteten Politik betraut ist,

ist deshalb die Erforschung der kulturellen Komponente des durch Drogen hervorgerufenen Denkens und Verhaltens eine wichtige Informationsquelle.

Zu Beginn der 70er Jahre führte ein aus Ethnologen und anderen Verhaltens- und Medizinwissenschaftlern bestehendes Team unter der Leitung von Vera Rubin und Lambros Comitas (1975) eine Kulturvergleichsstudie zum Marihuanakonsum durch. Die Forschungsfinanzierung übernahm das National Institute of Mental Health's Center for Studies of Narcotic and Drug Abuse. Weil sie die langfristigen Auswirkungen des Marihuanas auf Gesundheit und Wohlbefinden chronischer Konsumenten untersuchen wollten, wählten Rubin und Comitas die Karibikinsel Jamaika als Schauplatz für ihre Forschung aus. Obwohl der Marihuanakonsum auf Jamaika illegal ist, sind die Jamaikaner wahrscheinlich die hartnäckigsten Marihuanakonsumenten der westlichen Hemisphäre. Die Forscher stellten fest, daß in den ländlichen Gebieten der Insel zwischen 60 und 70 Prozent der arbeitenden Bevölkerung Marihuana konsumieren, indem sie es entweder rauchen, im Tee trinken oder, unter die Nahrung gemischt, essen. Der wichtigste Unterschied zwischen dem Marihuanakomplex auf Jamaika und dem in den Vereinigten Staaten besteht darin, daß jamaikanische Arbeiter Marihuana nicht rauchen, um sich »anzutörnen« oder die hedonistische Wirkung zu erreichen, die von amerikanischen Konsumenten des Mittelstands so geschätzt wird. Vielmehr rauchen Jamaikaner Marihuana, weil sie glauben, daß es ihnen hilft, besser zu arbeiten, und sie gesünder und stärker macht als andere, die kein Marihuana rauchen.

Ein Großteil des Widerstands gegen den Marihuanakonsum in den Vereinigten Staaten rührt von dem Glauben her, daß Marihuana den Leuten jeglichen Ehrgeiz nehme und ihre Arbeitsmotivation verringere. Obwohl das im Kontext der Vereinigten Staaten zutreffen mag, weist die jamaikanische Studie darauf hin, daß die Apathie nicht durch die chemischen Substanzen, sondern durch die kulturellen Begleitumstände des Marihuanakonsums hervorgerufen wird. Auf Jamaika wird das Marihuanarauchen hauptsächlich damit begründet, daß es bei der Ausführung harter und langweiliger Arbeiten hilft. Bauern sagten zum Beispiel, daß sie sich nach dem Marihuanarauchen beim Jäten der Felder besser auf ihre Arbeit konzentrieren konnten. Videoaufnahmen, die von Marihuana rauchenden und nicht Marihuana rauchenden Bauern beim Jäten gemacht wurden, zeigten, daß Bauern, die Marihuana geraucht hatten, tatsächlich gründlicher und sorgfältiger arbeiteten. Es gab keinen Hinweis dafür, daß diejenigen, die während der Arbeit rauchten, weniger schnell und sorgfältig arbeiteten als diejenigen, die nicht rauchten. Rubin und Comitas kommen zu folgendem Schluß:

»In allen auf Jamaika beobachteten Situationen führen die Arbeiter (die rauchen) schwierige Arbeiten ohne Leistungsverlust bei schwerer körperlicher Anstrengung aus. Ihr Empfinden, mehr leisten zu können, ist ein wichtiger, ihre Arbeitsmotivation stärkender Faktor« (1975:75).

Es wurden jedoch noch sehr viele andere Aspekte des Marihuanakomplexes untersucht. Um die Auswirkungen eines chronischen Gebrauchs auf Gesundheit und Persönlichkeit der Marihuanakonsumenten zu erforschen, wurde eine Gruppe von 30 Rauchern und eine von 30 Nichtrauchern mit ähnlichem Hintergrund und ähnlichen Persönlichkeitsmerkmalen an der Universitätsklinik von Jamaika einer Reihe von klinischen Tests unterzogen (die Teilnahme der Mitglieder beider Gruppen war absolut freiwillig). Abgesehen von Beeinträchtigungen der Atmungsfunktionen, die der Tatsache zugeschrieben werden können, daß starke Marihuanaraucher auch starke Tabakraucher sind, unterschied sich der körperliche Gesundheitszustand der Raucher nicht wesentlich von dem der Nichtraucher. Zum psychologischen Befund — Intelligenz, nervliche Belastbarkeit, Sinneswahrnehmung, Gedächtnis und Aufmerksamkeit — stellen die Autoren fest: »Es gibt keinen Hinweis dafür, daß langfristiger Canabis- (Marihuana-) Konsum chronische Gesundheitsschäden hervorruft.« (1975:119) An dieser Stelle soll noch einmal betont werden, daß dieses Ergebnis nicht auf andere Kulturen übertragbar sein muß. Es kann sehr wohl sein, daß in einer anderen kulturellen Situation, etwa den Vereinigten Staaten, langfristiger Marihuanakonsum zu gesundheitlichen Schäden führt — denn die Auswirkungen kultureller Faktoren sind nicht weniger real als die physischer und chemischer Faktoren.

Marihuanakonsum in Costa Rica

Eine zweite intensive Kulturvergleichsstudie zum Marihuanarauchen, die sich auf eine ganz andere Kultur als die jamaikanische bezieht, hat jedoch ganz ähnliche Ergebnisse wie die Rubin/Comitas-Studie erbracht. Diesmal wurde die Untersuchung von einem multidisziplinären Team, das u.a. von den Ethnologen William Carter (1980) und Paul Doughty geleitet wurde, im zentralamerikanischen Costa Rica durchgeführt. Der Forschungsplan beruhte auf »einander zugeordneten Paaren« — d.h. jedem der 41 männlichen Marihuanaraucher wurde ein Mann zugeordnet, der nicht Marihuana rauchte, sonst aber im Hinblick auf Alter, Familienstand, Schulbildung, Beruf, Alkohol- und Tabakkonsum die gleichen Merkmalsausprägungen aufwies. Aufgrund dieses Forschungsplanes konnten alle genannten Faktoren als

Ursache für die festgestellten Verhaltens-und Gesundheitsunterschiede der Marihuanaraucher und -nichtraucher ausgeschlossen werden.

Anfänglich schien die Costa Rica-Studie die weitverbreitete Meinung zu bestätigen, langfristiger Marihuanagebrauch führe zu einer Verminderung der Arbeits- und Leistungsmotivation. Es stellte sich nämlich heraus, daß Marihuanaraucher tendenziell häufiger Teilzeittätigkeiten ausführten, stärker von Arbeitslosigkeit betroffen waren, häufiger ihren Arbeitsplatz wechselten und weniger materiellen Besitz hatten als Nichtmarihuanaraucher. Für diese Ergebnisse gab es jedoch auch eine andere Erklärung. Es bestand nämlich die Möglichkeit, daß Marihuanakonsumenten deshalb zur Droge griffen, weil sie stärkerem wirtschaftlichen und persönlichen Druck ausgesetzt waren als Nichtmarihuanaraucher. Bestünde tatsächlich eine Kausalbeziehung zwischen Marihuanakonsum einerseits und wirtschaftlichem Mißerfolg und Apathie andererseits, müßte diese Beziehung durch den Nachweis bestätigt werden können, daß wirtschaftlicher Mißerfolg und Apathie mit der gerauchten Marihuanamenge direkt proportional zunehmen. Vergleiche innerhalb der Gruppe der Marihuanaraucher führten jedoch nicht zur Bestätigung der Hypothese, daß höhere Dosen mit einem ausgeprägteren marginalen wirtschaftlichen Status korrelieren. Tatsächlich war das Umgekehrte der Fall. Je mehr Marihuana geraucht wurde, um so eher besaß der Marihuanaraucher eine feste Vollzeitbeschäftigung. Diejenigen, die Arbeit hatten, rauchten beinahe doppelt soviel Marihuana pro Tag wie die Arbeitslosen. Diejenigen, die erst kurze Zeit unter Arbeitslosigkeit zu leiden hatten, waren die stärksten Marihuanaraucher (Carter 1980:152ff).

Obwohl einige der in der Costa Rica-Studie untersuchten Marihuanaraucher tatsächlich dem Stereotyp vom arbeitslosen, abstoßenden, auf der Straße herumlungernden Penner entsprachen, glichen die meisten eher Hektor:

> »Hektor ist seit dreieinhalb Jahren als Arbeiter in ein und derselben Bäckerei beschäftigt. Er hat eine Frau und zwei Kinder, die von seinem Einkommen abhängig sind. Hektor raucht nie zu Hause, auf der Straße oder in der Öffentlichkeit. Er raucht jedoch auf der Toilette der Bäckerei, in der er von fünf Uhr nachmittags bis drei Uhr morgens arbeitet. Er sagt, daß mit Marihuana die Arbeit schneller von der Hand und die Nacht schneller vorbeigehe« (ebd.: 156).

Wir sehen also, daß systematische Kulturvergleiche für die Unterscheidung zwischen kulturellen und physisch-chemischen Aspekten psychoaktiver Substanzen unerläßlich sind.

Trunkenheit auf Truk: »Wochenendkrieger«

Die Marihuanastudien legen den Schluß nahe, daß ein Verhalten, das einem Außenstehenden deviant erscheint, für die Mitglieder einer Gruppe in Wirklichkeit ein kulturell sanktioniertes Verhaltensmuster sein kann, mit dem man den Streßsituationen und Spannungen des Lebens begegnet.

Diesen Standpunkt hat der Ethnologe MacMarshall (1978) in einer Studie vertreten, die sich mit den unter jungen Männern auf Truk, einer Insel der östlichen Karolinen in Mikronesien, üblichen Trinkgelagen und Schlägereien beschäftigt. Praktisch alle körperlich gesunden jungen Männer im Alter von 18 bis 35 Jahren nehmen an täglich oder wöchentlich veranstalteten Trinkgelagen teil, die häufig in Ausbrüchen aggressiven Verhaltens gewöhnlich gegenüber Jugendlichen aus anderen Dörfern gipfeln. An Wochenenden geht es besonders lebhaft zu. Bei ihren Trinkgelagen sitzen die jungen Männer im Gebüsch, lachen, singen, erzählen sich Geschichten und planen Liebesaffären mit jungen Frauen. Sobald sie betrunken sind, führen sie großspurige Reden, fluchen, stoßen ohrenbetäubendes Kriegsgeheul aus, brechen Türen auf, jagen Frauen hinterher, schüchtern Freund und Feind gleichermaßen ein und drohen einander mit *nanchaku* (zwei Stöcken, die mit einer langen Kette verbunden sind). Betrunkene nennt man auf Truk »Sardinen«, weil sie wie Sardinen in der Konservenbüchse ihren Kopf verloren haben.

Betrunkene gelten — wie Tiere — als verrückt, als unfähig, klar und vernünftig zu denken. Sie werden jedoch selten für das, was sie in trunkenem Zustand anrichten, zur Rechenschaft gezogen. Denn das, was sie tun, ist nach Marshall nicht abweichendes, sondern kulturell erwartetes Verhalten. Abweichendes Verhalten wäre, sich nicht zu betrinken. Junge Männer auf Truk sollen sich aggressiv verhalten, sie sollen ihre Männlichkeit beweisen, sollen Risiken eingehen und amouröse Abenteuer suchen:

> »Trinken und auffallendes betrunkenes Benehmen werden von jungen Männern *erwartet*; auf Truk ist ein junger Mann, der sich des Alkohols enthält, 'anormal' — nicht umgekehrt« (Marshall 1978:67).

Junge Männer, die sich betrinken, geben ihrer Frustration darüber Ausdruck, daß ihre Meinung nicht ernst genommen wird und sie den Älteren Respekt bekunden müssen. Ihr Trinken ist ein Ventil für angestaute Aggressionen, die früher bei kriegerischen Unternehmungen im bewaffneten Kampf Ausdruck fanden.

> »Traditionell sah man in den jungen Männern temperamentvolle, unverantwortliche Personen, die sich auf Liebesaffären und demonstrative Selbstdarstellung konzentrierten. Von jungen Männern erwartet man buchstäblich, daß sie sich 'Wein,

Weib und Gesang' — etwa in dieser Reihenfolge - hingeben. Bei wichtigen, die Lineage oder die Gemeinschaft als Ganzes betreffenden Entscheidungen, fragt man sie nicht um ihre Meinung.... Ursprünglich konnten junge Männer hauptsächlich bei kriegerischen Auseinandersetzungen Dampf ablassen ... Ganz zufällig ergab sich, als dieses Ventil (nach dem Kolonialkontakt) verschlossen wurde, mit der Trunkenheit ein neues« (ebd.:125).

MacMarshalls Analyse warnt uns vor der Annahme, trunkenes, rowdyhaftes und gewalttätiges Verhalten sei ein Indiz dafür, daß eine Kultur auseinanderbricht. Er sieht im Sichbetrinken auf Truk eher eine Bestätigung kultureller Kontinuität als einen Kulturverfall. Aus dieser Analyse ergibt sich als praktische Schlußfolgerung, daß Außenstehende nicht annehmen sollten, es sei gerechtfertigt, das Verhalten der Wochenendkrieger zu unterdrücken, weil sie es für schlecht halten. Man überläßt es am besten den auf Truk lebenden Menschen selbst, mit diesem Problem nach eigenem Ermessen umzugehen.

Kuru: die Lachkrankheit

Eine wichtige Funktion der angewandten Ethnologie besteht darin, physischen Anthropologen und Medizinforschern ein Verständnis der Wechselbeziehung zwischen kulturellen und natürlichen Faktoren, die die Ursache von Krankheiten sind, zu ermöglichen. Die Lösung des Kuru-Rätsels ist ein klassisches Beispiel dafür, wie durch die Erforschung der Wechselbeziehung zwischen kulturellen und natürlichen Ursachen einer tödlichen Krankheit neue medizinische Erkenntnisse gewonnen werden können.

Ende der 50er Jahre machten Berichte über eine bis dahin unbekannte, bei den Foré im Hochland von Neuguinea grassierende Krankheit weltweit Schlagzeilen. Die Opfer dieser als Kuru bezeichneten Krankheit lachten sich, wie man sagte, zu Tode. Als verläßliche Berichte an die Stelle der Gerüchte zu treten begannen, stellte sich heraus, daß Kuru nichts war, worüber man lachen konnte. Die Opfer verloren im Verlauf der Krankheit immer mehr die Kontrolle über ihr zentrales Nervensystem, auch der die Gesichtsmuskeln kontrollierenden Nerven, so daß ihre Gesichter oft durch schreckliche Grimassen und ein verzerrtes Lächeln entstellt waren. Nach Auftreten der ersten Symptome führte die Krankheit stets innerhalb von ein oder zwei Jahren zum Tod.

Forscher unter der Leitung von Carleton Gajdusek entdeckten ein rätselhaftes *epidemiologisches* (d.h. die Verbreitung und Häufigkeit des Auftretens der Krankheit in der Bevölkerung betreffendes) Muster. Die meisten Opfer waren Frauen und Mädchen. Obwohl auch einige wenige junge Männer erkrankten, trat die Krankheit niemals bei erwachsenen Männern auf. Kein einziger Angehöriger von Nachbargruppen wurde krank, noch übertrug sich die Krankheit jemals auf Europäer, die mit den Foré in engen Kontakt kamen.

Zunächst schlug man als Lösung des Rätsels eine genetische Erklärung vor und nahm an, daß sich die Krankheit in der Familie von Generation zu Generation übertrage. Die Genetik konnte aber nicht erklären, warum die Krankheit überwiegend Frauen und gelegentlich einmal einen jungen Mann befiel. Aus diesem Grund lehnte Gajdusek, der sowohl physischer Anthropologe wie Virologe war (also jemand, der Viren erforscht), die genetische Erklärung ab und begann die Möglichkeit zu untersuchen, daß Kuru von einer Virusart verursacht wurde, die man als *langsamen Virus* bezeichnet und deren Vorkommen im Menschen zwar lange vermutet wurde, doch nie nachgewiesen werden konnte. 1963 begann Gajdusek, Schimpansen mit Gehirnextrakten der Kuru-Opfer zu infizieren. Nach einer langen Inkubationszeit zeigten die Schimpansen erste Symptome der Kuru-Erkrankung. Der Nachweis, daß Menschen langsame Viren beherbergen können, hat wichtige Konsequenzen für die Erforschung vieler rätselhafter Krankheiten wie Multiple Sklerose, AIDS und bestimmte Krebserkrankungen. Für seine Arbeit erhielt Gajdusek 1976 den Nobelpreis für Medizin.

Zwei Ethnologen, Robert Glasse und Shirley Lindenbaum, ist es jedoch zu verdanken, daß das rätselhafte epidemiologische Muster vollständig geklärt werden konnte. Glasse und Lindenbaum lenkten die Aufmerksamkeit auf den Umstand, daß die Foré in den Jahren vor dem Ausbruch der Kuru-Krankheit begonnen hatten, im Rahmen ihrer Bestattungsrituale eine Form von Kannibalismus zu praktizieren, bei der weibliche Verwandte des Verstorbenen das Gehirn des Toten verspeisten. Da die Bestattung der Toten Aufgabe der Frauen, nicht der Männer, war, infizierte der Kuru-Virus niemals erwachsene Männer. Wie kam es aber, daß gelegentlich auch junge Männer an Kuru erkrankten? Wie in vielen Kulturen wurde auch bei den Foré die Trennung zwischen männlichen und weiblichen Rollen vor der Pubertät nicht so streng befolgt wie danach. Gelegentlich war es daher einem Jungen gestattet, Speisen zu sich zu nehmen, die normalerweise Frauen vorbehalten waren. Dieser Junge pflegte dann einige Jahre später zusammen mit einer viel größeren Zahl von Mädchen und Frauen der Krankheit zu erliegen (Lindenbaum 1979). Da weder Gajdusek noch Lindenbaum beobachtet hatten, daß die Foré tatsächlich Menschenfleisch verzehrten, wurde darauf hingewiesen, daß sich das Virus auch durch den bloßen Kontakt mit einem Leichnam verbreitet haben konnte. Doch Foré-Frauen haben mehreren Forschern selbst erzählt, sie hätten früher im Rahmen des Totenrituals Kannibalismus praktiziert (Gajdusek

1977; Harris 1985; Steadman und Merbs 1982). Da die Foré ihre kannibalistischen Riten aufgegeben haben, kommt die Kuru-Krankheit heute bei ihnen praktisch nicht mehr vor.

Kurzlebige Vereinigungen

Villalta ist ein kleines Städtchen in der Dominikanischen Republik mit allen Problemen, die das Leben in einem unterentwickelten Land mit sich bringt: Armut, Arbeitslosigkeit, Analphabetismus und geringe Lebenserwartung. In einer Hinsicht jedoch scheint die Stadt stärker »modernisiert« zu sein als andere, denn sie weist mehr freie Vereine (oder Solidargemeinschaften, s.S. 212) als andere auf. Solche Vereine werden oft als Anzeichen dafür interpretiert, daß eine Gemeinde dabei ist, sich zu entwickeln.

Malcolm Walker und Jim Hanson (1978:64-68), zwei Ethnologen, haben jedoch festgestellt, daß sich diese Vereinigungen genauso schnell wieder auflösten wie sie geschaffen wurden. In kurzer Zeit organisierten die Bewohner der Kleinstadt zwei Erwachsenenbildungsprogramme, Koch- und Nähkurse, eine Ortsgruppe des Roten Kreuzes, einen Verein »Jugend für Reform«, eine Pfadfindergruppe für Mädchen, ein Zentrum für Gesundheitsvorsorge, einen Sozialclub sowie Selbsthilfeprogramme für Kaninchenzucht, Hühnerzucht, Brückenbau und die Installation von Wasserpumpen. Aber keines dieser Projekte und kein einziger Verein bestand länger als ein paar Tage oder Wochen.

Die Umstände, die zur Entstehung und zum Zusammenbruch eines der Erwachsenenbildungsprogramme führten, waren auch für die anderen Projekte typisch. Angehörige der örtlichen Führungsschicht beriefen eine Versammlung ein, um das Programm zu organisieren. Mehrere nicht zu den Bewohnern der Stadt gehörende Außenstehende waren anwesend, und ein Beamter des Erziehungsministeriums hielt eine Rede über die Bedeutung der Erwachsenenbildung. Die Anwesenden pflichteten ihm bei und faßten den Beschluß, sich nach Lehrern umzusehen, die bereit waren, ehrenamtlich Abendkurse in der Schule anzubieten. Ein weiteres Treffen sollte zwei Wochen später stattfinden, bei dem die Kurse organisiert werden sollten.

»Tatsächlich geschah aber nichts, und das zweite Treffen wurde in die ferne Zukunft verschoben. Der Beamte des Erziehungsministeriums ließ nie wieder etwas von sich hören« (Walker und Hanson:66).

»Wenn diese Vereinigungen bereits vor Beendigung der ersten Versammlung zum Scheitern verurteilt sind«, fragten sich Walker und Hanson, »warum gründen die Bewohner von Villalta dann überhaupt solche Vereine?«

Die Antwort lautet, daß die örtliche Führungsschicht den Vertretern des Staates den Eindruck vermitteln will, Villalta sei eine blühende und zukunftsorientierte Gemeinde, die die Vorschläge von einflußreichen Außenstehenden, von denen sich die örtliche Führungsschicht Vorteile erhofft, bereitwillig aufgreift.

»Mit ihren Vereinsgründungen kann die Gemeinde den Eindruck von Aufgeschlossenheit und Progressivität vermitteln; die Gemeinde setzt gewissermaßen ihre Vereine in Szene, um vor dem Publikum anwesender Staatsvertreter eine überzeugende Vorstellung zu geben. Die Vorstellung selbst ist das Wichtigste, nicht das, was nach Schluß der Aufführung und nach Abreise des Publikums geschieht« (Walker und Hanson:67).

Dieses Beispiel zeigt, wie wichtig es ist, in einer Gemeinde zu leben und Wissen über die etische Verhaltenswirklichkeit aus erster Hand zu beziehen, damit man überhaupt in der Lage ist, zwischen dem, was die Leute sagen, was sie tun, und dem, was sie tatsächlich tun, unterscheiden zu können. Ein Forscher, der sich nur kurze Zeit in Villalta aufhält, ist wahrscheinlich von der scheinbaren Aufgeschlossenheit seiner Bewohner gegenüber neuen Ideen und ihrer Offenheit für Veränderungsprozesse beeindruckt. Zwar hat sich die Gemeinde verändert, doch nicht unbedingt zum Besseren, folgern Walker und Hanson: »Sie hat gelernt, wie man Vorstellungen in Szene setzt und Außenstehenden etwas vormacht« (ebd.).

Eine unbenutzte Klinik

In den 70er Jahren richtete das Gesundheitsamt einer großen, im Nordosten der Vereinigten Staaten gelegenen Stadt eine Reihe öffentlicher Ärztezentren ein. Diese Zentren wurden bewußt in den Stadtvierteln der Armen errichtet und sollten den dort wohnenden Menschen kostenlose medizinische Versorgung bieten. Bis auf eines waren alle Zentren voll ausgelastet. Der Ethnologe Delmos Jones (1976) erhielt deshalb den Auftrag festzustellen, warum diese eine Einrichtung so wenig in Anspruch genommen wurde.

Jones ging von der Annahme aus, daß die Hauptgründe für die geringe Ausnutzung des Ärztezentrums nicht in den charakteristischen Merkmalsausprägungen der Bevölkerung, der es dienen sollte, zu suchen waren, sondern in bestimmten charakteristischen Merkmalen des Zentrums selbst. Zu Beginn der Untersuchung stellte sich heraus, daß viele Bewohner des Viertels überhaupt nicht wußten, daß es dieses Zentrum gab. Anders als die anderen Zentren war es in einem Krankenhaus untergebracht und konnte von der Straße aus nicht gesehen werden. Hinzu kam, daß diejenigen, die von dem

Zentrum gehört hatten, selten wußten, wo es sich befand und was seine Aufgabe war. Außerdem gab es viele, die versucht hatten, die Dienste des Zentrums in Anspruch zu nehmen, deren Versuche aber gescheitert waren. Als Jones weiterforschte, entdeckte er, daß die Bewohner des Viertels einen negativen Eindruck von dem Krankenhaus hatten, in dem sich das Ärztehaus befand. Es hatte den Ruf, sehr »fein« zu sein — nichts für arme Leute. Man glaubte daher nicht, daß sich irgendwo im Krankenhaus eine Klinik befände, deren Dienste man kostenlos in Anspruch nehmen konnte. Gerüchte gingen um, daß armen Leuten sogar die Notaufnahme ins Krankenhaus verweigert worden war.

Patienten, die die Klinik gesucht hatten, berichteten, daß sie sie nicht finden konnten. Als sie ins Krankenhaus kamen, konnten sie keine Wegweiser entdecken, denen sie hätten folgen können. Selbst einige Krankenhausangestellte, die am Empfang arbeiteten, wußten nicht, wo die Klinik war oder wollten es zumindest nicht sagen. Jones vermutete, daß letzteres zutraf, weil Angestellte in Schlüsselstellung ihrem Unmut darüber Ausdruck verliehen, eine Armenklinik in ihrem feinen Krankenhaus zu beherbergen.

Wie die anderen Gesundheitszentren hatte auch dieses Stadtviertelvertreter, die jedoch eine defätistische Einstellung zu ihrer Klientengruppe entwickelt hatten und sich kaum die Mühe machten, Kontakt zu den Bewohnern des Viertels herzustellen. Diese Haltung kam dem Klinikpersonal, das zu verstehen gab, daß es lieber zu wenig als zu viel Arbeit hätte, offensichtlich gelegen.

Jones machte sich daran, die Situation zu verändern. Als erstes wurden gut sichtbare Wegweiser installiert, die den Patienten den Weg zur Klinik weisen sollten. Zweitens wurde das Empfangspersonal des Krankenhauses aufgeklärt, wo sich die Klinik befand. Drittens wurden Handzettel gedruckt und im Stadtviertel verteilt. Schließlich heuerte man Stadtviertelvertreter an, die sowohl eine positive Einstellung zur Bevölkerung als auch zur Klinik hatten. Die Benutzerzahl stieg zwar an, doch die Geschichte hat kein Happy End.

Obwohl die neuen Stadtviertelvertreter anfänglich begeistert mitmachten, merkten sie mit der Zeit, daß das Krankenhauspersonal nach wie vor nicht damit einverstanden war, daß sich die Klinik im Krankenhaus befand. Immer seltener empfahlen sie deshalb die Klinik den Bewohnern des Viertels.

Trotz der ziemlich offenkundigen Gründe für die zu geringe Nutzung der Klinik lehnte es die Krankenhausverwaltung ab, Jones Erklärung zu akzeptieren. Man zog es vor, weiterhin zu glauben, das eigentliche Problem sei die Einstellung der Stadtviertelbewohner. »Ich, der Forscher«, berichtet Jones, »wurde zum Anwalt meiner eigenen Forschungsergebnisse ... Wenn diejenigen, die die Politik machen, nicht zuhören, könnte das heißen, daß wir ihnen nicht das sagen, was sie hören wollen« (Jones 1976:227).

Aktionsethnologen als Anwälte

Daß die Durchführungsphase eines Projekts oft der Kontrolle von Verwaltungsbeamten oder Politikern untersteht, die manchmal weder die Analyse noch die Vorschläge eines Ethnologen akzeptieren wollen, hat eine Reihe von anwendungsorientierten Ethnologen — wie Delmos Jones — dazu gebracht, die Rolle von Anwälten zu übernehmen. Sie haben für eine Verbesserung der Zustände in Frauengefängnissen gekämpft; mit Hilfe einer Lobby auf die gesetzgebenden Körperschaften des Staats eingewirkt, die Sozialhilfesätze anzuheben; vor Kongreßkomitees zugunsten von medizinischen Versorgungsprogrammen für Kinder Bericht erstattet; mit Hilfe einer Lobby gegen den Bau von Staudämmen und Autobahnen, die nachteilige Auswirkungen auf die dort ansässigen Gemeinden haben würden, opponiert und waren an vielen anderen bewußtseinsentwickelnden und politischen Aktivitäten beteiligt.

Einige Ethnologen sind aber der Auffassung, daß die einzige legitime Funktion der angewandten Ethnologie darin besteht, Verwaltungsbeamten, Politikern oder Rechtsanwälten eine objektive Situationsanalyse an die Hand zu geben, und daß sie bestenfalls Vorschläge unterbreiten, aber keinen Plan durchführen sollten. Sie hoffen, daß die Ethnologie auf diese Weise ihr wissenschaftliches Ansehen bewahren kann, da der radikale Versuch, ein praktisches Ziel zu erreichen, häufig die Zuflucht zu rhetorischen Fähigkeiten, gutem Zureden, Halbwahrheiten oder direkten Täuschungen, Drohungen und selbst Gewalttätigkeiten erfordere.

Gegen diese Auffassung führen Ethnologen, die sich als Anwälte verstehen, ins Feld, daß die Objektivität der Ethnologie wie anderer Sozialwissenschaften eine Illusion und mangelnder Einsatz für die Durchführung eines Plans selbst eine Form der Befürwortung sei. Objektivität ist ihrer Argumentation nach deshalb illusorisch, weil politische und persönliche Vorlieben für die Entscheidung, diese und nicht eine andere Situation (beispielsweise das Leben der Armen und nicht das der Reichen, s.S. 406) zu erforschen, verantwortlich sind. Und Nichthandeln ist auch eine Form des Handelns und daher der Befürwortung, weil das eigene Nichthandeln zur Folge hat, daß das Handeln eines anderen für das endgültige Ergebnis ausschlaggebend ist. Ethnologen, die ihre Fähigkeiten und ihr Wissen nicht zur Lösung eines von ihnen erkannten Problems einsetzen, erleichtern es damit bloß anderen, ihre Auffassung durchzusetzen. Diese Ethnologen sind selbst ein Teil des Problems (R. Cohen 1985).

Unter Ethnologen gibt es keinen Konsens darüber, wie diese verschiedenen Auffassungen über die richtige Beziehung zwischen ethnologischer Erkenntnis und dem Erreichen kontroverser praktischer Ziele in Übereinstimmung zu bringen sind. Vielleicht läßt sich dieses Dilemma nur so lösen, wie es bereits geschieht: Wir müssen nach unserem eigenen, ganz persönlichen Gewissen handeln.

Zum Schluß möchte ich betonen, daß wir nur einige wenige Möglichkeiten angewandter Ethnologie kennengelernt haben. Wie Kasten 15.5 veranschaulicht, hätte man viele andere, ebenso wichtige und interessante Beispiele anführen können.

Kasten 15.5 Beispiele angewandter Ethnologie

Art der praktischen Anwendung	*Ethnologe*
Dokumentation über die Verbreitung des Hungers und Einsatz für die Obdachlosen und Hungrigen in New York City.	Dehavenon (1984)
Planung und Verbreitung billiger Lagereinrichtungen für Kartoffeln im Hochland von Peru und auf den Philippinen.	Rhoades (1984); Werge (1979)
Verhinderung des Baus eines Staudamms, der ein bereits vorhandenes Bewässerungssystem im Südwesten der USA bedrohte.	Jacobs (1978)
Evaluierung eines Gemeindegesundheitsprojekts in Tumaco, Kolumbien.	Buzzard (1982)
Unterstützung von Müttern in der Dritten Welt, die ihren an Durchfall erkrankten Babys ein lebenswichtiges Medikament gegen Dehydrierung verabreichen müssen.	Kendall (1984)
Hilfe bei der Vorbereitung auf einen Prozeß, bei dem es um eine Entschädigung von 47 Millionen Dollar für die Pembina-Chippewa-Indianer geht, die ihr Stammesland verloren haben.	Feraca (1986)
Unterstützung von Bannock-Shoshoni-Frauen, die sich um die Aufhebung einer gegen sie gerichteten Betrugsanklage bemühten, unter Hinweis auf ein durch Englisch sprechende Sozialarbeiter entstandenes kulturelles Mißverständnis.	Joanes (1984)
Entwicklung von Verfahren zur Qualitätskontrolle für die Hotelindustrie.	Glover (1984)
Planung, Durchführung und Evaluierung eines Gemeindegesundheitsprogramms in Miami unter Berücksichtigung der verschiedenen medizinischen Bedürfnisse ethnischer Gruppen	Weidman (1983)

Zusammenfassung

Die angewandte Ethnologie befaßt sich mit unmittelbar anwendungsorientierter Forschung. Der größte Teil ihrer Forschung wird von öffentlichen und privaten Organisationen finanziert, die damit praktische Ziele verfolgen. Die Aufgabe eines angewandt arbeitenden Ethnologen kann zum einen darin bestehen, lediglich zu erforschen, mit welchen Mitteln solche Ziele erreicht werden können; zum anderen kann sie den Entwurf von Plänen und ihre Durchführung sowie die Evaluierung der Ergebnisse der Durchführung umfassen. Angewandt arbeitende Ethnologen, die an der Durchführung eines Programms beteiligt sind, nennt man Aktionsethnologen.

Darüber hinaus können auch andere Forschungsarbeiten als Teil der angewandten Ethnologie betrachtet werden. Abstrakte Theoriebildung hat oft wichtige praktische Implikationen, wie das Beispiel alternativer Theorien über die Ursachen der Unterentwicklung oder der städtischen Armut verdeutlicht. Viele Forschungsprojekte, die nicht von einer bestimmten, ein spezielles Ziel verfolgenden Organisation finanziert werden, können dennoch ein solches Ziel verfolgen, z.B. die Unabhängigkeit einer Kolonie oder die Entwicklung eines gerade unabhängig gewordenen Staates.

Drei verschiedene Beiträge kann die angewandte Ethnologie zur Analyse und Lösung drängender praktischer Probleme leisten: 1. die Entlarvung ethnozentrischer Vorurteile; 2. eine holistische Perspektive, die nicht nur kurzfristige, sondern auch langfristige Entwicklungen in den Vordergrund rückt, den Zusammenhang der Teile eines soziokulturellen Systems betont und das Ganze eines Systems ebenso wie seine Teile berücksichtigt; 3. die Unterscheidung etischen Verhaltens von emischen Plänen und Ideologien. Nur allzu häufig bestehen beträchtliche Unterschiede zwischen den Plänen und Richtlinien einer Organisation und ihren aus etischer Perspektive betrachteten Konsequenzen für das alltägliche Verhalten.

Das Vicos-Projekt der Cornell University in Peru ist ein Beispiel für ein Projekt angewandter Ethnologie, das über den ganzen Zeitraum der Planung, Durchführung und Evaluierung in der Hand von Ethnologen lag. Dieses Projekt trug erheblich zur Verbesserung des Lebensstandards der auf der Vicos-*Hacienda* wie Leibeigene lebenden Bauern bei. Sein Erfolg läßt sich u.a. auch darauf zurückführen, daß der neue Herr seine Autorität dazu nutzte, neue Formen der Landwirtschaft und andere Innovationen einzuführen. Doch trotz dieses Erfolgs ist es zweifelhaft, ob das Vicos-Projekt als Entwicklungsmodell für das peruanische Hochland insgesamt gelten kann, da die Experten, die die Vicosinos über einen Zeitraum von zehn Jahren tagtäglich anleiteten, als enormer, nicht berechneter Kostenfaktor zu Buche schlagen. Das haitianische Forstwirtschafts-Projekt ist ein weiteres Beispiel angewandter Forschung, Planung, Durchführung und Evaluierung — in diesem Fall mit dem Ziel, die Mitarbeit der Bauern bei der Aufforstung zu gewinnen. Indem man das Eigeninteresse der Bauern am wirtschaftlichen Nutzen der Bäume weckte, gelang es dem Projekt, der Lösung eines der größten Probleme Haitis einen Schritt näher zu kommen.

Der Fall der nicht so erfolgreichen »grünen Revolution« veranschaulicht zum einen, wie wichtig bei Entwicklungsprojekten eine holistische Perspektive ist, zum anderen, daß der Ethnologe nicht nur als Initiator von Veränderung, sondern auch als Kritiker eine wichtige Rolle spielt. Wiederholt haben Ethnologen darauf hingewiesen, daß Großgrundbesitzer stärker als arme Kleinbauern vom Hochertragswundersaatgut profitieren, weil dieses Saatgut einen großen Wasser- und Chemikalieneinsatz erfordert. Die Einführung von Wunderreis in Indonesien und Wunderweizen und -sorghum in Mexiko zeigt, wie sinnlos es ist, für das Problem der Armut und Unterentwicklung eine rein technische Lösung zu suchen, da der gesamte soziokulturelle Kontext die Auswirkungen einer technischen Innovation modifiziert.

Die Untersuchungen zum Marihuanakonsum auf Jamaika und in Costa Rica illustrieren die Notwendigkeit, bei Forschungsprojekten, die sich mit Gesundheitsproblemen beschäftigen, ethnozentrische Vorurteile in den Griff zu bekommen. Auch die Einnahme psychoaktiver Drogen muß, ganz ähnlich wie technische Innovationen, in einem bestimmten soziokulturellen Kontext gesehen werden. Die genannten Untersuchungen zeigen, daß Marihuanakonsum nicht als ein rein chemisch-physiologisches Problem betrachtet werden kann. Seine Auswirkungen sind in den verschiedenen Kulturen unterschiedlich. Anders als in den Vereinigten Staaten wird Marihuana auf Jamaika und in Costa Rica nicht geraucht, um nach der Arbeit Entspannung zu finden, sondern um die Last der Arbeit zu mildern.

Der Fall der »Wochenendkrieger« auf Truk verdeutlicht einen ähnlichen Punkt. Eine holistische und vergleichende Perspektive warnt vor der Annahme, trunkenes, rowdyhaftes und gewalttätiges Verhalten sei immer ein Anzeichen dafür, daß eine Kultur auseinanderbricht. Einiges spricht dafür, daß dieses Verhalten auf Truk weniger Ausdruck der Desintegration, als der Vitalität der Kultur ist und deshalb nicht als pathologisches Verhalten betrachtet werden sollte.

Das Beispiel der Kuru-Krankheit illustriert, wie wichtig es ist, den kulturellen Kontext zu kennen, in dem eine Krankheit auftritt. Erst als man wußte, welche Rolle dem Kannibalismus im Bestattungsritual zukam, und auf die unterschiedliche Errnährungsweise von Männern und Frauen stieß, fand man die Erklärung für die rätselhafte Epidemiologie dieser Krankheit.

Die beiden letzten Beispiele verdeutlichen den Unterschied zwischen der Emik bürokratischer Planung und der Etik des Alltagsverhaltens. In Villalta, einem kleinen Städtchen in der Dominikanischen Republik, gründen die Angehörigen der örtlichen Führungsschicht voller Begeisterung einen Verein nach dem anderen. Typischerweise treffen sich die Mitglieder zur ersten Sitzung und lassen den Verein dann »einschlafen«. Aus der etischen Perspektive der angewandten Ethnologie betrachtet, wird dieses Verhalten als der Versuch von seiten der örtlichen Führungsschicht verständlich, sich bei Staatsbeamten lieb Kind zu machen. Eine ähnliche Kluft zwischen Planung und Verhalten ist für das Beispiel der zu wenig genutzten Klinik charakteristisch. Die für das Klinikprogramm verantwortlichen Administratoren erkennen entweder nicht die Diskrepanz, die zwischen den von ihnen formulierten Plänen und ihrem eigenen Verhalten besteht, oder sie wollen sie nicht wahrhaben. In einer solchen Situation stellen die Administratoren das Haupthindernis bei der Durchführung eines Projekts dar. Das heißt, daß Ethnologen, die sich mit der Durchführung eines Programms befassen, die sich also auf dem Gebiet der Aktionsethnologie engagieren, oft die Rolle eines Anwalts übernehmen müssen. Ob professionelle Ethnologen diese Rolle übernehmen können, ohne dem Anspruch der Ethnologie, eine objektive, wissenschaftliche Disziplin zu sein, zu schaden, ist ein Problem, über das keine Einigkeit herrscht.

16 Die Ethnologie einer Industriegesellschaft

Dieses Kapitel stellt kurz und in den wesentlichen Zügen Gesellschaft und Kultur der Vereinigten Staaten dar. Selbstverständlich ist es unmöglich, alle Aspekte eines so komplexen Themas in einem einzigen Kapitel zu behandeln. Dieses Kapitel konzentriert sich daher auf Themen, die im Zusammenhang mit sozialen Problemen stehen, die weite Teile der US-amerikanischen Bevölkerung betreffen, wie Langeweile und Entfremdung am Arbeitsplatz, Armut, Sozialhilfe, Veränderung der Familienstruktur und der Geschlechtsrollen sowie neue Formen religiösen Ausdrucks. Wir werden sehen, daß die wichtigsten Veränderungen in der US-Gesellschaft und -Kultur am besten mit dem Wandel erklärt werden können, der sich in der Produktionsweise von der Güterproduktion zur Informationsverarbeitung und Bereitstellung von Dienstleistungen vollzogen hat.

Produktionsweise und politische Ökonomie

Die Vereinigten Staaten lassen sich an Hand ihrer Produktionsweise und ihrer politischen Ökonomie charakterisieren. Ihre Produktionsweise ist der Industrialismus, ihre politische Ökonomie eine Mischung aus Planwirtschaft und Oligopolkapitalismus. Diese Begriffe sollen kurz erklärt werden. Eine Industriegesellschaft ist eine Gesellschaft, die zur Massenproduktion von Gütern und zur Bereitstellung von Dienstleistungen eine *hochspezialisierte Arbeitsteilung* entwickelt hat und eine energiebetriebene Maschinerie einsetzt. Hochspezialisierte Arbeitsteilung meint die Aufteilung der Produktionsaufgaben in viele kleine, von verschiedenen Arbeitskräften ausgeführte Arbeitsschritte.

Zwar ist es richtig, daß die Vereinigten Staaten das Land sind, das unter den Industrienationen der Welt die Spitzenposition einnimmt. Doch zwei Drittel ihrer Beschäftigten sind nicht mehr auf dem Produktionssektor tätig, und zwei Drittel des Bruttosozialprodukts kommt durch Nichtgüterproduktion zustande (s. Kasten 16.1). Beinahe zwei Drittel der US-Arbeitskräfte (nicht eingerechnet die Personen, die unbezahlte Hausarbeit verrichten) stellen nicht etwa greifbare Gegenstände her, sondern Informationen und Dienstleistungen bereit. Das heißt, die meisten erwachsenen Amerikaner, die eine Arbeitsstelle haben, arbeiten nicht an Fabrikfließbändern, sondern in Büros, Läden, Restaurants, Schulen, Kliniken und Fahrzeugen. Sie bedienen Kunden, reparieren defekte Maschinen, führen Buch, schreiben Briefe, überweisen Geld, unterrichten Schüler und Studenten, bilden Klienten aus, informieren und beraten Kunden und behandeln Patienten (Porat 1979).

Kasten 16.1 Bruttosozialprodukt, USA, 1984

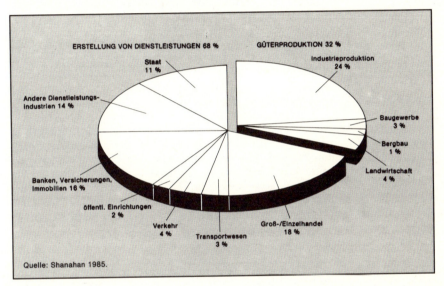

In der Landwirtschaft, die einmal den meisten Amerikanern Arbeit bot, arbeiten heute nur noch drei Prozent der Beschäftigten. Im Zuge der Industrialisierung und Automatisierung der Landwirtschaft wurden viele Landarbeiter arbeitslos. Sie wanderten in die Städte ab und stellten dort einen Großteil des Arbeitskräftepotentials, das zum Wachstum des produzierenden Sektors der Wirtschaft beitrug. Doch bereits 1950 hatte der Produktionssektor als Beschäftigungszweig seinen Höhepunkt erreicht. Infolge der Automatisierung der Fabriken wurden viele Arbeiter entlassen, die nun in den Dienstleistungs- und Informationsindustrien Beschäftigung suchten. Außerdem wurden sehr viele Arbeitskräfte für den Dienstleistungs- und Informationssektor aus den Reihen der verheirateten Frauen rekrutiert, was weitreichende Folgen hatte, auf die ich noch zurückkommen werde.

Die enorme Ausweitung des Dienstleistungs- und Informationssektors war der Grund dafür, daß die USA als »post-industrielle Gesellschaft« bezeichnet wurden (Bell 1973). Es wäre jedoch richtiger, die USA als hyperindustrialisierte (hyper- heißt besonders stark) Gesellschaft zu bezeichnen, da der Übergang zur Bereitstellung von Dienstleistungen und Informationen lediglich zur Folge hatte, daß die hochspezialisierte Arbeitsteilung und der Einsatz von Maschinen zur Massenproduktion auf weitere Produktionsbereiche ausgedehnt wurden.

Ein modernes Büro ähnelt heute einer Fabrik, und die Unterscheidung zwischen Fabrikarbeitern und Büroangestellten hat sich zunehmend verwischt. Im Büro wie in der Fabrik führt die spezialisierte Arbeitsteilung zur Trennung der geistigen von den körperlichen Tätigkeiten, des Managements von der übrigen Belegschaft. Verschiedene Angestellte öffnen die Post, nehmen Bestellungen entgegen und leiten sie weiter, verrechnen Guthaben, überprüfen Bestandslisten, schreiben Rechnungen, berechnen Rabatte und Schiffsfrachtgebühren und fertigen Waren zur Verschiffung ab:

»Geradeso wie in Produktionsprozessen ... wird die Büroarbeit zerlegt und auf eine Vielzahl von Einzelarbeitern verteilt, die nun jede Möglichkeit verlieren, den Prozeß als ganzen und die ihm zugrundeliegende Politik zu begreifen. Das besondere Vorrecht des Angestellten früherer Tage, daß er die Arbeit des Unternehmens als ganzes verfolgen konnte ... geht verloren. Jede einzelne Tätigkeit, die eine Interpretation der Unternehmenspolitik oder einen über die Abteilung oder Unterabteilung hinausgehenden Kontakt erfordert, wird zum Aufgabenbereich eines übergeordneten Funktionsträgers« (Braverman 1977: 241).

Staatssozialismus

Obwohl Amerikaner meinen, die USA seien ein kapitalistisches Land, wird das Wirtschaftssystem der Vereinigten Staaten am besten als eine Mischung aus quasi sozialistischen Staatsunternehmen und kapitalistischen Unternehmen charakterisiert. Ungefähr 16 Millionen Beschäftigte arbeiten bei bundesstaatlichen, staatlichen und örtlichen Regierungsbehörden. Weitere 35 Millionen sind überwiegend von staatlichen Sozialversicherungsleistungen abhängig. Weitere 2,5 Millionen Menschen beziehen irgendeine Form örtlicher, staatlicher oder bundesstaatlicher Altersversorgung. Wohlfahrtsleistungen in Form von Zuschüssen für abhängige Kinder, Haushaltsbeihilfen und Behindertenunterstützung unterhalten etwa 14 Millionen Menschen. Zwei Millionen Menschen sind bei den Streitkräften beschäftigt. Dann gibt es schätzungsweise sechs Millionen Menschen, deren Arbeitsplätze in der freien

Wirtschaft davon abhängig sind, daß die Regierung Militärausrüstung kauft, Bauvorhaben durchführt, kurz vor dem Bankrott stehenden Unternehmen »Rettungs«-Darlehen gibt und ähnliche Formen der Unterstützung gewährt. Rechnet man die von diesen Arbeitskräften abhängigen Personen dazu, beträgt die Zahl der zu dieser Kategorie gehörenden Menschen insgesamt wenigstens 10 Millionen. Nach vorsichtiger Schätzung sind also über 80 Millionen US-Bürger von der Umverteilung der Steuergelder abhängig und keineswegs an den Gewinnen freier kapitalistischer Unternehmen beteiligt. Die Aussage, die USA seien nach China und der Sowjetunion der drittgrößte »sozialistische« Staat, enthält deshalb ein Körnchen Wahrheit.

Oligopolkapitalismus

Das Wesen kapitalistischen Unternehmertums besteht in der Freiheit des Kaufens und Verkaufens auf konkurrenzorientierten Preismärkten. Solche Märkte mit sich frei bildenden Preisen existieren dort, wo es genügend Käufer und Verkäufer gibt, so daß Käufer mit Käufern, Käufer mit Verkäufern und Verkäufer mit Verkäufern um die Preise konkurrieren können, die ihrem jeweiligen Interesse entsprechen. Seit langem ist bekannt, daß man die Macht kleiner Gruppen von Käufern oder Verkäufern, einem Markt ihre Preise zu diktieren, einschränken muß, wenn man das System freien Unternehmertums erhalten will. Zu diesem Zweck verabschiedete der amerikanische Kongreß zu Beginn dieses Jahrhunderts Gesetze gegen die Bildung von Monopolen und betrieb aktiv die Auflösung von Unternehmen, die damals die Eisenbahn, die Fleischkonserven-und Ölindustrie beherrschten. Die Antimonopolgesetzgebung schreckte jedoch davor zurück, auch die Bildung von Halbmonopolen oder *Oligopolen* — d.h. Firmen, die zwar nicht den ganzen, doch einen wesentlichen Teil des Marktes für ein bestimmtes Produkt beherrschen — zu verbieten.

In der ersten Hälfte dieses Jahrhunderts war der Trend zum Oligopol bereits weit fortgeschritten. Nach dem Zweiten Weltkrieg beschleunigte sich aber das Akquisitions- und Expansionstempo noch mit dem Ergebnis, daß 1980 den 50 größten Produktionsgesellschaften 42 Prozent aller zur Produktion eingesetzten Vermögenswerte gehören, während die 500 größten Produktionsgesellschaften 72 Prozent dieser Vermögenswerte besitzen. 1985 wurden 24 Unternehmen mit einem Wert von mehr als einer Milliarde Dollar von anderen Unternehmen gekauft. Der Gesamtwert aller Fusionen und Ankäufe betrug etwa 125 Milliarden Dollar (Silk 1985).

Trotz des Anwachsens der Oligopole gibt es in den Vereinigten Staaten noch immer Millionen kleiner, vom Besitzer geführter Firmen. Viele dieser Firmen sind jedoch Lizenzvertretungen in der Dienstleistungs-und Einzelhandelsbranche und im Benzin- und Schnellgastronomiegewerbe. Ihre Geschäftspolitik, ihre Preise und Produkte werden von riesigen Muttergesellschaften kontrolliert.

Industriebürokratie und Entfremdung

Infolge der Zunahme staatlicher und oligopolistischer Unternehmen und der Ausweitung des Industrialismus auf Informations- und Dienstleistungsberufe, arbeiten heute die meisten Amerikaner in großen Organisationen, für die bürokratische Regeln bestimmend sind. Diese Organisationen belohnen weniger individuelle Initiative oder Unternehmungsgeist als die Bereitschaft der Arbeitskräfte, standardisierte Routineaufgaben auszuführen. Das hat dazu geführt, daß das als »Entfremdung« bezeichnete Phänomen nicht nur an Fabrikfließbändern, sondern auch in Büros, Kaufhäusern, Krankenhäusern und Geschäften auftritt. Menschen, die in großen bürokratischen Staats- oder Privatunternehmen arbeiten, neigen dazu, ihre Tätigkeiten mit der Zeit langweilig zu finden, feindliche Gefühle dem Management gegenüber zu entwickkeln und das Interesse an der Qualität ihres Produkts wie am Wohl des Endverbrauchers der von ihnen mitproduzierten Güter und Dienstleistungen zu verlieren.

Die Industrialisierung des Informations- und Dienstleistungssektors hat das Problem der Entfremdung weiter verschärft, indem Tätigkeiten, die früher noch individuellen Stil und Selbstausdruck erlaubten, der Routine unterworfen und bürokratisiert wurden. Wenn beispielsweise Schnellimbiß-Ketten den Restaurationsbetrieb übernehmen, werden qualifizierte Köche und Küchenchefs, Speisekarten mit persönlicher Note, versierte Kellner, Kellnerinnen und Oberkellner überflüssig. Man verwendet »Geräte und Produkte, deren Bedienung (oder Verkauf) von unqualifizierten Arbeitskräften besorgt werden soll, die lediglich hohe Umsätze zu bringen« und abgepackte, uniforme Portionen vorbereiteter und tiefgefrorener Speisen auszugeben haben (Job 1980:41).

Obwohl einige Beobachter behaupten, die rapide um sich greifende Automatisierung des Dienstleistungs- und Informationssektors werde viele langweilige und entfremdete Arbeiten beseitigen, befürchten andere, das »elektronische Büro« werde noch mehr entfremdete Arbeit schaffen. Es gibt bereits Anzeichen dafür, daß die Automatisierung der Büros zu einer zunehmend spezialisierten Arbeitsteilung, zur Beseitigung vieler interessanter und vielseitiger Sekretariatsarbeiten und zu einer weiteren Senkung des Qualifikations- und Lohnniveaus geführt hat (Glenn und Feldberg 1977). Karen Nussbaum (1980) von der National Association of Office Workers schreibt:

»So wie die Automatisierung der Büros heute betrieben wird, bewirkt sie, daß viele Menschen gelangweilt Daten eingeben, die richtigen Knöpfe drücken, mit absoluter Exaktheit ‚für den Computer' Formulare ausfüllen und sie ihm eingeben. Jede Angestellte muß sich dem von der Maschine vorgegebenen System unterordnen. Sehr häufig arbeiten Schreibkräfte mit Computerterminals, die so einseitig programmiert sind, daß sie nur eine einzige Aufgabe erfüllen können« (1980:3).

Die neuen Büromaschinen beaufsichtigen und disziplinieren diejenigen, die sie bedienen, und machen einen Kontakt der Schreibkräfte untereinander oder eine Unterhaltung zwischen ihnen praktisch unmöglich — es sei denn, sie sitzen unmittelbar nebeneinander und verrichten ähnliche Arbeiten.

Für Maschinenschreiberinnen, Telefondamen, Kassiererinnen, Lagerangestellte und Briefsortierer bedeutet Automatisierung, immer weniger zu wissen und immer weniger nachzudenken. Wenn Registratoren optische Abtastmaschinen benutzen, brauchen sie nicht einmal mehr die Reihenfolge des Alphabets zu kennen. Kassiererinnen im Supermarkt können nicht mehr addieren und substrahieren. Angestellte der Fluglinien, die Reservierungen vornehmen, brauchen keine Flugpläne mehr zu kennen. Bankkassierer sind — mit Harry Bravermans Worten (1974) — zu »reinen Geldauszahlern in einem Geldsupermarkt« verkommen.

Wahrscheinlich ist in der Entfremdung der amerikanischen Arbeitskräfte und des Managements selbst ein wesentlicher Grund dafür zu sehen, daß die Qualität der amerikanischen Güter und Dienstleistungen gesunken und 1980 zu einem Problem von nationalem Interesse geworden ist.

Soziale Schichtung

Wie alle staatlich organisierten Gesellschaften sind auch die Vereinigten Staaten eine geschichtete Gesellschaft, die ein komplexes, aus Klassen, Minderheiten und anderen hierarchischen Gruppen bestehendes System bildet. Die emischen Versionen der US-Schichtungshierarchien unterscheiden sich jedoch von einer Klasse zur anderen und weisen wenig Übereinstimmung zu Darstellungen auf, die eine etische Perspektive reflektieren. James West (1945), der die Klassenbeziehungen in einer kleinen Gemeinde im Mittelwesten untersuchte, fand heraus, daß es verschiedene Klassenhierarchien gab — ja nachdem, ob man sich die Perspektive der »oberen Schicht«, der »frommen

Leute«, der »Nichtkirchenzugehörigen«, der »rechtschaffenen arbeitenden Bevölkerung«, der Methodisten, Baptisten usw. zu eigen machte. Am Grund all dieser Hierarchien befand sich die Gruppe der »Menschen, die wie Tiere leben«.

Lloyd Warner (1949) unternahm den Versuch, die Schichtungsstruktur von Yankee City (dem Pseudonym für Newburyport, Massachusetts) zu erforschen, indem er die Bewohner nach Beruf, Einkommensquelle, Haustyp und Wohngebiet klassifizierte. Warners Darstellung der sozialen Schichten in Yankee City (Graphik 16.1) ist eine Mischung aus emischen und etischen Kriterien.

Graphik 16.1 Schichtungshierarchie — Yankee City

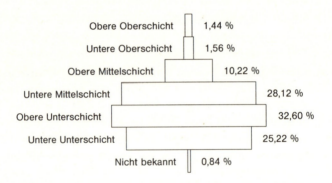

Zweifellos sind die USA eine stark geschichtete Gesellschaft. In Einkommensverhältnissen ausgedrückt, stehen den ärmsten zehn Prozent der US-Familien nur ein Prozent, den reichsten zehn Prozent aber 33 Prozent der gesamten Familieneinkommen zur Verfügung; und den ärmsten 20 Prozent stehen nur 4,7 Prozent, den reichsten 20 Prozent aber 43 Prozent der Familieneinkommen zur Verfügung (Moorehouse und Dembo 1985a:11, 19).

Gibt es in den USA eine herrschende Klasse?

Sowohl von einem praktischen als auch von einem theoretischen Standpunkt ist die wichtigste Frage im Zusammenhang mit der Schichtungsstruktur der USA: Gibt es eine herrschende Klasse oder nicht? Paradoxerweise ist das ein Thema, über das man relativ wenig weiß.

Die Existenz einer herrschenden Klasse ist scheinbar deshalb unmöglich, weil das amerikanische Volk die Träger politischer Macht in geheimer Wahl wählen kann. Die Tatsache jedoch, daß weniger als die Hälfte der wahlberechtigten Bevölkerung bei Präsidentschaftswahlen zur Wahlurne geht, läßt erkennen, daß die Mehrzahl der US-Bürger den Versprechungen der Kandidaten keinen Glauben schenkt oder bezweifelt, daß es einem der Kandidaten eher gelingt als anderen, die Lebensbedingungen wesentlich zu verbessern (Hadley 1978; Ladd 1978). Außerdem ist allgemein bekannt, daß die tatsächliche Wahl der politischen Kandidaten sowie die Finanzierung und Durchführung der Wahlkampagnen weniger vom »Volk«, als von besonderen Interessengruppen und politischen Aktionskomitees kontrolliert wird. Sowohl kleine Koalitionen mächtiger Einzelpersonen, die sich die Hilfe von Lobbyisten, Anwaltsfirmen, gesetzgebenden Körperschaften, Gerichten, Exekutiv- und Verwaltungsorganen bedienen, als auch die Massenmedien können den Verlauf der Wahlen — wie nationale Angelegenheiten überhaupt — entscheidend beeinflussen. Ein Großteil des politischen Entscheidungsprozesses besteht in der Reaktion auf den von speziellen Interessengruppen ausgeübten Druck (Aron 1966; Dahl 1961; Domhoff 1970; Lundberg 1968). Bei den Kongreßwahlkampagnen gewinnt gewöhnlich der Kandidat, der das meiste Geld ausgibt.

Diejenigen, die die Vorstellung, es gebe in den Vereinigten Staaten eine herrschende Klasse, zurückweisen, begründen gewöhnlich ihre Haltung mit der Vielzahl der einzelnen Interessengruppen. Sie argumentieren, daß die Macht in den Vereinigten Staaten auf so viele verschiedene, miteinander konkurrierende Blöcke, Lobbies, Vereinigungen, Clubs, Industriezweige, Regionen, Einkommensgruppen, ethnische Gruppen, Bundesstaaten, Städte, Altersgruppen, gesetzgebende Körperschaften, Gerichte und Gewerkschaften verteilt sei, daß sich keine Koalition bilden könne, die stark genug wäre, alle anderen zu dominieren. In der Terminologie des Wirtschaftswissenschaftlers John Kenneth Galbraith (1958, 1967) gibt es keine herrschende Klasse, sondern nur sich »ausgleichende« Kräfte (Roach u.a. 1969). Die entscheidende Frage lautet aber: Gibt es eine Kategorie von Menschen, die ein gemeinsames Interesse an der Aufrechterhaltung des Status quo haben und die aufgrund ihres extremen Reichtums in der Lage sind, den erlassenen und allgemein befolgten Gesetzen und Exekutivrichtlinien Grenzen zu setzen? Hinweise auf die Existenz einer solchen Kategorie von Menschen liefern meist Untersuchungen, die sich mit dem Grad der Vermögenskonzentration in Großkonzernen und begüterten Familien befassen. Diese Daten allein können jedoch nicht die Existenz einer herrschenden Klasse belegen, da erst die Verwaltungsratsmitglieder der mächtigen Unternehmen und die Oberhäupter der reichen Familien mit Entscheidungen in wichtigen Angelegenheiten wie Inflation, Arbeitslosigkeit, Gesundheitsdienst, Energiepolitik, Steuerstruktur, Ressourcenerschöpfung, Umweltverschmutzung, Militärausgaben, Verwahrlosung der Städte usw. in Zusammenhang gebracht werden müssen. Wie wir aber im nächsten Abschnitt sehen werden, weist die ungewöhnliche Konzentration von Vermögen und wirtschaftlicher Macht in den USA darauf hin, daß solche Zusammenhänge tatsächlich bestehen (Robert und Brintnall 1982:259).

Vermögenskonzentration

Eine Untersuchung zur Vermögenskonzentration, die sich auf eine Auswertung der Akten des Bundesfinanzamts über Erbschaftssteuern stützt (Smith, Franklin und Wilson 1973), kam zu folgendem Ergebnis. Vier Prozent der Bevölkerung gehörten:

> 25% des Grundbesitzes
> 60% des privaten Aktienbesitzes
> 80% der Staats- und Kommunalobligationen
> 40% der Betriebsvermögen
> 33% der Barvermögen.

1976 gehörten 0,5% der Bevölkerung 50% der in privatem Besitz befindlichen US-Aktien. Jüngste Studien lassen erkennen, daß die Vermögenskonzentration weiter fortgeschritten ist. Nach dem 1983 erschienenen »Bericht über die Kapitalverteilung der privaten Haushalte« der US-Bundesbank besaßen 2% der Familien:

> 20% des Grundbesitzes
> 50% des privaten Aktienbesitzes
> 39% der steuerpflichtigen Anleihen
> 70% der nicht steuerpflichtigen Anleihen
> 33% der Betriebsvermögen
> 30% der Barvermögen.

Die Konzentration wirtschaftlicher Macht ist jedoch bei weitem stärker, als diese Statistiken vermuten lassen. Denn für den größten Teil der Bevölkerung besteht Vermögen hauptsächlich in Häusern und Autos. Diese Vermögensformen sind aber kein Kapital. Man kann sie nicht zur Kapitalvermehrung oder zur Kontrolle wirtschaftlicher Entscheidungen einsetzen. Im Gegensatz hierzu verfügen Leute, die große Betriebsvermögen — Aktien, Anleihen und

Immobilien — besitzen, über Kapital und können damit Kontrolle über die ausüben, die keines besitzen. Außerdem sagt die Tatsache, daß 0,5% der Bevölkerung 50% der in privater Hand befindlichen US-Aktien gehören, noch nichts darüber aus, wieviel Kapital von diesen Einzelpersonen tatsächlich kontrolliert wird. Um ein großes Unternehmen zu kontrollieren, braucht man nicht 51% der Aktien zu besitzen. Da die meisten Privatinvestoren nur über geringe Aktienmengen verfügen, können Investoren, denen 15% oder weniger gehören, bereits die Unternehmungspolitik bestimmen.

Nach einem Bericht der Zeitschrift *Forbes* gehören die 400 reichsten Personen in den Vereinigten Staaten 82 wohlhabenden Familien an. Diese Personen und Familien besaßen 1983 166 Milliarden Dollar Betriebsvermögen. Wenn diese Vermögenswerte aber in Unternehmungsanteile von 15% und mehr des Geschäftskapitals aufgespalten werden, dann kontrollieren sie nicht 166 Milliarden, sondern 2.213 Milliarden Dollar an Kapitalwerten — oder 40,2% des nichtansässigen privaten Anlagevermögens in den Vereinigten Staaten (Moorehouse und Dembo 1985a:23).

Doch ungefähr die Hälfte der Aktien und festverzinslichen Wertpapiere sind nicht mehr im Besitz von Einzelpersonen, sondern von sogenannten Kapitalsammelstellen, die Pensionskassen, Investmentfonds und Versicherungsgesellschaften verwalten. Die Kapitalgesellschaften, Familien und Personen, die diese Kapitalsammelstellen kontrollieren, verfügen über die größte wirtschaftliche Macht.

Nach einer vom U.S. Senate Commitee on Governmental Affairs (1978) durchgeführten Studie zum Stimmrecht der Aktionäre in großen Wirtschaftsunternehmen konzentrierte sich das Aktienstimmrecht in 122 der größten Unternehmen Amerikas auf 21 Kapitalsammelstellen. Diese 122 Unternehmen hatten einen Marktwert von ungefähr 500 Milliarden Dollar und besaßen 2 259 Zweig- und Tochtergesellschaften, zu denen die größten Industrie-, Finanz-, Transport-, Versicherungs-, Versorgungs- und Einzelhandelsfirmen des Landes gehörten. Die 21 Topkapitalsammelstellen bestehen überwiegend aus Banken und Versicherungsgesellschaften wie Morgan Guaranty, Citicorp, Prudential, Insurance, Bankamerica, Manufacturers Hanover, Bankers Trust, Equitable Life und Chase Manhattan. Jede dieser Banken für sich ist nicht nur einer der fünf größten stimmberechtigten Kapitaleigner in 8 bis 56 der größten Unternehmen, sondern auch innerhalb ihrer eigenen Gruppe sind sie die jeweils größten stimmberechtigten Kapitaleigner der anderen Banken. Morgan Guaranty, der größte stimmberechtigte Kapitaleigner bei 27 der größten Unternehmen, ist auch der größte stimmberechtigte Kapitaleigner bei Citicorp, Manufacturers Hanover, Chemical New York, Bankers Trust und Bankamerica. Aber Kontrolleure und Kontrollierte sind in Wirklichkeit ein und dieselben, da die größten stimmberechtigten Kapitaleigner bei Morgan Guaranty keine anderen als Citicorp, Chase Manhattan, Manufacturers Hanover und Bankers Trust sind (U.S. Senate Commitee on Governmental Affairs 1978:3).

Es ist deshalb durchaus möglich, daß eine kleine Gruppe von Einzelpersonen und Familien tatsächlich einen entscheidenden Einfluß auf die Politik dieser kleinen, aber immens mächtigen Unternehmensgruppe ausübt. Einige der in Frage kommenden Einzelpersonen und Familien sind allgemein bekannt. Außer den Mellons gehören die Rockefellers, Du Ponts, Fords, Hunts, Pews und Gettys dazu. Die Namen vieler anderer mächtiger Familien sind aber der allgemeinen Öffentlichkeit nicht bekannt — ein Beweis dafür, wie gut es den Superreichen gelingt, in einer Welt für sich zu leben. Ethnologen, die so viele Untersuchungen über das Leben der Armen durchgeführt haben, haben es bisher versäumt, die entsprechenden Denk- und Verhaltensmuster der Superreichen zu untersuchen (Nadel 1972).

Armut und sozialer Aufstieg in den USA

Moderne Industriedemokratien messen dem sozialen Aufstieg von Angehörigen der unteren Klassen große Bedeutung bei. Traditionell herrscht in den Vereinigten Staaten die Vorstellung, daß arme Leute sich im Laufe ihres Lebens aus der Armut zu Reichtum emporarbeiten könnten, wenn sie sich nur eifrig bemühten. Es liegt jedoch auf der Hand, daß nur ein winzig kleiner Teil der Bevölkerung hoffen kann, in die herrschende Klasse aufzusteigen.

Auf den unteren Ebenen ist das US-amerikanische Schichtungssystem relativ offen — aber nicht so offen, wie man früher geglaubt hat. Der Einflußfaktor, der die sozialen Aufstiegschancen einer Person am stärksten bestimmt, ist die Ebene, auf der man beginnt: »In den Vereinigten Staaten herrscht eine starke soziale Aufstiegsbewegung, meist aber nur über sehr kurze soziale Distanzen« (Blau und Duncan 1967:420).

Nach offiziellen amtlichen Maßstäben lebte 1983 eine nichtbäuerliche vierköpfige Familie mit 10 178 Dollar Jahreseinkommen in Armut. Nach diesen Kriterien waren im selben Jahr 35 Millionen Amerikaner verarmt (Moorehouse und Dembo 1985b:25). Doch ist es zweifelhaft, ob die Armutsdefinition der Regierung überhaupt angemessen ist. Ungefähr ein Drittel des Geldes, über das eine Familie mit geringem Einkommen verfügt, muß zur Aufrechterhaltung eines minimalen Ernährungsstandards allein für Lebensmittel ausgegeben werden. Vierköpfige Familien, die über ein Einkommen verfügten, das zweimal so hoch war wie das als Armutsgrenze bezeichnete, waren immer noch zu arm, um einen guten Lebensstandard zu genießen. Die Kosten für Wohnen, Erziehung, Transport und medizinische Versorgung stiegen schneller an als das Einkommen, und solche Familien hatten mit der sinkenden Qualität der Güter, Dienstleistungen, Versorgungsleistungen, Wege, Straßen, öffentlichen Gebäude, Parkanlagen und öffentlichen Transportmittel zu kämpfen (Harrington 1980).

Warum gibt es in einem Land, dessen Volksvermögen größer als das aller anderen Länder ist, noch immer eine große Klasse der Armen? Viele versuchen dieses Paradox mit Oscar Lewis' Theorie zu erklären, die Armen in den USA seien Opfer ihrer eigenen vorstellungs- und verhaltensbedingten Unzulänglichkeiten. Wie wir aber gesehen haben (S. 265), orientiert sich der Mittelstand an Werten, die für die städtischen Armen typisch sein sollen.

Viele Amerikaner des Mittelstandes scheinen zu glauben, daß man umso sparsamer leben und umso härter arbeiten muß, je ärmer man ist:

»Das erste Prinzip lautet, daß Arme, wenn sie sozial aufsteigen wollen, härter als die Angehörigen oberer Schichten arbeiten müssen« (Gilder 1981:256).

Aber erwartet man da nicht ein wenig viel von Leuten, die am meisten benachteiligt sind? Nach Anthony Leeds sind die Armen in den USA nicht Opfer ihrer eigenen Werte, sondern

»bestimmter Arbeitsmärkte, die von der Beschaffenheit der nationalen Technologie, den verfügbaren Kapitalressourcen, dem Standort der Unternehmen, von Ausbildungsinstitutionen, den Beziehungen zu In- und Auslandmärkten, den Handelsbilanzbeziehungen und dem Gewinnsystem kapitalistischer Gesellschaften abhängig sind. . . . Das sind keine unabhängigen (Merkmale) einer unterdrückten Kultur (der Armut), sondern Merkmale oder Indizes bestimmter volkswirtschaftlicher Systeme« (Leeds 1970:246).

Das heißt, selbst wenn die Armen härter arbeiten als Leute, die eine höhere soziale Position einnehmen als sie, sind die meisten — aufgrund von Faktoren, die außerhalb ihrer Kontrolle liegen — dazu verdammt, arm zu bleiben (Sharpe 1984:82).

Männer in den Slums

Die Auffassung, daß Arme in Amerika deshalb nicht hart arbeiten und sparsam leben wollen, weil sie die Werte der Kultur der Armut verinnerlicht haben, zieht nicht in Betracht, welche Arbeiten und Möglichkeiten den Armen überhaupt offen stehen. In seinem Buch *Tally's Corner* (1967) beschreibt Elliot Liebow, ein Ethnograph, der die schwarzen Slumbewohner

in Washington, D.C., untersucht hat, die Bedingungen, die für die Arbeitsstrukturen der ungelernten Schwarzen bestimmend sind. Die schwarzen
Slumbewohner verachten zwar die niedrige Arbeit, die sie verrichten müssen,
doch nicht etwa deshalb, weil sie in der Tradition der Kultur der Armut erzogen sind. Historisch betrachtet, überließ man in den Vereinigten Staaten den
Schwarzen und anderen Minderheiten Arbeiten, die sonst niemand verrichten wollte. Das waren Arbeiten, die mit dem Makel des Versagens behaftet
waren, die von den übrigen Arbeitskräften herabgewürdigt und lächerlich
gemacht wurden und die einem Mann nicht so viel Lohn einbrachten, daß er
heiraten und eine Familie gründen konnte; Arbeiten, die langweilig waren —
wie Geschirrspülen und Putzen; oder schmutzig — wie Müllabfuhr und Toi-
lettenreinigung; oder Schwerstarbeit darstellten — wie Lastwagenbeladen und
Möbelschleppen.

Je langweiliger, schmutziger und erschöpfender eine Arbeit ist, umso wahr-
scheinlicher ist es, daß besonderer Fleiß und besondere Anstrengung nur mit
mehr langweiliger, schmutziger und erschöpfender Arbeit belohnt werden.
Es gibt keinen »Weg«, der von der Putzfrau, die abends das Büro des leitenden
Angestellten putzt, zum Vizepräsidenten führt; vom Tellerwäscher zum
Restaurantbesitzer; vom unqualifizierten, ungelernten Bauarbeiter zum Elek-
triker- oder Maurergesellen. Diese Arbeiten sind von Anfang an Sackgassen.
Wie Liebow zeigt, bringt niemand deutlicher zum Ausdruck, wie wertlos der
Job ist, als der Boß, der den Lohn zahlt. Denn er zahlt so wenig, daß man
davon keine Familie ernähren kann. Obwohl immer von der Würde der
Arbeit gesprochen wird, werden Arbeiten wie die eines Tellerwäschers oder
Hausmeisters von den übrigen Mitgliedern der Gesellschaft verachtet.

> »Dem schwarzen Slumbewohner geht es ebenso. Er kann gar nicht anders. Er kann
> einem Job keine sozialen Werte entlocken, die andere diesem Job nicht beimessen«
> (Liebow 1967:59).

Ein weiterer Hinweis auf die Degradierung, die mit diesen Arbeiten verbunden ist, ist nach Liebow die Tatsache, daß niedrigere Arbeiten in Hotels,
Restaurants, Krankenhäusern, Büros und Wohngebäuden so schlecht bezahlt
werden, daß die Arbeiter förmlich dazu gezwungen sind, Nahrung, Kleidung
oder andere Dinge zu stehlen, um überhaupt leben zu können. Obwohl sich
der Arbeitgeber durchaus bewußt ist, daß seine Arbeiter stehlen müssen, versucht er dennoch, Diebstähle zu verhindern, und ruft die Polizei, wenn
jemand beim Stehlen erwischt wird.

Liebow erzählt die Geschichte Richards, eines Schwarzen Mitte Zwanzig,
der versuchte, seine Familie dadurch zu ernähren, daß er zusätzliche Arbeiten
wie Schneeschippen oder Erbsenverlesen verrichtete, und der in dem Ruf

stand, der härteste Arbeiter in der Straße zu sein. »Ich nehme an, man muß da raus und es versuchen. Man muß sich anstrengen, bevor man was erreichen kann«, sagte Richard. Nachdem sich Richard aber fünf Jahre lang bemüht hatte, wies er auf ein schäbiges Bett, ein Sofa, ein paar Stühle und ein Fernsehgerät und resignierte:

»Fünf Jahre lang habe ich mich von morgens bis abends abgeschuftet. Und meine Kinder haben immer noch nichts, meine Frau hat nichts, und ich hab' nichts« (ebd.:67).

Liebow faßt die etischen Bedingungen, die für die Arbeitsstrukturen der Männer in den Slums bestimmend sind, wie folgt zusammen:

»Die Chancen eines Mannes, eine dauerhafte Arbeit zu finden, sind nur dann gut, wenn er bereit ist, für weniger zu arbeiten, als er zum Leben braucht, und selbst dann findet er manchmal keine Arbeit. Bei manchen Jobs bekommt man anscheinend mehr Lohn als bei anderen; je höher aber der Lohn ist, umso schwerer ist es, den Job zu bekommen, und umso weniger sicher ist der Arbeitsplatz. Besser bezahlte Bauarbeiten sind meist saisonbedingt. Und während der Saison hängt die Arbeitsmenge stark von der Geschäftslage, vom Wetter und vom schwankenden Bedarf individueller Projekte ab. Außerdem übersteigen gutbezahlte Bauarbeiten oft die körperliche Leistungsfähigkeit einiger Männer. Und einige schlecht bezahlte Jobs werden noch schlechter bezahlt, weil man davon ausgeht, daß . . . die Arbeiter sowieso ihren Lohn durch Diebstähle aufbessern« (ebd.:50-52).

Rassischer und ethnischer Chauvinismus statt Klassenbewußtsein

Die Intensität und Ausgeprägtheit der rassischen und ethnischen Kämpfe in den USA stehen im Gegensatz zur allgemein unbewußten und verworrenen Natur der Klassenbeziehungen. Weniger Klassen als rassische und ethnische Minderheiten bilden hierarchisch gegliederte Gruppen mit eigenem Identitätsgefühl, einem Bewußtsein für ihre gemeinsame Lage und kollektiven Zielen. Diese Phänomene stehen in einem Zusammenhang miteinander. Die Schikanierung, Absonderung und Ausbeutung von Minderheiten durch rassische und ethnische Mehrheiten und der Aktivismus der Minderheiten in eigener Sache können als Formen politischen und wirtschaftlichen Kampfes betrachtet werden, die die Gesamtstruktur der Klassenhierarchie aufrechterhalten. Statt sich zusammenzutun, um Schulen, Stadtviertel, Arbeitsplätze und die Gesundheitsversorgung für alle zu verbessern, versuchen militante Minderheiten ihr Weiterkommen auf Kosten anderer zu betreiben. Auf diese Weise spielt der ethnische Chauvinismus die, die nichts haben, gegen diejenigen aus, die wenig haben, und trägt so dazu bei, daß die »Besitzenden« ihren Reichtum behalten und an der Macht bleiben (Bottomore 1966; Perlo 1976).

Um diese Situation verstehen zu können, ist wieder die Unterscheidung zwischen einer emischen und einer etischen Betrachtungsweise von wesentlicher Bedeutung. Der ethnische Pluralismus in den Vereinigten Staaten ist keineswegs das Ergebnis eines bewußten, gemeinsam geplanten Bemühens. Die Entstehung eines ethnischen und rassischen Bewußtseins ging insofern der Entstehung eines Klassenbewußtseins voraus, als weiße Einwanderer eine relativ hohe soziale Mobilitätsrate aufwiesen, d.h. größere Chancen zum sozialen Aufstieg hatten als andere Einwanderer. Kurzfristig betrachtet, war es daher für sie von Nachteil, sich mit der schwarzen Arbeiterklasse zu verbünden. Die Schwarzen wurden von den weißen Arbeitern im Stich gelassen (und aktiv schikaniert). Sie hatten unter den schlimmsten Folgen der niedrigen Löhne, der Arbeitslosigkeit und der Ausbeutung zu leiden, weil sehr viele weiße Arbeiter auf diese Weise ihre eigene Chance vergrößerten, in die Mitte der Statushierarchie aufzusteigen. Doch kann man die These aufstellen, daß die weißen Angehörigen der Arbeiterklasse für ihre Entscheidung, sich nicht mit den schwarzen Angehörigen der Armen- und Arbeiterklasse zu vereinigen, einen hohen Preis gezahlt haben. Im Zuge ihrer Untersuchung des Arbeiterviertels Greenpoint-Williamsburg in Brooklyn, N.Y., stellte Ida Susser (1982:208) fest, daß Uneinigkeiten zwischen Schwarzen und Weißen ihr gemeinsames Vorgehen verhinderten und gewählte Beamte wie kommerzielle Grundstückserschließer somit freie Hand hatten, im Interesse der weißen Mittel- und Oberklasse zu handeln. »Solange Rassenprobleme für die Loyalität der weißen Wähler sorgten, könnten gewählte Beamte die Bedürfnisse der armen weißen Arbeiter ignorieren.«

Einer der Gründe für den begrenzten Erfolg der Black Power-Bewegung ist darin zu sehen, daß die weißen kulturellen, rassischen und ethnischen Gruppen in den Vereinigten Staaten als Reaktion auf diese Bewegung ein stärkeres Solidaritätsgefühl entwickelten und entsprechend handelten. Als Reaktion auf die reale oder eingebildete Gefahr für ihre Schulen, Wohnviertel und Arbeitsplätze setzten sich die »weißen ethnischen Gruppen« — italienischer, polnischer, irischer und jüdischer Abstammung — gegen die Black Power-Bewegung zur Wehr. Sie starteten Kampagnen gegen die Beförderung von Schulkindern mit Bussen in andere Bezirke, um zu verhindern, daß in den Klassen ein rassisches Gleichgewicht erzielt würde, und schufen neue private und öffentliche Schulsysteme, die auf den vorstädtischen Wohnbezirken mit Rassentrennung basierten (Stein und Hill 1977). Wie Orlando Patterson (1977) vermutet, mag einmal für weiße wie schwarze Minderheiten die Zeit kommen, da sie die Folgen des »ethnischen Chauvinismus« neu überdenken werden.

Wertvorstellungen und die matrifokale Familie: die Flats

Eine der Erklärungen für die Armut in städtischen Gettos* lenkt die Aufmerksamkeit auf das Problem der sogenannten vaterlosen oder *matrifokalen* Familien (s.S. 157).

Folgendes sind die wichtigsten Strukturmerkmale der Matrifokalität: Der Haushalt besteht aus einer Mutter und ihren von verschiedenen Männern stammenden Kindern. Einige der erwachsenen Töchter der Frau können bereits selbst wieder Kinder haben. Die Väter steuern nur vorübergehend und teilweise etwas zum Unterhalt der Familie bei. Immer wieder neu ein- und ausziehende Männer sind — etisch betrachtet — mit den Müttern »verheiratet« — sie spielen die typischen Rollen eines Ehemanns und Vaters. Doch emisch betrachtet unterscheidet sich eine solche Beziehung von einer »richtigen Ehe«, und die Kinder gelten vor dem Gesetz als »illegitim« (Gonzales 1970).

In einem 1965 von Daniel P. Moynihan, dem damals stellvertretenden Arbeitsminister, veröffentlichten Bericht wird Matrifokalität offiziell als Hauptursache der unter Schwarzen in den Vereinigten Staaten herrschenden Armut betrachtet. Nach Moynihans Auffassung sind schwarze junge Männer nicht genügend motiviert, tatsächlich vorhandene Stellen anzunehmen, weil es in ihren Familien keine männliche Vaterfigur gibt. Sie wachsen in Haushalten auf, in denen nur die Mütter einer geregelten Arbeit nachgehen. Da die männlichen Partner der Mütter ständig wechseln, wachsen die jungen Männer ohne Orientierung an einer stabilen männlichen Identifikationsfigur auf, die einen festen Arbeitsplatz hat und für das Wohl und die Sicherheit von Frau und Kindern sorgt. Moynihan sah in der Matrifokalität nicht nur eine Ursache für Armut, sondern auch für Kriminalität und Drogensucht.

Armutserklärungen, die sich auf die in einem matrifokalen Haushalt gemachten Enkulturationserfahrungen berufen, erklären nicht viel, weil das Phänomen der Matrifokalität nicht Ursache, sondern Folge der Armut ist.

Wie alle Familienformen stellt auch die matrifokale Familie eine Anpassung an bestimmte, nicht der Kontrolle ihrer Mitglieder unterliegende Bedingungen dar. Diese Bedingungen sind die folgenden: 1. Männer wie Frauen haben keinen Zugang zu den strategischen Ressourcen — d.h. sie haben keinen nennenswerten Besitz; 2. Lohnarbeit steht Männern wie Frauen offen; 3. die Frauen verdienen genauso viel oder mehr als die Männer; und 4. das Einkommen eines Mannes reicht nicht aus, um Frau und Kinder zu ernähren.

---

* Nach wie vor wird die Armut der Schwarzen am häufigsten mit der rassischen Inferiorität der Schwarzen erklärt. Diese Erklärung behandle ich im Anhang, S. 446.

Die offizielle Wohlfahrtspolitik der US-Regierung verstärkt die Tendenz zur Bildung matrifokaler Familien. Haushalten, die Sozialhilfe erhalten, dürfen keine erwerbsfähigen »Väter« angehören. Mütter, deren Ehemänner oder Väter ihrer Kinder nicht genügend Geld verdienen, um die Familie zu ernähren, können Sozialhilfe für Familien mit abhängigen Kindern (Aid to Families with Dependent Children, AFDC) beantragen — vorausgesetzt, die Väter leben nicht mit ihren Kindern zusammen in einem Haushalt. Einer der Gründe, warum diese Unterstützung in das nationale und bundesstaatliche Sozialhilfewesen aufgenommen wurde, ist, daß es für die Regierung billiger ist, solche Zahlungen zu leisten, als ein System von Kindertagesstätten zu errichten, das es den Müttern ermöglichen würde, arbeiten zu gehen. Da Väter nicht bei ihren Kindern zu Hause bleiben und AFDC beantragen können, verleiht das Gesetz Frauen einen besonderen wirtschaftlichen Wert, der unwillkürlich dazu beiträgt, daß sie, solange die Männer nicht genug verdienen, um die AFDC-Zahlungen überflüssig zu machen, den Mittelpunkt häuslicher Organisation bilden. Da die Frau die AFDC-Zahlungen erhält, ist sie es auch, mit der der Mietvertrag für eine Sozialwohnung abgeschlossen wird und die den Wohnraum der Familie kontrolliert (nicht aber besitzt).

In ihrer den Flats, einem schwarzen Getto in einer Stadt im Mittelwesten, gewidmeten Untersuchung geht Carol Stack (1974) auf die Strategien ein, die in Armut lebende Familien verfolgen, um angesichts der AFDC-Gesetze und des unzureichenden Einkommens der Männer dennoch ein gewisses Maß an Sicherheit und Wohlergehen zu erzielen. Kernfamilien im Sinne des Mittelstands gibt es in den Flats nicht, weil die für solche Familien notwendigen materiellen Voraussetzungen nicht gegeben sind. Die Bewohner der Flats sind vielmehr in großen, frauenzentrierten, Verwandte und Nachbarn einschließenden Gruppen organisiert. Die Mitglieder dieser Gruppen üben reziproken Tausch, passen gegenseitig auf ihre Kinder auf, gewähren einander in Notsituationen Zuflucht und helfen einander auf eine Weise, die für mittelständische Familiengruppen untypisch ist.

Der wichtigste, die Beziehungen zwischen Männern und Frauen beeinflussende Einzelfaktor ist die Arbeitslosigkeit und die Schwierigkeit für Männer, eine feste Arbeit zu finden.

»Arbeitslos zu werden oder monatelang arbeitslos zu sein, schwächt das Selbstvertrauen, verringert die Unabhängigkeit und hat für Männer zur Folge, daß sie ihren Status als Ernährer der Familie verlieren. Somit sind sie nicht mehr in der Lage, ihrer Rolle als Mann, wie sie die amerikanische Gesellschaft definiert, gerecht zu werden« (Stack 1974:112).

Stack weist darauf hin, daß ironischerweise »Versuche der Sozialhilfeempfänger, Kernfamilien zu bilden, von der Wohlfahrtspolitik unterlaufen werden. Im Grunde fördert diese die Aufrechterhaltung kooperativer Familiengruppen, deren Mitglieder keinen gemeinsamen Haushalt bilden« (ebd.:127).

Einer Frau kann die Sozialhilfe entzogen werden, sobald ihr Mann aus der Armee oder aus dem Gefängnis entlassen wird oder sobald sie heiratet. So »machen Frauen die Erfahrung, daß Sozialhilfezahlungen zusammen mit dem Eingebundensein in eine Verwandtschaftsgruppe für sie und ihre Kinder mehr Sicherheit bedeuten« (ebd.:113).

Kriminalität

Von allen Industrienationen weisen die Vereinigten Staaten mit die höchste Rate der Gewaltverbrechen auf. Mehr als ein Fünftel der amerikanischen Großstadtbewohner fühlen sich »sehr unsicher«, wenn sie nachts in ihrem Viertel unterwegs sind. Frauen und alte Menschen haben die meiste Angst. Mehr als die Hälfte aller US-amerikanischen Frauen sagen, daß sie Angst davor haben, nach Einbruch der Dunkelheit allein auf die Straße zu gehen. Rentner haben sogar Angst davor, tagsüber ihre Wohnung zu verlassen. Doch auch in ihren Wohnungen fühlen sich die Menschen nicht sicher: ein Drittel aller US-Haushalte besitzt Feuerwaffen zum Schutz vor Einbrechern. (U.S. National Criminal Justice Information and Statistics Service, 1978). Kriminalitätsstatistiken ist zu entnehmen, daß jährlich über vier Millionen Menschen Opfer eines Überfalls, eine Million Opfer eines persönlichen Raubüberfalls (Personen, die in einem Kaufhaus beraubt wurden, nicht eingeschlossen), 145 000 Opfer einer Vergewaltigung oder einer versuchten Vergewaltigung und 150 000 Opfer eines Taschendiebstahls werden. Nach dem alljährlich vom FBI herausgegebenen *Uniform Crime Report* geschehen alljährlich ungefähr 20 000 Morde.

In den Vereinigten Staaten gibt es fünfmal mehr Morde, zehnmal mehr Vergewaltigungen und siebzehnmal mehr Diebstähle als in Japan; und siebenmal mehr Morde, zwölfmal mehr Vergewaltigungen und achtmal mehr Diebstähle als in Großbritannien. London und Tokio haben eine bei weitem geringere Gewaltverbrechensrate als weniger bevölkerungsreiche amerikanische Städte wie Chicago, Philadelphia oder St. Louis. 1979 gab es 279 mal mehr Diebstähle, vierzehnmal mehr Vergewaltigungen und zwölfmal mehr Morde in New York als in Tokio (Ross und Benson 1979).

Ein Grund für die höhere Gewaltverbrechensrate in den USA ist die Tatsache, daß US-Bürger pro Kopf der Bevölkerung mehr Pistolen und Gewehre besitzen als Japaner oder Engländer. Das Recht, »Waffen zu tragen«, ist durch die amerikanische Verfassung garantiert. Daß aber keine strengeren Gesetze zur Kontrolle des Waffenbesitzes verabschiedet werden, ist selbst bereits, zumindest teilweise, Ausdruck der weitverbreiteten, realistischen Angst, beraubt und überfallen zu werden, und des daraus resultierenden Wunsches, Person und Eigentum zu verteidigen. Der Grund für die Häufigkeit von Gewaltverbrechen muß daher auf tieferen Ebenen der US-amerikanischen Kultur gesucht werden.

Vieles deutet darauf hin, daß die gewöhnlich hohe Kriminalitätsrate in den USA etwas mit der drückenden Armut und wirtschaftlichen Hoffnungslosigkeit der in den Innenstädten lebenden Minderheiten, besonders der Schwarzen und der spanisch sprechenden Einwanderer, zu tun hat. Obwohl auch die Kriminalität in den städtischen Randgebieten zunimmt, finden Gewaltverbrechen hauptsächlich in den Stadtzentren statt. Dem *Uniform Crime Report* des FBI ist zu entnehmen, daß 43 Prozent aller wegen Gewaltverbrechen festgenommener Straftäter Schwarze sind, die aber nur einen Anteil von elf Prozent der Bevölkerung ausmachen. In zwei wichtigen Kategorien solcher Verbrechen – Mord und Raubüberfall – übertreffen die schwarzen zahlenmäßig bei weitem die weißen Straftäter – und das gilt landesweit für ländliche wie städtische Gebiete. Doch ist das Mißverhältnis in den Städten, wo Gewaltverbrechen häufiger vorkommen, sehr viel größer (Hindelang 1978).

Man sollte jedoch in Betracht ziehen, daß im Vergleich zu Weißen Schwarze selbst sehr viel stärker unter Gewaltverbrechen zu leiden haben. Die Wahrscheinlichkeit dafür, daß arme Schwarze Opfer eines Raubüberfalls und dabei verletzt werden, ist 25 mal größer als bei wohlhabenden Reichen, und das Verhältnis von schwarzen zu weißen Mordopfern beträgt 8 zu 1. Mord ist bei männlichen Schwarzen im Alter von 15 bis 24 Jahren die häufigste Todesursache. Männliche Schwarze kommen durch Mord häufiger zu Tode als durch Motorradunfälle, Diabetes, ein Emphysem oder eine Lungenentzündung. Zwei von fünf schwarzen männlichen Kindern, die 1980 in einer amerikanischen Stadt zu Welt kamen, werden das Alter von 25 Jahren nicht erreichen.

Der Hauptgrund für alle diese Verbrechen ist chronische Langzeitarbeitslosigkeit und -armut. Während des Zweiten Weltkrieges und in der Zeit danach wanderten zahllose Schwarze auf der Suche nach Fabrikarbeit vom Land in die Städte ab – zu einer Zeit, als sich die Wirtschaft gerade im raschen Übergang von der Güterproduktion zur Dienstleistungs- und Informationsproduktion befand. Heute lebt über die Hälfte der amerikanischen Schwarzen in den Großstädten, und über die Hälfte von ihnen – ungefähr 7,5 Millionen Menschen – wohnt in den schmutzigsten und heruntergekommensten inneren Kernbereichen dieser Städte. In den 70er Jahren, als die Zahl der in den Großstadtzentren in Armut lebenden Weißen um fünf Prozent abnahm, nahm die Zahl der in den Innenstädten in Armut lebenden Schwarzen um 21 Prozent zu. 1983 entsprach nur jeder achte Weiße, aber jeder dritte Schwarze der amtlichen Armen-Definition. »Es ist nicht leicht, sich aus der Armut emporzuarbeiten, wenn die Arbeit eines Schwarzen nur durchschnittlich 60 Prozent von dem einbringt, was Weiße verdienen. Mit demselben Verhältnis von drei zu fünf bewerteten die Väter der US-Verfassung schwarze Sklaven zum Zwecke der politischen Vertretung« (MacDougall 1984).

Ein unverhältnismäßig großer Anteil der Gewaltverbrechen wird von schwarzen und weißen Jugendlichen begangen. Ronald H. Brown von der National Urban League (1978) hat errechnet, daß über die Hälfte der schwarzen Jugendlichen arbeitslos ist; in Gettos wie Harlem in New York City kann die Arbeitslosenquote bei schwarzen Jugendlichen 86 Prozent erreichen.

Viele Sozialwissenschaftler sind jedoch der Meinung, daß Armut im allgemeinen wenig mit der hohen Gewaltkriminalitätsrate in den Vereinigten Staaten zu tun hat und daß deshalb Arbeitslosigkeit und Armut der Schwarzen die hohe Kriminalitätsrate in den USA nicht hinreichend erklären können. Wenn man die Kriminalitätsrate verschiedener Staaten oder Städte miteinander vergleicht, zeigt sich nämlich, daß Staaten oder Städte mit geringem Pro-Kopf-Einkommen nicht notwendig hohe Gewaltverbrechensraten aufweisen. Die Armut im Schwarzengetto unterscheidet sich aber von der Armut der Weißen, die auf dem Land leben, oder auch von der Armut bestimmter ethnischer Einwanderergruppen, die in der ersten Generation in den Städten leben. Anders als die auf dem Land lebenden Armen haben die in den Zentren der Städte lebenden Schwarzen sowohl die Gelegenheit als auch das Motiv, Gewaltverbrechen zu begehen. Die Stadt ist der ideale Ort, um Opfer zu finden und zu überraschen und der Polizei erfolgreich zu entgehen. Sehr wichtig ist auch, daß sich die Schwarzen – im Gegensatz zu den europäischen Immigranten früherer Generationen – mit der Zeit nicht weniger, sondern stärker in ihren Gettos konzentrieren.

Unter diesen Umständen überwiegen die Vorteile kriminellen Verhaltens die Risiken, erwischt und ins Gefängnis gesteckt zu werden. John Conyers, selbst ein Mitglied der schwarzen Kongreßwahlversammlung, schreibt in diesem Zusammenhang:

»Es sollte nicht überraschen, daß kriminelles Handeln, wenn es ums nackte Überleben geht, eher als Vorteil, denn als Nachteil, eher als Arbeit, denn als Devianz und als möglicherweise einträgliches Unternehmen erscheint, das einer von Sozialhilfebürokraten aufgezwungenen Existenz vorzuziehen ist« (1978:678).

Sozialhilfe

Ein unverhältnismäßig hoher Anteil an Gewaltverbrechen in den Städten der USA wird von schwarzen und hispanischen Jugendlichen begangen, die in matrifokalen, von Sozialhilfe (AFDC) lebenden Familien aufwachsen. Dieser Zusammenhang zwischen jugendlicher Delinquenz und Matrifokalität spiegelt die Tatsache wider, daß AFDC-Leistungen unterhalb des die Armutsgrenze bildenden Einkommens gehalten werden. Beinahe alle Frauen, die in den von Armen bewohnten Innenstädten von AFDC-Unterstützung leben, rechnen daher mit zusätzlichen Einkommen von versteckt gehaltenen Ehemännern, von Freunden, mit denen sie zusammenleben, oder von früheren Freunden, die die Väter ihrer Kinder sind.

Jargna Sharff (1981), eine Ethnologin, kam in einer diesem Problem gewidmeten Studie zu dem Ergebnis, daß alle Mütter aus einer Gruppe von 24 hispano-amerikanischen, von AFDC-Unterstützung lebenden Familien im New Yorker Lower East Side einen männlichen Lebensgefährten hatten. Zwar besaßen nur wenige der zum Haushalt gehörenden Männer eine feste Vollzeitbeschäftigung, doch selbst die, die arbeitslos waren, steuerten einen gewissen Teil zur Ernährung und zur Miete bei, indem sie Diebesgut verkauften, mit Marihuana oder Kokain handelten und gelegentlich Einbruchsdiebstähle oder Raubüberfälle begingen. Manche Frauen hatten mehr als einen Lebensgefährten, während andere Geld und Geschenke eher von Zufallsbekannten erhielten.

Die in den Armenvierteln der Innenstädte lebenden zehn- bis fünfzehnjährigen Jungen tragen durch Straßenkriminalität und Drogenhandel ganz wesentlich zum Einkommen ihrer Familie bei. Außerdem sind sie ihren Müttern auch insofern von großem Nutzen, als sie sie vor Vergewaltigung, Raubüberfällen und anderen Arten des Diebstahls schützen, denen Gettofamilien ständig ausgesetzt sind.

Sharff fand heraus, daß von AFDC-Unterstützung lebende Mütter bestimmte, dem Straßenleben angemessene *Macho*-Eigenschaften an ihren Söhnen schätzen — vor allem die Fähigkeit, mit Messern und Feuerwaffen umgehen zu können, die wichtig ist, um die Familie vor aggressiven oder diebischen Nachbarn zu schützen. Zwar hielten die Mütter ihre Söhne nicht direkt dazu an, in den Drogenhandel einzusteigen, doch war jedem bekannt, daß ein erfolgreicher Drogenhändler sehr reich werden kann. Um sich im Drogengeschäft durchzusetzen, braucht man die gleichen *Macho*-Eigenschaften, die auch zur Verteidigung der eigenen Familie nützlich sind. Wenn ein junger Mann seine ersten Einnahmen aus dem Drogenhandel nach Hause bringt, empfindet seine Mutter Stolz und Besorgnis zugleich. Da junge Männer aus dem Getto mit einer Wahrscheinlichkeit von 40 Prozent im Alter von 25 Jahren sterben, muß eine Mutter, wenn sie auf den Schutz eines in Straßenkriminalität erprobten Mannes vertraut, mehr als einen Sohn haben. Sharff stellt folgende Liste auf, die alle in dem Dreijahreszeitraum von 1976 bis 1979 verübten Morde an Männern der von ihr untersuchten AFDC-Familien umfaßt:

Alter des Opfers	Unmittelbare Todesursache
25	erschossen im Zusammenhang mit Drogenhandel
19	erschossen bei einer Auseinandersetzung in einem Lebensmittelladen
21	erschossen im Zusammenhang mit Drogenhandel
28	erstochen im Zusammenhang mit Drogenhandel
32	»Selbstmord« auf einem Polizeirevier
30	erstochen im Zusammenhang mit Drogenhandel
28	vergiftet durch verunreinigtes Heroin
30	Opfer von Brandstiftung
24	erschossen im Zusammenhang mit Drogenhandel
19	gefoltert und erstochen im Zusammenhang mit Drogenhandel

Man sollte sich jedoch vor der Schlußfolgerung hüten, alle von AFDC-Unterstützung lebenden Familien entsprächen diesem Muster. Für einige Mütter stellt AFDC eine einmalige finanzielle Nothilfe dar, die sie nach einer Scheidung oder Trennung nur so lange in Anspruch nehmen, bis sie einen Job gefunden und das Problem der Kinderbetreuung geklärt haben. Doch mehrere Millionen Frauen, die in den von armen Bevölkerungsschichten bewohnten Innenstädten leben, meist Schwarze oder Hispanoamerikanerinnen, sehen in AFDC keine kurzfristige Hilfe, sondern eine regelmäßige oder wiederholt in Anspruch genommene Unterhaltsquelle. Ein harter Kern solcher Frauen, der nach Schätzungen der Soziologen Martin Rein und Lee Rainwater (1977) ungefähr 750 000 Frauen umfaßt — lebt ohne Unterbrechung zwölf Jahre von AFDC. Und sehr viel mehr Frauen aus den Innenstadtgettos leben abwechselnd, nämlich während ihrer Schwangerschaft, von AFDC und von eigenem Arbeitseinkommen, wenn sie nicht schwanger sind.

Familie und Geschlechtsrollen in der hyperindustrialisierten Gesellschaft

Die Ausweitung des Informations- und Dienstleistungssektors war sowohl Ursache als auch Folge des steigenden Anteils der Frauen an den Beschäftigten in den USA sowie des Anstiegs der Kosten für die Kinderaufzucht (s.S. 107); diese Veränderungen zogen weitere bemerkenswerte Veränderungen auf der strukturellen und ideologischen Ebene des Soziallebens nach sich.

Nach dem Zweiten Weltkrieg wurde die »Reservearmee« der verheirateten Frauen für den Arbeitsmarkt mobilisiert, und zwei von drei neuen Stellen wurden mit verheirateten Frauen besetzt. Aus diesem Grund und infolge des hohen Werts, den man in einer Dienstleistungs- und Informationswirtschaft auf Schulbildung als Voraussetzung für sozialen Aufstieg legt, können Familien mit mittlerem Einkommen und nur einem Verdiener es sich heute kaum noch leisten, ein oder zwei Kinder großzuziehen. Diese infrastrukturellen Veränderungen sind dafür verantwortlich, daß sich Veränderungen auf der Struktur- und Superstrukturebene vollzogen, die nicht ohne Auswirkungen auf Ehe, Familienorganisation sowie auf das Geschlechtsrollen- und Sexualverhalten — zum Beispiel die Entstehung feministischer Theorien und der Frauenbewegung nach dem Zweiten Weltkrieg — geblieben sind (Margolis 1984).

Die Berufstätigkeit der Frauen und die gestiegenen Kosten der Kinderaufzucht hatten vor allem vier Konsequenzen: 1. sinkende Fruchtbarkeitsziffern, 2. sinkende Eheschließungs- und steigende Scheidungsraten, 3. neue Formen der Familienstruktur und 4. neues Geschlechtsrollen- und Sexualverhalten. Diese Konsequenzen werden in den folgenden Abschnitten behandelt.

Fruchtbarkeit

Nach dem Zweiten Weltkrieg stiegen die Fruchtbarkeitsziffern in den USA rasch an. 1957 erreichte der »Baby-Boom« seinen Gipfel. Anschließend sank die Gesamtfruchtbarkeitsziffer von 3,69 auf 1,81 auf ihr historisches Tief ab, das 50 Prozent unter dem Gipfel des Baby-Booms liegt. Obwohl die allgemeine Fruchtbarkeitsziffer pro 1 000 Frauen seit 1975 leicht gestiegen ist, hat sich die wichtigere Gesamtfruchtbarkeitsziffer nicht von ihrer historischen Talfahrt erholt. Der leichte Anstieg der allgemeinen Geburtenziffer pro tausend Frauen ist allein darauf zurückzuführen, daß die Alterskohorte der Baby-Boom-Kinder ihr Hauptreproduktionsalter erreicht hat. Es gibt aber keinen Hinweis dafür, daß die Gesamtfruchtbarkeitsziffer ansteigen wird (Newitt 1985). Die 1985 vom Statistischen Bundesamt der Vereinigten Staaten veröffentlichten maximalen, mittleren und minimalen Hochrechnungen ergeben durchschnittlich 2,1, 1,9 bzw. 1,6 Geburten pro Frau bis zum Ende des Jahrhunderts.

Der Trend zu weniger Kindern pro Frau kommt auch in den Einstellungen der Frauen zum Ausdruck. Erhebungen zeigen, daß sich die Zahl der Frauen im Alter von 18 bis 34 Jahren, die angeben, noch keine Kinder zu wollen, seit 1967 verfünfacht hat. 11 Prozent der Frauen dieser Altersgruppe sagen, sie wollen überhaupt keine Kinder. Bei Frauen, die Kinder haben wollen, fiel in der Zeit von 1970 bis 1980 die Zahl der gewünschten Kinder von vier auf zwei. 1970 hielten noch 53 Prozent der Frauen Mutterschaft für »mit das Schönste im Leben einer Frau«; 1983 nur noch 26 Prozent (Dowd 1983).

Eheschließungs- und Scheidungsraten

Ein Drittel aller Ehen in den Vereinigten Staaten wird heute geschieden. Seit 1960 hat sich die Scheidungsrate verdreifacht. Von den Paaren, die heute heiraten, wird sich die Hälfte wieder scheiden lassen (*Wall Street Journal*, 26. September 1986).

Diese Entwicklung ist von einer großen Zahl von Wiederverheiratungen begleitet. Mehr als ein Fünftel aller Eheschließungen sind Wiederverheiratungen, bei denen wenigstens ein Partner geschieden war. 50 Prozent der geschiedenen Frauen heiraten innerhalb von zwei Jahren wieder (Sachs 1985:761). Heute gibt es mehr Eheschließungen pro tausend Einwohner als 1960 — beinahe genauso viel wie 1900. Bei den alleinstehenden Frauen im Alter von 15 bis 44 ist die Eheschließungsrate pro tausend Einwohner seit 1960 aber um 30 Prozent gefallen (USBCSA 1985:80). Amerikaner heiraten heute später. Von 1970 bis 1982 ist der Anteil der unverheirateten Frauen im Alter von 20 bis 24 von 36 Prozent auf 53 Prozent gestiegen; bei Männern derselben Altersgruppe stieg der Anteil von 55 Prozent auf 72 Prozent an (*The New York Times*, 27. Mai 1985). Außerdem ist die Wahrscheinlichkeit einer Scheidung bei Wiederverheiratung größer: 33 Prozent aller Erstheiraten, aber 50 Prozent aller Zweitheiraten werden geschieden (Sachs 1985:761). Nicht die Ehe als Institution, sondern die monogame Ehe, die bis zum Tode eines Partners hält, ist deshalb im Verfall begriffen.

Familienstruktur

Zu Beginn dieses Jahrhunderts wurden noch die meisten Ehen fürs Leben geschlossen, und den Familien stand ein männlicher Ernährer vor. Jedes Ehepaar hatte im Durchschnitt drei oder mehr Kinder. Die Kinder wurden von ihren natürlichen Eltern großgezogen, es sei denn, die Ehe fand durch den Tod eines Partners ein Ende.

Von allen Familienformen nimmt heute die matrifokale Familie am stärksten zu — seit 1980 um 80 Prozent. In den Vereinigten Staaten gibt es mehr als 8 Millionen dieser Familiengruppen. Heute leben 20,5 Prozent aller Kinder unter 18 Jahren in Haushalten, denen eine unverheiratete, geschiedene, getrennt lebende oder verwitwete Frau vorsteht. Wie wir gesehen haben (S. 411), kommt Matrifokalität vor allem bei den Schwarzen vor — 47 Prozent aller schwarzen Haushalte mit Kindern haben einen weiblichen Haushaltsvorstand, fünfmal mehr als 1950 (*The New York Times*, 27. November 1984). Diese Familienform nimmt aber bei Weißen noch schneller zu und umfaßt heute bereits 15 Prozent aller weißen Haushalte mit Kindern (USBCSA 1984:46). Infolge von Scheidung, Trennung und der Zunahme matrifokaler Familien werden 60 Prozent aller heute geborenen Kinder, bevor sie das 18. Lebensjahr erreichen, eine Zeitlang mit nur einem Elternteil leben. Oder anders betrachtet, 33 Prozent aller Kinder wachsen bereits mit nur einem natürlichen Elternteil oder mit einem natürlichen und einem Stiefelternteil auf. Bislang weiß man noch sehr wenig darüber, wie Eltern, Stiefeltern, Stiefgeschwister, Kinder und Stiefkinder miteinander umgehen — welche Beziehungen sie zueinander entwickeln, welche Verantwortungen sie übernehmen, welche Konflikte sie erleben (Weitzman 1985). Es ist jedoch wahrscheinlich, daß höhere Scheidungsraten bei Zweit- und Drittheiraten Spannungen und Belastungen widerspiegeln, die sich aus dem Umgang mit Stiefkindern ergeben — in den USA gibt es 6,5 Millionen Stiefkinder unter 18 Jahren (Collins 1985:15).

Neue Geschlechtsrollen und neue Formen der Sexualität

Erhebungen zeigen, daß sich in den Vereinigten Staaten die Einstellungen zu vorehelichem und außerehelichem Geschlechtsverkehr tiefgreifend verändert haben. Die Zahl der Erwachsenen, die bei Fragebogenumfragen angeben, sie duldeten oder akzeptierten vor- und außereheliche Geschlechtsverkehr, stieg in der Zeit von 1960 bis 1980 von 20 Prozent auf über 50 Prozent an. In derselben Zeit nahm die Zahl der unverheirateten Paare, die sagten, sie lebten zusammen, fast genauso rasch zu wie die Zahl der matrifokalen Familien. Während sich dieser Trend zwischen 1980 und 1985 scheinbar verlangsamt hat, stieg die Zahl der 25-bis 34jährigen, die angaben, sie lebten allein — 1950 war es nur jeder Zwanzigste, 1980 schon jeder Dritte — im selben Zeitraum weiter an (Herbers 1985). Wichtig hierbei ist, daß alleinlebende Angehörige dieser Altersgruppe durchaus sexuelle Kontakte haben können.

Viele Hinweise sprechen dafür, daß vorehelicher Geschlechtsverkehr unter Jugendlichen und jungen Erwachsenen zunimmt. Von Planned Parenthood durchgeführte Untersuchungen lassen erkennen, daß etwa die Hälfte der Abiturienten ein aktives Sexualleben haben. Da es in den Vereinigten Staaten keine intensiven staatlich geförderten Empfängnisverhütungsprogramme für Jugendliche gibt, überrascht es nicht, daß sich die Zahl der Schwangerschaften bei jungen Mädchen seit 1965 verdoppelt hat und die USA heute in der gesamten industriellen Welt die höchste Schwangerschaftsrate in dieser Altersgruppe aufweisen. Teilweise ist dieser Umstand auf die sehr hohe Schwangerschaftsrate bei schwarzen US-Jugendlichen zurückzuführen, doch selbst die Rate für weiße junge Mädchen (83 pro 1 000) ist doppelt so hoch wie die in England und viermal so hoch wie die in den Niederlanden (Brozan 1985). Ungefähr 21 Prozent aller Geburten pro Jahr entfallen auf die Gruppe der unverheirateten Frauen (*Wall Street Journal*, 25. September 1986).

Der Haupteinstellungswandel in den Vereinigten Staaten im Zusammenhang mit Sexualität läßt sich im Sinne einer immer stärkeren Trennung der hedonistischen von den reproduktiven Aspekten der Sexualbeziehungen beschreiben. Folge dieses Trends ist die vermehrte Produktion und der gestiegene Konsum pornographischer Schriften einschließlich der Eheberatungsbücher und Zeitschriften wie *Playboy, Hustler* und *Penthouse.* Pornographische Video-Kassetten machen 20 bis 40 Prozent der Leihgebühreneinnahmen von Läden aus, die Kassetten für den Heimgebrauch verleihen. »Was noch vor ein paar Jahren selbst in einem Bordellviertel unvorstellbar gewesen wäre, können sich heute die Leute in ihrem Wohnzimmer ansehen« (Lindsey 1985:9).

Auch die Lockerung der Gesetze gegen Homosexualität in den Vereinigten Staaten kann als Ausdruck dieses Trends gewertet werden. Wie wir gesehen haben (S. 359), haben Gesellschaften, in denen Homosexualität verboten ist, ein starkes Interesse an Fortpflanzung und neigen deshalb dazu, alle Formen der Sexualität, die nicht der Fortpflanzung dienen, zu verurteilen. Heterosexuelle Paare, die die Trennung der Sexualität von der Reproduktion praktizieren, unterscheiden sich in dieser Hinsicht nicht von homosexuellen Paaren. Die Tatsache, daß immer mehr Homosexuelle sich in der Öffentlichkeit zu ihrer Homosexualität bekennen, bezeugt die allgemeine Liberalisierung der sexuellen Verhaltensregeln seit dem Zweiten Weltkrieg. Es bleibt jedoch abzuwarten, ob die Angst vor AIDS (der erworbenen Immunschwäche) die Homosexuellen wieder zurück in die Heimlichkeit treibt. (Die Angst vor einer Herpesinfektion war in den vergangenen Jahren möglicherweise bereits für den Rückgang der sexuellen Promiskuität unter Heterosexuellen verantwortlich.)

Eine Theorie des Kulturwandels in den USA

Die genannten Veränderungen können alle mit der hyperindustriellen Produktionsweise in Zusammenhang gebracht werden. Der starke Rückgang der Fabrikarbeit erforderte und ermöglichte die Mobilisierung weiblicher Arbeitskräfte, die früher durch die Kinderaufzucht blockiert waren; gleichzeitig schnellten, weil Schulbildung für eine Beschäftigung im nichtproduzierenden Gewerbe immer wichtiger wurde und die »Opportunitätskosten« der Schwangerschaft und Elternschaft (d.h. das Einkommen, das einer Frau entgeht, wenn sie Kinder bekommt und großzieht) immer weiter anstiegen, die Kosten der Kinderaufzucht in die Höhe, nahm die Scheidungsrate zu, die Fruchtbarkeitsziffer ab und kam es zu einer immer stärkeren Trennung der reproduktiven und der hedonistischen Aspekte der Sexualität.

Nicht nur der Anteil der Frauen an der Gesamtzahl der Beschäftigten, auch der Anteil der berufstätigen Frauen, die verheiratet sind und Kinder haben, hat sich vergrößert. Vor dem Zweiten Weltkrieg arbeiteten nur 15 Prozent der verheirateten Frauen außer Hause. Bis 1983 war der Anteil auf 51,2 Prozent gestiegen. 1985 waren 59 Prozent der verheirateten Frauen mit Kindern unter sechs Jahren und 65,8 Prozent aller Frauen mit Kindern im Alter von 6 bis 17 Jahren berufstätig (Bureau of Labor Statistics, unveröffentlichte Statistik für 1983; Haygh 1985:31). Wo arbeiten diese Frauen? Über 83 Prozent von ihnen sind im nichtproduzierenden Dienstleistungs- und Informationssektor tätig und üben meist unqualifizierte Arbeiten aus, die ihnen im Durchschnitt nur 62 Prozent des von Männern erzielten Lohns einbringen (Serrin 1984:1).

Zwischen der Mobilisierung des weiblichen Arbeitskräftepotentials und der Informations- und Dienstleistungswirtschaft besteht eine reziproke Beziehung: Weil ihre Männer und die Gewerkschaften eine Unterbietung der Löhne befürchteten, waren Frauen, vor allem verheiratete Frauen, früher von der gewerkschaftlich organisierten und von Männern beherrschten Fabrikarbeit ausgeschlossen. In den nichtgewerkschaftlich organisierten und traditionell von Frauen beherrschten Informations- und Dienstleistungsberufen — Sekretärin, Lehrerin, Krankenschwester, Verkäuferin usw. — gab es weniger Widerstand. Aus der Sicht der Kapitalinvestition betrachtet, war die Reservearmee der Hausfrauen eine Quelle billiger, fügsamer Arbeitskräfte, durch die die Verarbeitung von Information und der Umgang mit Menschen eine profitable Alternative zur Investition in der Güterproduktion dienenden Fabriken wurde. Tatsächlich konnten US-Firmen für ihre Fabrikationsbetriebe ähnlich billige Arbeitskräfte nur finden, indem sie einen beträchtlichen Teil ihrer Güterproduktion in weniger entwickelte Länder, vor allem nach Asien und Lateinamerika, verlagerten. Die Mobilisierung weiblicher Arbeitskräfte und der Rückgang der Güterproduktion sind daher eng miteinander verknüpfte Phänomene, obwohl dieser Zusammenhang, wie wir gesehen haben (S. 364), nichts mit der unterschiedlichen Fähigkeit der Geschlechter zu tun hat, körperliche Arbeit und Fabrikarbeit zu verrichten.

Warum reagierten so viele amerikanische Frauen auf das Arbeitsangebot im Dienstleistungs- und Informationssektor? Ironischerweise wollten sie — angesichts steigender Lebenshaltungskosten — vor allem die traditionelle, einen männlichen Ernährer und mehrere Kinder umfassende Familie stärken. Die Lebenshaltungskosten waren schneller gestiegen als das durchschnittliche Nettoeinkommen des Ernährers. Nach 1965 konnte das Familieneinkommen in den Vereinigten Staaten nur noch durch den Beitrag arbeitender Frauen mit der Inflation mithalten. 1982 hatten 44 Prozent aller Familien ein Jahreseinkommen von 15 000 bis 35 000 Dollar (inflationsbereinigter Dollarwert von 1982), 1970 waren es noch 53 Prozent (Zoanna 1984). Das Familieneinkommen der Altersgruppe der 25- bis 34jährigen ist im Vergleich zu dem aller anderen Altersgruppen seit 1964 stetig gesunken: vom Höhepunkt 1965 mit 96 Prozent des Familieneinkommens aller Altersgruppen auf 86 Prozent 1983 — und das, obwohl es auch Haushalte mit zwei Verdienern gab (Mariano 1984). Was das Einkommen des Ernährers noch schmälerte, war die Anhebung der Einkommenssteuersätze — die Löhne stiegen zwar schneller als die Inflation, nicht aber das Nettoeinkommen. Außerdem ließ man den für abhängige Familienangehörige steuerlich absetzbaren Betrag unter die Inflationsrate sinken. 1948 betrug der Steuerfreibetrag pro Kind 600 Dollar. Inflationsbereinigt hätten das 1985 5 600 Dollar sein müssen und nicht 1 000 Dollar, dem tatsächlichen Steuerfreibetrag von 1985 (*The New York Times*, 7. April 1985). Obwohl Frauen weniger verdienen als Männer, waren Familien, die den mittelständischen Konsum- und Lebensstandard aufrechterhalten wollten, auf das Einkommen der Ehefrau angewiesen — vor allem, wie Valery Oppenheimer in ihrem Buch *Work and the Family* (1983) nachwies, in »finanziell schwierigen Situationen des Lebenszyklus«, z.B. wenn junge Ehepaare eine Familie gründen oder ältere die Kosten für die Hochschulausbildung ihrer Kinder tragen müssen. Heute kostet es über 100 000 Dollar — nach anderen Schätzungen über 300 000 Dollar —, einem 1981 geborenen Kind bis zum Alter von 18 Jahren den Lebensstandard der Mittelklasse zu ermöglichen (Espenshade 1985). Eine vierjährige Hochschulausbildung kostet weitere 15 000 bis 60 000 Dollar pro Kind (Belkin 1985). Je mehr sich die Wirtschaft auf die Bereitstellung von Dienstleistungen, die Informationsverarbeitung und die Spitzentechnologie verlagert, um so mehr Schulbildung ist für das Erreichen und Aufrechterhalten des Mittelstandsstatus erforderlich. Mit anderen Worten, Kinder von »besserer Qualität« kosten mehr. Insofern stellen die heutigen Kosten der Kinderaufzucht den Höhepunkt der mit dem demographischen Wandel (s.S. 111) verbundenen langfristigen Entwicklung von der agrarischen zur industriellen Produktionsweise und von der ländlichen zur städtischen Lebensweise dar. Dieser Wechsel von Quantität zu Qualität liegt der in den Jahrzehnten vor dem Baby-Boom stetig abnehmenden Fruchtbarkeit und dem historischen Tief zugrunde, das die Fruchtbarkeitsziffer in den Jahren 1975 bis 1985 in den Vereinigten Staaten erreichte. Die geringeren Fruchtbarkeitsziffern spiegeln auch den Umstand wider, daß der wirtschaftliche Nutzen, den Kindern für Eltern einmal hatten, immer geringer wird, wenn Kinder nicht mehr bei ihren Eltern arbeiten, einen eigenen Haushalt errichten und nicht mehr in der Lage sind, die Kosten für Unterbringung und medizinische Versorgung ihrer alten Eltern zu tragen.

Während die amerikanische Durchschnittsfamilie nicht mehr als ein oder zwei »Qualitätskinder« ohne zweites Einkommen großziehen kann, können Frauen dieses zweite Einkommen nicht erbringen, wenn sie mehr als ein oder zwei Kinder haben (da es in den USA so gut wie keine staatlich subventionierte Kindertagesstätten gibt). Dieser Widerspruch erklärt, warum Frauen schlecht bezahlte Tätigkeiten ohne Aufstiegschancen akzeptieren. Doch macht sich bereits eine Veränderung bemerkbar. Es gibt einen positiven Rückkopplungseffekt (S. 235) zwischen Berufstätigkeit, Berufstätigbleiben und Tragen der Kosten der Kinderaufzucht. Je mehr eine Frau in ihre Berufstätigkeit investiert, um so mehr verdient sie und um so höher sind die Opportunitätskosten in Form von »entgangenem Einkommen«. Mit der Höhe des entgangenen Einkommens steigen die Kosten fürs Zuhausebleiben und Kindergroßziehen — und damit nimmt die Wahrscheinlichkeit zu, daß weniger Kinder geboren werden.

Mit diesen Veränderungen haben sich auch die Einstellungen zur Mutterschaft gewandelt. Als 1970 Frauen nach den schönsten Dingen im Leben gefragt wurden, nannten 53 Prozent, ‚Mutter sein und eine Familie haben‘ und nur 9 Prozent ‚Karriere, Beruf und Einkommen‘. 1983 nannten 26 Prozent ‚Mutter sein und eine Familie haben‘, 26 Prozent ‚Karriere, Beruf und Einkommen‘, aber nur 6 Prozent ‚Ehefrau sein‘ — im Vergleich zu 22 Prozent 1970 (Kasten 16.2).

Ein häufiges Mißverständnis im Zusammenhang mit den sinkenden Fruchtbarkeitsziffern in den USA soll noch behandelt werden. Viele Leute meinen, daran sei die Antibabypille schuld. Das stimmt aber nicht, da der Geburtenrückgang 1957 einsetzte, die Pille aber erst 1963 bis 1964 von vielen Frauen genommen wurde. Darüber hinaus müssen auch in den 30er Jahren viele empfängnisverhütende Mittel und Praktiken zur Verfügung gestanden haben, da die Fruchtbarkeitsziffer in diesen Jahren deutlich niedriger als

Kasten 16.2 Frauen zum Frausein, USA

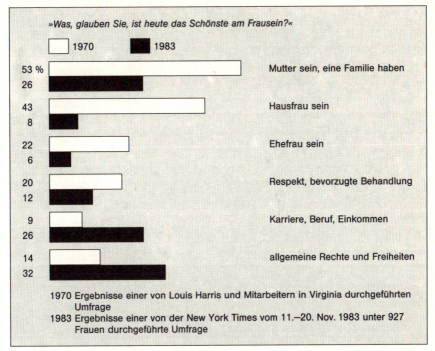

»Was, glauben Sie, ist heute das Schönste am Frausein?«

☐ 1970   ■ 1983

53 % / 26	Mutter sein, eine Familie haben
43 / 8	Hausfrau sein
22 / 6	Ehefrau sein
20 / 12	Respekt, bevorzugte Behandlung
9 / 26	Karriere, Beruf, Einkommen
14 / 32	allgemeine Rechte und Freiheiten

1970 Ergebnisse einer von Louis Harris und Mitarbeitern in Virginia durchgeführten Umfrage
1983 Ergebnisse einer von der New York Times vom 11.–20. Nov. 1983 unter 927 Frauen durchgeführte Umfrage

Quelle: *The New York Times,* 4. Dezember 1983.

unmittelbar nach dem Zweiten Weltkrieg war. Außerdem kennen, wie wir gesehen haben (S. 113), auch vorindustrielle Bevölkerungen wirksame Methoden, die Familiengröße entsprechend dem Kosten-Nutzen-Verhältnis der Kinderaufzucht zu begrenzen.

Ganz offensichtlich sind die steigenden Scheidungsraten sowohl Ausdruck der sinkenden Fruchtbarkeitsziffer als auch des Eintritts verheirateter Frauen ins Berufsleben. Hat man keine Kinder, ist eine Scheidung leichter; oder umgekehrt, hat man viele Kinder, ist eine Scheidung äußerst schwer. Und je mehr eine Frau im Berufsleben steht, um so unabhängiger wird sie vom Einkommen ihres Mannes, um so eher akzeptiert sie die Vorstellung, auch ohne einen Ehemann auskommen zu können, und um so eher wird sie sich scheiden lassen.

Schließlich ist die mit sinkenden Fruchtbarkeitsziffern, höheren Scheidungsraten und dem Verschwinden des männlichen Ernährers der Familie einhergehende Berufstätigkeit der Frauen auch Folge der Trennung der reproduktiven von den hedonistischen Aspekten der Sexualität. Die in viktorianischer Zeit und zu Beginn des zwanzigsten Jahrhunderts herrschende Ehe- und Fortpflanzungsnorm, derzufolge Geschlechtsverkehr nur in der Ehe und mit dem Ziel der Fortpflanzung zu praktizieren war, kann keine Geltung für Männer und Frauen besitzen, die entweder nicht verheiratet sind, oder, falls doch, keine Kinder haben. Das ist der Grund dafür, warum, wie bereits erwähnt, die Haushalte vieler heterosexueller Paare des Mittelstands eine ähnliche Struktur wie die homosexueller Paare aufweisen, und gleichzeitig der Grund für das offene Akzeptieren flüchtiger Sexualbekanntschaften und die rasche Expansion des pornographischen Gewerbes.

Wie wir (Kap. 7 und 8) gesehen haben, ist die Familienstruktur eng mit demographischen, technologischen, ökonomischen und ökologischen Variablen verknüpft, und die Richtung der Verursachung ist unverkennbar. Zwar fanden in allen Phasen des Prozesses vielfältige und komplexe Rückkopplungen statt, der Hauptanstoß ging jedoch von Veränderungen aus, die sich auf der Infrastrukturebene ergaben: dem Übergang von der Güterproduktion zur Dienstleistungs- und Informationswirtschaft. Veränderungen auf der Strukturebene — Ehe und Familienorganisation — zeigten sich erst, nachdem sich die Entwicklung hin zu der neuen Produktionsweise vollzogen hatte. Zum Beispiel war die Zahl der verheirateten, berufstätigen Frauen bereits 1958 von 15 Prozent auf 30 Prozent gestiegen. Doch trat die feministische Bewegung erst 1970 ins Bewußtsein der Öffentlichkeit, als Frauen ihre BHs ablegten, Partys veranstalteten, auf denen sie Geschirr zerschlugen, und die New Yorker Fith Avenue hinuntermarschierten und Schlachtrufe wie »Laß eine Ratte verhungern; gib deinem Mann nichts zu essen« skandierten. Diese Mätzchen brachten den angestauten Frust der verheirateten Frauen zum Ausdruck, die bereits berufstätig waren und den Widerspruch zwischen der alten und der neuen Frauenrolle spürten. Maxine Margolis bemerkt hierzu in ihrem Buch *Mothers and Such* (1984:231):

»Die Medien widmeten dem ‚Verbrennen von BHs‘ und anderen Anstößigkeiten der Frauenbewegung zwar viel Raum, schenkten aber der Realität der Frauenarbeit, die Voraussetzung für das Neuaufleben des Feminismus war, wenig Aufmerksamkeit.«

Valery Oppenheimer, die aus einer ökonomischen Perspektive schreibt, kommt in ihrem Buch *Work and Family* (1983:30) zum gleichen Ergebnis:

»Es gibt keinen Beweis dafür, daß den einschneidenden Veränderungen hinsichtlich der Teilnahme der Frauen am Erwerbsleben veränderte Einstellungen vorausgingen. Im Gegenteil, sie (die veränderten Einstellungen zu den Geschlechtsrollen) hinkten hinter den Verhaltensänderungen her, was zeigt, daß die Verhaltensänderungen Veränderungen bezüglich der Geschlechtsrollennormen bewirkten, nicht umgekehrt.

Außerdem spricht alles dafür, daß der Beginn des raschen Wandels auf dem Gebiet der Berufstätigkeit der Frauen dem Neuaufleben der feministischen Bewegung um eine lange Zeitspanne vorausging.«

Wie Oppenheimer weiter erklärt, bedeutet das nicht, daß »egalitärere Einstellungen zu den Geschlechtsrollen und eine feministische Perspektive nicht wichtige Motivkräfte sind«, sondern »daß diese Einstellungen eine ideologische Begründung (oder normative Rechtfertigung) liefern oder untermauern . . .« (ebd.).

Wenn man die infrastrukturellen Bedingungen einer sozialen Bewegung ermittelt und ihnen kausale Priorität gegenüber Werten und Vorstellungen einräumt, bedeutet das nicht, daß man die Rolle von Werten und Vorstellungen oder des Willens in der Dynamik der Geschichte gering einschätzt. Wir haben gesehen (Kap. 12), daß die Chancen, ein bestimmtes infrastrukturelles Potential zu verwirklichen, davon abhängen, in welchem Maße ein Verhalten ideologisch und gefühlsmäßig motiviert ist. Dennoch ist es in diesem Fall — ebenso wie bei anderen kontroversen sozialen Bewegungen — wichtig, daß sowohl diejenigen, die eine bestimmte Veränderung befürworten, als auch diejenigen, die sie ablehnen, verstehen, daß einige Entwicklungen wahrscheinlicher sind als andere. Zum Beispiel ist es im vorliegenden Falle äußerst unwahrscheinlich, daß Frauen in den Vereinigten Staaten wieder zu ihrer früheren Rolle als Hausfrau zurückkehren. Um die von einem männlichen Ernährer dominierte Familie wieder ins Leben zu rufen und Frauen an den Herd zurückzubringen, müßten die USA zu einer primitiveren Phase des Kapitalismus und der Industrialisierung zurückkehren — ein Kurs, den selbst die konservativsten Antifeministen nicht einzuschlagen gedenken.

Religion

Man könnte annehmen, daß die Vereinigten Staaten als eine der technologisch am weitesten entwickelten Industriegesellschaften auch eine Gesellschaft wären, in der die Mehrheit der Bürger traditionelle Formen des Animismus und Animatismus ablehnen (s. Kap. 12). Die Wissenschaft ist die Hauptquelle der modernen Technologie, die wiederum Grundlage der industriellen Massenproduktion und -konsumtion von Gütern, Dienstleistungen und Information bildet. Während Wissenschaft nicht notwendigerweise im Gegensatz zum Glauben an Seelen, Götter oder das Glück stehen muß, erfordern die Prinzipien wissenschaftlicher Erkenntnis, daß auf Glaube, Tradition, Ahnungen oder Visionen gegründete Annahmen einer systematischen logischen und empirischen Überprüfung unterzogen werden. Man könnte daher erwarten, daß in einer Gesellschaft, in der Wissenschaft und wissenschaftliche Technologie eine eminent wichtige Rolle spielen, die meisten Menschen weder an Animismus noch an Animatismus glaubende oder nicht-glaubende Agnostiker, wenn nicht gar ausgesprochene Atheisten wären.

Doch 94 Prozent der US-Bürger geben an, daß sie an Gott oder ein göttliches Wesen glauben, 89 Prozent, daß sie beten, und 78 Prozent, daß sie einer organisierten religiösen Gruppe angehören (Princeton Religious Research Center 1980:17). Zwar sagen nur 57 Prozent, daß ihre religiösen Überzeugungen »sehr wichtig« für sie seien, und nur 41 Prozent gehen regelmäßig in die Kirche (1955 waren es noch 49 Prozent). Doch sind diese Prozentzahlen viel höher als in den nichtkommunistischen Industriegesellschaften Westeuropas und in Japan (Princeton Religious Research Center 1979). Außerdem gibt es Anzeichen dafür, daß, während die etablierten US-Kirchen Schwierigkeiten haben, ihre Mitglieder zu halten (oder langsam an Einfluß verlieren), viele neue Formen religiösen Glaubens und religiöser Praktiken entstehen.

Einige Beobachter entdecken Anzeichen einer umfangreichen religiösen »Erweckung«. Diese Erweckung schließt mehr als bloß den neubestärkten Glauben an einen handelnden, persönlichen Gott ein. Die Formen der Erweckungsbewegung reichen von Wochenend-Begegnungsgruppen bis hin zu messianischen Propheten. Nach Auffassung des Soziologen Robert Bellah ist der wichtigste Aspekt dieser Bewegung, daß in der »asiatischen Spiritualität« ein Heilmittel gegen den westlichen »utilitaristischen Individualismus« gesehen wird. Aspekte des Zen, des Taoismus, Buddhismus, Hinduismus, Sufismus und anderer orientalischer Religionen begannen, Bellah zufolge, in der Gegenkultur der späten 60er Jahre auf Widerhall zu stoßen, als viele Amerikaner den Eindruck gewannen, der bloße Kampf um materielle Vorteile sei wert- und sinnlos. Mit Hilfe von Drogen und Meditation erkannte die Generation der Gegenkultur das »Illusorische des weltlichen Strebens«. »Karrierismus und Statusstreben, das Aufopfern gegenwärtiger Erfüllung für irgendein stets entschwindendes künftiges Ziel erschienen nicht länger der Mühe wert« (Bellah 1976:341).

Obwohl er durchaus erkennt, daß es in den Vereinigten Staaten viele ungelöste materielle Probleme wie Rassismus und Armut gibt, ist Bellah der Meinung, daß die religiöse Erweckung ebenso auf »den Erfolg der Gesellschaft« und die »Erkenntnis, daß Bildung und Überfluß weder Glückseligkeit noch Erfüllung gebracht haben«, wie auf das Versagen der Gesellschaft zurückzuführen ist. Folgt man dieser Denkweise, liegt der Schluß nahe, daß die Hauptursache der religiösen Erweckungsbewegung in den USA nicht so sehr eine Krise praktischer materieller Bedürfnisse als vielmehr eine geistige Sinnkrise ist. Bellah schreibt etwa: »Ganz gleich, welche besonderen Faktoren zur zeitlichen Entstehung beigetragen haben mögen — eigentliche Ursache war, wie ich meine, daß sich der utilitaristische Individualismus als unfähig erwies, ein sinnvolles Modell persönlicher und sozialer Existenz bereitzustellen.« (Ebd.:39).

Gegen diese Auffassung kann man jedoch einwenden, daß die eigentliche und entscheidende Triebfeder der religiösen Erweckung in Amerika nicht die Suche nach einem letzten Sinn, sondern nach Lösungen für ungelöste ökonomische und soziale Probleme ist. Die Rolle »asiatischer« Spiritualität bei der Bildung und Propagierung neuer religiöser Gruppen und Rituale in den Vereinigten Staaten wird übertrieben dargestellt. In Wirklichkeit ist die Zahl der Menschen, die neuen Kulten, Sekten und Bewegungen angehören, deren Hauptinteresse Kontemplation, Rückzug aus weltlichen Dingen und andere vermeintlich »asiatische« Motive sind, ziemlich klein im Vergleich zu denjenigen, die Kulten, Sekten und Bewegungen angehören, denen es definitiv um die Bewältigung weltlicher Probleme und die Steigerung individuellen materiellen Wohlergehens geht.

Man braucht nur einmal an all die Menschen zu denken, die die Zukunft mit Hilfe von Horoskopen vorhersagen, Krankheiten mit Hilfe schamanistischer Trance heilen oder ihrem Vorgesetzten oder Lehrer Schaden zufügen wollen, indem sie Nadeln in eine Puppe stecken. Dies alles sind Techniken, mit denen man die Welt meistern, nicht sich aus ihr zurückziehen will.

Ganz offensichtlich liegen auch den zahllosen Arten von Wochenend-Begegnungsgruppen und Körper-Geist-Therapien, die Teil der »spirituellen Bewegung« sind, utilitaristische Motive zugrunde. Führungskräfte empfehlen Begegnungsgruppen und Sensitivitätstraining zur Verbesserung der Beziehungen am Arbeitsplatz und zur Verkaufsförderung.

In den ätherischeren und vergeistigteren »Trainingsgruppen« ist das vorherrschende, stets wiederkehrende Thema das der Kontrolle des Geistes über die Materie. Die Teilnehmer erwarten nicht nur, daß sie, wenn sie sich selbst besser unter Kontrolle haben, auch andere besser kontrollieren können, sondern daß sie mit Hilfe der Kraft ihrer Gedanken physische Ereignisse kontrollieren können. Nach Erhards Trainingsseminaren »muß niemand sterben, der nicht sterben will; jeder Tod ist ein Selbstmord, es gibt keine Unfälle. Und du kannst fliegen, wenn du nur bereit bist, dich darauf einzulassen« (Conway und Siegelman 1978:169). Ähnlich extreme Formen des Mentalismus (des Glaubens an die Allmacht der Gedanken) kennzeichnen die Prinzipien und Ziele der »meditativeren« spirituellen Bewegungen. Scientology zum Beispiel verspricht »die Fähigkeit, sich nicht von der Last der Probleme erdrücken zu lassen«; »Freiheit von Zwängen«; »Freiheit von Angst«; »die Fähigkeit, die Körpergröße zu verändern«; »die Fähigkeit, durch Wände hindurchzusehen«;

und »die Fähigkeit, die Gedanken anderer zu lesen« (Wallis 1977:121). Selbst
Kulte wie die der »Moon-Sekte« (der Vereinigungskirche), der »Hare Krish-
nas« und der Divine Night Mission haben eine definitiv weltliche Zielsetzung
— eine Sehnsucht nach Kontrolle —, die der Auffassung widerspricht, die
gegenwärtigen religiösen Erweckungsbewegungen in den USA seien eine von
Asien inspirierte »Kritik an der Ausdehnung von Reichtum und Macht«. Barbara Underwood zum Beispiel, eine frühere Angehörige der Moon-Sekte, gab
zu, daß sie »mehrere Millionen Dollar« verdienen wollte, um Hotels, Erho-
lungsorte und Luxusvillen von Chicago bis New Orleans, Schul- und Wohn-
zentren, Colleges, Yachten und selbst das Empire State- und das Pan Am-
Building kaufen zu können. »Uns wurde der Glaube eingeimpft, daß Moon
alles Geld und alles Land den Klauen Satans entreißen muß.« In einem Lehrbuch der Vereinigungskirche ist zu lesen: »Christen denken, daß der Messias
arm und elend sein müsse. Deshalb ist er aber nicht gekommen. Der Messias
muß der Reichste von allen sein. Nur Ihm darf alles gehören. Weder Gott
noch der Messias können sonst glücklich sein« (Underwood und Underwood
1979:76; Welles 1978:225).

Die elektronische Kirche

Wie auch immer sich diesseitige und jenseitige Themen in Kulten, die
Aspekte asiatischer Religionen übernommen haben, die Waage halten
mögen, diese Kulte sind nicht repräsentativ für das, was sich auf religiösem
Gebiet in den Vereinigten Staaten heute verändert hat. Viel mächtiger sind
der protestantische Fundamentalismus und verschiedene wiedererstandene
christliche Bewegungen, die sich das Fernsehen zunutze gemacht haben, um
ihre Mitgliederzahl zu vergrößern und Gelder zu sammeln. Diese sogenannten »elektronischen Kirchen« oder »TV-Kulte« gewinnen ihre Mitglieder
größtenteils durch ein »Evangelium des Reichtums« — sie versprechen dem
wahren Gläubigen materiellen Erfolg und körperliche Gesundheit. Ihre Botschaft findet vor allem bei Menschen Anklang, die krank, alt, vereinsamt,
infolge der Inflation verarmt, vom Wandel der Sexualsitten und der Familie
verwirrt sind und eine tödliche Angst vor der Straßenkriminalität haben. Der
Fernseh-Prediger Jim Bakker etwa verkündigt: »In der Heiligen Schrift steht
geschrieben, ,Freue dich des Herrn, und er wird deine sehnlichsten Wünsche
erfüllen'. . . . Gib, und es wird dir gegeben.« Bakker erzählt, wie ein Mann um
einen Winnebago Wohnwagen, Farbe braun, betete und genau diesen erhielt.
»Diamanten und Gold sind nicht nur für Satan da — sie sind auch für Christen
da« (Bakker 1976).

In seiner »Old Time Gospel Hour«, einem regelmäßig vom Fernsehen übertragenen Gottesdienst, fordert der Führer der moralischen Mehrheit, Jerry Falwell, die Gläubigen auf, ein Zehntel ihres Einkommens abzugeben. »Christus hat das Herz eines Menschen nicht errungen, solange er nicht seine Brieftasche besitzt.« Zwei Millionen potentielle Beitragszahler, deren Namen und Adresse in einer Computer-Datenbank aufbewahrt werden, erhalten immer wieder Aufforderungen zu Geldspenden. Eine dieser Aufforderungen hat den folgenden Wortlaut: »Vielleicht sieht deine finanzielle Situation hoffnungslos aus. Laß Jesus dein Verwalter sein und er wird dich finanziell segnen« (*Time*, 1. Oktober 1979:68).

Als dem Video-Evangelisten Oral Roberts 50 Millionen Dollar fehlten, um den Bau seines »City of Faith«-Krankenhauskomplexes in der Nähe von Tulsa, Oklahoma, zu vollenden, sammelte er mit Hilfe von Mustern eines »Wunderstoffes« Geld. »Meine Hände fühlen sich an, als ob eine übernatürliche Hitze in ihnen wäre«, behauptete er. »Jetzt ist meine rechte Hand besonders heiß.« Auf Gottes Geheiß begann Roberts, Millionen von Stoffmustern zu produzieren, auf die seine rechte Hand gedruckt war. All denen, die den Stoff kauften, wurden »besondere Wunder« in Aussicht gestellt (*Newsweek*, 10. September 1979). Ein anderer Fernseh-Evangelist, Pat Robertson, gewinnt Anhänger und sammelt Gelder mit Hilfe der von ihm sogenannten Prinzipien des Reiches Gottes: Die Bibel sagt, je mehr du Jesus gibst, umso mehr wirst du zurückbekommen. Und je schwerer es fällt zu geben, umso größer wird der Gewinn sein. Eine Frau in Kalifornien, die nur über ein geringes Einkommen verfügte und sich in einem schlechten gesundheitlichen Zustand befand,

»entschloß sich, auf Gott zu vertrauen und nach den Prinzipien des Reiches Gottes zu handeln. Sie gab bereits die Hälfte ihrer Behindertenrente an den Club der 700 zur Verbreitung des Evangeliums Jesu Christi. Letzte Woche beschloß sie jedoch, ganze Arbeit zu leisten und Gott das Geld zu geben, das sie für ihr Krebsmedikament brauchte – 120 Dollar im Monat. Und drei Tage später erhielt sie von einem Unbekannten einen Scheck über dreitausend Dollar!« (Rifkind und Howard, 1979:108)

Da all die anderen Aspekte der US-amerikanischen Kultur sich im Fluß befinden, überrascht es nicht, daß auch religiöse Überzeugungen und Praktiken eine Zeit des Wandels durchmachen. Die Erfahrung anderer Kulturen und historischer Epochen zeigt, daß durch rapiden Kulturwandel hervorgerufene Belastungen gewöhnlich in spirituellen Sehnsüchten, im Suchen und Experimentieren zum Ausdruck kommen, was zur Ausweitung und Intensivierung religiöser Aktivitäten – im weitesten Sinne – führt.

Alle großen Weltreligionen wurden in Zeiten rapider kultureller Veränderungen geboren. Der Buddhismus und der Hinduismus entstanden im Gangestal in Nordindien zu einer Zeit, in der die Wälder abgeholzt wurden, die Bevölkerung wuchs und sich ein Staatswesen herausbildete. Der Judaismus entstand während der langen Wanderungen der alten Israeliten. Das Christentum entstand in Verbindung mit Versuchen, das Joch des römischen Imperialismus abzuschütteln. Der Islam in Arabien und Nordafrika entstand in einer Zeit des Übergangs von einer hirtennomadischen zu einer durch Handel und Reichsgründungen geprägten Lebensweise. Die Protestanten spalteten sich vom Katholizismus ab, als der Feudalismus dem Kapitalismus wich. Wie wir gesehen haben (Kap. 12), blühten messianische und millenarische Kulte auf den Great Plains auf, als die Indianer ihr Land und ihre Jagdgründe verloren, während nach der europäischen Kolonisierung Neuguineas und Melanesiens Hunderte von Kargokulten, deren Ziel das Erlangen weltlicher Güter mit Hilfe der von den Toten zurückgekehrten Ahnen war, sich von Insel zu Insel ausbreiteten.

Die Annahme ist daher begründet, daß die steigende Intensität religiöser Aktivitäten in den USA den Versuch darstellt, die Probleme, die mit dem Konsumdenken, der Inflation, der Auflösung der Geschlechtsrollen, dem Auseinanderbrechen der von einem männlichen Ernährer dominierten Familie, der entfremdeten Arbeit, einer harten Regierung und der Bürokratisierung der Arbeit, den Gefühlen der Isolation und der Einsamkeit, der Angst vor Kriminalität und mit der Verwirrung über den Grund so vieler, gleichzeitig stattfindender Veränderungen zusammenhängen, zu lösen oder vor ihnen zu fliehen.

Zusammenfassung

Infolge der Ausweitung des Dienstleistungs- und Informationssektors in den letzten Jahren lassen sich die Vereinigten Staaten am besten als hyperindustrialisierte Gesellschaft charakterisieren, da heute praktisch alle Formen des Wirtschaftens auf Massenproduktion, hochspezialisierter Arbeitsteilung und mechanischer oder elektronischer Maschinerie basieren.

Obwohl man das Wirtschaftssystem der USA aus einer emischen Perspektive als Kapitalismus bezeichnet, stellt es — etisch gesehen — eine Mischung aus Sozialismus und Kapitalismus dar. Wiederum aus einer emischen Perspektive betrachtet, glaubt man, daß der kapitalistische Bereich der Wirtschaft auf der Preiskonkurrenz des freien Unternehmertums beruht; etisch gesehen stellt jedoch der Umfang der Konzentration wirtschaftlicher Ressourcen in den größten Konzernen eine Oligopol-Situation her, die ein

Zustandekommen der Preise durch Angebot und Nachfrage auf einem konkurrenzorientierten Markt verhindert.

Die Mehrzahl der Amerikaner arbeitet für bürokratisierte Organisationen, die weniger individuelle Initiative als die Bereitschaft zur Ausführung standardisierter Routinetätigkeiten belohnen. Deshalb gibt es das Phänomen entfremdeter Arbeit nicht nur an Fabrikfließbändern, sondern auch im Informations- und Dienstleistungssektor. Zwar sehen einige Beobachter in der Automatisierung des Dienstleistungs- und Informationssektors ein Mittel, das Problem entfremdeter Arbeit zu überwinden, doch gibt es bereits Hinweise dafür, daß das elektronische Büro der Zukunft den Beschäftigten vermehrt unqualifizierte Routinearbeit abverlangt.

Je nachdem, ob man das System sozialer Schichtung in den USA aus emischer oder etischer Perspektive sieht, kommt man zu äußerst unterschiedlichen Ergebnissen. Emische Betrachtungsweisen schätzen das Maß der Klassentrennung geringer ein und leugnen die Existenz einer herrschenden Klasse. Aus einem etischen Blickwinkel gibt es jedoch etliche Belege dafür, daß es trotz entgegenwirkender politischer Machtfaktoren eine herrschende Elite gibt, die die allgemeine Form der US-amerikanischen Sozial-, Wirtschafts- und Militärpolitik wesentlich beeinflußt. Belege dafür sind etwa die Vermögenskonzentration bei superreichen Familien und die Machtverflechtung einer Handvoll hochkarätiger institutioneller Investoren, die das Aktienstimmrecht ausüben. Doch im Gegensatz zu den vielen Armenstudien ist nur wenig über die Superreichen bekannt; Ethnologen haben es bisher versäumt, das Verhalten der Reichen genauso zu erforschen wie das der Armen.

Auch der Umstand, daß es noch immer eine große Klasse der Armen gibt, weist darauf hin, daß emische und etische Betrachtungsweisen des amerikanischen Lebens weit auseinanderklaffen. Es gibt längst nicht so schnelle und viele soziale Aufstiegsmöglichkeiten, wie die meisten Amerikaner glauben. Immer wieder neigt man dazu, den Fortbestand der Armenklasse den Opfern der Armut selbst anzulasten. Das zeigt sich an der Popularität der Theorie der »Kultur der Armut« von Oscar Lewis und an der Forderung, die Armen müßten eben härter arbeiten als die Reichen. Die Armen orientieren sich jedoch meist an denselben Werten wie der Mittelstand, und wenig deutet darauf hin, daß die Armen durch härteres Arbeiten die für Arbeitslosigkeit oder Unterbeschäftigung verantwortlichen strukturellen Bedingungen überwinden können. Hinweise, daß eher das Gegenteil der Fall ist, finden sich in Elliot Liebows Bericht über männliche Slumbewohner in Washington, D.C.

Im Gegensatz zu der sich aus emischer Perspektive vollziehenden Aufhebung der Klassenunterschiede in den USA bilden rassische und ethnische Minderheiten wie Mehrheiten nach ihrem eigenen Selbstverständnis klar definierte, rivalisierende Gruppen. Der ethnische und soziale Chauvinismus spielt Schwarze, die nichts haben, gegen Weiße aus, die wenig haben, und hilft den »Besitzenden«, ihren Reichtum zu behalten und an der Macht zu bleiben. Die »Black Power«-Bewegung war vielen privilegierten Schwarzen von Nutzen, hat aber die Mehrzahl der Schwarzen in den städtischen Gettos gefangengehalten. Die schlimmer werdende Lage der schwarzen unterprivilegierten Klasse wird oft der vermeintlich pathologischen Natur der schwarzen matrifokalen Familie zugeschrieben. Matrifokalität ist aber, wie die von Carol Stack in den Flats durchgeführte Studie zeigt, eine durch Armut, Arbeitslosigkeit und die Richtlinien des AFDC-Sozialhilfeprogramms verursachte Form der Familienorganisation.

Die Vereinigten Staaten müssen enorme versteckte Kosten tragen, weil es ihnen nicht gelingt, die Situation der armen unterprivilegierten Klasse zu verbessern. Die anhaltende und starke Arbeitslosigkeit unter den in den Gettos lebenden männlichen Schwarzen und Hispano-Amerikanern hat eine Situation der Hoffnungslosigkeit und des Neids entstehen lassen, die zu einem unverhältnismäßig hohen Anteil an in die Kriminalität abgleitenden Schwarzen und Hispano-Amerikanern geführt hat. Die rassische und ethnische Zwangslage, in der sich die Vereinigten Staaten befinden, ist zu einem großen Teil dafür verantwortlich, daß die Kriminalitätsrate in den USA sehr viel höher liegt als in den westlichen Industrienationen und in Japan. Es besteht auch ein Zusammenhang zwischen dem AFDC-Programm und der hohen Gewaltverbrechensrate in den amerikanischen Stadtzentren. Wie Jagna Sharffs Untersuchung der hispano-amerikanischen Frauen, die in New York von AFDC-Unterstützung leben, zeigt, sind die AFDC-Zahlungen zu gering, als daß eine Familie davon leben könnte. Dadurch werden junge Männer ermutigt, zu kriminellem Verhalten Zuflucht zu nehmen, um das Loch im Familienetat zu stopfen.

Die Entwicklung der amerikanischen hyperindustrialisierten Dienstleistungs- und Informationswirtschaft ist nicht ohne Auswirkung auf das Familienleben des Mittelstands geblieben. Nach dem Zweiten Weltkrieg traten verheiratete Frauen in nie dagewesener Zahl ins Erwerbsleben ein und besetzten die immer zahlreicher werdenden, gering bezahlten Stellen im Dienstleistungs- und Informationssektor. Als es infolge der Inflation unmöglich wurde, allein mit dem Einkommen des Ehemannes den Lebensstandard der Mittelklasse zu erreichen oder aufrechtzuerhalten, sahen sich verheiratete Frauen gezwungen, arbeiten zu gehen. Ihre Rolle als Geldverdienerinnen vertrug sich jedoch nicht mit ihrer Mutterrolle, untergrub die traditionelle Heirats- und Fortpflanzungsnorm und trug zur Auflösung der von einem männlichen Ernährer dominierten Familie bei. Sie führte auch zur Trennung von

Sexualität und Fortpflanzung, zur zahlenmäßigen Zunahme der Familien mit nur einem Elternteil, zum Zusammenleben ohne Trauschein, zur sinkenden Zahl der Erst-Eheschließungen und zu geringen Fertilitätsraten. Die Trennung von Sexualität und Fortpflanzung wiederum hat zur Praktizierung früher verbotener Formen der Sexualität geführt — Homosexualität, pornographische Filme, Bücher und Videobänder sind hierfür ein Beispiel.

Der rapide kulturelle Wandel; inflationsbedingte Probleme; Bürokratisierung, Oligopolisierung, Entfremdung und die Berufstätigkeit der Frauen; der Angriff auf die Heirats- und Fortpflanzungsnorm; eine hohe Kriminalitätsrate; Armut und extreme Vermögens- und Machtunterschiede sind wahrscheinlich die Hauptgründe für die in den USA derzeit auftretenden religiösen Erweckungsbewegungen. Die Geschichte anderer Kulturen lehrt, daß durch rapiden Kulturwandel und soziale Unruhen hervorgerufene Belastungen in spirituellen Sehnsüchten, in der Suche nach religiösen Erklärungen und im Experimentieren mit neuen Kulten zum Ausdruck kommt. Obwohl einige Aspekte der amerikanischen Erweckungsbewegung auf den Versuch zurückgehen mögen, die materielle Welt zu überwinden, stehen der Lösung praktischer und weltlicher Probleme gewidmete Versuche wie beispielsweise die Videokulte und die spirituellen Bewegungen im Mittelpunkt religiöser Neuerungen.

Anhang
Geschichte der Kulturtheorien

> Dieser Anhang skizziert ganz kurz die Geschichte ethnologischer Theoriebildung. Er stellt die wichtigsten, von heutigen Ethnologen angewandten Forschungsstrategien dar und überprüft die Theorie des rassischen Determinismus.

Das Interesse an ethnologischen Fragestellungen ist wahrscheinlich so alt wie die Menschen selbst. Mitglieder verschiedener menschlicher Gruppen wollten schon immer gern etwas über die Sitten und Bräuche fremder Gruppen wissen. Die Tatsache, daß Menschen, die in verschiedenen Gesellschaften leben, verschiedenartige Behausungen haben, andere Kleidung tragen, unterschiedliche Eheformen praktizieren, unterschiedliche Geister und Götter verehren und verschiedene Sprachen sprechen, gab den Menschen schon immer zu denken. Die älteste und immer noch gebräuchlichste Art und Weise, sich gedanklich mit diesen Unterschieden auseinanderzusetzen, ist die Annahme, die eigenen Glaubensvorstellungen und Verhaltensweisen seien Ausdruck der wahren oder richtigen Lebensweise und durch die Lehren der eigenen Ahnen wie durch die Gebote und Weisungen der übernatürlichen Mächte legitimiert. Die meisten Kulturen verfügen über Ursprungsmythen, die von den Ereignissen berichten, die zur Entstehung der Welt und des Menschen geführt haben. Der Umstand, daß die Lebensweise anderer Gruppen von der eigenen abweicht, kann dann damit erklärt werden, daß die Angehörigen dieser Gruppen keine wahren, richtigen oder normalen Menschen sind.

Die Aufklärung

Als in Europa die Zeit der Entdeckungsreisen und des Seehandels begann, wuchs das Interesse an der Beschreibung und Erklärung kultureller Unterschiede. Die Entdeckung und Erforschung einer ganzen »Neuen Welt« — der beiden Amerikas — öffnete Philosophen, Staatsmännern, Theologen und Wissenschaftlern die Augen für die erstaunliche Vielfalt menschlicher Lebensformen.

Etwa Mitte des 18. Jahrhunderts, zur Zeit der Aufklärung, wurden die ersten systematischen Versuche unternommen, wissenschaftliche Theorien zur Erklärung der Kulturunterschiede zu entwickeln. Allen diesen Theorien war die Idee des Fortschritts gemeinsam. Gelehrte wie Adam Smith, Adam Ferguson, Jean Turgot und Denis Diderot waren der Auffassung, daß sich Kulturen nicht aufgrund der unterschiedlichen angeborenen Fähigkeiten oder Vorlieben der Menschen unterscheiden, sondern weil sie Ausdruck der unterschiedlichen Entwicklungsstufen rationaler Erkenntnis waren. Man glaubte, daß zu Beginn alle Menschen, auch die Vorfahren der Europäer, in einem »unzivilisierten« Zustand gelebt hätten, ohne den Pflanzenanbau und die Viehzucht, Gesetze und Regierungen zu kennen. Allmählich aber, infolge der unaufhörlich wichtiger werdenden Rolle der Vernunft im menschlichen Zusammenleben, ließen die Menschen den »Zustand der Natur« hinter sich und erreichten den Zustand der aufgeklärten Zivilisation. Kulturunterschiede waren so größtenteils das Ergebnis der von verschiedenen Völkern erreichten unterschiedlichen intellektuellen und moralischen Entwicklungsstufen.

Der Evolutionismus des 19. Jahrhunderts

Die Vorstellung von einer fortschreitenden kulturellen Entwicklung war der Vorläufer der Theorie von der kulturellen Evolution, die die Kulturtheorien im 19. Jahrhundert beherrschte. Sie fußt auf der Annahme, daß Kulturen verschiedene Stadien der Entwicklung durchlaufen, deren Endpunkt etwa dem euroamerikanischen Lebensstil entspricht. Auguste Comte postulierte ein Fortschreiten vom theologischen zum metaphysischen und schließlich positivistischen (wissenschaftlichen) Denken. Friedrich Hegel sah eine Entwicklung von der Zeit, als nur ein Mensch frei war (der asiatische Tyrann), über die Zeit, als einige Menschen frei waren (in den griechischen Stadtstaaten), bis hin zu einer Zeit, in der alle Menschen frei wären (in den europäischen konstitutionellen Monarchien). Andere sahen eine Entwicklung vom Status (z.B. als Sklave, Adeliger oder Gemeiner) zum Vertrag (Arbeitnehmer und Arbeitgeber, Verkäufer und Käufer); von kleinen Gemeinschaften, in denen die Menschen in direkten Beziehungen zueinander stehen, zu großen, unpersönlichen Gesellschaften; vom Animismus über den Polytheismus zum Monotheismus; von der Magie zur Wissenschaft; von Gesellschaften mit niederem Bodenbau, die von Frauen dominiert werden, zu Gesellschaften mit höherem Bodenbau, die von Männern dominiert werden; und von vielen anderen, hypothetisch angenommenen, früheren und einfacheren zu späteren und komplexeren Formen.

Mit das einflußreichste Entwicklungsschema entwarf der amerikanische Ethnologe Lewis Henry Morgan in seinem Buch *Ancient Society* (dt. *Die Urgesellschaft*). Morgan teilte die Kulturentwicklung in drei Hauptphasen ein: Wildheit, Barbarei und Zivilisation. Diese Phasen hatten bereits in Entwicklungsmodellen des 16. Jahrhunderts eine Rolle gespielt, Morgan unterteilte sie jedoch weiter und füllte sie mit mehr Einzelheiten und ethnographischen Daten aus. (Morgan studierte sein Leben lang die Irokesen, die in der Nähe seiner Heimatstadt Rochester, New York, lebten). Morgan war der Ansicht, daß auf der »unteren Stufe der Wildheit« der Nahrungserwerb ausschließlich im Einsammeln von wilden Früchten bestand, Promiskuität herrschte und die kleine umherschweifende »Horde«, deren Ressourcen sich in Kollektivbesitz befanden, die Grundeinheit der Gesellschaft bildete. Auf »der oberen Stufe der Wildheit« waren Pfeil und Bogen erfunden worden, Bruder-Schwester-Heiraten verboten, und die Abstammung wurde hauptsächlich über die Frauen abgeleitet. Den Übergang zur Barbarei bildete die Erfindung der Töpferei und der Beginn des Bodenbaus. Inzestverbote wurden auf alle Nachkommen in weiblicher Linie ausgedehnt. Grundeinheiten der Gesellschaft waren der Klan und das Dorf.

Kennzeichen der oberen Stufe der Barbarei war die Entwicklung der Metallverarbeitung; die Abstammung ging von der weiblichen zur männlichen Linie über; Männer heirateten mehrere Frauen gleichzeitig (Polygynie), und Privateigentum kam auf. Die Erfindung der Schrift, die Entstehung einer Zivilregierung und das Aufkommen der monogamen Familie markierten den Beginn der »Zivilisation«.

Sozialdarwinismus

Die Entwicklungsmodelle des 19. Jahrhunderts zeichneten sich gegenüber denen des 18. Jahrhunderts nicht nur durch größere Komplexität und Detailkenntnis aus. Ein weiterer fundamentaler Unterschied war, daß beinahe alle Modelle des 19. Jahrhunderts (mit Ausnahme des Marxismus) von der Annahme ausgingen, daß sich die Kulturen in Verbindung mit der biologischen Evolution des Menschen entwickelten. Die moderne europäische und nordamerikanische Kultur hielt man für den Höhepunkt der kulturellen Entwicklung und die weiße Rasse (vor allem ihre männliche Hälfte) für den Höhepunkt der biologischen Entwicklung.

Diese Verschmelzung von biologischem und kulturellem Evolutionismus ist oft fälschlicherweise auf den Einfluß Charles Darwins zurückgeführt worden. In Wirklichkeit geht die Entstehung biologischer Interpretationen der Kulturentwicklung auf die Zeit vor Erscheinen des Darwinschen Werks *Origin of Species* (dt.: *Vom Ursprung der Arten*) zurück. Darwin selbst war stark von Sozialphilosophen wie Thomas Malthus und Herbert Spencer beeinflußt. Malthus' Ansicht, das Bevölkerungswachstum führe unvermeidlich zu einem »Kampf ums Dasein«, arbeitete Spencer zu der Vorstellung vom »Überleben des biologisch Tauglichsten« aus, noch bevor Darwin seine Theorien zur biologischen Evolution veröffentlichte.

Der Erfolg der Darwinschen Theorie vom Überleben des Tauglichsten (sein Gesetz der »natürlichen Auslese«) trug zur Popularisierung der Auffassung bei, die kulturelle Evolution sei von der biologischen Evolution abhängig. Nach Veröffentlichung von *Origin of Species* kam die als Sozialdarwinismus bezeichnete Bewegung auf, die auf dem Glauben beruht, der kulturelle und biologische Fortschritt sei vom freien Spiel rivalisierender Kräfte im Kampf der Individuen, der Nationen und Rassen untereinander abhängig. Der einflußreichste Sozialdarwinist war Herbert Spencer, der soweit ging, für die Beendigung aller Hilfsmaßnahmen für Arbeitslose, Arme und sogenannte rückständige Rassen einzutreten mit der Begründung, daß solche Hilfsmaßnahmen die Wirkung des sogenannten Gesetzes des Überlebens des Tauglichsten behinderten und lediglich die Qual und das Unglück der »Untauglichen« verlängerten. Spencer bediente sich des Sozialdarwinismus, um das kapitalistische System des freien Unternehmertums zu rechtfertigen. Sein Einfluß ist auch heute noch bei Verfechtern eines uneingeschränkten Kapitalismus und Verfechtern der Überlegenheit der weißen Rasse spürbar.

Marxistischer Evolutionismus

Obwohl die Schriften und Gedanken von Karl Marx in diametralem Gegensatz zum Sozialdarwinismus stehen, ist es doch wichtig zu wissen, daß auch der Marxismus stark unter dem Einfluß der das 19. Jahrhundert beherrschenden Vorstellung von der kulturellen Entwicklung und vom kulturellen Fortschritt stand. Marx war der Auffassung, daß alle Kulturen die Phase des primitiven Kommunismus, der Sklavenhaltergesellschaft, des Feudalismus, Kapitalismus und Kommunismus durchlaufen. Außerdem spielte für Marx, wie für viele seiner Zeitgenossen, der Kampf für Kulturentwicklung und Fortschritt eine wichtige Rolle. Nach Marx war alle Geschichte das Ergebnis des Kampfes sozialer Klassen um die Kontrolle über die Produktionsmittel. Das im Kapitalismus entstandene Proletariat war dazu bestimmt, den Privatbesitz abzuschaffen und die letzte Phase der Geschichte, den Kommunismus, herbeizuführen. Nachdem sie Morgans *Ancient Society* gelesen hatten, glaubten Marx und sein Freund Friedrich Engels, eine Bestätigung ihrer Vorstellung gefunden zu haben, daß es während der ersten Phase der Kulturentwicklung kein Privateigentum gegeben habe und die folgenden Phasen kulturellen Fortschritts durch Veränderungen in der »Produktionsweise« entstanden seien — so wie nach Morgans Schema beispielsweise die Entstehung des Bodenbaus mit dem Übergang von der Wildheit zur Barbarei zusammenfällt. Morgans *Ancient Society* lieferte die Grundlage für Engels' *Der Ursprung der Familie, des Privateigentums und des Staats*, das bis in die Mitte des 20. Jahrhunderts hinein als Grundstein marxistischer Anthropologie diente.

Die Reaktion auf den Evolutionismus des 19. Jahrhunderts

Zu Beginn des 20. Jahrhunderts waren es vor allem Ethnologen, die die Entwicklungsmodelle und -lehren sowohl der Sozialdarwinisten als auch der marxistischen Kommunisten in Frage stellten. In den Vereinigten Staaten entwickelten Franz Boas und seine Studenten die wichtigste, als *historischer Partikularismus* bekannte theoretische Gegenposition. Nach Boas entbehrten die Versuche des 19. Jahrhunderts, Gesetze der Kulturentwicklung zu entdekken und Phasen kulturellen Fortschritts schematisch darzustellen, einer ausreichenden empirischen Grundlage. Boas argumentierte, daß jede Kultur ihre eigene lange und einzigartige Geschichte habe. Um eine bestimmte Kultur zu verstehen oder zu erklären, sollte man am besten den besonderen, von ihr eingeschlagenen Weg rekonstruieren. Diese Betonung der Einzigartigkeit einer jeden Kultur lief darauf hinaus, daß die Möglichkeit einer generalisierenden Kulturwissenschaft geleugnet wurde. Ein weiteres wichtiges Merkmal des historischen Partikularismus ist der *Kulturrelativismus*, der besagt, daß es keine höheren oder niederen Kulturformen gibt. In Begriffen wie »Wildheit«, »Barbarei« und »Zivilisation« komme lediglich der Ethnozentrismus von Leuten zum Ausdruck, die glauben, daß ihre eigene Lebensweise normaler als die anderer Menschen sei.

Um den spekulativen »Lehnstuhl«-Theorien und dem Ethnozentrismus der Evolutionisten entgegenzuwirken, betonten Boas und seine Schüler außerdem die Wichtigkeit ethnographischer Feldforschung bei nichtwestlichen Völkern. Als sich die von historischen Partikularisten verfaßten ethnographischen Berichte und Monographien mehrten, wurde klar, daß die Evolutionisten die sogenannten primitiven Kulturen tatsächlich falsch dargestellt, die

Komplexität dieser Kulturen nicht erkannt und die Intelligenz und den Erfindungsreichtum der nichtkaukasischen, nichteuropäischen Völker stark unterschätzt hatten.

Boas' wichtigste Leistung war der Nachweis, daß Rasse, Sprache und Kultur unabhängige Aspekte des Menschseins sind. Da sich bei Menschen derselben Rasse sowohl ähnliche als auch unähnliche Kulturen und Sprachen finden, war der sozialdarwinistischen Vorstellung, die biologische und kulturelle Entwicklung sei Teil eines einzigen Prozesses, die Grundlage entzogen.

Diffusionismus

Eine andere Reaktion auf den Evolutionismus des 19. Jahrhunderts wird als *Diffusionismus* bezeichnet. Diffusionisten vertreten die Auffassung, daß die Hauptursache für kulturelle Unterschiede und Übereinstimmungen nicht im Erfindungsgeist der Menschen, sondern in ihrer Neigung, sich gegenseitig nachzuahmen, zu sehen ist. Für Diffusionisten setzen sich Kulturen aus einer Vielzahl von Einzelelementen zusammen, die Ergebnis zufälliger Entlehnungs- und Übertragungsprozesse bei in Nachbarschaft oder weiter entfernt lebenden Völkern sind. Im Zusammenhang mit dem Ursprung der indianischen Zivilisationen vertreten Diffusionisten beispielsweise die Auffassung, Technologie und Architektur der Inka in Peru oder der Azteken in Mexiko seien keine unabhängigen Erfindungen, sondern von Ägypten oder von Südostasien diffundiert (eine Kritik am Diffusionismus findet sich auf S. 24).

Britischer Funktionalismus und Strukturfunktionalismus

In Großbritannien waren der *Funktionalismus* und *Strukturfunktionalismus* die vorherrschenden Forschungsstrategien zu Beginn des 20. Jahrhunderts. Nach funktionalistischer Auffassung besteht die Hauptaufgabe der Ethnologie in der Beschreibung der *Funktionen* von Bräuchen und Institutionen — nicht in der Erklärung der Ursprünge kultureller Unterschiede und Ähnlichkeiten. Bronislaw Malinowski, einer der führenden Funktionalisten, vertrat zum Beispiel die Meinung, der Versuch, den Ursprung von Kulturelementen zu entdecken, sei, da schriftliche Quellen fehlen, dazu verdammt, spekulativ und unwissenschaftlich zu sein. Sobald wir die Funktion einer Institution verstanden haben, so Malinowski, haben wir alles verstanden, was wir jemals über den Ursprung dieser Institution in Erfahrung bringen können.

A.R. Radcliffe-Brown war der Hauptvertreter des Strukturfunktionalismus. Er faßte die Hauptaufgabe der Ethnologie noch enger als Malinowski. Während dieser den Beitrag der Kulturelemente zum biologischen und psychologischen Wohlergehen der Menschen betonte, rückten Radcliffe-Brown und die Strukturfunktionalisten den Beitrag des biologischen und psychologischen Wohlergehens der Menschen zur Erhaltung des sozialen Systems in den Vordergrund. Für Strukturfunktionalisten war die Funktion der Systemerhaltung die wichtigste von allen. Wie Malinowski bezeichneten sie jedoch alle Versuche, die Ursprünge zu entdecken, als spekulative Geschichte.

Funktionalisten und Strukturfunktionalisten vermieden daher die Frage nach den allgemeinen Ursachen der Kulturunterschiede und rückten stattdessen die allgemeinen funktionalen Ursachen kultureller Übereinstimmungen in den Vordergrund. Das unterscheidet sie sowohl von den Diffusionisten als auch von den Evolutionisten des 19. Jahrhunderts. Sie hatten auch nichts für den historischen Partikularismus von Boas übrig. Doch wie Boas und seine Studenten betonten sie die Wichtigkeit ethnographischer Feldforschung. Nur nach zwei- oder mehrjährigem Aufenthalt in einer anderen Kultur, so ihre Überzeugung, in dessen Verlauf man die Sprache erlernt, Denkweise und Ereignisse zu verstehen beginnt, können Ethnologen gültige und verläßliche ethnographische Beschreibungen liefern.

Kultur und Persönlichkeit

Viele Ethnologen, die sich von den für das 19. Jahrhundert typischen Vorstellungen von Kausalität und Entwicklung abwandten und von den Schriften Sigmund Freuds beeinflußt waren, versuchten, Kulturen psychologisch zu interpretieren. Die Schriften Freuds und der Antievolutionismus von Boas schufen die Voraussetzung zur Entstehung eines als *Kultur und Persönlichkeit* bezeichneten Forschungsansatzes. Ruth Benedict und Margaret Mead, die beiden berühmtesten Schülerinnen von Boas, leisteten für die Theoriebildung in diesem Bereich Pionierarbeit. Kultur- und Persönlichkeitstheorien können allgemein als psychologische Versionen des Funktionalismus beschrieben werden, die kulturelle Vorstellungen und Praktiken mit der individuellen Persönlichkeit und die individuelle Persönlichkeit mit kulturellen Vorstellungen und Praktiken verbinden. Wie wir in Kapitel 14 gesehen haben, betonen viele Vertreter des Kultur- und Persönlichkeits-Ansatzes die Bedeutung früher Kindheitserfahrungen wie Reinlichkeitserziehung, Stillpraktiken und Sexualerziehung für die Herausbildung eines Grund- und Modalpersönlichkeitstypus oder Nationalcharakters. Einige Kultur- und Persönlichkeits-Theorien versuchen kulturelle Unterschiede und Übereinstimmungen mit einer unterschiedlichen oder übereinstimmenden Grund- bzw. Modalpersönlichkeit zu erklären. Im allgemeinen befassen sich Anhänger dieses Ansatzes nicht mit der Frage, warum bestimmte Vorstellungen und Praktiken, die besondere Persönlichkeitstypen oder Nationalcharaktere hervorbringen, in einigen Kulturen vorkommen, in anderen aber nicht.

Neoevolutionismus

Nach dem Zweiten Weltkrieg waren immer mehr Ethnologen mit dem für die erste Hälfte des Jahrhunderts typischen Antievolutionismus und dem Mangel an weitreichenden Verallgemeinerungen und Kausalerklärungen unzufrieden. Unter dem Einfluß von Leslie White entstand eine neue Auseinandersetzung mit den Schriften der Evolutionisten des 19. Jahrhunderts, etwa denen Lewis Henry Morgans. Man korrigierte ihre ethnographischen Irrtümer und machte auf ihre positiven Beiträge zur Entwicklung einer Kulturwissenschaft aufmerksam. White war der erste, der die These aufstellte, daß die Richtung der Kulturentwicklung insgesamt größtenteils durch die Energiemenge, die pro Kopf und Jahr gewonnen und umgesetzt werden konnte, bestimmt war (s.S. 99).

Zur gleichen Zeit (etwa 1940 bis 1950) legte Julian Steward den Grundstock für die Entstehung eines als *Kulturökologie* bezeichneten Ansatzes, der als Ursache kultureller Unterschiede wie Übereinstimmungen die Wechselwirkung zwischen natürlichen Bedingungen wie Böden, Niederschlagsmenge und Temperatur und kulturellen Faktoren wie Technologie und Wirtschaft hervorhob.

Die Rückkehr amerikanischer Ethnologen zu einer weiten Entwicklungsperspektive in der zweiten Hälfte des 20. Jahrhunderts wurde durch archäologische Forschungsergebnisse angeregt, die den Nachweis erbrachten, daß die bemerkenswerten Übereinstimmungen bei der Entstehung von Staaten und Reichen in der Neuen Welt und der Alten Welt nicht durch Diffusion erklärt werden konnten (s.S. 234). Dank der modernen archäologischen Forschung konnte der schrittweise Prozeß, in dessen Verlauf indianische Völker in den Anden und den mittelamerikanischen Regionen ihre eigenen komplexen Zivilisationen entwickelten, ziemlich genau rekonstruiert werden.

Julian Steward war besonders von Parallelen beeindruckt, die sich in der Entwicklung der antiken Hochkulturen in Peru, Mexiko, Ägypten, Mesopotamien und China feststellen ließen, und forderte die Ethnologen auf, neue Versuche zur Erforschung und Erklärung dieser bemerkenswerten Übereinstimmungen zu unternehmen. Steward war jedoch darauf bedacht, den Unterschied zwischen seinem eigenen Modell der Kulturentwicklung und extremeren Versionen des Evolutionismus des 19. Jahrhunderts herauszuarbeiten. Ihm zufolge war das Problem dieser Evolutionisten, daß sie eine einzige oder »unilineare« Entwicklungsreihe für alle Kulturen postulierten. Er selbst nimmt dagegen an, daß es in Wirklichkeit viele oder »multilineare« Entwicklungswege gibt, die von den anfänglichen Umweltbedingungen, technologischen und anderen Bedingungen abhängig sind.

Dialektischer Materialismus

White und Steward waren beide von Marx und Engels beeinflußt, die Nachdruck darauf legten, daß Veränderungen der materiellen Reproduktionsweise die treibende Kraft der Kulturentwicklung seien. Beide akzeptierten jedoch nicht alle Einzelheiten der als *dialektischer Materialismus* bezeichneten marxistischen Theorie, die unter westlichen Ethnologen erstmalig in den 60er und 70er Jahren beträchtliche Popularität gewann. Dialektische Materialisten sind der Auffassung, daß die Geschichte in eine bestimmte Richtung – nämlich auf den Kommunismus und die klassenlose Gesellschaft hin – verläuft. Triebfeder dieser Bewegung sind die inneren Widersprüche der soziokulturellen Systeme. Um die Ursachen soziokultureller Unterschiede und Übereinstimmungen zu verstehen, müssen Sozialwissenschaftler nicht nur diese Widersprüche erforschen, sondern auch an den »dialektischen« Lösungen teilnehmen, die zum Kommunismus führen. Der wichtigste Widerspruch in allen Gesellschaften ist der zwischen den Produktionsmitteln (etwa der Technologie) und den Produktionsverhältnissen (wer die Produktionmittel besitzt). Mit den Worten von Karl Marx: »Die Produktionsweise des materiellen Lebens bedingt den sozialen, politischen und geistigen Lebensprozeß überhaupt. Es ist nicht das Bewußtsein der Menschen, das ihr Sein, sondern umgekehrt ihr gesellschaftliches Sein, das ihr Bewußtsein bestimmt« (1859; MEW, Bd. 13:8f).

Kulturmaterialismus

Der Kulturmaterialismus stellt eine Weiterentwicklung der theoretischen Perspektive von Marx, White und Steward dar. Diese Forschungsstrategie geht von der Annahme aus, daß die Hauptaufgabe der Ethnologie darin besteht, Kausalerklärungen für die Unterschiede und Übereinstimmungen im Denken und Verhalten verschiedener Gruppen von Menschen zu liefern. Kultur-materialisten sind wie die dialektischen Materialisten der Auffassung, daß diese Aufgabe am besten erfüllt werden kann, wenn man die materiellen Zwänge des menschlichen Lebens erforscht. Diese Zwänge ergeben sich aus der Notwendigkeit, Nahrung, Wohnung, Werkzeuge und Maschinen zu pro-duzieren und die menschliche Bevölkerung innerhalb der von der Biologie und der Umwelt gesetzten Grenzen zu reproduzieren. Sie werden als *mate-rielle* Zwänge oder Bedingungen bezeichnet, damit man sie von Zwängen und Bedingungen unterscheiden kann, die sich aus Vorstellungen oder anderen mentalen oder geistigen Aspekten des menschlichen Lebens wie Wertvorstel-lungen, Religion und Kunst ergeben. Für Kulturmaterialisten sind Unter-schiede in den mentalen oder geistigen Aspekten des menschlichen Lebens überwiegend auf Unterschiede in den materiellen Zwängen zurückzuführen, die auf die Art und Weise einwirken, wie Menschen mit dem Problem der Befriedigung ihrer Grundbedürfnisse in einer bestimmten Umwelt fertig werden.

Kulturmaterialisten unterscheiden sich von dialektischen Materialisten hauptsächlich dadurch, daß sie die Auffassung ablehnen, Ethnologen hätten an der politischen Bewegung mit dem Ziel der Überwindung des Kapitalis-mus und der Unterstützung der Interessen des Proletariats teilzunehmen. Kulturmaterialisten lassen unter Ethnologen, die das gemeinsame Interesse an der Entwicklung einer Kulturwissenschaft verbindet, ganz verschiedene politische Motivationen zu. Außerdem lehnen sie die Auffassung ab, alle wesentlichen Veränderungen seien das Ergebnis dialektischer Widersprüche. Vielmehr sind sie der Meinung, daß ein Großteil der kulturellen Evolution das Ergebnis einer langsamen Akkumulation nützlicher Verhaltenszüge ist, die durch Versuch und Irrtum erworben wurden.

Strukturalismus

Nicht alle Ansätze zur Entwicklung einer Kulturtheorie nach dem Zweiten Weltkrieg hatten die Erklärung kultureller Unterschiede und Übereinstim-mungen zum Ziel. In Frankreich hat die von Claude Lévi-Strauss entwickelte und als Strukturalismus bezeichnete Theorie viele Anhänger. Der Struktura-lismus befaßt sich lediglich mit den psychologischen Gleichförmigkeiten, die scheinbar unterschiedlichen Denk- und Verhaltensweisen zugrundeliegen. Nach Lévi-Strauss sind diese Gleichförmigkeiten durch die Struktur des menschlichen Gehirns und der unbewußten Denkprozesse bedingt. Das wichtigste Strukturmerkmal des menschlichen Geistes besteht in der Tendenz zur Dichotomisierung, d.h. zum Denken in binären Gegensätzen, und in dem Versuch, mit Hilfe eines dritten Begriffs, der wieder als Grundlage für einen weiteren Gegensatz dienen kann, zwischen den Gegensätzen zu vermitteln. Ein in vielen Mythen wiederholt vorkommender Gegensatz ist beispielsweise der zwischen Kultur und Natur. Strukturalistisch betrachtet, bleiben Kulturen umso mehr gleich, je mehr sie sich verändern, da sie alle bloß Variationen des Themas wiederkehrender Gegensätze und ihrer Auflösung sind. Der Strukturalismus widmet sich daher nicht der Erklärung von Unterschieden, sondern von Übereinstimmungen zwischen den Kulturen. Der Abschnitt »Mythos und binäre Gegensätze« in Kapitel 13 liefert ein Beispiel strukturalistischer Analyse.

Partikularisierende Ansätze

Die Tatsache, daß viele Ethnologen weiterhin alle Versuche, die sich um Kausalerklärungen bemühen, ablehnen, soll nicht unerwähnt bleiben. Sie sind der Auffassung, daß die Hauptaufgabe der Ethnographie darin besteht, die emischen Verhaltensaspekte verschiedener Kulturen — ihre Weltanschauungen, Symbole, Werte, Religionen und Bedeutungssysteme — um ihrer selbst willen im Sinne humanistischer Aufklärung zu erforschen.

Rassischer Determinismus

Trotz der Tatsache, daß die Theorie, soziokulturelle Unterschiede und Übereinstimmungen könnten durch genetische Unterschiede und Übereinstimmungen erklärt werden (s. Kap. 2), im Grunde widerlegt wurde, werden immer wieder neue rassendeterministische Theorien angeboten. Obwohl nur wenige Ethnologen zu ihren Verfechtern gehören, gibt es doch viele Psychologen und Biologen, die einem rassischen Determinismus anhängen, so daß ein Überblick über zeitgenössische Kulturtheorien nicht umhin kommt, auch diese Auffassung darzustellen.

Im 20. Jahrhundert konzentrierte sich die Auseinandersetzung zwischen Rassendeterministen und Kulturdeterministen zunehmend auf das Messen der Intelligenz. Zunächst hielt man die Intelligenz für eine völlig unveränderliche Essenz bzw. für ein Merkmal, das nicht von der Lebenserfahrung und der Kultur beeinflußt war. Karl Pearson, eine der einflußreichsten Figuren im Zusammenhang mit der Anwendung statistischer Maße auf biologische Variationen, schrieb 1924:

»Der Verstand des Menschen ist größtenteils das Ergebnis angeborener Faktoren. Die Faktoren, die ihn bestimmen, sind rassischer und familiärer Art. Wir haben es nicht mit einer veränderlichen Größe zu tun, die vom Arzt, dem Lehrer, den Eltern oder der häuslichen Umwelt geformt wird« (Pearson, zit. nach Hirsch 1970:92).

Um diesen unveränderlichen Bestandteil zu messen, erfand man verschiedene Testverfahren. Die meisten, auch der häufig verwandte Stanford-Binet-IQ-Test, umfassen eine Reihe von Aufgaben, bei denen es um Wortbedeutungen, Wortbeziehungen, Rechenprobleme, Formklassifikationen, räumliche Beziehungen und anderes abstrakt symbolisches Material geht (Thorndike 1968:424). Da diese Aufgaben den Aufgaben ähneln, mit denen akademische Leistungen beurteilt werden, eignen sich Intelligenztests gut dazu, akademischen Erfolg vorherzusagen.

Die Ära der umfangreichen Anwendung von Intelligenztests begann, als die Vereinigten Staaten in den Ersten Weltkrieg eintraten. Tausende zum Militärdienst Eingezogener mußten sich zur Feststellung ihrer militärischen Eignung sogenannten Alpha- und Beta-Tests unterziehen. Nach dem Krieg ordneten Psychologen die Ergebnisse nach der Rassenzugehörigkeit der Testpersonen, stellten den erwarteten Zusammenhang zwischen Schwarzen und niedrigen Werten fest und schlossen daraus, daß damit die angeborene intellektuelle Inferiorität der Schwarzen wissenschaftlich bewiesen worden war (Yerkes 1921).

Auf diese Ergebnisse stützte man sich, um die Aufrechterhaltung des niedrigen sozialen Status der Schwarzen innerhalb und außerhalb der Armee zu rechtfertigen. Eine spätere Analyse ergab jedoch, daß die festgestellten Werte zur Messung genetischer Faktoren der Intelligenz völlig untauglich waren (Bagley 1924), weil die Tests nicht zwischen den vermeintlichen Auswirkungen von Erbfaktoren und ebenso plausiblen Auswirkungen kultureller und anderer nichtgenetischer Faktoren unterschieden. Der starke Einfluß solch nichtgenetischer Faktoren wurde offenbar, als sich herausstellte, daß die Werte der Schwarzen aus den nördlichen Bundesstaaten höher als die der Schwarzen aus den südlichen Bundesstaaten und die gebildeter Schwarzer aus New York höher als die gebildeter Weißer aus Alabama waren. Die plausibelste Erklärung für diese Ergebnisse ist, daß die Nordstaatler kulturellen und anderen Umweltbedingungen ausgesetzt waren, die sich günstig auf die Erreichung höherer Testwerte auswirkten — wie Qualität und Umfang der Schulbildung, Erfahrung mit Testsituationen, Ernährung und Lebensbedingungen.

Rassische Deterministen behaupten jedoch, die unterschiedlichen Werte seien genetisch bedingt, die intelligenteren Schwarzen wären in den Norden abgewandert. Um diese Behauptung zu widerlegen, untersuchte Otto Klineberg (1935, 1944), ein ethnologisch geschulter Sozialpsychologe, den Zusammenhang zwischen der Länge der Zeit, die schwarze Abwanderer aus dem Süden im Norden verbracht hatten, und dem IQ dieser Abwanderer. Klineberg kam zu dem Ergebnis, daß die Werte von zwölfjährigen, im Süden geborenen schwarzen Mädchen direkt proportional zur Anzahl der seit der Abwanderung aus dem Süden vergangenen Zeit stiegen.

Infolge des Wohnortwechsels stiegen die IQ-Werte schwarzer Mädchen aus den Südstaaten innerhalb von sieben bis neun Jahren auf die Werte von schwarzen Nordstaatlern an. Erstmalig wurde nun von allen Beteiligten offen zugegeben, daß die IQ-Werte von den Lebenserfahrungen beeinflußt sein könnten. Offensichtlich konnte die Kluft zwischen den IQ-Werten von Schwarzen und Weißen verringert werden — aber konnte sie jemals überwunden werden? Die IQ-Werte schwarzer Abwanderer aus dem Süden stiegen bloß bis auf die Durchschnittswerte schwarzer Nordstaatler an, blieben aber zehn Punkte unter den Durchschnittswerten weißer Nordstaatler. An diesem Unterschied hat sich bis heute nichts geändert. Vergleicht man die IQs schwarzer und weißer Amerikaner auf nationaler Basis, so ist der Unterschied sogar noch größer und beträgt etwa 15 Punkte (McGurk 1975; Shuey 1966).

Die in der Psychologie und Genetik immer noch zahl- und einflußreichen Deterministen behaupten heute nicht mehr, daß der gesamte Unterschied von 15 Punkten zwischen Weißen und Schwarzen auf angeborene Erbfaktoren zurückzuführen ist. Heute ist es eine allgemein anerkannte Tatsache, daß Umwelteinflüsse den Durchschnittswert einer Gruppe anheben und senken können. Aber um wieviel?

In den späten 60er Jahren behaupteten die Psychologen C. Jensen (1969), R.J. Herrnstein (1973) und H.J. Eysenck (1973), daß es Belege dafür gäbe, daß nur ungefähr 3 Punkte bei den IQ-Unterschieden auf Umwelteinflüsse zurückzuführen seien. Das gelte nicht nur für IQ-Unterschiede zwischen Schwarzen und Weißen, sondern auch für die zwischen derselben Rasse angehörenden Kindern der Ober- und der Unterschicht. Intelligenz sei zu 80 Prozent »erbbedingt« — d.h. 80 Prozent der *Varianz* (das statistische Streuungsmaß, das die Verteilung von Meßwerten um ihr arithmetisches Mittel charakterisiert) seien auf Erbfaktoren, 20 Prozent auf Umwelteinflüsse zurückzuführen. Diese Behauptung ist nie bewiesen worden.

Wie ist man zu dieser Zahl von 80 Prozent gekommen? Um den Einfluß von »Erbfaktoren« messen zu können, muß man in der Lage sein, die Entwicklung einer Auswahl von Individuen zu beobachten, die ähnliche Genotypen (s.S. 32) aufweisen, aber in unterschiedlichen Umwelten aufgewachsen sind. Das ist im Falle von Pflanzen und Labortieren leicht, im Falle von Menschen aber schwierig und unmoralisch. Man kommt am nächsten an die zur

Einschätzung des Einflusses von Erbfaktoren bei Menschen notwendigen kontrollierten Bedingungen heran, wenn man beobachtet, wie sich eineiige oder monozygotische Zwillinge (Zwillinge, die aus derselben Ei- und Samenzelle entstanden sind) entwickeln, die bei verschiedenen Pflegeeltern in verschiedenen Familien aufwachsen. Da monozygotische Zwillinge dieselben Erbanlagen besitzen, müßten unterschiedliche IQ-Werte theoretisch auf unterschiedliche Umweltfaktoren zurückzuführen sein. Da es jedoch schwer ist, eine große Auswahl monozygotischer, in verschiedenen Familien aufgewachsener Zwillinge zu finden und zu testen, hat man auch die IQs zweieiiger oder dizygotischer Zwillinge (dasselbe Ei, aber verschiedene Samenzellen) sowie die von Geschwistern untersucht, die getrennt aufgewachsen sind. Man stellte fest, daß die IQs der in verschiedenen Familien aufgewachsenen Monozygoten ähnlicher waren als die der Dizygoten, die wiederum IQs aufwiesen, die ähnlicher als die getrennt aufgewachsener Geschwister waren, deren Werte wiederum stärkere Übereinstimmung als die nicht miteinander verwandter Personen aufwiesen. Die Aussage, 80 Prozent der Intelligenz seien erbbedingt, stützt sich also auf den Umstand, daß die IQ-Werte immer ähnlicher werden, je enger die getesteten Personen miteinander verwandt sind.

Der Verwendung dieser Methode liegt die Annahme zugrunde, daß die Unterschiede hinsichtlich der häuslichen Umwelt von Zwillingen und Geschwistern genauso groß sind wie die Unterschiede hinsichtlich der häuslichen Umwelt von nicht miteinander verwandten Kindern. Diese Annahme ist jedoch in Frage gestellt worden. Adoptionsbehörden bemühen sich nicht nur sehr darum, Geschwister zu Pflegeeltern zu geben, die den ethnischen und sozioökonomischen Merkmalen der Eltern entsprechen, sondern sie auch in ähnlichen Situationen unterzubringen. Bei eineiigen Zwillingen ist die Motivation, ähnliche Verhältnisse zu finden, wahrscheinlich am größten, bei Geschwistern unterschiedlichen Alters am geringsten. Außerdem läßt sich der Unterschied zwischen monozygotischen und dizygotischen Zwillingen leicht mit der Tatsache erklären, daß Monozygoten immer gleichgeschlechtlich sind, während zweieiige Zwillinge zu 50 Prozent aus einem Jungen und einem Mädchen bestehen. Daher sind alle bisherigen Schätzungen zum Einfluß von Erbfaktoren auf die Intelligenz mit erheblicher Skepsis zu betrachten (Kamin 1974; s. Osborne 1978; Lochlin und Nichols 1976).

Viele der Schlußfolgerungen von Jensen, Eysenck, Herrstein und anderen Anhängern der Theorie, Intelligenz sei erbbedingt, sind in jüngster Zeit angezweifelt worden, weil sie sich auf das Werk von Sir Cyril Burt stützen. Dieser englische Psychologe galt weltweit als führende Autorität auf dem Gebiet der familien- und schichtenspezifischen Verteilung von IQs. Seine Studien, die die starke Ähnlichkeit der IQs von Zwillingen und der IQs von Vätern und

Kindern in verschiedenen Schichten demonstrierten, beruhten auf größeren Stichproben als andere Studien und schienen den unwiderlegbaren Beweis für den starken Einfluß von Erbfaktoren zu erbringen. Heute wissen wir, daß Burt nicht nur seine Zahlen fälschte — indem er die Ergebnisse so änderte, daß sie seine Überzeugungen hinsichtlich des Einflusses von Erbfaktoren stützten —, sondern daß er auch Daten erfand und die Namen fiktiver Mitarbeiter unter seine angesehensten Publikationen setzte (Dorfman 1978, 1979; Hechinger 1979; Hirsch 1981; Kamin 1974; MacAskie und Clarke 1976).

Selbst wenn man der Behauptung, Intelligenz sei zu 80 Prozent erbbedingt, Glauben schenken könnte, hätte ein solches Ergebnis kaum eine Bedeutung für die Bildungspolitik. Denn nur wenn man die einwirkenden Umweltbedingungen kennt, kann man mit Hilfe der Erbanlagen die Intelligenz vorhersagen. Erbanlagen sagen nichts darüber aus, wie IQ-Werte oder andere erbbedingte Merkmale unter dem Einfluß anderer Umweltbedingungen aussehen würden. Und Erbfaktoren schreiben nicht vor, innerhalb welcher Grenzen Veränderungen möglich sind. Selbst wenn der IQ tatsächlich so stark durch Erbanlagen bestimmt wäre, wie Verfechter der Vererbungstheorie behaupten, könnte man immer noch in nicht vorhersehbarer Weise die IQ-Werte verändern, wenn man die Umweltfaktoren verändert, die auf Kinder mit geringem IQ einwirken. Denn »wie immer es um die Vererbung der Intelligenz (oder irgendeiner anderen Eigenschaft, sollte man hinzufügen) bestellt sein mag, man kann große phänotypische Veränderungen bewirken, indem man angemessene, radikal andere Umwelten schafft, denen der Genotyp nie zuvor begegnet ist« (Scarr-Salapatek 1971a:1224). Ein kurzer Verweis auf die Beziehung zwischen Erbanlagen und veränderten Umweltbedingungen am klassischen Beispiel des menschlichen Körperwuchses mag diesen Zusammenhang verdeutlichen. Eineiige Zwillinge ähneln sich in der Körpergröße meist sehr stark; der Vererbungsindex für Körpergröße ist deshalb sehr hoch — 90 Prozent. Dieser hohe Erblichkeitswert für Körpergröße konnte jedoch nicht verhindern, daß die Durchschnittsgröße von Zwillingen (und allen anderen) infolge besserer Ernährung in den letzten Generationen gestiegen ist (J. Tanner 1968). Obwohl der Begriff »Vererbung« in der Genetik allgemein gebräuchlich ist, wirkt er sich »in der öffentlichen Diskussion nachhaltig aus, weil er zu suggerieren scheint, daß er die Grenze beschreibt, bis zu der Umweltveränderungen einen Einfluß ausüben *können*« (1969:342). Mit den Worten des Verhaltensgenetikers Jerry Hirsch (1970:101): »Hohe oder geringe Erbbedingtheit sagt absolut nichts darüber aus, wie ein bestimmtes Individuum sich unter anderen als den tatsächlichen Bedingungen entwickelt hätte.« In jüngerer Zeit hat Hirsch (1981:36) die Konzentration der Intelligenzforschung auf das Messen rassischer Intelligenzunterschiede als wissenschaftlich »unmöglich (und deshalb wertlos)« verurteilt.

Je stärker sich Bevölkerungsgruppen kulturell unterscheiden, umso belang- und zweckloser sind Hereditätsmaße. Die höchsten IQ-Steigerungen im Rahmen kontrollierter Untersuchungen sind bei Bevölkerungsgruppen mit extrem starken kulturellen Gegensätzen festzustellen. In Israel beispielsweise weisen jüdische Einwanderer aus arabischen Ländern eine Steigerung von 20 Punkten pro Jahr auf (Bereiter und Engelmann 1966:55-56).

Als die Psychologen erstmalig zu erkennen begannen, daß der Stanford-Binet-IQ-Test »kulturgebunden« war, versuchten sie Ersatztests zu entwikkeln, die »kulturfrei« oder »kulturneutral« sein sollten (Cattel 1940). Es ist jedoch ein Widerspruch anzunehmen, ein enkulturierter Mensch könne so getestet werden, daß sich die Auswirkungen der Enkulturation neutralisieren oder ausgleichen ließen (Lynn 1978). Mit den Worten Paul Bohannans:

»,Intelligenz'-Tests können gar nicht frei von kulturellen Vorurteilen sein. Der Inhalt eines Intelligenztests hat zwangsläufig etwas mit den Vorstellungen, der Konstitution oder den gewohnten Wahrnehmungsformen und Verhaltensweisen der Menschen zu tun, die den Test anwenden. Denn all diese Dinge sind bei Menschen kulturell vermittelt oder beeinflußt. . . . Das ist kein Diktum, auch keine Definition — sondern die Anerkennung der Art und Weise, in der kulturelle Erfahrung alles, was Menschen wahrnehmen und tun, durchdringt« (1973:115).

Literatur

Nach der in diesem Buch verwandten Zitierweise sind die in Klammern angegebenen Namen die Namen der Autoren der erwähnten Publikationen oder von Publikationen, die die Darstellung oder Interpretation eines Sachverhalts stützen. Das hinter den Namen stehende Jahr ist das Jahr der Veröffentlichung und dient, wenn von einem Autor mehrere Veröffentlichungen genannt werden, der Identifizierung bestimmter Quellen. Buchstaben hinter der Jahresangabe (z.B. 1972a) dienen der Unterscheidung verschiedener Veröffentlichungen eines Autors aus demselben Jahr. »Siehe« verweist auf Auffassungen, die im Gegensatz zu den im Buch dargestellten stehen. Genaue Seitenangaben werden nur dann gemacht, wenn es sich um ein Zitat oder einen kontroversen Standpunkt handelt.

Acheson, James M., »Limited Good or Limited Goods: Response to Economic Opportunitiy in a Tarascan Pueblo«, *American Anthropologist* 74:1152-1169, 1972.
»Reply to George Foster«, *American Anthropologist 76:57-62, 1974.*
Adams, M. und J.V. Neil, »The Children of Incest«, *Pediatrics* 40:55-62, 1967.
Adams, Richard N., »An Inquiry into the Nature of the Family«, in: R.F. Winch und L.W. Goodman (Hg.), *Selected Studies in Marriage and Family*, New York 1968, S. 45-57.
Crucifixion by Power, Austin 1970.
Alexander, Richard, »Evolution of Social Behavior«, *Annual Review of Ecological Systems* 5:325-383, 1974.
»Evolution: Human Behavior and Determinism«, *PSA* 2:3-21, 1976.
»Natural Selection and the Analysis of Human Sociology«, in: C.E. Goulden (Hg.), *The Changing Scenes in the Natural Sciences*, 1776-1976, Academy of Natural Science, Special Publication 12, 1977, S. 283-337.
Alland, Alexander, *The Artistic Animal: An Inquiry into the Biological Roots of Art*, Garden City, N.Y. 1977.
Armelagos, George and A. McArdle, »Population, Disease, and Evolution«, *American Antiquity* 40:1-10, 1975.
Armstrong, Louise, *Kiss Daddy Goodnight*, New York 1978.
Aron, Raymond, »Social Class, Political Class, Ruling Class«, in: R. Bendix und S.M. Lipset (Hg.), *Class, Status, and Power: Social Stratification in Comparative Perspective*, New York 1966, S. 201-210.
Aso, T. und R. Williams, »Latational Amenorrahea in Monkeys«, *Endocrinology* 117:1727-1734, 1985.

Bagley, William C., »The Army Tests and the Pro-Nordic Propaganda«, *Educational Review* 67:179-187, 1924.

Bakker, Jim, *Move That Mountain*, Plainfield, N.J. 1976.

Baksh, Michael, »The Impact of Increased Fish and Game Scarcity on Machiguenga Subsistence Behavior«, Vortrag anläßlich der Jahrestagung der American Anthropological Association, Washington, D.C. 1982.

Balee, William, »The Ecology of Ancient Tupi Warfare«, in: Brian Ferguson (Hg.), *Warfare, Culture, and Environment*, Orlando 1984, S. 241-265.

Bao, Ruo-Wang (Jean Pasqualini) und Rudolph Chelminski, *Prisoner of Mao*, New York 1973.

Barash, David, *Sociobiology and Behavior*, New York 1977.

Barber, Bernard, »Social Mobility in Hindu India«, in: J. Silverberg (Hg.), *Social Mobility in the Caste System*, The Hague 1968, S. 18-35.

Barlett, Peggy und Peter Brown, »Agricultural Development and the Quality of Life: An Anthropological View«, *Agriculture and Human Values* 2:28-35, 1985.

Barnouw, Victor, *Culture and Personality*, Homewood, Ill. 1973.

Barnes, J.A., »Marriage and Residential Continuity«, *American Anthropologist* 62:850-866, 1960.

Bayliss-Smith, Timothy, »Human Ecology and Island Populations: The Problem of Change«, in: T. Bayliss-Smith und R. Feachem (Hg.), *Subsistence and Survival: Rural Ecology in the Pacific*, New York 1977, S. 11-20.

Beattie, John, *Bunyoro: An African Kingdom*, New York 1960.

Bell, Daniel, *The Coming of Post-Industrial Society: A Venture in Social Forecasting*, New York 1973. Dt. Ausg. (gekürzt): *Die nachindustrielle Gesellschaft*, Frankfurt 1985 (1976).

Bellah, Robert, »New Religious Consciousness and the Crisis in Modernity«, in: Robert Bellah und Charles Clock (Hg.), *The New Religous Consciousness*, Berkeley 1976, S. 297-330.

Bender, Donald R., »A Refinement of the Concept of Household: Families, Co-residence, and Domestic Functions«, *American Anthropologist* 69:493-503, 1967.

Bendix, Reinhard und S.M. Lipset (Hg.), *Class, Status and Power: Social Stratification in Comparative Perspective*, New York 1966.

Benedict, Ruth, *Patterns of Culture*, Boston 1934. Dt.: *Kulturen primitiver Völker*, Stuttgart 1949 (*Urformen der Kultur*, Hamburg 1955).
»Religion«, in: F. Boas (Hg.), *General Anthropology*, New York 1938, S. 627-665.

Bereiter, Carl und S. Engelman, *Teaching Disadvantaged Students in Pre-School*, Englewood Cliffs, N.J. 1966.

Bernard, H. Russell, »Issues in Training in Applied Anthropology«, *Practicing Anthropology* 3, 1981.

Berreman, Gerald D., »Caste in Cross-cultural Perspective«, in: G. De Vos und H. Wagatsuma (Hg.), *Japan's Invisible Race: Caste in Culture and Personality*, Berkeley 1966, S. 275-324.
»Bazer Behavior: Social Identity and Social Interaction in Urban India«, in: L. Romanucci-Ross und G. De Vos (Hg.), *Ethnic Identity: Cultural Continuity and Change* Palo Alto, Calif. 1975, S. 71-105.

Berreman, Gerald (Hg.), *Sexual Inequality*, New York 1981.

Bettelheim, Charles, »The Great Leap Backward«, *Monthly Review* 30(3):37-130, 1978.

Bigelow, Robert, »The Role of Competition and Cooperation in Human Evolution«, in: M. Nettleship, R.D. Givens und A. Nettleship (Hg.), *War, Its Causes and Correlates*, The Hague 1975, S. 235-261.
Biolsi, Thomas, »Ecological and Cultural Factors in Plains Indian Warfare«, in: Brian Ferguson (Hg.), *Warfare, Culture and Environment*, Orlando 1984, S. 141-168.
Bixler, Ray, »Incest Avoidance as a Function of Environment and Heredity«, *Current Anthropology* 22:639-654, 1981.
»Comment on the Incidence and Purpose of Royal Sibling Incest«, *American Ethnologist* 9:580-582, 1982.
Black, Frencis, »Infectious Disease in Primitive Societies«, *Science* 187:515-518, 1975. *Family Structure in Jamaica: The Social Context of Reproduction*, New York 1961.
Blake, Judith, *Family Structure in Jamaica: The Social Context of Production*, New York 1961.
Blau, Peter und O.D. Duncan, *The American Occupational Structure*, New York 1967.
Bloch, Marc, *Feudal Society*, Chicago 1961. Dt.: Die Feudalgesellschaft, Frankfurt, Berlin, Wien 1982.
»Feudalism as a Type of Society«, in: W.J. Cahnman and A. Boskoff (Hg.), *Sociology and History: Theory and Research*, New York 1964, S. 163-170.
Bodley, John, *Victims of Progress*, Menlo Park, Calif. 1975.
Bohannan, Paul, »Rethinking Culture: A Project for Current Anthropologists«, *Current Anthropology* 14:357-372, 1973.
Bongaarts, John, »Does Malnutrition Affect Fertility? A Summary of the Evidence«, *Science* 208:564-569, 1980.
»Malnutrition and Fertility« (Antwort auf Rose Frisch), *Science* 215:1273-1274, 1982.
Bongaarts, John und F. Odile, The Proximate Determinants of Fertility in Sub-Saharan Africa«, *Population and Development Review* 10:511-537, 1984.
Boserup, Ester, *The Condition of Agricultural Growth: The Economics of Agrarian Change under Population Pressure*, Chicago 1965.
Bottomore, T.B., *Classes in Modern Society*, New York 1966.
Boulding, Kenneth E., *The Economy of Love and Fear*, Belmont, Calif. 1973.
Bowles, S. und H. Gintis, *Schooling in Capitalist America*, New York 1976.
Braverman, Harry, *Labor and Monopoly Capital: The Degradation of Work in the Twentieth Century*, New York 1974. Dt.: Die Arbeit im modernen Produktionsprozeß, Frankfurt, New York 1980 (1977).
Bronson, Bennet, »Farm Labor and the Evolution of Food Production«, in: B. Spooner (Hg.), *Population Growth: Anthropological Implications*, Cambridge, Mass. 1972, S. 190-218.
Brown, Judith K., »Iroquois Women: An Ethnohistoric Note«, in: Rayna Reiter (Hg.), *Toward an Anthropology of Women*, New York 1975, S. 235-251.
Brown, Lester, *The Global Economic Prospect: New Sources of Economic Stress*, Washington, D.C. 1978, Worldwatch Paper 20.
Brown, Peter, »Microparasites and Macroparasites«, Vortrag anläßlich der Jahresversammlung der American Anthropological Association, Washington, D.C. 1985.
Brown, Ronald, Testimony: Hearings Before the Subcommittee on Crime, House of Representatives. Ninety-Fifth Congress, Serial Nr. 47, Washington, D.C.: U.S. Government Printing Office 1978.

Brunton, Ron, »Why do the Trobriands Have Chiefs?«, *Man* 10 (4):545-550, 1975.

Buchbinder, Georgeda, »Nutritional Stress and Population Decline among the Maring of New Guinea«, in: Lawrence S. Greene (Hg.), *Malnutrition, Behavior, and Social Organization*, New York 1977, S. 109-141.

Burton, Michael, Lilyan Brudner und Douglas White, »A Model of the Sexual Division of Labor«, *American Anthropologist* 4(2):227-251, 1977.

Buzzard, Shirley, *The PLAN Primary Health Care Project, Tumaco, Colombia: A Case Study*, Warwick, R.I. 1982.

Cain, Meade, »The Economic Activities of Children in a Village in Bangladesh«, *Population and Development Review* 3:201-227, 1979.

Caldwell, John, *Theory of Fertility Decline*, New York 1982.

Caldwell, John, P.H. Reddy und Pat Caldwell, »The Causes of Demographic Change in Rural South India: A Micro Approach«, *Population and Development Review* 8:689-727, 1983.

Callender, Charles und L. Kochems, »The North American Berdache«, *Current Anthropology* 24:443-470, 1983.

Campbell, Shirley, »Kula in Vakuta: The Mechanis of *keda*«, in: J. Leach und E. Leach (Hg.), *The Kula: New Perspective on Massim Exchange*, Cambridge 1983, S. 201-227.

Carlstein, Tony, *Time Resources, Society and Ecology*, London 1983.

Carneiro, Robert, »A Theory of the Origin of the State«, *Science* 169:733-738, 1970.
»Political Expansion as an Expression of the Principle of Competitive Exclusion«, in: Ronald Cohen und E. Service (Hg.), *Origins of the State*, Philadelphia 1978, S. 205-223.
»Chiefdom: Precursor of the State«, in: Grant Jones und Robert Kautz (Hg.), *The Transition to Statehood in the New World*, New York 1981, S. 37-75.

Carpenter, C.R., »A Study in Siam of the Behavior and Social Relations of the Gibbons, Hylobateslar«, *Comparative Psychological Monographs* 16:1-212, 1940.

Carroll, Luca, »,Sanskritization', ,Westernization', and ,Social Mobility': A Reappraisal to the Relevance of Anthropological Concepts to the Social Historian of Modern India«, *Journal of Anthropological Research* 33(4):355-371, 1977.

Carstairs, G.M., *The Twice-born*, Bloomington 1967.

Carter, William (Hg.), *Cannabis in Costa Rica: A Study of Chronic Marihuana Use*, Philadelphia 1980.

Cattell, R.B., »A Culture-free Intelligence Test«, *Journal of Educational Psychology* 31:161-179, 1940.

Cattle, Dorothy, »An Alternative of Nutritional Particularism«, in: Thomas Fitzgerald (Hg.), *Nutrition and Anthropology*, Amsterdam 1977, S. 35-45.

Chagnon, Napoleon, *Studying the Yanomamö*, New York 1974.
Yanomamö: The Fierce People, 2. Aufl., New York 1977.

Chagnon, Napoleon und Raymond Haines, »Protein Deficiency and Tribal Warfare in Amazonia: New Data«, *Science* 203:910-913, 1979.

Chambers, Erve, *Applied Anthropology: A Professional Guide*, Englewood Cliffs, N.J. 1985.

Charnov, Eric, »Optimal Foraging: The Marginal Value Theorum«, *Theoretical Population Biology* 9:129-136, 1976.

Chomsky, Noam, »The General Properties of Language«, in: Morton Fried (Hg.), *Explorations in Anthropology: Readings in Culture, Man and Nature*, New York 1973, S. 115-123.

Clarke, William, »Maintenance of Agriculture and Human Habitats within the Tropical Forest Ecosystem«, *Human Ecology* 4(3):247-259, 1976.

Cleaver, Harry, »Will the Green Revolution Turn Red?«, in: Steve Weisman (Hg.), *The Trojan Horse: A Radical Look at Foreign Aid*, New York 1975, S. 171-200.

Cloud, Wallace, »After the Green Revolution«, *The Sciences* 13(8):6-12, 1973.

Cockburn, T.A., »Infectious Diseases in Ancient Populations«, *Current Anthropology* 12:45-62, 1971.

Coe, Michael, *Mexico*, 2. Aufl., New York 1977.

Cohen, Mark N., *The Food Crisis in Prehistory*, New Haven, Conn. 1977.
»The Significance of Long Term Changes in Human Diet and Food Economy«, in: M. Harris und E. Ross (Hg.), *Food and Evolution: Toward a Theory of Human Food Habits*, Philadelphia 1986, S. 261-283.

Cohen, Mark und G. Armelagos (Hg.), *Paleopathology and the Origin of Agriculture*, New York 1984.

Cohen, Myron, *House United, House Divided*, New York 1976.

Cohen, Ronald, »State Origins: A Reappraisal«, in: H. Claessen und P. Skalnik (Hg.), *The Early State*, The Hague 1978a, S. 31-75.
»Ethnicity«, *Annual Review of Anthropology* 7:379-403, 1978b.
»Warfare and State Foundation: Wars Make States and States Make Wars«, in: Brian Ferguson (Hg.), *Warfare, Culture and Environment*, Orlando 1984, S. 329-355.

Cohen, Yehudi, »The Disappearance of the Incest Taboo«, *Human Nature* 1(7) 72-78, 1978.

Cohn, Bernard, »Changing Status of a Depressed Caste«, in: M. Mariott (Hg.), *Village India: Studies in the Little Community*, American Anthropological Memoirs 83:55-77, 1955.

Cole, John and L. Godfrey, »The Paluxy River Footprint Mystery Solved«, *Creation/Evolution* 15:5(1), Sonderausgabe, 1985.

Collins, Glenn, »Remarriage: Bigger Ready-made Families«, *The New York Times*, 13. Mai 1985, S. 15.

Condominas, George, *Nous avons mangé la foret de la Pérre-Genie Goo*, Paris 1957.
»From the Rice Field to the Miir«, *Social Science Information* 11:41-62, 1972.

Conway, Flo und Jim Siegelman, *Snapping: America's Epidemic of Sudden Personality Change*, Philadelphia 1978.

Conyers, John, »Unemployment Is Cruel and Unusual Punishment«, in: Hearings Before the Subcommittee on Crime, House of Representatives. Ninety-Fifth Congress, Serial No. 47, Washington, D.C.: U.S. Government Printing Office, 674-679, 1978.

Craig, Daniel, »Immortality through Kinship: The Vertical Transmission of Substance and Symbolic Estate«, *American Anthropologist* 81:94-96, 1979.

Cronback, Lee J., »Heredity, Environment, and Educational Policy«, *Harvard Educational Review* 39:338-339, 1969.

Cummings, R.C., »Agricultural Change in Vietnam's Floating Rice Region«, *Human Organization* 37:235-245, 1978.

Curvin, Robert und Bruce Porter, »The Myth of Blackout Looters . . .«, *The New York Times*, 13. Juli 1978, S. 21.

Dahl, Robert, *Who Governs? Democracy and Power in the American City*, New Haven, Conn. 1961.

Dalton, George, »Primitive Money«, *American Anthropologist* 67:44-65, 1963.
»Theoretical Issues in Economic Anthropology«, *Current Anthropology* 10:63-102, 1969.
»Peasantries in Anthropology and History«, *Current Anthropology* 13:385-416, 1972.
»How Exactly are Peasants Exploited?«, *American Anthropologist* 76:553-561, 1974.

D'Altroy, T. und T.K. Earle, »Staple Finance, Wealth Finance, and Storage in Inca Political Exonomy«, *Current Anthropology* 26:187-206, 1985.

Das Gupta, Monica, »Production Relations und Population: Rampur«, *Journal of Development Studies* 14 (4):177-185, 1978.

Davis, Shelton, *Victims of the Miracle: Development and the Indians of Brazil*, New York 1977.

Dehavenon, A.L., »The Tyranny of Indifference and the Re-Institutionalization of Hunger, Homelessness and Poor Health«, New York: The East Harlem Interfaith Welfare Committee, 1984, (s. »Talk of the Town«, *The New Yorker*, 13. Mai 1985).

De Laguna, Frederica, »Presidential Address: 1967«, *American Anthropologist* 70:469-476, 1968.

De Loria, Vine, *Custer Died for Your Sins*, London 1969.

Demarest, William, »Incest Avoidance among Human and Non-Human Primates«, in: S. Chevalier-Skolinikoff und F. Poirer (Hg.), *Primate Bio-Social Development: Biological, Social and Ecological Determinants*, New York 1977, S. 323-342.

De Mott, Benjamin, »The Pro-Incest Lobby«, *Psychology Today*, März 1980, S. 11-16.

Dentan, Robert, *The Semai: A Non-Violent People of Malaya*, New York 1968.

Despres, Leo, »Ethnicity and Resource Competition in Guyanese Society«, in: L. Despres (Hg.), *Ethnicity and Resource Competition in Plural Societies*, The Hague 1975, S. 87-117.

Devereux, George, »A Typological Study of Abortion in 350 Primitive, Ancient, and Pre-Industrial Societies«, in: H. Rosen (Hg.), *Abortion in America*, Boston 1967, S. 95-152.

De Waal, F., *Chimpanzee Politics*, New York 1983.

DeWalt, Billie, »Mexico's Second Green Revolution: Food for Feed«, *Mexican Studies/ Estudios Mexicanos* 1:29-60, 1984.

Diaz, May, *Tonalá: Conversations, Responsibility and Authority in a Mexican Town*, Berkeley 1966.

Dillingham, Beth und B. Isaac, »Defining Marriage Crossculturally«, in: D. Raphael (Hg.), *Being Female: Reproduction, Power and Change*, The Hague 1975, S. 55-63.

Divale, William, »Systematic Population Control in the Middle and Upper Paleolithic: Inferences Based on Contemporary Hunters and Gatherers«, *World Archeology* 4:221-243, 1972.
»Migration, External Warfare, and Matrilocal Residence«, *Behavior Science Research* 9:75-113, 1974.

Divale, William und Marvin Harris, »Population, Warfare and the Male Supremacist Complex«, *American Anthropologist* 78:521-538, 1976.
»Reply to Lancaster and Lancaster«, *American Anthropologist* 80:117-118, 1978a.
»The Male Supremacist Complex: Discovery of a Cultural Invention«, *American Anthropologist* 80:668-671, 1978b.

Divale, William, M. Harris und D. Williams, »On the Misuse of Statistics: A Reply of Hirschfeld et al.«, *American Anthropologist* 80:379-386, 1978.

Dobyns, Henry, »Estimating Aboriginal American Populations: An Appraisal of Technique with a New Hemisphere Estimate«, *Current Anthropology* 7:395-449, 1966.

»The Cornell-Peru Project: Experimental Intervention in Vicos«, in: Dwight Heath (Hg.), *Contemporary Societies and Cultures of Latin America*, New York 1972, S. 201-210.

Dole, Gertrude, »Anarchy without Chaos: Alternatives to Political Authority among the Kui-Kuru«, in: M.J. Swartz, V.W. Turner und A. Tuden (Hg.), *Political Anthropology*, Chicago 1966, S. 73-88.

Domhoff, G. William, *The Higher Circles: The Governing Class in America*, New York 1970.

Dorfman, D.D., »The Cyril Burt Question: New Findings«, *Science* 201:1177-1186, 1978.

»Letter on ‚Burt's Tables'«, *Science* 204:246-255.

Dowd, Maureen, »Many Women in Poll Equate Value of Jab and Family Life«, *The New York Times*, 4. Dezember 1983, S. 1-3.

Drummond, Isabel, *The Sex Paradox*, New York 1953.

Dumont, Louis, *Homo Hierarchicus: The Caste System and Its Implications*, übersetzt von Mark Sainsbury, Chicago 1970.

Earle, Timothy, »A Reappraisal of Redistribution in Complex Hawaiian Chiefdoms«, in: Timothy Earle und Jonathan Ericson (Hg.), *Exchange Systems in Prehistory*, New York 1977, S. 213-232.

Eddy, Elizabeth und William Partridge (Hg.), *Applied Anthropology in America*, New York 1978.

Efron, Edith, *The New Twisters*, New York 1972.

Eliade, M., *Birth and Rebirth: The Religious Meaning of Initiation in Human Culture*, New York 1958.

Ellul, Jacques, *Propaganda: The Formation of Men's Attitudes*, übersetzt von K. Kellen und J. Lerner, New York 1965.

Ember, Carol, M. Ember und B. Pasternak, »On the Development of Unilineal Descent«, *Journal of Anthropological Research* 30:69-94, 1974.

Ember, Melvin, »Statistical Evidence for an Ecological Explanation of Warfare«, *American Anthropologist* 84:645-649, 1982.

Ember, Melvin und Carol R. Ember, »The Conditions Favoring Matrifocal versus Patrifocal Residence«, *American Anthropologist* 73:571-594.

Engels, Friedrich, *Der Ursprung der Familie, des Privateigentums und des Staats*, Stuttgart 1884.

Epstein, T. Scarlett, *Capitalism, Primitive and Modern: Some Aspects of Tolai Economic Growth*, East Lansing 1968.

Evans-Pritchard, E.E., *The Nuer, A Description of the Modes of Livelihood and Political Institutions of a Nilotic People*, Oxford 1940.

»Sexual Inversion among the Azande«, *American Anthropologist* 72:1428-1433, 1970.

Eysenck, H.J., *The Inequality of Man*, London 1973. Dt.: *Die Ungleichheit des Menschen*, München 1975.

Fallers, Lloyd, »Equality and Inequality in Human Societies«, in: S. Tax und L. Freeman (Hg.), *Horizons of Anthropology*, 2. Aufl., Chicago 1977, S. 257-268.

Fei, Hsiao-t'ung und Chang chih-I, *Earthbound China: A Study of Rural Economy in Yunnan*, Chicago 1947.

Feraca, Stephen, persönliche Mitteilung (s. Pl. 97-403, 97th Congress, Second Session, 1982), 1986.

Ferguson, Brian, »Introduction: Studying War«, in: Brian Ferguson (Hg.), *Warfare, Culture and Environment*, Orlando 1984, S. 1-61.

Finkelhor, D., *Sexually Victimized Children*, New York 1979.

Firth, Raymond, *We, The Tikopia: A Sociological Study of Kinship in Primitive Polynisia*, Boston 1957.

Fittkau, E.J. und H. Klinge, »On Biomass and Tropic Structure of the Central Amazon Rain Forest Ecosystem«, *Biotropica* 5:1-14, 1973.

Flannery, Kent, »The Origin of the Village as a Settlement Type in Mesoamerica and the Near East: A Comparative Study«, in: P.J. Ucko, R. Tringham und G.W. Dimbleby (Hg.), *Man, Settlement and Urbanism*, Cambridge 1972, S. 23-53.

Fortes, Meyer, *Kinship and the Social Order: The Legacy of Lewis Henry Morgan*, Chicago 1969.

Fortune, Reo, *Manus Religion*, Lincoln 1965.

Foster, George M., *Tzintzuntzan: Mexican Peasants in a Changing World*, Boston 1967.
»The Anatomy of Envy: A Study in Symbolic Behavior«, *Current Anthropology* 13:165-202, 1972.
»Limited Good or Limited Goods: Observations on Acheson«, *American Anthropologist* 76:53-57, 1974.

Foster, George and Barbara Anderson, *Medical Anthropology*, New York 1978.

Fouts, R. und D. Fouts, »Signs of Conservation in Chimpanzees«, in: B. Gardner, R. Gardner und T. von Cantforts (Hg.), *Sign Language of the Great Apes*, New York 1985.

Franke, Richard W., »The Green Revolution in a Javanese Village« Ph. D. Dissertation, Harvard University 1973.
»Miracle Seeds and Shattered Dreams«, *Natural History* 83(1):10ff., 1974.

Frazer, James, *The Golden Bough*, 3. Aufl., London 1911-1915. Dt.: *Der goldene Zweig. Eine Studie über Magie und Religion*, 2. Bde., Frankfurt, Berlin, Wien 1977.

Fredrick, J. und P. Adelstein, »Influence of Pregnancy Spacing on Outcome of Pregnancy«, *British Medical Journal* 4:(5895):753-756, 1973.

Freedman, Robert, »Nutritional Anthropology: An Overview«, in: Thomas Fitzgerald (Hg.), *Nutrition and Anthropology in Action*, Amsterdam 1977, S. 1-23.

Freire, Paulo, *Pedagogy of the Oppressed*, New York 1973. Dt.: *Erziehung als Praxis der Freiheit: Beispiele zur Pädagogik der Unterdrückten*, Reinbek b. Hamburg 1982.

Fried, Morton H., *The Evolution of Political Society: An Essay in Political Anthropology*, New York 1967.
»The Need to End the Pseudoscientific Investigation of Race«, in: M. Mead u.a. (Hg.), *Science and the Concept of Race*, New York 1968, S. 122-131.
The Study of Anthropology, New York 1972.
The Notion of Tribe, Menlo Park, Calif. 1975.
»The State, the Chicken, and the Egg: or What Came First?«, in: Ronald Cohen und Elman Service (Hg.), *Origins of the State*, Philadelphia 1978, S. 35-47.

Frisancho, A.R., J. Matos und P. Flegel, »Maternal Nutritional Status and Adolescent Pregnancy Outcome«, *American Journal of Clinical Nutrition* 38:739-746, 1983.

Frisch, Rose, »Body Fat, Puberty, and Fertility«, *Science* 199:22-30.

Fromm, Erich und M. Maccoby, *A Mexican Village: A Sociopsychoanalytic Study*, Englewood Cliffs, N.J. 1970.

Furstenberg, Frank, Theodore Hershberg und John Medell, »The Origin of the Female-Headed Black Family: The Impact of the Urban Experience«, *Journal of Interdisciplinary History* 6(2):211-233, 1975.

Gajdusek, D.C., »Unconventional Viruses and the Origin and Disappearance of Kuru«, *Science* 197:943-960, 1977.

Galbraith, John K., *The Affluent Society*, Boston 1958. Dt.: *Gesellschaft im Überfluß*, München, Zürich 1959.
The New Industrial State, Boston 1967. Dt.: *Die moderne Industriegesellschaft*, München 1972.
Almost Everyone's Guide to Economics, Boston 1978.

Gallup International Public Opinion Polls, 1980.

Gandhi, Mohandas K., *How to Serve the Cow*, Ahmedabad 1954.

Gardner, B.T. und B.A. Gardner, »Early Signs of Language in Child and Chimpanzee«, *Science* 187:752-753, 1975.

Gearing, Fred und B.A. Tindale, »Anthropological Studies of the Educational Process«, in: B.J. Siegel, A.R. Beals und S.A. Tyler (Hg.), *Annual Review of Anthropology*, Palo Alto, Calif. 1973, S. 95-105.

Glassow, Michael, »The Concept of Carrying Capacity in the Study of Cultural Process«, in: Michael Schiffler (Hg.), *Advances in Archeological Theory and Method*, New York 1978, S. 31-48.

Gilder, George, *Wealth and Poverty*, New York 1981.

Glenn, Evelyn und Roslyn Feldberg, »Degraded and Deskilled: The Proletarianization of Clerical Work«, *Social Problems* 25:52-64, 1977.

Glover, G. u.a., »Making Quality Count: Boca Raton's Approach to Quality Assurance«, *The Cornell Hotel and Restaurant Administration Quarterly*, November 1984, S. 39-45.

Gluckman, Max, *Custom and Conflict in Africa*, Oxford 1955.

Godfrey, Laurie, »The Flood of Anti-evolutionism«, *Natural History*, Juni 1981, S. 4- 10.

Goldschmidt, Walter (Hg.), *The Uses of Anthropology*, Washington, D.C.: The American Anthropological Association, Special Publication No. 11, 1979.

Conzález, Nancy L., »Towards a Definition of Matrilocality«, in: N.E. Whitten und J.F. Szwed (Hg.), *Afro-American Anthropology: Contemporary Perspectives*, New York 1970, S. 231-243.

Good, Kenneth, »Limiting factors in Amazonian Ecology«, in: M. Harris und E. Ross (Hg.), *Food and Evolution: Toward a Theory of Human Food Habits*, Philadelphia 1987, S. 407-426.

Goodall, Jane van Lawick, »A Preliminary Report on Expressive Movements and Communication in Gombe Stream Chimpanzees«, in: Phyllis Jay (Hg.), *Primates: Studies in Adaptation and Variability*, New York 1968, S. 313-374.
»Life and Death at Gambe«, *National Geographic* 155(5):592-620, 1979.

Goodenough, Ward H., *Description and Comparison in Cultural Anthropology*, Chicago 1970.

Goody, Jack, *Production and Reproduction*, New York 1976.

Gough, E. Kathleen, »Criterion of Caste Ranking in South India«, *Man in India* 39:115-126, 1959.

»The Nayars and the Definition of Marriage«, in: P. Bohannan und J. Middleton (Hg.), *Marriage, Family and Residence*, Garden City, N.Y. 1968, S. 49-71.

»The Green Revolution in South India and North Vietnam«, *Monthly Review* 29(8):10-12, 1978.

Gould, Harold, »Caste and Class: A Comparative View«, *Module* 11:1-24, Reading, Mass. 1971.

Gould, Richard, »To Have and Not to Have: The Ecology of Sharing Among Hunter-Gatherers«, in: Nancy Williams und Eugene Hunn (Hg.), *Resource Managers: North American and Australian Hunter-Gatherers*, Boulder, Colo. 1982, S. 69-91.

Gramby, Richard, »Deerskins and Hunting Territories: Competition for a Scarce Resource of the Northeastern Woodlands«, *American Antiquity* 42:601-605, 1977.

Graves, Theodore, »Urban Indian Personality and the Culture of Poverty«, *American Ethnologist* 1:65-86, 1974.

Greenberg, Joseph, *Anthropological Linguistics: An Introduction*, New York 1968.

Gregerson, Edgar, *Sexual Practices: The Story of Human Sexuality*, London 1982.

Gregor, Thomas A., »Social Relations in a Small Society: A Study of the Mehinacu Indians of Central Brazil«, Ph.D. dissertation, Columbia University 1969.

Gross, Daniel B., »Protein Capture und Cultural Development in the Amazon Basin«, *American Anthropologist* 77:526-549, 1975.

»Reply to Beckerman«, Manuskript, 1981.

»Time Allocation: A Tool for the Study of Cultural Behavior«, *Annual Review of Anthropology* 13:519-559, 1984.

Haas, Johnathan, *The Evolution of the Prehistoric State* New York 1982.

Hadley, Arthur, *The Empty Polling Booth*, Englewood Cliffs, N.J. 1978.

Hall, Calvin und G. Lindzey, »Freud's Psychoanalytic Theory of Personality«, in: Robert Hunt (Hg.), *Personalities and Cultures: Readings in Psychological Anthropology*, Garden City, N.Y. 1967, S. 3-29.

Haller, John S., *Outcasts from Evolution*, Urbana 1971.

Hamilton, Sahni, B. Popkin und D. Spice, *Women and Nutrition in Third World Countries*, South Hadley, Mass. 1984.

Handwerker, W.P., »The First Demographic Transition: An Analysis of Subsistence Choices and Reproductive Consequences«, *American Anthropologist* 85:5-27, 1983.

Hanks, Lucien, *Rice and Man: Agricultural Ecology in Southeast Asia*, Chicago 1972.

Harner, Michael J., »Population Pressure and the Social Evolution of Agriculturalists«, *Southwestern Journal of Anthropology* 26:67-86, 1970.

»The Role of Hallucinogenic Plants in European Witchraft«, in: Michael Harner (Hg.), *Hallucinogens and Shamanism*, New York 1972a, S. 127-150.

The Jívaro: People of the Sacred Waterfalls, Garden City, N.Y. 1972b.

»The Ecological Basis for Aztec Sacrifice«, *American Ethnologist* 4:117-135, 1977.

»Reply to Ortiz de Montallano«, Vortrag vor der New York Academy of Sciences, 17. November 1978.

Harrington, Charles und J. Whiting, »Socialization Process and Personality«, in: Francis Hsu (Hg.), *Psychological Anthropology*, Cambridge 1972, S. 469-507.

Harrington, Michael, *Decade of Decision*, New York 1980.

Harris, Marvin, *Portugal's African »Wards«: A First Hand Report in Labour and Education in Mozambique*, New York 1958.

The Rise of Anthropological Theory, New York 1968.

Culture, Man, Nature, 1. Aufl., New York 1971.

Cows, Pigs, Wars, and Witches: The Riddle of Culture, New York 1974.

Cannibals and Kings: The Origins of Cultures, New York 1977.

»Comments on Simoons' Questions in the Sacred Cow Controversy«, *Current Anthropology* 20-479-482, 1979a.

Cultural Materialism: The Struggle for a Science of Culture, New York 1979b.

»Reply to Sahlins«, *New York Review of Books*, 28. Juni, 1979c, S. 52-53.

America Now: The Anthropology of a Changing Culture, New York 1981.

»Animal Capture and Yanomamö Warfare: Retrospective and New Evidence«, *Journal of Anthropological Research* 40:183-201, 1984.

Good to Eat, New York 1985.

Harris, Marvin und Eric Ross (Hg.), *Food and Evolution: Toward A Theory of Human Food Habits*, Philadelphia 1987.

Harris, Marvin und E.O. Wilson, »The Envelope and the Twig«, *The Sciences* 18(8):10-15, 27, 1978.

Hart, C.W.M. und A.R. Pilling, *The Tiwi of North Australia*, New York 1960.

Hassan, Fekri, »On Mechanisms of Population Growth during the Neolithic«, *Current Anthropology* 14:535-540, 1973.

»Demographic Archeology«, in: Michael Schiffer (Hg.), *Advances in Archeological Method and Theory*, New York 1978, S. 49-103.

Haugen, Einar, »Linguistic Relativity: Myths and Methods«, in: W.C. McCormack und S.A. Worm (Hg.), *Language and Thought: Anthropological Issues*, The Hague 1977, S. 11-28.

Hawkes, Kristen, Kim Hill und J. O'Connell, »Why Hunters Gather: Optimal Foraging and the Aché of Eastern Paraguay«, *American Ethnologist* 9:379-398, 1982.

Hechinger, Fred, »Further Proof That I.Q. Data Were Fraudulent«, *The New York Times*, 30. Januar 1979, S. C-4.

Heider, Karl G., »Visiting Trading Institutions«, *American Anthropologist* 71:462-471, 1969.

The Dani of West Irian, Reading, Mass. 1972.

Heilbroner, Robert L., *The Limits of American Capitalism*, New York 1966.

Henry, Jules, *Culture Against Man*, New York 1963.

Herbers, John, »Black-White Split Persists a Decade after Warning«, *The New York Times*, 26. Februar 1978, S. 1ff.

Herbes, J., »Non-Relatives and Solitary People Make Up Half of New Households«, *The New York Times*, 20. November 1985, S. 1.

Herdt, Gilbert, »Semen Transactions in Sambia Cultures«, in: Gilbert Herdt (Hg.), *Ritual Homosexuality in Melanesia*, Berkeley 1984a, S. 167-210.

»Ritualized Homosexuality Behavior in the Male Cults of Melanesia 1862-1983: An Introduction«, in: Gilbert Herdt (Hg.), *Ritual Homosexuality in Melanesia*, Berkeley 1984b, S. 1-81.

Herrnstein, R.J., *I.O. in the Meritocracy*, Boston 1973.
Herskovits, Melville J., *Dahomey, An Ancient West African Kingdom*, New York 1938.
Hertzler, Joyce O., *A Sociology of Language*, New York 1965.
Hewitt de Alcantara, Cynthia, *Modernizing Mexican Agriculture*, Geneva 1976.
Hicks, David, *Tetum Ghosts and Kin*, Palo Alto, Calif. 1976.
Hill, Jane, »Apes and Languages«, *Annual Review of Anthropology* 7:89-112, 1978.
Hindelang, Michael, »Race and Involvement in Common Law Personal Crimes«, *American Sociological Review* 43:93-109, 1978.
Hirsch, Jerry, »Behavior-Genetic Analysis and Its Biosocial Consequences«, *Seminars in Psychiatry* 2:89-105, 1970.
»To Unfrock the Charlatans«, *Sage Race Relations Abstracts* 6:1-67, 1981.
Hirschfeld, Lawrence, J. Howe und B. Levitt, »Warfare, Infanticide and Statistical Inference: A Comment on Divale and Harris«, *American Anthropologist* 80:110-115, 1978.
Hite, S., *The Hite Report: A Nationwide Study of Female Sexuality*, New York 1976. Dt.: *Hite-Report. Das sexuelle Erleben der Frau*, München 1977.
Hockett, Charles und R. Ascher, »The Human Revolution«, *Current Anthropology* 5:135-147, 1964.
Hogbin, H. Ian, *A Guadalcanal Society: The Kaoka Speakers*, New York 1964.
Howe, James, »Ninety-two Mythical Populations: A Reply to Divale et al.«, *American Anthropologist* 80:671-673, 1978.
Howell, Nancy, »Toward a Uniformitarian Theory of Human Paleodemography«, in: R.H. Ward und K.M. Weiss (Hg.), *The Demographic Evolution of Human Populations*, New York 1976, S. 25-40.
Husain, Taric, »The Use of Anthropologists in Project Appraisal by the World Bank«, in: David Pitt (Hg.), *Development from Below: Anthropologists and Development Situations*, The Hague 1976, S. 71-81.
Hymes, Dell, »Introduction«, in: M. Swadesh und J.F. Sherzer (Hg.), *The Origin and Diversification of Language*, Chicago 1971.

Ianni, F.A.J. und E. Story (Hg.), *Cultural Relevance and Educational Issues: A Reader in Anthropology and Education*, Boston 1973.
ICRISAT, *This is Icrisat*, ICRISAT o.J.
Irwin, Geoffrey, »Chieftainship, Kula and Trade in Massim Prehistory«, in: J. Leach und E. Leach, *The Kula: New Perspectives on Massim Exchange*, Cambridge 1983, S. 29-72.
Itani, J. und A. Nishimura, »The Study of Infra-Human Culture in Japan«, in: E.W. Menzel (Hg.), *Precultural Primate Behavior*, Basel 1973, S. 26-50.

Jacobs, Sue, »Top-down Planning: Analysis of Obstacles to Community Development in an Economically Poor Region of the Southwestern United States«, *Human Organization* (37(3):246-256, 1978.
Janzen, Daniel, »Tropical Agroecosystems«, *Science* 182:1212-1219, 1973.
Jelliffe, D.B. und E.F. Jelliffe, »The Volume and Composition of Human Milk in Poorly Nourished Communities: A Review«, *American Journal of Clinical Nutrition* 31:492-515, 1978.

Jensen, Arthur, »How much Can We Boost I.Q. and Scholastic Achievement?«, *Harvard Educational Review* 29:1-123, 1969.

Jensen, Neal, »Limits to Growth in World Food Production«, *Science* 201:317-320, 1978.

Joans, Barbara, »Problems in Pocatello in Linquistic Misunderstanding«, *Practicing Anthropology* 6(3&4):6ff.

Job, Barbara Cottman, »Employment and Pay Trends in the Retail Trade Industry«, *Monthly Labor Review*, März 1980, S. 40-43.

Johnson, Allen W., »Time Allocation in a Machiguenga Community«, *Ethnology* 14:301-310, 1980.

Jones, Delmos, »Applied Anthropology and the Application of Anthropological Knowledge«, *Human Organization* 35:221-229, 1976.

Jorgenson, Joseph, »On Ethics and Anthropology«, *Current Anthropology* 12(3):321-334, 1971.

Joseph, Suad, »Muslim-Christian Conflicts in Lebanon: A Perspective on the Evolution of Sectarianism«, in: S. Joseph und B. Pillsbury (Hg.), *Muslim-Christian Conflicts: Economic, Political and Social Origins*, Boulder, Colo. 1978, S. 63-98.

Josephides, Lisette, *The Production of Inequality: Gender and Exchange Among the Kewa*, New York 1985.

Kaberry, Phyllis, *Aboriginal Woman, Sacred and Profane*, London 1970 (Erstveröffentlichung 1939).

Kaeppler, Adrienne, »Dance in Anthropological Perspektive«, *Annual Review of Anthropology* 7:31-49, 1978.

Kaffman, M., »Sexual Standards and Behavior of the Kibbutz Adolescent«, *American Journal of Orthopsychology* 47:207-217, 1977.

Kahzanov, A.M., *Nomads and the Outside World*, Cambridge 1984.

Kamin, L.J., *The Science and Politics of I.Q.*, New York 1974.

Kang, Elizabeth, »Exogamy and Peace Relations of Social Units: A Cross-Cultural Test«, *Ethnology* 18:85-99, 1979.

Katz, Jerold, *The Underlying Reality of Language and its Philosophical Import*, New York 1971.

Kay, Richard, »The Nut-Crackers – A New Theory of the Adaptations of the Ramapithecinae«, *American Journal of Physical Anthropology* 55:141-151, 1981.

Kay, Paul und W. Kempton, »What is the Sapir-Whorf Hypothesis?« *American Anthropologist* 86:65-79, 1984.

Kelly, Raymond, »Witchcraft and Sexual Relations«, in: P. Brown und G. Buchbinder (Hg.), *Man and Woman in the New Guinea Highlands*, Washington, D.C. 1976, S. 36-53.

Kendall, Carl, »Ethnomedicine and Oral Rehydration Therapy: A Case Study of Ethnomedical Investigation and Program Planning«, *Social Science and Medicine* 19(3):253-260, 1984.

Kertzer, David, »Theoretical Developments in the Study of Age Group Systems«, *American Ethnologist* 5(2):368-374, 1978.

Key, Wilson, *Media Sexploitation*, New York 1976.

Klass, Morton, *Caste: The Emergence of the South Asian Social System*, Philadelphia 1979.

Klineberg, Otto, *Negro Intelligence and Selective Migration*, New York 1935. *Characteristics of the American Negro*, New York 1944.

Knight, Rolf, »Grey Owl's Return: Cultural Ecology and Canadian Indigenous Peoples«, *Reviews in Anthropology* 1:349-359, 1974.

Kortland, A., »Experimantation with Chimpanzees in the Wild«, in: D. Starck, R. Schneider und H. Kuhn (Hg.), *Progress in Primatology*, Stuttgart 1967, S. 185-194.

Koskoff, David, *The Mellons: The Chronicle of America's Richest Family*, New York 1978.

Kozol, Jonathan, *Death at an Early Age: The Destruction of the Hearts and Minds of Negro Children in the Boston Public Schools*, Boston 1967.

Kroeber, Alfred L., *Anthropology*, New York 1948.

La Barre, Weston, *The Peyote Cult*, New Haven, Conn. 1938, Yale University Publications in Anthropology, No. 19.

Labov, William, *Language in the Inner City*, Philadelphia 1972a. *Sociolinguistic Patterns*, Philadelphia 1972b.

Ladd, Everett, Jr., *Where Have All the Voters Gone?*, New York 1978.

Lakoff, R., »Language and Woman's Place«, *Language in Society* 2:45-79, 1973.

Lancaster, Chet und J.B. Lancaster, »On the Male Supremacist Complex: A Reply to Divale and Harris«, *American Anthropologist* 80:115-117, 1978.

Landy, David, »Pibloktoq and Inuit Nutrition: Possible Implications of Hypervitaminosis A«, *Social Science and Medicine* 21:173-185, 1985.

Lang, H. und R. Göhlen, »Completed Fertility of the Hutterites: A Revision«, *Current Anthropology* 26(3):395, 1985.

Langdon, Steve, »Comparative Tlingit and Haida Adaptation to the West Coast of the Prince of Wales Archipelago«, *Ethnology* 18:101-119, 1979.

Lattimore, Owen, *Inner Asian Frontiers of China*, Boston 1962.

Lawrence, Peter, *Road Belong Cargo: A Study of the Cargo Movement in the Southern Madang District, New Guinea*, Manchester 1964.

Leach, Edmund R., »Polyandry, Inheritance, and the Definition of Marriage, with Particular Reference to Sinhalese Customary Law«, in: P. Bohannan und J. Middleton (Hg.), *Marriage, Family, and Residence*, Garden City, N.Y. 1968, S. 73-83.

Leach, Jerry und Edmund Leach (Hg.), *The Kula: New Perspectives on Massim Exchange*, Cambridge 1983.

Leacock, Eleanor B., »Introduction«, in: F. Engels, *Origin of the Family, Private Property and the State*, New York 1972, S. 7-67.
»The Montagnais-Naskapi Band«, in: B. Cox (Hg.), *Cultural Ecology: Readings on the Canadian Indians and Eskimos*, Toronto 1973, S. 81-100.
»Class, Commodity, and the Status of Women«, in: R. Leavitt (Hg.), *Women Cross-Culturally: Change and Challenge*, The Hague 1975, S. 601-616.
»Woman's Status in Egalitarian Society: Implication for Social Evolution«, *Current Anthropology* 19:247-275, 1978.
Myths of Male Dominance, New York 1981.

Lee, Richard B., »What Hunters Do for a Living, or How to Make Out on Scarce Resources«, in: R.B. Lee und I. DeVore (Hg.), *Man the Hunter*, Chicago 1968, S. 30- 43.
»!Kung Bushman Subsistence: An Input-Output Analysis«, in: A.P. Vayda (Hg.), *Environment and Cultural Behavior: Ecological Studies in Cultural Anthropology*, Garden City, N.Y. 1969, S. 47-79.
The !Kung San: Men, Women and Work in a Foraging Society, New York 1979.

Leeds, Anthony, »The Concept of the Culture of Poverty: Conceptual, Logical, and Empirical Problems, with Perspectives from Brazil and Peru«, in: E. Leacock (Hg.), *The Culture of Poverty: A Critique*, New York 1970, S. 226-284.

Lees, Susan und D. Bates, »The Origin of Specialized Nomadic Pastoralism: A Systematic Model«, *American Antiquitiy* 39:187-193, 1974.

Lenin, Vladimir I., *Staat und Revolution*, Berlin 1985 (Erstveröffentlichung 1917).

Leonard, Karen J. *Social History of an Indian Caste*, Berkeley 1978.

Leroi-Gourhan, Arlette, »The Evolution of Paleolithic Art«, *Scientific American* 218(2):58-70, 1968.

»The Archeology of Lascaux Cave«, *Scientific American* 246(6):104-112, 1982.

Lesser, Alexander, »War and the State«, in: M. Fried, M. Harris und R. Murphy (Hg.), *War, The Anthropology of Armed Conflict and Aggression*, Garden City, N.Y. 1968, S. 92-96.

Lévi-Strauss, Claude, *Le totémisme aujourd'hui*, Paris 1961. Dt.: *Das Ende des Totemismus*, Frankfurt 1968.

Tristes Tropiques, Paris 1955. Dt.: *Traurige Tropen*, Frankfurt 1978.

Lewis, Oscar, *The Children of Sanchez: Autobiography of a Mexican Family*, New York 1961.

Pedro Martinez: A Mexican Peasant and His Family, New York 1964.

La Vida: A Puerto Rican Family in the Culture of Poverty — San Juan and New York, New York 1966.

Lichtheim, George, *Marxism: An Historical and Critical Study*, New York 1961.

Lick, John, »Ranked Exchange in Yela (Rossel Island)«, in: J. Leach und E. Leach (Hg.), *The Kula: New Perspectives on Massim Exchange*, Cambridge 1983, S. 503-528.

Lieberman, Leslie, »Biocultural Consequences of Animals Versus Plants as Sources of Fats, Proteins, and other Nutrients«, in: M. Harris und E. Ross (Hg.), *Food and Evolution: Toward a Theory of Human Food Habits*, Philadelphia 1987, S. 225-258.

Liebow, Elliot, *Tally's Corner: A Study of Negro Street-Corner Men*, Boston 1967.

Lindenbaum, Shirley, »The Last Course: Nutrition and Anthropology in Asia«, in: Thomas Fitzgerald (Hg.), *Nutrition and Anthropology* Atlantic Highlands, N.J. 1977, S. 141-155.

Kuru Sorcery, Paolo Alto, Calif. 1979.

Linton, Ralph, »The Natural History of the Family«, in: R. Anshen (Hg.), *The Family: Its Function and Destiny*, New York 1959, S. 30-52.

Livingstone, Frank B., »The Effects of Warfare on the Biology of the Human Species«, in: M. Fried, M. Harris und R. Murphy (Hg.), *War: The Anthropology of Armed Conflict and Agression*, Garden City, N.Y. 1968, S. 3-15.

»Genetics, Ecology, and the Origins of Incest and Exogamy«, *Current Anthropology* 10:45-62, 1969.

»Comments on Bixler 1981«, *Current Anthropology* 22:645-656, 1981.

Lizot, Jaques, »Population, Resources and Warfare among the Yanomami«, *Man* 12:497-517, 1977.

»On Food Taboos and Amazon Cultural Ecology«, *Current Anthropology* 20:150-151, 1979.

Lochlin, J.C. und R.C. Nichols, *Heredity, Environment and Personality*, Austin 1976.

Lomax, Alan (Hg.), *Folksong Style and Culture* Washington, D.C. 1968, American Association for the Advancement of Science, Publication 88.

Lomax, Alan und Conrad Arensberg, »A Worldwide Evolutionary Classification of Cultures by Subsistence Systems«, *Current Anthropology* 18:659-708, 1977.

London, Miriam und Ivan London, »China's Victimized Youth«, *The New York Times*, 10. Februar 1979, S. 19.

Lowie, Robert, *Primitive Society*, New York 1920.

Primitive Religion, New York 1948 (Erstveröffentlichung 1924).

Lundberg, Ferdinand, *The Rich and the Super Rich*, New York 1968.

Lynn, Richard, »Ethnic and Racial Differences in Intelligence: International Comparisons«, in: R.T. Osborne, C. Noble und N. Weyl (Hg.), *Human Variation: The Biopsychology of Age, Race, and Sex*, New York 1978, S. 261-286.

McAskie, M. und A.M. Clarke, »Parent-Offspring Resemblances in Intelligence: Theories and Evidence«, *British Journal of Psychology* 67:243-273, 1976.

MacCormack, Carol P., »Adaptation in Human Fertility and Birth«, in: Carol P. MacCormack (Hg.), *Ethnography of Fertility and Birth*, New York 1982, S. 1-23.

MacDougal, W.C., »Socialization and Object Manipulation of Wild Chimpanzees«, in: Susan Chevalier-Skolinkoff und Frank Poirier (Hg.), *Primate Bio-Social Development*, New York 1977, S. 261-288.

McGurk, F.C.J., »Race Differences Twenty Years Later«, *Homo* 26:219-239, 1975.

MacLeish, Kenneth, »The Tasadays: The Stone Age Cavemen of Mindanao«, *National Geographic* 142:219-248, 1972.

McNamara, Robert, »Time Bomb or Myth: The Population Problem«, *Foreign Affairs* 62:1107-1131, 1984.

MacNeish, Richard, »The Evolution of Community Patterns in The Tehuacán Valley of Mexico, and Speculation about the Cultural Processes«, in: P.J. Ucko, R. Tringham und G.W. Dimbleby (Hg.), *Man, Settlement, and Urbanism*, Cambridge, Mass. 1972, S. 67-93.

The Science of Archeology? Belmont, Calif. 1978.

»The Transition to Statehood As Seen from the Mouth of a Cave«, in: Grant Jones und Paul Kautz (Hg.), *The Transition to Statehood in the New World*, New York 1981, S. 123-154.

Mair, Lucy, *Witchcraft*, New York 1969.

Malinowski, Bronislaw, »War and Weapons among the Natives of The Trobriand Islands«, *Man* 20:10-12.

Argonauts of the Western Pacific, New York 1922. Dt.: *Argonauten des westlichen Pazifik*, Frankfurt 1979.

Sex and Repression in Savage Society, London 1927. Dt.: *Das Geschlechtsleben der Wilden*, Frankfurt 1979.

Carol Gardens and Their Magic, London 1935. Dt.: *Korallengärten und ihre Magie*, Frankfurt 1981.

Mamdani, Mahmood, *The Myth of Population Control: Family, Caste and Class in an Indian Village*, New York 1973.

Marano, Lou, »Windigo Psychosis: The Anatomy of an Emic-Etic Confusion«, *Current Anthropology* 23:385-412, 1982.

Marett, Robert R., *The Threshold of Religion*, London 1914.

Margolis, Maxine, *Mothers and Such*, Berkeley 1984.

Marshall, Donald, »Sexual Behavior on Mangaian«, in: D. Marshall und R. Suggs (Hg.), *Human Sexual Behavior*, Englewood Cliffs, N.J. 1971, S. 103-162.

Marshall, Mac, *Weekend Warriors: An Interpretation of Drunkenness in Micronesia*, Paolo Alto, Calif. 1978.

Martin, Paul, »Prehistoric Overkill: The Global Model«, in: Paul S. Martin und R. Klein (Hg.), *Quarternary Extinctions: A Prehistoric Revolution*, Tuscon 1984, 1984, S. 354-403.

Marx, Karl, *Zur Kritik der Politischen Ökonomie*, Berlin 1979 (1859), Marx-Engels-Werke, Bd. 13.

Marx, Karl und F. Engels, *Manifest der Kommunistischen Partei*, Berlin 1976 (Erstveröffentlichung 1848).

Mason, Carol, »Natchez Class Structure«, *Ethnohistory* 11:120-133, 1964.

Mason, J. Alden, *The Ancient Civilizations of Peru*, Harmondsworth, Eng. 1957.

Mathews, Mervyn, *Privilege in the Soviet Union: A Study of Elite Life-Styles Under Communism*, London 1978.

Mathur, Hari, *Anthropology in the Development Process*, New Delhi 1977.

Mead, Margaret, *Male and Female*, New York 1949. Dt.: *Mann und Weib: Das Verhältnis der Geschlechter in einer sich wandelnden Welt*, Reinbek b. Hamburg 1971.
Sex and Temperament in Three Primitive Societies, New York 1950. Dt.: *Geschlecht und Temperament in drei primitiven Gesellschaften*, München 1974.
Culture and Commitment, Garden City, N.Y. 1970. Dt.: *Der Konflikt der Generationen. Jugend ohne Vorbild*, Olten 1971.

Meggitt, Mervyn, »Male-Female Relationships in the Highlands of Australian New Guinea«, *American Anthropologist* 66:204-224, 1964.

Mencher, Joan, »Conflicts and Contradictions in the Green Revolution: The Case of Tamil Nadu«, *Economic and Political Weekly* 9:309-323, 1974a.
»The Caste System Upside Down: Or, the Not So Mysterious East«, *Current Anthropology* 15:469-478, 1974b.
Agricultural and Social Structure in Tamil Nadu, New Delhi 1978.

Millet, Kate, *Sexual Politics*, Garden City, N.Y. 1970. Dt.: *Sexus und Herrschaft. Die Tyrannei des Mannes in unserer Gesellschaft*, München 1970.

Minge, Wanda, *The Rise of the Cost of Children: Family Economics in Historical Perspective*, Chicago, i. Druck.

Minge-Kalman, Wanda, »Household Economy during the Peasant-to-Worker Transition in the Swiss Alps«, *Ethnology* 17(2):183-196, 1978a.
»The Institutionalization of the European Family: The Institutionalization of ‚Childhood‘ as a Market for Family Labor«, *Comparative Studies in Society and History* 20:454-468, 1978b.

Minturn, Leigh und John T. Hitchcock, »The Rajputs of Khalapur, India«, in: B.B. Whiting (Hg.), *Six Cultures, Studies of Child Rearing*, New York 1963, S. 203-361.

Minturn, Leigh und J. Stashak, »Infanticide as a Terminal Abortion Procedure«, Behavior Science Research 17:70-90, 1982.

Miyadi, D., »The Differences in Social Behavior among Japanese Macaque Troops«, in: D. Starck, R. Schneider und H. Kuhn (Hg.), *Progress in Primatology*, Stuttgart 1967.

Mondlane, Eduardo, *The Struggle for Mozambique*, Baltimore 1969.

Mooney, James, *The Ghost Dance Religion* Chicago 1965 (Erstveröffentlichung 1896).

Morehouse, Ward und David Dembo, *The Underbelly of the U.S. Economy: Joblessness and Pauperization of Work in America*, Special Report No. 2 (Februar), New York: Council on International and Public Affairs 1985a.
The Underbelly of the U.S. Economy: Joblessness and Pauperization of Work in America, Special Report No. 4 (August), New York: Council on International and Public Affairs 1985b.

Morgan, Lewis Henry, *Ancient Society*, New York 1877. Dt.: *Die Urgesellschaft*, Lollar/Lahn 1976.

Morren, George, »Warfare in the Highland Fringe of New Guinea: The Case of the Mountain Ok«, in: Brian Ferguson (Hg.), *Warfare, Culture and Environment*, Orlando 1984, S. 169-208.

Morris, C., »Master Design of the Inca«, *Natural History* 85(10):58-67, 1976.

Morris, John (Hg.), *Scientific Creationism for Publik Schools*, San Diego 1974a.
The Troubled Waters of Evolution, San Diego 1974b.
»The Paluxy River Mystery«, *Impact* 151:i-iv, El Cajon, Calif. 1986.

Moskowitz, Breyne, »The Acquisition of Language«, *Scientific American* 239(5):92-108, 1978.

Moynihan, Daniel P., *The Negro Family, the Case for National Action*, Washington, D.C.: U.S. Department of Labor 1965.

Mullings, Leith, »Ethnicity and Stratification in the Urban United States«, *Annals of the N.Y. Academy of Science 318:10-22, 1978.*

Münzel, Mark, The Aché Indians: Genocide in Paraguay, International Work Group for Indigenous Affairs (IWGIA), 11, 1973.

Murdock, George P., *Social Structure*, New York 1949.
Ethnographic Atlas, Pittsburgh 1967.

Murphy, Robert, »Matrilocality and Patrilineality in Mundurucu Society«, *American Anthropologist* 58:414-434, 1956.
»Man's Culture and Woman's Nature«, *Annals of the New York Academy of Sciences* 293:15-24, 1976.

Murray, Gerald, »The Wood Tree as a Peasant Cash Crop: An Anthropological Strategy for the Domestication of Energy«, in: Charles Frost und A. Valdman (Hg.), *Haiti — Today and Tomorrow: An Interdisciplinary Study*, Lanham, Md. 1984, S. 141-160.

Nadel, S.F., »Witchcraft in Four African Societies«, *American Anthropologist* 54(1):18-29, 1952.

Nader, Laura, »Up the Anthropologist — Perspectives Gained from Studying Up«, in: Dell Hymes (Hg.), *Reinventing Anthropology*, New York 1972, S. 284-311.

Nag, Moni, »Sex, Culture, and Human Fertility: India and the United States«, *Current Anthropology* 13:231-238, 1972.
»The Impact of Sociocultural Factors on Breastfeeding and Social Behavior«, in: *Determinants of Fertility in Development Countries* 1:163-198, New York 1983.

Nag, Moni und N. Kak, »Demographic Transition in the Punjab Village«, *Population and Development Review* 10:661-678, 1984.

Nag, Moni und Benjamin White, »An Anthropological Approach to the Study of the Economic Value of Children in Java and Nepal«, *Current Anthropology* 19:293-306, 1978.

Nardi, Bonnie, »Reply to Harbison's Comments on Nardi's Modes of Explanation in Anthropological Population Theory«, *American Anthropologist* 85:662-664, 1983.

Naroll, Raoul, »Introduction«, in: R. Naroll und F. Naroll (Hg.), *Main Currents in Anthropology*, Englewood Cliffs, N.J. 1973.

Nash, Jil, *Matriliny and Modernization: The Nagovisi of South Bougainville*, New Guinea Research Bulletin 1974.

National Research Council, *Agricultural Production Efficiency*, Washington, D.C. 1974.

NBER (National Bureau of Economic Research), *Reporter* (Fall), 1979.

Neville, Gwen, »Community Form and Ceremonial Life in Three Regions of Scotland«, *American Ethnologist* 6:93-109, 1979.

Newcomer, Peter, »Toward a Scientific Treatment of Exploitation: A Critique of Dalton«, *American Anthropologist* 79:115-119, 1977.

Newman, Philip L., *Knowing the Gururumba*, New York 1965.

Newmeyer, Frederick, »Prescriptive Grammar: A Reappraisal«, in: W.C. McCormack und S.A. Wurm (Hg.), *Approaches to Language: Anthropological Issues*, The Hague 1978, S. 581-593.

Nishida, T., »The Ant-Gathering Behavior by the Use of Tools among Wild Chimpanzees of the Mahali Mountains«, *Journal of Human Evolution* 2:357-370, 1973.

Norton, Helen, »The Male Supremacist Complex: Discovery or Invention?«, *American Anthropologist* 80:665-667, 1978.

Nussbaum, Karen, *Race Against Time*, Cleveland 1980.

Oasa, Edmund, »Farming Systems Research: A Change in Form But not in Content«, *Human Organization* 44:219-227, 1985.

Odend'hal, Stuart, »Energetics of Indian Cattle in Their Environment«, *Journal of Human Ecology* 1:3-22, 1972.

Odum, Howard, *Environment, Power and Society*, New York 1971.

Oliver, Douglas, *A Solomon Island Society: Kinship and Leadership among the Siuai of Bouganville*, Cambridge, Mass. 1955.

Ononge, Omafume, »The Counter Revolutionary Tradition in African Studies: The Case of Applied Anthropology«, in: Gerrit Huizer und Bruce Mannheim (Hg.), *The Politics of Anthropology*, The Hague 1979, S. 45-66.

Opler, Morris, »Cultural Differences in Mental Disorders: An Italian and Irish Contrast in the Schizophrenics — U.S.A.«, in: Morris Opler (Hg.), *Culture and Mental Health*, New York 1959, S. 425-442.

»The Themal Approach in Cultural Anthropology and Its Application to North Indian Data«, *Southwestern Journal of Anthropology* 24:215-227, 1968.

Orans, Martin, »Maximizing in Jajimaniland: A Model of Caste Relations«, *American Anthropologist* 70:875-897, 1968.

Ortiz de Montellano, B.R., »Aztec Cannibalism: An Ecological Necessity?«, *Science* 200:611-617, 1978.

»Counting Skulls: Comments on the Aztec Cannibalism Theory of Harner-Harris«, *American Anthropologist* 85:403-406, 1983.

Osberg, Lars, *Economic Inequality in the United States*, New York 1984.

Osborne, R.T., »Race and Sex Differences in Heritability of Mental Test Performance: A Study of Negroid and Caucasoid Twins«, in: R.T. Osborne, C. Noble und N.

Weyl (Hg.), *Human Variation: The Biopsychology of Age, Race, and Sex*, New York 1978, S. 137-169.

Ottenheimer, Martin, »Some Problems and Prospects in Residence and Marriage«, *American Anthropologist* 86:351-358, 1984.

Otterbein, Keith, »The Anthropology of War«, in: J. Honigman (Hg.), *The Handbook of Social and Cultural Anthropology*, Chicago 1973, S. 923-958.

Paddock, William und E. Paddock, *We Don't Know How: An Independent Audit of What They Call Success in Foreign Assistance*, Ames 1973.

Paolisso, Michael und Ross Sackett, »Hunting Productivity Among the Yukpa Indians of Venezuela«, Vortrag auf der Jahresversammlung der American Anthropological Association, Washington, D.C. 1982.

Parker, Seymour und R. Kleiner, »The Culture of Poverty: An Adjustive Dimension«, *American Anthropologist* 72:516-527, 1970.

Parker, Sue, »A Social-Technological Model for the Evolution of Language«, *Current Anthropology* 26:617-639, 1985.

Parson, Talcot, »Equality and Inequality in Modern Society, or Social Stratification Revisited«, in: Edward Laumann (Hg.), *Social Stratification: Research and Theory for the 1970's*, New York 1970, S. 13-72.

Parsons, Anne, »Is the Oedipus Complex Universal?«, in: Robert Hunt (Hg.), *Personalities and Cultures: Readings in Psychological Anthropology*, Garden City, N.Y. S. 352-399.

Pasternak, Burton, Carol Ember und Melvin Ember, »On the Conditions Favoring Extended Family Households«, *Journal of Anthropological Research* 32(2):109-123, 1976.

Pasztory, Ester, »The Function of Art in Mesoamerica«, *Archeology* Januar-Februar 1984, S. 18-25.

Patterson, Orlando, *Ethnic Chauvinism: The Reactionary Impulse*, New York 1977.

Peckman, Joseph und B. Okner, *Who Bears the Tax Burden?* Washington, D.C. 1974.

Pellet, Peter, »Problems and Pitfalls in the Assessment of Human Nutritional Status«, in: M. Harris und E. Ross (Hg.), *Food and Evolution: Toward a Theory of Human Food Habits*, Philadelphia 1987, S. 163-179.

Pelto, Perttie und Gretl Pelto, »Ethnography: The Fieldwork Enterprise«, in: J. Honigman (Hg.), *Handbook of Social and Cultural Anthropology*, Chicago 1973, S. 241-248. *The Human Adventure: An Introduction to Anthropology*, New York 1976.

Perlo, Victor, *Economics of Racism U.S.A.: Roots of Black Inequality*, New York 1976.

Philips, Susan, »Sex Differences and Language«, *Annual Review of Anthropology* 9:523-544, 1980.

Piddock, Stuart, »The Potlatch System of the Southern Kwakiutl: A New Perspective«, *Southwestern Journal of Anthropology* 21:244-264, 1965.

Piggott, Stuart, *Ancient Europe*, Chicago 1966.

Pimentel, David u.a., »Food Production and Energy Crisis«, *Science* 182:443-449, 1973.
   »Energy and Land Constraints in Food Protein Production«, *Science* 190:754-761, 1975.

Pimentel, D. und M. Pimentel, »Energy Use for Food Processing for Nutrition and Development«, *Food and Nutrition Bulletin* 7(2):36-45, 1985.

Pitt, David, *The Social Dynamics of Development*, New York 1976.
Piven, Francis and R. Cloward, *Regulating the Poor: The Functions of Public Welfare*, New York 1971.
Plucknett, D. und N. Smith, »Agricultural Research and Third World Food Production«, *Science* 217:215-219, 1982.
Podolefsky, Aaron, »Contemporary Warfare in the New Guinea Highlands«, *Ethnology* 23:73-87, 1984.
Polgar, Steven, »Population History and Population Policies from an Anthropological Perspective«, *Current Anthropology* 13:203-215, 1972.
  »Population, Evolution, and Theoretical Paradigm«, in: Steven Polgar (Hg.), *Population, Ecology and Social Evolution*, The Hague 1975, S. 1-25.
Porat, Marc, »The Information Economy«, Ph. D. dissertation, Stanford University 1979.
Pospisil, Leopold, *The Kapauku Papuans of West New Guinea*, New York 1963.
  »Law and Order«, in: J. Clifton (Hg.), *Introduction to Cultural Anthropology*, Boston 1968, S. 200-224.
Post, John, *Food Shortage, Climatic Variability, and Epidemic Disease in Pre-Industrial Europe*, Ithaca 1985.
Premack, David, »On the Assessment of Language Competence in the Chimpanzee«, in: A.M. Schrier und F. Stollnitz (Hg.), *The Behavior of Nonhuman Primates*, Bd. 4, New York 1971, S. 185-228.
  Intelligence in Ape and Man, Hillsdale, N.J. 1976.
Price, Barbara, »Turning States' Evidence: Problems in the Theory of State Formation«, in: M.B. Léons und F. Rothstein (Hg.), *New Directions in Political Economy: An Approach from Anthropology*, Westport, Conn. 1979, S. 269-306, 1979.
Princeton Religious Research Center, *Emerging Trends*, Princeton, N.J. (März) 1979.
  Religion in America 1979-1980, Princeton, N.J. 1980.
Ray, K.N., »Poverty, Politics and Development«, *Economic and Political Weekly* (Bombay), Februar 1977, S. 185-204.
Rambaugh, D.M., *Language Learning by a Chimpanzee: The Lana Project*, New York 1977.
Ramirez, F. und J. Meyer, »Comparative Education: The Social Construction of the Modern World System«, *Annual Review of Sociology* 6:369-399.
Rappaport, Roy, »Ritual, Sanctity, and Cybernetics«, *American Anthropologist* 73:59-76, 1971a.
  »The Sacred in Human Evolution«, in: Morton Fried (Hg.), *Explorations in Anthropology*, New York 1971b, S. 403-420.
  Pigs for the Ancestors: Ritual in the Ecology of a Papua New Guinea People, 2. Aufl., New Haven, Conn. 1984.
Rasmussen, Knud, *The Intellectual Culture of the Iglulik Eskimos*, Bericht von der 5. Thule-Expedition, 1921-1924, Bd. 7, Nr. 1, übers. von W. Worster, Copenhagen 1929.
Rein, Martin und Lee Rainwater, »How Large is the Welfare Class?, *Change*, September-Oktober 1977, S. 20-23.
Renfrew, Collin, *Before Civilization: The Radiocarbon Revolution and Prehistoric Europe*, New York 1973.
Rhoades, Robert, *Breaking New Ground: Agricultural Anthropology*, Lima, Peru 1984.

Ribeiro, Darcy, *The American Civilization*, New York 1971. Dt.: *Amerika und die Zivilisation. Entstehungsprozess und Ursachen der ungleichen Entwicklung der amerikanischen Völker*, Frankfurt 1985.

Richards, Paul, »The Tropical Rain Forest«, *Scientific American* 229:58-68, 1973.

Rifkind, Jeremy und Ted Howard, *The Emerging Order: God in the Age of Scarcity*, New York 1979.

Roach, Jack L., L. Gross und O.R. Gursslin (Hg.), *Social Stratification in the United States*, Englewood Cliffs, N.J. 1969.

Roberts, Paul, *English Syntax*, New York 1964.

Roberts, Ron und D. Brintnall, *Reinventing Inequality* Boston 1982.

Roheim, Geza, *Psychoanalysis and Anthropology*, New York 1950.
Dt.: *Psychoanalyse und Anthropologie: Drei Studien über die Kultur und das Unbewußte*, Frankfurt 1977.

Rohner, Ronald, *The Ethnography of Franz Boas*, Chicago 1969.

Rohrlich-Leavitt, Ruby, »Women in Transition: Crete and Sumer«, in: Renate Bridenthal und C. Koonz (Hg.), *Becoming Visible: Women in European History*, Boston 1977, S. 38-59.

Roper, Marilyn K., »A Survey of the Evidence for Intrahuman Killing in the Pleistocene«, *Current Anthropology* 10:427-459, 1969.
»Evidence of Warfare in the Near East from 10 000 to 4 300 B.C.«, in: W. Nettleship, R.D. Givens und A. Nettleship (Hg.), *War: Its Causes and Correlations*, The Hague 1975, S. 299-340.

Rosaldo, Michelle und Louise Lamphere (Hg.), *Women, Culture, and Society*, Stanford 1974.

Ross, Eric, »Food Taboos, Diet, and Hunting Strategy: The Adaptation of Animals in Amazon Cultural Ecology«, *Current Anthropology* 20:151-155, 1979.

Ross, Jane, »Effects of Contact on Revenge Hostilities Among Achuare Jivaro«, in: Brian Ferguson (Hg.), *Warfare, Culture, and Environment*, Orlando 1984, S. 83- 109.

Ross, Ruth und G. Benson, »Criminal Justice from East to West«, *Crime and Delinquency* 25:76-86, 1979.

Roszak, Theodore, *Unfinished Animal: The Aquarian Frontier and the Evolution of Consciousness*, New York 1975.

Rubin, Vera und Lambros Comitas, *Ganja In Jamaica: A Medical Anthropological Study of Chronic Marihuana Use*, The Hague 1975.

Ruyle, Eugene E., »Slavery, Surplus, and Stratification on the Northwest Coast: The Ethnoenergetics of an Incipient Stratification System«, *Current Anthropology* 14:603-631, 1973.
»Mode of Production and Mode of Exploration: The Meachnical and the Dialectical«, *Dialectical Anthropology* 1:7-23, 1975.

Sachs, Bernice, *Vital Speeches of the Day* 50(4):757-762, 1985.

Sacks, Karen B., »Economic Base of Sexual Equality: A Comparative Study of Four African Societies«, Ph. D. dissertation, University of Michigan 1971.

Safa, Helen I., *An Analysis of Upward Mobility in Lower Income Families: A Comparison of Family and Community Life among American Negro and Puerto Rican Poor*, Syracuse, N.Y. 1967.

»The Case for Negro Seperatism: The Crisis of Identity in the Black Community«, *Urban Affairs Quarterly* 4:45-63, 1968.

Sahlins, Marshall, *Stone Age Economics*, Chicago 1972.
»Culture as Protein and Profit«, *The New York Review of Books*, 23. November 1978, S. 45-53.

Salzman, Philip (Hg.), »Comparative Studies of Nomadims and Pastoralism«, *Anthropological Quaterly* 44(3):104-210, 1971.

Sanday, Peggy, »Toward a Theory of the Status of Women«, *American Anthropologist* 75:1682-1700, 1973.
Female Power and Male Dominance: On the Origin of Sexual Inequality, New York 1981.

Sanjek, Rober, »Ghanian Networks: An Analysis of Interethnic Relations in Urban Situations«, Ph. D. dissertation, Columbia University 1972.
»Cognitive Maps of the Ethnic Domain in Urban Ghana: Reflections on Variability and Change«, *American Ethnologist* 4:603-622, 1977.

Sapir, Edward, *Language*, New York 1921. Dt.: *Die Sprache. Eine Einführung in das Wesen der Sprache*, München 1961.

Scarr-Salapatek, S., »Unknowns in the I.Q. Equation«, *Science* 174:1223-1228, 1971a.
»Race, Social Class, and I.O.«, *Science* 174:1285-1295, 1971b.

Scheffler, Harold, »Kinship, Descent, and Alliance«, in: J. Honigman (Hg.), *Handbook of Social and Cultural Anthropology*, Chicago 1973, S. 747-793.

Scheper-Hughes, Nancy, »Infant Mortality and Infant Care: Cultural and Economic Constraints on Nurturing in Northeast Brazil«, *Social Science and Medicine* 19(5):535-546, 1984.

Schermerhorn, R.A., *Comparative Ethnic Relations*, New York 1970.

Schlegel, Alice, *Male Dominance and Female Autonomy*, New Haven, Conn. 1972.

Schlegel, Alice und H. Barry, »Adolescent Initiation Ceremonies. A Cross-Cultural Code«, *Ethnology* 18:199-210, 1979.

Scoditti, G., »Kula on Kitava«, in: J. Leach und E. Leach (Hg.) *The Kula: New Perspectives in Massim Exchange*, New York 1983, S. 249-273.

Scott, Eugenie, »Anthropology and ‚Scientific Creationism'«, Washington, D.C.: American Anthropological Association 1984.

Scrimshaw, Nevin, »Through a Glass of Darkly: Discerning the Practical Implications of Human Dietary Protein-Energy Interrelationships«, *Nutrition Reviews* 35:321-337, 1977.

Scrimshaw, Susan, »Infanticide as Deliberate Fertility Control« in: R. Bulatao und R. Lee (Hg.), *Determinants of Fertility in Developing Countries: Fertility Regulation and Institutional Influences*, Bd. 2, New York 1983, S. 245-266.

Service, Elman R., *Origins of the State and Civilization: The Processes of Cultural Evolution*, New York 1975.
»Classical and Modern Theories of the Origin of Government«, in: R. Cohen und E. Service (Hg.), *Origins of the State: The Anthropology of Political Evolution*, Philadelphia 1978, S. 21-34.

Sexton, Lorraine, »Sexual Interaction and Population Pressure in Highland New Guinea«, Vortrag anläßlich der 72. Jahrestagung der American Anthropological Association, New Orleans 1973.

Shabecoff, Philip, »Why Blacks Still Don't Have Jobs«, *The New York Times*, 11. September 1977, Teil 4, S. 4.

Shanahan, Eileen, »Measuring the Service Economy«, *The New York Times*, Sonntagsausgabe, 27. Oktober 1985, S. 4.

Sharff, Jagna, *Life on Dolittle Street: How Poor People Purchase Immortality*, Final Report, Hispanic Study Project N.9, Department of Anthropology, Columbia University 1980.

»Free Enterprise and the Ghetto Family«, *Psychology Today*, März 1981.

Shepher, J., »Mate Selection among Second Generation Kibbutz Adolescents and Adults«, *Archives of Sexual Behavior* 1:293-307, 1971.

Short, Richard, »On Placing the Child Before Marriage, Reply to Birdsell«, *Population and Development Review* 9:124-135, 1984.

Shostak, Marjorie, *Nisa, The Life and Words of a !Kung Woman*, Cambridge, Mass. 1981. Dt.: *Nisa erzählt. Das Leben einer Nomadenfrau in Afrika*, Reinbek b. Hambg. 1982.

Shuey, Audrey M., *The Testing of Negro Intelligence*, New York 1966.

Silk, Leonard, »The Peril Behind the Takeover Boom«, *The New York Times*, 29. Dezember 1985, Teil 3, S. 1.

Silverstein, Michael, »Linguistic Theory: Syntax, Semantics, Pragmatics«, *Annual Review of Anthropology* 3:349-382, 1972.

Simoons, Frederich, »Questions in the Sacred Cow Controversy«, *Current Anthropology* 20:467-497, 1979.

Simpson, George und J.M. Yinger, *Racial and Cultural Minorities*, 2. Aufl., New York 1962.

Smith, C.T., »Depopulation of the Central Andes in the 16th Century«, *Current Anthropology* 11:453-460, 1970.

Smith, David, *Who Rules the Universities? An Essay in Class Analysis*, New York 1974.

Smith, E.A., »Anthropological Application of Optimal Foraging Theory: A Critical Review«, *Current Anthropology* 24:625-651, 1983.

Smith, J.S. Franklin und D. Wion, *The Distribution of Final Assets*, Washington, D.C. 1973.

Smith, M.G., »A Survey of West Indian Family Studies«, in: L. Comitas und D. Lowenthal (Hg.), *Man, Settlement, and Urbanism: West Indian Perspectives*, Garden City, N.Y. 1973.

»Secondary Marriage among Kadera and Kagoro«, in: P. Bohannan und J. Middleton (Hg.), *Marriage, Family, and Residence*, Garden City, N.Y. 1968, S. 109-130.

Smith, Raymond T., »The Matrifocal Family«, in: Jack Goody (Hg.), *The Character of Kinship*, London 1973, S. 121-144.

Solshenitsyn, Alexander, *Gulag Archipelago*, New York 1974. Dt.: Solschenizyn, Alexander, *Der Archipel GULAG*, Reinbek b. Hambg. 1978.

Sorenson, Richard, »Socio-Ecological Change among the Foré of New Guinea«, *Current Anthropology* 13:349-383, 1972.

Sorenson, Richard und P.E. Kenmore, »Proto-Agricultural Movement in the Eastern Highlands of New Guinea«, *Current Anthropology* 15:67-72, 1974.

Soustelle, Jacques, *Daily Life of the Aztecs*, Stanford 1970.

Southworth, Franklin, »Linguistic Masks For Power: Some Relationships Between Semantic and Social Change«, *Journal of Anthropological Linguistics* 16:177-191, 1974.

Speck, Frank, The Family Hunting Band as the Basis of the Algonkian Social Organization«, *American Anthropologist* 17:289-305, 1915.

Spencer, P., *The Samburu: A Study of Gerontocracy in a Nomadic Tribe*, Berkeley 1965.

Spengler, Joseph, *Population Change, Modernization, and Welfare*, Englewood Cliffs, N.J. 1974.

Spicer, Edward, *Potami: A Yaqui Village in Sonora*, Memoir 77, American Anthropological Association 1954.

Spiro, Melford, »Is the Family Universal?«, *American Anthropologist* 56:839-846, 1954. *Oedipus in the Trobriands*, Chicago 1982.

Spuhler, James, »Anthropology, Evolution, and Scientific Creationism«, *Annual Review of Anthropology* 14:103-133, 1985.

Srinivas, M.N., »The Social System of a Mysore Village«, in: M. Marriott (Hg.), *Village India: Studies in the Little Community*, Memoir 83, American Anthropological Association 1955, S. 1-35.

Stack, Carol, *All Our Kin: Strategies for Survival in a Black Community*, New York 1974.

Steadman, Lyle und C. Merbs, »Kuru: Early Letters and Field-Notes from the Collection of D. Carleton Gajdusek«, *American Anthropologist* 84:611-627, 1982.

Stein, Howard und R.F. Hill, *The Ethnic Imperative: Examining the New White Ethnic Movement*, University Park, Pa. 1977.

Stern, Curt, *Principles of Human Genetics*, 3. Aufl., San Francisco 1973.

Stewart, Omer C., *Ute Peyotism*, University of Colorado Studies, Series in Anthropology, No. 1, Boulder 1948.
»Lorenz/Margolin on the Ute«, in: A.F. Ashley Montagu (Hg.), *Man and Aggression*, New York 1968, S. 103-110.

Street, John, »An Evalution of the Concept of Carrying Capacity«, *Professional Geographer* 21(2):104-107, 1969.

Sturtevant, Edgar H., *An Introduction to Linguistic Science*, New Haven, Conn. 1964.

Sugimoto, Y. und R. Mover, *Japanese Society: A Study in Social Reconstruction*, London 1983.

Sugiyama, Yukimaru, »Social Behavior of Chimpanzees in the Budongo Forest, Uganda«, *Primates* 10:197-225, 1969.

Susser, Ida, *Norman Street*, New York 1982.

Suttles, Wayne, »Affinal Ties, Subsistence, and Prestige among the Coast Salish« *American Anthropologist* 62:296-305, 1960.

Swanson, Guy E., *The Birth of the Gods: The Origin of Primitive Beliefs*, Ann Arbor 1960.

Tanner, J.M., »Earlier Maturation in Man«, *Scientific American* 218(1):21-27, 1968.

Tanner, Nancy, »Matrifocality in Indonesia and Africa and among Black Americans«, in: M. Rosaldo und L. Lamphere (Hg.), *Woman, Culture and Society*, Stanford 1974, S. 129-156.

Tapia, Andres de, »Relacion Hecha por El Senor Andres de Tapia Sobre la Conquista de Mexico«, in: J.G. Icazbalceta (Hg.), *Coleccion de Documentos para la Historia de Mexico*, Nendeln/Liechtenstein 1971, 2 Bd.: S. 554-594.

Taylor, Paul, »Notice Regarding the Motion Picture, ‚Footprints in Stone‘«, Mesa, Ariz. 1985.

Tax, Sol, *Penny Capitalism: A Guatemalan Indian Economy*, Washington, D.C. 1953.

Teft, Stanton, »Warfare Regulation: A Cross-Cultural Test of Hypotheses«, in: M. Nettleship, R.D. Givens und A. Nettleship (Hg.), *War: Its Causes and Correlations*, The Hague 1975, S. 693-712.

Terrace, Herbert, »Is Problem Solving Language?«, *Journal of the Environmental Analysis of Behavior* 31:161-175, 1979.

Thorndike, R.I., »Intelligence and Intelligence Testing«, *International Encyclopedia of the Social Sciences* 7:421-429, 1968.

Tilakaratne, M.W., »Economic Change, Social Differentiation, and Fertility: Aluthgana«, in: G. Hawthorn (Hg.), *Population and Development: High and Low Fertility in Poorer Countries*, London 1978, S. 186-197.

Trigger, Bruce, »Iroquois Matrilinity«, *Pennsylvania Archeologist* 48:55-65, 1978.

Trussell, James und Anne Pebly, »The Potential Impact of Changes in Fertility on Infant, Child, and Maternal Mortality«, *Studies in Family Planning* 15:267-280, 1984.

Turner, Victor, W., *The Forest of Symbols: Aspects of Ndembu Ritual*, Ithaca, N.Y. 1967.

Tylor, Edward B., *Primitive Culture*, London 1871. Dt.: *Die Anfänge der Kultur. Untersuchungen über die Entwicklung der Mythologie, Philosophie, Religion, Kunst und Sitte*, 2 Bd., Leipzig 1873.

Ucko, Peter J. und A. Rosenfeld, *Paleolithic Cave Art*, London 1967.

Underwood, Barbara und Betty Underwood, *Hostage to Heaven*, New York 1979.

U.S. National Criminal Justice Information and Statistics Service, *Mythes and Realities about Crime*, Washington, D.C. 1978.

U.S. Senate Committee on Governmental Affairs, *Voting Rights in Major Corporations*, 95. Kongress, 1. Sitzung, Washington, D.C. 1978.

Vaidyanathan, A., N. Nair und M. Harries, »Bovine Sex and Age Ratios in India«, *Current Anthropology* 23, 1982.

Vaillant, George C., *The Aztecs of Mexico*, Baltimore 1966 (Erstveröffentlichung 1941).

Valentine, Charles, *Culture and Poverty: Critique and Counterproposals*, Chicago 1970.

Van den Berghe, P., »Royal Incest and Inclusive Fitness«, *American Ethnologist* 7:300-317, 1980.

Verdon, Michael, »Where Have All The Lineages Gone? Cattle and Descent Among the Nuer«, *American Anthropologist* 84:566-579, 1982.

Vickers, William, »An Analysis of Amazonian Hunting Yields as a Function of Settlement Age«, in: Raymond H. Hames (Hg.), *Working Papers on South American Indians*, No. 2, Bennington 1980, S. 7-30.

Villa, Paola u.a., »Cannibalism in the Neolithic«, *Science* 233:431-437, 1986.

Wadel, Cato, *Now, Who's Fault Is That?: The Struggle for Self-Esteem in the Face of Chronic Unemployment*, Institute of Social and Economic Research, Memorial University of Newfoundland 1973.

Wagley, Charles, »Tapirapé Shamanism«, Boletim Do Museu Nacional (Rio De Janeiro) *Anthropología* 3:1-94, 1943.

Welcome of Tears: The Papirapé Indians of Central Brazil, New York 1977.

Wagley, Charles und M. Harris, *Minorities in the New World*, New York 1958.

Walker, Deward, *The Emergent Native Americans*, Boston 1972.

Walker, Malcolm und Jim Hanson, »The Voluntary Associations of Villalta«, *Human Organization* 37:64-68, 1978.

Wallace, Anthony F.C., *The Modal Personality Structure of the Tuscarora Indians, as Revealed by the Rorschach Test*, Bulletin 150, Bureau of American Ethnology, Washington, D.C. 1952.
Religion: An Anthropological View, New York 1966.
Culture and Personality, 2. Aufl., New York 1970.
»Mental Illness, Biology and Culture«, in: Francis Hsu (Hg.) *Psychological Anthropology*, Cambridge 1972, S. 363-402.
Wallis, Roy, *The Road to Total Freedom: A Sociological Analysis of Scientology*, New York 1977.
Warner, W. Lloyd (Hg.), *Yankee City*, New Haven 1963.
Warner, W. Lloyd, M. Meeker und K. Ellis, *Soical Class in America: A Manual of Procedure for the Measurement of Social Status*, Chicago 1949.
Watson, James, »Pigs, Fodder, and the Jones Effect in Postipomean New Guinea«, *Ethnology* 16:57-70, 1977.
Wax, Murray, S. Diamond und F.O. Gearing, *Anthropological Perspectives on Education*, New York 1971.
Weidman, Helen, »Research, Service, and Training Aspects of Clinical Anthropology«, in: D. Shimkin und P. Golde (Hg.), *Clinical Anthropology*, Washington, D.C. 1983, S. 119-153.
Weiles, Chris, »The Eclipse of Sun Myung Moon«, in: Irving Horowitz (Hg.), *Science, Sin and Scholarship*, Cambridge, Mass. 1978, S. 243-258.
Weiner, Annette, *Women of Value, Men of Renown*, Austin 1976.
Weisman, Steven, »City Constructs Statistical Profile in Looting Cases«, *The New York Times*, 14. August 1978, S. 1.
Weisner, Thomas und Ronald Gilmore, »My Brother's Keeper: Child and Sibling Caretaking«, *Current Anthropology* 18:169-190, 1977.
Weiss, Gerald, »The Problem of Development in the Non-Western World«, *American Anthropologist* 79:887-893, 1977a.
»Rhetoric in Campa Narrative«, *Journal of Latin American Lore* 3:169-182, 1977b.
Weitzman, Lenore, *The Divorce Revolution: Consequences for Women and Children in America*, New York 1985.
Werge, R., »Potato Processing in the Central Highlands of Peru« *Ecology of Food and Nutrition* 7:229-234, 1979.
Werner, Dennis, »A Cross-Cultural Perspective on Theory and Research on Male Homosexuality«, *Journal of Homosexuality* 4:345-362, 1979.
West, James, *Plainville, U.S.A.*, New York 1945.
Westoff, Charles, »Marriage and Fertility in the Developed Countries«, *Scientific American* 239(6):51-57, 1978.
White, Benjamin, »Production and Reproduction in a Javanese Village«, Ph. D. dissertation, Columbia University 1976.
»Agricultural Innovation and Its Critics: Twenty Years After Clifford Geertz«, Institute of Social Studies Working Papers, Series No. 6, The Hague 1983.
White, Douglas u.a., »Entailment Theory and Method: A Cross-Cultural Analysis of the Sexual Division of Labor«, *Behavior Science Research* 12:1-24, 1977.
White, Leslie, *The Science of Culture*, New York 1949.

Whiting, John M., »Effects of Climate on Certain Cultural Pracities«, in: A.P. Vayda (Hg.), *Environment and Cultural Behavior: Ecological Studies in Cultural Anthropology*, Garden City, N.Y. 1969, S. 416-455.

Whiting, John und Beatrice Whiting, »Strategy for Psychocultural Research«, in: George Spindler (Hg.), *The Making of Psychological Anthropology*, Berkeley 1978, S. 41-61.

Whorf, Benjamin, *Language, Thought and Reality*, New York 1956. Dt.: *Sprache, Denken und Wirklichkeit*, Reinbek b. Hambg. 1971.

Willigen, John van, *Applied Anthropology: An Introduction*, South Hadley, Mass. 1986.

Wilmsen, Edwin, »Diet and Fertility among Kalahari Bushmen«, African Studies Center, Boston University Paper 14, 1979.

»Biological Variables in Forager Fertility Performance: A Critique of Bongaarts Model«, Working Paper No. 60, African Study Center, Boston University, 1982.

Wilson, E.O., *Sociobiology: The New Synthesis*, Cambridge, Mass. 1975.

»Biology and the Social Sciences«, *Daedalus* 106(4):127-140, 1977.

Human Nature, Cambridge, Mass. 1978. Dt.: *Biologie als Schicksal*, Frankfurt u.a. 1980.

Wilson, Monica, *Good Company: A Study of Nyakyusa Age-Villages*, Boston 1963.

Witowski, Stanley und Cecil A. Brown, »Lexical Universals«, *Annual Review of Anthropology* 7:427-451, 1978.

»Climate, Clothing, and Body-Part Nomenclature«, *Ethnology* 24:197-214, 1985.

Wittfogel, Karl A., *Oriental Despotism: A Comparative Study of Total Power*, New Haven 1957. Dt.: *Die orientalische Despotie. Eine vergleichende Untersuchung totaler Macht*, Köln, Berlin 1962.

»A Stronger Oriental Despotism«, *China Quarterly*, Januar-März 1960, S. 32ff.

»Introduction«, 2. Aufl. von *Oriental Despotism*, 1979.

Wolf, Arthur P., »Adopt a Daughter-in-Law, Marry a Sister: A Chinese Solution to the Problem of the Incest Taboo«, *American Anthropologist* 70:864-874, 1968.

Wolf, A. und C.S. Hauung, *Marriage and Adoption in China, 1845-1945*, Stanford 1980.

Wolf, Eric R., *Sons of the Shaking Earth*, Chicago 1959.

Peasants, Englewood Cliffs, N.J. 1966.

Peasant Wars of the Twentieth Century, New York 1969.

Wood, Corinne, »New Evidence for the Late Introduction of Malaria into the New World«, *Current Anthropology* 16:93-104, 1975.

Worsley, Peter, *The Trumpet Shall Sound: A Study of ‚Cargo‘ Cults in Melanesia*, New York 1968.

Yerkers, Robert, *Psychological Examining in the United States Army*, National Academy of Science Memoirs No. 15, Washington, D.C. 1921.

Sachregister

Heiratstausch in der -- 168f.
-- in Häuptlingstümern 230ff.
Inzucht in der -- 167f.
kriegerisches Verhalten in
der -- 216f.
Kunst in -- 321, 326ff.
Patrilokalität in -- 189
politische Führerschaft
in -- 208ff.
»Primitiver Kapitalismus«
in -- 140ff.
»Primitiver Kommunismus«
in -- 202ff.
Recht und Ordnung in -- 200ff.
Schamanen in -- 205ff.
Sexualverhalten in -- 151
vorstaatliche -- 246ff.
Industrie- 86
Geschlechtsrollen in -- 145, 361
Spezialisierung in -- 145
Pflanzer- 188, 437f.
technokratische - 367ff.
vorindustrielle -
Abtreibung bei -- 113f.
Gedankenkontrolle in -- 241
geschlechtliche Arbeitsteilung
in -- 144f.
Reproduktionsregulierung
in -- 54, 115f.
Sprache in -- 72ff.
Wild- und Feldbeuter- 54, 303
Besitzverhältnisse in -- 202ff.
Bevölkerungsdruck in -- 107
bilineare Organisation in -- 345
Deszendenzregeln in -- 188
Eskimoterminologie in -- 195
geschlechtliche Arbeitsteilung
in -- 144f.
Handel bei -- 126f., 136f.
Kinder in -- 108
kriegerisches Verhalten
in -- 213ff., 335
Nahrungsproduktion in -- 84
Ökologie in -- 89ff.
Persönlichkeit in -- 335
Punkt abnehmender Ertragszu-
wächse in -- 87f.
Recht und Ordnung in -- 201f.

Theorie der optimalen Nahrungs-
suche in -- 202ff.
Gesundheitsdienste 112, 368, 370ff.
Gewehre 135
Ghana 270
Glottochronologie 78
Gombe Nationalpark in Tansania 36f.
Grammatik (s.a: Sprache) 26, 65ff.
Denken und - 72f.
Dialekt und - 70ff.
Hopi- 72f.
Griechenland 349
Großbritannien 154, 413, 421, 441f.
»Großer Mann« (big man) 227ff., 345
Grundbesitz 143f.
Gruppen
Begegnungs- 429f.
ethnische - 70ff., 267f., 275
geschichtete - 251ff.
kulturelle - 267f.
rassische - 267f., 275
Guayana, Hindus in 270
Gururumba 282

Hacienda-System 371f.
Häuptling 209, 230ff.
-stümer 203ff., 253
Leopardenfell- 212, 345
Halluzinationen
Ausbildung religiöser Überzeugungen mit Hilfe von - 279f., 288f.
kulturelle Erwartungen und Inhalt
von - 340f.
Prädispositionen für - von Schamanen 289ff.
Halluzinogene Drogen 381ff., 428
indianische Revitalisierungsbewegungen und - 306
magisch-religiöser Gebrauch von -
206, 279f., 288f., 292, 306
männliche Dominanz im Zugang
zu - 348
Handel 128f., 145, 218
Drogen- 416f.
Exogamie und - 169f.
-spartnerschaften 127, 138
männliche Kontrolle des - 189f.
Marktplätze und - 136ff.

Personenregister

Weitere Bücher zum Thema: Eine Auswahl

Arnold van Gennep
Übergangsriten. (Les rites de passage)
Aus dem Französischen von Klaus Schomburg und Sylvia M. Schomburg-Scherff
Mit einem Nachwort von Sylvia M. Schomburg-Scherff
1986. 264 Seiten, ISBN 3-593-33653-7
Gemeinschaftsverlag mit Editions de la Maison des Sciences de l'Homme, Paris.

Klaus E. Müller
Die bessere und die schlechtere Hälfte
Ethnologie des Geschlechterkonflikts
Studienausgabe 1988. 492 Seiten, ISBN 3-593-33360-0

Klaus E. Müller (Hg.)
Menschenbilder früher Gesellschaften
Ethnologische Studien zum Verhältnis von Mensch und Natur
1983. 484 Seiten, gebunden, ISBN 3-593-33264-7
Mit Beiträgen von Peter Bolz, Barbara Frank, Mathias G. Guenther, Brigitta Hauser-Schäublin, Rolf Herzog, Klaus Peter Koepping, Klaus E. Müller, Irmtraut Müller-Stellrecht, Wolfgang Neumann, Helwig Schmidt-Glintzer, Michael Schulz, Kurt Tauchmann, Josef Franz Thiel, Otto Zerries.

Klaus E. Müller
Das magische Universum der Identität
Elementarformen sozialen Verhaltens. Ein ethnologischer Grundriß
1987. XII, 476 Seiten, gebunden, ISBN 3-593-33855-6

Sylvia M. Schomburg-Scherff
Grundzüge einer Ethnologie der Ästhetik
Campus Forschung Band 495.
1986. 275 Seiten, ISBN 3-593-33664-2

Marc Augé
Ein Ethnologe in der Metro
Aus dem Französischen von Eva Moldenhauer
Gemeinschaftsverlag mit Editions de la Maison des Sciences de l'Homme, Paris
Edition Qumran 1988. 104 Seiten, mit einem vierfarbigen Metroplan,
ISBN 3-88655-232-2

Campus Verlag · Frankfurt am Main

Weitere Bücher zum Thema: Eine Auswahl

Beate Brüggemann, Rainer Riehle
Das Dorf
Über die Modernisierung einer Idylle
Mit einem Nachwort von Albert Ilien
1986. 244 Seiten, ISBN 3-593-33604-9

Isac Chiva, Utz Jeggle (Hg.)
Deutsche Volkskunde — Französische Ethnologie
Zwei Standortbestimmungen
1987. 389 Seiten, ISBN 3-593-33607-3
Mit Beiträgen von Peter Assion, Hermann Bausinger, Ch. Bromberger, Wolfgang Brückner, Gottfried Korff, P. Lamaison, Gerard Lenclud, Alain Morel, Arnold Niederer, Rudolf Schenda, F. Zonabend.
Gemeinschaftsverlag mit Editions de la Maison des Sciences de l'Homme, Paris.

Jürg Helbling
Theorie der Wildbeutergesellschaft
Eine ethnosoziologische Studie
Campus Forschung Band 521. 1987. 308 Seiten, ISBN 3-593-33806-8

Heike Behrend
Die Zeit geht krumme Wege
Raum, Zeit und Ritual bei den Tugen in Kenia
Campus Forschung Band 537. 1987. 142 Seiten, ISBN 3-593-33850-5

Hans Fischer
Heilserwartung
Geister, Medien und Träumer in Neuguinea
1987. 196 Seiten, 20 Abb. und 2 Karten. ISBN 3-593-33803-3

Maurice Godelier
Die Produktion der Großen Männer
Macht und männliche Vorherrschaft bei den Baruya in Neuguinea
Aus dem Französischen von Eva Moldenhauer
Mit einem Nachwort von Joachim Matthes
Reihe »Theorie und Gesellschaft« Band 6. 1986. 348 Seiten, ISBN 3-593-33654-5
Gemeinschaftsverlag mit Editions de la Maison des Sciences de l'Homme, Paris.

Campus Verlag · Frankfurt am Main